U0921959

图书在版编目（CIP）数据

中国第三产业统计年鉴 . 2019 / 国家统计局编 . --
北京 : 中国统计出版社 , 2020.3
ISBN 978-7-5037-9079-9

Ⅰ . ①中 … Ⅱ . ①国 … Ⅲ . ①第三产业－经济统计－统计资料－中国－ 2019 －年鉴 Ⅳ . ① F264.1-66

中国版本图书馆 CIP 数据核字 (2019) 第 274213 号

中国第三产业统计年鉴—2019

作　　者 / 国家统计局
责任编辑 / 李　冲
封面设计 / 李雪燕
出版发行 / 中国统计出版社
通信地址 / 北京市丰台区西三环南路甲 6 号　邮政编码 /100073
电　　话 / 邮购（010）63376909　书店（010）68783171
网　　址 / http://www.zgtjcbs.com
印　　刷 / 河北鑫兆源印刷有限公司
经　　销 / 新华书店
开　　本 / 880×1230 毫米　1/16
字　　数 / 1300 千字
印　　张 / 43
版　　别 / 2020 年 3 月第 1 版
版　　次 / 2020 年 3 月第 1 次印刷
定　　价 / 320.00 元

本书附同版本 CD-ROM 一张，光盘内容以书面文字为准。
如有印装差错，由本社发行部调换。

《中国第三产业统计年鉴—2019》

编委会和编辑工作人员

编者说明

一、《中国第三产业统计年鉴—2019》收录了全国和各省、自治区、直辖市 2018年第三产业的统计数据以及部分历史数据，是一部反映中华人民共和国第三产业发展全面情况的资料型年刊。

二、本年鉴正文内容分为9个篇章：1.第三产业单位数；2.第三产业就业人员数；3.第三产业增加值；4.第三产业固定资产投资；5.第三产业双向投资与服务贸易进出口情况；6.第三产业能源消费情况；7.第三产业分行业主要指标；8.派生产业情况；9.港澳台第三产业情况。附录部分包括3个篇章：1.世界及主要国家第三产业统计资料摘要；2.中国服务业采购经理指数及世界主要经济体的相关情况；3.部分国家服务业生产指数月度增速。各篇章前设有“简要说明”，对本篇章的主要内容、资料来源、统计范围、统计方法以及历史变动情况予以简要概述，篇末附有“主要统计指标解释”。

三、本年鉴所涉及的全国性统计数据，除森林面积和森林覆盖率外，均未包括香港、澳门特别行政区和台湾省数据。

四、香港、澳门特别行政区的统计是构成国家统计总体的一部分。但根据《中华人民共和国香港特别行政区基本法》和《中华人民共和国澳门特别行政区基本法》的有关原则，香港、澳门与内地是相对独立的统计区域，根据各自不同的统计制度和法律规定，独立进行统计工作。本年鉴中香港、澳门特别行政区统计资料分别由香港特别行政区政府统计处、澳门特别行政区政府统计暨普查局提供，国家统计局国际统计信息中心负责整理、编辑。

五、台湾省数据来自台湾省行政院主计处统计资料，国家统计局国际统计信息中心负责整理、编辑。

六、与 2018年版《中国第三产业统计年鉴》相比较，本年鉴内容主要做了如下修订：

1. 为更好地反映经济结构和质量的变化，在第四篇章第三产业固定资产投资中，对第三产业固定资产投资表式进行了改版，内容以各分组固定资产投资比上年增长速度为主，通过速度变化反映固定资产投资形势及政策效应。

2. 因数据尚未获得，在第七篇章第三产业分行业主要指标的“房地产业”章节中，删除“按登记注册类型分的房地产开发企业利润总额”和“按资质等级分的房地产开发企业利润总额”二张表。

3. 因表式调整，在第七篇章第三产业分行业主要指标的“科学研究和技术服务业”章节中，“各地区测绘生产完成情况”和“各地区测绘成果提供情况”二张表合并为“各地区测绘生产完成情况”。

4. 因部门数据指标调整，在第七篇章第三产业分行业主要指标的“文化、体育和娱乐业”章节中，删除“各地区出版物发行网点数和从业人员”一张表。

5. 因部门数据指标调整，在第七篇章第三产业分行业主要指标的“公共管理、社会保障和社会组织”章节中，删除“人民检察院直接立案侦查案件情况”一张表。

七、本年鉴中凡未注明年份的数据，均指 2018年的数据。

八、本年鉴所使用的度量衡单位，均采用国际统一标准计量单位。

九、本年鉴中部分数据合计数或相对数由于计量单位取舍不同而产生的计算误差，均未做机械调整。

十、符号使用说明：年鉴各表中的“空格”表示该项统计指标数据不足本表最小单位数、数据不详或无该项数据；“#”表示其中的主要项。港澳台部分的符号使用方法具体见其篇章说明。

目　录

一、第三产业单位数

二、第三产业就业人员数

三、第三产业增加值

四、第三产业固定资产投资

五、第三产业双向投资与服务贸易进出口情况

六、第三产业能源消费情况

七、第三产业分行业主要指标

八、派生产业情况

九、港澳台第三产业情况

附录一、世界及主要国家第三产业统计资料摘要

附录二、中国服务业采购经理指数及世界主要经济体的相关情况

附录三、部分国家服务业生产指数月度增速

1 第三产业单位数

简要说明

一、主要内容

本篇资料通过对一定时期第三产业法人单位数量上的描述，反映报告期内第三产业法人单位的数量变化。

二、统计范围与统计口径

第三产业基本单位统计范围包括：我国境内从事社会经济第三产业活动的法人单位，未包括香港、澳门特别行政区和台湾省。

三、资料来源

第三产业基本单位统计 2004 年、2008 年、2013 年和 2018 年的数据，来源于第一次、第二次、第三次和第四次全国经济普查数据，其余年份来源于基本单位统计年报数据，普查年份没有年报数据。

社会组织和自治组织单位数由民政部提供。

1-1 第三产业法人单位数及所占比重

单位：个

年 份	全部法人单位数				第三产业法人单位数所占比重(%)
		第一产业	第二产业	第三产业	
1997	4344278	65307	1492302	2786669	64.1
1998	4417508	59692	1567816	2790000	63.2
1999	4221995	57177	1442405	2722413	64.5
2000	4366141	57542	1500106	2808493	64.3
2001	5107015	59104	1467937	3579974	70.1
2002	5170852	59522	1492241	3619089	70.0
2003	5214144	156033	1537037	3521074	67.5
2004	5168303	1835	1579340	3587128	69.4
2005	5647823	68800	1733605	3845418	68.1
2006	6068912	78205	1889475	4101232	67.6
2007	6495064	98546	2039702	4356816	67.1
2008	7098765	2023	2200376	4896366	69.0
2009	8003868	184764	2386389	5432715	67.9
2010	8754588	242429	2568818	5943341	67.9
2011	9593729	321086	2758483	6514160	67.9
2012	10616530	440853	2949694	7225983	68.1
2013	10856568	1815	2743796	8110957	74.7
2014	13701440	773414	3244154	9683872	70.7
2015	15729199	1005230	3544975	11178994	71.1
2016	18191382	1262764	3953940	12974678	71.3
2017	22009092	1670774	4731349	15606969	70.9
2018	21787273	1224	4626235	17159814	78.8

注：2004年、2008年、2013年和2018年第一产业法人单位数仅包括兼营第二、三产业的第一产业法人单位。

1-2 第三产业按行业、东中西部以及东北地区分组的法人单位数

单位：个

行业	法人单位数	东部地区	中部地区	西部地区	东北地区
合计	**17159814**	**9282561**	**3647095**	**3393533**	**836625**
农、林、牧、渔专业及辅助性活动	231594	64744	100033	47456	19361
开采专业及辅助性活动	4044	636	301	2764	343
金属制品、机械和设备修理业	38695	22839	6945	6209	2702
批发和零售业	**6499161**	**3740881**	**1324699**	**1139081**	**294500**
批发业	3541987	2185321	646308	539038	171320
零售业	2957174	1555560	678391	600043	123180
交通运输、仓储和邮政业	**577233**	**315822**	**118904**	**105347**	**37160**
铁路运输业	336	126	72	103	35
道路运输业	367045	184621	86925	72691	22808
水上运输业	13744	8802	2758	1553	631
航空运输业	2688	1436	340	682	230
管道运输业	254	125	56	59	14
多式联运和运输代理业	96171	73437	7736	9776	5222
装卸搬运和仓储业	71151	35802	15289	13889	6171
邮政业	25844	11473	5728	6594	2049
住宿和餐饮业	**431323**	**222953**	**82414**	**111763**	**14193**
住宿业	125740	57588	25407	37348	5397
餐饮业	305583	165365	57007	74415	8796
信息传输、软件和信息技术服务业	**919879**	**548376**	**183572**	**142421**	**45510**
电信、广播电视和卫星传输服务	28959	12674	6587	7417	2281
互联网和相关服务	121263	70092	26698	20259	4214
软件和信息技术服务业	769657	465610	150287	114745	39015
金融业	**137934**	**94976**	**15207**	**21279**	**6472**
货币金融服务	39124	19808	6252	9520	3544
资本市场服务	66956	57941	3227	5006	782
保险业	17950	8330	3948	4088	1584
其他金融业	13904	8897	1780	2665	562
房地产业	**744924**	**406705**	**155445**	**143550**	**39224**
房地产业	744924	406705	155445	143550	39224
租赁和商务服务业	**2551306**	**1509233**	**469948**	**466007**	**106118**
租赁业	224340	105614	54402	52384	11940
商务服务业	2326966	1403619	415546	413623	94178
科学研究和技术服务业	**1275579**	**769737**	**257257**	**193334**	**55251**
研究和试验发展	178563	126107	25499	17308	9649
专业技术服务业	569836	323266	114255	106792	25523
科技推广和应用服务业	527180	320364	117503	69234	20079
水利、环境和公共设施管理业	**148860**	**65752**	**39224**	**36309**	**7575**
水利管理业	22619	7437	6698	6866	1618
生态保护和环境治理业	19841	9120	4652	5180	889
公共设施管理业	99463	46225	25957	22509	4772
土地管理业	6937	2970	1917	1754	296
居民服务、修理和其他服务业	**497292**	**266261**	**98713**	**110825**	**21493**
居民服务业	220718	121637	42628	46453	10000
机动车、电子产品和日用产品修理业	187329	94151	37072	47980	8126
其他服务业	89245	50473	19013	16392	3367
教育	**665883**	**279889**	**178585**	**168291**	**39118**
教育	665883	279889	178585	168291	39118
卫生和社会工作	**272504**	**111152**	**71750**	**67626**	**21976**
卫生	186192	65979	53268	51450	15495
社会工作	86312	45173	18482	16176	6481
文化、体育和娱乐业	**566593**	**299779**	**127663**	**115738**	**23413**
新闻和出版业	8417	4420	1718	1756	523
广播、电视、电影和录音制作业	60941	38221	9128	11623	1969
文化艺术业	158480	83255	37936	30586	6703
体育	52768	31799	8960	9493	2516
娱乐业	285987	142084	69921	62280	11702
公共管理、社会保障和社会组织	**1597010**	**562826**	**416435**	**515533**	**102216**
中国共产党机关	37801	10611	9648	14111	3431
国家机构	472451	133934	132136	165634	40747
人民政协、民主党派	6509	2132	1624	2161	592
社会保障	10142	2228	3547	3538	829
群众团体、社会团体和其他成员组织	406550	161554	89523	138492	16981
基层群众自治组织	663557	252367	179957	191597	39636

1-3 各地区第三产业法人单位数

单位：个

地　区	2007	2008	2009	2010	2011	2012	2013	2014	2015	2016	2017	2018
全　国	**4356816**	**4896366**	**5432715**	**5943341**	**6514160**	**7225983**	**8110957**	**9683872**	**11178994**	**12974678**	**15606969**	**17159814**
北　京	269987	229389	326070	333119	339930	352507	576634	598321	641029	646874	654823	927890
天　津	73215	98185	99464	115642	129983	146761	158130	196037	243372	303998	347974	232920
河　北	164897	186396	214124	226856	238171	253885	320694	360865	425143	524464	766990	835062
山　西	123459	125381	136363	142929	152719	167686	171812	204219	261897	349239	424346	388779
内蒙古	72388	89959	98756	105566	111756	117284	133085	156062	170668	197767	229568	246973
辽　宁	178286	210793	227113	242397	255177	315733	308077	360057	399774	435068	480409	469476
吉　林	68672	92475	95522	85508	89507	94269	104444	125444	132071	141384	149117	154409
黑龙江	89162	111957	121344	130178	136219	140072	140554	153845	165123	183182	234967	212740
上　海	269674	260136	259954	289813	308687	336372	315200	330431	343605	357385	376332	376014
江　苏	292981	336147	386037	479293	556722	636540	657050	852005	1009469	1279916	1604092	1419897
浙　江	265194	298851	328369	364092	417817	472890	570774	723735	821291	951472	1190194	1064583
安　徽	135710	138043	150844	162753	193694	217851	259496	321755	388957	452152	594467	632607
福　建	140569	156314	178045	201768	232899	259971	270572	388842	461980	532297	620532	547347
江　西	88429	102964	113261	124181	133364	166966	183671	227755	266812	318382	389056	353752
山　东	304705	397970	441614	505592	547125	600099	607597	750280	917722	1189066	1429606	1362081
河　南	198698	227803	241904	249744	256627	267180	391220	449315	559206	620138	713946	1055586
湖　北	153270	218863	241083	253804	279162	317929	342473	424391	507983	576338	687379	696763
湖　南	139855	184994	194537	209186	224218	245616	323743	327002	356272	420047	506224	519608
广　东	373128	401828	459624	522154	596147	667820	738021	877443	955114	1043763	1351026	2430350
广　西	118180	127997	147604	166446	189951	211760	203069	247266	297964	348074	396587	423728
海　南	23796	24778	25822	30322	34123	38842	39498	46701	56616	63470	75423	86417
重　庆	82382	99975	108699	121050	149740	181851	201560	257403	306389	359017	405566	434842
四　川	235118	242396	256626	267267	275697	302400	306688	353117	373418	407564	460213	642310
贵　州	75697	78319	83325	88095	91544	98388	114743	138414	169309	207802	270199	276301
云　南	84756	98542	114897	130783	149743	160897	158749	207876	271033	323837	404836	382565
西　藏	13053	14582	14940	15244	15428	15553	17929	21882	22197	22271	21988	35024
陕　西	132944	141049	156630	160258	178409	193674	201219	237044	268960	291702	330621	428458
甘　肃	75899	79055	83061	87505	91216	97644	112374	128036	141071	150573	156968	198501
青　海	19533	20686	21533	22915	23900	25467	29035	35818	39667	43567	71654	62011
宁　夏	25353	23903	26354	28000	30801	33250	36076	39976	47279	57410	63232	57010
新　疆	67826	76636	79196	80881	83684	88826	116770	142535	157603	176459	198634	205810

1-4 各地区第三产业法人单位数及所占比重

单位：个

地区	全部法人单位数	第一产业	第二产业	第三产业	第三产业法人单位数所占比重(%)
全国	**21787273**	**1224**	**4626235**	**17159814**	**78.8**
北京	988483	43	60550	927890	93.9
天津	291151	2	58229	232920	80.0
河北	1150955	55	315838	835062	72.6
山西	462193	36	73378	388779	84.1
内蒙古	297176	66	50137	246973	83.1
辽宁	600313	29	130808	469476	78.2
吉林	187449	31	33009	154409	82.4
黑龙江	256191	150	43301	212740	83.0
上海	440696	8	64674	376014	85.3
江苏	2053630	30	633703	1419897	69.1
浙江	1545153	110	480460	1064583	68.9
安徽	813279	64	180608	632607	77.8
福建	702826	19	155460	547347	77.9
江西	454387	24	100611	353752	77.9
山东	1801301	17	439203	1362081	75.6
河南	1279238	31	223621	1055586	82.5
湖北	853168	13	156392	696763	81.7
湖南	622764	12	103144	519608	83.4
广东	3126550	54	696146	2430350	77.7
广西	490277	75	66474	423728	86.4
海南	100096	12	13667	86417	86.3
重庆	512470	127	77501	434842	84.9
四川	761937	38	119589	642310	84.3
贵州	348149	15	71833	276301	79.4
云南	453286	63	70658	382565	84.4
西藏	47215		12191	35024	74.2
陕西	532220	20	103742	428458	80.5
甘肃	229632	10	31121	198501	86.4
青海	72869	18	10840	62011	85.1
宁夏	68817	15	11792	57010	82.8
新疆	243402	37	37555	205810	84.6

1-5 第三产业按行业、控股情况分组的企业法人单位数

单位：个

行业	企业法人单位数	国有控股	集体控股	私人控股	港澳台商控股	外商控股	其他
合计	**13964209**	**188887**	**114925**	**13077675**	**72177**	**46143**	**464402**
农、林、牧、渔专业及辅助性活动	60679	1306	1784	54945	107	33	2504
开采专业及辅助性活动	4044	95	37	3708	7	10	187
金属制品、机械和设备修理业	38525	399	666	35945	113	144	1258
批发和零售业	**6317963**	**36123**	**40566**	**6033204**	**24775**	**20474**	**162821**
批发业	3406062	22138	18849	3243938	18301	17476	85360
零售业	2911901	13985	21717	2789266	6474	2998	77461
交通运输、仓储和邮政业	**566885**	**16463**	**5983**	**519810**	**2796**	**1507**	**20326**
铁路运输业	335	307	5	20	1		2
道路运输业	360268	6370	3222	337473	727	284	12192
水上运输业	13269	936	485	11033	100	61	654
航空运输业	2591	407	23	1977	18	18	148
管道运输业	253	75	3	146	3	8	18
多式联运和运输代理业	96128	1377	415	88952	1148	631	3605
装卸搬运和仓储业	68348	5982	1740	56647	769	491	2719
邮政业	25693	1009	90	23562	30	14	988
住宿和餐饮业	**429220**	**6619**	**4258**	**400445**	**2137**	**1607**	**14154**
住宿业	124811	4813	2417	111404	651	370	5156
餐饮业	304409	1806	1841	289041	1486	1237	8998
信息传输、软件和信息技术服务业	**912014**	**6492**	**2079**	**857140**	**8268**	**4220**	**33815**
电信、广播电视和卫星传输服务	24996	2716	271	20524	244	209	1032
互联网和相关服务	120200	714	266	114140	553	216	4311
软件和信息技术服务业	766818	3062	1542	722476	7471	3795	28472
金融业	**135998**	**20623**	**1878**	**96806**	**2479**	**1200**	**13012**
货币金融服务	37324	8395	1579	20060	1942	662	4686
资本市场服务	66888	3338	159	59487	352	211	3341
保险业	17944	7701	81	5555	87	283	4237
其他金融业	13842	1189	59	11704	98	44	748
房地产业	**739593**	**25207**	**15861**	**649654**	**7226**	**2866**	**38779**
房地产业	739593	25207	15861	649654	7226	2866	38779
租赁和商务服务业	**2265344**	**37212**	**22527**	**2096340**	**14399**	**7669**	**87197**
租赁业	217652	1280	635	207807	634	243	7053
商务服务业	2047692	35932	21892	1888533	13765	7426	80144

1-5 续表 单位：个

行业	企业法人单位数	国有控股	集体控股	私人控股	港澳台商控股	外商控股	其他
科学研究和技术服务业	**1143343**	**17808**	**8011**	**1061252**	**6957**	**4782**	**44533**
研究和试验发展	168832	1342	927	157635	1490	1152	6286
专业技术服务业	522334	12746	3859	481268	3057	2004	19400
科技推广和应用服务业	452177	3720	3225	422349	2410	1626	18847
水利、环境和公共设施管理业	**111968**	**8255**	**2079**	**95909**	**390**	**150**	**5185**
水利管理业	5279	1242	273	3430	6	10	318
生态保护和环境治理业	16130	784	154	14306	102	73	711
公共设施管理业	85999	5364	1555	74771	279	64	3966
土地管理业	4560	865	97	3402	3	3	190
居民服务、修理和其他服务业	**474291**	**2444**	**4364**	**451052**	**830**	**516**	**15085**
居民服务业	201076	1111	1981	191015	395	242	6332
机动车、电子产品和日用产品修理业	186762	796	1631	178082	259	169	5825
其他服务业	86453	537	752	81955	176	105	2928
教育	**199569**	**1492**	**1338**	**189288**	**346**	**258**	**6847**
教育	199569	1492	1338	189288	346	258	6847
卫生和社会工作	**68353**	**1148**	**1038**	**63142**	**157**	**113**	**2755**
卫生	54928	886	824	50850	101	85	2182
社会工作	13425	262	214	12292	56	28	573
文化、体育和娱乐业	**496420**	**7201**	**2456**	**469035**	**1190**	**594**	**15944**
新闻和出版业	5109	2012	174	2682	11	9	221
广播、电视、电影和录音制作业	57404	2250	378	52236	172	62	2306
文化艺术业	113584	1676	636	106753	248	102	4169
体育	43298	370	242	40849	196	166	1475
娱乐业	277025	893	1026	266515	563	255	7773

1-6 第三产业按地区、控股情况分组的企业法人单位数

单位：个

地区	企业法人单位数	国有控股	集体控股	私人控股	港澳台商控股	外商控股	其他
全国	**13964209**	**188887**	**114925**	**13077675**	**72177**	**46143**	**464402**
北京	887264	13171	13973	821531	4906	6159	27524
天津	215010	5461	1840	186146	1823	1570	18170
河北	692968	6451	4342	668607	268	217	13083
山西	293657	6886	3668	280313	133	136	2521
内蒙古	182238	3333	1024	167083	129	73	10596
辽宁	385710	6398	4545	355949	964	1419	16435
吉林	103780	2832	973	92277	114	137	7447
黑龙江	151501	4114	1746	138548	153	131	6809
上海	344927	8977	5165	299373	9327	12556	9529
江苏	1225622	11770	7638	1170539	4379	3730	27566
浙江	904239	10595	6577	870676	2376	5025	8990
安徽	520291	5840	3399	470502	525	182	39843
福建	450843	6610	3150	430348	2883	1223	6629
江西	256900	5499	1949	240209	297	112	8834
山东	1108899	9495	6140	1070379	1319	1852	19714
河南	814011	7645	5676	761596	496	197	38401
湖北	533921	6931	4663	494107	655	439	27126
湖南	359675	5511	2258	340093	375	207	11231
广东	2138343	15506	13661	1984420	37818	8287	78651
广西	318491	5341	3224	300762	535	461	8168
海南	72269	1574	756	57773	336	117	11713
重庆	376874	3688	1606	364177	533	318	6552
四川	451274	8322	5188	423099	790	639	13236
贵州	209343	5448	2482	195792	161	85	5375
云南	292905	5169	3316	275648	304	318	8150
西藏	17902	909	354	14798	25	11	1805
陕西	320121	5922	2724	296264	344	373	14494
甘肃	115376	2867	1359	103095	56	36	7963
青海	41015	1081	391	38083	34	32	1394
宁夏	38593	796	250	36396	16	17	1118
新疆	140247	4745	888	129092	103	84	5335

1-7 第三产业按行业、登记注册类型分组的企业法人单位数

单位：个

行业	企业法人单位数							
		内资						
			国有	集体	股份合作	国有联营	集体联营	国有与集体联营
合计	**13964209**	**13831240**	**57788**	**68277**	**15164**	**774**	**2079**	**644**
农、林、牧、渔专业及辅助性活动	60679	60502	801	1220	75	7	45	15
开采专业及辅助性活动	4044	4023	21	17				
金属制品、机械和设备修理业	38525	38193	161	505	102	2	13	
批发和零售业	**6317963**	**6269296**	**14909**	**28166**	**5590**	**253**	**953**	**260**
批发业	3406062	3367454	8753	12567	2494	117	401	115
零售业	2911901	2901842	6156	15599	3096	136	552	145
交通运输、仓储和邮政业	**566885**	**561784**	**6118**	**3786**	**498**	**64**	**124**	**49**
铁路运输业	335	333	14	3		1		
道路运输业	360268	359029	1665	1847	303	26	77	22
水上运输业	13269	12977	117	378	14	2	5	
航空运输业	2591	2531	34	1				
管道运输业	253	235	6					
多式联运和运输代理业	96128	94182	180	211	75	1	3	1
装卸搬运和仓储业	68348	66844	3247	1318	95	20	38	24
邮政业	25693	25653	855	28	11	14	1	2
住宿和餐饮业	**429220**	**425001**	**3472**	**2628**	**802**	**48**	**97**	**33**
住宿业	124811	123578	2560	1587	311	39	59	24
餐饮业	304409	301423	912	1041	491	9	38	9
信息传输、软件和信息技术服务业	**912014**	**898381**	**1035**	**561**	**321**	**28**	**18**	**4**
电信、广播电视和卫星传输服务	24996	24510	537	137	14	11	2	4
互联网和相关服务	120200	119377	62	42	44	2		
软件和信息技术服务业	766818	754494	436	382	263	15	16	
金融业	**135998**	**129333**	**3406**	**430**	**668**	**14**	**2**	**5**
货币金融服务	37324	33411	1919	388	608	3	2	4
资本市场服务	66888	66003	254	18	38	10		1
保险业	17944	16247	1111	8	19	1		
其他金融业	13842	13672	122	16	3			
房地产业	**739593**	**728392**	**6335**	**8556**	**1659**	**81**	**152**	**63**
房地产业	739593	728392	6335	8556	1659	81	152	63
租赁和商务服务业	**2265344**	**2241360**	**7542**	**12014**	**1861**	**118**	**279**	**88**
租赁业	217652	216600	260	319	74		1	
商务服务业	2047692	2024760	7282	11695	1787	118	278	88

1-7 续表 1

单位：个

行业	企业法人单位数	内资						
			国有	集体	股份合作	国有联营	集体联营	国有与集体联营
科学研究和技术服务业	**1143343**	**1129574**	**6817**	**4070**	**1355**	**71**	**141**	**52**
研究和试验发展	168832	165519	392	366	361	3	18	1
专业技术服务业	522334	516735	5164	2045	571	45	61	40
科技推广和应用服务业	452177	447320	1261	1659	423	23	62	11
水利、环境和公共设施管理业	**111968**	**111321**	**1716**	**987**	**65**	**20**	**28**	**10**
水利管理业	5279	5256	455	208	3	4	6	4
生态保护和环境治理业	16130	15890	210	65	12	1		
公共设施管理业	85999	85622	922	664	42	14	22	6
土地管理业	4560	4553	129	50	8	1		
居民服务、修理和其他服务业	**474291**	**472872**	**1192**	**2826**	**992**	**20**	**109**	**27**
居民服务业	201076	200389	571	1294	408	8	48	25
机动车、电子产品和日用产品修理业	186762	186327	413	1082	469	11	43	2
其他服务业	86453	86156	208	450	115	1	18	
教育	**199569**	**198863**	**801**	**708**	**348**	**11**	**31**	**9**
教育	199569	198863	801	708	348	11	31	9
卫生和社会工作	**68353**	**68013**	**705**	**630**	**280**	**11**	**40**	**23**
卫生	54928	54710	571	478	269	10	32	15
社会工作	13425	13303	134	152	11	1	8	8
文化、体育和娱乐业	**496420**	**494332**	**2757**	**1173**	**548**	**26**	**47**	**6**
新闻和出版业	5109	5084	866	131	14	2		3
广播、电视、电影和录音制作业	57404	57101	1078	204	40	12	1	1
文化艺术业	113584	113153	529	339	152	7	13	1
体育	43298	42863	97	104	58	1	6	
娱乐业	277025	276131	187	395	284	4	27	1

1-7 续表 2

单位：个

行业	其他联营	国有独资公司	其他有限责任公司	股份有限公司	私营独资	私营合伙	私营有限责任公司
合计	**1484**	**45821**	**1773490**	**145466**	**903215**	**155727**	**10539228**
农、林、牧、渔专业及辅助性活动	35	304	7967	1121	12164	665	34934
开采专业及辅助性活动		24	896	51	91	6	2845
金属制品、机械和设备修理业	2	55	4566	307	2532	191	29410
批发和零售业	**717**	**6270**	**659555**	**48212**	**500805**	**21184**	**4931287**
批发业	282	4191	346160	24540	170010	7582	2763350
零售业	435	2079	313395	23672	330795	13602	2167937
交通运输、仓储和邮政业	**57**	**3763**	**79059**	**6673**	**15964**	**1542**	**438423**
铁路运输业		14	268	24			8
道路运输业	33	1817	48140	4197	9836	904	286498
水上运输业		213	2590	268	225	51	8952
航空运输业		167	681	70	6	2	1534
管道运输业		11	101	13			104
多式联运和运输代理业	8	296	13065	778	1738	251	76785
装卸搬运和仓储业	13	1208	10551	831	3655	307	44859
邮政业	3	37	3663	492	504	27	19683
住宿和餐饮业	**64**	**967**	**52934**	**4366**	**75033**	**5096**	**275439**
住宿业	25	694	19124	1807	23026	1997	70972
餐饮业	39	273	33810	2559	52007	3099	204467
信息传输、软件和信息技术服务业	**28**	**1148**	**130112**	**9788**	**12966**	**5633**	**728829**
电信、广播电视和卫星传输服务	14	484	4474	1271	1081	71	16155
互联网和相关服务		145	16917	1462	3564	594	95264
软件和信息技术服务业	14	519	108721	7055	8321	4968	617410
金融业	**7**	**1184**	**27516**	**18905**	**1165**	**22478**	**52270**
货币金融服务	3	219	8368	9148	233	103	11780
资本市场服务	2	357	13064	478	225	21401	29818
保险业		146	2749	8969	645	16	2412
其他金融业	2	462	3335	310	62	958	8260
房地产业	**59**	**6496**	**158556**	**10532**	**11748**	**2647**	**513375**
房地产业	59	6496	158556	10532	11748	2647	513375
租赁和商务服务业	**170**	**15308**	**327232**	**20876**	**61202**	**74257**	**1701131**
租赁业	3	387	27426	1785	6875	376	176954
商务服务业	167	14921	299806	19091	54327	73881	1524177

1-7 续表 3

单位：个

行 业	其他联营	国有独资公司	其他有限责任公司	股份有限公司	私营独资	私营合伙	私营有限责任公司
科学研究和技术服务业	**96**	**3845**	**161777**	**11267**	**21134**	**7510**	**901020**
研究和试验发展	8	296	23652	1608	2717	1162	133456
专业技术服务业	35	2773	76056	5275	8880	2026	409078
科技推广和应用服务业	53	776	62069	4384	9537	4322	358486
水利、环境和公共设施管理业	**14**	**3608**	**21139**	**1851**	**1897**	**292**	**78242**
水利管理业	5	446	1315	98	184	40	2433
生态保护和环境治理业	1	224	2967	271	297	46	11561
公共设施管理业	8	2464	15881	1414	1362	142	61559
土地管理业		474	976	68	54	64	2689
居民服务、修理和其他服务业	**63**	**515**	**53983**	**3995**	**51885**	**3246**	**349796**
居民服务业	40	248	22157	1758	24140	1570	146379
机动车、电子产品和日用产品修理业	19	126	21421	1555	24051	1317	134060
其他服务业	4	141	10405	682	3694	359	69357
教育	**39**	**300**	**24644**	**2322**	**11878**	**2007**	**153598**
教育	39	300	24644	2322	11878	2007	153598
卫生和社会工作	**48**	**156**	**9258**	**931**	**17361**	**3046**	**34722**
卫生	45	98	7112	712	16280	2857	25627
社会工作	3	58	2146	219	1081	189	9095
文化、体育和娱乐业	**85**	**1878**	**54296**	**4269**	**105390**	**5927**	**313907**
新闻和出版业	3	454	1288	105	71	6	2113
广播、电视、电影和录音制作业	8	415	8585	722	3741	234	41444
文化艺术业	18	628	14064	1095	8888	876	85550
体育	3	105	5701	421	2775	311	32899
娱乐业	53	276	24658	1926	89915	4500	151901

1-7 续表 4

单位：个

行业	私营股份有限公司	其他内资企业	港澳台商投资	合资经营	合作经营	独资	股份有限
合计	**121526**	**557**	**74771**	**12305**	**1527**	**58606**	**988**
农、林、牧、渔专业及辅助性活动	1146	3	113	24	1	83	1
开采专业及辅助性活动	71	1	8		1	6	
金属制品、机械和设备修理业	347		132	44	2	86	
批发和零售业	**51043**	**92**	**24872**	**2555**	**174**	**21436**	**325**
批发业	26851	41	18613	1722	103	16304	223
零售业	24192	51	6259	833	71	5132	102
交通运输、仓储和邮政业	**5651**	**13**	**3088**	**667**	**444**	**1900**	**44**
铁路运输业	1		1	1			
道路运输业	3653	11	814	144	352	294	12
水上运输业	162		158	101	15	37	4
航空运输业	36		28	12	1	11	3
管道运输业			6	4		2	
多式联运和运输代理业	790		1217	178	54	954	19
装卸搬运和仓储业	676	2	843	225	22	583	6
邮政业	333		21	2		19	
住宿和餐饮业	**3979**	**43**	**2259**	**591**	**80**	**1513**	**40**
住宿业	1337	16	741	256	48	402	21
餐饮业	2642	27	1518	335	32	1111	19
信息传输、软件和信息技术服务业	**7897**	**13**	**8427**	**764**	**54**	**7346**	**143**
电信、广播电视和卫星传输服务	254	1	260	40	1	135	59
互联网和相关服务	1281		538	52	1	466	10
软件和信息技术服务业	6362	12	7629	672	52	6745	74
金融业	**1165**	**118**	**3447**	**1696**	**31**	**1503**	**48**
货币金融服务	621	12	2725	1494	25	1141	40
资本市场服务	336	1	416	91	6	277	6
保险业	66	105	205	73		27	
其他金融业	142		101	38		58	2
房地产业	**8115**	**18**	**7621**	**2138**	**420**	**4831**	**114**
房地产业	8115	18	7621	2138	420	4831	114
租赁和商务服务业	**19180**	**102**	**14735**	**1931**	**127**	**12220**	**165**
租赁业	2137	3	726	300	9	386	18
商务服务业	17043	99	14009	1631	118	11834	147

1-7 续表 5

单位：个

行　　业	私营股份有限公司	其他内资企业	港澳台商投资	合资经营	合作经营	独资	股份有限
科学研究和技术服务业	**10366**	**53**	**7206**	**1127**	**65**	**5823**	**69**
研究和试验发展	1477	2	1630	335	18	1239	18
专业技术服务业	4679	7	3074	349	27	2625	19
科技推广和应用服务业	4210	44	2502	443	20	1959	32
水利、环境和公共设施管理业	**1448**	**4**	**408**	**139**	**18**	**239**	**4**
水利管理业	55		7	2		5	
生态保护和环境治理业	232	3	113	48	3	61	
公共设施管理业	1121	1	286	88	15	172	4
土地管理业	40		2	1		1	
居民服务、修理和其他服务业	**4215**	**8**	**749**	**148**	**27**	**549**	**10**
居民服务业	1739	4	372	79	20	260	7
机动车、电子产品和日用产品修理业	1754	4	219	39	5	169	3
其他服务业	722		158	30	2	120	
教育	**2129**	**38**	**335**	**75**	**14**	**229**	**7**
教育	2129	38	335	75	14	229	7
卫生和社会工作	**766**	**36**	**162**	**82**	**9**	**66**	
卫生	572	32	98	56	6	33	
社会工作	194	4	64	26	3	33	
文化、体育和娱乐业	**4008**	**15**	**1209**	**324**	**60**	**776**	**18**
新闻和出版业	28		11	3		8	
广播、电视、电影和录音制作业	613	3	189	65	5	109	
文化艺术业	991	2	267	71	6	184	1
体育	379	3	201	61	32	97	7
娱乐业	1997	7	541	124	17	378	10

1-7 续表 6

单位：个

行业	其他	外商投资	合资经营	合作经营	独资	股份有限	其他
合　计	**1345**	**58198**	**13749**	**764**	**38044**	**1465**	**4176**
农、林、牧、渔专业及辅助性活动	4	64	22	3	21	3	15
开采专业及辅助性活动	1	13	3		7	1	2
金属制品、机械和设备修理业		200	76	5	108	6	5
批发和零售业	**382**	**23795**	**3440**	**132**	**17600**	**492**	**2131**
批发业	261	19995	2572	81	15283	342	1717
零售业	121	3800	868	51	2317	150	414
交通运输、仓储和邮政业	**33**	**2013**	**660**	**116**	**1106**	**37**	**94**
铁路运输业		1	1				
道路运输业	12	425	135	93	146	12	39
水上运输业	1	134	95	2	34	2	1
航空运输业	1	32	17		13	1	1
管道运输业		12	7		5		
多式联运和运输代理业	12	729	181	10	503	9	26
装卸搬运和仓储业	7	661	220	10	396	13	22
邮政业		19	4	1	9		5
住宿和餐饮业	**35**	**1960**	**470**	**49**	**1221**	**73**	**147**
住宿业	14	492	172	32	230	25	33
餐饮业	21	1468	298	17	991	48	114
信息传输、软件和信息技术服务业	**120**	**5206**	**1348**	**35**	**3462**	**152**	**209**
电信、广播电视和卫星传输服务	25	226	24	3	117	48	34
互联网和相关服务	9	285	91	1	174	6	13
软件和信息技术服务业	86	4695	1233	31	3171	98	162
金融业	**169**	**3218**	**1750**	**8**	**1050**	**212**	**198**
货币金融服务	25	1188	408	1	627	40	112
资本市场服务	36	469	184	6	193	6	80
保险业	105	1492	1124		200	165	3
其他金融业	3	69	34	1	30	1	3
房地产业	**118**	**3580**	**1252**	**161**	**1845**	**131**	**191**
房地产业	118	3580	1252	161	1845	131	191
租赁和商务服务业	**292**	**9249**	**1596**	**83**	**6693**	**188**	**689**
租赁业	13	326	87	1	193	5	40
商务服务业	279	8923	1509	82	6500	183	649

1-7 续表 7

单位：个

行业							
	其他	外商投资	合资经营	合作经营	独资	股份有限	其他
科学研究和技术服务业	**122**	**6563**	**2369**	**70**	**3750**	**121**	**253**
研究和试验发展	20	1683	755	14	827	33	54
专业技术服务业	54	2525	710	26	1649	48	92
科技推广和应用服务业	48	2355	904	30	1274	40	107
水利、环境和公共设施管理业	**8**	**239**	**102**	**9**	**99**	**2**	**27**
水利管理业		16	7		6		3
生态保护和环境治理业	1	127	63	5	49	2	8
公共设施管理业	7	91	28	4	43		16
土地管理业		5	4		1		
居民服务、修理和其他服务业	**15**	**670**	**165**	**14**	**397**	**18**	**76**
居民服务业	6	315	76	8	181	10	40
机动车、电子产品和日用产品修理业	3	216	47	5	135	7	22
其他服务业	6	139	42	1	81	1	14
教育	**10**	**371**	**110**	**16**	**206**	**10**	**29**
教育	10	371	110	16	206	10	29
卫生和社会工作	**5**	**178**	**90**	**25**	**42**	**2**	**19**
卫生	3	120	57	21	29	1	12
社会工作	2	58	33	4	13	1	7
文化、体育和娱乐业	**31**	**879**	**296**	**38**	**437**	**17**	**91**
新闻和出版业		14	5	2	6		1
广播、电视、电影和录音制作业	10	114	42	2	39	7	24
文化艺术业	5	164	55	4	83	1	21
体育	4	234	78	22	121	1	12
娱乐业	12	353	116	8	188	8	33

1-8 第三产业按地区、登记注册类型分组的企业法人单位数

单位：个

地区	企业法人单位数	内资	国有	集体	股份合作	国有联营	集体联营	国有与集体联营	其他联营	国有独资公司
全国	**13964209**	**13831240**	**57788**	**68277**	**15164**	**774**	**2079**	**644**	**1484**	**45821**
北京	887264	874130	3494	7300	5244	77	170	18	40	1289
天津	215010	210671	1337	1206	180	24	30	10	18	864
河北	692968	692304	2125	3037	390	15	47	17	56	2148
山西	293657	293344	2631	2667	55	17	46	12	11	1448
内蒙古	182238	182052	846	451	65	10	19	5	16	1084
辽宁	385710	382860	2544	3375	525	31	81	19	69	1212
吉林	103780	103522	994	549	82	8	32	5	6	698
黑龙江	151501	151167	1795	1036	252	18	47	13	39	741
上海	344927	322010	1136	2217	509	22	57	54	29	1790
江苏	1225622	1216142	3385	4770	611	43	117	53	126	2900
浙江	904239	895423	1720	3389	1586	22	46	25	19	3901
安徽	520291	519704	1971	1946	173	27	68	20	51	1202
福建	450843	446072	1945	2428	130	23	69	13	52	1788
江西	256900	256407	2908	1272	186	28	49	19	31	1003
山东	1108899	1104903	3229	3911	428	23	95	16	66	2299
河南	814011	813194	3115	3972	288	52	154	55	186	1516
湖北	533921	532682	2753	2798	182	52	149	52	124	1216
湖南	359675	358954	1716	1160	136	31	76	23	82	1488
广东	2138343	2087935	5391	8816	2580	80	241	88	167	3024
广西	318491	317294	2211	2277	209	25	63	8	29	1412
海南	72269	71826	562	327	44	6	17	6	12	239
重庆	376874	375884	822	937	199	7	25	8	40	1156
四川	451274	449669	1662	1902	358	21	86	16	59	3226
贵州	209343	209069	1292	1456	137	22	66	23	23	2259
云南	292905	292197	1478	2107	233	21	68	18	39	1587
西藏	17902	17848	310	83	12	12	12	5	2	203
陕西	320121	319199	1953	1546	165	21	84	18	47	1457
甘肃	115376	115269	735	672	91	15	37	12	30	770
青海	41015	40940	345	178	46	6	9	2	4	284
宁夏	38593	38558	156	110	24	4	5		1	364
新疆	140247	140011	1227	382	44	11	14	11	10	1253

1-8 续表 1

单位：个

地区	其他有限责任公司	股份有限公司	私营独资	私营合伙	私营有限责任公司	私营股份有限公司	其他内资企业	港澳台商投资	合资经营	合作经营
全国	**1773490**	**145466**	**903215**	**155727**	**10539228**	**121526**	**557**	**74771**	**12305**	**1527**
北京	70182	4026	23761	13908	741276	3339	6	5088	960	143
天津	33159	2415	4400	4570	160769	1665	24	2186	929	22
河北	62552	5268	44783	4901	562822	4140	3	260	89	7
山西	28053	2779	16177	826	235616	2999	7	115	48	4
内蒙古	49041	3282	5336	845	117489	3560	3	57	15	
辽宁	52931	5540	43327	2245	267303	3647	11	957	324	19
吉林	25063	2660	5722	412	65594	1689	8	73	28	1
黑龙江	25728	3351	8988	788	106026	2327	18	151	40	6
上海	49050	2572	17996	8183	236309	2076	10	9521	1592	117
江苏	76884	9913	60487	10680	1037237	8860	76	4469	1167	53
浙江	47033	6433	48091	28514	749520	5122	2	2673	835	28
安徽	176428	5091	37476	3411	286212	5586	42	272	92	6
福建	34432	3690	23811	4500	369716	3466	9	3172	844	54
江西	34929	5434	19169	9323	177482	4559	15	283	90	7
山东	85613	9764	67770	5505	919117	7034	33	1318	482	35
河南	139046	10103	45217	3367	597851	8216	56	345	117	17
湖北	97607	7760	59513	5469	348861	6135	11	599	178	9
湖南	39149	6707	38839	6104	257398	6011	34	366	157	11
广东	272083	14476	63810	26051	1679942	11070	116	39881	3385	908
广西	42629	5098	29591	2029	227156	4551	6	558	216	22
海南	37738	1500	915	383	29209	865	3	294	70	12
重庆	19470	2908	94534	2628	249964	3170	16	514	139	11
四川	74536	5284	39981	3153	315062	4317	6	689	191	16
贵州	26712	2616	43355	1658	127240	2209	1	133	58	2
云南	37583	4577	34915	1459	204293	3806	13	265	87	5
西藏	9184	534	759	558	5739	434	1	19	3	
陕西	65633	5206	10130	1617	226454	4856	12	342	105	7
甘肃	28978	3128	7103	492	70607	2598	1	42	18	3
青海	5444	670	1926	232	31024	763	7	30	12	2
宁夏	3294	567	1508	130	31796	595	4	13	7	
新疆	23326	2114	3825	1786	104144	1861	3	86	27	

1-8 续表 2

单位：个

地区	独 资	股份有限	其 他	外商投资	合资经营	合作经营	独 资	股份有限	其 他
全 国	**58606**	**988**	**1345**	**58198**	**13749**	**764**	**38044**	**1465**	**4176**
北 京	3920	37	28	8046	2131	116	5665	63	71
天 津	1139	49	47	2153	570	39	1263	71	210
河 北	143	7	14	404	163	24	155	8	54
山 西	60	3		198	75	12	93	16	2
内蒙古	31	10	1	129	45	4	44	3	33
辽 宁	569	11	34	1893	568	30	1177	38	80
吉 林	34	5	5	185	44	4	90	29	18
黑龙江	75	12	18	183	64	8	71	12	28
上 海	7586	101	125	13396	1951	105	10996	131	213
江 苏	3086	68	95	5011	1519	41	3103	126	222
浙 江	1687	58	65	6143	1249	27	3428	119	1320
安 徽	152	13	9	315	155	7	87	11	55
福 建	2153	61	60	1599	484	21	949	56	89
江 西	161	13	12	210	81	4	66	12	47
山 东	739	28	34	2678	901	42	1536	77	122
河 南	169	15	27	472	185	6	100	39	142
湖 北	366	22	24	640	269	9	240	39	83
湖 南	169	16	13	355	117	8	127	39	64
广 东	34633	365	590	10527	2046	186	7134	306	855
广 西	289	16	15	639	183	15	288	112	41
海 南	170	14	28	149	53	10	55	8	23
重 庆	333	13	18	476	159	4	250	16	47
四 川	450	14	18	916	320	12	468	14	102
贵 州	67	3	3	141	36	9	52	15	29
云 南	149	12	12	443	109	7	229	35	63
西 藏	14	2		35	15	1	6	1	12
陕 西	178	13	39	580	182	7	272	44	75
甘 肃	15	3	3	65	10	2	19	15	19
青 海	14		2	45	10	1	18	5	11
宁 夏	4	1	1	22	7	1	10		4
新 疆	51	3	5	150	48	2	53	5	42

1-9 批发和零售业按地区分组的法人单位数

单位：个

地区	法人单位数 (2017年)	#多产业法人单位	法人单位数 (2018年)	#多产业法人单位
全国	**6252424**	**127669**	**6499161**	**113096**
北京	210061	7358	273387	7222
天津	128601	1909	79142	1061
河北	337751	6173	358174	5745
山西	178727	4523	141041	3640
内蒙古	82851	1858	85930	1688
辽宁	191012	2947	178057	2680
吉林	47558	671	46950	940
黑龙江	80414	1945	69493	1673
上海	165868	10988	127314	8018
江苏	723353	11044	613999	8232
浙江	536211	9208	465896	8052
安徽	230282	4626	242064	3669
福建	274120	5185	236338	3964
江西	134553	1840	119751	1462
山东	661406	7442	598403	7218
河南	257404	3309	408979	5013
湖北	248575	4254	257986	3737
湖南	161068	2407	154878	2582
广东	607193	12350	966082	10383
广西	153421	5206	142714	3823
海南	21265	793	22146	569
重庆	166014	3806	176115	3062
四川	116118	4070	187084	5415
贵州	94259	2000	91682	1845
云南	166569	5182	141696	4070
西藏	2373	102	7292	131
陕西	117082	2011	147183	3246
甘肃	43777	1177	58213	1280
青海	24311	681	17087	440
宁夏	24055	546	18271	500
新疆	66172	2058	65814	1736

1-10 交通运输、仓储和邮政业按地区分组的法人单位数

单位：个

地区	法人单位数 (2017年)	#多产业法人单位	法人单位数 (2018年)	#多产业法人单位
全国	**540994**	**21753**	**577233**	**19071**
北京	14913	756	19175	696
天津	19379	411	13792	231
河北	27657	676	31074	611
山西	14827	583	14626	502
内蒙古	9938	430	11040	335
辽宁	20100	594	21938	485
吉林	5938	181	5824	223
黑龙江	9726	418	9398	371
上海	17210	1571	16002	1131
江苏	63567	1420	59043	946
浙江	31988	1751	32133	1477
安徽	23453	910	24424	796
福建	19128	926	16714	736
江西	17798	553	17144	422
山东	52752	1065	52848	963
河南	18979	502	26433	848
湖北	25551	1176	22591	1026
湖南	13482	458	13686	484
广东	49662	2560	72787	2067
广西	12514	770	13253	620
海南	2070	158	2254	87
重庆	11134	667	11711	585
四川	13760	729	18551	926
贵州	7698	383	7709	425
云南	11046	813	10675	740
西藏	351	45	684	33
陕西	10723	305	13403	395
甘肃	3916	246	5000	290
青海	1952	139	1588	103
宁夏	2320	103	2575	121
新疆	7462	454	9158	396

1-11 住宿和餐饮业按地区分组的法人单位数

单位：个

地 区	法人单位数（2017年）	#多产业法人单位	法人单位数（2018年）	#多产业法人单位
全 国	**378974**	**15864**	**431323**	**18944**
北 京	17215	1250	34458	2218
天 津	6330	421	4935	298
河 北	12923	752	15538	785
山 西	9121	396	8427	363
内蒙古	4619	203	4358	170
辽 宁	9528	316	8862	295
吉 林	2463	45	2625	97
黑龙江	3492	131	2706	113
上 海	14306	1391	20445	2093
江 苏	25098	1231	25927	1205
浙 江	24856	1602	24951	1466
安 徽	15319	719	16738	578
福 建	13252	479	12861	545
江 西	7560	179	6697	225
山 东	29390	836	28234	1144
河 南	15029	290	21284	450
湖 北	17027	555	17622	562
湖 南	12954	325	11646	412
广 东	32729	1660	52913	2411
广 西	7266	448	8451	480
海 南	2536	160	2691	153
重 庆	29331	598	26373	484
四 川	13068	519	16832	734
贵 州	16341	116	17053	174
云 南	14873	548	14348	505
西 藏	579	16	1139	17
陕 西	10830	275	11321	470
甘 肃	4453	159	5899	241
青 海	2770	79	2095	77
宁 夏	1444	52	1201	64
新 疆	2272	113	2693	115

1-12 信息传输、软件和信息技术服务业按地区分组的法人单位数

单位：个

地 区	法人单位数 (2017年)	#多产业法人单位	法人单位数 (2018年)	#多产业法人单位
全 国	**719150**	**12207**	**919879**	**11964**
北 京	36601	1372	77133	1798
天 津	17862	181	17802	218
河 北	30159	389	39141	430
山 西	18806	336	17399	232
内蒙古	7178	154	8256	128
辽 宁	23389	278	28833	283
吉 林	4316	93	6495	80
黑龙江	9530	133	10182	145
上 海	18695	1104	23484	1028
江 苏	87155	1127	72799	899
浙 江	76660	1098	55067	896
安 徽	30019	364	30440	235
福 建	31233	356	32791	358
江 西	18582	174	15310	97
山 东	53407	512	58722	502
河 南	25564	203	56112	310
湖 北	40205	414	39431	277
湖 南	22548	295	24880	319
广 东	63781	1603	165633	1761
广 西	13404	268	18658	238
海 南	2957	58	5804	77
重 庆	19167	318	22734	302
四 川	16198	326	31631	421
贵 州	8080	119	8179	93
云 南	17568	412	15285	287
西 藏	174	34	1097	34
陕 西	11613	139	20798	163
甘 肃	2565	94	4146	95
青 海	2232	64	1785	46
宁 夏	1796	49	1462	41
新 疆	7706	140	8390	171

1-13 金融业按地区分组的法人单位数

单位：个

地区	法人单位数（2017年）	#多产业法人单位	法人单位数（2018年）	#多产业法人单位
全国	**135068**	**17555**	**137934**	**21154**
北京	5138	492	12796	936
天津	4912	331	4988	290
河北	5516	927	3681	954
山西	3221	602	2401	620
内蒙古	3134	552	1721	607
辽宁	4439	674	3673	836
吉林	1790	363	1312	443
黑龙江	2254	499	1487	562
上海	2802	417	9539	753
江苏	8306	988	6925	1251
浙江	10786	1023	16965	1118
安徽	5452	679	3270	807
福建	5360	493	3347	600
江西	3509	479	1649	549
山东	12053	1295	5783	1522
河南	4921	756	3001	1035
湖北	4944	657	2875	765
湖南	3570	619	2011	750
广东	12751	1264	30364	1806
广西	2703	495	2387	590
海南	695	106	588	137
重庆	2976	486	1818	377
四川	3550	798	3394	978
贵州	2535	369	1509	394
云南	4385	657	2948	641
西藏	107	34	336	31
陕西	3348	460	2399	610
甘肃	2322	378	1550	453
青海	504	118	354	125
宁夏	1874	127	576	150
新疆	5211	417	2287	464

1-14 房地产业按地区分组的法人单位数

单位：个

地 区	法人单位数 (2017年)	#多产业法人单位	法人单位数 (2018年)	#多产业法人单位
全 国	**642893**	**33994**	**744924**	**34806**
北 京	19622	1681	26884	2000
天 津	12729	509	10832	350
河 北	40644	2108	45063	2105
山 西	15980	891	16757	836
内蒙古	9448	550	11617	512
辽 宁	21985	689	22196	738
吉 林	6616	114	7454	243
黑龙江	10349	359	9574	294
上 海	18050	1504	21457	1394
江 苏	60782	3049	59246	2657
浙 江	41415	2205	46052	2172
安 徽	24983	1743	26697	1437
福 建	19921	1139	18144	1016
江 西	14987	828	13547	606
山 东	49233	1818	51380	2082
河 南	31673	522	46303	1037
湖 北	31630	1572	31427	1461
湖 南	19686	647	20714	878
广 东	70369	4240	117254	4462
广 西	18677	1344	21498	1213
海 南	9511	339	10393	291
重 庆	15666	1480	16578	1350
四 川	17947	1186	25144	1904
贵 州	11711	529	11596	542
云 南	14489	1251	14998	1022
西 藏	251	13	627	22
陕 西	15847	455	19993	851
甘 肃	5590	230	7331	361
青 海	2798	190	2545	170
宁 夏	2086	181	2119	187
新 疆	8218	628	9504	613

1-15 租赁和商务服务业按地区分组的法人单位数

单位：个

地区	法人单位数（2017年）	#多产业法人单位	法人单位数（2018年）	#多产业法人单位
全国	**2242096**	**43239**	**2551306**	**38359**
北京	152084	3214	184751	3087
天津	56982	905	39513	529
河北	95365	1784	99299	1765
山西	49596	1079	45373	950
内蒙古	26513	525	32688	498
辽宁	63283	1138	64493	1142
吉林	14688	236	16861	339
黑龙江	28045	447	24764	451
上海	66973	3245	69898	2752
江苏	246030	4600	188239	3200
浙江	206460	4269	157725	3227
安徽	90744	1711	90577	1161
福建	90980	1393	69411	1112
江西	59671	810	48714	438
山东	177737	2383	171491	2119
河南	71012	575	126282	1048
湖北	109524	1485	93706	1080
湖南	62762	1019	65296	1201
广东	221659	4967	514187	5025
广西	56993	1587	68961	1191
海南	12811	311	14719	221
重庆	54829	916	64049	759
四川	52470	970	92162	1583
贵州	34597	489	35243	516
云南	54745	1627	48736	1116
西藏	1154	11	5692	35
陕西	31430	428	57625	691
甘肃	12155	241	19942	320
青海	11170	237	9806	196
宁夏	7266	121	6878	127
新疆	22368	516	24225	480

1-16 科学研究和技术服务业按地区分组的法人单位数

单位：个

地区	法人单位数(2017年)	#多产业法人单位	法人单位数(2018年)	#多产业法人单位
全 国	**1035170**	**21999**	**1275579**	**19842**
北 京	111740	2336	154092	2368
天 津	57506	492	25989	224
河 北	44124	857	51677	827
山 西	18000	556	21099	527
内蒙古	9404	226	13102	198
辽 宁	29623	458	30154	399
吉 林	7933	114	9485	130
黑龙江	14699	262	15612	228
上 海	25077	1040	26067	984
江 苏	142157	2134	129379	1737
浙 江	67948	1853	61583	1501
安 徽	32816	797	41985	546
福 建	34023	852	27310	676
江 西	15488	407	16779	292
山 东	96850	1085	93529	1192
河 南	47284	386	75709	519
湖 北	43452	970	56306	711
湖 南	28849	668	45379	775
广 东	75646	2074	194574	1950
广 西	21935	866	28686	642
海 南	3471	113	5537	85
重 庆	15457	444	21164	331
四 川	25808	633	42513	866
贵 州	9234	312	11100	336
云 南	18964	918	21870	679
西 藏	538	28	1461	14
陕 西	15126	301	28134	377
甘 肃	5386	216	7564	219
青 海	3509	137	3370	82
宁 夏	2104	59	2235	52
新 疆	11019	405	12135	375

1-17 水利、环境和公共设施管理业按地区分组的法人单位数

单位：个

地 区	法人单位数（2017年）	#多产业法人单位	法人单位数（2018年）	#多产业法人单位
全 国	**146295**	**3924**	**148860**	**3021**
北 京	4179	137	7346	201
天 津	2265	43	1732	17
河 北	8254	189	7420	143
山 西	5237	125	5510	105
内蒙古	3605	103	3785	48
辽 宁	4889	93	3710	54
吉 林	1932	29	1519	27
黑龙江	2494	67	2346	44
上 海	2210	79	2228	70
江 苏	11929	256	10920	175
浙 江	9869	298	8556	229
安 徽	6811	228	6426	132
福 建	5574	169	4849	104
江 西	4145	87	3033	42
山 东	9900	181	10758	168
河 南	7865	108	9631	84
湖 北	7940	268	8162	190
湖 南	6036	167	6462	153
广 东	8941	298	11067	196
广 西	4344	80	4524	82
海 南	854	28	876	20
重 庆	3728	127	3162	93
四 川	5200	123	6044	143
贵 州	3123	58	3373	51
云 南	4194	183	4061	127
西 藏	88	6	205	3
陕 西	5103	90	5486	110
甘 肃	1731	113	1895	76
青 海	1151	23	970	23
宁 夏	708	35	527	11
新 疆	1996	133	2277	100

1-18 居民服务、修理和其他服务业按地区分组的法人单位数

单位：个

地 区	法人单位数 (2017年)	#多产业法人单位	法人单位数 (2018年)	#多产业法人单位
全 国	**420667**	**8620**	**497292**	**10315**
北 京	19464	768	36756	1185
天 津	11602	205	7237	142
河 北	20702	407	22280	458
山 西	11101	191	11377	238
内蒙古	7496	112	6932	126
辽 宁	12487	178	12599	208
吉 林	4129	29	4078	54
黑龙江	4997	78	4816	63
上 海	13114	853	17678	1007
江 苏	41767	805	41016	745
浙 江	23451	647	26474	808
安 徽	19115	313	21003	327
福 建	15312	334	15468	326
江 西	10760	132	7990	83
山 东	37021	392	33873	547
河 南	15432	121	25048	230
湖 北	19963	314	20009	296
湖 南	14930	157	13286	232
广 东	32250	972	62395	1259
广 西	8590	261	11192	295
海 南	1930	47	3084	55
重 庆	16103	240	17501	294
四 川	11354	251	19026	456
贵 州	12186	117	13950	134
云 南	14686	356	13888	270
西 藏	205	8	673	6
陕 西	9151	106	13423	258
甘 肃	3413	59	5882	78
青 海	2043	42	1778	27
宁 夏	1687	32	1741	36
新 疆	4226	93	4839	72

1-19 教育按地区分组的法人单位数

单位：个

地 区	法人单位数(2017年)	#多产业法人单位	法人单位数(2018年)	#多产业法人单位
全 国	**517739**	**31161**	**665883**	**24001**
北 京	11418	342	21236	663
天 津	4540	286	5749	140
河 北	22699	972	28623	623
山 西	12875	1164	15682	1048
内蒙古	8639	288	10805	270
辽 宁	15352	930	19103	581
吉 林	6464	585	8344	395
黑龙江	8495	525	11671	284
上 海	6101	167	9227	249
江 苏	29119	1318	36601	1158
浙 江	27584	1066	37929	902
安 徽	18901	1850	25508	1773
福 建	18066	1138	20876	925
江 西	16699	1301	19188	1157
山 东	35311	2067	43057	1529
河 南	46326	1598	60451	782
湖 北	23317	2365	25978	1483
湖 南	23726	2078	31778	1261
广 东	45292	1498	71352	1658
广 西	23151	245	26800	133
海 南	4158	253	5239	143
重 庆	14573	1469	16561	1154
四 川	28633	1917	34127	1483
贵 州	13557	1373	15828	827
云 南	12641	1578	15492	1416
西 藏	1012	236	1038	30
陕 西	16430	692	20247	581
甘 肃	10799	985	12540	754
青 海	2106	203	2358	124
宁 夏	2154	141	3049	101
新 疆	7601	531	9446	374

1-20 卫生和社会工作按地区分组的法人单位数

单位：个

地 区	法人单位数 (2017年)	#多产业法人单位	法人单位数 (2018年)	#多产业法人单位
全 国	**286858**	**16103**	**272504**	**8250**
北 京	4128	229	6607	370
天 津	2161	171	2262	42
河 北	7973	418	10764	217
山 西	7050	758	6896	275
内蒙古	5404	211	4926	99
辽 宁	13511	336	11409	192
吉 林	4095	107	4405	72
黑龙江	6280	558	6162	209
上 海	3407	111	4933	58
江 苏	23266	1202	30041	469
浙 江	11551	1055	12391	436
安 徽	10105	1247	11564	772
福 建	8546	355	6262	128
江 西	10627	359	8524	185
山 东	21775	1355	18784	771
河 南	36494	305	20369	92
湖 北	13545	1171	12539	714
湖 南	16501	810	11858	439
广 东	12472	930	17810	607
广 西	5059	84	5822	45
海 南	1372	102	1298	31
重 庆	6915	582	6476	319
四 川	17699	777	16751	466
贵 州	5522	688	5569	162
云 南	5956	1028	5887	556
西 藏	463	31	575	13
陕 西	14622	292	11463	172
甘 肃	4311	450	3992	216
青 海	1309	118	1462	36
宁 夏	1047	50	869	26
新 疆	3692	213	3834	61

1-21 文化、体育和娱乐业按地区分组的法人单位数

单位：个

地区	法人单位数(2017年)	#多产业法人单位	法人单位数(2018年)	#多产业法人单位
全国	**414973**	**5696**	**566593**	**7200**
北京	29908	460	53882	677
天津	10716	126	7395	100
河北	16678	206	23852	296
山西	12183	158	13635	203
内蒙古	5531	82	7343	86
辽宁	11215	113	12712	119
吉林	3516	39	4205	62
黑龙江	6301	80	6496	78
上海	8172	289	12599	493
江苏	37550	489	44141	554
浙江	30861	507	36470	566
安徽	18125	181	21353	243
福建	16348	206	19022	229
江西	9369	100	10752	99
山东	27862	246	37583	332
河南	18163	152	34229	229
湖北	16360	263	23539	284
湖南	19582	208	24155	306
广东	25782	565	61695	796
广西	9168	129	11599	154
海南	2426	52	3140	37
重庆	13588	165	16975	216
四川	17780	188	26469	343
贵州	8782	97	9258	111
云南	12425	243	14315	173
西藏	513	16	1013	8
陕西	8848	101	13799	196
甘肃	5959	96	5870	69
青海	1992	50	1766	39
宁夏	1606	14	1647	20
新疆	7664	75	5684	82

1-22 公共管理、社会保障和社会组织按地区分组的法人单位数

单位：个

地区	法人单位数 (2017年)	#多产业法人单位	法人单位数 (2018年)	#多产业法人单位
全国	**1590535**	**155550**	**1597010**	**66316**
北京	17339	1140	17477	277
天津	10591	553	9864	171
河北	79590	6810	86524	2122
山西	59018	14821	59737	5147
内蒙古	35215	3366	36462	2038
辽宁	44631	2924	41294	1001
吉林	29056	1427	28104	776
黑龙江	33692	3778	32818	2199
上海	13054	393	13735	83
江苏	81720	2531	82333	641
浙江	83064	2488	77570	483
安徽	47114	6070	52752	3483
福建	62502	12371	58629	3279
江西	56255	3868	57261	2792
山东	136066	12042	129035	5406
河南	103148	6013	104927	2790
湖北	71581	11545	69421	5145
湖南	83382	10392	72337	3179
广东	80082	9590	80079	3442
广西	51431	828	51867	77
海南	8182	840	7580	396
重庆	29518	2541	29418	819
四川	113042	6355	115402	2543
贵州	39781	5142	42359	4617
云南	46415	5440	52787	2932
西藏	14098	1056	12793	915
陕西	53108	9754	54057	3676
甘肃	46784	5799	54033	2904
青海	12821	1874	14454	768
宁夏	11330	627	12809	421
新疆	36925	3172	39092	1794

1-23 社会组织、自治组织情况

单位：个

年份 地区	社会组织 单位数	社会团体	民办非企业单位	基金会	自治组织 单位数	村民委员会	社区居委会
2005	319762	171150	147637	975	709026	629079	79947
2006	354393	191946	161303	1144	704386	623669	80717
2007	386916	211661	173915	1340	694715	612709	82006
2008	413660	229681	182382	1597	687698	604285	83413
2009	431069	238747	190479	1843	683767	599078	84689
2010	445631	245256	198175	2200	681715	594658	87057
2011	461971	254969	204388	2614	679133	589653	89480
2012	499268	271131	225108	3029	679628	588475	91153
2013	547245	289026	254670	3549	683167	588547	94620
2014	606048	309736	292195	4117	682144	585451	96693
2015	662425	328500	329141	4784	680535	580856	99679
2016	702405	335932	360914	5559	662478	559186	103292
2017	761539	354794	400438	6307	660709	554218	106491
2018	817360	366234	444092	7034	649888	542019	107869
中央级	2300	1986	101	213			
北京	12530	4539	7262	729	7124	3915	3209
天津	5148	2103	2960	85	5213	3556	1657
河北	26427	9892	16414	121	52957	48724	4233
山西	15535	7307	8130	98	29216	26623	2593
内蒙古	16677	8602	7942	133	13490	11057	2433
辽宁	23299	6772	16424	103	16013	11586	4427
吉林	13066	5828	7130	108	11222	9325	1897
黑龙江	18698	6838	11746	114	11549	8967	2582
上海	16208	4083	11658	467	5988	1572	4416
江苏	93061	37261	55090	710	21740	14410	7330
浙江	55298	24184	30437	677	29391	24711	4680
安徽	30777	13991	16635	151	17951	14516	3435
福建	29457	17655	11449	353	16934	14358	2576
江西	24921	11786	13051	84	20687	17004	3683
山东	51269	17533	33536	200	76985	69599	7386
河南	40270	11838	28287	145	51626	45651	5975
湖北	29933	12232	17556	145	27920	23392	4528
湖南	35561	15197	20053	311	29224	23897	5327
广东	67940	30299	36553	1088	26586	19792	6794
广西	25935	12896	12949	90	16284	14229	2055
海南	7287	2915	4275	97	3152	2558	594
重庆	17343	7767	9499	77	11159	8031	3128
四川	43835	20364	23303	168	53006	45524	7482
贵州	13413	7191	6164	58	17484	13295	4189
云南	23723	14647	8960	116	14416	11865	2551
西藏	612	546	47	19	5494	5266	228
陕西	28410	16147	12113	150	19859	17022	2837
甘肃	27028	20930	6021	77	17454	16062	1392
青海	6028	4170	1824	34	4622	4144	478
宁夏	6300	3735	2494	71	2800	2257	543
新疆	9071	5000	4029	42	12342	9111	3231

【主要统计指标解释】

法人单位 指有权拥有资产、承担负债，并独立从事社会经济活动（或与其他单位进行交易）的组织。法人单位应同时具备以下条件：（1）依法成立，有自己的名称、组织机构和场所，能够独立承担民事责任；（2）独立拥有（或授权使用）资产或者经费，承担负债，有权与其他单位签订合同；（3）具有包括资产负债表在内的账户，或者能够根据需要编制账户。法人单位包括五种类型：企业法人、事业单位法人、机关法人、社会团体法人和其他法人。

多产业法人单位 法人单位从事多种经济活动，或者位于多个地点，称为多产业法人。多产业法人由两个或两个以上产业活动单位组成。

企业法人 包括①领取《企业法人营业执照》（或新版《营业执照》）的各类企业；②个人独资企业、合伙企业；③经各级工商行政管理部门核准登记，领取《营业执照》的各类企业产业活动单位或经营单位；④未经有关部门批准但实际从事生产经营活动、且符合产业活动单位条件的企业法人的本部及分支机构。

企业控股情况 根据企业实收资本中某种经济成分的出资人的实际投资情况，或出资人对企业资产的实际控制、支配程度进行分类。具体分为国有控股、集体控股、私人控股、港澳台商控股、外商控股和其他六类。

国有控股 包括：（1）在企业的全部实收资本中，国有经济成分的出资人拥有的实收资本（股本）所占企业全部实收资本（股本）的比例大于50%的国有绝对控股。（2）在企业的全部实收资本中，国有经济成分的出资人拥有的实收资本（股本）所占比例虽未大于50%，但相对大于其他任何一方经济成分的出资人所占比例的国有相对控股；或者虽不大于其他经济成分，但根据协议规定拥有企业实际控制权的国有协议控股。（3）投资双方各占50%，且未明确由谁绝对控股的企业，若其中一方为国有经济成分的，一律按国有控股处理。

集体控股 包括：（1）在企业的全部实收资本中，集体经济成分的出资人拥有的实收资本（股本）所占企业全部实收资本（股本）的比例大于50%的集体绝对控股。（2）在企业的全部实收资本中，集体经济成分的出资人拥有的实收资本（股本）所占比例虽未大于50%，但相对大于其他任何一方经济成分的出资人所占比例的集体相对控股；或者虽不大于其他经济成分，但根据协议规定拥有企业实际控制权的集体协议控股。

私人控股 包括：（1）在企业的全部实收资本中，私人经济成分的出资人拥有的实收资本（股本）所占企业全部实收资本（股本）的比例大于50%的私人绝对控股。（2）在企业的全部实收资本中，私人经济成分的出资人拥有的实收资本（股本）所占比例虽未大于50%，但相对大于其他任何一方经济成分的出资人所占比例的私人相对控股；或者虽不大于其他经济成分，但根据协议规定拥有企业实际控制权的私人协议控股。

港澳台商控股 包括：（1）在企业的全部实收资本中，港澳台商经济成分的出资人拥有的实收资本（股本）所占企业全部实收资本（股本）的比例大于50%的港澳台商绝对控股。（2）在企业的全部实收资本中，港澳台商经济成分的出资人拥有的实收资本（股本）所占比例虽未大于50%，但相对大于其他任何一方经济成分的出资人所占比例的港澳台商相对控股；或者虽不大于其他经济成分，但根据协议规定拥有企业实际控制权的港澳台商协议控股。

外商控股 包括：（1）在企业的全部实收资本中，外商经济成分的出资人拥有的实收资本（股本）所占企业全部实收资本（股本）的比例大于50%的外商绝对控股。（2）在企业的全部实收资本中，外商经济成分的出资人拥有的实收资本（股本）所占比例虽未大于50%，但相对大于其他任何一方经济成分的出资人所占比例的外商相对控股；或者虽不大于其他经济成分，但根据协议规定拥有企业实际控制权的外商协议控股。

其他控股情况 除上述五类以外的企业控股情况。

国有企业 指企业全部资产归国家所有，并按《中华人民共和国企业法人登记管理条例》规定登记注册的非公司制的经济组织。不包括有限责任公司中的国有独资公司。

集体企业 指企业资产归集体所有，并按《中华人民共和国企业法人登记管理条例》规定登记注册的经济组织。

股份合作企业 指以合作制为基础，由企业职工共同出资入股，吸收一定比例的社会资产投资组建，实行自主经营，自负盈亏，共同劳动，民主管理，按劳分配与按股分红相结合的一种集体经济组织。

联营企业 指两个及两个以上相同或不同所有制性质的企业法人或事业单位法人，按自愿、平等、互利的原则，共同投资组成的经济组织。联营企业包括国有联营企业、集体联营企业、国有与集体联营企业和其他联营企业。

国有联营企业 指所有联营单位均为国有。

集体联营企业 指所有联营单位均为集体。

国有与集体联营企业 指联营单位既有国有也有集体。

其他联营企业 指上述三种联营企业之外的其他联营形式的企业。

有限责任公司 指根据《中华人民共和国公司登记管理条例》规定登记注册，由两个以上，五十个以下的股东共同出资，每个股东以其所认缴的出资额对公司承担有限责任，公司以其全部资产对其债务承担责任的经济组织。有限责任公司包括国有独资公司以及其他有限责任公司。

国有独资公司 指国家授权的投资机构或者国家授权的部门单独投资设立的有限责任公司。

其他有限责任公司 指国有独资公司以外的其他有限责任公司。

股份有限公司 指根据《中华人民共和国公司登记管理条例》规定登记注册，其全部注册资本由等额股份构成并通过发行股票筹集资本，股东以其认购的股份对公司承担有限责任，公司以其全部资产对其债务承担责任的经济组织。

私营企业 指由自然人投资设立或由自然人控股，以雇佣劳动为基础的营利性经济组织。包括按照《公司法》、《合伙企业法》以及《个人独资企业法》规定登记注册的私营独资企业、私营合伙企业、私营有限责任公司、私营股份有限公司和个人独资企业。

私营独资企业 指按《私营企业暂行条例》的规定，由一名自然人投资经营，以雇佣劳动为基础，投资者对企业债务承担无限责任的企业。

私营合伙企业 指按《合伙企业法》或《私营企业暂行条例》的规定，由两个以上自然人按照协议共同投资、共同经营、共负盈亏，以雇佣劳动为基础，对债务承担无限责任的企业。

私营有限责任公司 指按《公司法》、《私营企业暂行条例》的规定，由两个以上自然人投资或由单个自然人控股的有限责任公司。

私营股份有限公司 指按《公司法》的规定，由五个以上自然人投资，或由单个自然人控股的股份有限公司。

其他内资企业 指上述企业之外的其他内资经济组织。

合资经营企业（港或澳、台资） 指港澳台地区投资者与内地企业依照《中华人民共和国中外合资经营企业法》及有关法律的规定，按合同规定的比例投资设立、分享利润和分担风险的企业。

合作经营企业（港或澳、台资） 指港澳台地区投资者与内地企业依照《中华人民共和国中外合作经营企业法》及有关法律的规定，依照合作合同的约定进行投资或提供条件设立、分配利润和分担风险的企业。

港、澳、台商独资经营企业 指依照《中华人民共和国外资企业法》及有关法律的规定，在内地由港、澳、台地区投资者全额投资设立的企业。

港、澳、台商投资股份有限公司 指根据国家有关规定，经商务部（原外经贸部）依法批准设立，其中港、澳、台商的股本占公司注册资本的比例达25%以上的股份有限公司。凡其中港、澳、台商的股本占公司注册资本的比例小于25%的，属于内资企业中的股份有限公司。

其他港、澳、台商投资企业 指在中国境内参照《外国企业或个人在中国境内设立合伙企业管理办法》和《外商投资合伙企业登记管理规定》，依法设立的港、澳、台商投资合伙企业等。

中外合资经营企业 指外国企业或外国人与中国内地企业依照《中华人民共和国中外合资经营企业法》及有关法律的规定，按合同规定的比例投资设立、分享利润和分担风险的企业。

中外合作经营企业 指外国企业或外国人与中国内地企业依照《中华人民共和国中外合作经营企业法》及有关法律的规定，依照合作合同的约定进行投资或提供条件设立、分配利润和分担风险的企业。

外资企业 指依照《中华人民共和国外资企业法》及有关法律的规定，在中国内地由外国投资者全额投资设立的企业。

外商投资股份有限公司 指根据国家有关规定，经商务部（原外经贸部）依法批准设立，其中外资的股本占公司注册资本的比例达25% 以上的股份有限公司。凡其中外资股本占公司注册资本的比例小于25%的，属于内资企业中的股份有限公司。

其他外商投资企业 指在中国境内依照《外国企业或个人在中国境内设立合伙企业管理办法》和《外商投资合伙企业登记管理规定》，依法设立的外商投资合伙企业等。

社会团体 指中国公民自愿组成，为实现会员共同意愿，按照其章程开展活动的非营利性社会组织。是在中华人民共和国境内组织的各种协会、学会、联合会、研究会、联谊会、促进会、商会等合法机构的总称。各种社团，均不得从事以盈利为目的的经营性活动，并具备以下四项法人条件：①依法成立；②必要的财产或者经费；③有自己的名称、组织机构和场所；④能够独立承担民事责任。否则，不能统计为社团机构数。报告期末合法社团总数，即为年末实有社团机构数。

民办非企业单位 即社会服务机构，是指企业事业单位、社会团体和其他社会力量以及公民个人利用非国有资产举办的，从事非营利性社会服务活动的社会组织。目前，民办非企业单位主要分布在教育、卫生、文化、科技、体育、劳动、民政、社会中介、服务业等行(事)

业中。

基金会 指利用自然人、法人或者其他组织捐赠的财产，以从事公益事业为目的，按照《基金会管理条例》规定成立的非营利性法人。基金会分为具有公开募捐资格的基金会和不具有公开募捐资格的基金会。

村民委员会数 指报告期末乡镇在农业人口的居住地区设立的群众性自治组织（即村民委员会）实有个数。

社区居委会数 指报告期末城市和建制镇在城镇居民集中居住的地区设立的居民委员会实有个数（含家委会）。

2 第三产业就业人员数

简要说明

一、主要内容

本篇资料主要包括劳动力、就业人员、私营企业和个体就业人数等。

二、统计范围与统计口径

《劳动工资统计报表制度》的调查范围为城镇地域全部法人单位;《全国月度劳动力调查制度》的调查范围为我国大陆地区的城镇和乡村地域上居住的人口;私营企业及个体工商户统计范围为全社会。1990 年及以后的劳动力、就业人员数据根据劳动力调查、人口普查推算,2001 年及以后数据根据第六次人口普查数据重新修订,相应年份的分地区、分类型、分行业的资料相加不等于总计。1998 年及以后城镇单位就业人员等指标中不再包括离开本单位仍保留劳动关系的职工。

本篇“城镇单位”均指“城镇非私营单位”。

三、资料来源

1. 就业基本情况资料,是国家统计局人口和就业统计司根据《劳动工资统计报表制度》、《人口变动情况抽样调查方案》及《全国月度劳动力调查制度》搜集资料,加工整理。

2. 私营企业及个体工商业就业人员资料,由国家市场监督管理总局提供。

2-1 第三产业就业人员数及比重

单位：万人

年 份	劳动力	就业人员合计				第三产业就业人员占所有就业人员比重(%)
			第一产业	第二产业	第三产业	
1957	23971	23771	19309	2142	2320	9.8
1962		25910	21276	2059	2575	9.9
1965		28670	23396	2408	2866	10.0
1970		34432	27811	3518	3103	9.0
1975		38168	29456	5152	3560	9.3
1978	40682	40152	28318	6945	4890	12.2
1979	41592	41024	28634	7214	5177	12.6
1980	42903	42361	29122	7707	5532	13.1
1981	44165	43725	29777	8003	5945	13.6
1982	45674	45295	30859	8346	6090	13.5
1983	46707	46436	31151	8679	6606	14.2
1984	48433	48197	30868	9590	7739	16.1
1985	50112	49873	31130	10384	8359	16.8
1986	51546	51282	31254	11216	8811	17.2
1987	53060	52783	31663	11726	9395	17.8
1988	54630	54334	32249	12152	9933	18.3
1989	55707	55329	33225	11976	10129	18.3
1990	65323	64749	38914	13856	11979	18.5
1991	66091	65491	39098	14015	12378	18.9
1992	66782	66152	38699	14355	13098	19.8
1993	67468	66808	37680	14965	14163	21.2
1994	68135	67455	36628	15312	15515	23.0
1995	68855	68065	35530	15655	16880	24.8
1996	69765	68950	34820	16203	17927	26.0
1997	70800	69820	34840	16547	18432	26.4
1998	72087	70637	35177	16600	18860	26.7
1999	72791	71394	35768	16421	19205	26.9
2000	73992	72085	36043	16219	19823	27.5
2001	73884	72797	36399	16234	20165	27.7
2002	74492	73280	36640	15682	20958	28.6
2003	74911	73736	36204	15927	21605	29.3
2004	75290	74264	34830	16709	22725	30.6
2005	76120	74647	33442	17766	23439	31.4
2006	76315	74978	31941	18894	24143	32.2
2007	76531	75321	30731	20186	24404	32.4
2008	77046	75564	29923	20553	25087	33.2
2009	77510	75828	28890	21080	25857	34.1
2010	78388	76105	27931	21842	26332	34.6
2011	78579	76420	26594	22544	27282	35.7
2012	78894	76704	25773	23241	27690	36.1
2013	79300	76977	24171	23170	29636	38.5
2014	79690	77253	22790	23099	31364	40.6
2015	80091	77451	21919	22693	32839	42.4
2016	80694	77603	21496	22350	33757	43.5
2017	80686	77640	20944	21824	34872	44.9
2018	80567	77586	20258	21390	35938	46.3

2-2 按登记注册类型分第三产业城镇单位就业人员数(2018年底)

单位：万人

行业	合计	国有单位	城镇集体单位	其他单位
合计	**9392.8**	**5229.2**	**183.7**	**3980.0**
批发和零售业	**823.3**	**60.6**	**17.8**	**744.9**
批发业	380.3	46.0	7.7	326.6
零售业	443.0	14.6	10.1	418.3
交通运输、仓储和邮政业	**819.0**	**264.1**	**9.3**	**545.6**
铁路运输业	183.4	106.6	0.3	76.4
道路运输业	364.3	72.9	5.4	285.9
水上运输业	35.8	4.8	1.1	29.9
航空运输业	64.6	5.8		58.7
管道运输业	3.4	0.3		3.1
装卸搬运和运输代理业	31.4	0.7	0.3	30.4
仓储业	43.3	8.7	1.9	32.7
邮政业	92.9	64.3	0.2	28.4
住宿和餐饮业	**269.8**	**26.0**	**3.9**	**240.0**
住宿业	124.7	21.6	2.2	100.8
餐饮业	145.2	4.4	1.6	139.1
信息传输、软件和信息技术服务业	**424.3**	**24.9**	**0.6**	**398.8**
电信、广播电视和卫星传输服务	166.8	21.3	0.3	145.1
互联网和相关服务	50.7	1.0		49.6
软件和信息技术服务业	206.8	2.5	0.2	204.1
金融业	**699.3**	**125.8**	**33.1**	**540.4**
货币金融服务	351.8	90.9	32.5	228.4
资本市场服务	26.2	2.9	0.1	23.2
保险业	314.6	31.1	0.1	283.4
其他金融业	6.7	0.9	0.3	5.4
房地产业	**466.0**	**19.6**	**7.2**	**439.2**
租赁和商务服务业	**529.5**	**104.2**	**23.3**	**402.1**
租赁业	13.3	0.9	0.2	12.1
商务服务业	516.3	103.3	23.1	389.9
科学研究和技术服务业	**411.5**	**182.7**	**3.9**	**224.9**
研究和试验发展	84.1	59.8	0.4	23.9
专业技术服务业	268.6	96.9	2.8	168.9
科技推广和应用服务业	58.8	26.0	0.7	32.1
水利、环境和公共设施管理业	**260.6**	**167.6**	**8.0**	**85.0**
水利管理业	38.5	34.7	0.8	3.0
生态保护和环境治理业	12.8	7.5	0.2	5.1
公共设施管理业	202.2	121.7	6.9	73.7
土地管理业	7.2	3.8	0.1	3.3
居民服务、修理和其他服务业	**77.4**	**19.3**	**3.3**	**54.8**
居民服务业	33.2	11.6	1.5	20.1
机动车 、电子产品和日用产品修理业	11.6	2.0	0.6	9.0
其他服务业	76.1	47.2	1.6	27.3
教育	**1735.6**	**1564.8**	**22.9**	**147.9**
卫生和社会工作	**912.4**	**786.2**	**46.2**	**80.0**
卫生	878.7	758.9	44.8	75.1
社会工作	33.6	27.3	1.4	4.9
文化、体育和娱乐业	**146.6**	**91.5**	**1.3**	**53.7**
新闻和出版业	30.4	19.5	0.1	10.9
广播、电视、电影和影视录音制作业	45.1	30.8	0.2	14.0
文化艺术业	44.3	33.8	0.8	9.8
体育	12.2	4.9	0.1	7.2
娱乐业	14.6	2.6	0.1	11.9
公共管理、社会保障和社会组织	**1817.5**	**1791.8**	**3.0**	**22.6**
#中国共产党机关	84.7	84.6		
国家机构	1653.7	1648.3		
人民政协、民主党派	10.1	10.0		
社会保障	15.9	15.4		
群众团体、社会团体和其他成员组织	29.2	24.2	0.7	4.2

注：城镇单位就业人员数不含私营企业和个体(后续表同)。

2-3 按第三产业行业门类分城镇单位就业人员数

单位：万人

行业门类	2004	2005	2006	2007	2008	2009	2010	2011
合　计	**5939.7**	**6011.1**	**6105.4**	**6243.5**	**6428.7**	**6668.6**	**6898.6**	**7294.4**
批发和零售业	586.7	544.0	515.7	506.9	514.4	520.8	535.1	647.5
交通运输、仓储和邮政业	631.8	613.9	612.7	623.1	627.3	634.4	631.1	662.8
住宿和餐饮业	177.1	181.2	183.9	185.8	193.2	202.1	209.2	242.7
信息传输、软件和信息技术服务业	123.7	130.1	138.2	150.2	159.5	173.8	185.8	212.8
金融业	356.0	359.3	367.4	389.7	417.6	449.0	470.1	505.3
房地产业	133.4	146.5	153.9	166.5	172.7	190.9	211.6	248.6
租赁和商务服务业	194.4	218.5	236.7	247.2	274.7	290.5	310.1	286.6
科学研究和技术服务业	222.1	227.7	235.5	243.4	257.0	272.6	292.3	298.5
水利、环境和公共设施管理业	176.1	180.4	187.0	193.5	197.3	205.7	218.9	230.3
居民服务、修理和其他服务业	54.2	53.9	56.6	57.4	56.5	58.8	60.2	59.9
教育	1466.8	1483.2	1504.4	1520.9	1534.0	1550.4	1581.8	1617.8
卫生和社会工作	494.7	508.9	525.4	542.8	563.6	595.8	632.5	679.1
文化、体育和娱乐业	123.4	122.5	122.4	125.0	126.0	129.5	131.4	135.0
公共管理、社会保障和社会组织	1199.0	1240.8	1265.6	1291.2	1335.0	1394.3	1428.5	1467.6

2-3 续表

单位：万人

行业门类	2012	2013	2014	2015	2016	2017	2018
合　计	**7649.5**	**8592.8**	**8828.7**	**8986.0**	**9127.8**	**9277.4**	**9392.8**
批发和零售业	711.8	890.8	888.6	883.3	875.0	842.8	823.3
交通运输、仓储和邮政业	667.5	846.2	861.4	854.4	849.5	843.9	819.0
住宿和餐饮业	265.1	304.4	289.3	276.1	269.7	265.9	269.8
信息传输、软件和信息技术服务业	222.8	327.3	336.3	349.9	364.1	395.4	424.3
金融业	527.8	537.9	566.3	606.8	665.2	688.8	699.3
房地产业	273.7	373.7	402.2	417.3	431.7	444.8	466.0
租赁和商务服务业	292.3	421.9	449.4	474.0	488.4	522.6	529.5
科学研究和技术服务业	330.7	387.8	408.0	410.6	419.6	420.4	411.5
水利、环境和公共设施管理业	243.8	259.2	269.1	273.3	269.6	268.5	260.6
居民服务、修理和其他服务业	62.1	72.3	75.4	75.2	75.4	78.2	77.4
教育	1653.4	1687.2	1727.3	1736.5	1729.2	1730.4	1735.6
卫生和社会工作	719.3	770.0	810.4	841.6	867.0	897.9	912.4
文化、体育和娱乐业	137.7	147.0	145.5	149.1	150.8	152.2	146.6
公共管理、社会保障和社会组织	1541.5	1567.0	1599.3	1637.8	1672.6	1725.6	1817.5

2-4 按第三产业行业门类分国有单位就业人员数

单位：万人

行业门类	2004	2005	2006	2007	2008	2009	2010	2011
合　计	**4754.8**	**4727.4**	**4748.9**	**4792.6**	**4855.7**	**4921.3**	**5025.8**	**5167.1**
批发和零售业	259.6	214.7	186.7	174.1	160.7	144.2	137.3	145.7
交通运输、仓储和邮政业	473.4	443.3	433.0	432.0	424.5	413.9	403.3	415.9
住宿和餐饮业	70.5	67.5	63.8	58.6	56.6	55.2	54.6	56.3
信息传输、软件和信息技术服务业	74.1	65.8	65.6	62.5	63.0	64.6	62.5	67.0
金融业	196.4	177.5	165.1	161.4	155.4	146.0	144.3	146.3
房地产业	50.9	47.5	45.0	45.2	43.5	43.5	45.4	47.6
租赁和商务服务业	107.9	114.6	121.0	120.5	125.9	125.4	131.5	127.9
科学研究和技术服务业	188.6	188.5	193.0	197.5	201.6	209.4	219.6	218.2
水利、环境和公共设施管理业	158.0	161.0	165.4	169.8	172.8	178.3	189.9	198.0
居民服务、修理和其他服务业	24.2	24.9	27.7	28.7	28.8	28.3	28.9	30.7
教育	1409.7	1424.9	1448.0	1462.9	1481.9	1490.6	1517.4	1540.9
卫生和社会工作	437.9	452.4	466.8	483.2	501.2	529.9	562.6	606.0
文化、体育和娱乐业	111.9	110.5	110.1	111.3	110.9	111.9	113.1	113.8
公共管理、社会保障和社会组织	1191.8	1234.3	1257.5	1285.0	1328.8	1380.0	1415.6	1452.7

2-4 续表

单位：万人

行业门类	2012	2013	2014	2015	2016	2017	2018
合　计	**5328.8**	**5288.5**	**5340.1**	**5352.6**	**5363.1**	**5355.6**	**5229.2**
批发和零售业	148.5	110.1	99.9	90.8	82.0	72.0	60.6
交通运输、仓储和邮政业	419.5	410.3	395.2	373.4	366.0	353.0	264.1
住宿和餐饮业	57.6	45.7	41.8	37.4	35.2	31.7	26.0
信息传输、软件和信息技术服务业	65.8	49.5	37.5	35.5	33.5	26.9	24.9
金融业	151.9	147.9	146.1	146.6	148.7	143.1	125.8
房地产业	46.7	37.1	36.5	33.1	32.1	26.3	19.6
租赁和商务服务业	116.7	123.6	126.0	120.6	118.1	116.8	104.2
科学研究和技术服务业	232.5	223.7	224.8	213.2	215.1	206.2	182.7
水利、环境和公共设施管理业	208.9	207.7	211.9	210.7	203.9	195.9	167.6
居民服务、修理和其他服务业	30.4	22.9	22.5	22.0	21.4	18.5	19.3
教育	1567.2	1573.8	1602.7	1607.3	1593.9	1582.4	1564.8
卫生和社会工作	639.5	672.7	703.9	733.1	752.5	773.8	786.2
文化、体育和娱乐业	115.0	109.9	106.3	104.4	102.6	98.8	91.5
公共管理、社会保障和社会组织	1528.6	1553.6	1585.1	1624.4	1658.1	1710.3	1791.8

2-5 按第三产业行业门类分城镇集体单位就业人员数

单位：万人

行业门类	2004	2005	2006	2007	2008	2009	2010	2011
合　计	**393.2**	**361.1**	**336.7**	**320.2**	**295.4**	**278.3**	**272.9**	**261.6**
批发和零售业	108.9	89.9	77.4	69.0	58.6	52.5	48.0	46.8
交通运输、仓储和邮政业	34.1	30.6	27.2	24.6	22.2	20.6	19.8	17.5
住宿和餐饮业	15.0	13.7	12.7	11.6	11.0	10.4	9.6	10.0
信息传输、软件和信息技术服务业	1.3	1.4	1.1	0.9	0.8	1.1	1.0	1.3
金融业	66.6	63.8	62.1	61.3	60.1	53.1	52.1	50.2
房地产业	7.8	8.2	8.0	7.7	7.4	8.7	9.2	8.6
租赁和商务服务业	30.7	35.2	34.1	34.4	33.1	36.7	37.6	31.8
科学研究和技术服务业	4.5	3.8	3.5	3.4	3.4	4.2	4.2	3.7
水利、环境和公共设施管理业	10.2	9.6	10.0	10.2	10.8	10.5	10.5	10.8
居民服务、修理和其他服务业	13.5	10.3	9.8	8.9	8.8	8.2	7.8	6.0
教育	43.1	40.2	36.0	34.3	24.6	17.4	17.5	19.1
卫生和社会工作	50.0	48.3	48.8	48.7	49.8	49.9	51.4	51.5
文化、体育和娱乐业	2.8	2.5	2.3	2.3	2.3	2.2	2.2	2.0
公共管理、社会保障和社会组织	4.8	3.5	3.6	2.9	2.4	2.7	2.2	2.4

2-5 续表

单位：万人

行业门类	2012	2013	2014	2015	2016	2017	2018
合　计	**260.2**	**264.7**	**255.2**	**235.8**	**222.9**	**207.5**	**183.7**
批发和零售业	40.9	38.3	35.0	31.7	28.0	21.2	17.8
交通运输、仓储和邮政业	17.7	19.0	17.4	14.8	13.7	12.2	9.3
住宿和餐饮业	9.3	10.0	6.7	5.4	4.9	4.2	3.9
信息传输、软件和信息技术服务业	1.3	0.9	0.8	0.7	0.6	0.8	0.6
金融业	50.1	48.7	47.0	46.5	44.9	42.0	33.1
房地产业	8.7	8.3	8.9	8.0	8.0	7.4	7.2
租赁和商务服务业	33.7	38.1	36.0	31.8	29.1	27.7	23.3
科学研究和技术服务业	5.4	5.5	5.4	4.8	4.6	4.2	3.9
水利、环境和公共设施管理业	10.6	10.7	11.2	10.9	10.6	10.0	8.0
居民服务、修理和其他服务业	6.1	5.4	5.7	4.9	4.2	3.8	3.3
教育	19.0	21.8	22.2	20.9	19.0	18.9	22.9
卫生和社会工作	52.6	54.0	54.9	51.5	51.2	51.0	46.2
文化、体育和娱乐业	2.5	2.0	1.9	1.8	1.8	1.7	1.3
公共管理、社会保障和社会组织	2.3	2.1	2.1	2.0	2.3	2.4	3.0

2-6 按第三产业行业门类分其他单位就业人员数

单位：万人

行业门类	2004	2005	2006	2007	2008	2009	2010	2011
合　计	**791.6**	**922.6**	**1019.8**	**1130.8**	**1277.6**	**1469.0**	**1599.8**	**1865.7**
批发和零售业	218.3	239.4	251.6	263.8	295.0	324.2	349.9	455.0
交通运输、仓储和邮政业	124.4	140.0	152.6	166.4	180.6	199.9	208.0	229.4
住宿和餐饮业	91.6	100.1	107.3	115.7	125.6	136.5	145.1	176.5
信息传输、软件和信息技术服务业	48.3	62.8	71.5	86.8	95.7	108.1	122.3	144.5
金融业	93.1	117.9	140.2	167.0	202.0	249.9	273.7	308.9
房地产业	74.7	90.9	101.0	113.6	121.8	138.7	157.1	192.4
租赁和商务服务业	55.8	68.7	81.6	92.3	115.7	128.4	140.9	126.9
科学研究和技术服务业	29.0	35.5	38.9	42.5	52.0	59.0	68.6	76.5
水利、环境和公共设施管理业	7.9	9.8	11.6	13.5	13.7	16.8	18.5	21.5
居民服务、修理和其他服务业	16.5	18.7	19.0	19.8	19.0	22.3	23.5	23.1
教育	14.0	18.1	20.4	23.7	27.5	42.3	46.8	57.7
卫生和社会工作	6.8	8.2	9.8	11.0	12.6	16.0	18.6	21.6
文化、体育和娱乐业	8.7	9.6	10.0	11.5	12.7	15.4	16.2	19.2
公共管理、社会保障和社会组织	2.5	3.0	4.4	3.3	3.8	11.6	10.7	12.5

2-6 续表

单位：万人

行业门类	2012	2013	2014	2015	2016	2017	2018
合　计	**2060.4**	**3039.6**	**3233.4**	**3397.6**	**3541.7**	**3714.3**	**3980.0**
批发和零售业	522.4	742.4	753.6	760.9	765.1	749.6	744.9
交通运输、仓储和邮政业	230.3	417.0	448.9	466.2	469.8	478.7	545.6
住宿和餐饮业	198.1	248.7	240.8	233.3	229.6	230.0	240.0
信息传输、软件和信息技术服务业	155.7	276.9	298.0	313.6	330.0	367.7	398.8
金融业	325.7	341.3	373.3	413.7	471.5	503.7	540.4
房地产业	218.3	328.3	356.8	376.2	391.6	411.0	439.2
租赁和商务服务业	141.8	260.2	287.4	321.7	341.2	378.1	402.1
科学研究和技术服务业	92.8	158.5	177.8	192.6	199.9	210.0	224.9
水利、环境和公共设施管理业	24.3	40.8	46.1	51.7	55.0	62.6	85.0
居民服务、修理和其他服务业	25.7	44.1	47.3	48.3	49.8	56.0	54.8
教育	67.2	91.6	102.4	108.3	116.4	129.1	147.9
卫生和社会工作	27.3	43.3	51.6	57.0	63.3	73.2	80.0
文化、体育和娱乐业	20.2	35.0	37.3	42.8	46.3	51.7	53.7
公共管理、社会保障和社会组织	10.6	11.3	12.1	11.4	12.2	12.9	22.6

2-7 各地区按第三产业行业门类分城镇单位就业人员数(2018年底)

单位：万人

地 区	批发和零售业	交通运输、仓储和邮政业	住宿和餐饮业	信息传输、软件和信息技术服务业	金融业	房地产业	租赁和商务服务业
全 国	**823.3**	**819.0**	**269.8**	**424.3**	**699.3**	**466.0**	**529.5**
北 京	73.6	60.2	31.2	84.0	54.7	47.3	81.3
天 津	19.2	13.2	5.6	6.4	17.1	10.4	13.2
河 北	19.0	24.6	4.1	8.4	36.1	8.3	10.7
山 西	15.7	21.4	3.5	4.9	20.8	3.6	8.6
内蒙古	8.3	20.1	3.1	4.9	14.5	5.0	5.0
辽 宁	20.2	33.0	5.6	12.8	28.5	10.5	12.0
吉 林	11.2	14.9	2.3	5.8	13.4	6.1	6.6
黑龙江	15.7	25.0	3.2	8.0	21.7	6.4	10.8
上 海	84.5	50.6	30.5	35.6	33.4	26.6	57.9
江 苏	55.6	46.0	18.0	32.0	39.4	25.4	33.5
浙 江	36.8	30.1	13.8	21.8	45.0	22.4	29.1
安 徽	23.0	24.5	6.4	9.3	24.1	14.7	8.8
福 建	29.5	23.0	11.1	12.3	20.0	17.1	18.6
江 西	15.2	19.0	3.3	5.5	14.4	8.0	5.8
山 东	49.9	47.6	12.3	18.0	46.5	25.3	17.7
河 南	36.7	39.3	7.9	12.8	28.2	23.5	16.4
湖 北	36.8	34.8	8.3	13.5	19.9	16.4	13.4
湖 南	20.2	21.9	6.3	6.8	27.6	12.5	9.8
广 东	107.8	86.4	40.7	60.8	61.3	77.1	78.8
广 西	12.5	18.8	4.4	4.9	15.6	7.8	11.8
海 南	5.5	7.6	6.1	2.2	5.0	8.6	2.0
重 庆	19.4	22.5	6.0	4.9	14.1	14.6	14.3
四 川	27.5	37.4	9.6	19.3	32.4	21.9	18.5
贵 州	12.0	11.9	2.6	3.5	8.8	8.6	7.4
云 南	23.6	17.1	8.0	4.9	10.5	13.9	12.3
西 藏	0.9	1.0	0.5	0.4	1.0	0.2	0.7
陕 西	22.7	27.3	9.6	12.7	21.6	11.9	8.5
甘 肃	7.0	14.6	2.7	3.0	7.7	4.5	3.4
青 海	2.0	4.6	0.5	0.9	2.3	0.9	0.7
宁 夏	2.4	3.9	0.5	0.8	4.1	1.4	1.8
新 疆	8.7	16.7	2.3	3.1	9.5	5.2	10.0

2-7 续表

单位：万人

地　区	科学研究和技术服务业	水利、环境和公共设施管理业	居民服务、修理和其他服务业	教　育	卫生和社会工作	文化、体育和娱乐业	公共管理、社会保障和社会组织
全　国	**411.5**	**260.6**	**77.4**	**1735.6**	**912.4**	**146.6**	**1817.5**
北　京	71.7	12.2	11.4	55.8	30.5	19.0	48.2
天　津	10.8	3.3	4.7	18.4	10.8	2.3	18.4
河　北	15.9	12.2	2.0	87.9	39.6	5.1	91.4
山　西	7.3	9.0	0.9	50.0	21.7	4.7	60.8
内蒙古	5.6	8.2	0.7	34.2	17.8	3.3	49.8
辽　宁	10.4	10.0	3.3	49.0	31.1	4.1	63.8
吉　林	7.3	7.2	2.0	35.9	19.9	3.7	38.2
黑龙江	9.2	10.4	4.2	40.9	23.0	3.5	44.3
上　海	26.9	9.3	7.1	31.9	19.4	5.9	21.9
江　苏	21.8	12.2	3.7	92.1	50.0	7.9	78.8
浙　江	16.6	10.1	2.4	75.3	47.4	7.1	73.2
安　徽	9.3	6.1	1.3	64.1	32.5	3.3	53.6
福　建	7.7	5.7	3.1	54.7	23.8	4.3	47.2
江　西	6.1	5.8	0.7	55.6	26.1	2.9	57.9
山　东	17.3	20.4	2.9	113.0	65.7	7.1	117.7
河　南	14.0	13.4	2.2	119.5	62.6	7.1	120.9
湖　北	15.8	11.5	1.7	69.3	43.8	6.7	67.4
湖　南	11.2	8.3	1.5	67.6	41.1	5.5	81.6
广　东	37.8	18.6	10.7	130.1	67.9	10.5	119.9
广　西	7.1	7.1	0.7	63.1	33.5	3.2	57.5
海　南	2.0	3.6	0.4	13.1	6.9	1.4	15.7
重　庆	8.2	5.8	1.5	42.0	20.3	2.8	34.8
四　川	20.4	11.4	1.8	96.1	51.4	5.5	101.7
贵　州	6.7	5.1	1.4	55.3	22.0	2.4	62.9
云　南	9.9	7.2	2.5	60.7	28.1	3.8	61.4
西　藏	0.8	0.5		6.2	1.8	0.9	16.7
陕　西	17.0	10.2	1.6	55.1	27.8	5.6	60.9
甘　肃	6.5	6.4	0.4	35.6	16.6	2.7	46.5
青　海	2.2	1.1	0.1	7.8	4.8	0.8	12.7
宁　夏	1.3	2.0		9.0	4.7	0.9	12.1
新　疆	6.5	5.9	0.6	46.1	19.8	2.7	79.5

2-8 各地区按第三产业行业门类分国有单位就业人员数(2018年底)

单位：万人

地　区	批发和零售业	交通运输、仓储和邮政业	住宿和餐饮业	信息传输、软件和信息技术服务业	金融业	房地产业	租赁和商务服务业
全　国	**60.6**	**264.1**	**26.0**	**24.9**	**125.8**	**19.6**	**104.2**
北　京	1.8	2.2	2.7	1.2	1.1	1.8	20.1
天　津	0.5	3.3	0.3	0.1	1.3	0.5	2.7
河　北	2.5	13.7	1.3	1.0	2.7	0.6	2.5
山　西	2.9	5.3	1.1	0.7	4.3	0.5	2.8
内蒙古	1.2	13.8	0.5	0.7	4.6	0.3	1.9
辽　宁	1.9	15.3	1.4	1.1	5.1	1.0	3.3
吉　林	1.2	9.6	0.7	1.1	3.8	0.6	2.8
黑龙江	3.7	21.1	1.8	1.7	5.4	0.9	3.1
上　海	0.7	7.3	0.8	0.2	2.4	0.8	5.7
江　苏	2.9	9.4	1.1	1.3	8.4	0.7	6.2
浙　江	1.1	5.8	0.8	1.1	1.7	0.7	5.6
安　徽	2.2	8.5	0.3	0.8	7.8	0.7	1.5
福　建	2.3	7.8	0.6	0.7	5.7	1.1	4.8
江　西	1.8	4.2	0.5	0.3	5.2	0.6	2.2
山　东	2.5	18.9	2.4	1.9	7.4	1.0	3.4
河　南	5.9	20.9	1.4	1.5	5.0	0.7	3.7
湖　北	3.7	10.1	0.7	1.3	5.4	0.7	3.1
湖　南	2.6	12.0	0.7	0.3	1.1	0.5	1.9
广　东	2.7	10.8	1.7	2.4	8.7	1.7	12.6
广　西	1.8	9.2	0.7	0.4	5.1	0.4	2.0
海　南	0.3	1.5	0.4	0.5	1.0	0.3	0.4
重　庆	0.9	6.1	0.2	0.2	3.4	0.2	0.6
四　川	2.7	17.6	0.5	1.4	10.6	0.5	2.9
贵　州	2.5	5.8	0.2	0.4	1.8	0.3	0.9
云　南	3.0	3.0	0.8	0.7	4.4	0.4	1.0
西　藏	0.3	0.6	0.2	0.2	0.8		0.1
陕　西	2.7	8.2	0.7	0.4	3.7	0.9	1.7
甘　肃	0.9	2.4	0.5	0.9	2.9	0.3	1.9
青　海	0.2	3.5	0.1		1.5	0.1	0.1
宁　夏	0.3	2.6	0.2	0.1	0.9	0.2	0.6
新　疆	1.0	3.6	0.8	0.3	2.7	0.3	2.2

2-8 续表 单位：万人

地区	科学研究和技术服务业	水利、环境和公共设施管理业	居民服务、修理和其他服务业	教育	卫生和社会工作	文化、体育和娱乐业	公共管理、社会保障和社会组织
全国	**182.7**	**167.6**	**19.3**	**1564.8**	**786.2**	**91.5**	**1791.8**
北京	21.5	6.4	1.2	35.8	23.2	9.8	44.2
天津	3.5	2.2	0.2	16.6	9.2	1.4	17.0
河北	6.2	9.3	0.4	85.8	35.7	4.0	91.2
山西	5.6	7.7	0.4	48.1	19.4	3.9	60.8
内蒙古	3.6	6.1	0.4	33.6	16.4	2.9	49.7
辽宁	6.2	7.2	2.3	44.1	27.7	3.0	61.7
吉林	4.9	5.7	0.9	34.1	17.8	2.9	37.7
黑龙江	7.7	9.1	3.8	40.4	21.3	2.8	44.3
上海	5.6	1.6	0.6	25.1	15.3	1.8	20.3
江苏	6.4	6.2	0.9	79.3	37.2	4.0	78.4
浙江	5.6	5.0	0.5	63.7	41.1	4.4	70.6
安徽	4.4	4.6	0.3	58.8	23.6	2.1	53.3
福建	3.8	2.8	0.3	48.0	18.7	2.8	47.2
江西	4.2	3.8	0.1	52.2	23.5	2.2	57.5
山东	7.1	10.4	0.7	102.8	55.1	4.5	117.1
河南	6.9	7.8	0.6	100.9	52.9	4.8	119.0
湖北	7.5	8.9	0.6	64.9	39.7	4.4	67.2
湖南	4.6	6.5	0.2	61.2	36.6	3.2	81.3
广东	8.8	10.2	2.6	107.1	58.3	5.0	119.5
广西	5.6	6.1	0.2	61.0	32.5	2.2	57.4
海南	1.0	0.9	0.1	10.9	5.1	0.6	15.7
重庆	3.6	3.2	0.1	38.0	17.0	1.6	34.5
四川	13.1	8.0	0.4	89.6	42.7	4.1	101.6
贵州	4.6	2.7	0.2	53.1	20.5	1.5	62.6
云南	6.9	4.5	0.3	55.8	24.8	2.2	61.4
西藏	0.8	0.1		6.2	1.7	0.8	16.7
陕西	11.6	7.5	0.6	51.0	25.0	2.9	60.3
甘肃	4.8	5.7	0.2	35.3	15.8	2.1	46.4
青海	1.9	0.9		7.4	4.6	0.7	12.7
宁夏	0.9	1.7		8.6	4.5	0.6	12.0
新疆	4.3	4.7	0.2	45.5	19.3	2.4	72.5

2-9 各地区按第三产业行业门类分城镇集体单位就业人员数(2018年底)

单位：人

地区	批发和零售业	交通运输、仓储和邮政业	住宿和餐饮业	信息传输、软件和信息技术服务业	金融业	房地产业	租赁和商务服务业
全国	**177910**	**92749**	**38594**	**5699**	**330832**	**72429**	**232761**
北京	7478	4499	6051	321	32	21627	30708
天津	1675	1201	708	114		2203	5996
河北	12777	3698	1041	207	18130	1237	9148
山西	18568	2382	1002	63	30074	1053	5208
内蒙古	934	1153	194		18988	66	644
辽宁	6091	3289	926	215	12041	1323	7522
吉林	1150	874	261		8714	208	727
黑龙江	6871	587	1051	64	14662	650	6992
上海	4817	4999	2608	18	64	5942	22248
江苏	8219	12389	1906	1124	11096	2433	20577
浙江	2791	2189	1263	579	2147	1636	14415
安徽	3116	6645	395	192	15531	564	3773
福建	6323	1714	494	100	6969	2383	4052
江西	2004	2377	117	405	8556	873	2523
山东	12599	4970	2087	184	18282	5718	9269
河南	11380	9275	2395	726	20843	1564	3284
湖北	13200	3663	1184		6994	1107	4051
湖南	4494	4048	586	54	1671	1345	1650
广东	25089	6171	8976	900	34812	14367	46785
广西	4682	1620	621	77	13463	747	5506
海南	451	180	17	5	805	423	212
重庆	2715	3626	1128		112	274	1053
四川	3509	6485	757	72	17661	1421	6455
贵州	2832	1138	437	61	9839	430	2264
云南	3754	651	1056	73	18059	1018	1591
西藏	36		63				5
陕西	5608	2048	628	89	15295	624	7032
甘肃	2894	534	453	56	12985	575	1847
青海	347	241	121		3204		384
宁夏	88		3		1469	46	114
新疆	1418	103	65		8334	572	6726

2-9 续表

单位：人

地　区	科学研究和技术服务业	水利、环境和公共设施管理业	居民服务、修理和其他服务业	教　育	卫生和社会工作	文化、体育和娱乐业	公共管理、社会保障和社会组织
全　国	**39090**	**79500**	**32751**	**228815**	**462101**	**13232**	**30041**
北　京	6102	4038	6268	8535	12421	1155	1506
天　津	405	169	507	1508	1203	134	395
河　北	777	1780	777	4426	21778	784	1144
山　西	593	6203	987	1805	14784	1216	38
内蒙古	425	2688	1580	726	8739	38	38
辽　宁	2084	1653	994	6604	9586	167	153
吉　林	524	5471	914	246	5107	71	320
黑龙江	450	3299	1534	994	3881	197	73
上　海	1489	5489	4101	4323	20579	1332	9911
江　苏	3909	16241	4281	46551	61782	1610	1705
浙　江	1738	1997	1614	13344	17356	228	479
安　徽	664	1082	515	2489	49432	516	2331
福　建	1096	784	491	6879	32604	462	16
江　西	401	2449	39	1286	4243	151	731
山　东	1774	2265	682	29015	55123	669	1777
河　南	2547	2157	1171	51466	25381	958	3180
湖　北	2455	5936	589	5122	8857	544	496
湖　南	404	1441	166	6661	16794	300	26
广　东	3108	8522	1637	24734	21544	1137	167
广　西	790	1123	975	1652	245	33	372
海　南	472	108	41	398	4008	82	21
重　庆	525	1184	373	1244	10360	90	2274
四　川	1416	1907	174	3129	43620	541	39
贵　州	243	55	196	233	805	12	1415
云　南	2013	278	1422	2174	1308	40	224
西　藏		21				33	
陕　西	1914	502	492	2686	7656	344	767
甘　肃	238		79	218	1661	362	209
青　海	40	65	38		300		
宁　夏	10	593		261	309		17
新　疆	484		114	106	635	26	217

2-10 各地区按第三产业行业门类分其他单位就业人员数(2018年底)

单位：万人

地 区	批发和零售业	交通运输、仓储和邮政业	住宿和餐饮业	信息传输、软件和信息技术服务业	金融业	房地产业	租赁和商务服务业
全 国	**744.9**	**545.6**	**240.0**	**398.8**	**540.4**	**439.2**	**402.1**
北 京	71.1	57.6	27.9	82.8	53.6	43.3	58.1
天 津	18.6	9.8	5.2	6.3	15.7	9.7	10.0
河 北	15.2	10.5	2.7	7.3	31.7	7.6	7.3
山 西	11.0	15.8	2.3	4.2	13.5	3.0	5.3
内蒙古	7.0	6.2	2.6	4.2	8.1	4.7	3.0
辽 宁	17.7	17.3	4.1	11.6	22.2	9.3	7.9
吉 林	9.9	5.2	1.6	4.8	8.8	5.5	3.8
黑龙江	11.3	3.9	1.3	6.3	14.8	5.4	7.0
上 海	83.2	42.8	29.4	35.4	31.0	25.2	50.0
江 苏	51.9	35.4	16.8	30.6	29.8	24.4	25.3
浙 江	35.4	24.1	12.9	20.7	43.0	21.5	22.0
安 徽	20.5	15.3	6.0	8.5	14.7	13.9	6.9
福 建	26.7	15.0	10.4	11.6	13.6	15.8	13.4
江 西	13.2	14.5	2.8	5.2	8.3	7.3	3.3
山 东	46.2	28.2	9.7	16.1	37.3	23.7	13.3
河 南	29.7	17.4	6.3	11.3	21.1	22.7	12.3
湖 北	31.7	24.4	7.5	12.2	13.8	15.6	9.9
湖 南	17.1	9.5	5.5	6.5	26.4	11.8	7.7
广 东	102.6	75.0	38.1	58.3	49.1	73.9	61.5
广 西	10.2	9.4	3.6	4.6	9.1	7.3	9.3
海 南	5.2	6.1	5.7	1.7	4.0	8.2	1.6
重 庆	18.3	16.1	5.7	4.7	10.7	14.3	13.7
四 川	24.5	19.1	9.0	17.9	20.0	21.2	15.0
贵 州	9.1	6.0	2.3	3.1	6.1	8.3	6.3
云 南	20.3	14.1	7.2	4.2	4.3	13.4	11.1
西 藏	0.6	0.5	0.3	0.2	0.2	0.2	0.6
陕 西	19.5	18.9	8.9	12.3	16.3	10.9	6.1
甘 肃	5.8	12.2	2.1	2.1	3.5	4.1	1.3
青 海	1.8	1.0	0.3	0.8	0.5	0.9	0.5
宁 夏	2.1	1.2	0.4	0.6	3.0	1.2	1.2
新 疆	7.6	13.0	1.5	2.8	6.0	4.8	7.2

2-10 续表 单位：万人

地 区	科学研究和技术服务业	水利、环境和公共设施管理业	居民服务、修理和其他服务业	教 育	卫生和社会工作	文化、体育和娱乐业	公共管理、社会保障和社会组织
全 国	**224.9**	**85.0**	**54.8**	**147.9**	**80.0**	**53.7**	**22.6**
北 京	49.6	5.4	9.6	19.1	6.0	9.1	3.9
天 津	7.3	1.1	4.4	1.7	1.5	0.9	1.4
河 北	9.7	2.7	1.5	1.7	1.7	1.1	
山 西	1.7	0.7	0.4	1.8	0.8	0.6	
内蒙古	2.0	1.9	0.2	0.5	0.5	0.3	0.1
辽 宁	4.0	2.7	0.9	4.2	2.5	1.0	2.1
吉 林	2.4	1.0	1.0	1.8	1.6	0.8	0.5
黑龙江	1.4	1.0	0.3	0.4	1.3	0.6	
上 海	21.1	7.1	6.1	6.4	2.0	4.0	0.6
江 苏	15.0	4.4	2.4	8.1	6.6	3.7	0.2
浙 江	10.9	4.9	1.7	10.2	4.6	2.6	2.6
安 徽	4.9	1.5	1.0	5.0	3.9	1.2	
福 建	3.8	2.8	2.8	6.0	1.8	1.5	
江 西	1.9	1.7	0.6	3.3	2.2	0.8	0.4
山 东	10.0	9.8	2.2	7.3	5.1	2.6	0.4
河 南	6.8	5.4	1.5	13.5	7.2	2.2	1.5
湖 北	8.1	2.0	1.0	3.9	3.2	2.3	0.1
湖 南	6.6	1.6	1.3	5.7	2.8	2.2	0.3
广 东	28.8	7.6	7.9	20.5	7.4	5.4	0.4
广 西	1.5	0.8	0.4	2.0	0.9	1.0	0.1
海 南	1.0	2.8	0.3	2.2	1.4	0.8	0.1
重 庆	4.5	2.5	1.3	3.9	2.3	1.3	
四 川	7.2	3.3	1.4	6.3	4.3	1.3	0.1
贵 州	2.1	2.5	1.2	2.2	1.5	0.9	0.1
云 南	2.8	2.7	2.0	4.7	3.2	1.6	
西 藏		0.4			0.1	0.1	
陕 西	5.3	2.7	0.9	3.7	2.0	2.6	0.5
甘 肃	1.7	0.7	0.2	0.3	0.7	0.5	
青 海	0.4	0.2		0.4	0.2	0.2	
宁 夏	0.4	0.2		0.3	0.2	0.3	
新 疆	2.1	1.2	0.3	0.6	0.4	0.2	6.9

2-11 各地区按第三产业行业门类分私营企业就业人员数(2018年底)

单位：万人

地区	第三产业合计	批发和零售业	交通运输、仓储和邮政业	住宿和餐饮业	信息传输、软件和信息技术服务业	金融业	房地产业	租赁和商务服务业
全　国	**14394.33**	**6193.56**	**526.18**	**397.20**	**865.30**	**189.67**	**651.71**	**2763.34**
北　京	989.18	208.86	29.34	36.29	26.14	3.00	37.44	190.34
天　津	66.34	21.29	3.35	1.02	1.60	3.66	1.98	14.54
河　北	220.37	109.78	10.01	5.28	11.94	2.43	11.85	27.43
山　西	178.34	95.20	10.56	5.53	6.46	5.37	8.78	21.56
内蒙古	206.88	99.45	10.16	5.27	8.95	2.82	11.30	35.82
辽　宁	275.45	121.98	17.47	7.01	17.38	2.39	17.13	47.61
吉　林	184.08	77.34	9.78	4.41	10.39	4.75	10.91	26.91
黑龙江	56.88	23.00	2.82	0.74	3.62	0.90	2.95	9.87
上　海	1182.02	442.58	44.86	17.36	54.28	6.56	30.46	315.98
江　苏	1305.72	483.50	58.49	28.03	54.01	6.85	62.61	309.09
浙　江	939.59	401.65	29.60	23.91	67.55	15.74	30.93	194.16
安　徽	399.04	174.72	19.33	11.24	18.57	17.72	21.08	69.17
福　建	669.48	339.43	15.70	11.03	33.57	3.73	16.48	162.33
江　西	347.83	158.45	22.54	9.12	23.43	2.23	19.92	72.95
山　东	1099.93	563.85	42.95	29.85	64.79	20.45	51.73	159.08
河　南	486.01	241.49	17.82	12.71	25.46	2.82	27.35	80.28
湖　北	515.21	220.50	22.96	16.70	32.48	4.51	31.16	89.46
湖　南	335.79	100.82	8.13	6.17	32.27	7.76	56.39	58.18
广　东	2459.99	1247.95	62.22	61.24	183.27	48.15	76.12	408.84
广　西	362.40	177.53	14.22	8.35	14.73	2.63	18.95	74.34
海　南	99.27	33.96	2.70	2.90	7.49	0.64	12.10	22.64
重　庆	683.87	279.63	20.51	36.91	73.39	6.42	27.38	132.17
四　川	263.15	101.53	7.85	7.28	24.44	1.35	11.38	57.14
贵　州	210.82	90.82	6.86	11.45	14.26	1.74	8.47	42.49
云　南	244.56	108.75	10.44	12.36	14.68	2.76	16.45	38.67
西　藏	33.52	11.62	1.10	1.75	1.35	0.18	0.71	8.54
陕　西	222.51	92.12	8.10	10.43	20.23	5.14	8.41	36.37
甘　肃	167.66	84.16	6.77	8.11	9.15	1.80	10.39	20.73
青　海	27.76	10.89	1.35	1.43	1.08	0.45	1.32	5.48
宁　夏	28.27	13.19	1.33	0.95	1.52	1.40	1.15	4.90
新　疆	132.42	57.55	6.87	2.37	6.86	3.32	8.45	26.28

2-11 续表

单位：万人

地区	科学研究和技术服务业	水利、环境和公共设施管理业	居民服务、修理和其他服务业	教育	卫生和社会工作	文化、体育和娱乐业	其他
全国	**1550.13**	**102.72**	**514.94**	**79.46**	**67.34**	**446.70**	**46.06**
北京	335.43	8.86	17.22	1.21	5.54	89.48	0.04
天津	13.98	0.37	1.70	0.10	0.77	1.97	
河北	22.43	2.06	7.71	1.37	1.34	6.69	0.05
山西	10.43	1.14	6.92	0.99	1.01	3.72	0.67
内蒙古	13.30	2.31	8.66	2.28	1.58	4.45	0.54
辽宁	24.78	2.43	8.87	1.03	2.76	4.55	0.05
吉林	18.10	2.28	7.70	1.11	1.92	8.45	0.03
黑龙江	7.32	0.65	1.50	0.35	0.44	1.64	1.10
上海	212.17	4.58	18.01	1.38	2.23	31.56	0.01
江苏	216.32	8.83	43.09	6.46	5.67	22.73	0.03
浙江	95.91	5.61	31.29	7.44	4.05	31.40	0.35
安徽	30.37	3.76	17.69	2.76	1.11	10.90	0.63
福建	49.01	3.47	15.20	2.06	2.48	14.95	0.02
江西	13.01	2.71	12.73	1.80	0.91	8.03	
山东	82.15	7.40	38.48	6.14	5.19	27.89	
河南	31.26	10.34	12.21	2.58	2.11	18.80	0.77
湖北	35.87	3.44	17.58	2.14	1.68	9.73	27.00
湖南	27.96	2.05	8.83	3.86	2.53	15.02	5.81
广东	160.35	8.42	121.98	16.68	6.22	56.41	2.17
广西	28.28	3.17	10.15	0.96	0.90	6.17	2.03
海南	5.42	1.81	4.29	0.90	0.45	3.65	0.33
重庆	32.22	4.45	35.70	5.02	3.10	26.97	
四川	26.05	1.61	8.52	1.58	4.23	9.99	0.21
贵州	9.46	2.16	12.48	2.51	1.80	5.72	0.61
云南	14.04	2.38	12.81	1.59	2.91	6.69	0.03
西藏	1.98	0.28	1.69	0.15	0.17	1.36	2.66
陕西	14.01	3.35	13.23	1.98	1.93	6.84	0.38
甘肃	4.93	1.18	10.88	1.83	0.88	6.66	0.18
青海	1.58	0.36	2.22	0.16	0.16	0.93	0.36
宁夏	1.25	0.17	1.15	0.21	0.44	0.61	0.01
新疆	10.78	1.09	4.46	0.84	0.82	2.74	

2-12 各地区按第三产业行业门类分个体就业人员数(2018年底)

单位：万人

地区	第三产业合计	批发和零售业	交通运输、仓储和邮政业	住宿和餐饮业	信息传输、软件和信息技术服务业	金融业	房地产业	租赁和商务服务业
全国	**13718.09**	**8301.60**	**437.50**	**2547.92**	**70.26**	**1.47**	**29.10**	**275.08**
北京	70.69	46.24	2.94	8.87	0.04		0.02	4.29
天津	89.01	47.77	2.77	18.32	0.10	0.03	0.56	5.54
河北	683.44	434.79	33.72	106.37	2.53	0.10	1.91	13.13
山西	336.04	187.12	23.01	63.88	1.44	0.22	0.21	5.22
内蒙古	277.05	150.77	9.20	57.27	1.93		0.28	2.29
辽宁	419.15	227.14	30.35	69.49	1.67	0.08	1.41	8.68
吉林	425.95	246.46	37.19	67.34	1.14	0.03	0.68	4.04
黑龙江	339.44	159.48	27.13	81.15	2.38	0.32	0.57	5.42
上海	62.54	42.51	0.38	11.04	0.01		0.04	0.48
江苏	882.55	520.85	39.97	149.83	4.16	0.06	3.83	27.86
浙江	629.43	370.62	19.54	117.12	1.68	0.04	3.74	18.26
安徽	614.23	389.78	8.59	107.54	6.93	0.03	1.15	8.99
福建	885.54	721.95	6.56	83.16	2.08	0.03	2.16	10.01
江西	360.50	234.35	3.57	61.93	3.16	0.02	0.68	4.93
山东	1145.44	729.51	26.50	183.77	3.98	0.05	3.56	25.55
河南	772.92	481.64	14.94	151.49	1.86	0.07	0.31	7.89
湖北	933.60	558.14	37.27	163.17	6.28	0.07	0.72	18.84
湖南	466.74	241.81	15.61	96.14	3.32	0.04	1.05	9.33
广东	1197.17	763.53	14.66	233.64	4.28	0.08	2.29	32.22
广西	386.75	231.98	17.99	72.05	1.01	0.03	0.19	6.57
海南	84.59	44.33	2.22	23.19	0.39		0.06	1.05
重庆	299.14	175.04	6.41	66.53	1.87	0.01	0.12	7.68
四川	687.77	397.09	13.76	153.30	4.05	0.05	1.91	22.78
贵州	318.60	183.59	12.06	69.53	2.13	0.05	0.15	4.77
云南	361.51	192.58	3.66	81.26	2.39	0.03	0.11	5.54
西藏	43.79	21.02	1.22	13.49	0.21		0.05	0.33
陕西	408.26	210.02	16.37	104.92	5.28	0.03	0.77	5.03
甘肃	192.27	112.75	1.43	46.30	1.63		0.07	2.49
青海	63.26	31.08	3.58	17.00	0.20		0.01	0.54
宁夏	75.95	40.34	1.22	17.81	0.37	0.01	0.21	1.59
新疆	204.77	107.31	3.69	51.02	1.76		0.29	3.73

2-12 续表 单位：万人

地区	科学研究和技术服务业	水利、环境和公共设施管理业	居民服务、修理和其他服务业	教育	卫生和社会工作	文化、体育和娱乐业	其他
全　国	**28.95**	**67.00**	**1685.28**	**24.64**	**50.00**	**127.07**	**72.19**
北　京	0.70	0.10	6.07	0.14	0.13	1.16	
天　津	0.73	0.25	11.23	0.01	0.34	1.34	
河　北	2.29	0.40	80.17	0.43	2.02	5.31	0.28
山　西	0.44	0.64	48.83	0.29	1.70	3.00	0.05
内蒙古	0.79	0.06	44.68	5.18	2.03	1.52	1.06
辽　宁	1.57	0.19	64.44	0.26	7.52	6.30	0.05
吉　林	0.72	7.00	53.72	0.68	2.76	3.03	1.17
黑龙江	0.52	1.04	51.41	0.36	1.79	2.68	5.17
上　海	0.32	0.01	7.47		0.07	0.21	
江　苏	5.40	0.52	113.78	3.47	1.51	11.29	0.02
浙　江	1.44	0.30	86.24	1.16	1.51	7.71	0.08
安　徽	0.51	0.15	81.97	0.57	0.90	7.05	0.07
福　建	1.39	0.10	51.94	0.28	1.08	4.81	
江　西	0.32	0.07	47.55	0.56	0.84	2.52	
山　东	1.11	0.54	159.44	1.45	2.99	6.98	
河　南	1.75	45.64	59.54	0.82	1.13	5.63	0.22
湖　北	0.82	0.17	107.24	0.81	2.26	7.79	30.03
湖　南	0.39	2.48	87.70	0.97	2.00	5.84	0.06
广　东	5.04	0.70	126.72	3.07	2.31	6.99	1.63
广　西	0.78	5.47	44.07	0.21	1.39	3.81	1.19
海　南	0.05	0.07	11.47	0.14	0.51	0.89	0.24
重　庆	0.10	0.03	35.88	0.60	1.44	3.43	
四　川	0.68	0.09	83.02	0.88	3.65	5.03	1.49
贵　州	0.20	0.20	38.52	0.60	1.01	4.57	1.20
云　南	0.16	0.06	42.98	0.48	1.93	4.17	26.18
西　藏	0.04		5.13	0.03	0.20	1.32	0.77
陕　西	0.27	0.58	59.31	0.71	1.16	3.62	0.18
甘　肃	0.27	0.02	23.00	0.23	1.48	2.48	0.11
青　海	0.02	0.07	7.85	0.04	0.34	2.06	0.47
宁　夏	0.04	0.01	12.56	0.07	0.42	1.26	0.01
新　疆	0.11	0.06	31.33	0.14	1.58	3.26	0.46

2-13 各地区按第三产业行业门类分城镇私营企业就业人员数(2018年底)

单位：万人

地区	第三产业合计	批发和零售业	交通运输、仓储和邮政业	住宿和餐饮业	信息传输、软件和信息技术服务业	金融业	房地产业	租赁和商务服务业
全国	**10211.85**	**4289.35**	**336.85**	**280.07**	**665.28**	**133.13**	**433.09**	**2081.86**
北京	655.21	125.07	14.24	25.02	21.18	2.20	22.21	133.03
天津	61.24	20.74	3.28	1.01	1.46	2.83	1.94	12.05
河北	161.68	76.07	5.58	4.30	10.19	2.16	10.43	22.96
山西	90.87	48.14	4.99	3.31	3.18	3.84	5.57	10.63
内蒙古	154.04	76.27	7.16	4.09	6.77	1.71	8.33	26.91
辽宁	146.43	66.29	10.59	4.74	7.74	1.83	11.56	21.51
吉林	107.89	45.42	6.05	2.42	5.75	3.32	7.50	14.53
黑龙江	50.08	20.18	2.49	0.66	3.22	0.75	2.60	8.88
上海	633.40	225.16	22.54	14.22	30.02	4.62	17.82	174.72
江苏	1131.12	400.74	45.11	25.36	50.45	6.21	53.70	289.97
浙江	768.41	321.64	20.31	19.10	60.98	8.89	24.33	171.72
安徽	276.96	118.29	13.17	7.47	12.65	14.25	14.49	50.98
福建	403.89	153.32	10.76	7.44	24.15	3.25	13.16	132.52
江西	227.02	94.98	9.75	5.71	17.94	2.08	15.46	54.14
山东	356.91	185.62	13.67	8.67	20.58	5.44	18.73	57.28
河南	375.81	184.76	12.37	9.60	19.85	2.09	18.31	66.59
湖北	262.96	107.96	10.01	8.11	19.94	1.42	14.77	52.00
湖南	163.29	57.65	5.41	3.58	12.28	3.23	9.06	31.06
广东	2298.97	1173.91	55.89	55.10	177.83	45.42	67.33	378.50
广西	219.36	103.29	8.91	4.72	9.15	1.60	11.77	47.75
海南	78.42	26.09	2.05	2.13	5.78	0.42	10.32	18.26
重庆	622.95	250.90	18.54	24.88	71.10	5.90	26.40	125.60
四川	243.26	92.66	6.87	6.35	23.21	1.31	10.90	54.52
贵州	71.25	29.88	1.78	4.65	4.86	0.80	2.91	14.18
云南	181.87	77.24	7.79	9.19	12.44	1.48	12.71	30.48
西藏	30.51	10.69	1.03	1.64	1.14	0.17	0.65	7.50
陕西	181.08	74.83	5.73	8.15	16.75	2.23	6.52	30.79
甘肃	98.40	51.92	2.77	4.56	6.10	0.87	4.31	12.72
青海	22.26	8.48	1.12	1.14	0.98	0.24	0.83	4.81
宁夏	17.49	8.20	0.78	0.64	1.09	0.46	0.53	3.52
新疆	118.78	52.95	6.09	2.11	6.52	2.11	7.94	21.78

2-13 续表

单位：万人

地区	科学研究和技术服务业	水利、环境和公共设施管理业	居民服务、修理和其他服务业	教育	卫生和社会工作	文化、体育和娱乐业	其他
全国	**1094.51**	**66.74**	**381.02**	**57.27**	**48.51**	**328.22**	**15.96**
北京	229.80	4.33	10.61	0.72	3.72	63.05	0.02
天津	13.19	0.33	1.66	0.10	0.76	1.88	
河北	16.11	1.05	5.68	0.84	1.06	5.22	0.03
山西	4.39	0.48	3.49	0.49	0.59	1.54	0.23
内蒙古	7.76	1.64	7.10	1.75	1.14	3.02	0.39
辽宁	11.83	1.60	5.19	0.35	1.22	1.97	0.01
吉林	10.04	1.47	4.85	0.60	0.84	5.08	0.02
黑龙江	6.44	0.59	1.32	0.31	0.38	1.46	0.80
上海	110.02	2.17	11.55	0.82	1.94	17.78	
江苏	186.50	6.12	35.03	5.70	5.24	20.95	0.03
浙江	76.20	4.03	24.37	6.16	3.22	27.19	0.26
安徽	20.60	2.61	12.35	1.67	0.77	7.61	0.04
福建	33.60	2.32	10.98	1.39	1.82	9.15	0.02
江西	9.35	1.73	8.10	1.37	0.76	5.65	
山东	22.42	2.11	12.37	1.21	1.28	7.52	
河南	24.84	8.36	8.89	1.78	1.73	16.34	0.32
湖北	25.40	1.58	7.85	0.95	0.84	4.76	7.37
湖南	19.50	1.19	5.34	1.86	1.46	11.66	0.01
广东	147.24	7.08	115.55	15.46	5.81	52.41	1.44
广西	17.42	2.17	6.27	0.62	0.57	4.00	1.14
海南	4.25	1.53	3.36	0.68	0.34	2.91	0.29
重庆	30.33	3.91	32.36	4.81	2.93	25.28	
四川	24.23	1.30	7.56	1.40	3.72	9.07	0.16
贵州	2.88	0.56	4.49	0.98	0.83	2.21	0.23
云南	10.83	1.51	9.43	1.20	2.25	5.33	0.02
西藏	1.74	0.25	1.58	0.14	0.16	1.19	2.63
陕西	12.17	2.70	11.30	1.80	1.61	6.15	0.35
甘肃	3.32	0.62	5.81	0.99	0.48	3.82	0.11
青海	1.40	0.29	1.79	0.15	0.15	0.88	0.02
宁夏	0.75	0.10	0.68	0.16	0.12	0.46	
新疆	9.96	1.02	4.11	0.78	0.76	2.68	

2-14 各地区按第三产业行业门类分城镇个体就业人员数(2018年底)

单位：万人

地 区	第三产业合计	批发和零售业	交通运输、仓储和邮政业	住宿和餐饮业	信息传输、软件和信息技术服务业	金融业	房地产业	租赁和商务服务业
全 国	**9388.67**	**5548.87**	**255.45**	**1871.39**	**45.97**	**0.83**	**23.21**	**191.76**
北 京	38.32	25.19	0.91	4.58	0.02		0.01	2.67
天 津	87.90	47.00	2.73	18.23	0.10	0.03	0.56	5.52
河 北	375.08	223.59	12.66	71.04	1.19	0.06	1.70	7.76
山 西	242.62	127.13	16.89	50.79	0.83	0.16	0.17	4.21
内蒙古	214.97	120.28	6.00	40.93	1.35		0.15	2.14
辽 宁	271.68	148.00	18.69	44.48	0.94	0.05	0.94	5.57
吉 林	224.49	128.81	12.26	36.27	0.62	0.01	0.28	1.83
黑龙江	309.30	138.81	26.47	78.81	1.40	0.03	0.55	5.10
上 海	41.68	28.07	0.27	7.42	0.01		0.01	0.32
江 苏	726.44	414.69	29.73	135.29	3.47	0.05	3.69	22.47
浙 江	463.29	267.83	13.45	89.00	1.33	0.03	3.50	14.08
安 徽	540.45	338.92	5.87	97.86	5.76	0.03	1.11	8.24
福 建	735.37	619.92	3.46	61.46	1.34	0.02	1.84	6.90
江 西	275.91	169.83	2.78	53.60	1.82	0.01	0.67	3.91
山 东	428.34	271.99	7.01	68.57	1.16	0.01	1.41	9.63
河 南	619.44	379.36	10.76	126.27	1.36	0.05	0.22	6.37
湖 北	534.31	321.39	15.65	97.52	3.32	0.05	0.58	9.57
湖 南	305.00	158.16	8.48	71.92	2.12	0.03	1.01	7.74
广 东	835.59	474.64	10.28	192.71	3.63	0.06	2.07	29.97
广 西	273.41	166.60	10.81	51.12	0.72	0.02	0.13	4.86
海 南	70.54	36.13	1.78	19.96	0.30		0.05	0.91
重 庆	254.42	145.40	3.89	59.25	1.53	0.01	0.12	6.97
四 川	324.05	177.51	5.61	81.87	1.86	0.02	0.90	6.72
贵 州	164.98	90.53	2.66	41.94	1.07	0.03	0.12	2.78
云 南	207.00	103.85	1.99	55.03	1.20	0.02	0.09	3.81
西 藏	40.87	20.19	0.18	12.82	0.20		0.04	0.31
陕 西	380.01	192.06	16.01	99.63	4.80	0.02	0.76	4.67
甘 肃	107.64	61.42	0.58	27.52	0.72		0.04	1.47
青 海	58.77	28.83	3.38	15.67	0.18		0.01	0.48
宁 夏	54.29	27.39	0.66	14.25	0.27	0.01	0.18	1.23
新 疆	182.54	95.36	3.55	45.55	1.35		0.29	3.58

2-14 续表

单位：万人

地区	科学研究和技术服务业	水利、环境和公共设施管理业	居民服务、修理和其他服务业	教育	卫生和社会工作	文化、体育和娱乐业	其他
全国	**21.68**	**56.25**	**1182.60**	**18.24**	**38.76**	**94.48**	**39.19**
北京	0.50	0.03	3.49	0.09	0.10	0.74	
天津	0.72	0.25	11.06	0.01	0.34	1.34	
河北	1.62	0.14	49.72	0.23	1.59	3.65	0.14
山西	0.31	0.38	37.92	0.25	1.28	2.26	0.04
内蒙古	0.33	0.03	36.14	4.24	1.58	1.06	0.74
辽宁	1.10	0.08	39.78	0.16	6.88	5.01	0.01
吉林	0.49	6.20	34.25	0.34	1.45	1.57	0.10
黑龙江	0.45	0.94	47.94	0.18	1.60	2.58	4.44
上海	0.22	0.01	5.17		0.05	0.14	
江苏	4.77	0.41	97.22	3.15	1.35	10.14	0.02
浙江	1.13	0.16	65.09	0.91	1.21	5.52	0.06
安徽	0.43	0.12	74.72	0.47	0.84	6.05	0.03
福建	1.05	0.05	35.32	0.20	0.83	2.97	
江西	0.17	0.04	39.74	0.50	0.68	2.16	
山东	0.32	0.10	63.89	0.32	1.45	2.48	
河南	1.21	40.90	46.62	0.69	0.97	4.49	0.16
湖北	0.53	0.09	57.68	0.40	1.68	5.33	20.51
湖南	0.34	0.08	48.09	0.79	1.86	4.35	0.03
广东	4.21	0.14	105.86	2.54	2.06	6.01	1.42
广西	0.61	5.20	29.03	0.12	0.88	2.49	0.80
海南	0.04	0.06	9.78	0.12	0.45	0.78	0.18
重庆	0.09	0.02	32.13	0.57	1.37	3.05	
四川	0.28	0.04	43.42	0.34	2.04	3.29	0.15
贵州	0.08	0.10	22.19	0.27	0.60	2.00	0.60
云南	0.11	0.03	28.44	0.31	1.40	2.79	7.94
西藏	0.03		4.88	0.02	0.19	1.25	0.74
陕西	0.26	0.52	55.91	0.69	1.13	3.42	0.14
甘肃	0.12	0.01	13.22	0.10	0.82	1.59	0.03
青海	0.02	0.07	7.30	0.04	0.32	2.01	0.47
宁夏	0.04		8.89	0.05	0.33	1.00	0.01
新疆	0.10	0.05	27.71	0.13	1.44	2.97	0.45

【主要统计指标解释】

劳动力 指在16周岁及以上，有劳动能力，参加或要求参加社会经济活动的人口。包括就业人员和失业人员。

就业人员 指在一定年龄以上，有劳动能力，为取得劳动报酬或经营收入而从事一定社会劳动的人员。具体指年满十六周岁，为取得报酬或经营利润，在调查周内从事1小时（含1小时）以上劳动的人员；或由于学习、休假等原因在调查周内暂时处于未工作状态，但有工作单位或场所的人员；或由于临时停工放假、单位不景气放假等原因在调查周内暂时处于未工作状态，但不满三个月的人员。

单位就业人员 指报告期末最后一日在本单位工作，并取得工资或其他形式劳动报酬的人员数。该指标为时点指标，不包括最后一日当天及以前已经与单位解除劳动合同关系的人员，是在岗职工、劳务派遣人员及其他就业人员之和。就业人员不包括:

(1) 离开本单位仍保留劳动关系，并定期领取生活费的人员;

(2) 在本单位实习的各类在校学生;

(3) 本单位因劳务外包而使用的人员。

城镇私营和个体就业人员 城镇私营就业人员指在工商管理部门注册登记，其经营地址设在县城关镇(含县城关镇)以上的私营企业就业人员，包括私营企业投资者和雇工。城镇个体就业人员指在工商管理部门注册登记，并持有城镇户口或在城镇长期居住，经批准从事个体工商经营的就业人员，包括个体经营者和在个体工商户劳动的家庭帮工和雇工。

3 第三产业增加值

简要说明

国内生产总值数据是由国家统计局国民经济核算司根据不同产业部门、不同支出构成的特点和资料来源情况计算的。

本年鉴公布的国内生产总值以及与之有关的指标数据，最后一年数据不是最终数，还会在获得更多的财务和行政记录等资料后发生变动。如果遇到普查，在能够获得更详细的基础资料的情况下，国内生产总值的历史数据还会发生变动。2016 年，国家统计局改革研发支出的核算方法，将能够为所有者带来经济利益的研发支出不再作为中间消耗，而是作为固定资本形成处理。根据新的核算方法，国家统计局修订了 1952-2015 年国内生产总值数据。本年鉴中的数据是修订后的数据。

国内生产总值是一个价值量指标，其价值的变化受价格变化和物量变化两大因素影响。不变价国内生产总值是把按当期价格计算的国内生产总值换算成按某个固定期（基期）价格计算的价值，从而使两个不同时期的价值进行比较时，能够剔除价格变化的影响，以反映物量变化，反映生产活动成果的实际变动。国内生产总值指数就是根据两个时期不变价国内生产总值计算得到的。随着经济的不断发展，各行业的价格结构也会不断发生变化，为了更好地反映这种变化对于经济的影响，计算不变价国内生产总值需要每隔若干年调整一次基期。我国自开始核算国内生产总值以来，共有 1952 年、1957 年、1970 年、1980 年、1990 年、2000 年、2005 年、2010 年、2015 年 9 个不变价基期，目前的基期是 2015 年。也就是说，2016 年及以后年份的不变价国内生产总值是按照 2015 年价格计算的。由于计算不变价国内生产总值采用按不同基期分段计算，因此本年鉴中的不变价国内生产总值数据也按分段方式公布。

本篇中的数据分类基于《国民经济行业分类》（GB/T 4754—2011）和 2012 年制定的《三次产业划分规定》。第一产业是指农、林、牧、渔业（不含农、林、牧、渔服务业）。第二产业是指采矿业（不含开采辅助活动），制造业（不含金属制品、机械和设备修理业），电力、热力、燃气及水生产和供应业，建筑业。第三产业即服务业，是指除第一产业、第二产业以外的其他行业。

本篇所列分地区的数据来自各省、自治区、直辖市统计局的国民经济核算资料。由于采取分级核算，各地区数据相加不等于全国总计。

3-1 第三产业增加值及所占比重

单位：亿元

年 份	国内生产总值	第一产业	第二产业	第三产业	第三产业增加值占国内生产总值比重(%)
1978	3678.7	1018.5	1755.2	905.1	24.6
1979	4100.5	1259.0	1925.4	916.1	22.3
1980	4587.6	1359.5	2204.7	1023.4	22.3
1981	4935.8	1545.7	2269.1	1121.1	22.7
1982	5373.4	1761.7	2397.7	1214.0	22.6
1983	6020.9	1960.9	2663.0	1397.0	23.2
1984	7278.5	2295.6	3124.8	1858.1	25.5
1985	9098.9	2541.7	3886.5	2670.7	29.4
1986	10376.2	2764.1	4515.2	3096.9	29.8
1987	12174.6	3204.5	5274.0	3696.2	30.4
1988	15180.4	3831.2	6607.4	4741.8	31.2
1989	17179.7	4228.2	7300.9	5650.6	32.9
1990	18872.9	5017.2	7744.3	6111.4	32.4
1991	22005.6	5288.8	9129.8	7587.0	34.5
1992	27194.5	5800.3	11725.3	9668.9	35.6
1993	35673.2	6887.6	16473.1	12312.6	34.5
1994	48637.5	9471.8	22453.1	16712.5	34.4
1995	61339.9	12020.5	28677.5	20641.9	33.7
1996	71813.6	13878.3	33828.1	24107.2	33.6
1997	79715.0	14265.2	37546.0	27903.8	35.0
1998	85195.5	14618.7	39018.5	31558.3	37.0
1999	90564.4	14549.0	41080.9	34934.5	38.6
2000	100280.1	14717.4	45664.8	39897.9	39.8
2001	110863.1	15502.5	49660.7	45700.0	41.2
2002	121717.4	16190.2	54105.5	51421.7	42.2
2003	137422.0	16970.2	62697.4	57754.4	42.0
2004	161840.2	20904.3	74286.9	66648.9	41.2
2005	187318.9	21806.7	88084.4	77427.8	41.3
2006	219438.5	23317.0	104361.8	91759.7	41.8
2007	270092.3	27674.1	126633.6	115784.6	42.9
2008	319244.6	32464.1	149956.6	136823.9	42.9
2009	348517.7	33583.8	160171.7	154762.2	44.4
2010	412119.3	38430.8	191629.8	182058.6	44.2
2011	487940.2	44781.4	227038.8	216120.0	44.3
2012	538580.0	49084.5	244643.3	244852.2	45.5
2013	592963.2	53028.1	261956.1	277979.1	46.9
2014	641280.6	55626.3	277571.8	308082.5	48.0
2015	685992.9	57774.6	282040.3	346178.0	50.5
2016	740060.8	60139.2	296547.7	383373.9	51.8
2017	820754.3	62099.5	332742.7	425912.1	51.9
2018	900309.5	64734.0	366000.9	469574.6	52.2

注：本表按当年价格计算。

3-2 第三产业分行业增加值

单位：亿元

年 份	第三产业	#批发和零售业	#交通运输、仓储和邮政业	#住宿和餐饮业	#金融业	#房地产业	#其他
1978	905.1	242.3	182.0	44.6	76.5	79.9	265.5
1979	916.1	200.9	193.7	44.0	75.9	86.3	298.4
1980	1023.4	193.8	213.4	47.4	85.8	96.4	368.1
1981	1121.1	231.1	220.8	54.1	91.6	99.9	403.2
1982	1214.0	171.4	246.9	62.3	130.6	110.8	469.3
1983	1397.0	198.7	275.0	72.5	168.9	121.8	535.0
1984	1858.1	363.5	338.6	96.8	230.5	162.3	637.0
1985	2670.7	802.4	421.8	138.3	293.8	215.2	765.5
1986	3096.9	852.6	499.0	163.2	401.0	298.1	845.6
1987	3696.2	1059.6	568.5	187.1	506.0	382.6	949.2
1988	4741.8	1483.4	685.9	241.4	658.6	473.8	1146.1
1989	5650.6	1536.2	812.9	277.4	1079.6	566.2	1319.9
1990	6111.4	1268.9	1167.2	301.9	1143.7	662.2	1500.7
1991	7587.0	1834.6	1420.5	442.3	1194.7	763.7	1852.1
1992	9668.9	2405.0	1689.2	584.6	1481.5	1101.3	2308.3
1993	12312.6	2816.6	2174.3	712.1	1902.6	1379.6	3206.0
1994	16712.5	3773.4	2788.2	1008.5	2556.5	1909.3	4513.7
1995	20641.9	4778.6	3244.7	1200.1	3209.7	2354.0	5660.0
1996	24107.2	5599.7	3782.6	1336.8	3698.3	2617.6	6841.3
1997	27903.8	6327.4	4149.1	1561.3	4176.1	2921.1	8487.4
1998	31558.3	6913.2	4661.5	1786.9	4314.3	3434.5	10140.9
1999	34934.5	7491.1	5175.9	1941.2	4484.9	3681.8	11824.5
2000	39897.9	8158.6	6161.9	2146.3	4836.2	4149.1	14090.8
2001	45700.0	9119.4	6871.3	2400.1	5195.3	4715.1	16980.9
2002	51421.7	9995.4	7494.3	2724.8	5546.6	5346.4	19816.0
2003	57754.4	11169.5	7914.8	3126.1	6034.7	6172.7	22749.2
2004	66648.9	12453.8	9306.5	3664.8	6586.8	7174.1	26746.1
2005	77427.8	13966.2	10668.8	4195.7	7469.5	8516.4	31725.0
2006	91759.7	16530.7	12186.3	4792.6	9951.7	10370.5	36881.9
2007	115784.6	20937.8	14605.1	5548.1	15173.7	13809.7	44492.1
2008	136823.9	26182.3	16367.6	6616.1	18313.4	14738.7	53063.2
2009	154762.2	29001.5	16522.4	6957.0	21798.1	18966.9	59835.2
2010	182058.6	35904.4	18783.6	7712.0	25680.4	23569.9	68464.3
2011	216120.0	43730.5	21842.0	8565.4	30678.9	28167.6	80763.9
2012	244852.2	49831.0	23763.2	9536.9	35188.4	31248.3	92629.2
2013	277979.1	56284.1	26042.7	10228.3	41191.0	35987.6	105302.8
2014	308082.5	62423.5	28500.9	11158.5	46665.2	38000.8	118322.7
2015	346178.0	66186.7	30487.8	12153.7	57872.6	41701.0	134605.5
2016	383373.9	71290.7	33058.8	13358.1	61121.7	48190.9	153008.9
2017	425912.1	77658.2	37172.6	14690.0	65395.0	53965.2	173571.2
2018	469574.6	84200.8	40550.2	16023.3	69099.9	59846.4	196082.6

注：本表按当年价格计算。

3-3 第三产业分行业增加值构成

单位：%

年 份	第三产业	#批发和零售业	#交通运输、仓储和邮政业	#住宿和餐饮业	#金融业	#房地产业	#其他
1978	100.0	26.8	20.1	4.9	8.5	8.8	29.3
1979	100.0	21.9	21.1	4.8	8.3	9.4	32.6
1980	100.0	18.9	20.9	4.6	8.4	9.4	36.0
1981	100.0	20.6	19.7	4.8	8.2	8.9	36.0
1982	100.0	14.1	20.3	5.1	10.8	9.1	38.7
1983	100.0	14.2	19.7	5.2	12.1	8.7	38.3
1984	100.0	19.6	18.2	5.2	12.4	8.7	34.3
1985	100.0	30.0	15.8	5.2	11.0	8.1	28.7
1986	100.0	27.5	16.1	5.3	13.0	9.6	27.3
1987	100.0	28.7	15.4	5.1	13.7	10.4	25.7
1988	100.0	31.3	14.5	5.1	13.9	10.0	24.2
1989	100.0	27.2	14.4	4.9	19.1	10.0	23.4
1990	100.0	20.8	19.1	4.9	18.7	10.8	24.6
1991	100.0	24.2	18.7	5.8	15.7	10.1	24.4
1992	100.0	24.9	17.5	6.0	15.3	11.4	23.9
1993	100.0	22.9	17.7	5.8	15.5	11.2	26.0
1994	100.0	22.6	16.7	6.0	15.3	11.4	27.0
1995	100.0	23.2	15.7	5.8	15.5	11.4	27.4
1996	100.0	23.2	15.7	5.5	15.3	10.9	28.4
1997	100.0	22.7	14.9	5.6	15.0	10.5	30.4
1998	100.0	21.9	14.8	5.7	13.7	10.9	32.1
1999	100.0	21.4	14.8	5.6	12.8	10.5	33.8
2000	100.0	20.4	15.4	5.4	12.1	10.4	35.3
2001	100.0	20.0	15.0	5.3	11.4	10.3	37.2
2002	100.0	19.4	14.6	5.3	10.8	10.4	38.5
2003	100.0	19.3	13.7	5.4	10.4	10.7	39.4
2004	100.0	18.7	14.0	5.5	9.9	10.8	40.1
2005	100.0	18.0	13.8	5.4	9.6	11.0	41.0
2006	100.0	18.0	13.3	5.2	10.8	11.3	40.2
2007	100.0	18.1	12.6	4.8	13.1	11.9	38.4
2008	100.0	19.1	12.0	4.8	13.4	10.8	38.8
2009	100.0	18.7	10.7	4.5	14.1	12.3	38.7
2010	100.0	19.7	10.3	4.2	14.1	12.9	37.6
2011	100.0	20.2	10.1	4.0	14.2	13.0	37.4
2012	100.0	20.4	9.7	3.9	14.4	12.8	37.8
2013	100.0	20.2	9.4	3.7	14.8	12.9	37.9
2014	100.0	20.3	9.3	3.6	15.1	12.3	38.4
2015	100.0	19.1	8.8	3.5	16.7	12.0	38.9
2016	100.0	18.6	8.6	3.5	15.9	12.6	39.9
2017	100.0	18.2	8.7	3.4	15.4	12.7	40.8
2018	100.0	17.9	8.6	3.4	14.7	12.7	41.8

注：本表按当年价格计算。

3-4 第三产业不变价增加值

单位：亿元

年 份	第三产业	#批发和零售业	#交通运输、仓储和邮政业	#住宿和餐饮业	#金融业	#房地产业	#其他
				按1970年价格计算			
1978	888.8	253.3	179.7	44.8	77.0	65.0	255.5
1979	958.5	275.4	194.6	49.8	75.5	67.6	281.2
1980	1016.6	270.3	202.9	51.7	81.0	73.0	322.8
				按1980年价格计算			
1980	1023.4	193.8	213.4	47.4	85.8	96.4	368.1
1981	1121.5	251.0	217.4	55.7	89.8	93.0	395.3
1982	1263.4	249.1	242.1	73.3	128.5	101.5	447.7
1983	1448.2	302.0	265.1	87.5	162.6	106.7	501.3
1984	1729.0	376.7	304.6	94.6	212.6	136.3	578.2
1985	2042.1	503.0	346.6	100.6	249.0	170.4	644.7
1986	2293.7	550.5	394.6	116.3	324.3	214.4	664.1
1987	2630.4	631.6	432.6	127.5	397.5	277.2	732.3
1988	2976.9	705.9	486.7	159.5	477.8	312.4	799.3
1989	3150.7	630.3	507.2	175.4	601.1	362.2	837.9
1990	3234.8	597.1	549.5	181.5	614.1	384.8	869.1
				按1990年价格计算			
1990	6111.4	1268.9	1167.2	301.9	1143.7	662.2	1500.7
1991	6673.8	1334.6	1290.4	326.5	1176.1	741.4	1732.6
1992	7514.8	1474.9	1420.2	414.7	1252.1	938.7	1932.0
1993	8429.3	1601.5	1598.2	448.9	1393.2	1039.7	2254.4
1994	9387.5	1732.6	1734.4	570.7	1528.8	1164.1	2538.6
1995	10334.0	1875.2	1924.8	629.1	1663.7	1308.9	2799.7
1996	11286.4	2018.4	2137.3	672.1	1795.2	1361.7	3154.0
1997	12463.7	2195.4	2333.9	745.7	1957.3	1418.0	3651.1
1998	13510.9	2338.3	2581.0	828.2	2057.4	1526.9	4002.5
1999	14760.5	2541.9	2895.2	892.1	2167.5	1617.6	4460.1
2000	16203.5	2781.3	3143.7	975.4	2318.5	1732.6	5044.4
				按2000年价格计算			
2000	39897.9	8158.6	6161.9	2146.3	4836.2	4149.1	14090.8
2001	43991.2	8900.6	6704.6	2310.4	5175.1	4605.1	15902.0
2002	48604.0	9684.7	7182.5	2590.9	5563.7	5061.4	18075.7
2003	53240.7	10647.2	7622.6	2911.0	5977.0	5557.6	20031.0
2004	58628.6	11346.4	8726.1	3270.2	6256.0	5885.5	22574.2
2005	65873.9	12824.4	9703.9	3671.2	7140.0	6605.7	25278.2
				按2005年价格计算			
2005	77427.8	13966.2	10668.8	4195.7	7469.5	8516.4	31725.0
2006	88371.6	16684.6	11732.4	4723.0	9243.1	9834.8	35160.5
2007	102574.3	20057.5	13117.2	5177.3	11630.2	12230.1	39199.2
2008	113319.7	23236.6	14078.2	5674.3	13037.6	12347.3	43561.0
2009	124184.2	26002.9	14552.9	5887.4	15170.1	13806.0	47242.8
2010	136191.5	29798.8	15930.6	6371.4	16525.3	14842.9	50999.8
				按2010年价格计算			
2010	182058.6	35904.4	18783.6	7712.0	25680.4	23569.9	68464.3
2011	199332.6	40379.7	20598.3	8106.2	27647.9	25312.3	75024.7
2012	215307.4	44538.3	21852.4	8629.3	30258.8	26499.3	81114.5
2013	233176.2	49221.6	23294.2	8966.1	33455.3	28409.0	87159.2
2014	251380.7	54015.4	24807.0	9485.8	36776.7	28990.9	94568.7
2015	271984.3	57318.2	25812.8	10071.6	42675.0	29915.7	103379.1
				按2015年价格计算			
2015	346178.0	66186.7	30487.8	12153.7	57872.6	41701.0	134605.5
2016	372815.7	70909.9	32495.2	13049.9	60481.8	45298.3	147315.3
2017	402288.1	76131.2	35541.5	14069.1	63140.7	48277.5	161817.9
2018	432954.4	80869.4	38437.7	14976.8	65921.9	50101.0	179059.0

注：1.更换基期的年份有两个不变价数据，一个按上一基期价格计算，一个按新基期价格计算。
2.有关不变价国内生产总值的解释见简要说明。

3-5 第三产业分行业增加值及占GDP的比重

行　业	2016		2017	
	增加值(亿元)	占GDP的比重(%)	增加值(亿元)	占GDP的比重(%)
第三产业	**383373.9**	**51.8**	**425912.1**	**51.9**
批发和零售业	71290.7	9.6	77658.2	9.5
交通运输、仓储和邮政业	33058.8	4.5	37172.6	4.5
住宿和餐饮业	13358.1	1.8	14690.0	1.8
信息传输、软件和信息技术服务业	21899.1	3.0	26400.6	3.2
金融业	61121.7	8.3	65395.0	8.0
房地产业	48190.9	6.5	53965.2	6.6
租赁和商务服务业	19483.3	2.6	21887.8	2.7
科学研究和技术服务业	14590.7	2.0	16198.5	2.0
水利、环境和公共设施管理业	4253.8	0.6	4762.8	0.6
居民服务、修理和其他服务业	12792.7	1.7	14704.4	1.8
教育	26770.4	3.6	29918.3	3.6
卫生和社会工作	17092.0	2.3	19027.3	2.3
文化、体育和娱乐业	5483.7	0.7	6647.8	0.8
公共管理、社会保障和社会组织	30643.1	4.1	34023.6	4.1

注：1.本表按当年价格计算。
　　2.本表中的分行业增加值之和不等于第三产业增加值。

3-6 第三产业分行业增加值指数

(上年=100)

年 份	第三产业	#批发和零售业	#交通运输、仓储和邮政业	#住宿和餐饮业	#金融业	#房地产业	#其他
1978	113.6	123.1	108.9	118.1	110.1	105.7	111.2
1979	107.8	108.7	108.3	111.1	98.0	104.1	110.1
1980	106.1	98.1	104.3	103.9	107.3	107.9	114.8
1981	109.6	129.5	101.9	117.5	104.7	96.5	107.4
1982	112.7	99.3	111.4	131.6	143.1	109.1	113.3
1983	114.6	121.2	109.5	119.4	126.5	105.2	112.0
1984	119.4	124.7	114.9	108.1	130.7	127.7	115.3
1985	118.1	133.5	113.8	106.3	117.1	125.0	111.5
1986	112.3	109.4	113.9	115.6	130.2	125.9	103.0
1987	114.7	114.7	109.6	109.7	122.6	129.3	110.3
1988	113.2	111.8	112.5	125.1	120.2	112.7	109.1
1989	105.8	89.3	104.2	109.9	125.8	115.9	104.8
1990	102.7	94.7	108.3	103.5	102.2	106.2	103.7
1991	109.2	105.2	110.6	108.2	102.8	112.0	115.4
1992	112.6	110.5	110.1	127.0	106.5	126.6	111.5
1993	112.2	108.6	112.5	108.2	111.3	110.8	116.7
1994	111.4	108.2	108.5	127.1	109.7	112.0	112.6
1995	110.1	108.2	111.0	110.2	108.8	112.4	110.3
1996	109.2	107.6	111.0	106.8	107.9	104.0	112.7
1997	110.4	108.8	109.2	110.9	109.0	104.1	115.8
1998	108.4	106.5	110.6	111.1	105.1	107.7	109.6
1999	109.2	108.7	112.2	107.7	105.4	105.9	111.4
2000	109.8	109.4	108.6	109.3	107.0	107.1	113.1
2001	110.3	109.1	108.8	107.6	107.0	111.0	112.9
2002	110.5	108.8	107.1	112.1	107.5	109.9	113.7
2003	109.5	109.9	106.1	112.4	107.4	109.8	110.8
2004	110.1	106.6	114.5	112.3	104.7	105.9	112.7
2005	112.4	113.0	111.2	112.3	114.1	112.2	112.0
2006	114.1	119.5	110.0	112.6	123.7	115.5	110.8
2007	116.1	120.2	111.8	109.6	125.8	124.4	111.5
2008	110.5	115.9	107.3	109.6	112.1	101.0	111.1
2009	109.6	111.9	103.4	103.8	116.4	111.8	108.5
2010	109.7	114.6	109.5	108.2	108.9	107.5	108.0
2011	109.5	112.5	109.7	105.1	107.7	107.4	109.6
2012	108.0	110.3	106.1	106.5	109.4	104.7	108.1
2013	108.3	110.5	106.6	103.9	110.6	107.2	107.5
2014	107.8	109.7	106.5	105.8	109.9	102.0	108.5
2015	108.2	106.1	104.1	106.2	116.0	103.2	109.3
2016	107.7	107.1	106.6	107.4	104.5	108.6	109.4
2017	107.9	107.4	109.4	107.8	104.4	106.6	109.8
2018	107.6	106.2	108.1	106.5	104.4	103.8	110.7

注：本表按不变价格计算。

3-7 第三产业分行业增加值指数

(1978年=100)

年 份	第三产业	#批发和零售业	#交通运输、仓储和邮政业	#住宿和餐饮业	#金融业	#房地产业	#其他
1978	100.0	100.0	100.0	100.0	100.0	100.0	100.0
1979	107.8	108.7	108.3	111.1	98.0	104.1	110.1
1980	114.4	106.7	112.9	115.5	105.2	112.3	126.3
1981	125.3	138.2	115.0	135.6	110.2	108.4	135.6
1982	141.2	137.2	128.1	178.5	157.6	118.2	153.7
1983	161.9	166.3	140.2	213.1	199.5	124.3	172.0
1984	193.3	207.4	161.1	230.3	260.8	158.7	198.4
1985	228.3	277.0	183.3	244.8	305.4	198.4	221.3
1986	256.4	303.2	208.8	283.1	397.8	249.7	227.9
1987	294.0	347.8	228.8	310.5	487.6	322.9	251.3
1988	332.7	388.7	257.5	388.5	586.1	363.8	274.3
1989	352.2	347.1	268.3	426.9	737.4	421.8	287.5
1990	361.6	328.8	290.7	441.8	753.3	448.2	298.2
1991	394.8	345.8	321.4	477.9	774.6	501.7	344.3
1992	444.6	382.2	353.7	607.0	824.7	635.3	383.9
1993	498.7	414.9	398.0	657.0	917.6	703.6	448.0
1994	555.4	448.9	432.0	835.3	1006.9	787.8	504.5
1995	611.4	485.9	479.4	920.8	1095.8	885.8	556.4
1996	667.7	523.0	532.3	983.8	1182.4	921.6	626.8
1997	737.4	568.8	581.3	1091.4	1289.2	959.6	725.6
1998	799.3	605.9	642.8	1212.2	1355.1	1033.3	795.4
1999	873.3	658.6	721.1	1305.7	1427.6	1094.7	886.4
2000	958.6	720.7	782.9	1427.7	1527.0	1172.5	1002.5
2001	1057.0	786.2	851.9	1536.8	1634.0	1301.4	1131.3
2002	1167.8	855.5	912.6	1723.4	1756.7	1430.3	1286.0
2003	1279.2	940.5	968.5	1936.4	1887.2	1570.5	1425.1
2004	1408.7	1002.2	1108.8	2175.3	1975.3	1663.2	1606.0
2005	1582.8	1132.8	1233.0	2442.0	2254.4	1866.7	1798.4
2006	1806.5	1353.3	1355.9	2748.9	2789.7	2155.7	1993.1
2007	2096.8	1626.9	1516.0	3013.3	3510.2	2680.7	2222.1
2008	2316.5	1884.7	1627.0	3302.6	3935.0	2706.4	2469.3
2009	2538.6	2109.1	1681.9	3426.6	4578.6	3026.2	2678.0
2010	2784.0	2417.0	1841.1	3708.3	4987.6	3253.4	2891.0
2011	3048.2	2718.2	2019.0	3897.9	5369.8	3493.9	3168.0
2012	3292.4	2998.2	2141.9	4149.4	5876.9	3657.8	3425.2
2013	3565.7	3313.4	2283.2	4311.4	6497.7	3921.4	3680.4
2014	3844.1	3636.1	2431.5	4561.3	7142.7	4001.7	3993.3
2015	4159.1	3858.5	2530.1	4843.0	8288.3	4129.4	4365.4
2016	4479.2	4133.8	2696.7	5200.1	8662.0	4485.6	4777.5
2017	4833.3	4438.2	2949.5	5606.2	9042.8	4780.6	5247.9
2018	5201.7	4714.4	3189.8	5967.9	9441.1	4961.2	5807.0

注：本表按不变价格计算。

3-8 三次产业贡献率和对国内生产总值增长的拉动

单位：%，百分点

年份	贡献率				对国内生产总值增长的拉动			
	国内生产总值	第一产业	第二产业	第三产业	国内生产总值	第一产业	第二产业	第三产业
1978	100.0	9.8	61.8	28.4	11.7	1.1	7.2	3.3
1979	100.0	20.9	53.6	25.6	7.6	1.6	4.1	1.9
1980	100.0	-4.8	85.6	19.2	7.8	-0.4	6.7	1.5
1981	100.0	40.5	17.7	41.8	5.1	2.1	0.9	2.1
1982	100.0	38.6	28.8	32.6	9.0	3.5	2.6	2.9
1983	100.0	23.9	43.5	32.7	10.8	2.6	4.7	3.5
1984	100.0	25.6	42.7	31.7	15.2	3.9	6.5	4.8
1985	100.0	4.1	61.2	34.8	13.4	0.5	8.2	4.7
1986	100.0	9.8	53.2	36.9	8.9	0.9	4.8	3.3
1987	100.0	10.2	55.0	34.8	11.7	1.2	6.4	4.1
1988	100.0	5.4	61.3	33.4	11.2	0.6	6.9	3.7
1989	100.0	15.9	44.0	40.1	4.2	0.7	1.8	1.7
1990	100.0	40.2	39.8	20.0	3.9	1.6	1.6	0.8
1991	100.0	6.8	61.1	32.2	9.3	0.6	5.7	3.0
1992	100.0	8.1	63.2	28.7	14.2	1.2	9.0	4.1
1993	100.0	7.6	64.4	28.0	13.9	1.1	8.9	3.9
1994	100.0	6.3	66.3	27.4	13.0	0.8	8.6	3.6
1995	100.0	8.7	62.8	28.5	11.0	1.0	6.9	3.1
1996	100.0	9.3	62.2	28.5	9.9	0.9	6.2	2.8
1997	100.0	6.5	59.1	34.5	9.2	0.6	5.5	3.2
1998	100.0	7.2	59.7	33.0	7.8	0.6	4.7	2.6
1999	100.0	5.6	56.9	37.4	7.7	0.4	4.4	2.9
2000	100.0	4.1	59.6	36.2	8.5	0.4	5.1	3.1
2001	100.0	4.6	46.4	49.0	8.3	0.4	3.9	4.1
2002	100.0	4.1	49.4	46.5	9.1	0.4	4.5	4.2
2003	100.0	3.1	57.9	39.0	10.0	0.3	5.8	3.9
2004	100.0	7.3	51.8	40.8	10.1	0.7	5.2	4.1
2005	100.0	5.2	50.5	44.3	11.4	0.6	5.8	5.0
2006	100.0	4.4	49.7	45.9	12.7	0.6	6.3	5.8
2007	100.0	2.7	50.1	47.3	14.2	0.4	7.1	6.7
2008	100.0	5.2	48.6	46.2	9.7	0.5	4.7	4.5
2009	100.0	4.0	52.3	43.7	9.4	0.4	4.9	4.1
2010	100.0	3.6	57.4	39.0	10.6	0.4	6.1	4.2
2011	100.0	4.1	52.0	43.9	9.6	0.4	5.0	4.2
2012	100.0	5.0	50.0	45.0	7.9	0.4	3.9	3.5
2013	100.0	4.2	48.5	47.2	7.8	0.3	3.8	3.7
2014	100.0	4.6	47.9	47.5	7.3	0.3	3.5	3.5
2015	100.0	4.5	42.5	53.0	6.9	0.3	2.9	3.7
2016	100.0	4.1	38.2	57.7	6.7	0.3	2.6	3.9
2017	100.0	4.8	35.7	59.6	6.8	0.3	2.4	4.0
2018	100.0	4.2	36.1	59.7	6.6	0.3	2.4	3.9

注：1.产业贡献率指各产业增加值增量与GDP增量之比。
2.产业拉动指GDP增长速度与各产业贡献率之乘积。
3.本表按不变价格计算。

3-9 各地区第三产业分行业增加值(2017年)

单位：亿元

地 区	第三产业	批发和零售业	交通运输、仓储和邮政业	住宿和餐饮业	金融业	房地产业	其他
北 京	22567.76	2486.80	1208.40	413.81	4655.37	1766.20	12037.18
天 津	10786.64	2306.98	780.40	309.10	1951.75	783.27	4655.14
河 北	15040.13	2833.01	2497.88	492.66	2053.44	1690.31	5472.83
山 西	8030.37	1078.54	1052.14	401.77	1320.05	798.73	3379.14
内蒙古	8046.76	1815.47	1050.02	732.29	1099.85	458.59	2890.54
辽 宁	12307.16	3002.13	1310.02	476.87	1964.58	1132.18	4421.38
吉 林	6850.66	1208.30	603.12	374.84	709.64	525.58	3429.18
黑龙江	8876.83	1857.41	801.33	566.81	932.35	656.35	4062.58
上 海	21191.54	4393.36	1344.54	412.33	5330.54	1873.05	7837.72
江 苏	43169.73	8070.23	3097.67	1406.82	6783.87	5016.54	18794.60
浙 江	27602.26	6217.29	1938.17	1218.51	3533.05	3222.54	11472.70
安 徽	11597.45	1910.47	875.38	500.57	1663.59	1390.48	5256.96
福 建	14612.67	2392.78	1889.69	465.07	2055.53	1768.48	6041.12
江 西	8543.07	1415.12	866.30	465.58	1107.12	890.55	3798.40
山 东	34858.60	9283.73	3268.01	1665.39	3651.56	3091.37	13898.54
河 南	19308.02	3263.06	2162.85	1314.65	2509.19	2222.21	7836.06
湖 北	16507.38	2682.21	1420.01	814.18	2640.86	1642.98	7307.14
湖 南	16759.07	2666.71	1496.01	705.38	1610.31	1019.35	9261.31
广 东	48085.73	8976.59	3580.94	1646.85	6853.01	7635.96	19392.38
广 西	8194.11	1326.17	955.70	436.13	1273.40	885.48	3317.23
海 南	2503.35	496.72	248.94	221.44	308.94	434.90	792.41
重 庆	9564.03	1595.88	939.46	424.78	1813.73	1048.25	3741.93
四 川	18389.74	2574.15	1595.80	1023.46	3203.27	2039.83	7953.23
贵 州	6080.42	812.74	1070.22	439.19	787.88	283.05	2687.34
云 南	7833.00	1567.79	366.59	523.58	1194.67	345.50	3834.87
西 藏	674.55	75.10	34.08	35.27	110.20	33.49	386.41
陕 西	9274.48	1762.33	832.62	497.62	1300.10	861.53	4020.28
甘 肃	4038.36	563.23	293.50	229.91	553.59	274.30	2123.83
青 海	1224.01	169.15	103.69	48.96	274.60	60.89	566.72
宁 夏	1612.37	160.92	199.31	58.66	314.69	120.84	757.95
新 疆	4999.23	702.18	668.15	180.03	623.53	323.16	2502.18

注：本表按当年价格计算。

3-10 各地区第三产业分行业增加值构成(2017年)

(第三产业增加值=100)

地 区	批发和零售业	交通运输、仓储和邮政业	住宿和餐饮业	金融业	房地产业	其他
北 京	11.0	5.4	1.8	20.6	7.8	53.3
天 津	21.4	7.2	2.9	18.1	7.3	43.2
河 北	18.8	16.6	3.3	13.7	11.2	36.4
山 西	13.4	13.1	5.0	16.4	9.9	42.1
内蒙古	22.6	13.0	9.1	13.7	5.7	35.9
辽 宁	24.4	10.6	3.9	16.0	9.2	35.9
吉 林	17.6	8.8	5.5	10.4	7.7	50.1
黑龙江	20.9	9.0	6.4	10.5	7.4	45.8
上 海	20.7	6.3	1.9	25.2	8.8	37.0
江 苏	18.7	7.2	3.3	15.7	11.6	43.5
浙 江	22.5	7.0	4.4	12.8	11.7	41.6
安 徽	16.5	7.5	4.3	14.3	12.0	45.3
福 建	16.4	12.9	3.2	14.1	12.1	41.3
江 西	16.6	10.1	5.4	13.0	10.4	44.5
山 东	26.6	9.4	4.8	10.5	8.9	39.9
河 南	16.9	11.2	6.8	13.0	11.5	40.6
湖 北	16.2	8.6	4.9	16.0	10.0	44.3
湖 南	15.9	8.9	4.2	9.6	6.1	55.3
广 东	18.7	7.4	3.4	14.3	15.9	40.3
广 西	16.2	11.7	5.3	15.5	10.8	40.5
海 南	19.8	9.9	8.8	12.3	17.4	31.7
重 庆	16.7	9.8	4.4	19.0	11.0	39.1
四 川	14.0	8.7	5.6	17.4	11.1	43.2
贵 州	13.4	17.6	7.2	13.0	4.7	44.2
云 南	20.0	4.7	6.7	15.3	4.4	49.0
西 藏	11.1	5.1	5.2	16.3	5.0	57.3
陕 西	19.0	9.0	5.4	14.0	9.3	43.3
甘 肃	13.9	7.3	5.7	13.7	6.8	52.6
青 海	13.8	8.5	4.0	22.4	5.0	46.3
宁 夏	10.0	12.4	3.6	19.5	7.5	47.0
新 疆	14.0	13.4	3.6	12.5	6.5	50.1

注：本表按当年价格计算。

3-11 各地区第三产业分行业增加值指数(2017年)

(上年=100)

地 区	第三产业	批发和零售业	交通运输、仓储和邮政业	住宿和餐饮业	金融业	房地产业	其他
北 京	107.3	106.7	112.1	101.9	107.1	98.4	108.6
天 津	106.0	105.1	106.1	105.2	108.0	88.8	108.8
河 北	111.3	110.0	108.4	110.8	111.9	104.4	115.4
山 西	107.8	100.8	112.8	105.8	105.4	106.1	110.4
内蒙古	106.2	106.0	110.7	105.8	108.1	97.9	102.1
辽 宁	105.0	105.7	105.6	102.3	104.6	104.4	104.6
吉 林	107.6	103.9	105.1	102.4	104.2	103.9	111.3
黑龙江	108.8	106.3	107.1	106.9	106.7	104.4	111.9
上 海	107.5	106.7	110.9	104.1	110.6	86.9	110.7
江 苏	108.5	106.4	107.5	105.9	109.0	103.1	111.0
浙 江	109.2	107.6	107.5	105.0	107.6	109.1	111.6
安 徽	109.9	106.0	104.6	107.3	110.9	105.0	113.5
福 建	110.2	107.4	108.3	104.1	106.5	107.6	114.6
江 西	110.5	106.3	106.3	107.0	111.3	108.6	113.9
山 东	109.1	108.6	112.9	110.5	110.1	108.0	108.4
河 南	109.4	107.8	108.3	108.8	106.5	104.8	112.9
湖 北	109.5	106.5	106.9	106.4	109.0	112.3	111.4
湖 南	110.3	105.9	106.3	107.2	110.8	104.0	113.2
广 东	108.7	105.4	109.5	102.6	108.8	107.2	111.5
广 西	109.6	107.9	108.6	106.7	108.7	111.5	110.6
海 南	110.3	105.1	113.4	108.8	110.1	119.0	109.1
重 庆	109.9	107.6	108.7	108.4	108.1	104.1	113.9
四 川	109.8	106.7	107.1	107.3	106.8	107.4	113.4
贵 州	111.5	110.0	110.6	109.6	113.4	106.0	112.9
云 南	109.5	107.3	109.6	107.4	106.3	106.8	112.2
西 藏	109.9	105.3	106.8	103.1	117.8	96.9	110.9
陕 西	108.9	108.5	106.9	107.7	106.3	106.5	110.2
甘 肃	106.5	103.5	108.1	106.0	105.3	101.9	107.7
青 海	107.9	102.5	107.8	105.3	107.6	105.0	110.6
宁 夏	109.2	108.7	99.1	106.5	106.8	103.6	114.9
新 疆	109.5	116.6	118.0	105.8	111.4	105.2	107.4

注：本表按不变价格计算。

【主要统计指标解释】

国内生产总值（GDP）　指一个国家所有常住单位在一定时期内生产活动的最终成果。国内生产总值有三种表现形态，即价值形态、收入形态和产品形态。从价值形态看，它是所有常住单位在一定时期内生产的全部货物和服务价值与同期投入的全部非固定资产货物和服务价值的差额，即所有常住单位的增加值之和；从收入形态看，它是所有常住单位在一定时期内创造的各项收入之和，包括劳动者报酬、生产税净额、固定资产折旧和营业盈余；从产品形态看，它是所有常住单位在一定时期内最终使用的货物和服务价值与货物和服务净出口价值之和。在实际核算中，国内生产总值有三种计算方法，即生产法、收入法和支出法。三种方法分别从不同的方面反映国内生产总值及其构成。

对于一个地区来说，称为地区生产总值或地区GDP。

4 第三产业固定资产投资

简要说明

一、主要内容

固定资产投资资料通过对一定时期第三产业建造和购置固定资产活动的数量方面的描述，反映报告期内第三产业固定资产投资的速度、结构、资金来源等。

二、统计范围

第三产业固定资产投资统计的范围包括：建设项目投资、房地产开发投资及农户投资。

三、资料来源

跨省（区）项目资料来自国务院有关部门（企业）等；农户固定资产投资资料来自国家统计局住户调查办公室的住户调查；除此以外的固定资产投资统计资料均来自国家统计局固定资产投资统计司的统计调查。

四、统计调查方法

除农户固定资产投资统计采用抽样调查方法外，其他均为全面调查。

五、统计口径变化

自 1997 年起，除房地产开发投资、非农户投资、农户投资及城镇和工矿区私人建房投资外，固定资产投资的统计起点由 5 万元提高到 50 万元。

自 2006 年起，非农户固定资产投资统计改为按项目统计，调查方法由抽样调查改为全面统计报表，起点为 50 万元。

自 2006 年起，城镇和工矿区私人建房投资改为按项目统计，起点为 50 万元。

自 2011 年起，除房地产开发投资、农村农户投资外，固定资产投资项目统计起点由 50 万元提高到 500 万元。

自 2012 年起，国民经济行业分类使用《国民经济行业分类》（GB/T 4754-2011）标准。

自 2018 年起，国民经济行业分类使用《国民经济行业分类》（GB/T 4754—2017）标准。

为便于比较，增速均按可比口径计算。

六、内容修订

为进一步贯彻新发展理念，更好地反映经济结构和质量的变化，本篇资料对第三产业固定资产投资表式进行了改版，内容以各分组固定资产投资比上年增长速度为主，通过速度变化反映固定资产投资形势及政策效应。

4-1 按行业门类分第三产业全社会固定资产投资增长情况

单位：%

行业门类	2007	2008	2009	2010	2011	2012
第三产业合计	**23.8**	**24.8**	**33.8**	**25.2**	**21.1**	**20.7**
农、林、牧、渔专业及辅助性活动						
开采专业及辅助性活动						
金属制品、机械和设备修理业						
批发和零售业	27.1	29.9	37.2	17.5	41.0	31.9
交通运输、仓储和邮政业	16.6	20.3	46.7	20.4	3.5	11.1
住宿和餐饮业	38.7	28.9	34.0	28.2	34.0	30.2
信息传输、软件和信息技术服务业	-1.5	17.0	19.7	-5.2	0.6	23.8
金融业	29.8	65.4	38.2	35.9	44.4	44.7
房地产业	32.3	24.7	22.0	31.4	28.3	21.4
租赁和商务服务业	30.8	42.8	50.2	32.2	40.5	38.9
科学研究和技术服务业	13.1	39.6	53.6	14.9	41.9	47.4
水利、环境和公共设施管理业	24.6	33.3	46.8	24.9	14.1	20.8
居民服务、修理和其他服务业	11.6	20.1	53.6	38.9	46.6	32.0
教育	4.6	6.2	39.5	14.6	14.0	18.4
卫生和社会工作	15.1	30.6	60.8	14.0	27.8	12.3
文化、体育和娱乐业	30.1	27.9	49.9	24.2	21.0	35.1
公共管理、社会保障和社会组织	5.9	18.4	26.3	19.9	15.7	7.1
国际组织						

注：自2013年起，三产划分按《国家统计局关于印发<三次产业划分规定>的通知》(国统字[2012]108号)执行，农林牧渔业、采矿业和制造业仅包括该门类下的第三产业投资。

4-1 续表

单位：%

行业门类	2013	2014	2015	2016	2017	2018
第三产业合计	**20.4**	**16.4**	**10.2**	**10.4**	**9.2**	**5.5**
农、林、牧、渔专业及辅助性活动		23.6	26.3	12.4	-4.0	8.4
开采专业及辅助性活动		-2.2	-16.5	-19.2	-29.8	-0.4
金属制品、机械和设备修理业		-0.3	3.2	-11.0	-3.2	-26.9
批发和零售业	29.7	25.5	19.8	-4.0	-6.1	-19.8
交通运输、仓储和邮政业	17.0	17.8	13.8	9.5	14.8	4.0
住宿和餐饮业	17.2	3.6	5.1	-8.7	4.0	-0.8
信息传输、软件和信息技术服务业	14.6	36.1	34.4	14.6	12.8	4.1
金融业	34.4	10.7	0.3	-4.2	-13.3	-13.1
房地产业	19.8	10.6	2.2	6.0	3.0	8.0
租赁和商务服务业	25.4	35.7	18.6	30.6	14.6	13.9
科学研究和技术服务业	26.6	35.1	12.6	17.2	9.4	13.6
水利、环境和公共设施管理业	27.2	23.5	20.5	23.3	21.2	3.3
居民服务、修理和其他服务业	10.2	13.7	15.1	0.8	2.0	-12.6
教育	17.8	23.8	15.2	20.7	20.4	7.0
卫生和社会工作	20.0	27.9	29.7	21.4	18.1	8.4
文化、体育和娱乐业	22.5	18.5	8.9	16.4	12.9	21.2
公共管理、社会保障和社会组织	-2.9	23.0	9.0	4.3	-2.0	-18.0
国际组织						

4-2 各地区按登记注册类型分第三产业固定资产投资(不含农户)增长情况

单位：%

地 区	总 计	内 资	港澳台商投资	外商投资
全 国	**5.5**	**6.1**	**-15.5**	**8.7**
北 京	-1.5	0.2	-30.9	70.4
天 津	-5.3	-3.0	-58.9	-7.2
河 北	4.0	5.5	-75.8	-42.8
山 西	14.0	14.6	-36.1	-51.5
内蒙古	-31.4	-31.4	17.4	
辽 宁	-0.7	-2.2	25.3	-1.3
吉 林	5.4	3.7	78.4	
黑龙江	-9.4	-9.2	-33.6	-35.2
上 海	3.2	5.3	-14.9	-4.0
江 苏	3.7	3.4	8.2	3.5
浙 江	10.1	10.3	0.9	33.2
安 徽	5.7	6.5	-42.1	-12.4
福 建	8.5	10.3	-18.6	-37.8
江 西	9.0	9.2	-21.3	112.8
山 东	7.1	7.2	8.0	2.2
河 南	10.6	10.8	-27.0	172.6
湖 北	9.4	9.0	-4.4	122.6
湖 南	1.7	1.5	-9.6	94.2
广 东	14.7	16.3	-13.0	14.9
广 西	9.8	10.1	-34.3	35.3
海 南	-14.4	-12.3	-45.8	-52.4
重 庆	7.2	9.2	-47.9	83.8
四 川	12.7	13.5	-28.5	-25.6
贵 州	13.9	14.8	-81.0	43.8
云 南	10.6	10.8	4.9	-37.1
西 藏	5.5	5.5		
陕 西	9.8	10.4	-48.4	0.1
甘 肃	-3.2	-3.4	185.9	68.7
青 海	4.5	5.2		
宁 夏	-23.4	-24.2	124.6	-70.8
新 疆	-32.2	-32.0	-18.8	-78.5

4-3 各行业按构成分第三产业固定资产投资(不含农户)增长情况

单位：%

行　　业	投资额	建筑安装工程投资	设备工器具购置	其他费用
第三产业合计	**5.5**	**1.3**	**0.8**	**23.7**
农、林、牧、渔专业及辅助性活动	**8.4**	**7.7**	**9.8**	**16.7**
开采专业及辅助性活动	**-0.4**	**-4.3**	**14.5**	**-20.0**
金属制品、机械和设备修理业	**-26.9**	**-24.4**	**-27.4**	**-54.0**
批发和零售业	**-21.5**	**-19.3**	**-29.9**	**-27.5**
批发业	-28.3	-26.0	-34.2	-38.3
零售业	-15.0	-13.1	-24.5	-18.7
交通运输、仓储和邮政业	**3.9**	**5.3**	**9.4**	**-5.8**
铁路运输业	-5.1	-6.1	7.7	-12.7
道路运输业	8.2	10.5	10.7	-3.6
水上运输业	-9.6	-16.7	5.4	11.5
航空运输业	4.8	-6.6	17.5	-20.2
管道运输业	-4.4	-6.3	3.9	-6.4
多式联运和运输代理业	-20.0	-18.6	-19.9	-35.2
装卸搬运和仓储业	-1.3	-1.1	-1.1	-3.3
邮政业	-23.0	-24.4	-17.8	-25.7
住宿和餐饮业	**-3.4**	**-5.2**	**-7.6**	**17.0**
住宿业	-0.9	-3.7	-4.9	28.6
餐饮业	-12.8	-10.8	-12.9	-32.7
信息传输、软件和信息技术服务业	**4.0**	**-0.4**	**11.6**	**-0.5**
电信、广播电视和卫星传输服务	-10.8	-13.9	-6.3	-20.1
互联网和相关服务	37.6	40.5	24.4	98.5
软件和信息技术服务业	5.8	-3.7	47.7	-16.2
金融业	**-13.1**	**-24.0**	**70.1**	**-6.7**
货币金融服务	-3.7	-28.7	95.6	48.4
资本市场服务	-40.8	-38.7	3.6	-62.7
保险业	20.7	8.3	61.8	82.5
其他金融业	6.0	21.8	-10.7	-70.2
房地产业	**8.3**	**-2.6**	**-1.1**	**40.4**
租赁和商务服务业	**14.2**	**16.7**	**-15.1**	**30.4**
租赁业	-21.8	-10.4	-24.3	-5.0
商务服务业	17.6	17.2	-5.0	30.8
科学研究和技术服务业	**13.6**	**14.0**	**0.5**	**34.4**
研究和试验发展	8.7	9.0	9.1	6.7
专业技术服务业	-0.6	-2.6		19.9
科技推广和应用服务业	29.3	32.5	-5.7	72.2
水利、环境和公共设施管理业	**3.3**	**5.4**	**0.7**	**-7.9**
水利管理业	-4.9	-4.0	7.9	-12.4
生态保护和环境治理业	43.0	46.1	24.0	40.6
公共设施管理业	2.5	4.8	-3.7	-9.0
居民服务、修理和其他服务业	**-14.4**	**-9.9**	**-24.4**	**-37.8**
居民服务业	4.3	9.5	-14.4	-18.5
机动车、电子产品和日用产品修理业	-28.6	-25.3	-44.8	0.7
其他服务业	-40.6	-37.7	-18.1	-74.2
教育	**7.2**	**10.0**	**-2.0**	**-11.3**
卫生和社会工作	**8.4**	**8.2**	**8.3**	**10.5**
卫生	10.0	10.0	8.5	12.8
社会工作	2.9	2.6	6.7	3.2
文化、体育和娱乐业	**21.2**	**23.1**	**14.5**	**12.5**
新闻和出版业	-10.3	-20.8	-37.3	51.4
广播、电视、电影和影视录音制作业	-44.0	-48.9	-27.8	16.7
文化艺术业	-6.2	-2.6	-19.2	-25.0
体育	19.8	19.9	19.1	19.3
娱乐业	82.2	93.5	50.8	46.7
公共管理、社会保障和社会组织	**-18.0**	**-13.1**	**-35.4**	**-51.2**
中国共产党机关	7.9	14.4	-38.2	-30.2
国家机构	-18.5	-12.6	-36.2	-54.0
人民政协、民主党派	-21.2	-16.6	54.1	-95.9
社会保障	-44.0	-41.8	-53.4	-67.2
群众团体、社会团体和其他成员组织	-4.1	-2.6	-38.0	15.0
基层群众自治组织	-13.0	-11.6	-13.2	-50.4
国际组织				

4-4 按行业门类分第三产业固定资产投资(不含农户)增长情况

单位：%

行业门类	2007	2008	2009	2010	2011	2012
第三产业合计	**23.7**	**25.2**	**33.1**	**25.7**	**21.1**	**21.2**
农、林、牧、渔专业及辅助性活动						
开采专业及辅助性活动						
金属制品、机械和设备修理业						
批发和零售业	29.2	30.3	40.6	16.5	41.2	32.3
交通运输、仓储和邮政业	15.8	20.8	48.2	19.8	3.7	11.2
住宿和餐饮业	41.7	30.5	34.2	28.0	34.4	30.3
信息传输、软件和信息技术服务业	2.7	17.1	19.3	-5.9	1.0	23.8
金融业	28.0	66.4	37.9	37.0	44.4	44.7
房地产业	32.6	25.5	20.1	33.6	29.6	22.4
租赁和商务服务业	29.9	45.8	49.8	32.2	40.6	38.9
科学研究和技术服务业	12.1	37.7	51.1	17.1	41.9	47.4
水利、环境和公共设施管理业	23.6	32.4	45.6	24.9	14.1	20.8
居民服务、修理和其他服务业	28.4	32.6	65.8	46.0	53.1	38.3
教育	4.3	6.1	37.7	14.7	14.0	18.4
卫生和社会工作	14.3	31.7	59.3	15.4	28.0	12.3
文化、体育和娱乐业	31.6	27.1	48.0	22.6	21.6	35.3
公共管理、社会保障和社会组织	4.2	17.0	24.5	18.0	15.7	7.1
国际组织						

4-4 续表

单位：%

行业门类	2013	2014	2015	2016	2017	2018
第三产业合计	**20.8**	**16.9**	**10.6**	**10.9**	**9.5**	**5.5**
农、林、牧、渔专业及辅助性活动		23.6	26.3	12.4	-4.0	8.4
开采专业及辅助性活动		-2.2	-16.5	-19.2	-29.8	-0.4
金属制品、机械和设备修理业		-0.3	3.2	-11.0	-3.2	-26.9
批发和零售业	29.1	24.8	20.1	-4.0	-6.3	-21.5
交通运输、仓储和邮政业	17.6	18.4	14.2	9.5	14.8	3.9
住宿和餐饮业	17.7	3.4	5.1	-8.6	3.9	-3.4
信息传输、软件和信息技术服务业	14.6	35.8	34.4	14.5	12.8	4.0
金融业	34.4	10.7	0.3	-4.2	-13.3	-13.1
房地产业	20.2	11.0	2.5	6.8	3.6	8.3
租赁和商务服务业	25.1	35.9	18.6	30.5	14.4	14.2
科学研究和技术服务业	26.6	35.1	12.6	17.2	9.4	13.6
水利、环境和公共设施管理业	27.2	23.5	20.5	23.3	21.2	3.3
居民服务、修理和其他服务业	18.3	14.9	15.5	1.8	2.4	-14.4
教育	17.2	24.5	15.2	20.7	20.2	7.2
卫生和社会工作	19.9	27.9	29.7	21.4	18.1	8.4
文化、体育和娱乐业	22.4	18.6	8.9	16.4	12.9	21.2
公共管理、社会保障和社会组织	-2.9	22.9	9.1	4.3	-2.0	-18.0
国际组织						

4-5 各行业按登记注册类型和控股情况分第三产业固定资产投资(不含农户)增长情况

单位：%

行　　业	投资额	#内　资	港澳台商投资	外商投资	#国有控股	集体控股	私人控股
第三产业合计	**5.5**	**6.1**	**-15.5**	**8.7**	**2.5**	**-9.5**	**9.9**
农、林、牧、渔专业及辅助性活动	**8.4**	**8.8**		**125.6**	**5.3**	**-30.7**	**16.9**
开采专业及辅助性活动	**-0.4**	**0.4**	**-55.5**	**-64.7**	**7.7**	**-62.1**	**-14.8**
金属制品、机械和设备修理业	**-26.9**	**-26.9**	**45.3**	**-46.9**	**-25.3**	**-62.0**	**-29.0**
批发和零售业	**-21.5**	**-21.7**	**-13.2**	**-1.3**	**-15.5**	**-41.9**	**-24.8**
批发业	-28.3	-27.3	-56.6	-62.1	-13.9	-59.5	-30.4
零售业	-15.0	-16.3	20.2	78.4	-16.5	-31.2	-18.8
交通运输、仓储和邮政业	**3.9**	**4.1**	**-1.2**	**-10.1**	**4.3**	**-10.9**	**-3.8**
铁路运输业	-5.1	-5.1	-12.8		-5.9	-5.0	23.4
道路运输业	8.2	8.2	4.9	66.5	7.9	-2.1	3.5
水上运输业	-9.6	-9.1	-42.6	5.6	-8.4	-61.8	-18.2
航空运输业	4.8	5.5	-1.3		8.3	-79.4	-16.7
管道运输业	-4.4	5.3			-19.3	-95.4	51.9
多式联运和运输代理业	-20.0	-22.6		-22.9	1.0		-39.7
装卸搬运和仓储业	-1.3	-1.1	7.6	-20.6	-5.3	-25.0	-0.3
邮政业	-23.0	-26.9	131.7		-33.3	109.4	-27.4
住宿和餐饮业	**-3.4**	**-4.1**	**30.2**	**-3.9**	**11.2**	**-39.4**	**-8.4**
住宿业	-0.9	-1.5	29.8	5.9	13.9	-37.0	-7.7
餐饮业	-12.8	-13.5	54.9	-58.0	-1.6	-52.3	-10.7
信息传输、软件和信息技术服务业	**4.0**	**0.7**	**43.3**	**-8.6**	**1.7**	**-8.8**	**-3.1**
电信、广播电视和卫星传输服务	-10.8	-9.7	-16.9	-18.2	-3.9	-74.7	-60.9
互联网和相关服务	37.6	31.4	85.9	-27.4	30.1	-34.8	23.6
软件和信息技术服务业	5.8	-0.7	120.2	17.0	10.2	127.0	-8.7
金融业	**-13.1**	**-13.6**		**-80.4**	**-8.6**	**-42.0**	**-22.2**
货币金融服务	-3.7	-8.9		-27.2	-7.1	-43.6	-15.2
资本市场服务	-40.8	-37.1		-86.3	-33.6	98.7	-42.3
保险业	20.7	20.7			28.7		86.4
其他金融业	6.0	7.4			31.8	-29.1	-33.8
房地产业	**8.3**	**9.4**	**-20.8**	**13.2**	**0.8**	**-5.6**	**13.9**
租赁和商务服务业	**14.2**	**17.8**	**-60.8**	**7.2**	**18.9**	**-16.7**	**11.7**
租赁业	-21.8	12.4	-95.1	60.8	-41.4	96.9	28.6
商务服务业	17.6	18.1	7.4	-10.1	22.2	-19.1	10.4
科学研究和技术服务业	**13.6**	**14.8**	**-10.1**	**-27.5**	**8.6**	**70.9**	**14.7**
研究和试验发展	8.7	10.9	-45.4	-2.2	16.6	180.9	2.2
专业技术服务业	-0.6	-0.5	42.3	-1.9	-3.0	43.2	-2.2
科技推广和应用服务业	29.3	30.6	298.4	-84.4	14.4	46.2	34.5
水利、环境和公共设施管理业	**3.3**	**3.2**	**21.5**	**46.7**	**2.4**	**-6.6**	**0.5**
水利管理业	-4.9	-5.0	78.0	57.9	-4.8	-15.8	-17.8
生态保护和环境治理业	43.0	44.8	-41.7	14.3	46.2	32.1	30.2
公共设施管理业	2.5	2.4	40.6	68.9	1.5	-7.3	-1.2
居民服务、修理和其他服务业	**-14.4**	**-14.6**	**3.7**	**-11.2**	**-18.0**	**-22.6**	**-14.8**
居民服务业	4.3	4.0	-5.5	-1.8	8.0	-31.1	3.8
机动车、电子产品和日用产品修理业	-28.6	-27.0	-25.8		-30.2	-92.6	-33.7
其他服务业	-40.6	-41.0		174.4	-50.0	45.5	-30.2
教育	**7.2**	**7.3**	**-45.5**	**71.8**	**5.4**	**-0.2**	**26.2**
卫生和社会工作	**8.4**	**7.6**	**221.3**	**79.2**	**6.8**	**-8.1**	**8.8**
卫生	10.0	9.3	219.5	43.7	8.9	-5.8	11.0
社会工作	2.9	1.9		218.2	-4.9	-14.7	5.2
文化、体育和娱乐业	**21.2**	**21.8**	**-28.9**	**25.3**	**5.5**	**4.2**	**35.6**
新闻和出版业	-10.3	-10.3			-32.9		189.0
广播、电视、电影和影视录音制作业	-44.0	-43.8	-50.9		-42.3	-21.3	-47.6
文化艺术业	-6.2	-6.0	-53.7	119.7	-6.1	-21.5	-13.3
体育	19.8	18.6	68.8		17.1	41.4	11.1
娱乐业	82.2	85.9	-52.1	-6.4	65.1	29.9	89.8
公共管理、社会保障和社会组织	**-18.0**	**-18.0**	**137.6**		**-17.6**	**-38.6**	**-41.9**
中国共产党机关	7.9	7.9			-0.1	-44.3	
国家机构	-18.5	-18.5	155.1		-16.9	-39.2	-67.9
人民政协、民主党派	-21.2	-21.2			107.0		
社会保障	-44.0	-44.0			-41.5	-59.3	-74.1
群众团体、社会团体和其他成员组织	-4.1	-3.6	113.8		-26.2	25.8	-3.7
基层群众自治组织	-13.1	-12.8			-14.4	-44.1	65.3
国际组织							

4-6 按行业分第三产业固定资产投资(不含农户)实际到位资金增长情况

单位：%

行业	本年实际到位资金					
		国家预算资金	国内贷款	利用外资	自筹资金	其他资金
第三产业合计	**3.2**	**2.7**	**-6.7**	**-12.4**	**4.0**	**7.4**
农、林、牧、渔专业及辅助性活动	**19.6**	**24.9**	**-32.0**	**-45.3**	**16.0**	**115.0**
开采专业及辅助性活动	**9.0**	**-16.8**			**-3.6**	**32.9**
金属制品、机械和设备修理业	**-27.0**	**-71.7**	**-30.3**		**-26.1**	
批发和零售业	**-21.6**	**-63.0**	**-35.9**	**-37.7**	**-18.5**	**-39.2**
批发业	-26.4	-68.6	-35.7	-31.8	-23.7	-50.0
零售业	-17.1	-58.0	-36.1	-44.8	-13.6	-31.5
交通运输、仓储和邮政业	**0.5**	**7.8**	**0.7**	**-29.6**	**4.8**	**-19.5**
铁路运输业	-5.6	-5.1	2.1	-75.8	32.7	-45.4
道路运输业	3.1	9.7	1.7	-28.5	1.7	0.4
水上运输业	-1.1	19.9	-23.9	-45.8	2.1	-11.5
航空运输业	3.4	51.2	4.0		9.2	-46.1
管道运输业	9.6	24.3	-19.1		17.4	90.1
多式联运和运输代理业	-19.3	-15.7	-40.7	39.2	-18.1	45.3
装卸搬运和仓储业	-3.8	-41.4	-15.3	-1.9	-2.9	31.2
邮政业	-19.3	-85.4	-61.1		-19.6	-7.7
住宿和餐饮业	**-10.9**	**-41.2**	**-26.4**	**-40.9**	**-8.4**	**-7.1**
住宿业	-10.9	-38.9	-26.6	-48.8	-7.9	-8.2
餐饮业	-11.4	-50.5	-21.6	-33.6	-10.7	-2.5
信息传输、软件和信息技术服务业	**7.2**	**-34.6**	**8.3**	**184.8**	**3.3**	**96.1**
电信、广播电视和卫星传输服务	-9.1	-65.4	-22.9		-9.2	79.2
互联网和相关服务	38.3	104.5	122.4	233.8	17.3	114.5
软件和信息技术服务业	10.6	-31.6	-12.4	-46.0	12.1	71.5
金融业	**-6.5**	**-40.5**	**14.7**		**-6.3**	**-23.1**
货币金融服务	-1.1	-32.6	67.8	15.0	-4.0	27.9
资本市场服务	-37.7	-40.7	-62.2		-36.9	-10.8
保险业	34.4				44.8	
其他金融业	14.1		97.1		13.0	
房地产业	**5.4**	**-7.7**	**-6.5**	**-35.8**	**8.1**	**7.9**
租赁和商务服务业	**6.5**	**-24.0**	**-7.4**	**17.5**	**7.1**	**58.6**
租赁业	-38.8	-90.2	-48.6		-36.6	-40.0
商务服务业	10.6	-22.1	-3.0	5.2	11.2	62.0
科学研究和技术服务业	**14.0**	**23.5**	**0.5**	**15.8**	**13.3**	**34.3**
研究和试验发展	11.0	66.3	9.8		5.0	11.4
专业技术服务业	-4.3	-11.7	-17.3	-23.7	-0.4	-15.9
科技推广和应用服务业	30.4	-0.2	2.0	82.3	31.0	105.7
水利、环境和公共设施管理业	**-2.8**	**4.1**	**-19.8**	**16.6**	**-5.1**	**20.5**
水利管理业	-10.7	-6.4	-36.6	-65.0	-13.7	17.2
生态保护和环境治理业	32.8	31.9	-7.1	-11.1	40.2	79.8
公共设施管理业	-3.3	6.2	-18.1	33.3	-6.2	18.5
居民服务、修理和其他服务业	**-18.4**	**-42.6**	**4.2**		**-22.5**	**48.1**
居民服务业	1.7	-28.9	26.0		-6.7	184.7
机动车、电子产品和日用产品修理业	-46.6	-59.2	-1.6		-50.1	-13.5
其他服务业	-45.6	-57.5	-74.6	182.8	-41.4	-56.6
教育	**2.2**	**5.9**	**-23.1**	**-6.9**	**-2.6**	**55.2**
卫生和社会工作	**5.8**	**3.2**	**-1.7**	**123.4**	**5.7**	**15.9**
卫生	9.7	5.9	-0.9	86.7	10.8	17.3
社会工作	-7.3	-14.0	-5.1		-8.1	5.7
文化、体育和娱乐业	**13.7**	**9.3**	**-12.4**	**60.0**	**20.6**	**-1.8**
新闻和出版业	-18.0	39.4	-94.1		-21.3	
广播、电视、电影和影视录音制作业	-44.2	-45.2	-51.4		-33.3	-77.2
文化艺术业	-17.8	-7.1	-23.2	-51.8	-19.8	-12.4
体育	8.3	41.8	-47.6	93.1	12.3	28.3
娱乐业	72.8	100.1	57.9	87.3	77.8	39.5
公共管理、社会保障和社会组织	**-7.2**	**-13.7**	**-30.0**	**-54.8**	**-10.1**	**40.4**
中国共产党机关	21.0	116.5			-5.2	65.3
国家机构	-6.4	-12.5	-36.1	-54.8	-10.3	52.6
人民政协、民主党派						
社会保障	-49.6	-35.7			-77.9	-7.6
群众团体、社会团体和其他成员组织	7.0	105.8	0.6		5.8	-26.6
基层群众自治组织	1.5	-58.8	-7.4		47.6	-54.6
国际组织						

4-7 各地区按行业门类分第三产业固定资产投资(不含农户)增长情况

单位：%

地　区	第三产业合计	农、林、牧、渔专业及辅助性活动	开采专业及辅助性活动	金属制品、机械和设备修理业	批发和零售业	交通运输、仓储和邮政业	住宿和餐饮业	信息传输、软件和信息技术服务业	金融业	房地产业
全　国	**5.5**	**8.4**	**-0.4**	**-26.9**	**-21.5**	**3.9**	**-3.4**	**4.0**	**-13.1**	**8.3**
北　京	-1.5	-24.6		-96.3	2.5	11.3	40.2	31.9	42.9	-3.2
天　津	-5.3	-7.8	84.7	-87.8	-22.7	-7.4	-59.9	-18.0	-67.8	4.7
河　北	4.0	11.2	-72.5	-70.2	14.9	22.0	-8.2	-15.9	-25.5	-6.1
山　西	14.0	-38.0	-84.8	-93.8	-47.7	18.5	-58.6	24.5	-15.9	17.3
内蒙古	-31.4	-11.6	-11.5	-38.3	-75.8	-35.1	-71.0	6.2	-36.8	-3.1
辽　宁	-0.7	49.3	41.8	95.1	-41.8	-18.6	-44.1	-24.1	-45.9	13.0
吉　林	5.4	113.2	-16.9		-39.7	-11.2	-32.6	-33.0	-89.9	25.3
黑龙江	-9.4	23.3	97.2	-97.5	-18.4	-24.0	-40.8	-1.2	-17.0	8.6
上　海	3.2	-37.5		134.8	0.7	9.6	72.5	14.1	12.6	4.6
江　苏	3.7	-14.6		48.6	-35.9	-2.0	-15.5	-11.5	-12.5	13.1
浙　江	10.1	-80.2		12.4	-31.8	21.8	-16.6	2.8	-40.8	14.3
安　徽	5.7	28.0	-73.6	7.2	5.0	2.3	6.9	-14.8	-14.2	5.8
福　建	8.5	28.4	5.2	-48.1	32.1	8.4	30.8	37.3	29.6	2.7
江　西	9.0	16.0		16.2	-12.7	14.1	0.1	-6.0	-38.4	4.4
山　东	7.1	-26.6	-67.6	6.7	-38.8	2.0	-20.1	15.1	0.4	15.2
河　南	10.6	-1.7	250.0	-75.8	-3.3	26.2	8.8	32.3	73.8	3.8
湖　北	9.4	4.6	117.6	-63.4	16.6	11.2	7.7	55.3	13.4	3.5
湖　南	1.7	55.0	28.4	-37.2	-33.9	9.3	-2.6	0.3	33.0	8.6
广　东	14.7	41.6		5.1	-39.5	-2.5	-3.3	-5.8	16.2	18.8
广　西	9.8	-15.4	-60.6	10.4	17.1	19.0	26.7	1.3	-35.9	12.1
海　南	-14.4	-11.8		-69.4	-26.0	-22.6	11.6	-33.0	74.4	-12.7
重　庆	7.2	-13.1	-48.0	-56.5	-45.5	11.2	8.5	-52.7	-68.8	5.3
四　川	12.7	94.0		256.0	-14.8	17.2	-1.0	33.8	1.8	4.6
贵　州	13.9	262.8		62.5	-32.1	10.8	34.6	49.7	-68.3	13.3
云　南	10.6	-5.8			10.7	13.5	1.8	-8.2	-34.3	12.7
西　藏	5.5	-15.5			2.0	5.2	26.1		-33.3	7.1
陕　西	9.8	15.7	61.2	-96.0	-15.5	12.7	28.9	6.7	-12.2	13.1
甘　肃	-3.2	6.4	153.7	-58.6	-25.7	-17.0	-34.1	42.0	-32.2	10.9
青　海	4.5	25.2			23.0	-10.2	9.6	10.3		-6.9
宁　夏	-23.4	-67.1		-31.8	-20.1	-18.2	-33.5	-41.5	-91.9	-29.1
新　疆	-32.2	-21.3	68.9		-57.1	-40.5	-73.2	1.3	-34.4	-7.5

4-7 续表

单位：%

地　区	租赁和商务服务业	科学研究和技术服务业	水利、环境和公共设施管理业	居民服务、修理和其他服务业	教　育	卫生和社会工作	文化、体育和娱乐业	公共管理、社会保障和社会组织	国际组织
全　国	**14.2**	**13.6**	**3.3**	**-14.4**	**7.2**	**8.4**	**21.2**	**-18.0**	
北　京	-75.4	22.1	-2.5		-2.7	-15.0	9.1	131.0	
天　津	63.7	-51.9	-48.5	-11.4	-39.1	-21.8	-49.0	-86.9	
河　北	72.7	28.6	-3.3	-33.6	56.0	54.4	11.9	45.0	
山　西	48.2	-14.5	16.9	-32.7	33.2	8.6	78.9	-30.2	
内蒙古	-37.2	-72.2	-43.4	-17.9	-21.8	-37.8	-52.7	-84.9	
辽　宁	-33.1	-19.3	-7.7	-28.3	-6.0	-14.6	-34.7	-6.9	
吉　林	0.7	65.8	-10.5	-16.0	12.3	54.3	0.4	63.0	
黑龙江	-43.0	51.9	-19.5	-10.2	-23.9	14.8	-52.4	-53.3	
上　海	-37.2	10.4	-15.1	56.1	31.1	41.9	6.0	34.0	
江　苏	-13.7	6.8	2.4	-29.9	-7.5	-30.8	8.5	-11.0	
浙　江	-19.2	40.7	4.7	-64.4	12.4	-5.0	-17.7	-48.3	
安　徽	27.3	15.9	10.0	8.2	-0.2	-8.9	8.8	-16.8	
福　建	12.1	4.8	4.0	2.7	45.2	51.1	75.3	16.8	
江　西	12.4	62.1	19.4	-40.4	42.2	-11.2	37.3	-5.0	
山　东	55.2	-4.6	13.8	-47.0	-16.7	-3.3	5.7	-9.7	
河　南	56.9	45.2	20.4	-7.4	16.6	6.3	18.7	38.0	
湖　北	-28.1	14.3	12.1	-18.4	28.0	33.7	159.8	-33.4	
湖　南	43.6	99.7	-14.1	22.9	19.9	16.7	29.0	-44.3	
广　东	63.4	-10.3	22.6	1.6	26.6	28.8	19.7	6.9	
广　西	-3.9	42.1	1.7	-15.5	13.4	-4.0	19.3	-17.4	
海　南	-22.0	-49.8	-6.1	26.0	-9.4	-19.7	-27.5	-36.6	
重　庆	40.5	19.2	15.3	-49.1	-11.1	19.4	44.7	72.7	
四　川	3.8	54.6	15.1	52.7	24.4	29.6	78.8	95.3	
贵　州	164.2	1.8	8.2	30.6	29.6	32.3	13.7	54.2	
云　南	160.7	39.6	6.7	54.2	-0.4	14.7	28.1	-13.9	
西　藏	99.3	196.6	-0.9	-61.0	21.0	87.2	20.5	-21.5	
陕　西	8.9	16.8	6.1	25.7	-7.5	14.4	39.2	16.7	
甘　肃	14.4	-41.1	-10.2	-52.6	-9.9	-6.7	7.5	5.7	
青　海	104.6	-8.7	60.4	-58.2	56.6	19.9	69.7	-49.8	
宁　夏	-15.7	-53.6	-16.7	-50.1	2.7	13.5	-14.4	27.2	
新　疆	-51.3	-43.8	-47.2	-44.5	-34.4	-40.5	-45.5	-35.4	

【主要统计指标解释】

全社会固定资产投资 以货币形式表现的在一定时期内全社会建造和购置固定资产的工作量以及与此有关的费用的总称。该指标是反映固定资产投资规模、结构和发展速度的综合性指标，又是观察工程进度和考核投资效果的重要依据。全社会固定资产投资按登记注册类型可分为国有、集体、个体、联营、股份制、私营和个体、港澳台商、外商、其他等。

固定资产投资（不含农户） 指城镇和农村各种登记注册类型的企业、事业、行政单位，以及城镇个体户进行的计划总投资500万元及以上的建设项目投资和全部房地产开发投资。包含原口径的城镇固定资产投资加上农村企事业组织项目投资，该口径自2011年起开始使用。

固定资产投资的资金来源 根据固定资产投资的资金来源不同，分为国家预算资金、国内贷款、利用外资、自筹资金和其他资金。

（1）国家预算资金：国家预算包括一般预算、政府性基金预算、国有资本经营预算和社保基金预算。各类预算中用于固定资产投资的资金全部作为国家预算资金填报，其中一般预算中用于固定资产投资的部分包括基建投资、车购税、灾后恢复重建基金和其他财政投资。各级政府债券也应归入国家预算资金。

（2）国内贷款：指报告期固定资产投资项目单位向银行及非银行金融机构借入用于固定资产投资的各种国内借款，包括银行利用自有资金及吸收存款发放的贷款、上级拨入的国内贷款、国家专项贷款（包括煤代油贷款、劳改煤矿专项贷款等），地方财政专项资金安排的贷款、国内储备贷款、周转贷款等。

（3）利用外资：指报告期收到的境外（包括外国及港澳台地区）资金(包括设备、材料、技术在内)。包括对外借款(外国政府贷款、国际金融组织贷款、出口信贷、外国银行商业贷款、对外发行债券和股票)、外商直接投资、外商其他投资(包括利用外商投资收益在国内进行固定资产再投资活动的资金)。不包括我国自有外汇资金(国家外汇、地方外汇、留成外汇、调济外汇和国内银行自有资金发放的外汇贷款等)。各类外资按报告期的外汇牌价（中间价）折成人民币计算。

（4）自筹资金：指固定资产投资单位在报告期收到的，由各企、事业单位筹集用于固定资产投资的资金，包括各类企事业单位的自有资金和从其他单位筹集的用于固定资产投资的资金，但不包括各类财政性资金、从各类金融机构借入资金和国外资金。

（5）其他资金：在报告期收到的除以上各种资金之外的用于固定资产投资的资金，包括社会集资、个人资金、无偿捐赠的资金及其他单位拨入的资金等。

固定资产投资按国民经济行业分 指根据其从事的社会经济活动性质对各类单位进行的分类。应根据建设项目建成投产后的主要产品种类或主要用途及社会经济活动种类来划分，不能根据项目单位本身的行业类别来划分。如果项目投产后有几种产品，应根据主要产品来确定行业类别。一般情况下，一个建设项目只能属于一种国民经济行业。

固定资产投资按构成分 建设项目的构成一般分为建筑工程、安装工程、设备工器具购置和其他费用。

（1）建筑工程 指各种房屋、建筑物的建造工程。这部分投资额必须兴工动料，通过施工活动才能实现，是固定资产投资额的重要组成部分。

（2）安装工程 指各种设备、装置的安装工程。在安装工程中，不包括被安装设备本身价值。

（3）设备工器具购置 指报告期内购置或自制的，达到固定资产标准的设备、工具、器具的价值。新建单位及扩建单位的新建车间，按照设计或计划要求购置或自制的全部设备、工具、器具，不论是否达到固定资产标准均计入“设备工器具购置”中。

（4）其他费用 指在固定资产建造和购置过程中发生的，除建筑安装工程和设备、工器具购置投资完成额以外的应当分摊计入固定资产投资的费用，不指经营中财务上的其他费用。

5 第三产业双向投资与服务贸易进出口情况

简要说明

一、主要内容

本篇资料主要包括服务贸易、外商直接投资、对外直接投资的分行业统计。其中，服务贸易按国际收支口径统计。

二、资料来源

本篇资料由国家统计局贸易外经统计司负责整理、编辑，资料来源于商务部。

5-1 按行业分对外直接投资

单位：万美元

行业	对外直接投资净额			截至2018年对外直接投资存量
	2016	2017	2018	
总　计	**19614943**	**15828830**	**14303731**	**198226585**
其中：批发和零售业	2089417	2631102	1223791	23269268
交通运输、仓储和邮政业	167881	546792	516057	6650033
住宿和餐饮业	162549	-18509	135396	440434
信息传输、软件和信息技术服务业	1866022	443024	563187	19357456
金融业	1491809	1878544	2171720	21789544
房地产业	1524674	679506	306600	5734096
租赁和商务服务业	6578157	5427321	5077813	67546458
科学研究和技术服务业	423806	239065	380199	4424564
水利、环境和公共设施管理业	84705	21892	17863	313108
居民服务、修理和其他服务业	542429	186526	222822	1671529
教育	28452	13372	57302	476111
卫生和社会工作	48719	35267	52480	299697
文化、体育和娱乐业	386869	26401	116586	1265599
公共管理、社会保障和社会组织				

5-2 按行业分外商直接投资

行业	合同项目（个）	实际使用金额（万美元）
总　计	**60533**	**13496589**
其中：批发和零售业	22853	976689
交通运输、仓储和邮政业	754	472737
住宿和餐饮业	854	90107
信息传输、软件和信息技术服务业	7222	1166127
金融业	2469	870366
房地产业	1053	2246740
租赁和商务服务业	9099	1887459
科学研究和技术服务业	5819	681298
水利、环境和公共设施管理业	151	47408
居民服务、修理和其他服务业	485	56166
教育	266	7420
卫生和社会工作	83	30178
文化、体育和娱乐业	749	52290
公共管理、社会保障和社会组织	4	12

5-3 服务进出口分类金额

单位：亿美元

类 别	进出口		出口		进口	
	金额	同比(%)	金额	同比(%)	金额	同比(%)
总额	**7918.8**	**13.8**	**2668.4**	**17.0**	**5250.4**	**12.3**
运输	1505.9	15.8	423.0	14.0	1082.9	16.5
旅行	3163.0	7.7	394.6	1.7	2768.4	8.7
建筑	351.9	8.3	265.9	11.1	86.0	0.4
保险服务	168.0	16.2	49.2	21.7	118.8	14.1
金融服务	56.0	5.5	34.8	-5.8	21.2	31.2
电信、计算机和信息服务	708.3	50.9	470.6	69.5	237.7	24.0
电信服务	36.8	2.6	21.0	17.8	15.8	-12.5
计算机和信息服务	671.5	54.9	449.6	73.0	221.9	27.7
知识产权使用费	411.5	23.4	55.6	16.8	355.9	24.6
其中：研发成果使用费	167.1	11.9	5.3	-18.5	161.8	13.3
视听及相关产品许可费	31.6	35.9	1.3	7.1	30.3	37.5
个人、文化和娱乐服务	46.1	31.2	12.1	59.8	33.9	23.2
维护和维修服务	97.2	18.5	71.8	21.2	25.4	11.7
加工服务	176.9	-3.1	174.2	-3.6	2.6	48.6
其他商业服务	1171.8	12.3	699.0	13.6	472.8	10.3
其中：技术相关服务	301.1	13.9	174.3	16.8	126.8	10.2
专业管理和咨询服务	519.1	9.7	338.3	8.7	180.8	11.7
研发成果转让费及委托研发	163.6	19.7	93.0	16.6	70.6	23.9
政府服务	62.2	20.7	17.5	3.1	44.7	29.4

注：本表按照国际货币基金组织《国际收支和国际头寸手册》(第六版)标准统计。

【主要统计指标解释】

服务进出口 指常住单位与非常住单位之间相互提供的服务。包括运输，旅行，建筑，保险服务，金融服务，电信、计算机和信息服务，知识产权使用费，个人、文化和娱乐服务，维护和维修服务，加工服务，其他商业服务，政府服务。

外商直接投资 是指外国投资者在我国境内通过设立外商投资企业、合伙企业、与中方投资者共同进行石油资源的合作勘探开发以及设立外国公司分支机构等方式进行投资。外国投资者可以用现金、实物、无形资产、股权等投资，还可以用从外商投资企业获得的利润进行再投资。

对外直接投资 是境内投资者以控制国（境）外企业的经营管理权为核心的经济活动，体现在一经济体通过投资于另一经济体而实现其持久利益的目标。

6 第三产业能源消费情况

简要说明

一、主要内容

本篇包括的主要内容有分行业、分主要能源品种的消费量，生活用能源消费量等。

二、统计范围

本篇资料的统计范围为全社会。

三、资料来源

数据均来自历年能源平衡表。

四、计算说明

电力折算标准煤系数按平均发电煤耗计算。

6-1 综合能源平衡表

单位：万吨标准煤

项　　目	1985	1990	1995	2000	2005	2010	2011
能源消费总量	**76682**	**98703**	**131176**	**146964**	**261369**	**360648**	**387043**
在总量中:							
1.农、林、牧、渔业	4045	4852	5505	4233	6860	7266	7675
2.工业	51068	67578	96191	103014	187914	261377	278048
3.建筑业	1302	1213	1335	2207	3486	5533	6052
4.交通运输、仓储和邮政业	3713	4541	5863	11447	19136	27102	29694
5.批发、零售业和住宿、餐饮业	766	1247	2018	3251	5917	7847	9147
6.其他	2470	3473	4519	6118	10484	15052	16843
7.生活消费	13318	15799	15745	16695	27573	36470	39584

6-1　续表

单位：万吨标准煤

项　　目	2012	2013	2014	2015	2016	2017
能源消费总量	**402138**	**416913**	**425806**	**429905**	**435819**	**448529**
在总量中:						
1.农、林、牧、渔业	7804	8055	8094	8232	8544	8931
2.工业	284712	291130	295686	292276	290255	294488
3.建筑业	6337	7017	7520	7696	7991	8555
4.交通运输、仓储和邮政业	32561	34819	36336	38318	39651	42191
5.批发、零售业和住宿、餐饮业	10012	10598	10873	11404	12015	12475
6.其他	18407	19763	20084	21881	23154	24269
7.生活消费	42306	45531	47212	50099	54209	57620

6-2 煤炭平衡表

单位：万吨

项 目	1985	1990	1995	2000	2005	2010	2011
消费量	**81603**	**105523**	**137677**	**135690**	**243375**	**349008**	**388961**
在消费量中:							
1.农、林、牧、渔业	2209	2095	1857	1051	1802	2147	2207
2.工业	58613	81091	117571	121807	224766	329728	368916
3.建筑业	532	438	440	537	604	731	797
4.交通运输、仓储和邮政业	2307	2161	1315	882	811	639	646
5.批发、零售业和住宿、餐饮业	738	1058	977	1461	2627	3192	3572
6.其他	1580	1980	1987	1495	2727	3412	3612
7.生活消费	15624	16700	13530	8457	10039	9159	9212

6-2 续表

单位：万吨

项 目	2012	2013	2014	2015	2016	2017
消费量	**411727**	**424426**	**411613**	**397014**	**384560**	**385723**
在消费量中:						
1.农、林、牧、渔业	2266	2451	2579	2625	2778	2834
2.工业	391191	403157	390497	375650	363175	365480
3.建筑业	767	811	914	878	805	733
4.交通运输、仓储和邮政业	614	615	558	492	404	353
5.批发、零售业和住宿、餐饮业	3752	3966	3767	3864	3826	3461
6.其他	3883	4136	4046	4159	4081	3580
7.生活消费	9253	9290	9253	9347	9492	9283

6-3 焦炭平衡表

单位：万吨

项　　目	1985	1990	1995	2000	2005	2010	2011
消费量	**4689.7**	**6914.7**	**10725.3**	**10840.8**	**25105.8**	**38702.8**	**42063.3**
在消费量中:							
1.农、林、牧、渔业	20.8	60.1	128.6	70.9	63.5	46.8	54.1
2.工业	4627.7	6808.8	10412.0	10554.6	24860.9	38598.7	41952.1
3.建筑业	7.8	5.2	10.8	19.0	18.4	5.8	4.8
4.交通运输、仓储和邮政业	5.7	4.1	10.1	11.2	1.1	0.1	0.1
5.批发、零售业和住宿、餐饮业	2.7	7.7	25.7	35.7	64.1	5.1	9.2
6.其他	2.0	1.9	6.4	12.2	7.6	2.8	1.9
7.生活消费	23.0	26.9	131.6	137.2	90.3	43.5	41.1

6-3 续表

单位：万吨

项　　目	2012	2013	2014	2015	2016	2017
消费量	**44805.2**	**45851.9**	**46884.9**	**44058.7**	**45462.4**	**43743.1**
在消费量中:						
1.农、林、牧、渔业	57.5	69.2	34.9	49.5	53.1	38.4
2.工业	44694.8	45694.0	46749.6	43923.0	45324.7	43609.1
3.建筑业	6.3	7.7	9.7	6.7	7.1	12.6
4.交通运输、仓储和邮政业	0.1	2.2	2.7	3.0	3.2	6.0
5.批发、零售业和住宿、餐饮业	6.7	35.8	46.6	40.1	41.3	49.4
6.其他	1.9	5.0	5.1	5.4	5.6	5.9
7.生活消费	37.9	38.0	36.4	31.2	27.4	21.8

6-4 石油平衡表

单位：万吨

项　　目	1985	1990	1995	2000	2005	2010	2011
消费量	**9169**	**11486**	**16065**	**22496**	**32547**	**44101**	**45620**
在消费量中:							
1.农、林、牧、渔业	759	1034	1203	789	1452	1383	1466
2.工业	6171	7322	9349	11249	14030	18555	17986
3.建筑业	292	327	243	841	1502	2483	2582
4.交通运输、仓储和邮政业	1176	1683	2864	6399	10928	15079	16221
5.批发、零售业和住宿、餐饮业	38	78	334	247	376	481	500
6.其他	506	758	1390	1636	1974	2578	2880
7.生活消费	226	285	682	1336	2284	3542	3984

6-4　续表

单位：万吨

项　　目	2012	2013	2014	2015	2016	2017
消费量	**47797**	**49971**	**51814**	**55160**	**56403**	**58745**
在消费量中:						
1.农、林、牧、渔业	1538	1650	1718	1733	1730	1786
2.工业	17753	17595	18217	18908	19093	19546
3.建筑业	2741	3091	3312	3507	3713	4040
4.交通运输、仓储和邮政业	17864	18968	19547	20550	21032	22029
5.批发、零售业和住宿、餐饮业	542	565	563	616	585	621
6.其他	3068	3350	3152	3683	3537	3503
7.生活消费	4292	4752	5305	6162	6713	7220

6-5 原油平衡表

单位：万吨

项　　目	1985	1990	1995	2000	2005	2010	2011
消费量	**9509.5**	**11762.2**	**14886.4**	**21232.0**	**30088.9**	**42874.6**	**43965.8**
在消费量中:							
1.农、林、牧、渔业	0.8	0.2	10.1				
2.工业	9389.9	11653.8	14716.3	21052.1	29962.1	42716.6	43860.4
3.建筑业	74.0	55.2	2.7	3.3			
4.交通运输、仓储和邮政业	44.3	52.1	156.8	175.1	126.9	158.0	105.4
5.批发、零售业和住宿、餐饮业	0.1	0.3	0.5	0.2			
6.其他	0.4	0.6	1390.3	1.4			
7.生活消费							

6-5　续表

单位：万吨

项　　目	2012	2013	2014	2015	2016	2017
消费量	**46678.9**	**48652.2**	**51547.0**	**54088.3**	**56025.9**	**58902.2**
在消费量中:						
1.农、林、牧、渔业						
2.工业	46559.5	48503.4	51502.1	54052.4	56003.6	58893.5
3.建筑业						
4.交通运输、仓储和邮政业	119.4	148.7	44.9	35.9	22.3	8.7
5.批发、零售业和住宿、餐饮业						
6.其他						
7.生活消费						

6-6 燃料油平衡表

单位：万吨

项目	1985	1990	1995	2000	2005	2010	2011
消费量	**2837.4**	**3367.8**	**3693.7**	**3872.8**	**4244.2**	**3758.0**	**3662.8**
在消费量中:							
1.农、林、牧、渔业	3.1	2.9	8.4	0.4	0.7	1.1	1.3
2.工业	2662.2	3091.7	3406.2	2975.1	2986.9	2377.3	2260.2
3.建筑业	18.9	47.3	14.2	16.7	14.2	30.8	30.6
4.交通运输、仓储和邮政业	144.1	208.2	227.5	850.0	1201.0	1326.7	1345.2
5.批发、零售业和住宿、餐饮业	3.1	1.6	6.6	11.6	27.5	8.6	9.3
6.其他	6.0	16.1	30.8	19.0	13.9	13.5	16.2
7.生活消费							

6-6 续表

单位：万吨

项目	2012	2013	2014	2015	2016	2017
消费量	**3683.3**	**3954.0**	**4400.5**	**4662.0**	**4631.0**	**4887.3**
在消费量中:						
1.农、林、牧、渔业	2.0	2.0	1.3	0.9	1.0	1.3
2.工业	2241.7	2421.1	2835.7	3133.0	3035.4	3043.7
3.建筑业	27.1	59.5	44.6	53.5	51.9	43.2
4.交通运输、仓储和邮政业	1383.9	1429.0	1486.4	1439.5	1511.4	1771.3
5.批发、零售业和住宿、餐饮业	8.7	19.1	17.4	19.0	17.2	15.1
6.其他	19.9	23.4	15.1	16.1	14.1	12.5
7.生活消费						

6-7 汽油平衡表

单位：万吨

项目	1985	1990	1995	2000	2005	2010	2011
消费量	**1396**	**1900**	**2910**	**3505**	**4855**	**6956**	**7596**
在消费量中:							
1.农、林、牧、渔业	122	146	180	89	160	169	186
2.工业	451	589	812	682	442	689	605
3.建筑业	73	90	104	116	172	275	283
4.交通运输、仓储和邮政业	477	620	982	1528	2430	3275	3574
5.批发、零售业和住宿、餐饮业	23	46	197	70	129	168	177
6.其他	238	391	571	793	998	1166	1313
7.生活消费	11	18	64	228	524	1214	1459

6-7 续表

单位：万吨

项目	2012	2013	2014	2015	2016	2017
消费量	**8166**	**9366**	**9776**	**11368**	**11866**	**12416**
在消费量中:						
1.农、林、牧、渔业	193	199	217	231	224	230
2.工业	581	523	489	477	436	382
3.建筑业	287	326	331	409	437	472
4.交通运输、仓储和邮政业	3778	4382	4665	5307	5511	5699
5.批发、零售业和住宿、餐饮业	200	221	218	243	241	264
6.其他	1461	1819	1738	2108	2046	**2075**
7.生活消费	1667	1896	2119	2593	2970	3294

6-8 煤油平衡表

单位：万吨

项目	1985	1990	1995	2000	2005	2010	2011
消费量	**385.5**	**350.9**	**512.1**	**871.6**	**1076.8**	**1765.2**	**1816.7**
在消费量中:							
1.农、林、牧、渔业	3.3	3.1	3.6	1.5	1.6	0.9	1.5
2.工业	20.1	20.6	44.9	84.0	57.5	40.2	34.2
3.建筑业	1.3	1.3	3.5	4.0		8.8	10.8
4.交通运输、仓储和邮政业	56.2	93.4	250.0	535.9	952.4	1601.1	1646.4
5.批发、零售业和住宿、餐饮业	0.1	0.6	8.5	14.0	3.7	35.0	32.2
6.其他	182.9	127.3	137.3	160.1	36.2	58.7	68.2
7.生活消费	121.6	104.6	64.3	72.2	25.5	20.5	23.5

6-8 续表

单位：万吨

项目	2012	2013	2014	2015	2016	2017
消费量	**1956.6**	**2164.1**	**2335.4**	**2663.7**	**2970.7**	**3326.4**
在消费量中:						
1.农、林、牧、渔业	1.2	1.2	0.8	1.1	2.2	1.5
2.工业	32.0	27.4	17.4	21.2	20.0	14.5
3.建筑业	7.9	11.4	10.4	12.5	10.0	9.7
4.交通运输、仓储和邮政业	1787.1	1998.2	2216.0	2504.9	2814.9	3173.3
5.批发、零售业和住宿、餐饮业	28.6	13.4	11.3	11.7	11.2	11.3
6.其他	74.2	84.6	50.7	83.3	85.9	88.4
7.生活消费	25.6	27.9	28.9	29.1	26.4	27.6

6-9 柴油平衡表

单位：万吨

项　　目	1985	1990	1995	2000	2005	2010	2011
消费量	**1939**	**2692**	**4321**	**6806**	**10975**	**14699**	**15635**
在消费量中:							
1.农、林、牧、渔业	629	882	1001	697	1286	1207	1272
2.工业	644	728	1190	1696	1710	2090	1824
3.建筑业	125	133	118	206	387	490	519
4.交通运输、仓储和邮政业	454	709	1247	3294	6169	8658	9485
5.批发、零售业和住宿、餐饮业	11	23	104	96	116	197	212
6.其他	74	217	646	639	900	1287	1428
7.生活消费			16	178	406	771	895

6-9 续表

单位：万吨

项　　目	2012	2013	2014	2015	2016	2017
消费量	**16966**	**17151**	**17165**	**17360**	**16839**	**16997**
在消费量中:						
1.农、林、牧、渔业	1335	1442	1492	1493	1496	1547
2.工业	1748	1676	1595	1516	1413	1460
3.建筑业	518	557	552	556	561	596
4.交通运输、仓储和邮政业	10727	10921	11043	11163	11068	11254
5.批发、零售业和住宿、餐饮业	229	234	230	258	232	234
6.其他	1445	1340	1269	1384	1307	1233
7.生活消费	964	982	984	991	761	673

6-10 液化石油气平衡表

单位：万吨

项 目	1985	1990	1995	2000	2005	2010	2011
消费量	**155.7**	**254.2**	**750.6**	**1389.7**	**2046.5**	**2321.9**	**2470.2**
在消费量中:							
1.农、林、牧、渔业			0.1	0.4	3.5	4.7	5.6
2.工业	59.9	82.0	192.5	426.1	534.4	586.8	661.1
3.建筑业		1.0	0.5	8.9	6.3	7.2	7.2
4.交通运输、仓储和邮政业			0.5	16.5	48.7	61.0	65.5
5.批发、零售业和住宿、餐饮业	0.5	6.6	17.4	55.5	99.0	72.6	69.0
6.其他	4.5	6.1	5.7	24.0	25.8	52.6	54.8
7.生活消费	90.8	158.5	534.0	858.3	1328.7	1537.0	1607.2

6-10 续表

单位：万吨

项 目	2012	2013	2014	2015	2016	2017
消费量	**2482.2**	**2823.4**	**3289.8**	**3961.2**	**5015.1**	**5457.8**
在消费量中:						
1.农、林、牧、渔业	6.4	6.8	7.1	7.2	6.8	7.1
2.工业	621.0	705.1	835.0	1113.9	1766.8	1896.3
3.建筑业	6.8	14.7	16.8	15.1	14.8	15.8
4.交通运输、仓储和邮政业	68.1	89.4	91.8	100.3	104.2	123.7
5.批发、零售业和住宿、餐饮业	76.0	78.5	86.6	84.0	83.6	96.4
6.其他	68.5	83.4	79.4	91.4	83.5	93.5
7.生活消费	1635.4	1845.6	2173.1	2549.3	2955.4	3225.0

6-11 天然气平衡表

单位：亿立方米

项　　目	1985	1990	1995	2000	2005	2010	2011
消费量	**129.3**	**152.5**	**177.4**	**245.0**	**466.1**	**1080.2**	**1341.1**
在消费量中:							
1.农、林、牧、渔业						0.5	0.6
2.工业	109.6	120.2	154.4	199.0	327.2	691.8	875.7
3.建筑业	14.1	10.6	0.3	0.8	1.5	1.2	1.3
4.交通运输、仓储和邮政业	0.8	1.9	1.6	8.8	38.0	106.7	138.3
5.批发、零售业和住宿、餐饮业			0.6	3.4	10.8	27.2	33.6
6.其他	0.5	1.2	1.2	0.6	9.1	26.0	27.1
7.生活消费	4.3	18.6	19.4	32.3	79.4	226.9	264.4

注：从2010年起包括液化天然气数据。

6-11　续表

单位：亿立方米

项　　目	2012	2013	2014	2015	2016	2017
消费量	**1497.0**	**1705.4**	**1868.9**	**1931.7**	**2078.1**	**2393.7**
在消费量中:						
1.农、林、牧、渔业	0.6	0.7	0.8	0.9	1.1	1.1
2.工业	980.7	1129.1	1221.3	1234.5	1338.6	1575.2
3.建筑业	1.3	2.0	1.9	2.2	1.9	1.8
4.交通运输、仓储和邮政业	154.5	175.8	214.4	237.6	254.8	284.7
5.批发、零售业和住宿、餐饮业	38.7	39.3	46.6	51.3	53.7	57.6
6.其他	32.9	35.6	41.3	45.4	48.2	52.9
7.生活消费	288.3	322.9	342.6	359.8	379.7	420.3

6-12 电力平衡表

单位：亿千瓦小时

项　　目	1985	1990	1995	2000	2005	2010	2011
消费量	**4118**	**6230**	**10023**	**13472**	**24940**	**41934**	**47001**
在消费量中:							
1.农、林、牧、渔业	317	427	582	533	776	976	1013
2.工业	3283	4873	7660	10005	18522	30872	34692
3.建筑业	71	65	160	160	234	483	572
4.交通运输、仓储和邮政业	63	106	182	281	430	735	848
5.批发、零售业和住宿、餐饮业	38	76	200	419	752	1292	1503
6.其他	122	202	234	623	1341	2452	2753
7.生活消费	223	481	1006	1452	2885	5125	5620

6-12 续表

单位：亿千瓦小时

项　　目	2012	2013	2014	2015	2016	2017
消费量	**49763**	**54203**	**56384**	**58020**	**61297**	**64821**
在消费量中:						
1.农、林、牧、渔业	1013	1027	1013	1040	1092	1175
2.工业	36232	39237	40803	41550	43089	44960
3.建筑业	608	675	722	699	726	789
4.交通运输、仓储和邮政业	915	1001	1059	1126	1251	1418
5.批发、零售业和住宿、餐饮业	1691	1877	1996	2122	2324	2527
6.其他	3084	3398	3615	3919	4395	4881
7.生活消费	6219	6989	7176	7565	8421	9072

【主要统计指标解释】

能源消费总量 是指一定地域内，国民经济各行业和居民家庭在一定时间消费的各种能源的总和。包括：原煤、原油、天然气、水能、核能、风能、太阳能、地热能、生物质能等一次能源；一次能源通过加工转换产生的洗煤、焦炭、煤气、电力、热力、成品油等二次能源和同时产生的其他产品；其他化石能源、可再生能源和新能源。其中水能、风能、太阳能、地热能、生物质能等可再生能源，是指人们通过一定技术手段获得的，并作为商品能源使用的部分。在核算过程中，一次能源、二次能源消费不能重复计算。能源消费总量分为终端能源消费量、能源加工转换损失量和能源损失量三部分。

(1) 终端能源消费量：指一定时期内，全国生产和生活消费的各种能源在扣除了用于加工转换二次能源消费量和损失量以后的数量。

(2) 能源加工转换损失量：指一定时期内，全国投入加工转换的各种能源数量之和与产出各种能源产品之和的差额。该指标是观察能源在加工转换过程中损失量变化的指标。

(3) 能源损失量：指一定时期内，能源在输送、分配、储存过程中发生的损失和由客观原因造成的各种损失量，不包括各种气体能源放空、放散量。

7 第三产业分行业主要指标

7-1　服务业企业

简要说明

一、主要内容

本篇资料主要内容是2018年服务业企业法人单位主要指标，包括规模以上服务业和规模以下服务业，主要分组包括按行业、地区等。

二、统计范围

规模以上服务业：年营业收入1000万元及以上，或年末从业人员50人及以上服务业法人单位，包括：交通运输、仓储和邮政业，信息传输、软件和信息技术服务业，租赁和商务服务业，科学研究和技术服务业，水利、环境和公共设施管理业，教育，卫生和社会工作；以及物业管理、房地产中介服务、自有房地产经营活动和其他房地产业等行业；年营业收入500万元及以上，或年末从业人员50人及以上服务业法人单位，包括：居民服务、修理和其他服务业，文化、体育和娱乐业。

规模以下服务业：年营业收入1000万元以下且年末从业人员50人以下的服务业法人单位，包括：交通运输、仓储和邮政业，信息传输、软件和信息技术服务业，租赁和商务服务业，科学研究和技术服务业，水利、环境和公共设施管理业，教育，卫生和社会工作；以及物业管理、房地产中介服务、自有房地产经营活动和其他房地产业等行业；年营业收入500万元以下且年末从业人员50人以下的服务业法人单位，包括：居民服务、修理和其他服务业，文化、体育和娱乐业。

三、统计调查方法

普查。

四、资料来源

服务业企业数据均来自第四次全国经济普查调查结果。

五、其他

由于数据四舍五入影响，合计数与各分项之和可能存在细微偏差。

7-1-1　服务业企业法人单位分地区主要指标

地　区	单位数 (个)	营业收入 (亿元)	资产总计 (亿元)	从业人员 (万人)
全　国	**7213057**	**342796.6**	**2148452.2**	**8130.1**
北　京	571358	46937.9	372773.1	682.2
天　津	124124	8963.3	67011.2	146.4
河　北	310227	8379.3	46480.7	265.5
山　西	139861	3926.2	33895.9	140.7
内蒙古	90346	3088.8	31253.4	96.3
辽　宁	196198	6338.0	49101.6	193.2
吉　林	52625	2191.4	17881.9	73.7
黑龙江	80564	3349.4	16619.9	95.7
上　海	186409	37613.8	141119.8	436.9
江　苏	592955	31593.9	192124.5	700.6
浙　江	426958	25761.6	155754.2	460.4
安　徽	267095	9069.2	62236.7	268.3
福　建	202023	9075.6	42982.0	286.3
江　西	132151	5816.9	33150.1	169.2
山　东	506205	17088.2	84983.3	480.0
河　南	398391	12793.8	44682.1	443.3
湖　北	286966	11930.8	58851.5	326.0
湖　南	210515	8521.3	58889.0	267.5
广　东	1210302	41296.7	225899.9	1070.3
广　西	169100	4070.2	34656.1	154.5
海　南	44004	1945.0	21429.2	48.0
重　庆	178968	7871.7	52255.3	237.7
四　川	253958	12097.2	93357.9	378.3
贵　州	99506	3623.0	57109.0	126.8
云　南	136408	4745.0	44259.5	149.5
西　藏	10793	781.4	9771.9	15.4
陕　西	168617	6653.3	41313.5	204.6
甘　肃	55518	1858.5	19630.4	72.8
青　海	21798	556.6	6507.7	25.5
宁　夏	18994	649.6	4607.7	28.3
新　疆	70119	4209.3	27863.3	86.0

注：不含金融业、房地产开发经营。

7-1-2 服务业企业法人单位分行业主要指标

行　业	单位数 (个)	营业收入 (亿元)	资产总计 (亿元)	从业人员 (万人)
总　计	**7213057**	**342796.6**	**2148452.2**	**8130.1**
铁路运输业	337	8410.6	82547.9	193.1
道路运输业	360896	33233.9	166195.2	725.3
水上运输业	13313	6063.6	23482.2	51.4
航空运输业	2601	7372.8	23292.9	62.1
管道运输业	252	3030.8	5509.7	3.1
装卸搬运和运输代理业	96119	13257.7	13708.8	100.5
仓储业	70561	9133.3	32999.0	117.7
邮政业	25725	5862.9	4479.4	143.7
电信、广播电视和卫星传输服务	25154	18610.2	58732.7	174.7
互联网和相关服务	120283	17424.0	25800.4	144.3
软件和信息技术服务业	767639	34043.8	67492.4	676.2
物业管理	234354	9066.1	30666.7	636.9
房地产中介服务	205600	3277.6	13305.2	158.3
房地产租赁经营	82447	4997.6	92173.9	85.9
其他房地产业	13815	636.3	17394.3	10.9
租赁业	223957	4915.6	15320.1	140.4
商务服务业	2281535	80489.3	1092932.9	2096.5
研究和试验发展	170519	5147.5	18465.4	119.4
专业技术服务业	526404	29341.2	93126.5	630.7
科技推广和应用服务业	498041	10207.0	40532.1	278.8
水利管理业	6753	487.4	11149.3	9.8
生态保护和环境治理业	16508	1094.1	7944.0	22.1
公共设施管理业	87250	4997.3	69623.3	199.3
土地管理业	5412	3487.7	77900.5	7.6
居民服务业	204605	2361.7	3973.3	153.9
机动车、电子产品和日用产品修理业	187055	2819.5	3848.1	115.0
其他服务业	87543	1651.0	2539.5	145.9
教育	289050	5225.5	9957.7	360.3
卫生	80100	5158.1	7571.7	209.5
社会工作	22447	273.5	1599.5	20.6
新闻和出版业	5673	1590.5	5446.6	25.6
广播、电视、电影和影视录音制作业	57621	3383.2	9801.1	51.3
文化艺术业	116610	1542.6	5591.0	69.7
体育	45144	785.6	3175.2	34.5
娱乐业	281734	3416.9	10173.7	155.3

7-1-3 规模以上服务业企业法人单位分地区主要指标

地区	单位数（个）	年初存货（亿元）	流动资产合计（亿元）	应收账款（亿元）	存货（亿元）	固定资产原价（亿元）	累计折旧（亿元）	本年折旧（亿元）
全国	**168941**	**43412.1**	**361514.2**	**44784.4**	**44477.1**	**235965.4**	**77675.8**	**11763.2**
北京	14959	3784.4	78545.6	9033.6	3573.6	25543.5	8902.7	1234.8
天津	3580	1758.6	11736.8	1606.4	2007.8	5010.4	1736.4	278.1
河北	5006	1299.8	7154.3	1112.4	1418.4	5720.8	2346.7	334.8
山西	1523	118.1	1759.0	438.4	128.3	3077.4	995.8	159.2
内蒙	1557	584.6	2896.1	396.8	416.7	4943.3	1494.3	180.2
辽宁	3636	704.5	5187.5	823.7	585.7	7861.7	2720.6	362.4
吉林	2361	912.1	2432.2	279.5	493.5	2461.8	862.6	147.8
黑龙江	1101	2135.6	4099.9	923.7	1419.4	3200.9	1180.3	197.9
上海	10996	2378.6	33370.5	5176.1	2496.1	16956.7	6099.8	888.3
江苏	16512	4676.2	29199.8	4035.5	5513.4	15972.6	5959.8	950.3
浙江	11311	2301.2	23026.4	1788.5	2566.6	10674.0	4090.5	664.6
安徽	4564	854.4	4918.8	617.9	881.7	5352.1	1596.4	262.7
福建	5693	633.1	6725.2	647.7	643.3	5626.7	1912.4	265.3
江西	4412	463.0	3489.9	634.5	477.0	5810.2	1554.0	245.1
山东	11509	627.6	8935.1	1392.9	702.1	11053.3	4483.7	627.2
河南	8148	1966.6	8479.6	932.7	1741.1	11391.1	2939.6	479.2
湖北	6093	2389.5	13584.0	1831.4	2461.9	10733.6	2946.8	571.6
湖南	6360	4314.4	11134.8	1083.2	4619.9	4331.2	1398.0	242.8
广东	24151	2342.2	52724.8	5919.8	2597.0	33453.8	11212.1	1549.0
广西	2710	1231.8	6769.4	389.8	1227.7	3149.0	1147.2	175.6
海南	623	119.8	1934.5	208.6	137.0	2132.1	695.1	103.1
重庆	3800	3266.2	10718.5	860.0	3661.7	5219.1	1329.4	238.9
四川	6589	1648.0	12771.3	1696.1	1705.6	8715.8	2848.6	442.2
贵州	2504	1102.0	4234.1	500.9	1158.5	3393.7	830.1	128.4
云南	1976	728.9	4403.6	530.9	788.0	5601.0	1363.4	191.7
西藏	119	3.3	237.9	20.7	10.3	432.8	147.8	62.2
陕西	3719	466.8	4505.6	875.3	483.2	7518.3	2203.2	319.7
甘肃	1154	137.4	2019.9	294.9	139.8	4784.4	763.2	135.5
青海	269	121.4	827.3	168.5	92.3	1345.0	390.5	76.2
宁夏	384	38.0	244.4	41.0	36.4	540.3	214.8	44.5
新疆	1622	304.0	3447.7	523.0	293.1	3958.9	1309.9	204.2

7-1-3 续表 1

地 区	资产总计(亿元)	应付账款(亿元)	负债合计(亿元)	所有者权益合计(亿元)	营业收入(亿元)	主营业务收入(亿元)	营业成本(亿元)	主营业务成本(亿元)
全 国	**906116.6**	**44103.0**	**468717.3**	**437398.3**	**210575.4**	**204004.2**	**158915.1**	**154502.3**
北 京	209535.7	8881.9	94284.6	115251.1	37221.7	36193.6	26602.3	26266.5
天 津	24862.2	1275.2	14606.9	10255.3	6703.5	6593.4	5565.0	5483.0
河 北	16306.9	1069.7	10545.7	5761.0	4544.4	4471.1	3639.8	3585.6
山 西	6763.6	464.9	3659.0	3104.6	1259.4	1225.7	1045.8	1025.2
内 蒙	9852.7	564.6	5985.4	3867.3	1902.9	1862.4	1623.0	1591.9
辽 宁	15699.6	766.9	7855.2	7844.5	4120.2	3947.2	3515.1	3411.2
吉 林	5390.4	300.5	3287.1	2103.5	1338.9	1305.5	1220.4	1192.9
黑龙江	7889.9	376.9	5989.3	1900.6	1997.5	1956.9	2050.9	2023.7
上 海	81528.3	4753.3	37260.5	44267.8	28244.9	27679.5	22059.5	21648.6
江 苏	60428.3	2796.9	35034.8	25393.5	17981.4	15898.3	13972.7	12004.1
浙 江	45729.1	2460.7	25165.9	20563.2	17187.6	16846.9	11998.7	11841.0
安 徽	15163.9	737.7	7546.2	7617.7	3451.6	3373.8	2643.3	2579.8
福 建	17862.6	780.8	9890.5	7972.1	4173.7	4076.7	3116.3	3070.8
江 西	13070.2	730.1	6083.0	6987.1	2906.3	2845.1	2290.9	2244.7
山 东	23806.9	1703.3	13530.7	10275.8	7845.5	7636.1	6030.6	5893.0
河 南	27297.3	1205.1	15120.2	12177.0	5970.7	5838.6	4274.6	4188.9
湖 北	35864.9	1567.0	19600.5	16264.4	6358.1	6236.6	4706.5	4644.3
湖 南	19596.7	965.3	10651.2	8945.5	3763.7	3696.3	2795.4	2756.8
广 东	124476.9	6239.4	64557.6	59919.3	28607.2	27975.0	20380.0	20051.2
广 西	15753.5	443.3	9349.8	6403.8	2061.6	1991.0	1545.1	1510.2
海 南	6724.3	432.9	4110.8	2613.5	1244.9	1168.2	1003.9	964.0
重 庆	25754.0	741.6	13304.6	12449.3	3591.8	3500.6	2617.2	2567.8
四 川	33517.6	1537.0	17739.8	15777.7	6128.1	5980.3	4779.9	4687.5
贵 州	10399.4	536.1	6316.1	4083.2	1473.8	1444.9	1072.7	1052.1
云 南	15316.8	637.4	8007.7	7309.1	2415.8	2349.7	1860.1	1821.4
西 藏	690.6	63.5	514.1	176.6	123.9	121.8	114.7	113.2
陕 西	12974.3	988.0	6731.2	6243.0	3826.8	3750.2	2965.5	2911.6
甘 肃	9673.2	388.2	5112.7	4560.4	1261.8	1231.9	1034.9	1013.6
青 海	2586.9	126.0	1173.6	1413.3	323.2	317.1	328.8	322.8
宁 夏	748.5	74.6	441.3	307.3	246.8	239.6	192.2	187.6
新 疆	10851.6	494.1	5261.5	5590.1	2297.7	2250.3	1869.3	1847.3

7-1-3 续表 2

地 区	税金及附加(亿元)	销售费用(亿元)	管理费用(亿元)	财务费用(亿元)	利息收入(亿元)	利息支出(亿元)	投资收益(亿元)	营业利润(亿元)
全 国	**1417.8**	**11287.7**	**23632.2**	**5979.9**	**2063.9**	**7495.9**	**14260.9**	**26297.8**
北 京	263.5	2959.0	5402.3	1237.7	671.6	1806.1	7669.7	8771.3
天 津	51.6	237.8	501.8	156.3	31.6	164.9	106.5	310.5
河 北	33.2	176.6	396.8	156.7	34.0	172.7	40.7	179.0
山 西	6.7	52.2	136.8	66.7	6.6	75.8	89.2	50.4
内 蒙	10.9	62.6	148.9	148.4	5.7	148.2	93.4	50.8
辽 宁	26.9	129.4	385.2	150.4	24.7	157.8	45.8	10.6
吉 林	7.7	70.8	141.7	44.7	14.9	64.2	9.5	2.4
黑龙江	6.9	135.0	132.6	39.5	34.3	100.1	24.5	-96.5
上 海	112.0	1459.9	3474.6	336.0	202.8	469.9	1721.3	2647.8
江 苏	127.1	836.8	1514.0	360.2	69.9	368.7	245.1	1746.6
浙 江	98.7	899.9	2297.5	180.0	153.5	330.4	501.0	2295.6
安 徽	26.6	152.1	294.6	117.7	23.4	120.3	214.1	511.5
福 建	27.8	264.7	427.8	114.7	38.1	142.0	190.8	477.3
江 西	19.1	136.0	220.5	97.9	14.9	108.3	20.1	195.8
山 东	61.4	347.2	725.6	176.9	54.5	212.2	180.2	784.0
河 南	61.4	216.2	456.8	287.5	15.0	310.9	57.3	807.6
湖 北	55.4	262.4	535.3	236.2	70.9	292.0	30.5	737.1
湖 南	36.3	197.7	353.3	90.9	15.7	97.4	47.0	377.9
广 东	211.5	1552.1	3738.2	883.7	283.0	1044.5	2283.7	4455.9
广 西	17.0	90.7	197.1	113.1	74.4	177.3	47.8	176.2
海 南	7.1	71.0	105.0	113.6	8.9	100.0	54.0	13.8
重 庆	33.0	153.5	434.1	116.0	36.5	144.3	61.1	391.2
四 川	40.9	277.2	596.9	194.2	108.3	278.5	214.8	600.9
贵 州	10.6	85.3	182.6	108.4	6.9	103.5	17.7	58.4
云 南	14.3	94.4	183.3	138.9	23.8	155.1	176.9	345.5
西 藏	0.4	9.9	18.2	3.9	2.2	4.4	5.2	-29.8
陕 西	27.6	170.7	338.8	142.8	12.3	150.3	45.7	261.4
甘 肃	5.2	44.1	95.6	93.7	7.7	102.6	13.8	14.1
青 海	1.0	12.3	30.1	4.4	0.8	9.0	1.4	-26.3
宁 夏	2.0	37.3	32.2	5.3	0.9	5.0	1.1	-16.0
新 疆	13.8	93.0	133.9	63.6	16.2	79.6	51.2	192.7

7-1-3 续表 3

地 区	营业外收入(亿元)	营业外支出(亿元)	利润总额(亿元)	所得税费用(亿元)	应付职工薪酬(亿元)	应交增值税(亿元)	平均用工人数(万人)
全 国	**2275.7**	**1182.3**	**27426.1**	**3523.6**	**37850.3**	**4707.3**	**3266.3**
北 京	295.6	224.7	8842.3	706.7	7246.4	807.7	384.3
天 津	117.6	33.0	395.1	84.6	747.0	146.3	60.8
河 北	102.3	45.4	236.9	68.7	702.5	82.7	86.7
山 西	37.1	9.1	78.4	18.3	208.9	24.1	32.3
内 蒙	67.2	19.9	98.9	15.7	356.2	48.5	38.7
辽 宁	41.0	26.4	25.2	33.2	964.7	73.0	91.5
吉 林	30.7	6.0	27.1	14.5	216.0	21.5	29.6
黑龙江	30.7	12.0	-78.0	5.4	451.8	30.6	39.7
上 海	294.7	80.0	2894.7	448.6	4665.7	570.0	263.1
江 苏	163.7	72.6	1838.6	264.9	2581.9	389.2	258.9
浙 江	188.3	59.0	2425.9	296.3	2516.7	344.6	218.5
安 徽	23.1	16.5	518.1	59.3	577.8	98.1	73.5
福 建	31.5	20.2	488.6	75.2	856.5	86.7	88.8
江 西	32.1	17.2	210.7	30.8	519.0	73.5	62.9
山 东	84.8	79.2	789.6	144.3	1368.7	179.0	159.0
河 南	45.4	38.5	814.4	118.6	1003.5	133.1	131.9
湖 北	55.8	37.5	755.4	113.7	1295.6	206.5	126.4
湖 南	46.7	25.6	399.0	58.0	593.3	80.8	80.2
广 东	334.8	202.9	4587.2	643.8	5925.4	670.1	496.5
广 西	32.4	7.1	201.5	29.8	394.3	60.6	52.5
海 南	8.9	6.8	15.9	10.1	199.6	19.7	17.0
重 庆	38.2	32.3	397.1	50.0	751.6	66.7	83.6
四 川	58.7	26.9	632.7	102.5	1308.2	170.1	138.8
贵 州	27.4	5.6	80.3	21.5	312.2	41.4	40.7
云 南	14.4	19.6	340.3	32.3	442.9	71.8	46.6
西 藏	6.8	0.8	-23.8	-0.3	36.5	8.4	2.2
陕 西	21.6	21.0	262.1	36.1	801.2	102.4	79.4
甘 肃	18.4	8.1	24.1	14.2	273.0	36.4	29.6
青 海	3.4	2.8	-25.7	0.5	79.9	2.5	6.7
宁 夏	3.7	1.6	-13.9	1.6	59.3	6.1	7.9
新 疆	18.7	24.1	187.3	24.6	393.8	55.0	37.9

7-1-4 规模以上服务业企业法人单位分行业主要指标

行业	单位数(个)	年初存货(亿元)	流动资产合计(亿元)	应收账款(亿元)	存货(亿元)	固定资产原价(亿元)	累计折旧(亿元)	本年折旧(亿元)
全国	**168941**	**43412.1**	**361514.2**	**44784.4**	**44477.1**	**235965.4**	**77675.8**	**11763.2**
铁路运输业	274	255.9	8721.1	2967.3	247.7	44158.2	9621.1	1321.9
道路运输业	24023	1823.2	24219.8	2988.3	1927.4	45887.9	9677.8	1540.1
水上运输业	2502	151.9	5501.1	617.5	190.8	10171.9	3322.5	456.8
航空运输业	385	55.4	4896.1	508.6	62.6	14897.3	4649.5	692.1
管道运输业	97	171.4	986.3	94.3	158.2	4530.0	1585.4	263.2
装卸搬运和运输代理业	6189	65.4	4313.3	1261.1	65.5	927.0	378.0	61.5
仓储业	5433	8827.6	12216.8	715.2	6684.4	6020.4	1826.7	292.8
邮政业	1538	62.0	2062.8	461.7	64.7	1611.9	797.2	109.4
电信、广播电视和卫星传输服务	2607	239.7	13877.9	1825.1	235.8	45322.8	26639.4	3530.3
互联网和相关服务	3144	115.2	16191.8	1826.2	151.6	2384.8	1067.4	328.8
软件和信息技术服务业	15110	1490.9	24606.8	6966.0	1698.9	3451.7	1415.4	346.5
物业管理	12525	217.6	6192.7	550.0	221.9	1772.2	591.4	86.9
房地产中介服务	1187	9.3	1704.5	188.0	12.3	110.4	52.3	8.9
房地产租赁经营	3757	1407.9	17359.1	1281.1	1392.3	6956.4	1917.6	249.4
其他房地产业	88	430.0	1194.2	34.1	567.2	49.9	6.4	2.0
租赁业	1755	70.6	2443.0	403.3	142.6	2195.3	771.9	188.7
商务服务业	32115	8610.6	127581.7	9357.1	9488.6	19959.8	5216.9	848.2
研究和试验发展	1923	223.3	3239.6	716.1	284.4	1290.7	499.8	89.9
专业技术服务业	14961	2931.3	24282.9	5461.1	3128.0	5150.5	2344.7	324.6
科技推广和应用服务业	4004	312.9	6107.6	948.7	377.5	1110.0	360.4	82.2
水利管理业	217	42.2	591.5	112.6	38.1	1971.3	340.5	57.5
生态保护和环境治理业	686	92.5	1122.5	296.5	120.5	557.6	177.3	31.0
公共设施管理业	4699	2835.0	10265.5	1122.2	3150.2	4453.9	1064.0	200.9
土地管理业	350	11629.5	27682.5	2125.2	12602.9	2237.2	258.4	78.8
居民服务业	2701	107.4	744.5	74.7	112.5	389.6	138.7	24.7
机动车、电子产品和日用产品修理业	2449	64.6	659.2	90.7	66.9	149.9	62.9	12.3
其他服务业	1733	38.1	357.5	84.2	30.1	149.0	53.9	12.2
教育	5589	20.4	1523.8	172.7	18.3	1686.2	545.3	108.0
卫生	5921	114.0	1918.1	499.2	122.6	2117.8	807.1	166.6
社会工作	333	0.9	62.2	8.1	1.4	74.4	13.2	3.7
新闻和出版业	1294	380.9	2657.0	243.9	431.8	685.4	328.2	39.7
广播、电视、电影和影视录音制作业	3355	351.4	3514.1	548.7	399.0	831.8	406.9	63.1
文化艺术业	1696	70.8	816.1	85.8	80.4	496.8	106.0	23.4
体育	944	29.8	660.7	62.0	30.7	525.8	213.4	22.3
娱乐业	3357	162.6	1239.9	87.2	169.5	1679.5	418.1	94.7

7-1-4 续表 1

行　业	资产总计(亿元)	应付账款(亿元)	负债合计(亿元)	所有者权益合计(亿元)	营业收入(亿元)	主营业务收入(亿元)	营业成本(亿元)	主营业务成本(亿元)
全　国	**906116.6**	**44103.0**	**468717.3**	**437398.3**	**210575.4**	**204004.2**	**158915.1**	**154502.3**
铁路运输业	71006.0	3865.2	24881.7	46124.2	11066.0	10618.6	10211.5	9944.5
道路运输业	100440.9	4450.1	60239.8	40200.5	20192.6	19697.8	17432.2	17151.7
水上运输业	20575.8	711.2	10100.6	10475.1	5305.8	5106.5	4298.6	4170.2
航空运输业	22023.5	1149.9	11976.6	10046.9	7209.3	6959.5	6343.1	6115.0
管道运输业	4924.5	256.9	1409.1	3515.3	2990.9	1257.6	2503.4	783.6
装卸搬运和运输代理业	6052.1	1065.2	3842.7	2209.5	9429.9	9355.7	8540.5	8478.5
仓储业	19142.0	532.0	13903.5	5238.5	6415.3	6270.7	6277.3	6190.4
邮政业	3579.9	457.6	2089.2	1490.7	5042.0	4912.8	4316.0	4264.6
电信、广播电视和卫星传输服务	55329.4	6502.9	20219.5	35109.9	17480.9	17112.2	11815.4	11434.3
互联网和相关服务	21853.3	2483.9	13342.5	8510.9	14635.1	14484.0	8583.0	8544.8
软件和信息技术服务业	37153.6	3974.5	17445.3	19708.2	21550.7	21122.6	12802.1	12628.5
物业管理	9765.1	435.1	6755.3	3009.7	4821.3	4612.4	3508.9	3378.7
房地产中介服务	2039.3	61.8	1554.9	484.3	963.2	951.2	565.9	562.4
房地产租赁经营	41083.2	975.4	24778.8	16304.4	2282.2	2137.8	990.8	925.7
其他房地产业	2305.0	96.6	1393.9	911.1	99.7	93.7	55.0	54.7
租赁业	6094.2	343.0	4220.8	1873.4	1217.4	1189.0	929.9	913.2
商务服务业	324021.9	6559.7	160925.3	163096.7	39005.0	37977.3	30087.4	29676.8
研究和试验发展	6251.1	437.9	2896.8	3354.3	2204.2	2145.1	1490.3	1461.2
专业技术服务业	38051.4	4893.1	21574.5	16476.9	17895.8	17746.9	13743.5	13650.6
科技推广和应用服务业	9983.3	729.4	5434.0	4549.2	2969.9	2896.2	2084.0	2053.1
水利管理业	3168.9	52.8	1295.7	1873.2	205.7	198.1	163.8	161.7
生态保护和环境治理业	2536.3	243.2	1233.9	1302.4	580.4	573.2	398.3	394.5
公共设施管理业	22168.8	886.0	13430.2	8738.6	2731.3	2657.3	1990.5	1952.4
土地管理业	48573.1	766.2	27869.2	20703.9	1964.2	1907.2	1456.7	1440.6
居民服务业	1317.9	93.6	862.4	455.4	742.2	728.9	425.2	417.3
机动车、电子产品和日用产品修理业	1150.9	87.0	701.2	449.7	684.7	667.8	513.6	505.0
其他服务业	533.1	41.4	288.8	244.4	521.4	512.4	384.4	375.4
教育	3470.1	267.3	2101.6	1368.6	1812.7	1776.9	1072.0	1050.8
卫生	3938.8	625.3	2594.6	1344.2	3213.8	3174.5	2293.6	2260.3
社会工作	156.0	12.9	106.4	49.5	46.0	45.4	30.5	29.7
新闻和出版业	4628.1	281.3	1778.4	2849.7	1393.4	1327.4	911.8	884.5
广播、电视、电影和影视录音制作业	5942.5	407.0	2840.4	3102.0	2106.1	2042.8	1545.5	1518.4
文化艺术业	1844.3	66.8	995.3	849.0	471.8	451.4	307.1	299.6
体育	1450.1	64.6	1260.4	189.7	401.1	392.1	322.4	320.2
娱乐业	3562.3	226.0	2374.0	1187.9	923.4	901.2	521.0	509.5

7-1-4 续表 2

行　　业	税　金及附加(亿元)	销售费用(亿元)	管理费用(亿元)	财务费用(亿元)	利息收入(亿元)	利息支出(亿元)	投资收益(亿元)	营业利润(亿元)
全　　国	**1417.8**	**11287.7**	**23632.2**	**5979.9**	**2063.9**	**7495.9**	**14260.9**	**26297.8**
铁路运输业	19.5	14.0	351.5	473.9	32.6	458.1	80.4	184.0
道路运输业	134.8	394.7	1246.7	1347.2	127.4	1369.6	412.5	1191.7
水上运输业	37.2	65.9	342.5	260.1	36.0	269.6	300.4	646.8
航空运输业	32.8	298.2	274.6	323.4	34.6	232.6	104.0	305.3
管道运输业	7.7	4.1	54.2	14.4	13.2	24.6	30.8	466.2
装卸搬运和运输代理业	11.7	180.6	507.6	22.8	12.7	34.5	111.8	295.6
仓储业	35.9	233.1	336.9	131.4	74.3	324.3	31.5	273.0
邮政业	18.6	98.4	458.6	8.2	3.7	6.2	12.6	151.9
电信、广播电视和卫星传输服务	64.2	1818.7	1245.3	2.5	114.9	104.6	2294.8	4739.3
互联网和相关服务	84.5	1708.1	2475.8	-126.9	92.8	69.7	143.0	2046.3
软件和信息技术服务业	116.9	1950.3	4408.1	72.6	105.5	169.5	445.6	2679.7
物业管理	53.9	198.1	751.8	72.3	34.6	88.6	62.9	313.5
房地产中介服务	7.0	177.0	170.7	6.5	3.5	7.1	62.6	97.8
房地产租赁经营	137.3	126.0	532.7	393.6	135.4	474.6	431.7	625.4
其他房地产业	2.5	2.3	8.3	6.3	24.4	34.6	4.6	29.4
租赁业	8.4	62.0	115.4	88.4	7.8	76.1	10.2	30.6
商务服务业	317.6	1876.1	4698.6	2307.2	945.5	3010.8	8782.8	8589.6
研究和试验发展	13.9	95.8	456.9	25.7	14.2	36.3	105.8	268.2
专业技术服务业	101.9	425.3	2175.8	64.4	109.2	185.6	357.2	1638.0
科技推广和应用服务业	21.1	186.6	492.9	50.3	27.5	61.6	108.1	235.8
水利管理业	2.5	2.2	24.9	29.6	6.4	35.5	4.6	-11.0
生态保护和环境治理业	5.7	19.3	68.4	17.2	4.5	18.4	10.7	86.1
公共设施管理业	33.5	140.5	328.4	100.4	15.2	97.8	50.1	216.9
土地管理业	41.4	9.6	86.9	135.2	21.7	139.7	48.3	368.6
居民服务业	5.9	117.3	119.9	9.8	1.8	7.4	2.7	66.6
机动车、电子产品和日用产品修理业	5.9	57.9	64.0	4.2	2.7	2.6	2.7	45.7
其他服务业	4.4	36.1	75.3	3.6	0.6	3.1	2.2	22.9
教育	12.6	216.1	402.3	22.3	7.8	20.3	12.2	105.0
卫生	5.2	261.2	521.6	36.0	2.0	28.0	10.5	109.5
社会工作	0.3	2.7	12.1	0.8	0.4	0.6	0.0	-0.1
新闻和出版业	14.3	132.7	263.4	-2.8	16.2	13.0	60.7	166.0
广播、电视、电影和影视录音制作业	23.7	161.6	213.4	14.7	21.8	34.9	133.9	254.9
文化艺术业	6.2	41.4	78.3	10.8	3.4	12.3	20.3	72.5
体育	8.0	50.5	109.2	13.4	3.7	10.5	2.6	-93.6
娱乐业	20.8	123.5	159.0	40.5	6.0	33.2	6.0	79.4

7-1-4 续表 3

行　业	营业外收入(亿元)	营业外支出(亿元)	利润总额(亿元)	所得税费用(亿元)	应付职工薪酬(亿元)	应交增值税(亿元)	平均用工人数(万人)
全　国	**2275.7**	**1182.3**	**27426.1**	**3523.6**	**37850.3**	**4707.3**	**3266.3**
铁路运输业	18.7	78.2	124.5	151.8	2851.0	256.8	166.1
道路运输业	451.0	86.8	1556.7	302.2	3435.2	500.7	421.5
水上运输业	84.1	56.2	674.7	132.2	573.9	77.7	40.2
航空运输业	70.7	31.4	344.6	88.7	1338.0	76.5	55.8
管道运输业	3.1	1.6	467.7	97.7	57.8	53.3	2.8
装卸搬运和运输代理业	17.9	18.9	294.6	69.4	505.9	49.5	44.4
仓储业	106.3	22.7	356.6	71.7	464.1	62.8	53.0
邮政业	20.9	15.2	157.7	45.1	1198.3	43.5	105.9
电信、广播电视和卫星传输服务	78.4	80.9	4736.8	437.2	2513.4	464.8	146.4
互联网和相关服务	86.0	39.0	2093.4	264.8	1739.7	283.5	77.3
软件和信息技术服务业	184.0	47.5	2816.1	332.0	4961.5	701.1	262.5
物业管理	45.4	15.6	342.5	103.3	1858.3	177.1	322.1
房地产中介服务	18.1	1.9	114.0	17.9	437.5	43.8	38.8
房地产租赁经营	73.3	46.8	652.1	133.3	285.4	94.4	22.4
其他房地产业	4.8	0.6	33.6	6.3	8.4	1.9	0.5
租赁业	13.3	6.7	37.2	26.0	146.7	36.4	15.7
商务服务业	492.2	367.0	8750.4	666.3	6938.3	781.4	710.9
研究和试验发展	32.8	10.7	290.3	41.8	552.1	48.3	26.1
专业技术服务业	94.7	83.9	1649.4	265.0	3628.3	508.8	238.5
科技推广和应用服务业	24.6	10.1	250.4	42.0	504.8	69.6	33.2
水利管理业	6.9	2.1	-6.2	2.5	32.4	9.1	2.5
生态保护和环境治理业	9.5	2.3	93.4	13.6	75.4	26.3	6.7
公共设施管理业	63.9	17.3	263.4	49.7	546.5	86.4	98.2
土地管理业	107.5	62.8	413.3	36.1	48.9	28.3	3.1
居民服务业	6.6	2.6	70.6	17.8	190.3	14.4	31.2
机动车、电子产品和日用产品修理业	3.8	0.7	48.7	10.6	103.2	25.2	14.0
其他服务业	4.1	1.4	25.5	4.5	252.3	19.3	59.0
教育	14.7	7.8	111.8	24.3	684.5	39.9	77.7
卫生	25.5	19.0	116.0	32.3	889.7	7.3	99.1
社会工作	0.9	0.3	0.6	0.4	14.4	0.4	2.6
新闻和出版业	38.3	10.3	194.2	13.0	330.6	34.1	19.1
广播、电视、电影和影视录音制作业	36.1	18.7	270.7	-15.4	249.8	40.2	20.9
文化艺术业	14.7	3.5	83.6	11.5	96.2	12.5	13.1
体育	12.9	5.4	-86.0	3.3	168.9	9.5	9.5
娱乐业	9.9	6.4	83.0	24.7	168.8	22.6	25.3

【主要统计指标解释】

存货 指企业在日常活动中持有以备出售的产成品或商品、处在生产过程中的在产品、在生产过程或提供劳务过程中耗用的材料或物料等，通常包括原材料、在产品、半成品、产成品、商品以及周转材料等。根据会计“资产负债表”中“存货”项目的期末余额数填报。其中：“年初存货”根据会计“资产负债表”中“存货”项目的年初余额数填报。

流动资产合计 资产满足以下条件之一应归为流动资产：（1）预计在一个正常营业周期中变现、出售或耗用，主要包括存货、应收账款等；（2）主要为交易目的而持有；（3）预计在资产负债表日起一年内（含一年）变现；（4）自资产负债日起一年内，交换其他资产或清偿负债的能力不受限制的现金或现金等价物。包括货币资金、应收票据、应收账款、存货等项目。根据会计“资产负债表”中“流动资产合计”项目的期末余额数填报。

应收账款 指企业因销售商品、提供劳务等经营活动所形成的债权，包括应向客户收取的货款、增值税款和为客户代垫的运杂费等。根据会计“资产负债表”中“应收账款”项目的期末余额数填报。

固定资产原价 指固定资产的成本，包括企业在购置、自行建造、安装、改建、扩建、技术改造某项固定资产时所发生的全部支出总额。根据会计“固定资产”科目的期末借方余额填报。

本年折旧 指企业在报告期内提取的固定资产折旧合计数。可以根据会计“财务状况变动表”中“固定资产折旧”项的数值填报。若企业执行2001年《企业会计制度》，可以根据会计核算中《资产减值准备、投资及固定资产情况表》内“当年计提的固定资产折旧总额”项本年增加数填报。

资产总计 指企业过去的交易或者事项形成的、由企业拥有或者控制的、预期会给企业带来经济利益的资源。资产一般按流动性（资产的变现或耗用时间长短）分为流动资产和非流动资产。其中流动资产可分为货币资金、交易性金融资产、应收票据、应收账款、预付款项、其他应收款、存货等；非流动资产可分为长期股权投资、固定资产、无形资产及其他非流动资产等。根据会计“资产负债表”中“资产总计”项目的期末余额数填报。包括企业拥有的土地、办公楼、厂房、机器、运输工具、存货等实物资产和现金、存款、应收账款和预付账款等金融资产。

负债合计 指企业过去的交易或者事项形成的，预期会导致经济利益流出企业的现时义务。负债一般按偿还期长短分为流动负债和非流动负债。根据会计资产负债表中“负债合计”项目的期末余额数填报。包括银行贷款、借款、应付账款、应付职工工资、应付职工福利费、应交税金等企业负有偿还责任的债务。

所有者权益合计 指企业资产扣除负债后由所有者享有的剩余权益。公司的所有者权益又称股东权益。包括实收资本、资本公积、盈余公积、未分配利润等。根据会计“资产负债表”中“所有者权益合计”项目的期末余额数填报。

营业收入 指企业经营主要业务和其他业务所确认的收入总额。营业收入合计包括“主营业务收入”和“其他业务收入”。根据会计“利润表”中“营业收入”项目的本年累计数填报。

主营业务收入 指企业确认的销售商品、提供劳务等主营业务的收入。根据会计“主营业务收入”科目的本年各月贷方余额（结转前）之和填报。执行《企业会计准则》或《小企业会计准则》的企业，如未设置该科目，以“营业收入”代替填报。

营业成本 指企业经营主要业务和其他业务所发生的成本总额。包括企业（单位）在报告期内从事销售商品、提供劳务等日常活动发生的各种耗费。包括“主营业务成本”和“其他业务成本”。根据会计“利润表”中“营业成本”项目的本年累计数填报。

主营业务成本 指企业经营主要业务所发生的成本总额。根据会计“主营业务成本”科目的本年各月借方余额（结转前）之和填报。如未设置该科目，以“营业成本”代替填报。

税金及附加 指企业因从事生产经营活动按税法规定应缴纳的消费税、城市维护建设税、资源税、教育费附加及房产税、土地使用税、车船使用税、印花税等相关税费。根据会计“利润表”中“税金及附加”项目的本年累计数填报。

销售费用 指企业在销售商品和材料、提供劳务的过程中发生的各种费用，包括保险费、包装费、展览费和广告费、商品维修费、预计产品质量保证损失、运输费、装卸费等以及为销售本企业商品而专设的销售机构（含销售网点、售后服务网点等）的职工薪酬、业务费、折旧费等经营费用。建筑业企业销售费用指企业从事施工生产活动过程中发生的各项费用，包括应由企业负担的运输费、装卸费、包装费、保险费、维修费、展览费、差旅费、广告费和其他经费。房地产企业销售费用指企业在从事主要经营业务过程中所发生的各项销售费用，包括转让、销售、结算和出租开发产品等。执行《企业会计准则》或《小企业会计准则》的企业,根据会计“利润表”中“销售费用”项目的本期金额数填报。执行其他企业会计制度的企业，根据会计“利润表”中“营业费用（或经营费用）”项目的本年累计数填报。

管理费用 指企业为组织和管理企业生产经营所发生的费用，包括企业在筹建期间内发生的开办费、董事会和行政管理部门在企业经营管理中发生的，或者应当由企业统一负担的公司经费等。根据会计“利润表”中“管理费用”项目的本年累计数填报。执行财政部《关于修订印发2018年度一般企业财务报表格式的通知》（财会〔2018〕15号）的企业，应把研发费用项目的本年累计数归并到管理费用项目中填报。

财务费用 指企业为筹集生产经营所需资金等而发生的筹资费用，包括企业生产经营期间发生的利息支出（减利息收入）、汇兑损失（减汇兑收益）以及相关的手续费等。根据会计“利润表”中“财务费用”项目的本年累计数填报。

利息收入 指非金融企业存款业务所确认的利息金额。根据企业“财务费用明细帐”中“财务费用——利息收入”科目的本期发生额填报。如果企业没有设置该科目，此处可填“0”。

利息支出 指企业短期借款利息、长期借款利息、应付票据利息、票据贴现利息、应付债券利息、长期应付引进国外设备款利息等利息支出。根据企业“财务费用明细帐”中“财务费用——利息支出”科目的本期发生额填报。如果企业没有单独设立“利息收入”科目，应填报利息支出减去银行存款等的利息收入后的净额。

投资收益 指企业确认的投资收益或投资损失，反映企业以各种方式对外投资所取得的收益。根据会计“利润表”中“投资收益”项目的本年累计数填报。如为投资损失以“-”号记。

营业利润 指企业从事生产经营活动所取得的利润。执行企业会计准则或《小企业会计准则》的企业，营业利润为营业收入减去营业成本、税金及附加、销售费用、管理费用、财务费用、资产减值损失，再加上公允价值变动收益、投资收益、资产处置收益和其他收益后的金额，根据会计“利润表”中“营业利润”项目的本年累计数填报；执行其他企业会计制度的企业，营业利润为营业收入减去营业成本、税金及附加、销售费用、管理费用、财务费用，再加上投资收益后的金额，根据会计“损益表”中“营业利润”项目、“投资收益”项目的本年累计数之和填报。

营业外收入 指企业发生的与经营业务无直接关系的各项收入，包括非流动资产处置利得、非货币性资产交换利得、债务重组利得、政府补助、盘盈利得、捐赠利得等。执行《企业会计准则》或《小企业会计准则》的企业，根据会计“利润表”中“营业外收入”项目的本年累计数填报；执行其他企业会计制度的企业，根据会计“损益表”中“营业外收入”项目、“补贴收入”项目的本年累计数之和填报。

营业外支出 指企业发生的与经营业务无直接关系的各项支出，包括非流动资产处置损失、非货币性资产交换损失、债务重组损失、公益性捐赠支出、非常损失、盘亏损失等。根据会计“利润表”中“营业外支出”项目的本年累计数填报。

利润总额 指企业在一定会计期间的经营成果，是生产经营过程中各种收入扣除各种耗费后的盈余，反映企业在报告期内实现的盈亏总额。利润总额为营业利润加上营业外收入，减去营业外支出后的金额，根据会计“利润表”中“利润总额”项目的本年累计数填报。

所得税费用 所得税费用由两部分组成：当期所得税和递延所得税。当期所得税是指企业按照税法规定计算确定的针对当期发生的交易和事项，应交纳给税务部门的所得税金额，即应交所得税。递延所得税是指按照所得税准则规定应予确认的递延所得税资产和递延所得税负债应有的金额相对于原已确认金额之间的差异。执行《企业会计准则》或《小企业会计准则》的企业，根据会计“利润表”中“所得税费用”项目的本年累计数填报；执行其他企业会计制度的企业，根据会计“损益表”中“所得税”项目的本年累计数填报。

应付职工薪酬 指企业为获得职工提供的服务而给予各种形式的报酬以及其他相关支出。包括职工工资、奖金、津贴和补贴，职工福利费，医疗保险费、养老保险费、失业保险费、工伤保险费和生育保险费等社会保险费，住房公积金，工会经费和职工教育经费，非货币性福利，因解除与职工的劳动关系给予的补偿，其他与获得职工提供的服务相关的支出。执行《企业会计准则》或《小企业会计准则》的企业，根据会计科目“应付职工薪酬”的本年贷方累计发生额填报；执行其他企业会计制度的企业，应将本年上述职工薪酬包含的科目归并填报。

应交增值税 指按照税法规定，以销售货物、服务、无形资产、不动产或提供加工、修理修配劳务的增值额和货物进口金额为计税依据而课征的一种流转税。填报本指标时，应按权责发生制核算企业本期应负担的增值税，有两种计算方法，可选其一，一旦确定，原则上不得更改。

计算方法一：

根据本期会计科目（1）“销项税额”、“进项税额转出”、“出口退税”年初至期末贷方累计发生额（一般与期末贷方余额相等，因为年初贷方余额为零），（2）“进项税额”年初至期末借方累计发生额，即期末借方余额 − 年初借方余额，（3）“出口抵减内销产品应纳税额”、“减免税款”年初至期末借方累计发生额（一般与期末借方余额相等，因为年初借方余额为零），取值后按照下述公式计算填报：

应交增值税 = 销项税额 − （进项税额 − 进项税额转出） − 出口抵减内销产品应纳税额 − 减免税款 + 出口退税

计算方法二：

根据本期《增值税纳税申报表（一般纳税人适用）》（以“国家税务总局公告2013年32号”版式为例）“销项税额”（第11栏）、“进项税额”（第12栏）、“进项税额转出”（第14栏）、“免、抵、退应退税额”（第15栏）、“简易计税办法计算的应纳税额”（第21栏）、“按简易计税办法计算的纳税检查应补缴税额”（第22栏）、“应纳税额减征额”（第23栏）栏目“一般货物、劳务和应税服务”列中“本年累计”列，按照下述公式计算填报：

应交增值税=销项税额 −（进项税额 − 进项税额转出 − 免、抵、退应退税额）+简易计税办法计算的应纳税额+按简易计税办法计算的纳税检查应补缴税额 − 应纳税额减征额

计算方法说明及填报要求：

（1）计算公式均体现权责发生制，本期发生的进项税额全部参与计算，相当于不设置留抵，同时也不抵扣会计账簿或增值税纳税申报表中上年年末留抵的进项税额，公式计算结果可以为负数。

（2）按照公式计算本指标后，不应再加增值税减免税额，因为这部分价值不再形成企业缴纳义务。

平均用工人数 指报告期企业平均实际拥有的、参与本企业生产经营活动的人员数。

7 第三产业分行业主要指标

7-2 农林牧渔专业及辅助性活动

简要说明

一、主要内容

2010年以来各地区农林牧渔服务业产值。按照新国民经济行业分类标准，2018年农林牧渔服务业产值改为农林牧渔专业及辅助性活动产值。

二、资料来源

资料来源于《中国农村统计年鉴2019》。

7-2-1 各地区农林牧渔专业及辅助性活动产值

(按当年价格计算) 单位：亿元

地 区	2010年	2011年	2012年	2013年	2014年	2015年	2016年	2017年	2018年
全 国	**2554.6**	**2873.4**	**3194.3**	**3555.5**	**3940.5**	**4341.3**	**4828.9**	**5353.1**	**5865.4**
北 京	5.9	6.6	7.5	8.0	8.4	8.7	8.7	8.7	8.8
天 津	9.0	10.0	10.2	10.3	10.7	11.1	12.0	12.1	13.7
河 北	201.8	224.2	241.5	266.5	290.2	313.2	342.0	375.5	413.2
山 西	56.9	63.8	70.5	76.5	83.6	86.7	89.5	92.6	97.4
内蒙古	28.3	31.7	34.7	37.8	40.2	42.2	44.6	47.0	49.0
辽 宁	122.1	138.0	154.1	174.7	194.5	200.8	203.1	209.4	188.4
吉 林	53.1	60.0	63.5	64.4	67.4	68.2	72.6	75.0	77.4
黑龙江	53.7	65.2	77.3	88.6	101.0	114.7	130.4	140.4	154.9
上 海	8.7	9.7	10.7	11.7	11.5	11.0	10.6	11.3	19.2
江 苏	221.0	252.7	280.8	309.6	352.9	400.0	437.7	478.3	511.0
浙 江	41.6	46.7	51.1	54.9	60.0	65.1	70.4	78.1	87.2
安 徽	104.8	120.3	132.9	146.9	162.5	173.6	218.4	239.5	264.6
福 建	82.2	89.6	95.9	103.9	112.5	122.2	132.1	139.9	150.4
江 西	75.1	79.9	85.4	91.2	98.8	106.0	111.3	120.5	133.7
山 东	272.5	295.1	325.1	363.4	400.9	432.0	510.7	594.7	678.9
河 南	201.0	220.5	237.2	263.6	294.5	327.4	361.6	404.3	464.8
湖 北	117.4	132.9	155.2	178.0	209.5	255.4	308.5	386.8	446.4
湖 南	177.2	204.1	235.2	259.9	281.5	302.5	345.9	392.0	428.4
广 东	133.0	148.8	162.7	178.2	193.0	206.6	225.7	245.3	269.4
广 西	90.1	103.8	117.0	131.4	150.2	166.7	189.3	213.9	235.3
海 南	23.0	27.0	31.5	35.2	39.7	44.0	49.5	55.9	63.0
重 庆	13.6	15.7	17.9	19.9	22.2	26.2	30.3	34.3	38.1
四 川	74.6	82.0	93.1	109.3	122.3	140.4	160.4	169.9	189.2
贵 州	51.5	61.7	67.8	75.0	80.7	107.3	147.6	162.2	176.5
云 南	63.9	72.0	80.1	90.4	100.0	111.8	123.0	131.7	141.9
西 藏	3.1	3.0	3.1	3.1	3.3	3.8	4.3	4.3	5.5
陕 西	80.4	91.6	105.2	118.7	129.3	137.9	150.5	162.8	177.8
甘 肃	112.0	125.6	137.6	154.8	168.9	182.2	138.4	148.4	139.3
青 海	3.9	4.2	4.6	4.9	5.3	5.7	6.0	6.3	6.7
宁 夏	11.9	13.9	15.8	17.9	19.8	21.7	22.9	24.5	26.1
新 疆	61.5	73.0	89.3	106.8	124.9	146.2	171.0	187.3	209.4

注：2010—2017年数据根据第三次全国农业普查结果进行了修订(下同)。

【主要统计指标解释】

农林牧渔专业及辅助性活动（2018年以前为农林牧渔服务业） 指对农、林、牧、渔业生产活动进行的各种支持性服务活动，不包括各种科学技术和专业技术服务活动。具体包括灌溉服务、农产品初级加工服务、其他农业服务、林业服务、兽医服务、其他畜牧服务、渔业服务等。

农林牧渔专业及辅助性活动产值（2018年以前为农林牧渔服务业产值） 指对农林牧渔业生产活动进行的各种支持性服务活动的价值，等于农林牧渔专业及辅助性活动营业收入。

7 第三产业分行业主要指标

7-3 开采专业及辅助性活动和金属制品、机械和设备修理业

简要说明

一、主要内容

本篇资料是反映开采专业及辅助性活动和金属制品、机械和设备修理两个行业的主要经济指标。

二、统计范围与统计口径

本篇所涉及的全国统计数据，均未包括香港特别行政区、澳门特别行政区和台湾省的数据，数据统计口径为年主营业务收入在2000万元及以上的开采专业及辅助性活动业和金属制品、机械和设备修理业法人单位企业。

三、资料来源

本篇资料来自第四次全国经济普查数据。

7-3-1 开采专业及辅助性活动主要经济指标

年 份	资产总计 (亿元)	营业收入 (亿元)	平均用工人数 (万人)
2012	2543.02	1893.67	
2013	2821.94	2215.33	32.35
2014	2262.36	2118.74	30.97
2015	2760.84	1755.93	29.18
2016	2825.78	1574.66	29.27
2017	2553.60	1600.73	26.80
2018	2847.56	2215.43	30.89

注：2018年为营业收入，2017年及以前为主营业务收入。

7-3-2 金属制品、机械和设备修理业主要经济指标

年 份	资产总计 (亿元)	营业收入 (亿元)	平均用工人数 (万人)
2012	1170.75	896.44	
2013	1184.10	929.91	16.90
2014	1096.17	853.60	15.35
2015	1303.91	977.77	16.69
2016	2198.00	1194.85	17.04
2017	1734.00	1093.53	15.16
2018	1957.65	1205.97	15.02

7-3-3 按地区分组开采专业及辅助性活动主要经济指标

地区	资产总计 (亿元)	营业收入 (亿元)	平均用工人数 (万人)
全国	**2847.56**	**2215.43**	**30.89**
北京	428.72	138.73	1.68
天津	373.19	262.44	3.65
河北			
山西			
内蒙古			
辽宁	268.62	275.94	4.89
吉林	58.29	61.08	1.60
黑龙江	382.63	384.75	6.55
上海			
江苏			
浙江			
安徽	4.42	3.87	0.13
福建			
江西			
山东	119.84	127.81	1.91
河南	115.61	109.45	1.14
湖北	69.56	79.64	0.57
湖南			
广东	66.20	27.12	0.14
广西			
海南			
重庆			
四川	406.80	301.90	2.61
贵州			
云南	0.06	0.36	0.03
西藏			
陕西	229.91	160.98	2.56
甘肃	18.36	11.80	0.23
青海			
宁夏			
新疆	305.35	269.57	3.20

7-3-4 按地区分组金属制品、机械和设备修理业主要经济指标

地　区	资产总计（亿元）	营业收入（亿元）	平均用工人数（万人）
全　国	**1957.65**	**1205.97**	**15.02**
北　京	431.83	96.84	1.32
天　津	29.75	14.98	0.35
河　北	33.82	26.05	0.65
山　西	16.62	16.05	0.36
内蒙古	5.63	2.28	0.12
辽　宁	138.50	38.51	1.02
吉　林	5.08	3.31	0.08
黑龙江	3.38	2.83	0.03
上　海	247.17	198.03	2.45
江　苏	22.49	15.21	0.29
浙　江	138.39	50.85	0.97
安　徽	127.74	41.84	0.48
福　建	111.85	230.43	0.95
江　西	0.23	0.41	0.01
山　东	15.68	12.96	0.32
河　南	50.84	46.29	0.60
湖　北	44.13	69.23	0.65
湖　南	5.80	6.88	0.20
广　东	212.16	192.56	2.13
广　西	48.85	21.06	0.34
海　南	4.71	4.64	0.17
重　庆	5.18	4.50	0.19
四　川	144.30	63.46	0.48
贵　州	9.40	3.92	0.09
云　南	0.93	0.61	0.03
西　藏			
陕　西	53.26	25.38	0.26
甘　肃	46.81	13.66	0.39
青　海			
宁　夏			
新　疆	3.12	3.23	0.08

【主要统计指标解释】

资产总计 指企业过去的交易或者事项形成的、由企业拥有或者控制的、预期会给企业带来经济利益的资源。资产一般按流动性（资产的变现或耗用时间长短）分为流动资产和非流动资产。其中流动资产可分为货币资金、交易性金融资产、应收票据、应收账款、预付款项、其他应收款、存货等；非流动资产可分为长期股权投资、固定资产、无形资产及其他非流动资产等。根据会计“资产负债表”中“资产总计”项目的期末余额数填报。包括企业拥有的土地、办公楼、厂房、机器、运输工具、存货等实物资产和现金、存款、应收账款和预付账款等金融资产。

营业收入 指企业经营主要业务和其他业务所确认的收入总额。营业收入包括“主营业务收入”和“其他业务收入”。根据会计“利润表”中“营业收入”项目的本年累计数填报。

平均用工人数 指报告期企业平均实际拥有的、参与本企业生产经营活动的人员数。具体计算方法参见指标解释第二部分从业人员及工资总额中从业人员平均人数的计算。

7 第三产业分行业主要指标

7-4 批发和零售业

简要说明

一、主要内容

批发和零售业法人单位财务状况和经营情况。

二、统计范围

限额以上批发和零售业法人单位。

三、统计调查方法

对限额以上批发和零售业法人单位采用全面调查的方法。

四、限额标准

批发业法人单位，年主营业务收入2000万元及以上。

零售业法人单位，年主营业务收入500万元及以上。

五、资料来源

本部分统计资料由国家统计局贸易外经统计司根据《批发和零售业统计报表制度》搜集的资料加工整理而得。

7-4-1 限额以上批发和零售业企业年末资产负债

单位：亿元

项 目	资产总计	#流动资产合计	#固定资产合计	负债合计	所有者权益合计
总 计	**309482.1**	**239079.8**	**15918.2**	**223283.5**	**86337.8**
一、批发业	**247653.8**	**195796.5**	**8381.5**	**180250.7**	**67474.7**
#国有控股	92080.7	67595.4	3913.5	63059.2	29106.6
(一)按登记注册类型分					
内资企业	**208475.2**	**164653.0**	**7534.3**	**153374.0**	**55173.1**
国有企业	8606.6	7170.3	686.0	3391.3	5226.8
集体企业	374.3	260.8	27.0	293.2	81.1
股份合作企业	70.1	63.1	3.9	54.5	15.6
联营企业	22.1	19.0	1.5	17.0	5.1
国有联营企业	2.3	2.1	0.1	0.4	1.9
集体联营企业	6.4	3.5	1.4	4.8	1.7
国有与集体联营企业	12.7	12.7		11.5	1.3
其他联营企业	0.6	0.6		0.4	0.3
有限责任公司	108358.2	85333.1	3327.7	82383.6	25977.9
国有独资公司	22565.5	14972.4	909.6	15941.9	6623.7
其他有限责任公司	85792.7	70360.7	2418.1	66441.7	19354.2
股份有限公司	25545.9	16467.8	1190.4	15794.6	9820.1
私营企业	65406.3	55283.9	2277.1	51402.9	13991.8
私营独资企业	101.2	85.3	9.4	68.9	32.3
私营合伙企业	11.9	9.9	0.8	7.9	4.0
私营有限责任公司	63438.6	53845.5	2156.2	50214.3	13212.7
私营股份有限公司	1854.7	1343.1	110.7	1111.8	742.9
其他企业	91.6	55.1	20.6	36.8	54.8
港、澳、台商投资企业	**16126.8**	**12776.9**	**327.2**	**11359.9**	**4767.0**
合资经营企业	2917.0	2213.3	59.3	2040.1	876.8
合作经营企业	93.8	85.5	0.9	75.6	18.2
独资经营企业	12552.8	10137.1	250.1	8944.0	3608.7
投资股份有限公司	429.0	215.9	11.1	204.1	224.9
其他港澳台商投资企业	134.3	125.0	5.8	96.0	38.3
外商投资企业	**23051.8**	**18366.7**	**520.0**	**15516.8**	**7534.6**
中外合资经营企业	4420.3	3429.3	107.5	3564.2	855.6
中外合作经营企业	30.2	25.3	0.9	21.7	8.5
外资企业	17674.2	14166.6	327.3	11341.3	6333.1
外商投资股份有限公司	277.0	179.4	25.7	146.1	130.9
其他外商投资企业	650.1	566.0	58.6	443.5	206.6
(二)按国民经济行业分					
农、林、牧、渔产品批发	9510.2	6819.0	550.7	6777.1	2733.0
食品、饮料及烟草制品批发	24506.1	19528.4	1530.8	13900.0	10607.3
#米、面制品及食用油批发	4554.3	3665.3	283.8	3699.8	853.2
肉、禽、蛋、奶及水产品批发	1584.5	1207.3	144.7	1124.3	460.1
酒、饮料及茶叶批发	5466.2	4687.1	166.1	3609.4	1856.8
烟草制品批发	7078.1	5827.8	555.8	1499.0	5579.1
纺织、服装及家庭用品批发	23482.6	19449.6	575.8	17539.4	5942.8
#服装批发	5084.7	3781.6	169.8	3159.2	1925.2

注：限额以上批发和零售业企业中，因包含了部分视同法人单位，财务指标数据存在资产总计≠负债合计+所有者权益合计的问题(下表同)。

7-4-1 续表 1

单位：亿元

项 目	资产总计	#流动资产合计	#固定资产合计	负债合计	所有者权益合计
鞋帽批发	1066.2	912.3	39.4	666.5	399.7
日用家电批发	6595.2	6022.5	59.9	5781.6	813.6
文化、体育用品及器材批发	6676.9	5242.4	178.9	4587.6	2089.2
#文具用品批发	1246.8	1105.5	31.9	992.8	253.9
体育用品及器材批发	411.4	329.8	14.2	315.5	95.9
图书批发	1501.4	1002.3	64.7	982.0	519.4
医药及医疗器材批发	18281.2	15693.0	594.8	13431.2	4849.0
#西药批发	11351.7	9821.4	332.0	8418.5	2933.2
中药批发	2904.6	2529.6	93.6	2267.0	636.6
矿产品、建材及化工产品批发	115728.1	88275.1	3984.4	87449.9	28353.9
#煤炭及制品批发	15671.7	10900.9	625.7	11373.6	4296.0
石油及制品批发	22562.1	15972.6	1909.3	15941.2	6701.8
金属及金属矿批发	46922.6	37723.9	627.4	37477.3	9445.6
建材批发	10535.4	8043.5	259.3	7860.5	2672.1
化肥批发	2941.6	2260.7	113.0	2286.7	654.9
农药批发	374.7	260.2	11.3	234.2	140.5
机械设备、五金产品及电子产品批发	40805.5	33776.6	769.1	30050.2	10751.5
#汽车及零配件批发	13393.6	11108.3	177.6	10335.3	3058.3
计算机、软件及辅助设备批发	3120.9	2871.6	34.9	2524.9	594.8
通讯设备批发	4193.9	3342.2	45.1	3272.5	921.0
贸易经纪与代理	4526.9	3905.9	58.6	3659.1	867.9
其他批发业	4136.2	3106.4	138.8	2856.2	1280.2
二、零售业	**61828.3**	**43283.3**	**7536.7**	**43032.8**	**18863.1**
#国有控股	13937.8	8808.3	1942.3	8724.0	5248.7
(一)按登记注册类型分					
内资企业	**52599.2**	**36692.7**	**6570.4**	**36820.2**	**15846.5**
国有企业	972.5	683.1	154.7	632.7	196.7
集体企业	188.4	118.3	42.4	109.6	78.8
股份合作企业	61.8	39.3	15.0	40.2	21.5
联营企业	12.8	9.5	2.6	5.2	7.6
国有联营企业	1.4	1.2	0.2	0.4	1.0
集体联营企业	3.1	2.0	1.0	1.2	1.9
国有与集体联营企业	4.1	3.4	0.4	1.3	2.8
其他联营企业	4.2	2.9	0.9	2.3	1.9
有限责任公司	22383.5	15943.7	2661.3	16073.2	6312.3
国有独资公司	1562.9	900.8	209.3	966.5	596.4
其他有限责任公司	20820.6	15043.0	2452.0	15106.8	5715.9
股份有限公司	9946.5	5745.7	1411.5	5994.6	4154.6
私营企业	18990.1	14131.6	2267.2	13950.1	5045.8
私营独资企业	294.6	171.4	81.9	130.8	163.8
私营合伙企业	38.9	21.5	10.5	15.7	23.2
私营有限责任公司	17908.5	13442.4	2073.2	13366.1	4548.2
私营股份有限公司	748.1	496.2	101.6	437.6	310.6
其他企业	43.6	21.5	15.8	14.5	29.1
港、澳、台商投资企业	**4186.3**	**2909.2**	**501.4**	**2817.3**	**1369.0**
合资经营企业	1224.1	834.8	137.6	683.6	540.5

7-4-1 续表 2

单位：亿元

项　　目	资产总计			负债合计	所有者权益合计
		#流动资产合计	#固定资产合计		
合作经营企业	43.1	31.4	5.5	14.1	29.0
独资经营企业	2753.3	1924.7	334.4	2007.7	745.5
投资股份有限公司	107.3	76.1	14.7	71.1	36.2
其他港澳台商投资企业	58.5	42.3	9.1	40.7	17.7
外商投资企业	**5042.9**	**3681.4**	**464.9**	**3395.3**	**1647.6**
中外合资经营企业	1649.1	1175.1	156.7	1103.0	546.2
中外合作经营企业	78.3	58.2	9.4	56.9	21.5
外资企业	2844.5	2208.7	243.1	2079.4	765.1
外商投资股份有限公司	323.6	181.4	29.8	67.2	256.4
其他外商投资企业	147.3	58.0	25.9	88.8	58.5
(二)按国民经济行业分					
综合零售	15697.4	9110.9	2910.5	10997.2	4700.5
#百货零售	10177.1	5634.5	2033.1	6809.0	3368.0
超级市场零售	5036.9	3134.2	823.2	3791.2	1245.9
食品、饮料及烟草制品专门零售	2492.6	1684.6	328.8	1226.7	1265.6
#粮油零售	245.7	149.7	54.0	149.3	96.4
肉、禽、蛋、奶及水产品零售	263.9	155.0	53.0	135.3	128.6
酒、饮料及茶叶零售	874.5	624.1	72.5	332.2	542.2
烟草制品零售	165.7	120.5	12.4	61.9	103.8
纺织、服装及日用品专门零售	3600.7	2705.0	289.4	2433.3	1174.9
#服装零售	2422.1	1771.2	193.1	1663.3	758.6
文化、体育用品及器材专门零售	2906.3	2090.2	318.7	1695.6	1210.6
#体育用品及器材零售	173.5	133.8	25.2	111.0	62.4
图书、报刊零售	1443.2	965.0	185.0	746.6	696.6
医药及医疗器材专门零售	3079.8	2367.9	151.7	2205.8	874.0
#西药零售	2793.5	2127.4	130.1	2008.1	785.5
汽车、摩托车、零配件和燃料及其他动力销售	23809.9	17364.6	2714.8	17029.8	6840.7
#汽车新车零售	15740.2	12267.4	1594.3	12188.3	3553.0
机动车燃油零售	7227.5	4523.0	999.5	4300.1	2986.3
家用电器及电子产品专门零售	5268.6	4170.4	276.6	3681.5	1587.2
#日用家电零售	3123.4	2385.4	136.2	2170.2	953.3
计算机、软件及辅助设备零售	727.9	640.5	26.3	467.0	261.0
通信设备零售	545.5	463.8	17.1	413.4	132.1
五金、家具及室内装饰材料专门零售	1430.7	940.9	236.2	927.6	502.9
货摊、无店铺及其他零售业	3542.3	2848.8	309.9	2835.4	706.7
#互联网零售	2658.4	2329.5	94.0	2292.3	366.0
(三)按零售业态分					
有店铺零售	55589.0	38179.1	7155.4	38214.8	17441.8
#超市	2038.7	1272.0	376.6	1322.3	716.4
大型超市	6334.4	3925.5	1076.7	4866.1	1468.3
百货店	9000.6	5281.0	1518.5	5796.3	3204.1
专业店	18123.3	12978.0	1968.1	12045.1	6235.4
专卖店	18258.3	13683.2	1772.6	12981.1	5141.8
无店铺零售	8117.0	6431.1	580.0	6083.6	2040.4

7-4-2 各地区限额以上批发和零售业企业年末资产负债

单位：亿元

地 区	资产总计	#流动资产合计	#固定资产合计	负债合计	所有者权益合计
全 国	**309482.1**	**239079.8**	**15918.2**	**223283.5**	**86337.8**
北 京	45982.3	34095.5	978.2	32864.1	13118.2
天 津	15639.5	13198.9	361.7	12839.3	2797.7
河 北	5257.2	4124.6	462.6	3957.2	1300.0
山 西	5713.1	3947.0	528.9	4363.4	1357.0
内蒙古	2361.6	1765.0	261.0	1765.6	596.1
辽 宁	6719.3	5435.2	438.0	5439.8	1257.7
吉 林	2212.8	1630.0	385.9	1672.6	520.3
黑龙江	2675.5	2116.4	281.9	2155.7	519.7
上 海	33236.7	26582.8	979.8	23383.2	9861.7
江 苏	26642.6	20975.9	1461.0	19352.2	7280.0
浙 江	25139.0	19097.4	1007.4	18684.5	6641.1
安 徽	6128.8	4793.7	445.4	4239.2	1889.5
福 建	12865.1	9090.7	557.9	7962.5	4892.3
江 西	2907.9	2205.0	282.8	1982.3	925.6
山 东	15653.4	12487.0	1244.6	12177.5	3396.8
河 南	6312.0	4973.1	538.7	4523.0	1846.2
湖 北	7994.4	5854.8	977.8	5593.0	2402.9
湖 南	4646.2	3085.8	619.6	2972.5	1673.6
广 东	42254.4	34459.1	1409.5	31248.6	11017.6
广 西	3969.7	3051.7	239.3	2840.4	1136.4
海 南	945.0	709.3	78.1	565.5	379.5
重 庆	4861.9	3776.0	365.8	3370.7	1487.8
四 川	6501.3	4992.4	520.0	4582.5	1918.8
贵 州	4340.5	3610.2	203.6	2813.1	1526.5
云 南	4675.0	3478.6	304.8	2865.2	1809.8
西 藏	165.5	116.4	22.0	91.6	74.7
陕 西	4549.7	3356.3	334.5	2983.8	1569.6
甘 肃	1724.6	1154.2	188.4	993.1	725.3
青 海	1563.1	550.8	50.5	660.6	902.6
宁 夏	1238.8	983.7	66.7	939.3	309.2
新 疆	4605.4	3382.5	321.6	3401.6	1203.8

7-4-3 各地区限额以上批发业企业年末资产负债

单位：亿元

地 区	资产总计	#流动资产合计	#固定资产合计	负债合计	所有者权益合计
全 国	**247653.8**	**195796.5**	**8381.5**	**180250.7**	**67474.7**
北 京	41125.4	30327.3	700.2	29174.2	11951.2
天 津	14490.9	12435.3	217.4	11950.7	2537.7
河 北	3611.0	3029.4	201.7	2731.7	879.4
山 西	4615.2	3229.2	318.1	3480.1	1135.1
内蒙古	1757.9	1389.3	130.2	1306.8	451.2
辽 宁	4927.9	4224.3	202.3	4028.3	883.7
吉 林	1255.8	1062.6	106.8	950.2	304.6
黑龙江	1828.3	1576.6	113.5	1520.4	308.0
上 海	29459.1	23730.6	600.9	20678.5	8780.8
江 苏	20219.3	16881.7	719.3	15167.4	5040.8
浙 江	21346.6	16379.3	572.5	15694.2	5652.2
安 徽	4153.8	3437.5	169.2	2971.7	1182.0
福 建	10782.4	7669.3	329.7	6801.1	3973.3
江 西	1801.0	1420.9	153.0	1240.0	561.1
山 东	11516.8	9598.5	675.9	9046.6	2490.8
河 南	4104.0	3354.8	237.1	2954.2	1207.0
湖 北	5057.4	3960.4	460.8	3661.9	1395.5
湖 南	2338.7	1781.4	191.4	1558.5	780.2
广 东	35018.0	28528.0	996.3	26385.3	8644.4
广 西	3061.4	2363.3	147.6	2226.6	842.2
海 南	635.7	495.7	35.0	369.8	265.8
重 庆	3546.9	2965.1	153.2	2479.0	1067.9
四 川	4131.9	3444.2	204.0	3048.5	1083.4
贵 州	2995.6	2578.3	90.2	1912.6	1083.0
云 南	3499.1	2708.4	153.6	2129.6	1369.5
西 藏	100.0	74.1	8.6	48.2	51.8
陕 西	2751.9	2128.8	118.9	1806.2	949.4
甘 肃	1201.9	824.6	110.6	667.8	534.1
青 海	1425.4	458.8	20.0	561.8	863.6
宁 夏	1023.8	846.0	34.6	805.0	228.5
新 疆	3870.6	2892.9	208.7	2893.8	976.7

7-4-4 各地区限额以上零售业企业年末资产负债

单位：亿元

地　区	资产总计	#流动资产合计	#固定资产合计	负债合计	所有者权益合　　计
全　国	**61828.3**	**43283.3**	**7536.7**	**43032.8**	**18863.1**
北　京	4856.9	3768.2	278.0	3689.9	1167.0
天　津	1148.6	763.6	144.4	888.6	260.0
河　北	1646.1	1095.3	260.9	1225.5	420.6
山　西	1098.0	717.9	210.8	883.2	221.9
内蒙古	603.6	375.7	130.8	458.8	144.9
辽　宁	1791.4	1210.9	235.7	1411.5	373.9
吉　林	957.0	567.4	279.1	722.4	215.7
黑龙江	847.2	539.8	168.4	635.3	211.7
上　海	3777.7	2852.2	378.8	2704.7	1080.9
江　苏	6423.3	4094.2	741.6	4184.8	2239.2
浙　江	3792.4	2718.0	434.9	2990.3	988.9
安　徽	1975.0	1356.2	276.2	1267.5	707.5
福　建	2082.7	1421.4	228.3	1161.4	919.1
江　西	1106.9	784.1	129.8	742.4	364.5
山　东	4136.6	2888.4	568.7	3130.8	906.0
河　南	2208.0	1618.3	301.6	1568.8	639.2
湖　北	2937.0	1894.4	517.0	1931.1	1007.4
湖　南	2307.5	1304.4	428.2	1414.1	893.4
广　东	7236.4	5931.1	413.2	4863.3	2373.2
广　西	908.3	688.4	91.7	613.9	294.2
海　南	309.4	213.6	43.1	195.7	113.7
重　庆	1315.1	810.9	212.6	891.7	420.0
四　川	2369.4	1548.2	316.0	1534.0	835.4
贵　州	1344.9	1031.9	113.4	900.5	443.5
云　南	1175.9	770.2	151.1	735.6	440.3
西　藏	65.4	42.4	13.4	43.3	23.0
陕　西	1797.8	1227.5	215.6	1177.6	620.2
甘　肃	522.7	329.6	77.9	325.3	191.2
青　海	137.7	92.0	30.6	98.7	39.0
宁　夏	214.9	137.7	32.1	134.3	80.6
新　疆	734.8	489.6	112.9	507.7	227.1

7-4-5 限额以上批发和零售业企业损益及分配

单位：亿元

项　　目	主营业务收入	主营业务成本	销售费用	管理费用	财务费用	利润总额
总　　计	**607683.3**	**560872.2**	**21489.8**	**9906.0**	**2675.6**	**14617.6**
一、批发业	**499369.4**	**466270.0**	**13630.7**	**6503.4**	**2059.4**	**11835.6**
#国有控股	185473.5	174718.6	3385.5	1605.6	684.4	4658.1
(一)按登记注册类型分						
内资企业	**422390.1**	**398147.1**	**8727.6**	**4615.4**	**1862.9**	**8940.8**
国有企业	16401.3	12576.4	427.7	549.1	-80.2	1508.3
集体企业	650.2	609.8	18.3	11.4	5.9	9.9
股份合作企业	289.3	276.2	4.9	2.6	0.8	5.6
联营企业	25.4	24.5	0.7	0.3	0.3	-0.2
国有联营企业	3.9	3.3	0.1	0.2		0.3
集体联营企业	16.6	16.4	0.1	0.1	0.2	
国有与集体联营企业	4.0	3.8	0.4		0.1	-0.4
其他联营企业	0.9	0.9				
有限责任公司	208430.1	198602.4	3778.3	1719.4	1045.5	4130.2
国有独资公司	35232.1	33803.2	504.1	303.6	245.3	545.3
其他有限责任公司	173198.0	164799.2	3274.2	1415.8	800.2	3584.9
股份有限公司	42244.2	40181.7	1130.8	377.1	212.5	770.5
私营企业	153988.3	145569.5	3356.6	1948.1	676.2	2485.7
私营独资企业	348.8	312.6	7.2	5.6	1.1	18.9
私营合伙企业	47.0	42.7	1.1	0.8	0.1	2.0
私营有限责任公司	150185.0	142080.8	3255.2	1875.1	657.5	2361.2
私营股份有限公司	3407.5	3133.4	93.2	66.6	17.4	103.5
其他企业	361.2	306.7	10.3	7.4	1.9	30.8
港、澳、台商投资企业	**23533.6**	**20637.4**	**1544.3**	**768.4**	**94.7**	**850.4**
合资经营企业	3732.6	3531.0	84.5	70.0	25.5	113.4
合作经营企业	210.0	201.0	5.0	2.1	0.8	3.4
独资经营企业	19007.5	16391.6	1422.8	678.8	62.9	707.0
投资股份有限公司	371.3	317.6	22.7	13.1	4.1	24.9
其他港澳台商投资企业	212.2	196.1	9.3	4.4	1.3	1.7
外商投资企业	**53445.7**	**47485.6**	**3358.8**	**1119.6**	**101.8**	**2044.4**
中外合资经营企业	16003.2	14716.4	885.2	94.4	23.0	311.0
中外合作经营企业	46.5	42.5	2.0	1.1	0.2	0.5
外资企业	33257.4	28781.9	2367.1	998.8	76.9	1662.5
外商投资股份有限公司	472.9	363.6	61.4	14.5	0.4	37.2
其他外商投资企业	3665.7	3581.2	43.1	10.9	1.3	33.2
(二)按国民经济行业分						
农、林、牧、渔产品批发	10049.1	9585.7	187.8	150.9	115.1	191.1
食品、饮料及烟草制品批发	41961.6	33954.0	2168.2	1222.7	-3.5	3564.5
#米、面制品及食用油批发	6392.2	5997.9	271.8	102.9	38.4	79.4
肉、禽、蛋、奶及水产品批发	3004.0	2691.7	138.2	72.4	16.3	104.0
酒、饮料及茶叶批发	7410.3	5597.0	773.1	189.4	-1.0	1364.2
烟草制品批发	15828.5	11402.0	394.0	598.1	-112.4	1766.8
纺织、服装及家庭用品批发	42068.9	36961.7	2786.9	1175.3	121.1	1245.6
#服装批发	7914.2	6516.7	701.8	346.9	35.6	366.7
鞋帽批发	2087.2	1699.6	137.1	134.8	4.9	122.1
日用家电批发	10476.4	9738.5	443.2	228.1	0.5	121.5

7-4-5 续表 1 单位：亿元

项 目	主营业务收入	主营业务成本	销售费用	管理费用	财务费用	利润总额
文化、体育用品及器材批发	10129.2	9258.0	425.2	213.7	55.3	237.1
#文具用品批发	2554.9	2428.4	52.9	33.2	8.5	33.2
体育用品及器材批发	988.1	895.4	79.9	30.5	2.3	21.6
图书批发	895.5	725.6	70.7	53.4	7.9	24.9
医药及医疗器材批发	26108.7	22581.9	1852.3	755.0	183.5	878.6
#西药批发	16321.9	14575.8	904.7	340.9	125.3	459.9
中药批发	4327.2	3709.7	396.1	105.1	26.0	101.2
矿产品、建材及化工产品批发	279889.4	271631.0	3099.6	1512.7	1276.2	3208.6
#煤炭及制品批发	28982.1	27747.1	516.7	189.6	181.2	486.5
石油及制品批发	69315.0	67307.4	937.4	303.1	180.1	732.1
金属及金属矿批发	117458.5	115218.2	618.8	409.0	600.5	775.9
建材批发	15524.6	14738.2	252.6	173.9	110.0	410.1
化肥批发	4486.7	4284.6	76.3	40.9	41.0	58.8
农药批发	492.1	428.8	29.9	13.8	2.9	20.7
机械设备、五金产品及电子产品批发	76772.4	70796.8	2810.8	1290.1	210.7	2196.0
#汽车及零配件批发	29995.3	27560.6	1455.1	259.0	49.3	806.0
计算机、软件及辅助设备批发	6834.9	6515.6	141.6	98.6	22.0	71.8
通讯设备批发	7558.0	7190.7	195.0	113.4	33.9	78.3
贸易经纪与代理	4511.5	4258.4	68.0	57.9	62.1	100.2
其他批发业	7878.6	7242.4	231.9	125.1	38.9	213.9
二、零售业	**108313.9**	**94602.2**	**7859.1**	**3402.6**	**616.2**	**2782.0**
#国有控股	20245.1	18015.7	1304.4	451.5	45.8	616.9
(一)按登记注册类型分						
内资企业	**94196.3**	**83283.7**	**5897.9**	**2742.3**	**567.3**	**2328.8**
国有企业	1086.0	932.8	59.0	35.5	1.7	60.3
集体企业	494.9	422.4	21.1	20.8	2.1	25.5
股份合作企业	112.3	99.2	5.0	4.0	0.2	4.1
联营企业	93.6	82.7	3.1	1.5	0.3	5.7
国有联营企业	10.6	8.9	0.5			1.1
集体联营企业	51.3	45.6	1.3	1.1	0.2	2.9
国有与集体联营企业	17.4	15.5	0.8	0.2		0.9
其他联营企业	14.3	12.7	0.4	0.3	0.1	0.8
有限责任公司	41526.3	36874.8	2745.7	1118.7	218.6	910.6
国有独资公司	1774.2	1558.8	108.1	53.5	1.8	69.7
其他有限责任公司	39752.1	35316.0	2637.6	1065.1	216.8	841.0
股份有限公司	12420.4	11150.9	833.7	305.8	48.9	301.0
私营企业	38348.7	33632.4	2226.4	1251.7	294.4	1005.9
私营独资企业	919.9	762.6	34.8	29.7	6.4	70.5
私营合伙企业	103.1	86.0	4.2	4.2	0.6	6.5
私营有限责任公司	36161.8	31807.8	2100.7	1173.6	277.7	888.3
私营股份有限公司	1163.9	976.0	86.7	44.1	9.6	40.6
其他企业	114.3	88.6	4.0	4.3	1.0	15.6
港、澳、台商投资企业	**6747.1**	**5406.2**	**946.1**	**345.0**	**23.8**	**201.6**
合资经营企业	1458.9	1210.0	181.3	65.6	6.9	46.6

7-4-5 续表 2

单位：亿元

项　　目	主营业务收入	主营业务成本	销售费用	管理费用	财务费用	利润总额
合作经营企业	79.2	67.4	5.9	4.0		3.6
独资经营企业	4994.0	3956.7	726.6	267.3	15.3	146.2
投资股份有限公司	127.6	101.1	20.5	4.9	0.9	2.3
其他港澳台商投资企业	87.4	71.0	11.7	3.3	0.7	2.8
外商投资企业	**7370.4**	**5912.3**	**1015.0**	**315.3**	**25.2**	**251.7**
中外合资经营企业	2803.4	2281.2	382.4	87.2	5.2	110.0
中外合作经营企业	120.1	105.0	12.3	4.8	0.5	3.4
外资企业	3729.0	2916.1	551.8	195.3	17.7	128.0
外商投资股份有限公司	377.4	319.8	39.3	18.2	1.1	6.2
其他外商投资企业	340.5	290.2	29.2	9.7	0.6	4.1
(二)按国民经济行业分						
综合零售	19568.0	16392.2	2202.7	954.9	148.1	639.1
#百货零售	10238.3	8491.9	982.0	578.2	102.9	503.7
超级市场零售	8528.4	7260.1	1092.1	320.0	39.2	146.4
食品、饮料及烟草制品专门零售	3579.2	2774.4	360.8	153.5	20.0	270.6
#粮油零售	322.9	280.9	19.6	11.3	2.7	11.9
肉、禽、蛋、奶及水产品零售	565.9	467.3	36.3	20.9	2.9	37.2
酒、饮料及茶叶零售	967.9	736.6	71.6	39.7	7.5	107.5
烟草制品零售	190.0	154.4	15.2	10.8	-0.6	17.0
纺织、服装及日用品专门零售	5310.7	3686.5	1003.2	357.8	31.1	255.2
#服装零售	3214.4	2152.4	677.8	242.7	23.4	132.7
文化、体育用品及器材专门零售	2982.8	2328.6	309.2	174.3	14.3	171.0
#体育用品及器材零售	246.2	185.0	42.8	15.8	0.9	2.3
图书、报刊零售	1174.6	886.6	123.7	92.0	-3.4	100.3
医药及医疗器材专门零售	4281.1	3503.8	460.5	174.2	30.0	132.9
#西药零售	3825.7	3144.5	414.4	149.2	27.3	112.7
汽车、摩托车、零配件和燃料及其他动力销售	51052.6	47084.7	1896.5	976.2	295.7	879.6
#汽车新车零售	35274.9	32712.1	1177.9	784.1	262.1	492.9
机动车燃油零售	14211.2	12972.4	644.2	152.0	24.2	346.6
家用电器及电子产品专门零售	8503.6	7610.2	518.8	232.2	34.1	140.9
#日用家电零售	3440.4	3051.0	236.5	98.7	14.7	74.2
计算机、软件及辅助设备零售	2211.0	2026.7	104.8	45.9	3.8	26.0
通信设备零售	1158.2	1049.9	73.2	34.2	5.0	12.1
五金、家具及室内装饰材料专门零售	2400.8	1940.6	163.2	118.3	20.7	135.5
货摊、无店铺及其他零售业	10635.2	9281.3	944.3	261.3	22.2	157.3
#互联网零售	9542.0	8382.7	865.1	204.1	17.0	96.3
(三)按零售业态分						
有店铺零售	92602.6	80750.2	6630.3	3032.3	569.7	2557.4
#超市	3544.8	2945.7	332.2	150.2	23.7	119.6
大型超市	9549.8	8155.3	1164.5	382.7	46.6	192.9
百货店	9582.5	7854.9	994.5	523.3	79.6	487.6
专业店	30204.3	26594.4	1804.4	830.7	158.0	876.4
专卖店	35644.3	31632.1	2141.1	1035.8	231.3	782.1
无店铺零售	19338.1	16895.5	1584.6	509.5	63.0	310.6

7-4-6 各地区限额以上批发和零售业企业损益及分配

单位：亿元

地 区	主营业务收入	主营业务成本	销售费用	管理费用	财务费用	利润总额
全 国	**607683.3**	**560872.2**	**21489.8**	**9906.0**	**2675.6**	**14617.6**
北 京	56916.3	52660.7	2323.5	1194.3	308.0	1500.5
天 津	24281.5	23184.3	579.6	218.9	186.7	169.6
河 北	8870.7	8138.5	310.5	159.3	71.7	155.9
山 西	9221.6	8674.3	257.5	141.3	62.7	65.3
内蒙古	4398.9	4006.6	219.9	73.9	22.6	65.1
辽 宁	16076.5	15410.7	355.1	197.8	74.1	68.6
吉 林	2921.7	2657.3	155.2	90.2	25.2	32.2
黑龙江	4664.9	4352.5	142.4	79.0	25.1	55.6
上 海	87779.4	80545.6	4183.6	1549.9	238.0	1860.8
江 苏	59703.5	54832.4	1806.2	899.8	256.5	1875.6
浙 江	57773.1	54745.2	1511.2	704.4	246.8	909.5
安 徽	11350.7	10191.5	517.7	209.2	36.2	358.4
福 建	29480.6	27344.4	733.6	394.3	127.3	857.1
江 西	5244.1	4600.8	266.1	115.1	20.5	175.3
山 东	30896.6	28725.8	917.7	472.0	166.5	457.1
河 南	12135.1	10773.1	400.9	263.0	75.8	477.4
湖 北	17262.4	15345.6	720.2	332.5	65.5	668.1
湖 南	9855.0	8615.1	474.7	241.9	51.9	360.1
广 东	81333.2	75441.9	3033.0	1380.3	288.7	1630.8
广 西	7289.9	6790.2	213.2	114.5	38.9	102.0
海 南	1711.2	1507.7	91.5	33.9	3.9	68.2
重 庆	11954.5	10882.0	394.5	194.0	38.7	359.1
四 川	13839.8	12449.7	593.9	248.9	57.6	387.0
贵 州	5503.8	4445.2	224.0	111.7	16.8	1065.3
云 南	9069.1	8198.8	286.5	120.7	35.6	390.1
西 藏	264.2	220.9	19.3	9.3	-0.4	7.8
陕 西	12004.9	11123.7	385.7	178.6	38.3	247.3
甘 肃	4910.1	4630.0	111.8	52.7	22.1	57.4
青 海	938.8	860.3	27.6	15.2	13.8	29.9
宁 夏	1518.4	1438.7	40.8	18.0	14.2	7.2
新 疆	8513.1	8078.8	192.3	91.4	46.3	153.5

7-4-7 各地区限额以上批发业企业损益及分配

单位：亿元

地 区	主营业务收入	主营业务成本	销售费用	管理费用	财务费用	利润总额
全 国	**499369.4**	**466270.0**	**13630.7**	**6503.4**	**2059.4**	**11835.6**
北 京	49292.9	45914.0	1630.9	957.2	271.4	1397.8
天 津	22370.8	21471.8	425.3	155.7	174.3	186.8
河 北	6281.4	5810.4	137.6	72.0	50.2	132.9
山 西	7483.4	7086.6	162.5	88.0	47.3	77.7
内蒙古	3273.0	3006.6	149.3	45.6	15.1	63.7
辽 宁	13503.8	13082.3	186.4	95.9	50.3	62.2
吉 林	1793.9	1655.5	91.7	31.4	8.2	24.0
黑龙江	3350.2	3177.1	69.5	35.7	14.5	30.6
上 海	80607.8	74842.6	3165.7	1162.6	212.3	1684.1
江 苏	49324.0	45725.0	1175.2	592.5	198.1	1505.7
浙 江	50353.6	48164.3	952.8	478.7	208.4	785.4
安 徽	7588.4	6878.4	302.8	105.5	17.3	230.9
福 建	24222.8	22757.8	433.7	251.9	106.1	651.5
江 西	3354.0	2942.9	161.0	61.7	10.7	117.9
山 东	24125.0	22693.0	508.8	274.0	116.7	335.5
河 南	8227.4	7389.5	185.8	136.4	45.9	328.1
湖 北	12046.1	10885.4	390.8	183.4	32.3	421.0
湖 南	5481.2	4815.0	215.0	114.8	23.6	208.7
广 东	69548.1	65248.1	1997.6	1027.1	244.6	1299.6
广 西	5728.1	5397.1	113.5	67.4	32.2	68.6
海 南	1155.0	1039.5	49.5	17.4	0.8	40.9
重 庆	8755.0	8071.6	198.4	111.5	23.1	264.8
四 川	8414.1	7664.4	245.9	115.6	31.5	239.4
贵 州	3691.7	2866.6	126.3	71.2	5.3	990.8
云 南	7076.5	6444.1	158.5	72.0	24.6	324.0
西 藏	102.6	71.0	13.4	5.7	-0.5	6.0
陕 西	8631.6	8187.8	164.2	66.0	20.2	161.2
甘 肃	4155.1	3965.1	64.5	34.6	14.5	33.7
青 海	661.9	612.3	12.9	7.8	11.8	21.9
宁 夏	1258.4	1207.9	17.9	8.6	11.9	3.6
新 疆	7511.4	7196.0	123.4	55.5	36.6	136.5

7-4-8 各地区限额以上零售业企业损益及分配

单位：亿元

地 区	主营业务收入	主营业务成本	销售费用	管理费用	财务费用	利润总额
全 国	**108313.9**	**94602.2**	**7859.1**	**3402.6**	**616.2**	**2782.0**
北 京	7623.4	6746.7	692.6	237.0	36.6	102.7
天 津	1910.6	1712.5	154.3	63.2	12.4	-17.2
河 北	2589.2	2328.1	172.9	87.2	21.6	23.0
山 西	1738.2	1587.7	95.1	53.3	15.4	-12.4
内蒙古	1125.9	999.9	70.6	28.3	7.5	1.5
辽 宁	2572.7	2328.5	168.6	101.9	23.8	6.4
吉 林	1127.8	1001.7	63.5	58.9	17.0	8.2
黑龙江	1314.7	1175.5	72.9	43.3	10.6	25.0
上 海	7171.5	5703.0	1017.9	387.3	25.6	176.7
江 苏	10379.5	9107.4	631.0	307.2	58.4	369.9
浙 江	7419.5	6581.0	558.4	225.6	38.4	124.0
安 徽	3762.3	3313.2	214.8	103.6	18.9	127.5
福 建	5257.8	4586.5	299.9	142.4	21.2	205.6
江 西	1890.0	1657.8	105.1	53.3	9.9	57.4
山 东	6771.6	6032.8	408.9	198.0	49.7	121.6
河 南	3907.7	3383.6	215.1	126.6	29.9	149.3
湖 北	5216.3	4460.1	329.4	149.2	33.2	247.1
湖 南	4373.8	3800.1	259.7	127.1	28.3	151.4
广 东	11785.1	10193.8	1035.5	353.2	44.2	331.2
广 西	1561.8	1393.1	99.7	47.1	6.7	33.4
海 南	556.2	468.2	42.0	16.5	3.1	27.3
重 庆	3199.4	2810.3	196.1	82.4	15.5	94.3
四 川	5425.7	4785.2	348.0	133.3	26.0	147.6
贵 州	1812.1	1578.6	97.8	40.6	11.5	74.5
云 南	1992.6	1754.7	128.0	48.8	11.1	66.1
西 藏	161.5	149.8	5.9	3.6	0.1	1.8
陕 西	3373.3	2935.9	221.6	112.5	18.1	86.1
甘 肃	754.9	664.9	47.3	18.2	7.6	23.7
青 海	276.9	248.0	14.6	7.4	2.0	8.0
宁 夏	260.0	230.8	22.9	9.4	2.4	3.5
新 疆	1001.7	882.7	68.9	35.9	9.7	17.0

7-4-9 限额以上批发和零售业企业商品购、销、存情况(按登记注册类型分)

单位：亿元

项目	商品购进额	#进口	商品销售额	#出口	期末商品库存额
总计	**616551.4**	**45121.4**	**691162.1**	**26238.6**	**42117.2**
一、批发业	**516111.6**	**42219.2**	**566174.2**	**26158.0**	**31202.1**
#国有控股	196759.2	13285.1	211108.1	6072.7	11444.7
内资企业	**441009.4**	**23176.5**	**478386.0**	**20432.5**	**25199.8**
国有企业	13224.9	212.1	18528.3	235.3	1652.8
集体企业	617.0	58.3	720.9	12.8	33.8
股份合作企业	324.3	20.5	332.5	0.4	11.0
联营企业	25.3	0.8	29.1	0.8	3.5
国有联营企业	3.0		4.6		0.4
集体联营企业	16.5		19.1		0.6
国有与集体联营企业	4.7	0.8	4.4	0.8	2.4
其他联营企业	1.1		1.1		0.1
有限责任公司	221488.8	14371.1	237698.3	9402.3	12280.9
国有独资公司	37165.7	2445.1	39960.6	1039.5	1844.6
其他有限责任公司	184323.1	11926.0	197737.8	8362.8	10436.3
股份有限公司	46979.7	2802.8	46799.6	1594.7	3135.1
私营企业	158046.0	5710.5	173903.5	9185.0	8067.3
私营独资企业	330.0	2.7	384.0	1.8	21.9
私营合伙企业	38.9		51.7		1.2
私营有限责任公司	154123.9	5549.6	169570.2	8984.6	7815.2
私营股份有限公司	3553.2	158.2	3897.6	198.5	229.0
其他企业	303.4	0.4	373.7	1.2	15.3
港、澳、台商投资企业	**23225.0**	**3669.2**	**26639.2**	**612.8**	**2359.3**
合资经营企业	3944.0	303.4	4294.9	38.1	288.2
合作经营企业	216.3	0.4	235.8	0.1	2.9
独资经营企业	18499.9	3175.9	21444.1	567.2	2019.0
投资股份有限公司	353.6	165.2	425.0	5.0	39.9
其他港澳台商投资企业	211.2	24.3	239.4	2.4	9.4
外商投资企业	**51877.2**	**15373.5**	**61149.0**	**5112.7**	**3643.0**
中外合资经营企业	16270.5	1000.4	18362.9	671.3	664.0
中外合作经营企业	41.5	14.7	51.2	4.2	1.7
外资企业	31149.2	14075.6	38014.5	4424.9	2864.3
外商投资股份有限公司	408.7	75.4	524.2	8.3	38.1
其他外商投资企业	4007.3	207.5	4196.2	4.0	75.0

7-4-9 续表 单位: 亿元

项　目	商品购进额	#进口	商品销售额	#出口	期末商品库存额
二、零售业	**100439.8**	**2902.2**	**124987.9**	**80.6**	**10915.1**
#国有控股	17842.6	345.0	24989.3	5.6	1561.0
内资企业	**88342.3**	**2158.2**	**108532.1**	**79.7**	**9580.4**
国有企业	772.3	24.6	1229.7	0.6	80.2
集体企业	478.3	1.4	565.4		32.5
股份合作企业	102.6	0.2	125.4		8.8
联营企业	86.4	3.4	101.2		1.4
国有联营企业	10.2		12.3		0.2
集体联营企业	48.6	3.4	53.2		0.8
国有与集体联营企业	16.4		20.0		0.2
其他联营企业	11.2		15.7		0.2
有限责任公司	39322.6	1113.9	47596.2	34.6	4186.5
国有独资公司	1660.6	66.0	2126.7	0.8	160.4
其他有限责任公司	37662.0	1047.9	45469.5	33.8	4026.1
股份有限公司	11014.6	108.6	15496.8	3.0	919.6
私营企业	36474.9	905.8	43299.2	41.5	4347.1
私营独资企业	900.5	1.7	1085.2		56.8
私营合伙企业	96.0	0.6	114.7		5.0
私营有限责任公司	34434.4	874.2	40802.7	31.5	4135.5
私营股份有限公司	1044.0	29.3	1296.6	10.0	149.8
其他企业	90.6	0.2	118.3		4.5
港、澳、台商投资企业	**6022.9**	**405.8**	**7723.9**	**0.4**	**756.2**
合资经营企业	1340.1	96.4	1669.9	0.1	170.6
合作经营企业	77.6		88.2		5.1
独资经营企业	4394.9	274.2	5712.4	0.4	551.3
投资股份有限公司	128.3	35.2	152.5		22.1
其他港澳台商投资企业	82.0		100.9		7.0
外商投资企业	**6074.6**	**338.1**	**8731.9**	**0.5**	**578.5**
中外合资经营企业	2384.9	130.1	3437.1	0.1	172.3
中外合作经营企业	109.9		131.4		7.0
外资企业	3049.9	198.0	4354.5	0.4	361.8
外商投资股份有限公司	377.2	1.8	438.6		22.7
其他外商投资企业	152.7	8.2	370.3		14.7

7-4-10 限额以上批发和零售业企业商品购、销、存情况（按国民经济行业分）

单位：亿元

项　　目	商品购进额	#进口	商品销售额	#出口	期末商品库存额
总　　计	**616551.4**	**45121.4**	**691162.1**	**26238.6**	**42117.2**
一、批发业	**516111.6**	**42219.2**	**566174.2**	**26158.0**	**31202.1**
农、林、牧、渔产品批发	9729.7	1344.8	10754.9	166.8	1938.1
食品、饮料及烟草制品批发	37880.3	1540.3	47801.4	900.5	3725.7
#米、面制品及食用油批发	6929.9	594.3	7035.2	218.6	1178.0
肉、禽、蛋、奶及水产品批发	2748.5	296.3	3221.1	137.7	210.3
酒、饮料及茶叶批发	6173.5	135.9	8498.8	56.5	638.9
烟草制品批发	13036.4	59.3	18363.9	164.2	1035.9
纺织、服装及家庭用品批发	41037.4	2402.7	46947.8	7804.0	4298.7
#服装批发	7042.8	608.7	8747.2	2818.5	837.3
鞋帽批发	1755.8	104.3	2278.0	766.2	176.3
日用家电批发	11647.7	128.7	11737.2	268.8	1089.9
文化、体育用品及器材批发	10882.2	738.9	11431.4	643.0	1242.0
#文具用品批发	2655.9	169.3	2926.2	129.9	160.9
体育用品及器材批发	901.6	29.6	1119.9	84.0	79.6
图书批发	812.0	13.4	937.2	5.1	164.5
医药及医疗器材批发	25697.4	2168.8	29856.4	318.8	2953.0
#西药批发	16469.9	570.9	18736.2	188.0	1768.9
中药批发	4102.8	178.5	4891.5	26.2	477.6
矿产品、建材及化工产品批发	302271.0	17508.9	318151.0	5963.0	11032.2
#煤炭及制品批发	30974.0	909.0	33368.3	188.5	920.9
石油及制品批发	75031.2	4597.0	76655.6	803.6	2831.7
金属及金属矿批发	129463.6	7015.7	135370.6	2307.5	4439.4
建材批发	15634.7	812.6	17653.1	570.5	656.0
化肥批发	4763.6	220.4	4824.2	80.1	397.1
农药批发	436.5	12.1	504.6	109.5	47.2
机械设备、五金产品及电子产品批发	77177.8	15077.8	87623.4	8460.8	5228.0
#汽车及零配件批发	29953.0	4693.7	34684.5	928.3	1995.1
计算机、软件及辅助设备批发	7068.3	1467.0	7611.8	1121.5	493.2
通讯设备批发	8765.8	421.5	9459.9	577.4	490.4
贸易经纪与代理	4121.8	950.3	4819.0	1346.4	191.1
其他批发业	7314.0	486.7	8789.0	554.7	593.3

7-4-10 续表

单位：亿元

项目	商品购进额	#进口	商品销售额	#出口	期末商品库存额
二、零售业	**100439.8**	**2902.2**	**124987.9**	**80.6**	**10915.1**
(一)按国民经济行业分					
综合零售	17939.1	191.2	23344.1	6.4	1816.8
#百货零售	8915.5	164.8	12843.4	0.9	824.8
超级市场零售	8285.7	17.5	9612.2	5.6	893.3
食品、饮料及烟草制品专门零售	3095.5	47.7	4038.5	2.7	319.6
#粮油零售	299.0	0.8	348.6	0.4	36.5
肉、禽、蛋、奶及水产品零售	488.0	13.3	610.3	0.1	28.1
酒、饮料及茶叶零售	948.9	4.5	1187.2	0.3	128.0
烟草制品零售	168.0	12.7	211.1		41.7
纺织、服装及日用品专门零售	4025.6	284.9	6097.2	11.3	979.7
#服装零售	2323.9	178.1	3737.6	3.5	620.8
文化、体育用品及器材专门零售	2618.1	129.6	3329.4	3.8	729.3
#体育用品及器材零售	185.3	0.7	282.0	0.1	53.7
图书、报刊零售	1070.7	55.3	1223.6	1.7	255.0
医药及医疗器材专门零售	4018.2	17.6	4837.4	0.1	639.4
#西药零售	3631.2	10.4	4325.7		579.1
汽车、摩托车、零配件和燃料及其他动力销售	48665.5	2056.9	58739.5	4.1	4972.7
#汽车新车零售	35802.2	2023.7	39565.7	3.4	4427.5
机动车燃油零售	11369.1	14.0	17393.3	0.3	399.1
家用电器及电子产品专门零售	8464.1	48.3	9748.1	27.9	757.0
#日用家电零售	3418.6	7.7	4000.3	0.8	341.7
计算机、软件及辅助设备零售	2237.0	27.0	2483.9	8.3	162.0
通信设备零售	1105.7	5.4	1302.1	17.9	100.8
五金、家具及室内装饰材料专门零售	2047.8	31.1	2757.9	2.7	188.4
货摊、无店铺及其他零售业	9565.8	94.9	12096.1	21.6	512.1
#互联网零售	8645.1	79.3	10908.5	21.2	447.4
(二)按零售业态分					
有店铺零售	86110.3	2646.9	107084.2	30.5	9795.9
#超市	3148.1	24.4	3830.1	0.5	393.0
大型超市	9424.6	21.9	11366.2	5.9	942.1
百货店	8015.7	165.2	11616.0	0.3	905.3
专业店	27739.1	613.0	34943.1	12.8	2862.1
专卖店	34608.4	1776.0	40406.1	14.0	4618.2
无店铺零售	17444.2	436.7	21971.1	60.4	1523.1

7-4-11 各地区限额以上批发和零售业企业商品购、销、存情况

单位：亿元

地 区	商品购进额	#进口	商品销售额	#出口	期末商品库存额
全 国	**616551.4**	**45121.4**	**691162.1**	**26238.6**	**42117.2**
北 京	61410.9	9817.1	65926.1	2231.9	5637.2
天 津	26866.5	1538.8	28168.5	596.3	1734.7
河 北	8623.2	132.4	10175.5	104.8	683.7
山 西	9421.0	53.8	10893.3	54.0	498.8
内蒙古	4029.6	215.3	4968.1	84.8	437.3
辽 宁	16612.2	472.3	18433.9	279.2	949.8
吉 林	3073.0	18.9	3611.7	5.0	467.6
黑龙江	4268.8	1062.2	5025.1	14.4	392.9
上 海	90052.1	13057.7	100517.0	4455.6	6699.1
江 苏	61125.6	3050.3	67165.9	3477.3	3395.1
浙 江	59044.3	3165.6	65551.5	4885.9	2871.2
安 徽	11206.3	575.2	13000.9	241.4	1222.3
福 建	29064.1	2532.3	33738.4	1646.7	1454.7
江 西	4429.5	52.4	5849.8	114.9	413.1
山 东	30902.8	769.5	34878.2	1233.0	1961.1
河 南	11451.2	141.3	13737.7	123.4	996.8
湖 北	17221.6	114.9	20261.8	367.9	1093.7
湖 南	9485.3	155.6	11002.5	98.2	739.1
广 东	81740.9	5982.5	91056.0	4442.8	5529.5
广 西	7475.5	114.0	8302.7	183.8	478.0
海 南	1669.2	49.4	1936.9	7.6	130.2
重 庆	11471.7	458.8	13026.4	277.7	555.1
四 川	14258.8	285.2	15626.9	147.6	943.7
贵 州	4371.6	52.3	5962.4	77.2	407.5
云 南	8810.2	263.9	10326.7	261.4	718.7
西 藏	247.4	1.8	291.7		34.4
陕 西	12131.5	737.3	13986.3	729.9	501.2
甘 肃	4827.6	30.3	5320.3	24.9	284.7
青 海	830.2	5.0	1049.7	1.8	54.8
宁 夏	1689.5	10.2	1747.1	1.8	96.7
新 疆	8739.4	204.8	9623.1	67.5	734.6

7-4-12 各地区限额以上批发业企业商品购、销、存情况

单位：亿元

地 区	商品购进额	#进口	商品销售额	#出口	期末商品库存额
全 国	**516111.6**	**42219.2**	**566174.2**	**26158.0**	**31202.1**
北 京	53564.9	9537.2	57275.0	2230.3	4944.0
天 津	24912.7	1459.4	25976.3	596.3	1543.4
河 北	6151.2	85.3	7186.1	104.8	348.3
山 西	7923.1	37.9	8837.3	53.6	313.2
内蒙古	2996.2	200.2	3676.9	84.6	309.3
辽 宁	14159.7	387.4	15377.6	276.5	698.1
吉 林	1923.8	8.7	2015.9	4.9	300.8
黑龙江	3141.3	1043.4	3435.9	14.4	276.2
上 海	83679.8	12621.6	92361.8	4454.7	5809.0
江 苏	51268.6	2832.3	55428.7	3474.3	2480.6
浙 江	51875.0	2826.8	56362.3	4882.9	2063.0
安 徽	7647.8	509.8	8680.7	237.5	525.9
福 建	24185.4	2439.6	27363.3	1633.6	1094.5
江 西	2793.2	30.8	3748.6	113.7	212.7
山 东	24409.3	676.8	27161.1	1230.8	1183.3
河 南	8157.7	100.8	9220.1	122.8	606.9
湖 北	12379.3	49.6	13852.6	366.6	676.6
湖 南	5909.4	72.4	6229.4	97.0	390.9
广 东	71099.9	5495.1	77652.9	4415.9	4314.9
广 西	5950.7	94.3	6513.2	183.3	308.0
海 南	1146.4	24.1	1295.8	7.6	72.9
重 庆	8675.1	387.6	9676.5	266.2	349.4
四 川	8960.0	158.0	9522.5	147.5	516.6
贵 州	2843.0	18.3	3899.8	77.1	231.9
云 南	7153.8	224.6	8058.7	255.8	508.4
西 藏	83.0		117.0		15.4
陕 西	9247.4	701.0	10153.4	729.6	231.9
甘 肃	4071.7	14.6	4451.2	24.4	205.7
青 海	610.0	0.9	724.8	1.8	22.8
宁 夏	1412.7	8.7	1440.8	1.8	58.7
新 疆	7779.2	172.0	8477.8	67.4	588.8

7-4-13　各地区限额以上零售业企业商品购、销、存情况

单位：亿元

地　区	商品购进额	#进口	商品销售额	#出口	期末商品库存额
全　国	**100439.8**	**2902.2**	**124987.9**	**80.6**	**10915.1**
北　京	7846.0	279.9	8651.1	1.5	693.2
天　津	1953.7	79.5	2192.2		191.3
河　北	2472.1	47.1	2989.5		335.4
山　西	1497.9	15.9	2055.9	0.4	185.6
内蒙古	1033.4	15.1	1291.2	0.2	128.0
辽　宁	2452.5	84.9	3056.4	2.7	251.7
吉　林	1149.2	10.2	1595.8		166.8
黑龙江	1127.6	18.9	1589.1		116.7
上　海	6372.4	436.0	8155.2	0.9	890.1
江　苏	9857.0	218.0	11737.1	3.0	914.5
浙　江	7169.2	338.8	9189.2	3.1	808.2
安　徽	3558.5	65.4	4320.2	3.9	696.3
福　建	4878.7	92.7	6375.1	13.1	360.2
江　西	1636.3	21.7	2101.2	1.2	200.5
山　东	6493.6	92.8	7717.1	2.2	777.8
河　南	3293.5	40.5	4517.5	0.6	389.9
湖　北	4842.3	65.4	6409.1	1.3	417.1
湖　南	3575.8	83.2	4773.1	1.1	348.2
广　东	10641.0	487.4	13403.1	26.9	1214.6
广　西	1524.8	19.7	1789.5	0.5	170.1
海　南	522.8	25.3	641.1		57.3
重　庆	2796.5	71.2	3349.9	11.5	205.7
四　川	5298.7	127.1	6104.3	0.1	427.1
贵　州	1528.6	34.0	2062.6	0.1	175.6
云　南	1656.4	39.3	2268.0	5.5	210.3
西　藏	164.4	1.8	174.6		18.9
陕　西	2884.1	36.3	3832.9	0.3	269.2
甘　肃	755.9	15.7	869.1	0.5	79.0
青　海	220.1	4.1	325.0		32.0
宁　夏	276.8	1.5	306.3		37.9
新　疆	960.1	32.8	1145.3		145.9

【主要统计指标解释】

资产总计 指企业过去的交易或者事项形成的、由企业拥有或者控制的、预期会给企业带来经济利益的资源。资产一般按流动性（资产的变现或耗用时间长短）分为流动资产和非流动资产。其中流动资产可分为货币资金、变易性金融资产、应收票据、应收账款、预付款项、其他应收款、存货等；非流动资产可分为长期股权投资、固定资产、无形资产及其他非流动资产等。

流动资产合计 资产满足以下条件之一应归为流动资产：（1）预计在一个正常营业周期中变现、出售或耗用，主要包括存货、应收账款等；（2）主要为交易目的而持有；（3）预计在资产负债表日起一年内（含一年）变现；（4）自资产负债表日起一年内，交换其他资产或清偿负债的能力不受限制的现金或现金等价物。包括货币资金、应收票据、应收账款、存货等项目。

固定资产合计 指企业为生产商品、提供劳务、出租或经营管理而持有的，使用寿命超过一个会计年度的有形资产。包括使用期限超过一年的房屋、建筑物、机器、机械、运输工具以及其他与生产经营有关的设备、器具、工具等。固定资产合计是时点指标，表示固定资产经过扣减折旧、减值准备等后的期末余额。

负债合计 指企业过去的交易或者事项形成的，预期会导致经济利益流出企业的现时义务。负债一般按偿还期长短分为流动负债和非流动负债。

所有者权益合计 指企业资产扣除负债后由所有者享有的剩余权益。公司的所有者权益又称股东权益。包括实收资本、资本公积、盈余公积、未分配利润等。

主营业务收入 指企业确认的销售商品、提供劳务等主营业务的收入。

主营业务成本 指企业经营主要业务所发生的成本总额。

销售费用 指企业在销售商品和材料、提供劳务的过程中发生的各种费用，包括保险费、包装费、展览费和广告费、商品维修费、预计产品质量保证损失、运输费、装卸费等以及为销售本企业商品而专设的销售机构（含销售网点、售后服务网点等）的职工薪酬、业务费、折旧费等经营费用。

管理费用 指企业为组织和管理企业生产经营所发生的费用，包括企业在筹建期间内发生的开办费、董事会和行政管理部门在企业经营管理中发生的，或者应当由企业统一负担的公司经费等。

财务费用 指企业为筹集生产经营所需资金等而发生的筹资费用，包括企业生产经营期间发生的利息支出（减利息收入）、汇兑损失（减汇兑收益）以及相关的手续费等。

利润总额 指企业在一定会计期间的经营成果，是生产经营过程中各种收入扣除各种耗费后的盈余，反映企业在报告期内实现的盈亏总额。

商品购进额 指从本企业以外的单位和个人购进（包括从国外直接进口）作为转卖或加工后转卖的商品金额（含增值税）。本指标反映批发和零售业从国内外市场上购进商品的总价。

进口 指直接从国外进口或委托外贸企业代理进口的商品金额，不包括从国内有关单位购进的进口商品。对外贸易企业只统计自主经营进口的商品，不统计受托代理进口的商品。

商品销售额 指对本单位以外的单位和个人出售的商品金额（包括售给本单位消费用的商品，含增值税），在批发和零售业中，本指标反映在国内市场上销售商品以及出口商品的总价。

出口 指直接向国（境）外出口商品和委托外贸企业代理出口的商品金额，商品出口不包括售给外贸企业出口或加工后出口的商品，以及在国内市场以外币销售的商品。外贸企业只统计自主经营出口的商品，不包括受托代理出口的商品。

零售额 指售给个人用于生活消费和社会集团用于公共消费的商品金额。

期末商品库存额 对于批发和零售业法人单位和个体经营户，是指报告期末取得所有权的全部商品金额（含增值税）；对于批发和零售业产业活动单位，是指报告期末实际在库且归属法人具有所有权的全部商品金额（含增值税）。这个指标反映批发和零售业的商品库存情况，以及对市场商品供应的保证程度。

7 第三产业分行业主要指标

7-5 交通运输、仓储和邮政业

简要说明

一、主要内容

1. 交通运输、仓储和邮政业企业法人单位分地区主要指标。

2. 交通运输业资料主要包括：主要运输方式的线路里程、运输设备拥有量、技术质量情况，各种运输方式完成的货物运输量和旅客运输量，规模以上港口码头长度、泊位数量及货物吞吐量，城市公共交通运营线路总长度、运营车（船）数量及客运量等资料。

3. 邮政业资料主要包括：全国邮政主要业务量、营业网点及邮政邮路情况、邮政通信服务水平等。

二、调查范围及统计单位

1. 铁路资料：包括国家铁路（含控股合资）、地方铁路和非控股合资铁路运营情况，不含军用铁路及由厂矿企事业单位自建的铁路专用线和专用铁路。国家铁路（含控股合资）和非控股合资铁路运营资料来源于各铁路局及所属运输企业（公司）。地方铁路运营资料来源于各省地方铁路管理部门。

2. 公路、水路、港口资料：（1）公路和水路线路里程为年末通车和通航里程数，不含未正式投入使用的公路和航道里程；（2）民用汽车拥有量及机动车和汽车驾驶员人数，根据公安部交通管理局所属各省（自治区、直辖市）车管部门登记注册的车辆资料和驾驶员资料整理，不含军用车辆；（3）公路营运汽车拥有量，根据各省（自治区、直辖市）道路运输主管部门登记注册的从事公路运输的营业性运输车辆资料整理，属于民用汽车的一部分；（4）营业性民用运输船舶拥有量，根据各省（自治区、直辖市）交通运输主管部门登记注册的从事水上客、货运输的营业性船舶资料整理，不含非运输船舶及农业、渔业生产船舶；（5）公路、水路客货运输量资料，由交通运输部负责收集整理；（6）公路、水路运输量统计包括全面调查和非全面调查两种方式，统计范围是在各省交通运输主管部门登记注册的从事公路、水路客、货运输的营业性的车辆和船舶所完成的运输量；（7）规模以上港口的统计范围为年通过能力在1000万吨以上的沿海港口和200万吨以上的内河港口，以及从事外贸、集装箱装卸的港口，具体范围由交通运输部划定。

3. 管道运输资料：包括输原油、输成品油、输天然气及输其他气体的管道长度和完成的运输量。统计范围包括：油气田企业直接通向炼油厂、化工厂、电站等用户及装车站、油码头的管道，炼油厂通向用户（包括商业石油公司油库）的成品油管道，独立核算的管道运输企业通向用户及装车（站）栈桥、油码头的管道。管道运输资料主要来源于中国石油天然气集团有限公司、中国石油化工集团公司和中国海洋石油集团有限公司所属的管道运输企业，由三家集团公司分别负责收集审核本部门资料。

4. 民航运输资料：统计对象为在我国境内注册从事民用航空运输飞行和通用航空飞行的航空运输企业和民用航空机场，不包括在我国境内运输飞行的外国航空公司。统计内容为各航空公司从事国内运输、港澳台运输、国际运输的定期航班航线条数及里程、运输量及飞机构成和运营情况、通用航空飞行完成情况等。

5. 城市公共交通资料：统计范围为全国所有设市城市的城市公共交通情况。

6. 邮政业资料：包括全国邮政企业和获得快递业务经营许可的快递企业，为社会公众提供的各类邮政及快递服务。

三、资料来源

本篇资料由国家统计局服务业统计司负责整理、编辑。有关交通运输、仓储和邮政业企业法人单位分地区主要指标来源于《规模以上服务业统计报表制度》和《规模以下服务业抽样调查统计报表制度》调查结果。有关交通运输业资料分别来源于公安部交通管理局所属各省车管部门、交通运输部、中国民用航空局、中国国家铁路集团有限公司、中国石油天然气集团公司、中国石油化工集团公司和中国海洋石油集团有限公司。有关邮政业资料来源于国家邮政局。

7-5-1 交通运输、仓储和邮政业企业法人单位分地区主要指标

地　区	单位数 (个)	营业收入 (亿元)	资产总计 (亿元)	从业人员 (万人)
全　国	**569804**	**86365.5**	**352215.1**	**1396.7**
北　京	19154	6137.6	54644.8	71.2
天　津	13731	3737.9	10329.4	23.8
河　北	30564	2538.9	8496.0	52.9
山　西	14325	1967.4	9483.8	37.4
内蒙古	10803	1615.8	6615.6	27.4
辽　宁	21746	2650.0	14654.9	44.9
吉　林	5724	947.7	4078.6	20.1
黑龙江	9052	1657.9	7377.9	31.5
上　海	15981	10434.0	19109.8	71.3
江　苏	58639	8224.4	19183.7	106.6
浙　江	31887	4878.6	12749.4	67.5
安　徽	24256	2556.1	7286.1	50.6
福　建	16512	2512.7	9787.0	47.7
江　西	17040	2059.1	7860.2	45.3
山　东	52449	5543.9	14782.9	102.4
河　南	25995	3025.0	11455.0	75.3
湖　北	22133	2809.7	13567.7	55.1
湖　南	13270	1384.8	10113.4	42.2
广　东	72271	8821.5	32780.3	147.3
广　西	12821	1230.2	9095.9	31.2
海　南	2206	803.9	4109.1	8.4
重　庆	11672	1636.9	8049.2	41.9
四　川	18179	2392.9	13319.9	57.3
贵　州	7644	700.6	7540.0	19.5
云　南	10296	1691.9	10797.7	26.4
西　藏	622	108.8	348.6	2.1
陕　西	13069	1766.1	10618.5	38.8
甘　肃	4863	675.1	7870.3	18.1
青　海	1481	152.3	1149.8	5.3
宁　夏	2530	230.4	539.9	6.5
新　疆	8889	1473.7	4419.9	20.5

7-5-2 交通运输业基本情况

指　标	2009	2010	2011	2012	2013
运输线路长度　（万公里）					
铁路营业里程	8.55	9.12	9.32	9.76	10.31
#高速铁路	0.27	0.51	0.66	0.94	1.10
公路里程	386.08	400.82	410.64	423.75	435.62
#高速公路	6.51	7.41	8.49	9.62	10.44
内河航道里程	12.37	12.42	12.46	12.50	12.59
#等级航道	6.15	6.23	6.26	6.37	6.49
定期航班航线里程	234.51	276.51	349.06	328.01	410.60
国际航线	91.99	107.02	149.44	128.47	150.32
国内航线	142.52	169.50	199.62	199.54	260.29
管道输油(气)里程	6.91	7.85	8.33	9.01	9.85
输油管	3.55	3.85	3.95	4.13	4.32
输气管	3.35	4.00	4.38	4.88	5.52
客运量总计　（万人）	**2976898**	**3269508**	**3526319**	**3804035**	**2122992**
铁路	152451	167609	186226	189337	210597
公路	2779081	3052738	3286220	3557010	1853463
水运	22314	22392	24556	25752	23535
民航	23052	26769	29317	31936	35397
旅客周转量总计　（亿人公里）	**24834.9**	**27894.3**	**30984.0**	**33383.1**	**27571.7**
铁路	7878.9	8762.2	9612.3	9812.3	10595.6
公路	13511.4	15020.8	16760.2	18467.5	11250.9
水运	69.4	72.3	74.5	77.5	68.3
民航	3375.2	4039.0	4537.0	5025.7	5656.8
货运量总计　（万吨）	**2825222**	**3241807**	**3696961**	**4099400**	**4098900**
铁路	333348	364271	393263	390438	396697
公路	2127834	2448052	2820100	3188475	3076648
水运	318996	378949	425968	458705	559785
民航	445.5	563.0	557.5	545.0	561.3
管道	44598	49972	57073	61238	65209

注：1.从2005年起，公路里程包括村道，与以前年度数据不可比(以下相关表同)。
2.2008年，公路、水路客货运输量和周转量统计口径发生变化，不宜进行历史对比(以下相关表同)。
3.2011年起民航航线里程改为定期航班航线里程(以下相关表同)。
4.2013年公路水路客货运输数据，源自2013年交通运输业经济统计专项调查，统计范围口径有所调整(下同)。
5.从2013年起,管道运输由中国石油天然气集团公司、中国石油化工集团公司和中国海洋石油集团有限公司提供(下同)。

7-5-2 续表 1

指　　标	2009	2010	2011	2012	2013
货物周转量总计　（亿吨公里）	**122133.3**	**141837.4**	**159323.6**	**173770.7**	**168013.8**
铁路	25239.2	27644.1	29465.8	29187.1	29173.9
公路	37188.8	43389.7	51374.7	59534.9	55738.1
水运	57556.7	68427.5	75423.8	81707.6	79435.7
民航	126.2	178.9	173.9	163.9	170.3
管道	2022.4	2197.2	2885.4	3177.3	3495.9
规模以上港口货物吞吐量（万吨）	**697159**	**810180**	**911814**	**977473**	**1064891**
沿海规模以上港口	475481	548358	616292	665245	728098
#外贸	197922	226938	252318	276221	302431
内河规模以上港口	221678	261822	295522	312228	336793
#外贸	18296	21025	23967	26831	29961
民用汽车拥有量　（万辆）	**6280.61**	**7801.83**	**9356.32**	**10933.09**	**12670.14**
#载客汽车	4845.09	6124.13	7478.37	8943.01	10561.78
载货汽车	1368.60	1597.55	1787.99	1894.75	2010.62
#私人汽车拥有量	4574.91	5938.71	7326.79	8838.60	10501.68
#载客汽车	3808.33	4989.50	6237.46	7637.87	9198.23
载货汽车	753.40	931.52	1067.43	1175.63	1275.49
民用运输船舶拥有量　（艘）	**176932**	**178407**	**179242**	**178591**	**172554**
机动船	149367	155624	157950	158309	155340
驳船	27565	22783	21292	20282	17214
规模以上港口码头泊位　（个）	**20091**	**20333**	**20524**	**20450**	**20379**
沿海规模以上港口	5372	5529	5612	5715	5761
#万吨级	1214	1293	1366	1453	1524
内河规模以上港口	14719	14804	14912	14735	14618
#万吨级	293	318	340	369	394
民用飞机　（架）	**2181**	**2405**	**3191**	**3589**	**4004**
#运输飞机	1417	1597	1764	1941	2145
通用航空飞机	555	606	1124	1320	1519

7-5-2 续表 2

指　　标	2014	2015	2016	2017	2018
运输线路长度　　（万公里）					
铁路营业里程	11.18	12.10	12.40	12.70	13.17
#高速铁路	1.65	1.98	2.30	2.52	2.99
公路里程	446.39	457.73	469.63	477.35	484.65
#高速公路	11.19	12.35	13.10	13.64	14.26
内河航道里程	12.63	12.70	12.71	12.70	12.71
#等级航道	6.54	6.63	6.64	6.62	6.64
定期航班航线里程	463.72	531.72	634.81	748.30	837.98
国际航线	176.72	239.44	282.80	324.59	359.89
国内航线	287.00	292.28	352.01	423.72	478.09
管道输油(气)里程	10.57	10.87	11.34	11.93	12.23
输油管	4.52	4.66	4.99	5.37	5.50
输气管	6.05	6.21	6.34	6.56	6.73
客运量总计　　（万人）	**2032218**	**1943271**	**1900194**	**1848620**	**1793820**
铁路	230460	253484	281405	308379	337495
公路	1736270	1619097	1542759	1456784	1367170
水运	26293	27072	27234	28300	27981
民航	39195	43618	48796	55156	61174
旅客周转量总计　（亿人公里）	**28647.1**	**30058.9**	**31258.5**	**32812.8**	**34218.2**
铁路	11241.9	11960.6	12579.3	13456.9	14146.6
公路	10996.8	10742.7	10228.7	9765.2	9279.7
水运	74.3	73.1	72.3	77.7	79.6
民航	6334.2	7282.6	8378.1	9513.0	10712.3
货运量总计　　（万吨）	**4167296**	**4175886**	**4386763**	**4804850**	**5152732**
铁路	381334	335801	333186	368865	402631
公路	3113334	3150019	3341259	3686858	3956871
水运	598283	613567	638238	667846	702684
民航	594	629	668	706	739
管道	73752	75870	73411	80576	89807

7-5-2 续表 3

指 标	2014	2015	2016	2017	2018
货物周转量总计 （亿吨公里）	**181667.7**	**178355.9**	**186629.5**	**197372.6**	**204686.2**
铁路	27530.2	23754.3	23792.3	26962.2	28821.0
公路	56846.9	57955.7	61080.1	66771.5	71249.2
水运	92774.6	91772.5	97338.8	98611.2	99052.8
民航	187.8	208.1	222.4	243.6	262.5
管道	4328.3	4665.4	4195.9	4784.1	5300.7
规模以上港口货物吞吐量（万吨）	**1118803**	**1146382**	**1188872**	**1267173**	**1334499**
沿海规模以上港口	769557	784578	810933	865464	922392
#外贸	320839	325326	339026	358817	372129
内河规模以上港口	349246	361804	377939	401710	412107
#外贸	32091	36046	39558	43482	44165
民用汽车拥有量 （万辆）	**14598.11**	**16284.45**	**18574.54**	**20906.67**	**23231.23**
#载客汽车	12326.70	14095.88	16278.24	18469.54	20555.40
载货汽车	2125.46	2065.62	2171.89	2338.85	2567.82
#私人汽车拥有量	12339.36	14099.10	16330.22	18515.11	20574.93
#载客汽车	10945.39	12737.23	14896.27	17001.51	18930.29
载货汽车	1352.78	1330.65	1401.16	1478.40	1605.10
民用运输船舶拥有量 （艘）	**171977**	**165905**	**160144**	**144924**	**136975**
机动船	154974	149659	144568	131746	125754
驳船	17003	16246	15576	13178	11221
规模以上港口码头泊位 （个）	**20516**	**20363**	**19712**	**18329**	**17298**
沿海规模以上港口	5923	6115	6096	6209	6150
#万吨级	1633	1750	1814	1913	2019
内河规模以上港口	14593	14248	13616	12120	11148
#万吨级	406	416	423	418	451
民用飞机 （架）	**4168**	**4554**	**5046**	**5593**	**6134**
#运输飞机	2370	2650	2950	3296	3639
通用航空飞机	1798	1904	2096	2297	2495

7-5-3 各地区交通运输业从业人员(2018年底)

单位：人

地 区	铁路运输业	道路运输业	水上运输业	航空运输业	管道运输业
全 国	**1833800**	**3642970**	**357698**	**645957**	**33883**
北 京	105933	279774	304	83122	4287
天 津	11321	61561	12520	8923	525
河 北	51072	121007	21244	5880	1453
山 西	104705	76661	79	6514	
内蒙古	103833	65806	27	5252	104
辽 宁	107581	122535	15757	20106	808
吉 林	58361	49051	54	6484	935
黑龙江	126389	66041	3401	4667	613
上 海	38340	181993	51285	91436	1443
江 苏	20109	246682	62071	15061	8727
浙 江	20421	173107	27727	13915	50
安 徽	38727	133448	10923	4901	69
福 建	40736	96647	15236	26260	63
江 西	59669	93132	4591	4299	16
山 东	96131	224934	46669	8287	3817
河 南	109329	201620	1698	8977	280
湖 北	85818	157194	14728	9611	4557
湖 南	72930	97592	2392	8982	306
广 东	59100	397895	42287	132231	450
广 西	63674	67507	5204	8692	
海 南	6361	23993	6329	25408	28
重 庆	29705	133988	10343	15011	46
四 川	66671	173568	1402	51954	612
贵 州	34578	56007	586	12351	117
云 南	39568	75210	297	27058	261
西 藏	36	5191		4135	
陕 西	101135	110956	157	12012	769
甘 肃	83282	44888	174	3686	
青 海	23621	15526		2518	
宁 夏	18898	12258	124	2757	
新 疆	55766	77198	89	15467	3547

注：本篇资料数据来源为国家统计局《劳动力工资统计报表制度》，统计范围为城镇非私营单位。

7-5-4 运输线路长度

单位：万公里

年份	铁路营业里程	#国家铁路电气化里程	公路里程	#高速公路	内河航道里程	定期航班航线里程	#国际航线	管道输油(气)里程
1978	5.17	0.10	89.02		13.60	14.89	5.53	0.83
1980	5.33	0.17	88.83		10.85	19.53	8.12	0.87
1981	5.39	0.17	89.75		10.87	21.82	8.28	0.97
1982	5.33	0.18	90.70		10.86	23.27	9.99	1.04
1983	5.46	0.23	91.51		10.89	22.91	9.99	1.08
1984	5.48	0.30	92.67		10.93	26.02	10.74	1.10
1985	5.52	0.41	94.24		10.91	27.72	10.60	1.17
1986	5.58	0.44	96.28		10.94	32.31	10.76	1.30
1987	5.60	0.46	98.22		10.98	38.91	14.89	1.38
1988	5.62	0.57	99.96	0.01	10.94	37.38	12.83	1.43
1989	5.70	0.64	101.43	0.03	10.90	47.19	16.64	1.51
1990	5.79	0.69	102.83	0.05	10.92	50.68	16.64	1.59
1991	5.78	0.78	104.11	0.06	10.97	55.91	17.74	1.62
1992	5.81	0.84	105.67	0.07	10.97	83.66	30.30	1.59
1993	5.86	0.89	108.35	0.11	11.02	96.08	27.87	1.64
1994	5.90	0.90	111.78	0.16	11.02	104.56	35.19	1.68
1995	6.24	0.97	115.70	0.21	11.06	112.90	34.82	1.72
1996	6.49	1.01	118.58	0.34	11.08	116.65	38.63	1.93
1997	6.60	1.20	122.64	0.48	10.98	142.50	50.44	2.04
1998	6.64	1.30	127.85	0.87	11.03	150.58	50.44	2.31
1999	6.74	1.40	135.17	1.16	11.65	152.22	52.33	2.49
2000	6.87	1.49	167.98	1.63	11.93	150.29	50.84	2.47
2001	7.01	1.69	169.80	1.94	12.15	155.36	51.69	2.76
2002	7.19	1.74	176.52	2.51	12.16	163.77	57.45	2.98
2003	7.30	1.81	180.98	2.97	12.40	174.95	71.53	3.26
2004	7.44	1.86	187.07	3.43	12.33	204.94	89.42	3.82
2005	7.54	1.94	334.52	4.10	12.33	199.85	85.59	4.40
2006	7.71	2.34	345.70	4.53	12.34	211.35	96.62	4.81
2007	7.80	2.40	358.37	5.39	12.35	234.30	104.74	5.45
2008	7.97	2.50	373.02	6.03	12.28	246.18	112.02	5.83
2009	8.55	3.02	386.08	6.51	12.37	234.51	91.99	6.91
2010	9.12	3.27	400.82	7.41	12.42	276.51	107.02	7.85
2011	9.32	3.43	410.64	8.49	12.46	349.06	149.44	8.33
2012	9.76	3.55	423.75	9.62	12.50	328.01	128.47	9.01
2013	10.31	3.60	435.62	10.44	12.59	410.60	150.32	9.85
2014	11.18	3.69	446.39	11.19	12.63	463.72	176.72	10.57
2015	12.10	7.47	457.73	12.35	12.70	531.72	239.44	10.87
2016	12.40	8.03	469.63	13.10	12.71	634.81	282.80	11.34
2017	12.70	8.66	477.35	13.64	12.70	748.30	324.59	11.93
2018	13.17	9.22	484.65	14.26	12.71	837.98	359.89	12.23

7-5-5 客运量

单位：万人

年　份	总计	铁路	公路	水运	民航
1952	24518	16352	4559	3605	2
1957	63821	31262	23772	8780	7
1962	122154	75003	30737	16397	17
1965	96334	41245	43693	11369	27
1970	130056	52455	61812	15767	22
1975	192969	70465	101350	21015	139
1978	253993	81491	149229	23042	231
1980	341785	92204	222799	26439	343
1985	620206	112110	476486	30863	747
1986	688211	108579	544259	34377	996
1987	746422	112479	593682	38951	1310
1988	809592	122645	650473	35032	1442
1989	791374	113805	644508	31778	1283
1990	772682	95712	648085	27225	1660
1991	806048	95080	682681	26109	2178
1992	860855	99693	731774	26502	2886
1993	996634	105458	860719	27074	3383
1994	1092882	108738	953940	26165	4039
1995	1172596	102745	1040810	23924	5117
1996	1245357	94797	1122110	22895	5555
1997	1326094	93308	1204583	22573	5630
1998	1378717	95085	1257332	20545	5755
1999	1394413	100164	1269004	19151	6094
2000	1478573	105073	1347392	19386	6722
2001	1534122	105155	1402798	18645	7524
2002	1608150	105606	1475257	18693	8594
2003	1587497	97260	1464335	17142	8759
2004	1767453	111764	1624526	19040	12123
2005	1847018	115583	1697381	20227	13827
2006	2024158	125656	1860487	22047	15968
2007	2227761	135670	2050680	22835	18576
2008	2867892	146193	2682114	20334	19251
2009	2976898	152451	2779081	22314	23052
2010	3269508	167609	3052738	22392	26769
2011	3526319	186226	3286220	24556	29317
2012	3804035	189337	3557010	25752	31936
2013	2122992	210597	1853463	23535	35397
2014	2032218	230460	1736270	26293	39195
2015	1943271	253484	1619097	27072	43618
2016	1900194	281405	1542759	27234	48796
2017	1848620	308379	1456784	28300	55156
2018	1793820	337495	1367170	27981	61174

7-5-6 客运量构成

单位：%

年 份	总计	铁路	公路	水运	民航
1952	100.0	66.7	18.6	14.7	0.01
1957	100.0	49.0	37.2	13.8	0.01
1962	100.0	61.4	25.2	13.4	0.01
1965	100.0	42.8	45.4	11.8	0.03
1970	100.0	40.3	47.5	12.1	0.02
1975	100.0	36.5	52.5	10.9	0.07
1978	100.0	32.1	58.8	9.1	0.09
1980	100.0	27.0	65.2	7.7	0.10
1985	100.0	18.1	76.8	5.0	0.12
1986	100.0	15.8	79.1	5.0	0.14
1987	100.0	15.1	79.5	5.2	0.18
1988	100.0	15.1	80.3	4.3	0.18
1989	100.0	14.4	81.4	4.0	0.16
1990	100.0	12.4	83.9	3.5	0.21
1991	100.0	11.8	84.7	3.2	0.27
1992	100.0	11.6	85.0	3.1	0.34
1993	100.0	10.6	86.4	2.7	0.34
1994	100.0	9.9	87.3	2.4	0.37
1995	100.0	8.8	88.8	2.0	0.44
1996	100.0	7.6	90.1	1.8	0.45
1997	100.0	7.0	90.8	1.7	0.42
1998	100.0	6.9	91.2	1.5	0.42
1999	100.0	7.2	91.0	1.4	0.44
2000	100.0	7.1	91.1	1.3	0.45
2001	100.0	6.9	91.4	1.2	0.49
2002	100.0	6.6	91.7	1.2	0.53
2003	100.0	6.1	92.2	1.1	0.55
2004	100.0	6.3	91.9	1.1	0.69
2005	100.0	6.3	91.9	1.1	0.75
2006	100.0	6.2	91.9	1.1	0.79
2007	100.0	6.1	92.1	1.0	0.83
2008	100.0	5.1	93.5	0.7	0.67
2009	100.0	5.1	93.4	0.7	0.77
2010	100.0	5.1	93.4	0.7	0.82
2011	100.0	5.3	93.2	0.7	0.83
2012	100.0	5.0	93.5	0.7	0.84
2013	100.0	9.9	87.3	1.1	1.67
2014	100.0	11.3	85.4	1.3	1.90
2015	100.0	13.0	83.3	1.4	2.24
2016	100.0	14.8	81.2	1.4	2.57
2017	100.0	16.7	78.8	1.5	2.98
2018	100.0	18.8	76.2	1.6	3.41

7-5-7 旅客周转量

单位：亿人公里

年 份	总计	铁路	公路	水运	民航
1952	248.02	200.64	22.64	24.50	0.24
1957	496.55	361.30	88.07	46.38	0.80
1962	1085.56	859.01	141.46	83.92	1.17
1965	697.04	478.99	168.20	47.37	2.48
1970	1031.05	718.19	240.06	71.01	1.79
1975	1434.55	954.09	374.48	90.59	15.39
1978	1743.07	1093.22	521.30	100.63	27.91
1980	2281.34	1383.16	729.50	129.12	39.56
1985	4436.39	2416.14	1724.88	178.65	115.72
1986	4896.51	2586.71	1981.74	182.06	146.00
1987	5418.18	2843.06	2190.43	195.92	186.06
1988	6208.91	3260.31	2528.24	203.92	216.91
1989	6074.56	3037.41	2662.11	188.27	186.77
1990	5628.35	2612.64	2620.32	164.91	230.48
1991	6178.32	2828.05	2871.74	177.21	301.32
1992	6949.38	3152.24	3192.64	198.38	406.12
1993	7858.00	3483.30	3700.70	196.40	477.60
1994	8591.42	3636.04	4220.30	183.50	551.58
1995	9001.90	3545.70	4603.10	171.80	681.30
1996	9164.80	3347.60	4908.79	160.57	747.84
1997	10055.48	3584.86	5541.40	155.70	773.52
1998	10636.74	3773.42	5942.81	120.27	800.24
1999	11299.74	4135.94	6199.20	107.30	857.30
2000	12261.05	4532.59	6657.42	100.50	970.54
2001	13155.13	4766.82	7207.08	89.88	1091.35
2002	14125.63	4969.38	7805.77	81.78	1268.70
2003	13810.50	4788.61	7695.60	63.10	1263.19
2004	16309.08	5712.17	8748.38	66.25	1782.28
2005	17466.74	6061.96	9292.08	67.77	2044.93
2006	19197.21	6622.12	10130.85	73.58	2370.66
2007	21592.58	7216.31	11506.77	77.78	2791.73
2008	23196.70	7778.60	12476.11	59.18	2882.80
2009	24834.94	7878.89	13511.44	69.38	3375.24
2010	27894.26	8762.18	15020.81	72.27	4039.00
2011	30984.03	9612.29	16760.25	74.53	4536.96
2012	33383.09	9812.33	18467.55	77.48	5025.74
2013	27571.65	10595.62	11250.94	68.33	5656.76
2014	28647.13	11241.85	10996.75	74.34	6334.19
2015	30058.90	11960.60	10742.66	73.08	7282.55
2016	31258.46	12579.29	10228.71	72.33	8378.13
2017	32812.80	13456.92	9765.18	77.66	9513.04
2018	34218.15	14146.58	9279.68	79.57	10712.32

7-5-8 旅客周转量构成

单位：%

年 份	总计	铁路	公路	水运	民航
1952	100.0	80.9	9.1	9.9	0.1
1957	100.0	72.8	17.7	9.3	0.2
1962	100.0	79.1	13.0	7.7	0.1
1965	100.0	68.7	24.1	6.8	0.4
1970	100.0	69.7	23.3	6.9	0.2
1975	100.0	66.5	26.1	6.3	1.1
1978	100.0	62.7	29.9	5.8	1.6
1980	100.0	60.6	32.0	5.7	1.7
1985	100.0	54.5	38.9	4.0	2.6
1986	100.0	52.8	40.5	3.7	3.0
1987	100.0	52.5	40.4	3.6	3.4
1988	100.0	52.5	40.7	3.3	3.5
1989	100.0	50.0	43.8	3.1	3.1
1990	100.0	46.4	46.6	2.9	4.1
1991	100.0	45.8	46.5	2.9	4.9
1992	100.0	45.4	45.9	2.9	5.8
1993	100.0	44.3	47.1	2.5	6.1
1994	100.0	42.3	49.1	2.1	6.4
1995	100.0	39.4	51.1	1.9	7.6
1996	100.0	36.5	53.6	1.8	8.2
1997	100.0	35.7	55.1	1.5	7.7
1998	100.0	35.5	55.9	1.1	7.5
1999	100.0	36.6	54.9	0.9	7.6
2000	100.0	37.0	54.3	0.8	7.9
2001	100.0	36.2	54.8	0.7	8.3
2002	100.0	35.2	55.3	0.6	9.0
2003	100.0	34.7	55.7	0.5	9.1
2004	100.0	35.0	53.6	0.4	10.9
2005	100.0	34.7	53.2	0.4	11.7
2006	100.0	34.5	52.8	0.4	12.3
2007	100.0	33.4	53.3	0.4	12.9
2008	100.0	33.5	53.8	0.3	12.4
2009	100.0	31.7	54.4	0.3	13.6
2010	100.0	31.4	53.8	0.3	14.5
2011	100.0	31.0	54.1	0.2	14.6
2012	100.0	29.4	55.3	0.2	15.1
2013	100.0	38.4	40.8	0.2	20.5
2014	100.0	39.2	38.4	0.3	22.1
2015	100.0	39.8	35.7	0.2	24.2
2016	100.0	40.2	32.7	0.2	26.8
2017	100.0	41.0	29.8	0.2	29.0
2018	100.0	41.3	27.1	0.2	31.3

7-5-9 旅客运输平均运距

单位：公里

年 份	总计	铁路	公路	水运	民航
1952	101	123	50	68	1200
1957	78	116	37	53	1143
1962	89	115	46	51	688
1965	72	116	38	42	919
1970	79	137	39	45	814
1975	74	135	37	43	1107
1978	69	134	35	44	1208
1980	67	150	33	49	1153
1985	72	216	36	58	1563
1986	71	238	36	53	1466
1987	73	253	37	50	1441
1988	77	266	39	58	1501
1989	77	267	41	59	1456
1990	73	273	40	61	1388
1991	77	297	42	68	1383
1992	81	316	44	75	1407
1993	79	330	43	73	1412
1994	79	334	44	70	1366
1995	77	345	44	72	1331
1996	74	353	44	70	1346
1997	76	384	46	69	1374
1998	77	397	47	59	1391
1999	81	413	49	56	1407
2000	83	431	49	52	1444
2001	86	453	51	48	1450
2002	88	471	53	44	1476
2003	87	492	53	37	1442
2004	92	511	54	35	1470
2005	95	524	55	34	1479
2006	95	527	54	33	1485
2007	97	532	56	34	1503
2008	81	532	47	29	1497
2009	83	517	49	31	1464
2010	85	523	49	32	1509
2011	88	516	51	30	1548
2012	88	518	52	30	1574
2013	130	503	61	29	1598
2014	141	488	63	28	1616
2015	155	472	66	27	1670
2016	165	447	66	27	1717
2017	177	436	67	27	1725
2018	191	419	68	28	1751

7-5-10 货运量

单位：万吨

年 份	总计	铁路	公路	水运	民航	管道
1952	35605	13217	17247	5141	0.2	
1957	89990	27421	46762	15806	0.8	
1962	92185	35261	38909	18013	1.8	
1965	133253	49100	59995	24155	2.5	
1970	167913	68132	72929	26848	3.7	
1975	251593	88955	117633	38968	4.7	6032
1978	319431	110119	151602	47357	6.4	10347
1980	310841	111279	142195	46833	8.9	10525
1985	745763	130709	538062	63322	19.5	13650
1986	853557	135635	620113	82962	22.4	14825
1987	948229	140653	711424	80979	29.9	15143
1988	982195	144948	732315	89281	32.7	15618
1989	988435	151489	733781	87493	31.0	15641
1990	970602	150681	724040	80094	37.0	15750
1991	985793	152893	733907	83370	45.2	15578
1992	1045899	157627	780941	92490	57.5	14783
1993	1115902	162794	840256	97938	69.4	14845
1994	1180396	163216	894914	107091	82.9	15092
1995	1234938	165982	940387	113194	101.1	15274
1996	1298421	171024	983860	127430	115.0	15992
1997	1278218	172149	976536	113406	124.7	16002
1998	1267427	164309	976004	109555	140.1	17419
1999	1293008	167554	990444	114608	170.4	20232
2000	1358682	178581	1038813	122391	196.7	18700
2001	1401786	193189	1056312	132675	171.0	19439
2002	1483447	204956	1116324	141832	202.1	20133
2003	1564492	224248	1159957	158070	219.0	21998
2004	1706412	249017	1244990	187394	276.7	24734
2005	1862066	269296	1341778	219648	306.7	31037
2006	2037060	288224	1466347	248703	349.4	33436
2007	2275822	314237	1639432	281199	401.8	40552
2008	2585937	330354	1916759	294510	407.6	43906
2009	2825222	333348	2127834	318996	445.5	44598
2010	3241807	364271	2448052	378949	563.0	49972
2011	3696961	393263	2820100	425968	557.5	57073
2012	4099400	390438	3188475	458705	545.0	61238
2013	4098900	396697	3076648	559785	561.3	65209
2014	4167296	381334	3113334	598283	594.1	73752
2015	4175886	335801	3150019	613567	629.3	75870
2016	4386763	333186	3341259	638238	668.0	73411
2017	4804850	368865	3686858	667846	705.9	80576
2018	5152732	402631	3956871	702684	738.5	89807

注：1.从1979年起，公路运输包括社会车辆完成数量；从1984年起，还包括私营运输完成的数量(后相同)，从2008年起公路运输量统计原则上为营运车辆。水路运输量统计范围为在交通运输主管部门审批、备案、从事营业性货物运输生产的船舶。

2.1993年及以后年份，铁路货物运输指标口径有调整，增加了行包运量(后相同)。

3.本资料从2012年开始，将1980年以前的公路、水路货运历史数据按部门口径进行了调整(以下各表同)。

7-5-11 货运量构成

单位：%

年 份	总计	铁路	公路	水运	民航	管道
1952	100.0	37.1	48.4	14.4		
1957	100.0	30.5	52.0	17.6		
1962	100.0	38.3	42.2	19.5		
1965	100.0	36.8	45.0	18.1		
1970	100.0	40.6	43.4	16.0		
1975	100.0	35.4	46.8	15.5		2.4
1978	100.0	34.5	47.5	14.8		3.2
1980	100.0	35.8	45.7	15.1		3.4
1985	100.0	17.5	72.1	8.5		1.6
1986	100.0	15.9	72.7	9.7		1.7
1987	100.0	14.8	75.0	8.5		1.6
1988	100.0	14.7	74.6	9.1		1.6
1989	100.0	15.4	74.2	8.9		1.6
1990	100.0	15.6	74.6	8.3		1.6
1991	100.0	15.5	74.4	8.5		1.6
1992	100.0	15.1	74.7	8.8		1.4
1993	100.0	14.6	75.3	8.8	0.01	1.3
1994	100.0	13.8	75.8	9.1	0.01	1.3
1995	100.0	13.4	76.1	9.2	0.01	1.2
1996	100.0	13.2	75.8	9.8	0.01	1.2
1997	100.0	13.5	76.4	8.9	0.01	1.3
1998	100.0	13.0	77.0	8.6	0.01	1.4
1999	100.0	13.0	76.6	8.9	0.01	1.6
2000	100.0	13.1	76.5	9.0	0.01	1.4
2001	100.0	13.8	75.4	9.5	0.01	1.4
2002	100.0	13.8	75.3	9.6	0.01	1.4
2003	100.0	14.3	74.1	10.1	0.01	1.4
2004	100.0	14.6	73.0	11.0	0.02	1.4
2005	100.0	14.5	72.1	11.8	0.02	1.7
2006	100.0	14.1	72.0	12.2	0.02	1.6
2007	100.0	13.8	72.0	12.4	0.02	1.8
2008	100.0	12.8	74.1	11.4	0.02	1.7
2009	100.0	11.8	75.3	11.3	0.02	1.6
2010	100.0	11.2	75.5	11.7	0.02	1.5
2011	100.0	10.6	76.3	11.5	0.02	1.5
2012	100.0	9.5	77.8	11.2	0.01	1.5
2013	100.0	9.7	75.1	13.7	0.01	1.6
2014	100.0	9.2	74.7	14.4	0.01	1.8
2015	100.0	8.0	75.4	14.7	0.02	1.8
2016	100.0	7.6	76.2	14.5	0.02	1.7
2017	100.0	7.7	76.7	13.9	0.01	1.7
2018	100.0	7.8	76.8	13.6	0.01	1.7

7-5-12 货物周转量

单位：亿吨公里

年 份	总计	铁路	公路	水运	民航	管道
1952	767	601.6	19.6	145.8	0.02	
1957	1826	1345.9	62.4	417.4	0.08	
1962	2252	1721.1	75.1	456.0	0.15	
1965	3485	2698.7	110.0	676.4	0.25	
1970	4590	3496.0	154.0	939.9	0.35	
1975	7594	4255.6	248.1	2827.8	0.60	262
1978	9928	5345.2	350.3	3801.8	0.97	430
1980	11629	5717.5	342.9	5076.5	1.41	491
1985	18365	8125.7	1903.0	7729.3	4.15	603
1986	20147	8764.8	2118.0	8647.9	4.76	612
1987	22229	9471.5	2660.4	9465.1	6.52	625
1988	23826	9877.6	3220.4	10070.4	7.32	650
1989	25592	10394.2	3374.8	11186.8	6.93	629
1990	26208	10622.4	3358.1	11591.9	8.18	627
1991	27987	10972.0	3428.0	12955.4	10.10	621
1992	29218	11575.6	3755.4	13256.2	13.42	617
1993	30647	12090.9	4070.5	13860.8	16.61	608
1994	33435	12632.0	4486.3	15686.6	18.58	612
1995	35909	13049.5	4694.9	17552.2	22.30	590
1996	36590	13106.2	5011.2	17862.5	24.93	585
1997	38385	13269.9	5271.5	19235.0	29.10	579
1998	38089	12560.1	5483.4	19405.8	33.45	606
1999	40568	12910.3	5724.3	21262.8	42.34	628
2000	44321	13770.5	6129.4	23734.2	50.27	636
2001	47710	14694.1	6330.4	25988.9	43.72	653
2002	50686	15658.4	6782.5	27510.6	51.55	683
2003	53859	17246.7	7099.5	28715.8	57.90	739
2004	69445	19288.8	7840.9	41428.7	71.80	815
2005	80258	20726.0	8693.2	49672.3	78.90	1088
2006	88840	21954.4	9754.2	55485.7	94.28	1551
2007	101419	23797.0	11354.7	64284.8	116.39	1866
2008	110300	25106.3	32868.2	50262.7	119.60	1944
2009	122133	25239.2	37188.8	57556.7	126.23	2022
2010	141837	27644.1	43389.7	68427.5	178.90	2197
2011	159324	29465.8	51374.7	75423.8	173.91	2885
2012	173771	29187.1	59534.9	81707.6	163.89	3177
2013	168014	29173.9	55738.1	79435.7	170.29	3496
2014	181668	27530.2	56846.9	92774.6	187.77	4328
2015	178356	23754.3	57955.7	91772.5	208.07	4665
2016	186629	23792.3	61080.1	97338.8	222.45	4196
2017	197373	26962.2	66771.5	98611.2	243.55	4784
2018	204686	28821.0	71249.2	99052.8	262.50	5301

7-5-13 货物周转量构成

单位：%

年 份	总计	铁路	公路	水运	民航	管道
1952	100.0	78.4	2.6	19.0		
1957	100.0	73.7	3.4	22.9		
1962	100.0	76.4	3.3	20.2	0.01	
1965	100.0	77.4	3.2	19.4	0.01	
1970	100.0	76.2	3.4	20.5	0.01	
1975	100.0	56.0	3.3	37.2	0.01	3.5
1978	100.0	53.8	3.5	38.3	0.01	4.3
1980	100.0	49.2	2.9	43.7	0.01	4.2
1985	100.0	44.2	10.4	42.1	0.02	3.3
1986	100.0	43.5	10.5	42.9	0.02	3.0
1987	100.0	42.6	12.0	42.6	0.03	2.8
1988	100.0	41.5	13.5	42.3	0.03	2.7
1989	100.0	40.6	13.2	43.7	0.03	2.5
1990	100.0	40.5	12.8	44.2	0.03	2.4
1991	100.0	39.2	12.2	46.3	0.04	2.2
1992	100.0	39.6	12.9	45.4	0.05	2.1
1993	100.0	39.5	13.3	45.2	0.05	2.0
1994	100.0	37.8	13.4	46.9	0.06	1.8
1995	100.0	36.3	13.1	48.9	0.06	1.6
1996	100.0	35.8	13.7	48.8	0.07	1.6
1997	100.0	34.6	13.7	50.1	0.08	1.5
1998	100.0	33.0	14.4	50.9	0.09	1.6
1999	100.0	31.8	14.1	52.4	0.10	1.5
2000	100.0	31.1	13.8	53.6	0.11	1.4
2001	100.0	30.8	13.3	54.5	0.09	1.4
2002	100.0	30.9	13.4	54.3	0.10	1.3
2003	100.0	32.0	13.2	53.3	0.11	1.4
2004	100.0	27.8	11.3	59.7	0.10	1.2
2005	100.0	25.8	10.8	61.9	0.10	1.4
2006	100.0	24.7	11.0	62.5	0.11	1.7
2007	100.0	23.5	11.2	63.4	0.11	1.8
2008	100.0	22.8	29.8	45.6	0.11	1.8
2009	100.0	20.7	30.4	47.1	0.10	1.7
2010	100.0	19.5	30.6	48.2	0.13	1.5
2011	100.0	18.5	32.2	47.3	0.11	1.8
2012	100.0	16.8	34.3	47.0	0.09	1.8
2013	100.0	17.4	33.2	47.3	0.10	2.1
2014	100.0	15.2	31.3	51.1	0.10	2.4
2015	100.0	13.3	32.5	51.5	0.12	2.6
2016	100.0	12.7	32.7	52.2	0.12	2.2
2017	100.0	13.7	33.8	50.0	0.12	2.4
2018	100.0	14.1	34.8	48.4	0.13	2.6

7-5-14 货物运输平均运距

单位：公里

年 份	总计	铁路	公路	水运	民航	管道
1952	215	455	11	284	1000	
1957	203	491	13	264	1000	
1962	244	488	19	253	833	
1965	262	550	18	280	1003	
1970	273	513	21	350	951	
1975	302	478	21	726	1280	434
1978	311	485	23	803	1516	416
1980	374	514	24	1084	1580	467
1985	246	622	35	1221	2129	442
1986	236	646	34	1042	2146	413
1987	234	673	37	1169	2182	413
1988	243	681	44	1128	2231	416
1989	259	686	46	1279	2237	402
1990	270	705	46	1447	2211	398
1991	284	718	47	1554	2234	399
1992	279	734	48	1433	2335	417
1993	275	743	48	1415	2394	410
1994	283	774	50	1465	2241	406
1995	291	786	50	1551	2206	386
1996	282	766	51	1402	2168	366
1997	300	771	54	1696	2334	362
1998	301	764	56	1771	2388	348
1999	314	771	58	1855	2485	310
2000	326	771	59	1939	2555	340
2001	340	761	60	1959	2556	336
2002	342	764	61	1940	2551	339
2003	344	769	61	1817	2643	336
2004	407	775	63	2211	2595	329
2005	431	770	65	2261	2572	350
2006	436	762	67	2231	2698	464
2007	446	757	69	2286	2896	460
2008	427	760	171	1707	2934	443
2009	432	757	175	1804	2833	453
2010	438	759	177	1806	3177	440
2011	431	749	182	1771	3120	506
2012	424	748	187	1781	3007	519
2013	410	735	181	1419	3034	536
2014	436	722	183	1551	3161	587
2015	427	707	184	1496	3306	615
2016	425	714	183	1525	3330	572
2017	411	731	181	1477	3450	594
2018	397	716	180	1410	3554	590

7-5-15 各地区客运量

单位：万人

地 区	总计	铁路	公路	水运
全 国	**1793820**	**337495**	**1367170**	**27981**
北 京	58935	14357	44577	
天 津	17450	5075	12259	116
河 北	47346	12211	35133	2
山 西	23837	7958	15719	161
内蒙古	13268	5446	7823	
辽 宁	71343	14422	56355	566
吉 林	31956	8446	23372	139
黑龙江	31568	10522	20739	307
上 海	15845	12267	3151	427
江 苏	120612	21204	97025	2383
浙 江	98380	21870	72013	4497
安 徽	63347	12337	50770	240
福 建	48105	12096	34081	1929
江 西	60686	11131	49302	253
山 东	67443	15356	50044	2044
河 南	110421	16383	93707	331
湖 北	98350	16713	80990	648
湖 南	106680	13943	91007	1729
广 东	142144	34121	105249	2775
广 西	47931	11100	36134	697
海 南	14383	2958	9637	1788
重 庆	60587	7707	52150	731
四 川	98569	15116	81462	1991
贵 州	93025	6761	84053	2211
云 南	41484	5500	34642	1342
西 藏	1399	352	1047	
陕 西	71583	10953	60269	361
甘 肃	42185	5473	36634	78
青 海	6443	1256	5092	95
宁 夏	6137	653	5342	142
新 疆	21204	3810	17394	
不分地区	61174			

注：不分地区合计数为民航完成客运量。

7-5-16 各地区旅客周转量

单位：亿人公里

地 区	总计	铁路	公路	水运
全 国	**34218.15**	**14146.58**	**9279.68**	**79.57**
北 京	254.43	154.57	99.87	
天 津	276.51	199.90	76.40	0.21
河 北	1289.20	1061.40	227.61	0.19
山 西	393.95	234.23	159.64	0.08
内蒙古	337.14	214.71	122.43	
辽 宁	938.79	641.29	291.46	6.05
吉 林	427.28	273.33	153.77	0.18
黑龙江	433.75	279.26	154.13	0.36
上 海	218.70	112.09	105.82	0.79
江 苏	1539.34	819.23	716.64	3.47
浙 江	1103.66	694.56	402.80	6.30
安 徽	1163.66	786.38	376.89	0.39
福 建	599.99	385.20	212.04	2.75
江 西	993.73	732.42	260.97	0.34
山 东	1289.61	783.28	493.57	12.76
河 南	1775.09	1063.29	711.19	0.61
湖 北	1258.91	800.74	453.44	4.74
湖 南	1463.10	979.54	479.93	3.63
广 东	2085.59	953.75	1120.71	11.13
广 西	816.65	462.26	351.10	3.29
海 南	130.54	52.06	74.38	4.10
重 庆	493.10	227.09	260.43	5.59
四 川	878.30	410.25	466.14	1.91
贵 州	798.67	322.82	469.08	6.77
云 南	431.57	158.92	269.63	3.02
西 藏	46.83	18.86	27.97	
陕 西	797.97	510.36	286.98	0.62
甘 肃	634.71	401.28	233.31	0.13
青 海	141.01	90.14	50.77	0.10
宁 夏	88.31	40.78	47.46	0.07
新 疆	405.76	282.61	123.15	
不分地区	10712.32			

注：不分地区合计数为民航完成旅客周转量。

7-5-17 各地区货运量

单位：万吨

地 区	总计	铁路	公路	水运
全 国	**5152732**	**402631**	**3956871**	**702684**
北 京	20873	596	20278	
天 津	52221	9249	34711	8261
河 北	249323	19637	226334	3352
山 西	211497	85260	126214	23
内蒙古	232525	72506	160018	
辽 宁	223346	19691	189737	13918
吉 林	52156	5615	46520	22
黑龙江	55190	11357	42943	889
上 海	106983	482	39595	66906
江 苏	233157	6171	139251	87735
浙 江	269083	4330	166533	98219
安 徽	406761	8066	283817	114877
福 建	136947	3518	96576	36854
江 西	174285	5155	157646	11484
山 东	354019	23247	312807	17964
河 南	259884	10461	235183	14240
湖 北	204307	4730	163145	36432
湖 南	229957	4468	204389	21101
广 东	416389	9293	304743	102353
广 西	190652	7140	153389	30123
海 南	22040	1068	12052	8921
重 庆	128491	1967	107064	19460
四 川	187385	7199	173324	6862
贵 州	102537	5513	95354	1670
云 南	140670	4661	135321	688
西 藏	2433	70	2363	
陕 西	173245	42245	130823	177
甘 肃	70386	6087	64271	28
青 海	18905	3220	15685	
宁 夏	38916	7159	31757	
新 疆	97498	12469	85029	
不分地区	90672			126

7-5-18 各地区货物周转量

单位：亿吨公里

地 区	总计	铁路	公路	水运
全 国	**204686**	**28821**	**71249**	**99053**
北 京	1034	867	167	
天 津	2241	510	404	1327
河 北	13873	4832	8550	491
山 西	4489	2582	1908	
内蒙古	5596	2610	2986	
辽 宁	10654	1185	3152	6318
吉 林	1705	515	1189	
黑龙江	1601	785	811	6
上 海	28300	10	299	27991
江 苏	8969	303	2544	6122
浙 江	11538	222	1964	9353
安 徽	11804	721	5452	5631
福 建	7646	147	1290	6209
江 西	4529	531	3760	238
山 东	10052	1357	6860	1836
河 南	8982	2066	5894	1022
湖 北	6676	870	2956	2850
湖 南	4387	813	3115	459
广 东	28338	271	3890	24177
广 西	4984	710	2683	1591
海 南	876	17	85	774
重 庆	3598	207	1153	2239
四 川	2946	861	1815	270
贵 州	1798	606	1147	45
云 南	1972	465	1489	17
西 藏	150	33	117	
陕 西	4025	1723	2301	1
甘 肃	2610	1491	1119	
青 海	551	276	276	
宁 夏	628	229	398	
新 疆	2484	1007	1477	
不分地区	5651			88

7-5-19 全国铁路基本情况

指 标	2009	2010	2011	2012	2013
运输线路里程 （公里）					
营业里程	85517.9	91178.5	93249.6	97625.5	103144.6
#高速铁路	2698.7	5133.4	6601.0	9356.0	11028.0
复线里程	33194.7	37487.2	39499.7	43654.6	48192.3
电气化铁路里程	35653.0	42464.4	46064.0	50867.2	55649.1
正线延展里程	119661.5	129438.8	133839.0	142338.3	152320.8
运输设备					
机车拥有量 （台）	18922	19431	20721	20797	20835
客车拥有量 （辆）	49354	52275	54731	57721	58965
货车拥有量 （辆）	601412	625110	651175	670801	721850
客货运输					
客运量 （万人）	152451	167609	186226	189337	210597
旅客周转量 （亿人公里）	7878.89	8762.18	9612.29	9812.33	10595.62
货运量 （万吨）	333348	364271	393263	390438	396697
货物周转量 （亿吨公里）	25239.17	27644.13	29465.79	29187.09	29173.89

7-5-19 续表

指 标	2014	2015	2016	2017	2018
运输线路里程 （公里）					
营业里程	111821.1	120970.4	123991.9	126969.9	131651.3
#高速铁路	16456.0	19838.0	22980.0	25163.8	29903.8
复线里程	56725.0	64687.1	68072.6	71760.5	76346.3
电气化铁路里程	65055.5	74746.6	80310.0	86553.4	92185.0
正线延展里程	169806.7	186521.9	193443.6	200049.2	212986.8
运输设备					
机车拥有量 （台）	21096	21366	21453	21420	21482
客车拥有量 （辆）	60629	67706	70872	72262	73199
货车拥有量 （辆）	716578	768516	764783	808736	839213
客货运输					
客运量 （万人）	230460	253484	281405	308379	337495
旅客周转量 （亿人公里）	11241.85	11960.60	12579.29	13456.92	14146.58
货运量 （万吨）	381334	335801	333186	368865	402631
货物周转量 （亿吨公里）	27530.19	23754.31	23792.26	26962.20	28820.99

7-5-20 各地区铁路线路年末里程

(按地区分)

单位：公里

地 区	正线延展里程	营业里程	正式营业里程
总 计	**212986.8**	**131651.3**	**131651.3**
北 京	2115.1	1264.3	1264.3
天 津	2235.7	1153.4	1153.4
河 北	13059.7	7361.8	7361.8
山 西	9550.8	5440.9	5440.9
内蒙古	18199.3	12765.8	12765.8
辽 宁	10859.9	6524.9	6524.9
吉 林	7173.6	5043.0	5043.0
黑龙江	10064.3	6894.5	6894.5
上 海	833.6	466.1	466.1
江 苏	5348.8	3061.8	3061.8
浙 江	5132.4	2813.5	2813.5
安 徽	7503.3	4324.2	4324.2
福 建	5447.5	3513.7	3513.7
江 西	7299.1	4278.4	4278.4
山 东	10992.9	6335.9	6335.9
河 南	10116.3	5409.7	5409.7
湖 北	7514.6	4340.6	4340.6
湖 南	8350.5	5070.1	5070.1
广 东	7940.0	4524.2	4524.2
广 西	7895.1	5202.2	5202.2
海 南	1700.6	1033.4	1033.4
重 庆	3574.7	2326.4	2326.4
四 川	7539.3	4950.2	4950.2
贵 州	5548.1	3564.7	3564.7
云 南	5320.9	3847.9	3847.9
西 藏	780.3	785.1	785.1
陕 西	8739.3	5001.5	5001.5
甘 肃	8107.9	4671.7	4671.7
青 海	3418.8	2349.1	2349.1
宁 夏	1859.4	1373.1	1373.1
新 疆	8765.1	5959.4	5959.4

7-5-21 国家铁路货物发送量及到达量

（按地区分） 单位：万吨

地 区	2018年		2017年		2018年比2017年增减	
	发送量	到达量	发送量	到达量	发送量	到达量
总 计	**318958**	**318958**	**291759**	**291759**	**27199**	**27199**
北 京	569	1364	704	1242	-135	121
天 津	9248	12554	8735	11527	513	1027
河 北	15457	69670	13739	60184	1718	9486
山 西	81787	8058	72194	8709	9592	-651
内蒙古	41180	14746	37185	14112	3995	635
辽 宁	17800	27407	15801	24816	1999	2591
吉 林	5370	9444	4790	8633	580	812
黑龙江	10657	10846	10385	10540	272	306
上 海	468	615	472	727	-4	-112
江 苏	5971	7752	5720	7719	251	33
浙 江	3670	4371	3463	4166	206	205
安 徽	8065	9874	8938	9142	-873	732
福 建	3517	3734	3175	3615	342	119
江 西	5044	7439	4785	7088	259	351
山 东	18898	24321	18036	21784	861	2537
河 南	9605	14217	9331	12570	274	1647
湖 北	4139	9401	3787	8264	352	1137
湖 南	4275	9041	4002	8172	273	869
广 东	7521	6412	7285	6153	236	259
广 西	7138	7236	6632	6612	506	625
海 南	1068	1143	963	1037	105	106
重 庆	1705	5911	1808	4938	-103	973
四 川	5503	12623	5678	11673	-175	950
贵 州	5511	6374	5278	6521	233	-147
云 南	4658	7881	4402	7742	256	139
西 藏	70	611	55	556	14	55
陕 西	15670	6271	12985	6130	2685	141
甘 肃	6052	6625	6003	6353	50	272
青 海	3220	2234	3051	2096	168	138
宁 夏	2658	1234	2744	1225	-86	9
新 疆	12467	9549	9633	7715	2834	1834

7-5-22 全国铁路机、客、货车拥有量

车类名称	2000	2005	2008	2009	2010	2011	2012	2013	2014	2015	2016	2017	2018
机车 （台）	**15253**	**17473**	**18437**	**18922**	**19431**	**20721**	**20797**	**20835**	**21096**	**21366**	**21453**	**21420**	**21482**
内燃机车	10826	12114	12021	11805	10990	11081	10602	9961	9485	9132	8974	8568	8296
电力机车	3516	5166	6298	7010	8369	9625	10180	10859	11596	12219	12464	12837	13166
客车 （辆）	**37249**	**41974**	**45076**	**49354**	**52275**	**54731**	**57721**	**58965**	**60629**	**67706**	**70872**	**72262**	**73199**
货车 （辆）	**443902**	**548368**	**591793**	**601412**	**625110**	**651175**	**670801**	**721850**	**716578**	**768516**	**764783**	**808736**	**839213**

7-5-23 国家铁路主要工农业产品运输量

指　　标	2018年	2017年	2018年比2017年	
			增减数	增减(%)
煤运量 （亿吨）	16.64	14.91	1.73	11.62
石油运量 （万吨）	11508	11747	-239	-2.04
钢铁运量 （万吨）	18474	17131	1343	7.84
木材运量 （万立方米）	2187	2557	-370	-14.46
粮食运量 （万吨）	8451	7795	656	8.41

7-5-24 全国铁路客货运输量

(按地区分)

地 区	客 运 量 (万人)	旅客周转量 (万人公里)	货 运 量 (万吨)	货物周转量 (万吨公里)
总 计	**337495**	**141465825**	**402631**	**288209857**
北 京	14357	1545658	596	8668150
天 津	5075	1999002	9249	5098240
河 北	12211	10614041	19637	48320028
山 西	7958	2342289	85260	25815610
内蒙古	5446	2147105	72506	26103490
辽 宁	14422	6412855	19691	11845678
吉 林	8446	2733326	5615	5152858
黑龙江	10522	2792598	11357	7845652
上 海	12267	1120930	482	97698
江 苏	21204	8192269	6171	3029977
浙 江	21870	6945647	4330	2215342
安 徽	12337	7863836	8066	7211883
福 建	12096	3851980	3518	1473461
江 西	11131	7324229	5155	5305826
山 东	15356	7832821	23247	13569971
河 南	16383	10632853	10461	20664402
湖 北	16713	8007352	4730	8699710
湖 南	13943	9795355	4468	8127549
广 东	34121	9537467	9293	2706001
广 西	11100	4622598	7140	7100901
海 南	2958	520556	1068	170044
重 庆	7707	2270868	1967	2066270
四 川	15116	4102528	7199	8610164
贵 州	6761	3228195	5513	6063326
云 南	5500	1589159	4661	4653568
西 藏	352	188600	70	332232
陕 西	10953	5103621	42245	17229987
甘 肃	5473	4012802	6087	14909119
青 海	1256	901385	3220	2756156
宁 夏	653	407769	7159	2294905
新 疆	3810	2826133	12469	10071660

7-5-25 国家铁路分货类货物运输量

货类品名	2018年			2017年		
	货物发送量（万吨）	货物周转量（百万吨公里）	平均运程（公里）	货物发送量（万吨）	货物周转量（百万吨公里）	平均运程（公里）
总　计	**318958**	**2578494**	**808**	**291759**	**2407223**	**825**
煤	166422	1096365	659	149130	970716	651
石油	11508	86220	749	11747	91534	779
焦碳	8512	90603	1064	8165	86518	1060
金属矿石	41870	225032	537	38749	216903	560
钢铁及有色金属	18474	165611	896	17131	160057	934
非金属矿石	6273	35188	561	5706	28934	507
磷矿石	1633	13359	818	1257	11733	934
矿物性建筑材料	7928	26885	339	8712	29097	334
水泥	2436	8265	339	2306	8029	348
木材	2187	16457	752	2557	19952	780
粮食	8451	160810	1903	7795	153890	1974
零担	332	3911	1179	1328	18336	1380
集装箱	25647	345990	1349	17735	263699	1487

7-5-26 公路线路年末里程

单位：万公里

指　标	2006	2007	2008	2009	2010	2011	2012	2013	2014	2015	2016	2017	2018
公路线路里程	**345.70**	**358.37**	**373.02**	**386.08**	**400.82**	**410.64**	**423.75**	**435.62**	**446.39**	**457.73**	**469.63**	**477.35**	**484.65**
按技术等级分													
等级公路	228.29	253.54	277.85	305.63	330.47	345.36	360.96	375.56	390.08	404.63	422.65	433.86	446.59
高速公路	4.53	5.39	6.03	6.51	7.41	8.49	9.62	10.44	11.19	12.35	13.10	13.64	14.26
一级公路	4.53	5.01	5.42	5.95	6.44	6.81	7.43	7.95	8.54	9.10	9.92	10.52	11.17
二级公路	26.27	27.64	28.52	30.07	30.87	32.05	33.15	34.05	34.84	36.04	37.11	38.05	39.35
三级公路	35.47	36.39	37.42	37.90	38.80	39.36	40.19	40.70	41.42	41.82	42.44	42.90	43.71
四级公路	157.48	179.10	200.46	225.20	246.95	258.64	270.58	282.41	294.10	305.32	320.09	328.74	338.10
等外公路	117.41	104.83	95.16	80.46	70.35	65.28	62.79	60.07	56.31	53.10	46.97	43.49	38.07
按路面类型分													
有铺装路面里程	99.65	125.03	146.48	172.00	191.80	210.34	229.51	246.54	263.62	283.64	313.74	338.52	361.86
简易铺装路面里程	52.86	52.62	53.08	53.25	52.42	51.23	50.35	49.22	48.13	46.55	42.70	40.96	37.58
未铺装路面里程	193.19	180.72	173.45	160.83	156.60	149.07	143.89	139.87	134.64	127.53	113.19	97.86	85.21
按行政等级分													
国道	13.34	13.71	15.53	15.85	16.40	16.94	17.34	17.68	17.92	18.53	35.48	35.84	36.30
省道	23.96	25.52	26.32	26.60	26.98	30.40	31.21	31.79	32.28	32.97	31.33	33.38	37.22
县道	50.65	51.44	51.23	51.95	55.40	53.36	53.95	54.68	55.20	55.43	56.21	55.07	54.97
乡道	98.76	99.84	101.11	101.96	105.48	106.60	107.67	109.05	110.51	111.32	114.72	115.77	117.38
专用公路	5.80	5.71	6.72	6.72	6.77	6.90	7.37	7.68	8.03	8.17	6.83	7.20	7.17
村道	153.20	162.15	172.10	183.00	189.77	196.44	206.22	214.74	222.45	231.31	225.05	230.08	231.62
公路晴雨通车里程	**265.30**	**282.74**	**304.52**	**329.64**	**353.24**								
公路养护里程	**268.21**	**304.00**	**350.59**	**368.83**	**387.59**	**398.04**	**411.68**	**425.14**	**435.38**	**446.56**	**459.00**	**467.46**	**475.78**
公路绿化里程	**123.58**	**142.39**	**167.69**	**177.29**	**194.34**	**204.45**	**220.21**	**230.75**	**238.78**	**248.96**	**259.45**	**267.83**	**275.52**

注：统计指标“公路晴雨通车里程”、“公路养护里程”和“公路绿化里程”2005年及以前年份数据不包括村道上的该类基础设施，因统计范围不同，故2006年及以后年份数据与历史数据不可比；“公路晴雨通车里程”2011年起已不纳入统计。

7-5-27 各地区公路线路年末里程

单位：公里

年 份	总 计	等级公路	高速	一级	二级	三级	四级	等外公路
1980	888250	521134		196	12587	108291	400060	367116
1985	942395	606443		422	21194	128541	456286	335952
1990	1028348	741104	522	2617	43376	169756	524833	287244
1995	1157009	910754	2141	9580	84910	207282	606841	246255
1996	1185789	946418	3422	11779	96990	216619	617608	239371
1997	1226405	997496	4771	14637	111564	230787	635737	228909
1998	1278474	1069243	8733	15277	125245	257947	662041	209231
1999	1351691	1156736	11605	17716	139957	269078	718380	194955
2000	1679848	1315931	16285	25219	177787	305435	791206	363916
2001	1698012	1336044	19437	25214	182102	308626	800665	361968
2002	1765222	1382926	25130	27468	197143	315141	818044	382296
2003	1809828	1438738	29745	29903	211929	324788	842373	371090
2004	1870661	1515826	34288	33522	231715	335347	880954	354835
2005	3345187	2139887	41005	41687	248199	347160	1461835	1205299
2006	3456999	2282872	45339	45289	262678	354734	1574833	1174128
2007	3583715	2535383	53913	50093	276413	363922	1791042	1048332
2008	3730164	2778521	60302	54216	285226	374215	2004563	951642
2009	3860823	3056265	65055	59462	300686	379023	2252038	804558
2010	4008229	3304709	74113	64430	308743	387967	2469456	703520
2011	4106387	3453590	84946	68119	320536	393613	2586377	652796
2012	4237508	3609600	96200	74271	331455	401865	2705809	627908
2013	4356218	3755567	104438	79491	340466	407033	2824138	600652
2014	4463913	3900834	111936	85362	348351	414199	2940986	563079
2015	4577296	4046290	123523	90964	360410	418237	3053157	531005
2016	4696263	4226543	130973	99152	371102	424443	3200874	469719
2017	4773469	4338560	136449	105224	380481	429035	3287372	434909
2018	4846532	4465864	142593	111703	393471	437060	3381036	380667

注：以《1949-2010年全国交通运输统计摘要》为准，1996年和2000年的数据有所调整。

7-5-27 续表 单位：公里

年 份	总 计	等级公路						等外公路
			高速	一级	二级	三级	四级	
全 国	**4846532**	**4465864**	**142593**	**111703**	**393471**	**437060**	**3381036**	**380667**
北 京	22256	22256	1115	1457	4029	3970	11685	
天 津	16257	16257	1262	1209	2986	1190	9610	
河 北	193252	188475	7280	6341	20987	20455	133413	4777
山 西	143326	141012	5605	2731	15736	19422	97518	2314
内蒙古	202641	195636	6633	7791	17684	30877	132651	7005
辽 宁	122974	115699	4331	4153	18305	31312	57598	7275
吉 林	105399	100599	3298	2163	9642	9165	76330	4799
黑龙江	167116	142959	4512	2729	11931	34345	89443	24156
上 海	13106	13106	836	545	3615	2628	5483	
江 苏	158729	156297	4711	15081	23439	16261	96805	2432
浙 江	120662	120339	4421	7046	10374	8860	89638	323
安 徽	208826	207942	4836	4863	11595	19939	166708	885
福 建	108901	92464	5155	1351	10887	8502	66568	16438
江 西	161941	135442	5931	2601	11613	14338	100959	26499
山 东	275642	274948	6057	11159	26177	29443	202112	693
河 南	268589	242775	6600	3692	27192	21470	183822	25814
湖 北	275039	265912	6367	6093	23179	11035	219237	9128
湖 南	240060	223667	6725	2068	14478	5798	194599	16393
广 东	217699	209131	9003	11329	18975	19185	150640	8568
广 西	125449	115702	5563	1554	13156	8676	86753	9748
海 南	35023	34731	924	460	1845	1615	29886	292
重 庆	157483	133943	3096	952	8572	5717	115605	23541
四 川	331592	304830	7131	4178	16021	14636	262864	26762
贵 州	196908	156559	6453	1464	8433	6918	133291	40348
云 南	252929	220554	5184	1443	12222	9715	191991	32374
西 藏	97785	85473	38	578	1055	10818	72984	12312
陕 西	177128	161028	5475	1641	9734	15891	128288	16100
甘 肃	143228	128071	4242	627	9156	13707	100338	15157
青 海	82137	70157	3328	609	8525	5001	52694	11980
宁 夏	35405	35355	1678	1895	3870	6205	21706	51
新 疆	189050	154546	4803	1901	18056	29968	99817	34504

7-5-28 民用汽车拥有量

年份	民用汽车总计（万辆）	载客汽车（万辆）	大型	中型	小型	微型	载货汽车（万辆）
1978	135.84	25.90					100.17
1980	178.29	35.08					129.90
1985	321.12	79.45					223.20
1990	551.36	162.19					368.48
1995	1040.00	417.90					585.43
2000	1608.91	853.73					716.32
2001	1802.04	993.96					765.24
2002	2053.17	1202.37	75.48	104.80	789.74	232.34	812.22
2003	2382.93	1478.81	75.76	115.96	1017.21	269.88	853.51
2004	2693.71	1735.91	78.06	124.54	1248.89	284.42	893.00
2005	3159.66	2132.46	82.13	131.65	1618.35	300.32	955.55
2006	3697.35	2619.57	87.34	137.00	2083.40	311.83	986.30
2007	4358.36	3195.99	93.82	140.52	2646.47	315.18	1054.06
2008	5099.61	3838.92	100.39	143.19	3271.14	324.19	1126.07
2009	6280.61	4845.09	107.95	145.80	4246.90	344.44	1368.60
2010	7801.83	6124.13	116.44	146.07	5498.36	363.25	1597.55
2011	9356.32	7478.37	126.54	147.41	6827.54	376.88	1787.99
2012	10933.09	8943.01	128.13	131.78	8302.63	380.47	1894.75
2013	12670.14	10561.78	131.38	117.06	9951.46	361.87	2010.62
2014	14598.11	12326.70	139.61	112.06	11748.19	326.84	2125.46
2015	16284.45	14095.88	140.07	89.66	13580.48	285.66	2065.62
2016	18574.54	16278.24	146.03	83.82	15813.84	234.55	2171.89
2017	20906.67	18469.54	152.94	78.95	18038.69	198.96	2338.85
2018	23231.23	20555.40	158.33	75.40	20135.22	186.46	2567.82

注：1.小轿车包括在载客汽车中（下表同）。
2.从2002年起，载客汽车和载货汽车的分项、其他汽车统计口径有调整，与以前年份不可比（下表同）。

7-5-28 续表

年 份					其他汽车	机动车驾驶员	
	重型	中型	轻型	微型	(万辆)	(万人)	#汽车驾驶员
1978							192.45
1980							245.23
1985							462.44
1990						1635.85	790.96
1995						3501.52	1673.39
2000						7655.56	3746.51
2001						8455.04	4462.68
2002	148.28	218.69	360.58	84.66	38.58	9362.03	4827.08
2003	136.79	243.70	390.79	82.22	50.61	10611.04	5368.07
2004	153.90	233.94	425.74	79.43	64.80	11769.04	7101.64
2005	168.07	236.66	484.51	66.31	71.66	13069.52	8017.76
2006	174.01	235.39	532.13	44.76	91.49	14213.87	9317.24
2007	186.74	243.46	587.22	36.63	108.31	15363.88	10567.15
2008	200.84	249.73	644.96	30.54	134.62	17336.56	12276.80
2009	315.08	262.21	765.33	25.97	66.92	19167.58	13740.73
2010	394.80	269.75	911.88	21.12	80.14	20068.47	15129.89
2011	460.58	267.80	1042.07	17.54	89.96	22817.62	17416.76
2012	472.51	229.20	1179.65	13.40	95.33	25250.83	20028.52
2013	501.97	196.40	1300.02	12.23	97.75	26955.93	21742.70
2014	533.67	188.09	1385.77	17.93	145.95	29892.32	24812.07
2015	530.05	148.87	1375.79	10.90	122.95	32853.05	28012.99
2016	569.48	138.69	1455.29	8.43	124.41	35876.98	30328.77
2017	635.41	130.68	1566.30	6.46	98.28	36016.94	31658.20
2018	709.53	124.39	1728.53	5.37	108.00	41030.16	36923.42

7-5-29 各地区民用汽车拥有量

地区	民用汽车总计（万辆）	载客汽车（万辆）	大型	中型	小型	微型	载货汽车（万辆）
全国	**23231.23**	**20555.40**	**158.33**	**75.40**	**20135.22**	**186.46**	**2567.82**
北京	574.04	527.96	6.35	7.54	512.51	1.56	39.99
天津	298.65	263.27	2.63	1.25	257.28	2.10	33.56
河北	1529.98	1330.39	6.75	2.24	1292.67	28.74	193.37
山西	652.15	579.32	3.51	1.24	561.23	13.34	70.25
内蒙古	531.91	468.21	2.96	1.19	458.48	5.58	61.00
辽宁	796.37	698.36	7.38	4.30	681.38	5.29	94.12
吉林	421.92	375.39	3.59	1.44	366.37	3.99	44.57
黑龙江	477.41	409.87	4.99	2.15	399.43	3.29	64.74
上海	393.37	358.37	5.08	2.63	349.64	1.02	32.87
江苏	1776.57	1652.10	11.53	4.25	1626.57	9.75	116.24
浙江	1532.95	1391.32	7.35	3.42	1369.64	10.91	136.78
安徽	814.20	698.45	5.43	2.52	687.23	3.26	111.87
福建	622.82	545.63	3.57	2.36	536.09	3.61	74.77
江西	537.55	461.45	2.94	1.46	454.79	2.27	73.19
山东	2128.29	1883.47	12.94	4.13	1834.72	31.68	236.85
河南	1449.68	1281.65	7.83	3.75	1257.05	13.02	162.22
湖北	772.40	683.57	6.07	2.92	672.63	1.94	84.35
湖南	780.96	703.07	5.91	4.39	689.68	3.10	74.67
广东	2116.28	1891.30	17.67	5.66	1860.01	7.96	217.91
广西	588.42	509.85	3.87	1.72	500.00	4.25	75.88
海南	126.90	110.54	1.63	0.60	107.77	0.53	15.67
重庆	419.10	372.88	3.08	1.14	367.85	0.82	44.29
四川	1098.17	988.77	7.68	2.32	967.41	11.36	105.21
贵州	478.98	414.49	3.00	1.99	407.69	1.80	62.13
云南	677.50	580.12	2.88	2.12	569.61	5.51	94.63
西藏	51.45	34.31	0.46	0.46	33.02	0.38	16.33
陕西	616.80	549.94	4.08	1.80	538.40	5.66	62.61
甘肃	315.07	257.52	2.37	1.12	252.98	1.06	55.54
青海	109.87	91.42	0.91	0.58	89.42	0.51	17.54
宁夏	144.78	113.07	0.99	0.39	111.07	0.62	30.62
新疆	396.70	329.34	2.90	2.32	322.60	1.53	64.05

注：1.小轿车包括在载客汽车中（下表同）。
2.从2002年起，载客汽车和载货汽车的分项、其他汽车统计口径有调整，与以前年份不可比（下表同）。

7-5-29 续表

地区	重型	中型	轻型	微型	其他汽车（万辆）	机动车驾驶员（万人）	#汽车驾驶员
全国	**709.53**	**124.39**	**1728.53**	**5.37**	**108.00**	**41030.16**	**36923.42**
北京	6.86	2.43	30.57	0.13	6.09	1120.34	1115.90
天津	7.22	1.03	25.11	0.21	1.82	456.33	455.86
河北	67.83	4.50	120.85	0.20	6.21	2160.78	2116.74
山西	29.06	1.28	39.70	0.22	2.58	976.60	963.51
内蒙古	18.99	1.54	40.38	0.09	2.70	762.87	718.41
辽宁	30.60	4.58	58.88	0.06	3.89	1323.89	1252.36
吉林	14.74	1.96	27.84	0.04	1.96	744.60	694.34
黑龙江	19.39	4.41	40.87	0.07	2.80	883.57	848.41
上海	20.05	4.96	7.86		2.13	751.47	737.87
江苏	46.34	11.37	58.48	0.05	8.23	2873.43	2641.83
浙江	23.28	4.14	108.66	0.71	4.84	2201.74	2097.52
安徽	38.65	2.96	70.19	0.06	3.89	1504.97	1407.97
福建	13.00	2.12	59.46	0.18	2.42	1260.00	1017.37
江西	24.80	4.02	44.34	0.02	2.91	1376.09	1113.09
山东	76.36	8.29	151.92	0.28	7.96	2940.03	2850.76
河南	54.76	4.17	103.16	0.13	5.80	2769.50	2638.91
湖北	20.91	5.93	57.47	0.04	4.47	1637.33	1467.23
湖南	15.86	5.09	53.67	0.05	3.22	1559.07	1310.53
广东	37.71	11.46	166.45	2.29	7.06	3755.78	3306.62
广西	19.17	5.58	50.89	0.24	2.69	1435.92	1077.22
海南	1.65	1.17	12.83	0.01	0.69	250.88	193.85
重庆	14.33	2.82	27.14		1.92	872.76	734.43
四川	25.67	7.06	72.44	0.03	4.19	2280.05	1896.04
贵州	8.87	3.54	49.71		2.37	964.22	753.69
云南	14.59	5.47	74.55	0.01	2.75	1387.71	1011.64
西藏	3.56	2.03	10.69	0.06	0.81	50.24	47.70
陕西	18.76	2.75	41.05	0.05	4.26	1094.52	1025.84
甘肃	10.34	2.88	42.30	0.02	2.01	631.31	525.14
青海	3.26	0.76	13.52	0.01	0.90	162.28	145.32
宁夏	6.91	0.86	22.82	0.02	1.10	219.15	197.74
新疆	16.01	3.23	44.72	0.09	3.30	622.74	559.56

7-5-30 私人汽车拥有量

单位：万辆

年 份	私人汽车总计	载客汽车	大型	中型	小型	微型	载货汽车	重型	中型	轻型	微型	其他汽车
1985	28.49	1.93					26.48					
1990	81.62	24.07					57.48					
1995	249.96	114.15					131.83					
2000	625.33	365.09					259.09					
2001	770.78	469.85					298.95					
2002	968.98	623.76	9.89	35.87	408.49	169.51	341.29	48.27	84.40	158.67	49.95	3.94
2003	1219.23	845.87	7.36	42.51	586.90	209.10	367.35	44.47	95.20	176.58	51.09	6.00
2004	1481.66	1069.69	7.20	46.95	786.63	228.91	402.82	53.40	94.69	203.85	50.87	9.15
2005	1848.07	1383.93	7.61	50.88	1079.78	245.66	452.11	62.50	100.34	243.29	45.98	12.04
2006	2333.32	1823.57	11.19	56.20	1491.18	265.00	494.91	64.23	108.64	288.94	33.09	14.84
2007	2876.22	2316.91	7.91	55.73	1984.29	268.98	539.45	68.89	110.44	332.69	27.43	19.86
2008	3501.39	2880.50	8.57	57.97	2533.28	280.68	596.39	73.28	115.68	384.12	23.31	24.50
2009	4574.91	3808.33	8.72	59.96	3436.26	303.39	753.40	108.73	129.59	494.97	20.12	13.17
2010	5938.71	4989.50	9.34	61.00	4593.46	325.70	931.52	141.44	140.52	632.77	16.78	17.69
2011	7326.79	6237.46	9.99	62.34	5823.62	341.52	1067.43	164.28	144.52	744.39	14.24	21.90
2012	8838.60	7637.87	8.26	55.43	7226.48	347.71	1175.63	168.13	128.51	867.64	11.35	25.09
2013	10501.68	9198.23	6.95	46.95	8810.51	333.83	1275.49	174.39	111.85	978.73	10.52	27.95
2014	12339.36	10945.39	7.70	42.10	10590.75	304.83	1352.78	182.68	104.90	1050.60	14.59	41.20
2015	14099.10	12737.23	8.27	28.89	12432.26	267.81	1330.65	173.86	86.62	1060.70	9.47	31.22
2016	16330.22	14896.27	4.99	24.84	14645.61	220.83	1401.16	184.82	79.77	1129.13	7.45	32.79
2017	18515.11	17001.51	4.58	22.17	16788.42	186.35	1478.40	193.98	73.22	1205.66	5.54	35.19
2018	20574.93	18930.29	4.48	20.39	18731.80	173.62	1605.10	208.78	68.59	1323.25	4.48	39.55

7-5-31 各地区私人汽车拥有量

单位：万辆

地 区	私人汽车总 计	载客汽车					载货汽车					其他汽车
			大型	中型	小型	微型		重型	中型	轻型	微型	
全 国	**20574.93**	**18930.29**	**4.48**	**20.39**	**18731.80**	**173.62**	**1605.10**	**208.78**	**68.59**	**1323.25**	**4.48**	**39.55**
北 京	478.49	462.46	0.41	4.36	456.28	1.42	14.54	0.68	0.29	13.56	0.01	1.49
天 津	250.11	232.95	0.11	0.44	230.69	1.71	16.57	1.41	0.33	14.73	0.11	0.59
河 北	1411.48	1273.41	0.63	0.73	1243.87	28.18	135.40	30.79	3.32	101.11	0.18	2.67
山 西	588.35	542.94	0.06	0.25	529.74	12.88	44.38	11.93	0.68	31.57	0.20	1.03
内蒙古	488.34	443.19	0.13	0.41	437.21	5.44	44.01	9.20	0.86	33.87	0.08	1.14
辽 宁	687.38	639.08	0.65	1.78	631.57	5.08	47.16	7.10	2.41	37.61	0.04	1.14
吉 林	380.86	348.04	0.41	0.48	343.28	3.87	32.12	7.31	1.48	23.30	0.04	0.70
黑龙江	425.79	378.74	0.52	0.82	374.28	3.13	46.27	9.00	3.27	33.94	0.06	0.77
上 海	302.14	301.26	0.10	0.75	299.44	0.97	0.65	0.26	0.19	0.19		0.23
江 苏	1531.36	1475.00	0.03	0.88	1465.31	8.78	53.46	16.56	4.85	32.02	0.04	2.90
浙 江	1346.46	1262.18	0.08	0.71	1252.55	8.83	83.11	3.36	1.29	77.84	0.63	1.17
安 徽	707.63	650.66	0.06	0.43	647.08	3.09	55.41	3.39	1.20	50.76	0.06	1.55
福 建	544.20	493.55	0.04	0.43	489.67	3.41	49.87	2.78	1.17	45.75	0.17	0.78
江 西	478.52	436.02	0.02	0.15	433.71	2.14	41.69	3.39	2.14	36.14	0.02	0.82
山 东	1910.26	1762.61	0.48	1.55	1730.75	29.82	144.09	13.11	4.45	126.39	0.14	3.56
河 南	1318.28	1213.48	0.05	0.43	1200.42	12.57	102.10	10.31	2.83	88.85	0.12	2.70
湖 北	690.79	633.31	0.04	0.42	631.07	1.78	55.81	7.63	3.89	44.25	0.03	1.68
湖 南	722.34	658.42	0.08	0.67	654.85	2.82	62.17	10.16	4.18	47.79	0.04	1.75
广 东	1861.11	1733.65	0.29	2.12	1724.71	6.53	124.94	9.19	5.42	108.29	2.04	2.52
广 西	531.74	478.19	0.03	0.44	473.57	4.15	52.36	7.41	3.80	40.93	0.22	1.18
海 南	109.66	97.34	0.02	0.14	96.80	0.37	12.09	0.88	0.97	10.23	0.01	0.24
重 庆	362.59	339.63	0.02	0.13	338.92	0.57	22.39	0.83	1.03	20.53		0.57
四 川	975.38	907.40	0.05	0.33	896.91	10.11	66.24	5.84	3.75	56.63	0.03	1.73
贵 州	436.19	385.71	0.02	0.16	383.84	1.69	49.42	3.78	2.34	43.30		1.06
云 南	620.72	539.11	0.02	0.21	533.65	5.22	80.33	9.05	4.38	66.89	0.01	1.28
西 藏	42.33	27.99	0.03	0.15	27.50	0.31	14.19	2.98	1.88	9.30	0.04	0.14
陕 西	554.94	509.06	0.03	0.14	503.44	5.45	44.37	9.11	2.16	33.06	0.04	1.51
甘 肃	265.57	226.12	0.01	0.15	225.12	0.85	38.66	4.49	1.90	32.25	0.02	0.78
青 海	91.05	78.36	0.01	0.11	77.89	0.36	12.34	1.13	0.53	10.67	0.01	0.35
宁 夏	131.67	105.61	0.02	0.12	104.87	0.61	25.52	4.35	0.70	20.44	0.02	0.54
新 疆	329.21	294.82	0.04	0.51	292.80	1.47	33.42	1.37	0.91	31.06	0.07	0.97

7-5-32 进口汽车拥有量

单位：辆

年　份	汽车总计	载客汽车	大型	中型	小型	微型
2002	1361750	1025959	24798	69266	897362	34533
2003	1445408	1155590	21686	75699	1034475	23730
2004	1360832	1129985	19009	66065	1029846	15065
2005	1697266	1454215	18754	79698	1337564	18199
2006	1780998	1590420	16159	69930	1487474	16857
2007	1964763	1799331	15628	67223	1701016	15464
2008	2225960	2098630	14896	63790	2005820	14124
2009	2527684	2449870	14700	61961	2357902	15307
2010	3162537	3098870	15062	59691	3005826	18291
2011	3982087	3925188	15799	57520	3825373	26496
2012	4935806	4887568	15152	48960	4783708	39748
2013	5967943	5922756	13616	36486	5820386	52268
2014	7015557	6958216	12004	27554	6852228	66430
2015	7794809	7752665	11965	22023	7643189	75488
2016	8835108	8788953	9567	20049	8670133	89204
2017	9925636	9871584	8753	18171	9742044	102616
2018	11017447	10956140	8293	16933	10815127	115787

7-5-32 续表

单位：辆

年　份	载货汽车	重型	中型	轻型	微型	其他汽车
2002	314172	87422	48797	165326	12627	21619
2003	264075	73361	31510	150120	9084	25743
2004	207798	49963	22836	129021	5978	23049
2005	213621	48905	22078	139741	2897	29430
2006	160552	33594	9808	116610	540	30026
2007	134672	28896	7452	98032	292	30760
2008	96597	20698	5318	70335	246	30733
2009	57515	22788	3534	31009	184	20299
2010	41073	19921	2532	18459	161	22594
2011	34567	18134	1991	14329	113	22332
2012	27090	13660	802	12543	85	21148
2013	26159	12432	838	12858	31	19028
2014	34780	15760	1177	17109	734	22561
2015	30107	12277	512	17290	28	12724
2016	35182	13988	523	20646	25	10973
2017	45844	19173	454	26191	26	8208
2018	53281	22194	453	30612	22	8026

7-5-33 各地区进口汽车拥有量

单位：辆

地区	汽车总计	载客汽车					载货汽车					其他汽车
			大型	中型	小型	微型		重型	中型	轻型	微型	
全国	**11017447**	**10956140**	**8293**	**16933**	**10815127**	**115787**	**53281**	**22194**	**453**	**30612**	**22**	**8026**
北京	727365	719747	768	888	711807	6284	5690	1	38	5650	1	1928
天津	169373	167831	136	347	165047	2301	1441	693	14	734		101
河北	334804	332334	266	345	326804	4919	2268	471	18	1779		202
山西	189461	188684	382	401	184258	3643	704	20	9	674	1	73
内蒙古	264171	262346	313	442	259119	2472	1689	45	17	1627		136
辽宁	444299	440869	642	644	436958	2625	3112	409	62	2640	1	318
吉林	167479	166398	193	315	164904	986	970	63	11	893	3	111
黑龙江	199303	197036	324	465	195287	960	2039	655	39	1345		228
上海	472738	468388	440	681	464778	2489	3083	2837	25	221		1267
江苏	935653	932808	526	1587	911779	18916	2512	1578	9	924	1	333
浙江	1184390	1179410	365	1288	1161552	16205	4858	3472	15	1368	3	122
安徽	223541	222637	128	303	219602	2604	849	418	4	427		55
福建	393219	391633	187	694	384321	6431	1495	1089	4	402		91
江西	151251	149946	131	163	148427	1225	1134	863	2	269		171
山东	614522	611563	631	1390	599472	10070	2671	815	24	1828	4	288
河南	364171	362964	374	705	359663	2222	1089	222	9	855	3	118
湖北	289548	288477	203	557	285894	1823	963	401	8	554		108
湖南	321528	320376	178	351	317469	2378	906	377	6	522	1	246
广东	1465871	1458708	622	1287	1446826	9973	6849	5249	40	1559	1	314
广西	192254	191617	113	478	188930	2096	405	155	8	242		232
海南	65288	65085	122	180	64279	504	171	16		155		32
重庆	223659	223012	64	173	221280	1495	581	190	2	389		66
四川	502484	500289	236	508	495120	4425	1978	632	17	1328	1	217
贵州	147216	146736	76	212	145373	1075	365	50	8	307		115
云南	265390	263607	140	613	259088	3766	1630	658	14	958		153
西藏	29539	29314	29	95	29155	35	211		1	208	2	14
陕西	290040	288750	155	481	285390	2724	1126	281	6	839		164
甘肃	99219	98740	138	323	97793	486	322	27	2	293		157
青海	39942	39536	92	236	39150	58	266	5	4	257		140
宁夏	66722	65973	81	148	65418	326	660	211	8	441		89
新疆	183007	181326	238	633	180184	271	1244	291	29	924		437

7-5-34 新注册民用汽车数量

单位：辆

年 份	新注册民用汽车	载客汽车	大型	中型	小型	微型
2002	3371951	2294649	97200	145062	1491479	560908
2003	4337485	3160859	100284	157523	2421951	481101
2004	4511823	3332297	96462	138357	2841668	255810
2005	5286287	4157504	99489	105314	3712056	240645
2006	5730432	4678667	95428	82758	4382206	118275
2007	6079209	5000042	91087	72059	4772468	64428
2008	7631839	6226814	112811	64024	5928095	121884
2009	12459452	10248554	114984	69548	9794452	269570
2010	15288186	12546891	148234	76519	12086273	235865
2011	16242474	13694540	163258	76472	13244774	210036
2012	17725011	15248801	163517	71013	14875884	138387
2013	20309394	17522965	168946	81160	17173792	99067
2014	22051905	19366787	151405	79646	19050695	85041
2015	23317507	21202815	191034	67080	20862002	82699
2016	25665383	23209669	187487	57112	22914036	51034
2017	28003955	24802416	171474	46657	24507374	76911
2018	26521129	23139385	155760	39514	22876458	67653

7-5-34 续表

单位：辆

年 份	载货汽车	重型	中型	轻型	微型	其他汽车
2002	993761	186498	220969	501985	84309	83541
2003	1075692	168363	259173	576073	72083	100934
2004	1029497	228523	194438	564061	42475	150029
2005	1024034	162859	175576	639557	46042	104749
2006	925294	139120	147689	616910	21575	126471
2007	917603	155155	157867	591014	13567	161564
2008	1168226	236749	185338	733343	12796	236799
2009	2148355	500593	242679	1391249	13834	62543
2010	2637605	769644	238595	1614803	14563	103690
2011	2442601	726854	173140	1535590	7017	105333
2012	2386173	560063	139793	1681908	4409	90037
2013	2689898	739027	133402	1814385	3084	96531
2014	2542287	630588	104425	1805471	1803	142831
2015	2043257	454979	72274	1513773	2231	71435
2016	2371909	627015	73429	1670295	1170	83805
2017	3087575	980068	66974	2037906	2627	113964
2018	3238847	967089	49591	2220492	1675	142897

7-5-35 各地区新注册民用汽车数量

单位：辆

地区	新注册民用汽车	载客汽车					载货汽车					其他汽车
			大型	中型	小型	微型		重型	中型	轻型	微型	
全国	**26521129**	**23139385**	**155760**	**39514**	**22876458**	**67653**	**3238847**	**967089**	**49591**	**2220492**	**1675**	**142897**
北京	547747	454570	2800	3709	447449	612	84253	18751	2702	62800		8924
天津	273321	237368	1963	624	231915	2866	33881	9293	359	24194	35	2072
河北	1666401	1395631	4735	1443	1383844	5609	261494	91185	2503	167805	1	9276
山西	664948	560538	2967	658	555546	1367	101301	52712	473	48113	3	3109
内蒙古	426794	372085	2212	458	368925	490	52612	12342	384	39875	11	2097
辽宁	632638	566363	3598	1101	561299	365	63574	24441	1634	37499		2701
吉林	346739	301993	2633	445	298785	130	42428	17049	524	24852	3	2318
黑龙江	414445	364621	4796	904	358769	152	47667	14180	1138	32349		2157
上海	503658	467164	3838	1203	461458	665	34041	22187	2026	9828		2453
江苏	2051374	1891811	10002	1758	1872303	7748	147481	55584	5452	86443	2	12082
浙江	1712563	1528157	7855	2061	1509916	8325	177207	39189	2458	135559	1	7199
安徽	1136308	981501	5743	1651	972645	1462	148052	47949	1708	98394	1	6755
福建	719039	630954	6954	1045	622027	928	84583	17739	1064	65779	1	3502
江西	763262	665440	3343	1052	660391	654	94050	36942	1072	56032	4	3772
山东	1966524	1658297	10977	1710	1638043	7567	298168	110229	2970	184594	375	10059
河南	1842447	1611226	8584	3347	1587458	11837	221511	79400	2259	139846	6	9710
湖北	1015161	890528	6455	1383	881973	717	117819	32361	2755	82695	8	6814
湖南	1061016	961434	9411	2760	947773	1490	95219	19627	2020	73551	21	4363
广东	2656358	2340606	21130	2461	2310807	6208	304714	60461	3854	239207	1192	11038
广西	752725	657928	3743	1069	652454	662	91652	23930	1100	66621	1	3145
海南	163517	140124	2209	455	136630	830	22648	2605	602	19440	1	745
重庆	577381	515669	2438	535	510769	1927	59356	25983	1304	32068	1	2356
四川	1346193	1192619	7328	1364	1182321	1606	147096	43712	2930	100454		6478
贵州	731132	638270	3701	1562	632013	994	89764	12756	991	76016	1	3098
云南	794237	656054	3304	1402	650711	637	134767	21681	695	112390	1	3416
西藏	59821	34999	332	226	34357	84	24233	8024	1734	14473	2	589
陕西	773894	677493	6273	1108	668639	1473	90393	28034	1258	61099	2	6008
甘肃	296864	240677	2359	534	237661	123	53968	8424	673	44871		2219
青海	110159	89883	1041	367	88465	10	19427	3190	206	16030	1	849
宁夏	131188	99547	1159	163	98133	92	30730	7736	122	22872		911
新疆	383275	315835	1877	956	312979	23	64758	19393	621	44743	1	2682

7-5-36 公路营运汽车拥有量

年 份	汽车总计（万辆）	载客汽车		载货汽车			
		辆数（万辆）	客位（万客位）	辆数（万辆）	#普通载货汽车	吨位（万吨）	#普通载货汽车
1990	31.30	10.76	468.92	20.22	19.82	131.61	127.06
1995	27.49	13.73	480.61	13.75	13.12	103.13	94.56
2000	702.82	216.81	2524.45	486.02	475.24	1667.70	1573.73
2001	764.39	255.12	2701.68	509.27	496.65	1733.58	1621.40
2002	826.34	289.55	2972.32	536.78	520.27	1808.45	1674.79
2003	924.64	352.19	3430.64	572.45	553.23	1941.52	1788.86
2004	1067.18	439.09	3872.21	628.09	604.93	2338.61	2119.64
2005	733.22	128.40	1859.28	604.82	580.28	2537.75	2282.15
2006	802.58	161.92	2312.41	640.66	598.43	2822.69	2343.13
2007	849.22	164.73	2428.81	684.49	648.01	3135.69	2643.74
2008	930.61	169.64	2560.36	760.97	720.18	3686.20	3139.76
2009	1087.35	180.79	2799.71	906.56	859.27	4655.23	4002.80
2010	1133.32	83.13	2017.09	1050.19	996.43	5999.82	5223.23
2011	1263.75	84.34	2086.66	1179.41	1116.36	7261.20	6273.51
2012	1339.89	86.71	2166.55	1253.19	1184.58	8062.14	6963.29
2013	1504.73	85.26	2170.26	1419.48	1080.75	9613.91	5008.34
2014	1537.93	84.58	2189.55	1453.36	1091.32	10292.47	5241.45
2015	1473.12	83.93	2148.58	1389.19	1011.87	10366.50	4982.50
2016	1435.77	84.00	2140.26	1351.77	946.03	10826.78	4843.83
2017	1450.22	81.61	2099.18	1368.62	902.90	11774.81	4868.40
2018	1435.48	79.66	2048.11	1355.82	816.76	12872.97	4791.21

注：1.小轿车包括在载客汽车中。
2.1999年以前数据仅为公路部门营运汽车，1999年为全国营运汽车。2000年起为全国运输汽车(含营运和非营运汽车)。2005年起为全国营运汽车（不含非营运汽车)。
3.从2010年起，公路营运载客汽车不包括在公路运输管理部门管理并注册登记的公共汽车和出租汽车。

7-5-37 各地区公路营运汽车拥有量

地区	汽车总计（万辆）	载客汽车		载货汽车			
		辆数（万辆）	客位（万客位）	辆数（万辆）	#普通载货汽车	吨位（万吨）	#普通载货汽车
全国	**1435.48**	**79.66**	**2048.11**	**1355.82**	**816.76**	**12872.97**	**4791.21**
北京	24.39	7.53	82.66	16.86	14.61	96.43	64.87
天津	18.83	0.87	36.55	17.96	10.83	140.55	35.01
河北	138.22	2.30	68.46	135.91	56.89	1537.95	306.64
山西	60.98	1.56	38.48	59.41	23.93	719.42	147.83
内蒙古	30.95	1.14	40.13	29.82	17.21	252.47	82.21
辽宁	77.57	2.93	85.36	74.64	47.97	614.83	217.91
吉林	35.19	1.37	46.00	33.82	23.46	231.28	114.31
黑龙江	50.11	1.63	52.78	48.48	33.82	398.84	210.66
上海	25.92	4.33	65.52	21.59	6.78	289.02	66.19
江苏	90.63	5.27	167.54	85.36	54.25	835.68	357.06
浙江	38.15	2.22	78.11	35.94	21.00	363.66	137.83
安徽	71.97	2.59	78.48	69.38	36.98	704.03	263.60
福建	27.14	1.48	43.56	25.67	15.32	262.14	87.56
江西	37.90	1.67	49.98	36.23	19.83	405.99	160.99
山东	115.96	2.10	75.45	113.86	42.78	1429.22	350.64
河南	106.02	3.88	119.60	102.14	56.51	1008.30	321.05
湖北	38.06	3.30	76.87	34.76	23.98	317.28	156.32
湖南	34.53	3.85	96.46	30.68	22.83	245.06	120.73
广东	67.23	3.82	163.66	63.41	40.70	610.37	251.57
广西	38.99	2.56	80.55	36.43	27.12	313.35	173.01
海南	6.01	0.53	16.81	5.48	4.70	28.05	15.44
重庆	29.74	1.76	45.30	27.98	20.22	248.50	146.83
四川	62.07	4.84	114.45	57.23	44.89	443.74	254.05
贵州	19.62	2.78	61.77	16.84	14.44	110.76	79.66
云南	53.07	4.79	76.79	48.28	43.25	269.56	202.52
西藏	6.43	0.49	8.92	5.93	5.36	48.30	40.39
陕西	43.80	1.84	53.82	41.96	31.28	299.23	140.30
甘肃	30.63	1.99	44.38	28.64	25.13	141.60	90.29
青海	8.21	0.36	10.78	7.85	6.25	53.55	33.32
宁夏	10.06	0.47	15.27	9.59	3.88	115.88	33.12
新疆	37.11	3.41	53.60	33.70	20.54	337.92	129.31

注：1.小轿车包括在载客汽车中。

2.1999年以前数据仅为公路部门营运汽车，1999年为全国营运汽车。2000年起为全国运输汽车(含营运和非营运汽车)。2005年起为全国营运汽车（不含非营运汽车）。

3.从2010年起，公路营运载客汽车不包括在公路运输管理部门管理并注册登记的公共汽车和出租汽车。

7-5-38 内河航道年末里程

单位：公里

地区	2010	#等级航道	2013	#等级航道	2014	#等级航道	2015	#等级航道
全国	**124242**	**62290**	**125853**	**64900**	**126280**	**65362**	**127001**	**66257**
北京								
天津	88	88	88	88	88	88	88	88
河北								
山西	467	139	467	139	467	139	467	139
内蒙古	2403	2380	2403	2380	2403	2380	2403	2380
辽宁	413	413	413	413	413	413	413	413
吉林	1456	1381	1456	1381	1456	1381	1456	1381
黑龙江	5098	4723	5098	4723	5098	4723	5098	4723
上海	2226	845	2268	937	2191	916	2176	983
江苏	24228	7649	24333	8515	24360	8547	24389	8731
浙江	9703	4832	9743	4953	9765	4974	9765	4985
安徽	5596	5006	5642	5060	5642	5060	5641	5064
福建	3245	1269	3245	1269	3245	1269	3245	1269
江西	5638	2349	5638	2349	5638	2349	5638	2349
山东	1150	1035	1117	1030	1117	1030	1117	1030
河南	1267	1150	1267	1150	1267	1150	1403	1286
湖北	8260	5792	8271	5803	8433	5980	8433	5980
湖南	11495	4126	11496	4127	11496	4127	11496	4127
广东	11844	4306	12097	4668	12151	4668	12151	4668
广西	5433	3352	5478	3352	5704	3483	5707	3487
海南	343	76	343	76	343	76	343	76
重庆	4331	1801	4331	1801	4331	1801	4331	1801
四川	10720	3825	10720	3848	10720	3848	10818	3945
贵州	3442	2094	3649	2354	3661	2399	3664	2402
云南	2877	2206	3551	2816	3551	2816	3939	3203
西藏								
陕西	1066	558	1066	558	1066	558	1146	558
甘肃	914	381	914	381	914	456	914	456
青海	421	409	629	618	629	618	629	618
宁夏	117	105	130	115	130	115	130	115
新疆								

注：1.从2003年起，长江干流通航里程由各省分别统计，不再单列。
2.从2003年起，内河航道里程为内河航道通航里程数。

7-5-38 续表

单位：公里

地区	2016	#等级航道	2017	#等级航道	2018	#等级航道
全国	**127099**	**66409**	**127019**	**66160**	**127126**	**66442**
北京						
天津	88	88	88	88	88	88
河北						
山西	467	139	467	139	467	139
内蒙古	2403	2380	2403	2380	2403	2380
辽宁	413	413	413	413	413	413
吉林	1456	1381	1456	1381	1456	1381
黑龙江	5098	4723	5098	4723	5098	4723
上海	2176	998	2142	1004	2091	1003
江苏	24383	8733	24383	8740	24380	8752
浙江	9765	4985	9761	4981	9761	5023
安徽	5641	5064	5641	5064	5641	5064
福建	3245	1269	3245	1269	3245	1269
江西	5638	2349	5638	2349	5638	2349
山东	1117	1030	1117	1029	1117	1029
河南	1403	1286	1403	1286	1403	1286
湖北	8433	5980	8433	5980	8470	6008
湖南	11496	4127	11496	4127	11496	4131
广东	12151	4668	12109	4411	12112	4414
广西	5707	3487	5707	3487	5707	3487
海南	343	76	343	76	343	76
重庆	4352	1852	4352	1852	4352	1863
四川	10818	3945	10818	3945	10818	3965
贵州	3664	2402	3664	2402	3740	2519
云南	3979	3244	3979	3244	4024	3289
西藏						
陕西	1146	558	1146	558	1146	558
甘肃	911	456	911	456	911	456
青海	674	663	674	663	674	663
宁夏	130	115	130	115	130	115
新疆						

7-5-39 民用运输船舶拥有量

年 份	机动船					驳 船		
	艘数（艘）	净载重量（吨）	载客量（客位）	总功率（千瓦）	#拖船功率	艘数（艘）	净载重量（吨）	载客量（客位）
1995	299717	40940087	979985		1707115	57998	9449652	17722
2000	185018	42640605	1014013	19354496	1439743	44658	8640504	18258
2001	169329	45526726	1048915	20884813	1370221	41457	8968670	27902
2002	165936	48372587	945387	21995838	1433547	37041	8683075	33405
2003	163813	60745234	971514	26156815	1269607	40457	9871079	30631
2004	166854	75114059	961562	30527287	1197191	43846	11058522	34666
2005	165900	90756392	977846	36399287	1480381	41394	11030057	33496
2006	157805	98241489	1025861	39068361	1538957	36555	12015595	33355
2007	157544	106441173	1004546	39366720	1520924	34227	12373412	22316
2008	152247	111047702	994495	43550959	1564439	31943	13121439	14050
2009	149367	133384848	979384	46209122	1120381	27565	12702991	2166
2010	155624	168985654	1001395	53304379	1410719	22783	11422911	2260
2011	157950	202602789	1004622	59496603	1600896	21292	10040453	3768
2012	158309	218793742	1021260	63894591	1531873	20282	9692502	3798
2013	155340	234317614	1031711	64846571	1235661	17214	9692720	1287
2014	154974	247399826	1030973	70598481	1424950	17003	10452402	1334
2015	149659	261434867	1015939	72596807	1424426	16246	11007996	1391
2016	144568	255170820	999008	67018157	1445786	15576	11056320	3124
2017	131746	246750827	964377	66181982	1532698	13178	9765519	3122
2018	125754	242447129	960245	66799892	1465403	11221	8705726	3044

7-5-40 各地区民用运输船舶拥有量

地区	机动船					驳船		
	艘数（艘）	净载重量（吨）	载客量（客位）	总功率（千瓦）	#拖船功率	艘数（艘）	净载重量（吨）	载客量（客位）
全国	**125754**	**242447129**	**960245**	**66799892**	**1465403**	**11221**	**8705726**	**3044**
北京								
天津	283	4683149	2982	1084148	183021	10	32462	
河北	1641	1739268	21194	441340	16382			
山西	263	7241	4317	16820				
内蒙古								
辽宁	461	10102920	33092	1515576	18508	10	34197	
吉林	350	10151	11376	30493	1360	17	10450	
黑龙江	1148	177766	22953	166184	37210	290	183265	
上海	1414	21320700	38075	11360212	96800	47	122339	
江苏	28631	36970536	50825	9497665	353935	4072	3229548	
浙江	14284	30276211	87364	7366396	152354	3	13370	
安徽	24308	46649669	14782	10584294	29763	757	393021	
福建	1798	10875673	33223	3076573	21644	2	1180	
江西	2706	2524238	13665	755427	8018	2	1730	
山东	6265	12573410	66419	3259139	339775	4219	4017449	
河南	5153	10128681	14090	2236862	5242	316	301765	
湖北	3172	6720831	33345	1763237	47007	106	209505	
湖南	4895	4285244	69161	1432873	844	236	22927	1924
广东	7781	21832651	81238	6247512	114618	12	25255	
广西	7833	9461461	102204	2147345				
海南	486	3180501	40753	963159	2942			
重庆	2774	7133347	41720	1819403	17386	32	50460	
四川	4431	1281496	47565	553963	16289	885	54872	
贵州	2057	152449	54654	166093		2	308	
云南	1241	168589	31070	133788	896	5	371	10
西藏								
陕西	1135	31588	19810	49393	395	198	1252	1110
甘肃	476	1603	9153	52706				
青海	117	1772	2977	19702				
宁夏	648		12238	35377	1014			
新疆								
不分地区	3	155984		24212				

7-5-41 沿海主要规模以上港口码头泊位数(2018年底)

港口	总计			生产用			非生产用	
	码头长度(米)	泊位个数(个)	#万吨级	码头长度(米)	泊位个数(个)	#万吨级	码头长度(米)	泊位个数(个)
总计	**876523**	**6150**	**2019**	**814337**	**5302**	**1942**	**62186**	**848**
#大连	44978	248	104	41101	223	104	3877	25
营口	19709	93	61	18975	86	61	734	7
秦皇岛	17161	92	44	15928	72	44	1233	20
天津	39509	167	120	36783	145	120	2726	22
烟台	34604	207	91	33474	197	91	1130	10
威海	16058	99	33	15188	94	33	870	5
青岛	30429	128	85	29308	122	85	1121	6
日照	19203	75	64	18897	74	64	306	1
上海	107234	1054	224	75410	573	181	31824	481
连云港	16634	73	59	16337	71	59	297	2
宁波-舟山	96840	707	178	92503	619	178	4337	88
台州	14601	194	9	14401	192	9	200	2
温州	16923	199	20	16785	198	20	138	1
福州	28359	200	70	28015	194	62	344	6
厦门	31246	173	81	30222	154	80	1024	19
汕头	10223	91	19	9952	86	19	271	5
深圳	32932	156	76	31207	142	74	1725	14
广州	55285	556	96	50463	488	73	4822	68
湛江	17388	132	36	16353	119	36	1035	13
北海	7672	62	15	7612	61	15	60	1
防城	16343	128	39	16283	123	39	60	5
海口	9867	70	34	9676	69	34	191	1
八所	2488	12	9	2488	12	9		

注：1.从2006年起，宁波－舟山港统计范围包括原宁波港和舟山港。
2.从2007年起，烟台港统计范围包括原烟台港和龙口港。
3.从2011年起，厦门港统计范围包括原厦门港和漳州港。

7-5-42 内河主要规模以上港口码头泊位数(2018年底)

港口	总计			生产用			非生产用	
	码头长度(米)	泊位个数(个)	#万吨级	码头长度(米)	泊位个数(个)	#万吨级	码头长度(米)	泊位个数(个)
总计	**791221**	**11148**	**451**	**753345**	**10521**	**437**	**37876**	**627**
#重庆	84771	1024		63760	664		21011	360
宜昌	24676	249		23175	231		1501	18
武汉	16456	162		14114	135		2342	27
黄石	7892	89		7462	83		430	6
九江	17516	176		15311	146		2205	30
安庆	7621	90		6549	73		1072	17
池州	8393	86		8393	86			
铜陵	7414	74	3	7369	73	3	45	1
芜湖	13544	124	13	13544	124	13		
马鞍山	9027	110	1	8977	109	1	50	1
南京	29958	236	66	29318	226	62	640	10
镇江	22602	211	42	22482	209	42	120	2
泰州	20989	161	61	20989	161	61		
扬州	7446	42	23	7446	42	23		
江阴	16692	111	39	16542	109	39	150	2
常州	4134	32	9	4134	32	9		
南通	20165	114	67	19610	108	57	555	6
上海(内河)	42005	839		41650	833		355	6

注：从2009年起，重庆港统计范围发生变化，包括原重庆、涪陵、万州、重庆航管处四个港区，与历史数据不可比。

7-5-43 沿海主要规模以上港口货物吞吐量

单位：万吨

港口	1985	1990	1995	2000	2005	2010	2015	2016	2017	2018
总计	**31154**	**48321**	**80166**	**125603**	**292777**	**548358**	**784578**	**810933**	**865464**	**922392**
#大连	4381	4952	6417	9084	17085	31399	41482	43660	45517	46784
营口	98	237	1156	2268	7537	22579	33849	35217	36267	37001
秦皇岛	4419	6945	8382	9743	16900	26297	25309	18682	24520	23119
天津	1856	2063	5787	9566	24069	41325	54051	55056	50056	50774
烟台	689	668	1361	1774	4506	15033	25163	26537	28816	44308
威海		100	379	669	1015	2407	4213	4340	4468	5570
青岛	2611	3034	5103	8636	18678	35012	48453	50036	51031	54250
日照		925	1452	2674	8421	22597	33707	35007	36136	43763
上海	11291	13959	16567	20440	44317	56320	64906	64482	70542	68392
连云港	929	1137	1716	2708	6016	12739	19756	20082	20605	21443
宁波-舟山	1040	2554	6853	11547	26881	63300	88929	92209	100933	108439
台州				950	2067	4706	6237	6771	7057	7167
温州		307	601	859	3097	6408	8490	8406	8926	8239
福州		561	1032	2426	7443	7125	13967	14516	14838	17876
厦门		529	1314	1965	4771	12728	21023	20911	21116	21720
汕头	201	279	716	1284	1736	3509	5181	4985	4890	3963
深圳				5697	15351	22098	21706	21410	24136	25127
广州	1772	4163	7299	11128	25036	41095	50053	52254	57003	59396
湛江	1231	1557	1885	2038	4647	13638	22036	25612	28209	30185
北海		82	201	265	437	1251	2468	2750	3169	3387
防城						7650	11504	10688	10355	10448
海口	170	288	468	808	2118	5700	9204	9952	11297	11883
八所	388	431	275	378	486	893	1767	1516	1605	1396

注：1.从2006年起，宁波-舟山港统计范围包括原宁波港和舟山港，以往年度数据为原宁波港数据。
2.从2007年起，烟台港统计范围包括原烟台港和龙口港，以往年度数据为原烟台港数据。
3.从2011年起，厦门港统计范围包括原厦门港和漳州港。

7-5-44 内河主要规模以上港口货物吞吐量

单位：万吨

港　口	2000	2004	2005	2006	2007	2008	2009	2010
总　计	**44452**	**86414**	**101418**	**117510**	**138208**	**159481**	**221678**	**261822**
#上海(内河)	5853	10575	10749	6709	6918	7362	9738	9019
南　京	6679	9589	10686	10091	10859	11125	12146	14719
江　阴	666	2683	4278	5739	7218	8740	10103	12522
常　州	379	540	805	2347	2029	2282	2724	3156
苏　州	364	9059	11919	15085	18377	20348	24634	
南　通	2748	7218	8327	10386	12339	13214	13641	15070
扬　州	419	889	1179	1398	1591	1938	2938	3642
泰　州	187	1285	1581	2787	2128	2592	7467	9890
镇　江	2153	4839	5847	6318	7824	8705	8713	10634
芜　湖	830	1831	1850	3934	4681	5514	5710	6609
马鞍山	626	1713	2011	2393	3684	4697	4191	4826
铜　陵	314	380	352	2405	2860	2872	3157	3914
安　庆	729	1479	1835	2839	2852	2800	2554	2813
池　州	155	1073	1752	1952	2101	2250	2244	2576
九　江	623	842	928	760	733	596	2852	3291
武　汉	1738	4281	4939	5034	5278	5592	5409	6620
黄　石	227	675	1003	1195	962	1032	1520	1605
宜　昌	217	305	226	518	734	715	653	818
重　庆	781	820	950	1073	1317	1470	8612	9668

注：从2009年起,重庆港统计范围发生变化，包括原重庆、涪陵、万州、重庆航管处四个港区，与历史数据不可比。

7-5-44　续表

单位：万吨

港　口	2011	2012	2013	2014	2015	2016	2017	2018
总　计	**295522**	**312228**	**336793**	**349246**	**361804**	**377939**	**401710**	**412107**
#上海(内河)	10326	9819	9301	8575	6834	5695	4509	4656
南　京	17333	19197	20201	21001	21454	21973	23637	25199
江　阴	12934	13248	12590	12462	12228	13197	15971	17560
常　州	2769	2667	3067	3314	3619	4031	4714	4863
苏　州					53990	57937	60456	53227
南　通	17331	18526	20494	21599	21827	22614	23572	26702
扬　州	4370	4841	6189	7866	7345	8163	9424	10129
泰　州	12038	13210	15425	15822	16803	17000	19942	24509
镇　江	11806	13460	14098	14061	13010	13137	14203	15331
芜　湖	7473	8260	9313	10847	12009	13101	12806	12016
马鞍山	5306	6809	7489	8101	9205	10571	11014	10355
铜　陵	4729	5507	5905	7045	8011	11004	11095	10008
安　庆	3010	3225	3006	3137	4002	2278	2401	2983
池　州	3137	3488	3914	4279	4137	4548	4783	6723
九　江	3907	4827	6030	8036	10425	11328	11717	11689
武　汉	7602	7632	7701	8150	8455	9000	10018	10318
黄　石	1781	1874	2098	2454	3643	3804	4039	4219
宜　昌	770	682	554	639	719	763	1010	6868
重　庆	11606	12502	13676	14665	15750	17372	19722	20444

7-5-45 沿海规模以上港口分货类吞吐量

单位：万吨

货类名称	2015			2016		
	合计	出港	进港	合计	出港	进港
总　计	**784578**	**341424**	**443154**	**810933**	**354066**	**456867**
煤炭	137870	78631	59239	138566	78469	60097
石油、天然气及制品	72942	21240	51702	79954	22993	56961
#原油	44315	7888	36427	48473	8576	39898
金属矿石	134412	24975	109437	140726	25663	115064
钢铁	29421	20144	9277	29584	20184	9400
矿建材料	61693	24555	37138	59932	25131	34801
水泥	6913	2083	4830	6886	2138	4748
木材	4948	748	4200	5458	715	4743
非金属矿石	13516	5453	8063	14007	6012	7995
化肥和农药	3510	2497	1013	2551	1770	781
盐	885	108	777	857	149	708
粮食	17336	4651	12686	17190	5016	12174
机械、设备、电器	21378	11119	10259	21541	11813	9728
化工原料及制品	14292	5652	8640	14783	5875	8908
有色金属	1340	519	821	1157	567	590
轻工、医药产品	9746	4905	4841	10366	5394	4972
农林牧渔业产品	3938	1139	2799	3826	1172	2654
其他	250437	133007	117430	263549	141007	122542

7-5-45 续表

单位：万吨

货类名称	2017			2018		
	合计	出港	进港	合计	出港	进港
总　计	**865464**	**375730**	**489734**	**922392**	**403883**	**518509**
煤炭	151640	86674	64965	163896	93200	70696
石油、天然气及制品	85994	22989	63005	91356	23538	67817
#原油	52118	8507	43611	54062	7877	46185
金属矿石	145304	25438	119866	149176	26954	122221
钢铁	31768	20768	11000	32167	20911	11256
矿建材料	62825	24435	38390	73480	29005	44475
水泥	7112	2093	5019	8300	2643	5657
木材	5649	724	4925	6202	725	5476
非金属矿石	16679	7302	9378	20353	8563	11791
化肥和农药	2374	1494	880	2544	1555	989
盐	1179	168	1011	1162	168	994
粮食	21393	7103	14289	21138	7090	14048
机械、设备、电器	22171	12006	10164	21816	11770	10046
化工原料及制品	15245	6184	9061	15581	6651	8930
有色金属	1014	312	702	778	312	466
轻工、医药产品	9863	5241	4623	10938	5864	5074
农林牧渔业产品	4102	1295	2807	4393	1675	2718
其他	281151	151504	129647	299112	163259	135853

7-5-46 内河规模以上港口分货类吞吐量

单位：万吨

货类名称	2015			2016		
	合 计	出 港	进 港	合 计	出 港	进 港
总 计	**361804**	**150500**	**211304**	**377939**	**159355**	**218584**
煤炭	69350	22430	46921	76577	24478	52099
石油、天然气及制品	12415	4585	7830	13045	4880	8165
#原油	3124	714	2410	2920	695	2226
金属矿石	48183	13616	34567	50538	15174	35364
钢铁	18509	10356	8153	17796	10359	7438
矿建材料	115995	46425	69570	116890	47719	69171
水泥	23768	17792	5976	26214	19910	6304
木材	2976	659	2318	3580	960	2619
非金属矿石	12142	6633	5509	12533	7070	5463
化肥和农药	2487	1289	1198	2471	1280	1190
盐	872	504	367	797	408	389
粮食	7794	2513	5282	7762	2396	5365
机械、设备、电器	856	681	175	967	745	223
化工原料及制品	10109	4010	6099	11173	4308	6865
有色金属	312	202	110	320	195	125
轻工、医药产品	1882	851	1031	1964	862	1102
农林牧渔业产品	1528	612	916	1444	628	816
其他	32625	17343	15282	33868	17984	15884

7-5-46 续表

单位：万吨

货类名称	2017			2018		
	合 计	出 港	进 港	合 计	出 港	进 港
总 计	**401710**	**165601**	**236109**	**412107**	**170756**	**241351**
煤炭	81739	25057	56681	81066	24233	56833
石油、天然气及制品	14182	5172	9010	15231	5642	9589
#原油	2981	633	2348	3218	610	2608
金属矿石	57477	17899	39578	63051	21198	41853
钢铁	18637	9864	8773	20422	10278	10144
矿建材料	115355	46342	69014	112163	44228	67935
水泥	27284	20891	6393	26534	20440	6094
木材	4017	935	3081	4361	1130	3232
非金属矿石	12568	6310	6258	14804	8296	6508
化肥和农药	2492	1339	1153	2749	1494	1255
盐	1093	606	487	1164	482	683
粮食	11371	3577	7794	10382	3115	7268
机械、设备、电器	1362	1034	327	1675	1406	269
化工原料及制品	11683	4518	7165	12173	4795	7378
有色金属	383	183	200	266	66	200
轻工、医药产品	2124	879	1245	2243	978	1265
农林牧渔业产品	1494	628	865	1356	571	785
其他	38449	20365	18084	42465	22404	20061

7-5-47 民用航空航线及飞机年末数

指　　标	2000	2005	2010	2011	2012	2013
定期航班航线条数　（条）	**1165**	**1257**	**1880**	**2290**	**2457**	**2876**
国际航线	133	233	302	443	381	427
国内航线	1032	1024	1578	1847	2076	2449
#港澳台地区航线	42	43	85	91	99	107
定期航班航线里程（公里）	**1502887**	**1998501**	**2765147**	**3490571**	**3280114**	**4106000**
国际航线	508405	855932	1070167	1494387	1284712	1503150
国内航线	994482	1142569	1694980	1996184	1995402	2602850
#港澳台地区航线	55759	61056	121437	135103	133333	168363
定期航班通航机场　（个）	**139**	**135**	**175**	**178**	**180**	**190**
民用飞机期末架数　（架）	**982**	**1386**	**2405**	**3191**	**3589**	**4004**
运输飞机	527	863	1597	1764	1941	2145
大中型飞机	462	785	1453	1601	1769	1985
#B737	186	358	650	700	756	854
B747	19	22	40	40	40	29
B757	48	64	48	51	46	45
B767	16	27	18	15	13	11
A320	60	115	281	357	432	503
小型飞机	65	78	144	163	172	160
通用航空飞机	301	383	606	1124	1320	1519

注：2011年起民用航空航线条数改为定期航班航线条数,民航通航机场改为定期航班通航机场。

7-5-47　续表

指　　标	2014	2015	2016	2017	2018
定期航班航线条数　（条）	**3142**	**3326**	**3794**	**4418**	**4945**
国际航线	490	660	739	803	849
国内航线	2652	2666	3055	3615	4096
#港澳台地区航线	114	109	109	96	100
定期航班航线里程（公里）	**4637214**	**5317230**	**6348144**	**7483033**	**8379833**
国际航线	1767210	2394434	2828015	3245859	3598911
国内航线	2870004	2922796	3520129	4237174	4780922
#港澳台地区航线	179320	171621	166812	147537	153105
定期航班通航机场　（个）	**200**	**206**	**216**	**228**	**233**
民用飞机期末架数　（架）	**4168**	**4554**	**5046**	**5593**	**6134**
运输飞机	2370	2650	2950	3296	3639
大中型飞机	2218	2499	2789	3120	3452
#B737	958	1104	1216	1357	1513
B747	24	26	26	27	24
B757	41	35	33	35	46
B767	9	9	13	12	5
A320	579	645	728	814	892
小型飞机	152	151	161	176	187
通用航空飞机	1798	1904	2096	2297	2495

7-5-48 民用航空运输量及通用航空飞行时间

指 标	2000	2005	2010	2011	2012	2013
客运量 （万人）	**6722**	**13827**	**26769**	**29317**	**31936**	**35397**
国际航线	690	1225	1931	2118	2336	2655
国内航线	6031	12602	24838	27199	29600	32742
#港澳台地区航线	403	509	672	760	834	904
旅客周转量 （万人公里）	**9705437**	**20449288**	**40389960**	**45369629**	**50257366**	**56567596**
国际航线	2328154	4524063	7589325	8780512	9919798	11457554
国内航线	7377283	15925225	32800635	36589118	40337568	45110042
#港澳台地区航线	502405	709205	981817	1116167	1238849	1317488
货(邮)运量 （吨）	**1967123**	**3067168**	**5630371**	**5574779**	**5450342**	**5612526**
国际航线	492356	771551	1926315	1780427	1565170	1545310
国内航线	1474767	2295618	3704056	3794352	3885173	4067216
#港澳台地区航线	135442	169247	216603	210028	207678	198561
货邮周转量 （万吨公里）	**502683**	**788954**	**1788982**	**1739131**	**1638894**	**1702918**
国际航线	291550	452450	1253028	1187527	1064527	1091742
国内航线	211133	336504	535954	551604	574366	611176
#港澳台地区航线	19495	26263	28700	27607	27120	26156
运输总周转量（万吨公里）	**1225007**	**2612724**	**5384490**	**5774427**	**6103217**	**6717231**
国际航线	465190	855235	1929689	1968352	1944881	2106757
国内航线	759818	1757488	3454801	3806075	4158336	4610474
#港澳台地区航线	56878	89509	115895	126425	136648	142276
通用航空飞行时间（小时）	**48707**	**84859**	**391135**	**502731**	**517037**	**590890**
#载客类作业						
作业类作业						
培训类作业						

7-5-48 续表

指　　标	2014	2015	2016	2017	2018
客运量　　（万人）	**39195**	**43618**	**48796**	**55156**	**61174**
国际航线	3155	4207	5162	5545	6367
国内航线	36040	39411	43634	49611	54807
#港澳台地区航线	1005	1020	985	1027	1127
旅客周转量　（万人公里）	**63341903**	**72825513**	**83781348**	**95130358**	**107123166**
国际航线	13168010	17168359	21603850	24765095	28226135
国内航线	50173893	55657154	62177498	70365262	78897031
#港澳台地区航线	1496639	1517768	1441033	1482485	1650525
货(邮)运量　　（吨）	**5940988**	**6292942**	**6680105**	**7058921**	**7385098**
国际航线	1684272	1868444	1931921	2220776	2427234
国内航线	4256716	4424498	4748184	4838144	4957864
#港澳台地区航线	223332	221014	219608	241502	234807
货邮周转量　（万吨公里）	**1877715**	**2080683**	**2224493**	**2435523**	**2624991**
国际航线	1237182	1411425	1503386	1705867	1870290
国内航线	640533	669258	721108	729656	754701
#港澳台地区航线	29931	28465	27505	30512	30150
运输总周转量（万吨公里）	**7481156**	**8516516**	**9625107**	**10830751**	**12065276**
国际航线	2401117	2926107	3405834	3884753	4350189
国内航线	5080039	5590410	6219274	6945998	7715087
#港澳台地区航线	161733	162201	154316	160960	175130
通用航空飞行时间（小时）	**674944**	**778408**	**764685**	**837496**	**937149**
#载客类作业				78480	84692
作业类作业				144657	153938
培训类作业				258508	306515

7-5-49 民用航空主要机型运输生产情况

机 型	期末飞机架数(架)	运输飞行小时(小时)	运输飞行里程(万公里)	平均每可用机年生产飞行小时(小时/架)	平均每可用机日生产飞行小时(小时/架/日)	正班平均载运率(%)
总 计	**3639**	**11535245**	**722436.8**	**3593**	**9.8**	**73.2**
#B737-700	143	442617	25077.7	3173	8.7	76.5
B737-800	1204	3869662	233738.7	3481	9.5	78.4
B737MAX8	86	140145	8871.1	3525	9.7	78.2
B737F	56	75728	4110.5	1672	4.6	62.7
B757-200F	42	51180	2905.0	1756	4.8	59.7
B777-300ER	58	287167	23714.0	5237	14.4	62.1
B777F	26	123923	10131.6	5081	13.9	85.6
B787-8	29	111537	8838.1	4622	12.7	66.9
B787-9	57	187808	14822.2	4864	13.3	68.6
A319	185	594150	36070.4	3482	9.5	70.2
A320	839	2861256	175253.2	3687	10.1	79.7
A320NEO	53	76675	4733.6	3649	10.0	74.3
A321	332	1139095	68870.6	3649	10.0	72.7
A321NEO	24	28853	1685.1	3357	9.2	70.4
A330-200	106	468946	34936.8	4782	13.1	59.8
A330-300	131	485619	34076.1	4424	12.1	65.6
ARJ21-700	10	6355	336.9	2256	6.2	63.1

注：期末飞机架数不含通用航空飞机数量。

7-5-50 各地区城市公共交通运营线路总长度(2018年底)

单位：公里

地 区	公共汽车、无轨电车	公交专用车道	轨道交通			
				地铁	轻轨	有轨电车
全 国	**1199455**	**12850**	**5295**	**4727**	**218**	**190**
北 京	19245	952	637	619		9
天 津	23920	65	227	167	52	8
河 北	62402	305	28	28		
山 西	39811	495				
内蒙古	39434	330				
辽 宁	35689	1028	240	113	104	23
吉 林	20850	242	118	39	62	18
黑龙江	33322	117	22	22		
上 海	24504	364	705	670		
江 苏	85667	1228	634	553		81
浙 江	104448	906	189	189		
安 徽	39575	302	53	53		
福 建	33131	246	54	54		
江 西	33091	131	49	49		
山 东	146625	1145	178	169		9
河 南	35728	786	94	94		
湖 北	27276	438	300	300		
湖 南	35062	496	69	50		
广 东	118357	1450	830	801		28
广 西	30028	269	53	53		
海 南	9259	25				
重 庆	18942	122	313	215		
四 川	49347	635	240	226		14
贵 州	18707	95	34	34		
云 南	44954	94	89	89		
西 藏	1853					
陕 西	19736	270	123	123		
甘 肃	15064	15				
青 海	9845	15				
宁 夏	8786	132				
新 疆	14797	150	17	17		

注：上海市轨道交通合计中包括磁悬浮运营线路总长度29公里；含江苏(昆山)境内约6公里。

7-5-51　各地区城市公共交通运营车(船)拥有量(2018年底)

单位：辆

地　区	公共汽电车(标台)	公共汽电车	#天然气车	液化石油气车	无轨电车	轨道交通	地铁	轻轨	有轨电车	出租汽车	轮渡运营船数(艘)
全　国	**767909**	**673430**	**164926**	**1524**	**2585**	**34012**	**31465**	**897**	**737**	**1388876**	**250**
北　京	33980	24076	8583		1326	5682	5594		28	70035	
天　津	15470	13813	719			1130	954	152	24	31940	
河　北	34392	31678	9835	2		198	198			73383	
山　西	17922	16010	3280	14	78					42877	
内蒙古	12274	11445	3705	276						68000	
辽　宁	28577	23924	6226	315	65	1012	732	208	72	92790	
吉　林	14186	13282	4858			842	258	537	47	71235	
黑龙江	22497	19770	2883			150	150			104008	32
上　海	21921	17476	111		354	5302	5241			41881	41
江　苏	56710	48046	10458	353		2926	2520		406	58575	15
浙　江	45413	41298	8618	94	73	1176	1176			44625	5
安　徽	28542	24765	5447	100		324	324			55330	-
福　建	22706	20738	2617			408	408			22443	29
江　西	15100	13699	1498			294	294			17375	3
山　东	68042	62474	13901	8	231	529	522		7	72048	3
河　南	37833	34259	3849		124	576	576			63398	
湖　北	27674	23841	7899		40	2068	2068			43060	42
湖　南	34400	29344	2438			348	330			35475	6
广　东	75872	66349	11197	36	294	5234	5116		118	66036	62
广　西	16263	14835	1814	80		306	306			20291	
海　南	5188	4786	584							7636	
重　庆	15323	13237	8357	14		1806	1032			24110	12
四　川	38900	33742	19508	42		1889	1854		35	43605	
贵　州	11333	9900	4180			186	186			30696	
云　南	16628	16452	1406			492	492			29864	
西　藏	860	714								2650	
陕　西	18555	15873	6152	86		1050	1050			35720	
甘　肃	9901	9177	3214							38095	
青　海	4206	3897	2270	4						13554	
宁　夏	4941	4312	2501							15973	
新　疆	12301	10218	6818	100		84	84			52168	

注：1.轨道交通车辆中包括上海磁悬浮车辆17辆。
2.2014年起，公共汽电车、轨道交通车辆数为经过折算后的标准营运台数，与往年数据不可比，下表同。
3.2018年起，不再统计轨道交通标准营运台数。

7-5-52 各地区城市公共交通客运量

单位：万人次

地区	客运总量	公共汽电车	轨道交通	出租汽车	轮渡
全国	**12622357**	**6969986**	**2127659**	**3516674**	**8038**
北京	737838	318976	384842	34021	
天津	187419	109725	40834	36860	
河北	339777	197574	8760	133444	
山西	266129	160180		105949	
内蒙古	274227	116198		158028	
辽宁	700346	382255	52642	265450	
吉林	362662	163430	14200	185033	
黑龙江	571178	245878	8269	316783	248
上海	641689	206233	370592	63760	1106
江苏	742168	460823	155924	124851	570
浙江	549824	380460	65422	103745	197
安徽	386676	204020	15324	167332	
福建	287584	216581	10252	57726	3026
江西	198577	128513	14176	55848	40
山东	523355	382230	15388	125717	19
河南	451066	273180	29341	148545	
湖北	572796	330055	103710	138151	880
湖南	466782	286632	25030	155044	75
广东	1257996	616970	495175	144143	1708
广西	173305	117922	21361	34023	
海南	49314	33221		16093	
重庆	451126	252715	85787	112454	170
四川	688474	400746	115756	171972	
贵州	329597	187797	744	141056	
云南	267670	164757	19958	82956	
西藏	22246	9628		12618	
陕西	440739	243630	73930	123179	
甘肃	232192	146587		85605	
青海	76779	45448		31332	
宁夏	78221	40041		38181	
新疆	294604	147584	244	146776	

注：上海轨道交通客运量含江苏(昆山)境内约2149万人次。

7-5-53 省会城市和计划单列市公共交通运营线路总长度(2018年底)

单位：公里

城市	公共汽车、无轨电车	公交专用车道	轨道交通	地铁	轻轨	有轨电车
北京	19245	952	637	619		9
天津	23920	65	227	167	52	8
石家庄	3919	107	28	28		
太原	5720	154				
呼和浩特	2720	240				
沈阳	4966	417	59	59		
大连	5431	274	181	54	104	23
长春	4721	200	118	39	62	18
哈尔滨	6280	117	22	22		
上海	24504	364	705	670		
南京	12028	221	394	378		17
杭州	17104	164	115	115		
宁波	11895	169	75	75		
合肥	4352	147	53	53		
福州	4688	151	24	24		
厦门	7478	60	30	30		
南昌	6631	28	49	49		
青岛	21388	231	178	169		9
济南	7017	205				
郑州	4883	444	94	94		
武汉	8875	216	300	300		
长沙	6603	226	69	50		
广州	24101	519	485	478		8
深圳	21259	508	298	286		12
南宁	4457	110	53	53		
海口	3352	25				
重庆	16394	105	313	215		
成都	15300	377	240	226		14
贵阳	5250	57	34	34		
昆明	11357	93	89	89		
拉萨	977					
西安	5817	245	123	123		
兰州	4062	15				
西宁	1399	15				
银川	2176	132				
乌鲁木齐	3503	145	17	17		

注：上海市轨道交通合计中包括磁悬浮运营线路总长度29公里；广州轨道交通运营线路长度含佛山境内约21公里。

7-5-54 省会城市和计划单列市公共交通运营车(船)拥有量(2018年底)

单位：辆

城市	公共汽电车、轨道交通车辆合计	公共汽电车	#天然气车	液化石油气车	无轨电车	轨道交通	地铁	轻轨	有轨电车	出租汽车	轮渡运营船数(艘)
北京	29758	24076	8583		1326	5682	5594		28	70035	
天津	14943	13813	719			1130	954	152	24	31940	
石家庄	5928	5730	3589			198	198			7815	
太原	2521	2521	1207		76					8292	
呼和浩特	2678	2678	1721							6207	
沈阳	6166	5782	1859	299		384	384			18966	
大连	6423	5795	1208		65	628	348	208	72	11645	
长春	5714	4872	3023			842	258	537	47	18534	
哈尔滨	7181	7031	2143			150	150			17870	32
上海	22778	17476	111		354	5302	5241			41881	41
南京	10977	9246	2429			1731	1636		95	13354	15
杭州	11059	10249	3454		73	810	810			13375	
宁波	6664	6298	1642			366	366			4797	2
合肥	5772	5448	2315			324	324			9402	
福州	4552	4384	484			168	168			6340	
厦门	4927	4687	723			240	240			5482	29
南昌	4581	4287	668			294	294			5453	
青岛	10249	9720	3859		125	529	522		7	10867	3
济南	6733	6733	1387		106					9267	
郑州	6973	6397	11			576	576			10854	
武汉	11677	9609	3204		40	2068	2068			17891	33
长沙	9154	8806	224			348	330			7840	
广州	17970	15286	1490	36	276	2684	2656		28	19988	48
深圳	19577	17177				2400	2340		60	21551	
南宁	4187	3881	1350			306	306			6829	
海口	2328	2328	326							2910	
重庆	14057	12251	8151	14		1806	1032			21993	11
成都	17829	15940	12042			1889	1854		35	13101	
贵阳	3361	3175	2787			186	186			8073	
昆明	7103	6611	903			492	492			8257	
拉萨	542	542								1670	
西安	9581	8531	3584			1050	1050			14112	
兰州	3419	3419	1698							10662	
西宁	1781	1781	1423	4						5666	
银川	1802	1802	1172							4991	
乌鲁木齐	4466	4382	3217			84	84			13133	

注：1.轨道交通车辆中包括上海磁悬浮车辆17辆。
2.公共汽电车、轨道交通车辆合计为两种交通方式车辆数相加。

7-5-55 省会城市和计划单列市公共交通客运量

单位：万人次

城　市	客运总量	公共汽电车	轨道交通	出租汽车	轮渡
北　京	737838	318976	384842	34021	
天　津	187419	109725	40834	36860	
石家庄	66078	41841	8760	15477	
太　原	59188	36596		22591	
呼和浩特	42876	32680		10195	
沈　阳	193931	111638	31603	50690	
大　连	145657	92707	21039	31911	
长　春	111029	66855	14200	29974	
哈尔滨	190638	127083	8269	55038	248
上　海	641689	206233	370592	63760	1106
南　京	213690	88985	111881	12255	570
杭　州	228498	149241	52985	26272	
宁　波	65404	42720	12437	10112	135
合　肥	98393	55449	15324	27620	
福　州	64125	41589	6088	16448	
厦　门	101050	80139	4165	13721	3026
南　昌	71129	38832	14176	18121	
青　岛	141933	104192	15388	22334	19
济　南	88458	75879		12578	
郑　州	139225	94272	29341	15612	
武　汉	278570	144563	103710	29511	786
长　沙	120860	68457	25030	27373	
广　州	589460	228511	302595	56885	1469
深　圳	389490	162858	187845	38787	
南　宁	65925	33991	21361	10573	
海　口	28059	19847		8212	
重　庆	419735	235762	85787	98038	148
成　都	304556	161946	115756	26854	
贵　阳	86841	55989	744	30108	
昆　明	111715	79456	19958	12301	
拉　萨	13557	8440		5117	
西　安	255874	134815	73930	47130	
兰　州	107865	79825		28040	
西　宁	52834	33964		18870	
银　川	34210	22345		11865	
乌鲁木齐	106275	77096	244	28935	

7-5-56 邮政主要业务量

指　　标		2009	2010	2011	2012	2013
邮政行业业务总量	(亿元)	1639.9	1985.3	1607.7	2036.8	2725.1
函件	(万件)	753244.8	740141.0	737840.5	707405.0	634148.8
包裹	(万件)	7229.6	6642.5	6883.0	6875.5	6924.8
快递	(万件)	185784.8	233892.0	367311.1	568548.0	918674.9
汇兑	(万笔)	27177.4	28043.2	26474.3	22913.4	18520.6
订销报纸累计份数	(万份)	1621040.2	1717080.6	1817050.7	1892652.5	1942934.7
订销杂志累计份数	(万份)	102073.1	104756.3	107701.6	112009.7	113720.0
报刊期发数	(万份)	13909.5	17158.3	15007.7	15401.6	15140.9
纪特邮票	(万枚)	110088.5	114622.5	102857.5	118276.0	118335.3

注：1.邮政业务总量、快递的统计口径2006年及以前为中国邮政集团，2007年起为规模以上(年业务收入200万元以上)邮政业法人企业数据，2013年起为全国邮政企业和获得快递业务经营许可的快递服务企业(下表同)。
2.邮政业务总量2010年及以前按2000年不变价格计算；2011年按2010年不变价格计算，按可比价格比上年增长25.0%。

7-5-56　续表

指　　标		2014	2015	2016	2017	2018
邮政行业业务总量	(亿元)	3696.1	5078.7	7397.2	9763.7	12345.2
函件	(万件)	560955.7	458142.2	361948.3	314841.0	267100.8
包裹	(万件)	6024.2	4243.4	2794.0	2657.2	2407.6
快递	(万件)	1395925.3	2066636.8	3128315.1	4005591.9	5071042.8
汇兑	(万笔)	12527.4	8241.7	5804.4	3743.4	2520.0
订销报纸累计份数	(万份)	1912277.3	1880361.3	1786989.7	1766328.4	1727899.1
订销杂志累计份数	(万份)	107618.1	99977.1	84415.0	79261.4	77496.9
报刊期发数	(万份)	14936.8	15539.5	13617.5	12572.8	12458.2
纪特邮票	(万枚)	138990.4	157000.8	154320.6	140219.4	118076.4

7-5-57 各地区邮政主要业务量

地区	邮政行业业务总量（亿元）	函件（万件）	包裹（万件）	汇兑（万笔）	订销报纸累计份数（万份）	订销杂志累计份数（万份）	报刊期发数（万份）	纪特邮票（万枚）
全国	**12345.2**	**26.7**	**2407.6**	**2520.0**	**1727899.1**	**77496.9**	**12458.2**	**118076.4**
北京	397.9	2.1	190.2	113.0	64333.2	2506.8	477.9	9546.6
天津	115.3	0.2	36.8	20.6	19629.4	895.7	479.3	2672.6
河北	380.1	0.5	128.3	48.4	76061.0	3569.3	519.0	4769.4
山西	94.1	0.2	23.1	49.3	51939.6	1744.1	256.0	2880.3
内蒙古	44.4	0.1	39.5	30.3	32173.5	1171.1	204.2	2830.8
辽宁	160.6	0.6	68.3	92.4	51032.1	3160.6	453.8	4260.6
吉林	72.6	0.1	34.1	40.0	29663.0	1179.0	167.2	3018.3
黑龙江	93.7	0.3	52.2	22.4	38140.7	1978.9	237.0	4939.9
上海	820.6	5.7	222.8	238.2	75282.0	2045.1	484.0	5219.0
江苏	1050.2	2.3	139.8	265.9	146249.8	6029.1	969.4	7785.6
浙江	2326.2	2.6	150.9	122.6	112100.9	4269.4	692.6	4804.3
安徽	316.7	0.4	59.2	24.9	63610.0	3485.2	487.7	4687.8
福建	499.0	0.9	56.6	55.5	70726.5	2653.7	462.7	3591.3
江西	176.6	0.3	44.5	63.3	51533.2	2001.4	349.7	4861.9
山东	528.4	0.6	173.0	115.0	107707.6	6236.3	853.9	6905.9
河南	436.7	1.1	120.9	341.4	107727.7	4020.0	869.7	6648.2
湖北	345.2	0.7	61.6	37.7	64157.1	2678.2	391.3	4976.7
湖南	248.2	0.2	41.5	42.8	65560.0	4186.3	540.3	3880.8
广东	3215.7	5.3	156.8	132.3	70477.7	4771.3	569.2	6975.9
广西	126.8	0.3	48.2	71.8	33748.4	2566.2	417.8	1463.9
海南	21.8		14.0	13.2	16497.6	520.4	86.8	570.3
重庆	134.8	0.1	25.6	17.6	29273.5	2743.8	304.6	2055.0
四川	348.4	0.3	88.7	97.2	105811.2	3883.5	687.9	4032.9
贵州	63.1	0.9	10.3	97.5	39177.2	1885.9	209.0	3356.5
云南	90.4	0.2	40.0	112.7	44000.0	1575.7	251.7	2077.2
西藏	4.2		29.7	17.4	14105.9	426.3	117.4	377.6
陕西	138.9	0.2	107.5	40.4	46943.2	2010.0	301.8	3097.3
甘肃	31.1	0.1	78.1	41.2	30984.3	1181.5	203.3	1763.5
青海	7.2		54.9	11.5	10845.6	289.3	51.5	646.0
宁夏	17.8		10.5	18.0	6976.9	364.9	47.8	1110.7
新疆	38.0	0.1	100.2	125.8	51430.7	1468.0	313.8	2269.6

7-5-58 邮政业营业网点及邮路

指 标		2008	2009	2010	2011	2012	2013
邮政业营业网点	(处)	69146	65672	75739	78667	95572	125115
信筒信箱	(个)	224023	206597	171043	148206	150271	147351
邮路总长度(单程)	(公里)	3693464	4027751	4635569	5140272	5855107	5897229
#航空邮路	(公里)	1908316	2178332	2529232	2718292	3160292	3334949
铁路邮路	(公里)	236860	248876	269700	309027	320144	395809
汽车邮路	(公里)	1385102	1450782	1753027	2017483	2289077	2070847
城市投递路线(单程)	(公里)	1111749	1324378	1461321	1171464	1327674	1282319
农村投递路线(单程)	(公里)	3656936	3676051	3690561	3632579	3731657	3744733

注：营业网点1998年及以前为邮电局所，1999-2006年为邮政局所，统计口径从2002年起为邮政局所和邮政代办点，2007年邮政业营业网点数据包括邮政企业和年业务收入200万元以上快递企业，2013年起为全国邮政企业和获得快递业务经营许可的快递服务企业。

7-5-58 续表

指 标		2014	2015	2016	2017	2018
邮政业营业网点	(处)	137562	188637	216708	278025	274635
信筒信箱	(个)	142330	129572	127678	125409	122060
邮路总长度(单程)	(公里)	6305556	6376429	6585049	9384668	9851315
#航空邮路	(公里)	3622873	3558821	3712222	5996105	6544859
铁路邮路	(公里)	232976	218014	203729	215205	220980
汽车邮路	(公里)	2361997	2486461	2644714	3156199	3072496
城市投递路线(单程)	(公里)	1435111	1371041	1474841	1628446	1711862
农村投递路线(单程)	(公里)	3775875	3756043	3767660	3805332	4030582

7-5-59 分地区邮政营业网点及邮路

地 区	邮政业营业网点(处)	信筒信箱(个)	邮路总长度(单程)(公里)				城市投递路线(单程)(公里)	农村投递路线(单程)(公里)
				#航空邮路	#铁路邮路	#汽车邮路		
全 国	**274635**	**122060**	**9851315**	**6544859**	**220980**	**3072496**	**1711862**	**4030582**
北 京	5425	4562	566266	480220	19655	67829	53376	19649
天 津	2444	2594	126491	97700		28791	23614	20739
河 北	9836	2681	215993	77021		138398	73378	206532
山 西	6779	1645	92465	38064		54291	38886	109231
内蒙古	4934	1600	247189	166400	3941	76544	64788	161655
辽 宁	7117	2997	255395	173207	5866	76209	74632	112953
吉 林	4659	1644	184623	145878	2996	35749	30569	94677
黑龙江	6155	2277	162299	84721	15802	61776	43615	119373
上 海	4716	3013	110893	47102	8641	54489	51914	36760
江 苏	15202	6870	487432	244870		242562	100031	257907
浙 江	25861	23912	729059	361407	76491	290641	121946	200106
安 徽	10479	2273	187072	38175	1109	147781	50035	146884
福 建	10255	7584	712096	585766		125997	41175	102319
江 西	7384	2039	98972	5953		92987	44143	90190
山 东	14762	4329	408336	272469		135693	116682	281181
河 南	14138	3602	412682	281749	3499	127235	71680	191463
湖 北	14210	2465	262100	150750		111350	56372	187782
湖 南	10433	2867	369957	242928		126948	99398	208932
广 东	25111	5092	1997304	1669961	40682	285943	174986	270803
广 西	8024	3165	316908	230554		86169	33298	107965
海 南	1767	3138	91597	73565		17551	19413	30662
重 庆	6786	2051	153099	92958	1939	56179	34794	61069
四 川	20170	12860	347830	188820	2121	150174	63774	252983
贵 州	8332	2112	147277	91556		55721	46434	122967
云 南	9100	1909	291772	161944	14391	115437	40373	171871
西 藏	1167	5405	94970	36600	1972	56398	10249	86384
陕 西	8366	1943	176855	98691	1385	75709	38494	124468
甘 肃	4725	2829	201669	122637	2769	76145	41640	130145
青 海	1098	526	88507	51729	2092	34686	8685	42981
宁 夏	1508	480	61000	52216		8784	11275	11743
新 疆	3692	1596	253210	179248	15629	58333	32216	68209

7-5-60 邮政通信服务水平

指 标		2008	2009	2010	2011	2012	2013
已通邮的行政村比重	(%)	98.5	98.8	99.0	98.0	99.1	99.2
城区每日平均投递次数	(次)	2.1	2.0	2.1	2.1	2.0	2.0
农村每周平均投递次数	(次)	5.0	5.0	4.9	5.0	5.0	5.0
平均每一营业网点服务面积	(平方公里)	138.8	146.2	126.8	122.0	100.4	76.7
平均每一营业网点服务人口	(万人)	1.9	2.0	1.8	1.7	1.4	1.1
平均每人每年发函件数	(件)	5.6	5.7	5.5	5.5	5.2	4.7
平均每百人每年订报刊数	(份)	11.9	10.4	12.8	11.1	11.4	11.1

7-5-60 续表

指 标		2014	2015	2016	2017	2018
已通邮的行政村比重	(%)	99.4	99.8	99.4	100.0	100.0
城区每日平均投递次数	(次)	2.1	1.9	2.0	2.0	2.0
农村每周平均投递次数	(次)	4.8	4.9	5.0	5.1	5.2
平均每一营业网点服务面积	(平方公里)	69.8	50.9	44.3	34.5	35.0
平均每一营业网点服务人口	(万人)	1.0	0.7	0.6	0.5	0.5
平均每人每年发函件数	(件)	4.1	3.3	2.7	2.3	1.9
平均每百人每年订报刊数	(份)	10.9	11.3	9.9	9.0	8.9

7-5-61 各地区邮政通信服务水平

地 区	平均每一营业网点服务面积（平方公里）	平均每一营业网点服务人口（万人）	城区每日平均投递次数（次）	农村每周平均投递次数（次）
全 国	**34.96**	**0.51**	**2.0**	**5.2**
北 京	3.10	0.40	1.9	7.8
天 津	4.50	0.64	2.0	6.5
河 北	19.32	0.77	1.7	5.6
山 西	22.13	0.55	1.9	6.0
内蒙古	222.94	0.51	1.6	3.3
辽 宁	21.08	0.61	2.7	4.6
吉 林	38.63	0.58	1.7	4.8
黑龙江	74.74	0.61	2.1	5.0
上 海	1.23	0.51	2.2	11.2
江 苏	6.58	0.53	2.1	7.4
浙 江	3.87	0.22	2.2	6.8
安 徽	12.41	0.60	1.8	6.2
福 建	11.70	0.38	1.8	5.2
江 西	21.67	0.63	1.9	4.1
山 东	10.16	0.68	2.2	6.3
河 南	11.32	0.68	2.0	5.6
湖 北	12.67	0.42	2.0	5.0
湖 南	20.13	0.66	2.0	5.3
广 东	7.17	0.45	2.0	8.1
广 西	28.66	0.61	1.7	4.1
海 南	19.24	0.53	2.0	6.4
重 庆	12.13	0.46	1.8	4.8
四 川	23.80	0.41	2.1	4.2
贵 州	20.40	0.43	1.9	4.6
云 南	41.76	0.53	2.0	3.4
西 藏	1028.28	0.29	1.6	3.0
陕 西	22.71	0.46	1.8	5.0
甘 肃	82.54	0.56	1.9	3.9
青 海	655.74	0.55	1.7	3.1
宁 夏	43.77	0.46	1.8	5.7
新 疆	433.37	0.67	1.7	3.6

7-5-62 快递业务量

年 份	快 递（万件）	快递业务收入（万元）	年 份	快 递（万件）	快递业务收入（万元）
1990	343.3		2005	22880.3	
1991	566.7		2006	26988.0	
1992	959.2		2007	120189.6	3425851.6
1993	2156.2		2008	151329.3	4084274.6
1994	4019.5		2009	185785.8	4790030.7
1995	5562.7		2010	233892.0	5746029.8
1996	7096.6		2011	367311.1	7579878.2
1997	6878.9		2012	568548.0	10553324.2
1998	7667.7		2013	918674.9	14416815.3
1999	9091.3		2014	1395925.3	20453586.2
2000	11031.4		2015	2066636.8	27696465.9
2001	12652.7		2016	3128315.1	39743601.3
2002	14036.2		2017	4005591.9	49571088.8
2003	17237.8		2018	5071042.8	60384253.8
2004	19771.9				

注：快递业务量2006年及以前为邮政特快专递，2007年起为规模以上(年业务收入200万元以上)。
快递服务企业业务量，2013年起为获得快递业务经营许可的快递服务企业业务量。

7-5-62 续表

地 区	快 递（万件）	快递业务收入（万元）	地 区	快 递（万件）	快递业务收入（万元）
北 京	220875.6	3310328.2	河 南	152631.6	1529449.7
天 津	57576.7	874555.6	湖 北	135307.7	1437737.2
河 北	174136.2	1807779.7	湖 南	78932.6	804691.3
山 西	30332.9	385467.2	广 东	1296195.7	14117279.4
内蒙古	15182.3	299100.7	广 西	48101.1	615000.7
			海 南	7107.1	163135.3
辽 宁	65363.7	879726.8			
吉 林	22637.5	377131.5	重 庆	45795.4	580358.4
黑龙江	30177.2	464325.9	四 川	145991.7	1671575.4
			贵 州	21193.7	404531.8
上 海	348648.8	10202806.0	云 南	33999.1	471438.1
江 苏	438935.4	4808932.1	西 藏	725.8	24297.1
浙 江	1011050.7	7793024.1			
安 徽	112322.4	1110120.0	陕 西	56876.5	673078.9
福 建	211613.4	2066842.1	甘 肃	8911.6	188515.3
江 西	61929.5	670877.1	青 海	1897.2	47871.9
山 东	218701.1	2283960.8	宁 夏	6771.3	81303.0
			新 疆	11121.4	239012.4

注：快递业务量2006年及以前为邮政特快专递，2007年起为规模以上(年业务收入200万元以上)。
快递服务企业业务量，2013年起为获得快递业务经营许可的快递服务企业业务量。

【主要统计指标解释】

铁路营业里程 又称营业长度（包括正式营业里程和临时营业里程），指办理客货运输业务的铁路正线总长度。凡是全线或部分建成双线及以上的线路，以第一线的实际长度计算；复线、站线、段管线、岔线和特殊用途线以及不计算运费的联络线都不计算营业里程。

电气化铁路里程 指在全部铁路营业里程中已安装了供电线路及设备，可以供电力机车牵引列车运行的区段的总里程。

公路里程 指报告期末公路的实际长度。统计范围：包括城间、城乡间、乡（村）间能行驶汽车的公共道路，公路通过城镇街道的里程，公路桥梁长度、隧道长度、渡口宽度。不包括城市街道里程，断头路里程，农（林）业生产用道路里程，工（矿）企业等内部道路里程。统计原则：按已竣工验收或交付使用的实际里程计算；两条或多条公路共同经由同一路段的重复里程，只计算一次。

内河航道里程 指报告期末在江河、湖泊、水库、渠道和运河水域内，船舶、排筏在不同水位期可以通航的实际航道里程数。内河航道里程按主航道中心线实际长度计算。两省以河为界的航道里程，双方均按一半计算。

定期航班航线里程 指定期航班营运里程的总长度，以万公里为计算单位。航线里程的统计分为按重复距离计算和按不重复距离计算两种形式。“按重复距离计算”是指不同航线的相同航段距离可以重复累加；“按不重复距离计算”则不同航线相同航段只统计一次。

输油（气）管道长度 也称输油（气）里程，指油品（或天然气）的实际输送距离，一般按输油（气）管道的单线长度计算。若包括复线和备用线长度则称为输油（气）管道延展长度，是指管道铺设的实际长度。通常使用的是不包括复线的“输油（气）管道里程”。

货（客）运量 指在一定时期内，各种运输工具实际运送的货物（旅客）数量。货运按吨计算，客运按人计算。货物不论运输距离长短、货物类别，均按实际重量统计。旅客不论行程远近或票价多少，均按一人一次客运量统计；半价票、小孩票也按一人统计。

货物（旅客）周转量 指在一定时期内，由各种运输工具运送的货物（旅客）数量与其相应运输距离的乘积之总和。计算货物（旅客）周转量通常按发出站与到达站之间的最短距离，也就是计费距离计算。计算公式：货物（旅客）周转量=Σ（货物（旅客）运输量×运输距离）。

货（客）运密度 指报告期内某种运输方式在营运线路的某一区段平均每公里线路通过的货物（旅客）运输周转量。计算公式：货（客）运密度=货物（旅客）周转量/营业线路长度。

旅客运输平均运距 指报告期内平均每一位旅客的旅行距离。计算公式：旅客运输平均运距=旅客周转量/客运量。

货物运输平均运距 指报告期内平均每一吨货物的运输距离。计算公式：货物运输平均运距=货物周转量/货运量。

民用汽车拥有量 指报告期末，在公安交通管理部门按照《机动车注册登记工作规范》，已注册登记领有民用车辆牌照的全部汽车数量。汽车拥有量统计的主要分类：根据汽车结构分为载客汽车、载货汽车及其他汽车；根据汽车所有者不同分为个人（私人）汽车、单位汽车；根据汽车的使用性质分为营运汽车、非营运汽车；根据汽车大小规格不同，载客汽车分为大型、中型、小型和微型，载货汽车分为重型、中型、轻型和微型。

机动船 又称自航船，指装有各种发动机推进装置，以机械动力行驶的船舶。

驳船 指本身无动力装置，或只设简易动力装置，依靠拖船或推船带动的平底船。

拖船 指专门拖带其它船舶、船队、木排的船舶。

船舶净载重量 指报告期末所拥有船舶的总载重量减去燃（物）料、淡水、粮食及供应品、人员及其行李等的重量及船舶常数后，能够装载货物的实际重量。

沿海港口 指位于海沿岸，具有一定设施和条件，供船舶停靠、旅客上下、货物装卸、生活物料供应等作业的港口。

内河港口 指位于江、河、湖沿岸，具有一定设施和条件，供船舶停靠、旅客上下、货物装卸、生活物料供应等作业的港口。

港口货物吞吐量 指经由水路进出港区范围，并经过装卸的货物数量。按货物流向分为进港吞吐量和出港吞吐量；按货物贸易性质分为内贸货物吞吐量和外贸货物吞吐量；按货物的类别分，可根据现行的交通行业标准《运输货物分类和代码》分类。

定期航班航线条数 指定期航班营运的航线条数。按国内航线（其中：港澳台航线）、国际航线分类统计。

国际航线 指航线中任一航段的起讫点（技术经停点除外）在外国领土上的航线。

国内航线 指航线中各航段的起讫点（技术经停点除外）都在国内的航线。

港澳台地区航线 指航线中任一航段的起讫点在香港、澳门或台湾的航线（经香港、澳门、台湾飞往外国的航线统计为国际航线）。

飞机架数 指报告期末实有在册飞机数量，包括停场待修、在厂检修的飞机和租借飞机。

运输飞机 从事公共航空运输的民用飞机。分为大中型飞机和小型飞机，大中型飞机指100座及以上的运输飞机，小型飞机指100座以下的运输飞机。

正班平均载运率 指报告期内正班飞行所完成的运输总周转量与可提供周转量之比。

城市公共交通 指城市中供公众乘用的、经济方便的各种交通方式的总称。包括公共汽车、电车、轨道交通（地铁、轻轨、有轨电车、磁悬浮、索道、缆车等）、出租汽车、公共轮渡等客运交通设施。

运营线路总长度 指全部运营线路长度之和。计算公式：运营线路长度=Σ各条运营线路长度=Σ〔1/2（上行起点至终点里程+下行起点至终点里程+上下行终点掉头里程〕。

单向行驶的环行线路长度等于起点至终点里程与终点下客站至起点里程之和的一半，不包括折返、试车、联络线等非运营线路。

公交专用车道 指为了调整公共交通车辆与其他社会车辆的路权使用分配关系，提高公共交通车辆运营速度和道路资源利用率，而科学、合理设置的公共交通优先车道、专用车道（路）、路口专用线（道）、专用街道、单向优先专用线（道）等。

运营车数 指城市中用于公共交通运营业务的全部车辆数。地铁和轻轨在统计时一自然节为一辆。出租汽车指已经领取出租汽车专用牌照的运营车辆，包括技术完好的、在修的、长期行驶的以及拟报废尚未经上级机关批准的车辆。

轮渡运营船数 指用于城市客渡运营业务的全部船舶数。不含旅游客轮（长途旅游、市内供游人游览江、河、湖泊的船只）。

城市公共交通客运总量 指报告期内城市公共交通各种运输方式运送乘客的总人次。

邮政行业业务总量 指以货币形式表示的邮政行业企业为社会提供各类邮政服务或其他服务的总数量，是用于观察邮政业务发展变化总趋势的综合性总量指标。邮政业务总量是以各类业务的实物量分别乘以相应的不变单价，求出各类业务的货币量加总求得。

营业网点 指拥有固定地址、直接对外营业，可收寄邮件和快件的营业场所和服务机构数量。

邮政局所 指经邮政部门审批许可，有固定的局所地址、领有上级发给的日戳或戳记，直接对外营业，至少办理出售邮票和收寄挂号信函两种业务的服务机构。按级别可分为邮政支局、自办邮政所、代办邮政所和其他局所。

邮路 指各邮政局所之间，邮政局所与车站、码头、机场、转运站、邮件处理中心、报刊社之间，邮区中心局与邮政局所及各邮区中心局之间由自办或委办人员按固定班期规定路线交换邮件（包括机要文件，下同）、报刊的路线。包括农村地区运邮兼投递的路线，不包括城市、农村地区纯投递路线。按运输方式可分为航空邮路、铁路邮路、汽车邮路、水路邮路和其他邮路等。

农村投递路线 指农村邮政支局所自办或委办人员按固定班期、规定路线至农村乡（镇）、行政村等收件单位投递邮件、报刊所走的路线。

营业网点服务面积 指报告期行政区域平均每一营业网点服务的面积。计算公式：

$$每一营业网点服务面积=\frac{行政区域土地面积（平方公里）}{营业网点总数（处）}$$

营业网点服务人口 指报告期行政区域平均每一营业网点服务的人口数。计算公式：

$$每一营业网点服务人口=\frac{行政区域总人口数（万人）}{营业网点总数（处）}$$

7 第三产业分行业主要指标

7-6 住宿和餐饮业

简要说明

一、主要内容

住宿和餐饮业法人单位财务状况和经营情况。

二、统计范围

限额以上住宿和餐饮业法人单位。

三、统计调查方法

对限额以上住宿和餐饮业法人单位采用全面调查的方法。

四、限额标准

住宿业法人单位，年主营业务收入200万元及以上。

餐饮业法人单位，年主营业务收入200万元及以上。

五、资料来源

本部分统计资料由国家统计局贸易外经统计司根据《住宿和餐饮业统计报表制度》搜集的资料加工整理而得。

7-6-1 限额以上住宿和餐饮业企业年末资产负债

单位：亿元

项　　目	资产总计	#流动资产合计	#固定资产合计	负债合计	所有者权益合计
总　　计	**18649.9**	**7894.3**	**6271.6**	**13679.8**	**4973.1**
一、住宿业	**13529.5**	**5485.1**	**4812.3**	**10099.0**	**3432.5**
#国有控股	3563.9	1080.4	1538.5	2077.5	1487.7
(一)按登记注册类型分					
内资企业	**11090.5**	**4469.6**	**3958.5**	**8353.8**	**2738.7**
国有企业	933.8	280.7	447.3	472.1	461.7
集体企业	67.5	26.2	31.4	48.3	19.2
股份合作企业	13.3	6.3	4.5	11.7	1.6
联营企业	8.3	3.5	2.7	4.6	3.7
国有联营企业	6.1	2.5	1.7	2.7	3.4
集体联营企业	1.0	0.1	0.8	1.3	-0.3
国有与集体联营企业	1.0	0.8	0.2	0.4	0.7
其他联营企业	0.2	0.1		0.2	-0.1
有限责任公司	5963.3	2331.4	2182.2	4499.2	1466.0
国有独资公司	666.7	209.8	266.1	387.0	279.7
其他有限责任公司	5296.6	2121.6	1916.2	4112.2	1186.2
股份有限公司	550.1	232.2	180.9	351.6	198.4
私营企业	3551.7	1588.1	1108.6	2964.5	587.4
私营独资企业	101.4	37.2	46.1	57.4	43.9
私营合伙企业	25.8	9.8	10.4	13.4	12.5
私营有限责任公司	3343.0	1504.9	1023.1	2836.2	507.2
私营股份有限公司	81.5	36.1	28.8	57.5	23.8
其他企业	2.4	1.2	1.0	1.8	0.6
港、澳、台商投资企业	**1569.8**	**587.8**	**574.5**	**1126.9**	**442.9**
合资经营企业	667.6	274.1	194.6	569.2	98.4
合作经营企业	113.0	47.7	46.4	56.3	56.7
独资经营企业	760.5	255.7	322.1	482.0	278.5
投资股份有限公司	19.2	9.8	7.7	12.7	6.5
其他港澳台商投资企业	9.5	0.6	3.7	6.7	2.8
外商投资企业	**869.2**	**427.7**	**279.1**	**618.3**	**250.9**
中外合资经营企业	323.3	100.5	106.1	202.3	121.1
中外合作经营企业	87.7	28.6	53.3	75.6	12.1
外资企业	437.1	294.0	106.2	332.0	105.2
外商投资股份有限公司	9.3	2.5	5.1	7.9	1.4
其他外商投资企业	11.8	2.2	8.3	0.5	11.2
(二)按国民经济行业分					
旅游饭店	11417.0	4508.8	4185.5	8598.2	2820.5
一般旅馆	1733.9	780.7	542.0	1213.0	521.2
民宿服务	81.2	44.9	10.8	59.6	21.7
露营地服务	0.4	0.1	0.2	0.2	0.3
其他住宿业	296.9	150.7	73.6	228.1	68.8

7-6-1 续表 单位：亿元

项目	资产总计	#流动资产合计	#固定资产合计	负债合计	所有者权益合计
二、餐饮业	**5120.4**	**2409.2**	**1459.3**	**3580.8**	**1540.6**
#国有控股	430.6	183.6	150.0	263.4	168.1
(一)按登记注册类型分					
内资企业	**4181.7**	**1983.1**	**1239.4**	**3049.2**	**1132.5**
国有企业	90.5	27.4	38.8	53.6	37.8
集体企业	16.5	8.8	3.9	10.7	5.7
股份合作企业	13.8	9.2	3.1	10.3	3.5
联营企业	3.1	1.8	1.2	0.6	2.5
国有联营企业					
集体联营企业	3.1	1.8	1.1	0.6	2.5
国有与集体联营企业					
其他联营企业	0.1				0.1
有限责任公司	1374.1	626.8	442.3	1065.1	309.0
国有独资公司	71.0	20.6	38.2	43.8	27.2
其他有限责任公司	1303.1	606.2	404.1	1021.3	281.8
股份有限公司	234.9	117.8	51.0	123.9	110.4
私营企业	2444.9	1189.3	697.8	1783.0	661.6
私营独资企业	146.1	55.3	63.8	63.2	82.9
私营合伙企业	19.4	8.6	7.4	8.9	10.5
私营有限责任公司	2203.7	1092.8	609.3	1667.1	536.4
私营股份有限公司	75.8	32.5	17.3	43.9	31.8
其他企业	3.8	2.0	1.2	2.0	1.9
港、澳、台商投资企业	**581.2**	**290.3**	**139.4**	**322.7**	**259.5**
合资经营企业	134.6	44.8	54.8	60.4	74.2
合作经营企业	10.6	7.4	1.7	10.9	-0.3
独资经营企业	424.2	229.0	81.1	241.5	183.8
投资股份有限公司	11.7	9.0	1.6	9.7	2.0
其他港澳台商投资企业	0.2	0.1		0.2	
外商投资企业	**357.5**	**135.7**	**80.6**	**208.9**	**148.6**
中外合资经营企业	68.4	21.5	22.0	35.3	33.0
中外合作经营企业	2.5	1.4	0.1	0.8	1.6
外资企业	261.9	102.4	52.7	158.1	103.8
外商投资股份有限公司	3.4	2.1	0.1	1.4	2.0
其他外商投资企业	21.3	8.3	5.5	13.2	8.1
(二)按国民经济行业分					
正餐服务	4229.9	1956.9	1299.7	3086.6	1144.3
快餐服务	563.6	225.0	122.4	318.2	245.3
饮料及冷饮服务	177.5	114.0	18.5	86.3	91.3
餐饮配送及外卖送餐服务	87.0	69.7	9.6	51.0	36.0
其他餐饮业	62.4	43.7	9.1	38.6	23.8

7-6-2 各地区限额以上住宿和餐饮业企业年末资产负债

单位：亿元

地 区	资产总计	#流动资产合计	#固定资产合计	负债合计	所有者权益合计
全 国	**18649.9**	**7894.3**	**6271.6**	**13679.8**	**4973.1**
北 京	1986.9	930.5	554.8	1453.5	533.5
天 津	303.3	149.3	94.2	264.5	39.2
河 北	448.0	178.0	156.7	384.1	63.9
山 西	241.9	91.8	99.6	223.8	18.1
内蒙古	215.2	76.0	98.3	174.3	40.9
辽 宁	466.1	178.4	163.2	404.5	62.6
吉 林	149.9	56.9	69.5	113.9	36.0
黑龙江	125.6	36.7	60.8	89.8	36.6
上 海	1351.6	647.4	348.0	826.8	525.4
江 苏	1375.0	471.6	547.3	941.1	434.3
浙 江	1363.2	526.8	478.4	1108.2	255.0
安 徽	503.0	184.8	186.7	358.0	144.9
福 建	671.4	277.5	228.1	422.6	248.7
江 西	365.2	129.0	133.9	251.0	114.3
山 东	770.5	276.3	340.1	588.2	182.2
河 南	511.1	220.4	173.8	335.2	175.9
湖 北	640.3	256.2	220.4	424.4	216.0
湖 南	559.9	197.9	213.7	368.2	191.7
广 东	2545.2	1339.9	649.0	2134.5	410.7
广 西	310.6	118.8	116.7	233.9	75.8
海 南	771.1	335.2	258.1	566.7	204.4
重 庆	395.5	167.2	131.4	280.9	114.5
四 川	795.1	343.6	255.3	575.9	219.3
贵 州	272.3	123.5	89.1	172.7	99.7
云 南	417.6	169.9	164.2	262.5	155.0
西 藏	58.2	10.8	27.2	15.7	42.4
陕 西	548.9	209.2	213.7	381.1	167.8
甘 肃	205.4	86.4	79.3	131.3	74.1
青 海	60.4	26.5	22.4	31.9	28.6
宁 夏	51.8	22.1	23.0	50.3	2.0
新 疆	169.7	55.7	74.7	110.2	59.5

7-6-3 各地区限额以上住宿业企业年末资产负债

单位：亿元

地 区	资产总计	#流动资产合计	#固定资产合计	负债合计	所有者权益合计
全 国	**13529.5**	**5485.1**	**4812.3**	**10099.0**	**3432.5**
北 京	1566.1	655.5	512.1	1153.1	413.0
天 津	214.0	104.5	70.4	198.1	16.2
河 北	359.0	139.8	129.5	309.3	49.7
山 西	139.8	47.4	68.5	127.7	12.2
内蒙古	107.6	34.5	59.6	87.0	20.6
辽 宁	337.4	124.0	126.0	288.1	49.3
吉 林	125.3	48.0	58.4	97.3	28.1
黑龙江	107.0	28.3	52.5	76.6	30.4
上 海	899.7	369.0	280.2	502.3	397.9
江 苏	816.2	260.3	345.6	570.1	246.8
浙 江	976.2	367.2	354.7	797.2	179.0
安 徽	261.8	86.9	101.3	197.7	64.1
福 建	552.9	215.0	197.3	356.2	196.8
江 西	274.3	92.3	103.6	185.4	88.9
山 东	447.1	154.5	200.0	344.3	102.8
河 南	406.2	172.7	142.1	278.8	127.4
湖 北	337.5	121.8	128.9	212.5	125.1
湖 南	427.9	150.8	166.1	293.0	134.9
广 东	1948.4	1012.2	526.1	1722.7	225.6
广 西	268.8	96.5	105.8	203.0	65.6
海 南	758.5	329.1	255.5	555.7	202.8
重 庆	277.6	121.7	88.8	224.4	53.3
四 川	540.8	233.0	177.2	401.6	139.2
贵 州	232.2	101.0	79.3	148.8	83.4
云 南	335.3	123.2	140.3	218.1	117.2
西 藏	56.0	9.8	26.1	14.3	41.6
陕 西	390.1	138.8	162.8	289.2	100.9
甘 肃	156.1	68.4	59.6	102.6	53.5
青 海	49.6	22.0	17.9	26.5	23.0
宁 夏	34.4	14.1	16.3	34.0	1.0
新 疆	125.6	43.0	59.9	83.5	42.1

7-6-4 各地区限额以上餐饮业企业年末资产负债

单位：亿元

地 区	资产总计	#流动资产合计	#固定资产合计	负债合计	所有者权益合计
全 国	**5120.4**	**2409.2**	**1459.3**	**3580.8**	**1540.6**
北 京	420.8	275.0	42.8	300.3	120.5
天 津	89.3	44.8	23.9	66.4	22.9
河 北	89.0	38.1	27.3	74.9	14.1
山 西	102.1	44.4	31.1	96.1	5.9
内蒙古	107.6	41.5	38.7	87.3	20.3
辽 宁	128.7	54.4	37.2	116.4	13.3
吉 林	24.6	8.9	11.2	16.6	8.0
黑龙江	18.6	8.4	8.3	13.3	6.2
上 海	451.9	278.4	67.8	324.5	127.5
江 苏	558.8	211.3	201.7	371.0	187.5
浙 江	387.0	159.7	123.7	311.0	76.0
安 徽	241.2	98.0	85.3	160.3	80.9
福 建	118.5	62.5	30.8	66.5	51.9
江 西	90.9	36.7	30.3	65.6	25.3
山 东	323.4	121.8	140.1	244.0	79.4
河 南	104.9	47.7	31.6	56.4	48.5
湖 北	302.8	134.4	91.4	211.9	90.9
湖 南	132.0	47.1	47.6	75.2	56.8
广 东	596.8	327.6	122.9	411.8	185.1
广 西	41.7	22.3	11.0	30.9	10.3
海 南	12.6	6.1	2.7	11.0	1.5
重 庆	117.9	45.6	42.5	56.6	61.3
四 川	254.3	110.6	78.1	174.3	80.0
贵 州	40.1	22.5	9.9	23.9	16.3
云 南	82.3	46.7	23.9	44.4	37.8
西 藏	2.2	1.0	1.0	1.4	0.8
陕 西	158.8	70.3	50.9	91.9	66.9
甘 肃	49.3	18.0	19.7	28.7	20.6
青 海	10.9	4.5	4.5	5.3	5.5
宁 夏	17.4	8.0	6.7	16.4	1.0
新 疆	44.1	12.7	14.8	26.7	17.4

7-6-5 限额以上住宿和餐饮业企业损益及分配

单位：亿元

项　目	主营业务收入	主营业务成本	销售费用	管理费用	财务费用	利润总额
总　计	**9169.0**	**4155.6**	**2721.2**	**1726.1**	**236.9**	**331.8**
一、住宿业	**3878.4**	**1476.1**	**1102.4**	**1097.8**	**180.6**	**28.2**
#国有控股	941.3	329.4	294.1	311.3	24.8	-1.5
(一)按登记注册类型分						
内资企业	**3351.2**	**1306.1**	**965.4**	**927.4**	**149.6**	**4.9**
国有企业	289.4	93.9	104.3	100.9	1.8	-3.8
集体企业	32.9	10.6	11.6	8.4	0.5	1.7
股份合作企业	6.6	2.2	1.7	1.4	0.2	
联营企业	4.2	1.2	1.8	0.9	0.1	0.3
国有联营企业	2.8	0.8	1.2	0.4	0.1	0.2
集体联营企业	0.3	0.1	0.1	0.1		
国有与集体联营企业	0.6	0.1	0.3	0.2		
其他联营企业	0.5	0.2	0.2	0.2		
有限责任公司	1526.1	563.6	449.1	460.0	78.3	-15.2
国有独资公司	160.6	62.1	45.7	54.4	3.5	-3.7
其他有限责任公司	1365.5	501.5	403.4	405.7	74.9	-11.4
股份有限公司	150.3	64.0	31.1	33.3	5.5	10.9
私营企业	1339.9	569.9	365.4	321.9	63.1	10.9
私营独资企业	70.5	40.9	10.7	8.4	1.7	7.4
私营合伙企业	18.6	10.2	3.2	3.0	0.4	1.5
私营有限责任公司	1214.8	501.7	344.2	303.1	59.5	0.2
私营股份有限公司	36.0	17.2	7.3	7.4	1.6	1.8
其他企业	1.8	0.7	0.4	0.5		0.1
港、澳、台商投资企业	**341.6**	**106.9**	**87.9**	**111.2**	**24.2**	**13.2**
合资经营企业	139.0	41.7	35.2	44.6	11.3	8.3
合作经营企业	39.3	14.1	8.2	10.0	0.3	6.3
独资经营企业	154.2	48.2	41.6	54.3	12.3	-2.2
投资股份有限公司	7.3	2.1	2.5	1.7	0.3	0.8
其他港澳台商投资企业	1.9	0.9	0.3	0.7	0.1	-0.1
外商投资企业	**185.6**	**63.1**	**49.1**	**59.3**	**6.7**	**10.2**
中外合资经营企业	82.6	20.9	26.1	25.8	3.3	5.6
中外合作经营企业	27.5	13.7	6.3	6.6	1.7	-0.5
外资企业	64.3	24.3	14.2	24.3	1.3	3.7
外商投资股份有限公司	3.5	0.5	1.1	1.3	0.2	0.3
其他外商投资企业	7.7	3.7	1.4	1.3	0.2	1.1
(二)按国民经济行业分						
旅游饭店	3010.6	1104.8	869.8	888.1	155.0	2.0
一般旅馆	786.0	336.7	211.5	187.5	19.9	26.1
民宿服务	6.8	2.7	2.0	2.2	0.7	-0.8
露营地服务	0.3	0.2	0.1			
其他住宿业	74.7	31.7	19.0	20.0	5.0	0.9

7-6-5 续表 单位：亿元

项　目	主营业务收入	主营业务成本	销售费用	管理费用	财务费用	利润总额
二、餐饮业	**5290.6**	**2679.4**	**1618.8**	**628.3**	**56.3**	**303.6**
#国有控股	239.0	123.6	70.0	41.1	1.6	16.0
(一)按登记注册类型分						
内资企业	**3723.7**	**2015.8**	**980.8**	**480.3**	**51.2**	**187.1**
国有企业	46.1	24.0	12.1	11.9	0.2	-0.3
集体企业	17.0	10.4	3.1	1.8		1.1
股份合作企业	13.1	6.9	4.0	1.7	0.1	1.0
联营企业	1.2	0.9	0.1	0.2		
国有联营企业						
集体联营企业	0.9	0.7		0.2		
国有与集体联营企业						
其他联营企业	0.3	0.2				
有限责任公司	1102.6	551.5	337.9	153.2	16.3	47.4
国有独资公司	42.1	23.6	10.5	6.8	0.3	0.5
其他有限责任公司	1060.5	527.8	327.4	146.3	16.0	46.9
股份有限公司	121.6	61.7	37.1	15.5	1.9	13.3
私营企业	2416.2	1356.7	585.2	295.5	32.6	124.3
私营独资企业	227.4	146.3	26.0	19.9	2.4	27.6
私营合伙企业	32.1	19.9	5.5	3.2	0.4	2.4
私营有限责任公司	2091.0	1148.4	541.5	266.1	29.1	89.7
私营股份有限公司	65.7	42.0	12.2	6.3	0.7	4.6
其他企业	5.9	3.8	1.3	0.4		0.3
港、澳、台商投资企业	**701.4**	**252.5**	**338.7**	**65.2**	**3.9**	**47.5**
合资经营企业	125.7	52.6	51.7	13.1	0.5	8.2
合作经营企业	11.8	5.3	4.4	1.9		0.2
独资经营企业	560.5	193.4	281.1	49.9	3.1	39.1
投资股份有限公司	2.9	1.0	1.3	0.3	0.3	
其他港澳台商投资企业	0.6	0.2	0.3	0.1		
外商投资企业	**865.5**	**411.2**	**299.3**	**82.8**	**1.2**	**69.0**
中外合资经营企业	173.0	80.4	57.2	16.0		19.6
中外合作经营企业	2.9	2.1	0.4	0.3		0.1
外资企业	649.2	311.3	223.8	63.2	1.1	47.8
外商投资股份有限公司	4.8	3.1	1.0	0.6		
其他外商投资企业	35.6	14.4	16.8	2.8	0.1	1.4
(二)按国民经济行业分						
正餐服务	3567.9	1868.9	990.7	476.8	51.5	172.4
快餐服务	1196.6	554.7	446.1	108.1	3.9	87.1
饮料及冷饮服务	248.0	76.8	121.1	16.0	0.2	35.0
餐饮配送及外卖送餐服务	163.6	118.0	24.0	15.3	0.4	5.6
其他餐饮业	114.5	61.0	36.9	12.1	0.3	3.6

7-6-6 各地区限额以上住宿和餐饮业企业损益及分配

单位：亿元

地 区	主营业务收入	主营业务成本	销售费用	管理费用	财务费用	利润总额
全 国	**9169.0**	**4155.6**	**2721.2**	**1726.1**	**236.9**	**331.8**
北 京	1068.7	385.2	409.7	214.8	17.9	50.6
天 津	138.4	64.3	48.3	29.9	5.5	0.9
河 北	114.1	48.5	39.9	28.5	7.6	-10.7
山 西	90.9	40.2	32.5	21.8	3.0	-5.8
内蒙古	79.9	37.4	25.6	20.2	2.7	-7.0
辽 宁	167.2	71.9	53.8	39.6	6.9	-6.5
吉 林	42.3	18.2	13.2	12.5	2.0	-4.3
黑龙江	34.3	11.6	13.1	11.3	0.8	-3.1
上 海	1001.5	401.9	373.6	174.7	12.0	48.5
江 苏	673.6	300.9	194.1	133.9	16.9	25.4
浙 江	670.6	285.0	215.1	148.0	23.6	9.2
安 徽	226.8	111.6	57.1	35.5	6.4	15.2
福 建	454.2	241.3	97.4	68.4	8.5	35.1
江 西	127.3	64.9	26.8	23.9	4.5	4.5
山 东	365.1	169.5	110.6	74.6	10.6	-0.4
河 南	199.1	90.2	47.8	40.1	7.5	10.2
湖 北	387.4	199.0	90.1	47.4	8.1	37.1
湖 南	314.1	169.9	56.8	51.9	10.1	20.9
广 东	1354.5	604.2	433.3	241.0	33.1	49.0
广 西	127.5	52.2	41.3	29.2	5.1	-0.5
海 南	165.0	56.8	42.6	48.2	8.8	1.2
重 庆	250.3	144.1	41.4	32.1	6.4	23.1
四 川	377.3	191.9	90.9	59.9	9.6	29.2
贵 州	110.5	61.5	18.2	22.6	4.3	2.0
云 南	153.1	80.6	29.4	31.6	4.2	4.9
西 藏	9.4	3.6	3.6	3.7	0.2	-0.8
陕 西	320.9	175.9	71.8	48.5	5.3	12.6
甘 肃	66.3	34.2	18.5	12.3	2.5	-2.4
青 海	11.8	6.3	3.8	3.1	0.5	-1.8
宁 夏	14.0	6.6	5.3	3.6	0.7	-2.2
新 疆	52.9	26.2	15.5	13.1	1.3	-2.4

7-6-7　各地区限额以上住宿业企业损益及分配

单位：亿元

地　区	主营业务收入	主营业务成本	销售费用	管理费用	财务费用	利润总额
全　国	**3878.4**	**1476.1**	**1102.4**	**1097.8**	**180.6**	**28.2**
北　京	397.3	104.5	122.8	136.5	15.4	18.4
天　津	35.5	12.9	12.1	18.2	4.2	-2.2
河　北	70.5	27.1	26.3	20.8	6.1	-9.4
山　西	37.4	14.1	13.7	13.4	1.8	-4.6
内蒙古	30.2	11.3	11.3	10.0	1.4	-4.6
辽　宁	68.2	22.6	23.5	26.3	5.4	-10.5
吉　林	26.9	10.3	9.0	9.2	1.7	-3.8
黑龙江	25.7	8.0	9.8	10.0	0.5	-2.9
上　海	287.3	88.1	80.9	92.3	8.4	19.9
江　苏	236.7	81.8	75.6	73.7	11.1	-5.5
浙　江	314.4	101.4	111.3	97.4	17.9	-7.0
安　徽	70.3	30.4	17.4	18.8	3.8	-0.6
福　建	227.3	102.5	54.0	47.2	7.4	15.3
江　西	75.1	34.6	17.0	17.9	3.7	0.2
山　东	161.2	61.8	55.7	42.6	6.5	-5.2
河　南	119.2	49.7	29.9	29.9	6.1	1.6
湖　北	124.2	55.0	29.2	23.6	4.2	10.1
湖　南	157.8	77.1	29.0	36.5	7.8	5.7
广　东	545.9	212.1	154.5	144.7	28.6	12.6
广　西	80.6	27.5	27.3	24.5	4.4	-2.8
海　南	153.5	52.0	37.7	46.5	8.7	1.5
重　庆	84.7	39.1	18.2	18.8	4.8	2.6
四　川	162.4	72.8	39.7	36.9	6.4	10.3
贵　州	70.5	35.4	13.4	17.1	3.7	-0.4
云　南	89.8	39.6	19.7	25.7	3.5	-0.2
西　藏	8.3	3.1	3.4	3.6	0.1	-0.9
陕　西	129.7	58.6	34.2	31.4	3.2	-0.9
甘　肃	36.5	17.7	9.7	9.1	2.0	-2.6
青　海	8.0	4.2	2.8	2.6	0.4	-1.8
宁　夏	7.5	3.2	3.0	2.1	0.5	-1.4
新　疆	35.8	17.5	10.3	10.5	0.9	-2.4

7-6-8 各地区限额以上餐饮业企业损益及分配

单位：亿元

地区	主营业务收入	主营业务成本	销售费用	管理费用	财务费用	利润总额
全国	**5290.6**	**2679.4**	**1618.8**	**628.3**	**56.3**	**303.6**
北京	671.5	280.7	286.9	78.3	2.6	32.2
天津	102.9	51.5	36.2	11.7	1.3	3.1
河北	43.6	21.4	13.6	7.7	1.6	-1.3
山西	53.4	26.0	18.9	8.4	1.2	-1.3
内蒙古	49.7	26.1	14.2	10.1	1.3	-2.4
辽宁	99.0	49.3	30.4	13.2	1.5	4.0
吉林	15.4	7.9	4.2	3.3	0.3	-0.4
黑龙江	8.6	3.6	3.3	1.4	0.3	-0.2
上海	714.3	313.8	292.7	82.4	3.6	28.6
江苏	436.9	219.1	118.5	60.1	5.8	30.8
浙江	356.2	183.6	103.8	50.6	5.6	16.3
安徽	156.5	81.1	39.7	16.7	2.7	15.7
福建	226.9	138.8	43.4	21.2	1.1	19.8
江西	52.2	30.2	9.8	6.0	0.8	4.3
山东	203.8	107.6	54.9	32.1	4.1	4.8
河南	79.9	40.5	17.9	10.2	1.4	8.6
湖北	263.1	144.0	60.9	23.8	4.0	27.0
湖南	156.4	92.8	27.8	15.3	2.3	15.2
广东	808.5	392.1	278.8	96.3	4.5	36.4
广西	46.9	24.7	14.0	4.8	0.7	2.3
海南	11.5	4.8	4.9	1.7	0.2	-0.2
重庆	165.7	105.1	23.2	13.4	1.6	20.5
四川	214.9	119.1	51.2	23.0	3.2	18.9
贵州	40.0	26.1	4.8	5.5	0.6	2.5
云南	63.3	41.0	9.7	5.9	0.8	5.2
西藏	1.0	0.5	0.1	0.2		0.2
陕西	191.2	117.3	37.6	17.1	2.1	13.5
甘肃	29.8	16.5	8.8	3.3	0.5	0.2
青海	3.8	2.1	1.0	0.5	0.1	
宁夏	6.6	3.4	2.3	1.5	0.2	-0.8
新疆	17.1	8.7	5.2	2.6	0.4	

7-6-9 限额以上住宿和餐饮业企业经营情况

单位：亿元

项 目	营业额	#客房收入	#餐费收入
总 计	**9682.6**	**2437.2**	**6405.4**
一、住宿业	**4059.7**	**2130.6**	**1407.7**
#国有控股	998.1	457.3	345.8
(一)按登记注册类型分			
内资企业	**3509.4**	**1857.6**	**1226.0**
国有企业	307.4	134.1	114.6
集体企业	34.1	16.0	11.3
股份合作企业	7.0	3.3	2.6
联营企业	4.6	2.4	1.8
国有联营企业	3.1	1.7	1.2
集体联营企业	0.3	0.1	0.2
国有与集体联营企业	0.6	0.4	0.2
其他联营企业	0.6	0.3	0.3
有限责任公司	1615.4	822.4	564.8
国有独资公司	169.0	77.6	61.2
其他有限责任公司	1446.4	744.8	503.6
股份有限公司	123.4	57.5	42.9
私营企业	1415.7	820.8	487.4
私营独资企业	74.4	42.6	25.8
私营合伙企业	19.4	9.9	8.0
私营有限责任公司	1284.1	748.0	438.7
私营股份有限公司	37.8	20.2	14.9
其他企业	1.9	1.1	0.6
港、澳、台商投资企业	**350.5**	**175.0**	**118.2**
合资经营企业	145.0	71.9	47.2
合作经营企业	41.0	20.3	13.2
独资经营企业	154.8	77.7	53.8
投资股份有限公司	7.8	4.0	3.4
其他港澳台商投资企业	2.0	1.1	0.6
外商投资企业	**199.8**	**98.0**	**63.5**
中外合资经营企业	87.8	40.4	30.5
中外合作经营企业	29.6	13.6	7.1
外资企业	70.4	37.7	21.3
外商投资股份有限公司	3.7	2.3	1.0
其他外商投资企业	8.2	4.0	3.7
(二)按国民经济行业分			
旅游饭店	3143.9	1518.9	1185.8
一般旅馆	830.1	561.3	198.1
民宿服务	7.0	4.6	1.7
露营地服务	0.3	0.1	0.2
其他住宿业	78.4	45.8	21.9

7-6-9 续表 单位：亿元

项　目	营业额	#客房收入	#餐费收入
二、餐饮业	**5622.9**	**306.5**	**4997.7**
#国有控股	257.4	28.6	182.2
(一)按登记注册类型分			
内资企业	**3940.4**	**298.0**	**3388.1**
国有企业	48.9	11.6	31.8
集体企业	17.8	3.0	12.7
股份合作企业	14.1	0.5	12.2
联营企业	1.2		0.9
国有联营企业			
集体联营企业	0.9		0.7
国有与集体联营企业			
其他联营企业	0.3		0.2
有限责任公司	1168.1	100.1	972.3
国有独资公司	44.9	5.7	27.9
其他有限责任公司	1123.3	94.4	944.4
股份有限公司	135.6	7.0	111.3
私营企业	2548.7	175.6	2241.8
私营独资企业	239.4	14.3	214.3
私营合伙企业	33.4	2.0	30.5
私营有限责任公司	2206.4	154.0	1936.2
私营股份有限公司	69.5	5.3	60.8
其他企业	6.1	0.4	5.1
港、澳、台商投资企业	**754.3**	**5.9**	**709.6**
合资经营企业	134.1	2.4	126.8
合作经营企业	12.7	0.1	11.9
独资经营企业	603.9	3.4	567.4
投资股份有限公司	3.0	0.1	2.9
其他投资企业	0.6		0.6
外商投资企业	**928.2**	**2.7**	**900.0**
中外合资经营企业	185.1	1.4	182.0
中外合作经营企业	3.0	0.2	2.8
外资企业	696.5	0.6	675.7
外商投资股份有限公司	5.3	0.3	2.0
其他外商投资企业	38.2	0.1	37.5
(二)按国民经济行业分			
正餐服务	3774.9	305.0	3265.4
快餐服务	1276.2	0.6	1224.1
饮料及冷饮服务	272.5		251.5
餐饮配送及外卖送餐服务	174.0		143.9
其他餐饮业	125.3	0.8	112.7

7-6-10 各地区限额以上住宿和餐饮业企业经营情况

单位：亿元

地 区	合计			住宿业			餐饮业		
	营业额	#客房收入	#餐费收入	营业额	#客房收入	#餐费收入	营业额	#客房收入	#餐费收入
全 国	**9682.6**	**2437.2**	**6405.4**	**4059.7**	**2130.6**	**1407.7**	**5622.9**	**306.5**	**4997.7**
北 京	1144.2	238.9	776.8	421.4	234.9	98.3	722.8	4.0	678.5
天 津	147.4	25.7	106.6	40.1	21.6	10.1	107.3	4.1	96.5
河 北	120.3	40.5	66.5	74.5	32.6	32.8	45.8	7.8	33.7
山 西	95.1	28.5	60.2	39.4	19.9	15.6	55.7	8.6	44.6
内蒙古	82.6	24.9	54.2	31.5	17.0	12.5	51.2	7.9	41.7
辽 宁	174.4	39.2	119.9	70.7	35.0	23.5	103.7	4.1	96.5
吉 林	43.4	16.6	22.6	27.8	14.6	10.4	15.6	2.0	12.2
黑龙江	34.7	15.2	14.9	25.8	14.1	8.0	8.8	1.1	6.9
上 海	1076.2	177.3	815.6	301.5	170.7	71.9	774.7	6.6	743.7
江 苏	706.5	158.2	489.1	249.1	115.1	105.4	457.4	43.1	383.7
浙 江	717.0	191.9	472.0	335.7	161.8	139.6	381.3	30.1	332.3
安 徽	236.9	55.5	161.3	75.1	38.3	30.5	161.8	17.2	130.9
福 建	482.4	110.0	343.3	240.7	101.2	118.7	241.7	8.8	224.6
江 西	132.8	48.8	75.6	78.1	41.5	30.5	54.8	7.3	45.2
山 东	386.9	114.9	240.8	170.9	85.3	67.5	216.0	29.6	173.3
河 南	207.8	71.5	119.1	125.1	64.6	48.2	82.7	6.9	70.9
湖 北	417.8	98.9	285.8	133.2	72.9	46.6	284.6	26.0	239.2
湖 南	329.0	100.7	204.6	165.6	87.5	62.4	163.4	13.2	142.2
广 东	1427.4	323.7	945.3	575.1	300.6	177.7	852.3	23.1	767.7
广 西	135.1	53.1	69.7	85.3	50.3	26.5	49.8	2.8	43.2
海 南	134.6	77.2	46.6	122.2	77.0	34.9	12.4	0.2	11.7
重 庆	264.7	57.3	187.8	89.1	47.8	32.6	175.6	9.6	155.2
四 川	400.4	103.2	269.0	171.4	88.5	66.9	229.0	14.7	202.1
贵 州	115.3	50.4	57.2	73.4	48.0	19.7	41.9	2.5	37.5
云 南	164.1	60.8	87.5	97.4	58.8	27.7	66.7	2.0	59.8
西 藏	10.0	5.6	3.1	9.0	5.6	2.1	1.1		1.0
陕 西	343.0	86.3	229.1	137.8	70.3	57.2	205.3	15.9	172.0
甘 肃	69.0	27.3	38.8	38.0	23.8	12.1	31.0	3.5	26.7
青 海	12.8	6.3	5.7	8.8	5.7	2.4	4.0	0.6	3.3
宁 夏	14.9	5.2	8.7	8.0	4.0	3.2	6.9	1.2	5.5
新 疆	56.0	23.5	27.8	38.1	21.5	12.3	17.9	1.9	15.5

【主要统计指标解释】

营业额 指住宿和餐饮业单位在经营活动中，因提供服务或销售商品等取得的全部收入（含增值税），收入主要来源于提供客房、餐费服务、商品销售和其他服务，如商务服务。

客房收入 指住宿和餐饮业单位在经营活动中因提供住宿服务取得的收入（含增值税）。

餐费收入 指本单位为顾客提供就餐服务取得的收入（含增值税）。

7 第三产业分行业主要指标

7-7 信息传输、软件和信息技术服务业

简要说明

一、主要内容

1. 信息传输、软件和信息技术服务业企业法人单位分地区主要指标。

2. 电信主要财务情况，主要包括电信运营企业的资产、营业收入和利润等指标。

3. 软件和信息技术服务业主要经济指标，主要包括软件业务收入等指标。

4. 电信资料主要包括：电信主要电路及设备拥有量、电信主要业务量、电信主要通信能力、电信通信服务水平等。

二、统计范围

1. 电信业包括从事电信运营的中国电信、中国移动、中国联通三家基础电信企业，不含专用网业务资料。

2. 软件和信息技术服务业包括：（1）主营业务收入500万元以上的软件和信息技术服务业等企业。（2）主营业务收入1000万元以上，并有软件研发、系统集成及相关信息技术服务业务收入，且该收入占本企业主营业务30%以上的独立法人单位。（3）主要从事集成电路设计的企业或其集成电路设计和测试的收入占本企业主营业务60%以上，且主营业务收入500万元以上的独立法人单位。

三、资料来源

本篇资料由国家统计局服务业统计司负责整理、编辑，信息传输、软件和信息技术服务业企业法人单位分地区主要指标来源于《规模以上服务业统计报表制度》和《规模以下服务业抽样调查统计报表制度》调查结果。其他资料来源于工业和信息化部。

7-7-1 电信主要财务情况

单位：亿元

指　　标	2005	2008	2009	2010	2011	2012
主营业务收入	5840.12	8148.00	8544.09	9079.14	9880.41	10758.29
固定通信业务收入			2849.14	2795.96	2705.79	2802.46
移动通信业务收入			5694.95	6283.17	7174.62	7955.83
主营业务成本	2720.45	3941.61	4116.29	4361.02	4980.15	5240.34
利润总额	1265.07	1750.30	1730.71	1458.46	1668.26	1797.31
资产总额	16419.27	19857.43	21169.05	22194.60	23408.52	25177.34

7-7-1 续表

单位：亿元

指　　标	2013	2014	2015	2016	2017	2018
主营业务收入	11668.67	11907.97	11665.16	12001.49	12636.94	13005.66
固定通信业务收入	2984.17	3314.00	3455.76	3417.95	3545.12	3798.80
移动通信业务收入	8684.49	8593.98	8209.39	8583.54	9091.82	9206.87
主营业务成本	5780.65	6554.85	7698.89	8612.91	8632.24	8744.04
利润总额	1774.14	1663.06	1657.46	1544.86	1658.14	1794.01
资产总额	26519.94	28228.35	30641.19	31803.87	31654.68	31751.72

7-7-2 各地区电信主要财务情况

单位：亿元

地 区	主营业务收入	主营业务成本	利润总额	资产总额
全 国	**13005.66**	**8744.04**	**1794.01**	**31751.72**
北 京	603.60	366.50	163.20	1220.81
天 津	153.03	120.23	7.58	323.94
河 北	471.18	343.23	35.73	957.11
山 西	244.67	197.31	0.00	506.61
内蒙古	210.16	182.99	-25.87	490.04
辽 宁	360.35	276.57	15.04	757.51
吉 林	176.36	154.36	-23.17	374.23
黑龙江	227.74	193.04	-11.39	548.32
上 海	571.66	358.92	101.68	1254.60
江 苏	949.26	584.36	177.06	1813.51
浙 江	789.85	503.94	164.16	1909.61
安 徽	413.92	258.92	68.66	739.02
福 建	432.54	289.68	67.25	925.59
江 西	291.85	190.64	40.03	526.91
山 东	674.96	447.25	107.72	1290.80
河 南	633.69	428.15	89.65	1153.84
湖 北	446.47	287.43	81.50	811.44
湖 南	466.54	281.27	79.07	862.94
广 东	1666.05	1025.28	461.52	4316.52
广 西	335.28	232.27	41.48	618.72
海 南	104.31	70.68	13.31	207.35
重 庆	257.29	189.18	20.75	470.56
四 川	627.38	439.13	84.16	1136.86
贵 州	290.42	188.78	46.53	497.66
云 南	348.63	228.91	53.16	599.66
西 藏	54.60	52.29	-14.39	155.17
陕 西	343.17	244.15	25.12	614.75
甘 肃	182.44	154.83	-14.20	396.56
青 海	56.60	45.92	-5.78	130.25
宁 夏	62.27	53.24	-10.17	133.20
新 疆	222.21	184.38	-20.14	467.26
不分地区	337.21	170.20	-25.22	5540.36

7-7-3 软件和信息技术服务业主要经济指标

年 份 地 区	软件业务收入（万元）	#软件产品收入	#信息技术服务收入	信息安全收入	#嵌入式系统软件收入	#软件业务出口（万美元）
2010	135885509.6	49305319.5	65296861.8		21283328.4	2673526.0
2011	188489906.0	61921545.6	95830650.1		30737710.2	3461947.0
2012	247937523.5	78572418.6	129448959.2		39916145.7	3942380.0
2013	305874743.1	98768380.6	160305341.0		46801021.5	4691377.0
2014	370264197.3	121984961.7	187110900.5		61168335.2	4867057.8
2015	428479158.8	136561431.9	222109513.9		69808213.0	4948702.5
2016	482322235.0	150278252.4	260904232.5		71139750.1	4994607.7
2017	551031186.6	169835724.7	306037090.4		75158371.5	5411643.3
2018	619087337.7	173785598.1	375630759.6	11629202.6	58041777.4	5106629.0
北 京	97289177.8	30650174.0	62800499.4	3516787.5	321716.9	382497.4
天 津	16405911.3	3740463.0	12355652.0	27754.6	282041.7	26415.2
河 北	2641618.6	392005.3	2176540.6	5597.5	67475.1	3800.2
山 西	286991.7	140867.6	120870.8	2323.4	22929.9	
内蒙古	116699.4	36650.5	70501.3	311.0	9236.6	
辽 宁	15095709.6	6997948.8	6439154.9	1497153.1	161452.8	259862.7
吉 林	6671132.0	2022633.0	3411101.2	129852.8	1107545.0	4608.8
黑龙江	482541.1	190838.4	161818.3	73603.9	56280.5	70.0
上 海	48368600.2	12126226.1	36106660.8	133609.5	2103.8	390858.8
江 苏	88331850.6	21732299.9	53442384.8	1178135.2	11979030.8	583171.3
浙 江	52006147.9	12039185.0	36900870.6	433666.5	2632425.8	314115.3
安 徽	4560507.2	1925038.0	1816223.3	147560.0	671685.9	8441.9
福 建	28900454.4	9752276.9	15170855.2	476182.8	3501139.6	47174.5
江 西	1529390.9	821975.4	670848.9	27768.4	8798.2	7383.9
山 东	49493473.0	16897183.8	21152555.3	1485104.7	9958629.1	70952.8
河 南	3364308.6	897030.6	2338231.6	46229.6	82816.8	486.6
湖 北	17914891.5	8005681.7	9063547.1	791595.0	54067.7	25114.9
湖 南	4925764.0	1797990.3	1917027.9	22059.3	1188686.5	14470.0
广 东	106874315.5	22821002.0	62255565.6	374446.9	21423301.0	2673335.1
广 西	1524849.5	121029.2	1341663.1	17865.6	44291.6	2502.2
海 南	2532700.9	531234.6	1997566.8	3441.2	458.3	933.2
重 庆	13929501.4	3222231.8	8783398.6	293895.7	1629975.3	15828.3
四 川	31726384.7	11402521.7	17728543.9	825448.8	1769870.2	152417.8
贵 州	1767338.7	299588.3	1439490.2	8655.7	19604.5	1739.1
云 南	911126.1	216782.3	668009.5	22063.5	4270.9	
西 藏						
陕 西	19948948.0	4660556.4	14208275.4	45504.6	1034611.6	120449.0
甘 肃	522834.9	192556.9	320829.2	7748.0	1700.8	
青 海	14105.7	3455.7	9684.2		965.9	
宁 夏	185752.3	63157.9	118836.4	950.4	2807.7	
新 疆	764310.4	85013.2	643552.6	33887.6	1857.0	

注：本表统计口径为主营业务收入500万元以上的软件和信息技术服务业等企业。

7-7-4 信息传输、软件和信息技术服务业企业法人单位分地区主要指标

地区	单位数（个）	营业收入（亿元）	资产总计（亿元）	从业人员（万人）
全国	**913076**	**70078.1**	**152025.5**	**995.1**
北京	76961	13553.5	52170.1	137.7
天津	17744	1180.3	2798.2	15.6
河北	38988	1282.8	1942.3	25.8
山西	17227	434.9	979.1	11.4
内蒙古	8126	341.6	808.4	7.4
辽宁	28638	978.5	1849.5	23.7
吉林	6339	386.8	817.5	8.0
黑龙江	10019	444.2	1075.9	11.8
上海	23408	6786.8	13518.6	69.2
江苏	72220	5974.2	10480.6	85.5
浙江	54715	8448.8	12271.6	57.4
安徽	30274	1272.4	1956.0	26.4
福建	32516	1816.4	2793.0	39.6
江西	15130	814.1	1131.2	14.7
山东	58350	2737.2	4694.0	48.7
河南	55760	1803.2	2578.1	45.8
湖北	38952	1789.5	2967.1	40.6
湖南	24493	1151.7	1702.0	24.5
广东	165154	10774.9	20256.5	155.9
广西	18186	641.0	1203.8	12.4
海南	5768	352.5	781.0	4.3
重庆	22701	1052.1	1587.4	20.6
四川	31157	2083.8	4319.1	44.1
贵州	8102	545.5	1081.5	9.1
云南	15000	627.5	1178.1	11.4
西藏	1057	201.4	550.3	1.4
陕西	20644	1355.1	2292.3	25.3
甘肃	4102	278.8	578.7	6.0
青海	1755	85.8	198.3	1.9
宁夏	1436	98.1	306.1	1.7
新疆	8155	784.8	1159.5	6.9

7-7-5 电信主要业务量

指　　标		2007	2008	2009	2010	2011	2012
电信业务总量	（亿元）	18591.3	22247.7	25553.6	29993.2	11725.8	12982.4
固定电话用户合计	（万户）	36563.7	34035.9	31373.2	29434.2	28509.8	27815.3
#住宅电话用户		16988.2	15588.3	12969.5	11973.4	11411.6	11013.2
移动电话用户合计	（万户）	54730.6	64124.5	74721.4	85900.3	98625.3	111215.5
#3G移动电话用户				1232.2	4705.1	12842.4	23280.3
4G移动电话用户							
互联网宽带接入用户	（万户）	6641.4	8287.9	10397.8	12629.1	15000.1	17518.3
固定电话主叫通话时长	（亿分钟）						
移动电话通话时长合计	（亿分钟）	23061.3	29355.6	35351.0	43261.2	50472.6	55444.9
#去话通话时长		11224.6	14378.5	17070.3	21129.0	25056.0	27603.5
移动短信业务量	（亿条）	5945.8	6996.9	7726.5	8277.5	8790.0	8973.1

注：1.电信业务总量2010年及以前按2000年不变价格计算；2011年起按2010年不变价格计算，按可比价格比上年增长15.2%；2016年起按2015年不变价格计算，按可比价格比上年增长30.3%。
2.从2018年起，不再统计“固定本地电话通话时长”和“固定长途电话通话时长”，增设“固定电话主叫通话时长”。

7-7-5 续表

指　　标		2013	2014	2015	2016	2017	2018
电信业务总量	（亿元）	15707.2	18138.3	23346.3	15617.0	27596.7	65633.9
固定电话用户合计	（万户）	26698.5	24943.0	23099.6	20662.4	19375.7	19208.5
#住宅电话用户		10474.3	9896.1	9240.8	8012.3	7358.8	9901.1
移动电话用户合计	（万户）	122911.3	128609.3	127139.7	132193.4	141748.7	156609.8
#3G移动电话用户		40161.1	48525.5	27573.0	17080.5	13463.2	14018.3
4G移动电话用户			9728.4	43038.1	76994.9	99688.9	116546.4
互联网宽带接入用户	（万户）	18890.9	20048.3	25946.6	29720.7	34854.0	40738.2
固定电话主叫通话时长	（亿分钟）						1499.5
移动电话通话时长合计	（亿分钟）	58229.7	59012.7	57648.9	56599.0	54004.7	51125.2
#去话通话时长		28987.7	29270.1	28499.9	28072.8	26904.2	25441.5
移动短信业务量	（亿条）	8921.0	7674.2	6991.8	6670.9	6641.4	11398.6

7-7-6 各地区电信主要业务量

地 区	固定电话主叫通话时长(亿分钟)	移动电话通话时长(亿分钟)	移动短信业务量(亿条)	电信业务总量(亿元)	固定电话用户(万户)	住宅电话用户	移动电话用户(万户)
全 国	**1499.5**	**51125.2**	**11398.6**	**65633.91**	**19208.5**	**9901.1**	**156609.8**
北 京	92.8	1219.7	1035.0	1755.46	577.4	239.8	4009.2
天 津	17.6	573.0	108.3	737.82	337.1	76.8	1648.5
河 北	93.0	2350.1	478.2	2790.14	698.0	303.5	8195.6
山 西	15.2	1296.7	392.2	1372.93	276.6	94.0	3961.5
内蒙古	17.6	1074.3	164.5	1270.77	213.5	85.6	3044.4
辽 宁	50.9	1683.7	326.4	1774.96	690.2	388.2	4880.7
吉 林	14.1	938.5	185.1	1077.80	477.9	280.3	3001.1
黑龙江	25.6	1189.2	169.5	1131.53	360.2	279.4	3833.6
上 海	111.0	998.4	529.0	1436.34	663.2	382.2	3722.3
江 苏	117.8	3116.2	996.1	4814.66	1418.3	758.0	9794.0
浙 江	95.9	2752.9	1020.9	4101.33	1260.9	458.1	8308.8
安 徽	43.0	1616.8	232.3	2260.95	576.3	295.6	5535.8
福 建	47.4	1642.4	799.2	2026.23	785.4	379.1	4553.5
江 西	28.9	1288.7	164.8	1609.18	465.4	302.6	4043.5
山 东	97.8	3809.7	595.4	3659.14	1031.6	448.8	10569.6
河 南	62.7	3095.7	540.8	3950.31	777.2	334.4	9354.1
湖 北	49.1	1693.9	280.3	2040.03	602.8	348.7	5569.8
湖 南	49.1	2053.3	282.3	2477.10	646.8	238.2	6302.9
广 东	179.2	5014.7	1137.3	7798.43	2211.4	1150.3	16823.3
广 西	30.3	1406.7	218.7	2053.66	331.1	155.9	5045.3
海 南	7.2	424.2	96.9	569.24	171.7	106.1	1085.3
重 庆	32.5	1248.0	152.7	1543.52	593.1	465.6	3650.7
四 川	84.4	2961.6	311.9	3297.15	1833.0	1009.9	9068.6
贵 州	14.6	1586.2	162.5	2193.37	244.1	152.5	3940.4
云 南	31.1	1770.4	205.3	2478.73	303.6	121.2	4659.1
西 藏	0.6	139.4	34.7	112.47	61.9	45.7	312.3
陕 西	43.9	1479.3	373.8	2215.91	650.7	443.0	4688.6
甘 肃	9.8	923.1	137.3	1194.20	332.8	229.1	2736.0
青 海	4.0	215.9	62.6	422.81	119.9	71.9	686.4
宁 夏	3.2	260.3	57.1	462.92	56.0	23.9	881.0
新 疆	29.2	1302.2	147.7	856.18	440.7	233.0	2703.8
不分地区				148.6			

7-7-7 各地区固定电话用户情况

单位：万户

地 区	2007	2008	2009	2010	2011	2012	2013	2014	2015	2016	2017	2018
全 国	**36563.7**	**34035.9**	**31373.2**	**29434.2**	**28509.8**	**27815.3**	**26698.5**	**24943.0**	**23099.6**	**20662.4**	**19375.7**	**19208.5**
北 京	914.6	884.9	893.1	885.6	883.9	883.2	867.6	831.3	784.6	695.0	649.4	577.4
天 津	398.0	396.6	385.3	366.8	333.9	353.7	352.8	360.6	343.8	311.3	295.9	337.1
河 北	1526.7	1457.5	1343.9	1251.4	1242.7	1207.7	1152.4	1085.1	978.2	850.6	763.8	698.0
山 西	823.1	803.0	758.8	720.7	682.2	685.2	584.4	554.2	444.6	343.7	302.3	276.6
内蒙古	503.2	462.5	441.6	414.1	379.5	368.3	377.2	359.1	324.5	268.1	232.3	213.5
辽 宁	1667.1	1604.3	1529.1	1428.0	1352.1	1285.1	1222.4	1151.2	1036.2	890.6	777.2	690.2
吉 林	729.8	621.7	581.3	595.2	579.3	578.8	579.0	574.8	572.3	520.3	497.6	477.9
黑龙江	1081.2	1028.0	870.2	813.5	793.5	776.1	747.8	640.5	596.0	497.4	430.3	360.2
上 海	1022.0	1015.4	935.5	931.8	926.4	902.9	869.2	840.2	797.3	731.6	690.9	663.2
江 苏	3224.1	2968.3	2662.4	2498.8	2370.9	2387.2	2289.8	2133.6	1973.0	1708.3	1512.1	1418.3
浙 江	2407.9	2297.6	2130.9	1985.5	1947.9	1882.5	1781.3	1641.9	1471.0	1287.2	1211.1	1260.9
安 徽	1496.2	1379.9	1267.3	1231.0	1243.9	1091.4	976.7	839.8	739.4	613.9	551.4	576.3
福 建	1482.5	1431.0	1244.8	1045.7	1015.0	1017.3	983.5	933.3	888.5	815.7	776.9	785.4
江 西	885.2	846.9	748.5	709.6	673.9	644.2	622.4	577.4	568.4	517.5	477.0	465.4
山 东	2493.9	2421.1	2217.3	1992.2	1896.6	1854.2	1707.6	1418.3	1118.0	970.4	883.5	1031.6
河 南	1854.6	1562.4	1460.6	1426.8	1341.4	1288.7	1224.4	1143.0	1009.7	798.6	735.0	777.2
湖 北	1280.2	1171.8	1088.3	1026.4	1020.3	1003.6	984.0	907.4	872.5	731.7	658.8	602.8
湖 南	1321.7	1257.3	1166.9	1077.0	1011.6	953.9	914.4	844.1	787.0	682.7	674.4	646.8
广 东	3750.2	3573.3	3366.7	3169.1	3147.1	3135.8	3099.9	2950.6	2807.1	2609.7	2406.1	2211.4
广 西	891.0	848.4	787.6	708.9	650.9	599.3	546.3	499.9	439.7	348.9	307.7	331.1
海 南	240.1	224.7	182.8	179.8	175.0	173.0	173.6	170.0	171.0	169.2	160.5	171.7
重 庆	722.5	678.9	627.7	582.7	571.3	575.7	580.3	579.5	559.6	541.6	566.8	593.1
四 川	1755.1	1660.4	1551.2	1419.1	1382.9	1347.1	1313.7	1294.2	1353.4	1490.1	1636.0	1833.0
贵 州	521.2	499.6	451.1	431.2	404.0	380.4	363.0	339.1	312.5	258.7	247.9	244.1
云 南	628.7	616.3	583.1	562.5	540.1	524.3	485.4	429.8	377.5	335.0	301.1	303.6
西 藏	67.3	70.7	53.9	43.9	40.5	40.5	40.4	35.9	34.9	38.9	47.3	61.9
陕 西	925.7	881.2	815.0	781.9	775.5	772.1	769.3	750.8	723.3	679.9	622.8	650.7
甘 肃	585.3	519.0	453.9	411.9	396.4	377.8	364.3	341.3	326.0	312.3	326.8	332.8
青 海	123.1	119.4	109.3	103.2	104.2	102.5	101.8	100.2	104.2	102.1	106.7	119.9
宁 夏	140.3	121.5	114.5	111.9	108.5	105.0	104.7	102.7	84.4	70.5	62.2	56.0
新 疆	678.1	612.2	550.5	528.0	518.3	517.9	518.7	513.3	501.2	471.0	464.0	440.7
不分地区	423.2											

7-7-8 各地区移动电话用户情况

单位：万户

地区	2007	2008	2009	2010	2011	2012	2013	2014	2015	2016	2017	2018
全国	**54730.6**	**64124.5**	**74721.4**	**85900.3**	**98625.3**	**111215.5**	**122911.3**	**128609.3**	**127139.7**	**132193.4**	**141748.7**	**156609.8**
北京	1598.3	1616.3	1825.5	2129.8	2576.0	3168.0	3373.8	4076.4	3944.4	3869.0	3752.1	4009.2
天津	738.3	865.0	992.5	1089.8	1235.6	1325.2	1323.2	1351.8	1369.7	1499.8	1580.1	1648.5
河北	2814.8	3214.1	3783.2	4353.6	5094.5	5513.1	6006.2	6229.1	6135.6	7121.0	7581.8	8195.6
山西	1420.4	1698.5	1952.3	2205.2	2446.9	2764.6	3105.5	3332.3	3241.4	3365.7	3647.9	3961.5
内蒙古	1046.9	1344.4	1616.0	2034.0	2316.2	2550.1	2690.6	2634.6	2377.1	2470.8	2841.2	3044.4
辽宁	1958.9	2421.5	2882.1	3341.8	3836.5	4291.3	4583.6	4535.6	4289.8	4427.1	4755.7	4880.7
吉林	1311.1	1362.9	1574.2	1805.4	2004.1	2257.0	2372.1	2612.3	2511.5	2654.8	2868.8	3001.1
黑龙江	1449.2	1646.3	1865.9	2072.0	2376.6	2663.9	3020.4	3457.8	3329.8	3445.6	3657.1	3833.6
上海	1776.5	1880.9	2113.2	2361.6	2620.6	3008.3	3200.7	3292.7	3132.4	3156.1	3298.7	3722.3
江苏	3313.2	3957.0	4940.3	5923.1	6684.8	7471.4	7942.0	8070.4	7993.1	8198.8	8807.7	9794.0
浙江	3529.2	3976.7	4456.3	5047.4	5756.0	6442.6	7071.8	7370.6	7283.7	7225.9	7590.6	8308.8
安徽	1410.0	1715.1	2154.6	2798.7	3259.4	3609.8	3958.9	4215.9	4188.3	4343.0	4884.3	5535.8
福建	1808.7	2368.1	2639.1	3021.8	3553.2	4049.2	4303.3	4276.7	4154.0	4159.0	4295.0	4553.5
江西	1182.4	1277.3	1548.0	1811.3	2322.1	2573.4	2806.9	2938.5	3030.4	3140.7	3449.2	4043.5
山东	3738.1	4627.9	5334.5	6190.4	7118.1	7588.9	8333.4	8664.1	9088.8	9594.5	9943.9	10569.6
河南	2914.5	3501.0	3987.2	4402.0	5062.0	5787.6	7200.2	7712.9	7537.4	7889.0	8553.4	9354.1
湖北	1940.6	2528.7	3136.9	3454.7	3953.7	4554.1	4416.8	4606.8	4530.5	4683.8	4994.1	5569.8
湖南	1798.0	2240.3	2752.4	3257.0	3749.1	4262.0	4570.0	4726.1	4692.0	4993.6	5683.4	6302.9
广东	7842.1	8395.7	8923.3	9624.6	10792.8	12468.0	14706.1	14943.4	14479.7	14349.0	14796.2	16823.3
广西	1384.3	1623.9	1960.1	2214.5	2532.7	2884.1	3285.6	3553.8	3594.9	3774.2	4385.1	5045.3
海南	324.8	397.8	496.4	594.3	671.6	775.6	858.3	907.4	894.1	942.3	1007.5	1085.3
重庆	1176.9	1281.7	1440.9	1664.4	1801.2	2069.6	2380.8	2589.9	2737.7	2880.1	3274.9	3650.7
四川	2400.4	2852.3	3466.9	4156.4	4817.9	5498.2	6283.3	6608.5	6798.3	7294.5	7693.6	9068.6
贵州	834.0	1179.0	1453.4	1800.6	2044.3	2321.4	2662.6	2885.3	2941.5	3082.7	3485.6	3940.4
云南	1346.4	1635.9	1936.4	2244.5	2589.5	2895.8	3395.8	3748.5	3740.1	3942.8	4228.4	4659.1
西藏	73.7	87.0	124.0	157.6	196.4	235.5	265.6	291.8	268.7	284.4	290.3	312.3
陕西	1612.7	1912.2	2337.4	2518.2	2907.2	3264.8	3512.5	3607.2	3567.1	3813.3	4220.6	4688.6
甘肃	686.4	895.3	1194.7	1390.1	1614.7	1763.5	1976.2	2058.6	2105.3	2203.8	2526.4	2736.0
青海	221.7	247.2	301.0	397.8	463.5	537.2	542.4	544.0	517.1	539.8	610.9	686.4
宁夏	269.8	323.3	382.8	437.3	520.5	591.0	627.2	688.3	636.6	716.4	792.0	881.0
新疆	808.3	1051.3	1113.0	1359.9	1670.9	2010.6	2133.9	2077.4	2028.4	2132.1	2252.3	2703.8
不分地区			37.0	40.5	36.7	19.8	1.6		0.5			

7-7-9 电信主要通信能力

指　　标		2009	2010	2011	2012	2013
光缆线路						
光缆线路长度	（公里）	8294565	9962467	12119303	14793300	17453709
#长途光缆线路长度	（公里）	831011	818133	842341	868175	890018
长途通信						
长途电话交换机容量	（万路端）	1684.9	1641.5	1602.3	1579.7	1280.5
本地网通信						
局用交换机容量	（万门）	49265.6	46537.3	43428.8	43749.3	41089.3
互联网及其他数据通信						
互联网宽带接入端口	（万个）	13835.7	18781.1	23239.4	32108.4	35945.3
移动通信						
移动电话交换机容量	（万户）	144084.7	150284.9	171636.0	184023.8	196557.3

注：2005-2011年长途电话业务电路采用将固定及移动长途电话业务电路、数据通信网长途电路和长途传输出租电路加总统计。

7-7-9　续表

指　　标		2014	2015	2016	2017	2018
光缆线路						
光缆线路长度	（公里）	20612529	24863348	30420755	37801073	43167888
#长途光缆线路长度	（公里）	928398	965283	994092	1044998	994130
长途通信						
长途电话交换机容量	（万路端）	982.9	811.1	681.1	603.5	392.4
本地网通信						
局用交换机容量	（万门）	40517.1	26446.5	22441.6	18398.7	11440.4
互联网及其他数据通信						
互联网宽带接入端口	（万个）	40546.1	57709.4	71276.9	77599.1	86752.3
移动通信						
移动电话交换机容量	（万户）	205024.9	218150.0	218540.0	242185.8	259453.1

7-7-10 各地区电信主要通信能力

地区	固定长途电话交换机容量（万路端）	局用交换机容量（万门）	移动电话交换机容量（万户）	长途光缆线路长度（公里）
全国	**392.4**	**11440.4**	**259453.1**	**994130**
北京	37.7	1149.9	6540.0	4217
天津	9.6	421.8	3456.0	4146
河北	11.3	891.9	14637.0	35102
山西	17.6	267.6	6090.8	30060
内蒙古		181.5	5969.0	75109
辽宁	11.3	429.4	6499.2	21866
吉林	10.3	256.0	5244.0	33747
黑龙江	23.5	608.9	9067.4	50242
上海	35.8	480.1	6548.0	4024
江苏	12.2	73.0	19333.7	37391
浙江	66.8	375.7	16202.0	26770
安徽		106.9	8224.3	35275
福建		249.6	7417.6	23477
江西	8.4	346.7	6484.9	28385
山东	12.4	357.2	12870.4	36400
河南		774.2	12115.5	34124
湖北		322.1	8502.3	29055
湖南	36.4	310.9	10123.0	41797
广东	25.8	473.8	23037.5	53955
广西	23.5	912.2	12582.0	39725
海南		49.1	2119.0	915
重庆		333.4	4099.0	6174
四川	16.4	598.8	16388.3	67133
贵州		309.8	5605.0	35006
云南	18.5	682.6	7627.7	48060
西藏			2820.0	35419
陕西		219.6	5105.5	27973
甘肃	4.3	16.9	5465.1	36100
青海	6.7	7.6	927.0	40330
宁夏	4.0	64.3	1583.0	11224
新疆		169.2	6769.0	40929
不分地区				

注：电话交换机容量中不包括用户交换机容量。

7-7-11　电信通信服务水平

指　　标		2007	2008	2009	2010	2011	2012
电话普及率	(部/百人)	69.5	74.3	79.9	86.4	94.8	103.1
固定电话普及率	(部/百人)	27.8	25.8	23.6	22.1	21.3	20.6
移动电话普及率	(部/百人)	41.6	48.5	56.3	64.4	73.6	82.5
互联网普及率	(%)	16.0	22.6	28.9	34.3	38.3	42.1
移动电话漫游国家和地区	(个)	231	237	237	239	258	258
互联网上网人数	(万人)	21000	29800	38400	45730	51310	56400

7-7-11　续表

指　　标		2013	2014	2015	2016	2017	2018
电话普及率	(部/百人)	109.9	112.3	109.3	110.5	115.9	126.0
固定电话普及率	(部/百人)	19.6	18.2	16.8	14.9	13.9	13.8
移动电话普及率	(部/百人)	90.3	94.0	92.5	95.6	102.0	112.2
互联网普及率	(%)	45.8	47.9	50.3	53.2	55.8	59.6
移动电话漫游国家和地区	(个)	258	258	255	258	262	260
互联网上网人数	(万人)	61758	64875	68826	73125	77198	82851

7-7-12 各地区电信通信服务水平

地 区	电话普及率（部/百人）	固定电话普及率（部/百人）	移动电话普及率（部/百人）
全 国	**126.00**	**13.77**	**112.23**
北 京	212.92	26.80	186.11
天 津	127.31	21.61	105.70
河 北	117.70	9.24	108.46
山 西	113.99	7.44	106.55
内蒙古	128.57	8.42	120.14
辽 宁	127.79	15.83	111.96
吉 林	128.66	17.67	110.98
黑龙江	111.15	9.55	101.60
上 海	180.94	27.36	153.57
江 苏	139.27	17.62	121.65
浙 江	166.80	21.98	144.83
安 徽	96.66	9.11	87.54
福 建	135.47	19.93	115.54
江 西	97.02	10.01	87.00
山 东	115.47	10.27	105.20
河 南	105.48	8.09	97.39
湖 北	104.32	10.19	94.13
湖 南	100.74	9.38	91.36
广 东	167.76	19.49	148.27
广 西	109.14	6.72	102.42
海 南	134.54	18.37	116.16
重 庆	136.82	19.12	117.70
四 川	130.70	21.98	108.72
贵 州	116.24	6.78	109.46
云 南	102.76	6.29	96.47
西 藏	108.85	18.01	90.84
陕 西	138.17	16.84	121.33
甘 肃	116.36	12.62	103.74
青 海	133.66	19.87	113.79
宁 夏	136.17	8.14	128.04
新 疆	126.45	17.72	108.73

7-7-13 互联网主要指标

年 份 地 区	域名数 (万个)	网站数 (万个)	网页数 (万个)	互联网宽带接入端口 (万个)	移动互联网用户 (万户)	移动互联网接入流量 (万GB)
1995						
1996						
1997						
1998						
1999						
2000		26.5				
2001		27.7				
2002		37.2				
2003		59.6		1802.3		
2004		66.9		3578.1		
2005	259.2	69.4		4874.7		
2006	410.9	84.3	447257.8	6486.4		
2007	1193.1	150.4	847108.5	8539.3		
2008	1682.6	287.8	1608637.0	10890.4		
2009	1681.8	323.2	3360173.2	13835.7		
2010	865.6	190.8	6000806.0	18781.1		
2011	774.8	229.6	8658229.8	23239.4		
2012	1341.2	268.1	12274681.7	32108.4		
2013	1843.6	320.2	15004076.3	35945.3		
2014	2059.6	334.9	18991864.9	40546.1	87522.1	206193.6
2015	3101.4	422.9	21229622.4	57709.4	96447.2	418753.3
2016	4227.6	482.4	23599758.4	71276.9	109395.0	937863.5
2017	3848.0	533.3	26039903.0	77599.1	127153.7	2459380.3
2018	3792.8	523.4	28162240.6	86752.3	127481.5	7090039.3
北 京	443.5	71.9	10695275.1	2059.9	3291.1	181330.2
天 津	26.7	5.4	465062.9	897.4	1352.5	79874.1
河 北	86.8	12.3	1025297.9	4192.4	6505.3	306648.4
山 西	107.6	5.7	294992.3	1989.2	3086.3	145721.1
内蒙古	12.2	1.6	15460.5	1358.4	2508.1	142977.5
辽 宁	64.7	11.4	177231.7	3240.3	3905.9	190081.1
吉 林	37.1	3.5	180765.9	1526.7	2366.2	135590.4
黑龙江	28.1	4.3	205114.9	2113.2	2894.9	120181.5
上 海	147.4	37.8	2069686.3	1871.8	3032.0	134846.8
江 苏	188.3	28.7	1378142.3	7131.5	7979.5	514026.7
浙 江	149.2	41.7	3354070.9	5971.0	6833.6	429803.0
安 徽	90.5	8.7	319693.7	3374.0	4596.3	251826.2
福 建	736.4	28.0	812747.7	3245.0	3793.6	209900.3
江 西	77.1	5.0	208694.3	2032.7	3340.8	173557.3
山 东	151.7	31.7	525752.0	6312.3	8418.6	383441.1
河 南	207.5	24.9	1310626.7	4780.8	7766.5	434883.9
湖 北	106.2	12.3	156806.1	2961.3	4552.0	217677.7
湖 南	122.3	9.5	127461.9	2821.1	5226.6	266950.4
广 东	449.0	72.8	3806253.4	8149.1	14106.9	845841.2
广 西	52.7	5.3	163749.2	2760.1	4130.8	228728.8
海 南	28.4	2.7	86290.1	726.1	914.0	61944.2
重 庆	46.7	5.6	50562.1	2245.7	2862.2	169556.6
四 川	144.6	24.0	354133.2	5400.5	7332.0	355855.9
贵 州	39.8	2.2	15726.2	1535.4	3323.1	250673.2
云 南	46.6	2.9	175784.1	1962.6	3918.9	280875.1
西 藏	1.2	0.1	459.2	194.3	260.2	10618.4
陕 西	53.0	7.4	158674.5	2239.6	3726.8	248683.2
甘 肃	25.4	1.4	12908.6	1128.0	2210.6	131267.3
青 海	3.0	0.4	1656.7	355.4	559.0	49550.7
宁 夏	7.2	0.8	1018.3	498.2	694.6	52402.9
新 疆	8.0	1.0	12141.9	1678.6	1992.5	84724.5
不分地区	103.9	52.5				

7-7-13 续表

年份 地区	互联网宽带接入用户(万户)	#城市宽带接入用户	#农村宽带接入用户	#家庭宽带接入用户	#政企宽带接入用户
1995					
1996					
1997					
1998					
1999					
2000					
2001					
2002	325.3				
2003	1115.1				
2004	2487.5				
2005	3735.0				
2006	5085.3				
2007	6641.4				
2008	8287.9				
2009	10397.8				
2010	12629.1	9963.5	2475.7		
2011	15000.1	11691.4	3308.8		
2012	17518.3	13442.4	4075.9		
2013	18890.9	14153.6	4737.3		
2014	20048.3	15174.6	4873.7	16333.6	3714.8
2015	25946.6	19547.2	6398.4	21716.4	4230.2
2016	29720.7	22266.6	7454.0	24926.8	4793.9
2017	34854.0	25476.7	9377.3	29552.2	5301.8
2018	40738.2	28996.5	11741.7	35351.6	5386.6
北京	638.8	571.0	67.8	574.8	64.0
天津	437.9	411.8	26.2	343.0	94.9
河北	2159.8	1302.2	857.5	1921.6	238.2
山西	991.0	794.3	196.7	909.4	81.6
内蒙古	628.3	531.9	96.4	555.0	73.3
辽宁	1136.0	922.5	213.5	1035.6	100.4
吉林	588.2	493.9	94.3	556.2	32.1
黑龙江	810.7	569.5	241.1	745.9	64.8
上海	772.9	772.9		658.3	114.6
江苏	3351.9	2107.5	1244.4	2868.1	483.8
浙江	2653.8	1751.5	902.3	2172.1	481.7
安徽	1662.4	1022.1	640.4	1400.9	261.6
福建	1629.1	1061.1	568.0	1423.9	205.2
江西	1323.4	908.1	415.3	1165.7	157.7
山东	2884.8	1933.5	951.3	2613.1	271.8
河南	2503.9	1774.2	729.7	2214.2	289.7
湖北	1480.7	1074.2	406.6	1220.9	259.8
湖南	1635.3	1115.1	520.2	1464.2	171.1
广东	3597.8	2970.5	627.3	3025.2	572.6
广西	1230.6	754.8	475.8	1126.4	104.2
海南	279.1	196.5	82.6	244.6	34.6
重庆	1070.1	854.4	215.8	932.1	138.1
四川	2624.5	1772.6	851.9	2202.0	422.5
贵州	732.0	568.0	164.1	632.5	99.5
云南	1019.4	713.6	305.9	834.8	184.6
西藏	78.2	66.1	12.1	61.1	17.2
陕西	1057.4	773.3	284.1	927.4	130.0
甘肃	742.8	465.0	277.9	645.8	97.0
青海	152.9	118.5	34.4	121.8	31.1
宁夏	217.0	174.6	42.4	202.1	14.9
新疆	647.3	451.4	195.8	552.9	94.4
不分地区					

【主要统计指标解释】

主营业务收入 指电信企业经营的基础电信业务和增值电信业务所取得的资费收入，以及电信企业之间网间互联电信业务的结算收入。

主营业务成本 指电信企业在通信生产过程中实际发生的与通信生产直接有关的各项费用支出。

利润总额 指电信企业在生产经营过程中，通过销售过程将商品卖给购买方，实现收入，收入扣除当初的投入成本以及其他一系列费用，再加减非经营性质的收支及投资收益。

资产总额 指过去的交易或事项形成并由电信企业拥有或控制的所有资源，该资源预期会给企业带来经济利益，按其流动性分为流动资产和非流动资产。

软件业务收入 指企业在报告期从事软件产品、信息技术服务、信息安全、嵌入式系统软件四项业务收入的合计。

电信业务总量 指以货币形式表示的电信企业为社会提供各类电信服务的总数量，是用于观察电信业务发展变化总趋势的综合性总量指标。电信业务总量是以各类业务的实物量分别乘以相应的不变单价，求出各类业务的货币量加总求得。

移动短信业务量 指移动电话用户通过移动通信网络短信平台使用短信业务的通信量。

移动电话用户 指在电信企业营业网点办理开户登记手续，通过移动电话交换机进入移动电话网，占用移动电话号码的各类电话用户。包括各类签约用户、智能网预付费用户、无线上网卡用户。

固定电话用户 指在电信企业营业网点办理开户登记手续并已接入固定电话网上的全部电话用户。包括普通电话用户、无线市话用户、公共电话用户、窄带综合业务数字网（N-ISDN）用户、智能网专用接入终端用户等。

住宅电话用户 指私人付费或安装在居民住宅并按照私人或住宅电话用户登记注册和收费的各类电话用户。

局用交换机容量 指安装在电信企业内用于接续本地固定电话的电话交换机容量。包括接入网设备容量（安装在电信运营企业用于连接话音用户的远端节点的设备容量）。

移动电话交换机容量 指移动电话交换机根据一定话务模型和交换机处理能力计算出来的最大同时服务用户的数量。按报告期末已割接入网正式投入使用的设备实际容量统计。

互联网宽带接入端口 指用于接入互联网用户的各类实际安装运行的接入端口的数量，包括xDSL用户接入端口、LAN接入端口、其他类型接入端口等，不包括窄带拨号接入端口。

电话普及率 指报告期行政区域总人口中，平均每百人拥有的话机数。计算公式：

$$电话普及率=\frac{电话机总数(包括移动电话)(部)}{行政区域总人口数(人)}\times 100$$

互联网上网人数 指过去半年内使用过互联网的6周岁及以上中国居民人数。

7 第三产业分行业主要指标

7-8 金融业

简要说明

一、主要内容

本篇反映我国金融、证券和保险业发展情况。有以下四个部分：一是金融机构金融活动情况；二是存贷款利率调整情况；三是直接融资情况；四是保险业务情况。

二、资料来源

1. 反映金融机构活动情况的资料包括："金融机构人民币信贷收支表（年底余额）""货币供应量（年底余额）""货币供应量同比增长率""黄金和外汇储备""货币当局资产负债表（年底余额）""其他存款性公司资产负债表（年底余额）""外资银行资产负债表（年底余额）""社会融资规模增量及构成""社会融资规模存量及增长率"。金融机构信贷收支表统计范围包括中国人民银行、国家政策性银行、国有商业银行、其他商业银行、城市信用合作社、农村信用合作社、外资银行、财务公司、信托投资公司、金融租赁公司、邮政储蓄机构。中国人民银行总行根据金融机构的基层单位全面填报、并按各自系统汇总的资料，进行归并和汇总，最后得到金融机构的信贷收支表。

2. 反映存贷款利率调整情况的"金融机构法定存款利率""金融机构法定贷款利率表"，数据来自中国人民银行总行规定的、并对外发布的存贷款利率。

3. 反映直接融资情况的"证券市场基本情况""上市公司数量""上市公司地区分布""证券市场发行情况""股票交易情况""全国期货交易所市场概况""全国交易所上市基金成交概况"，资料由中国证券监督管理委员会提供。

4. 反映保险业务情况的"保险公司业务经济技术指标""保险公司资产情况""保险公司资金运用情况""各地区原保险保费收入和赔付支出情况"等，数据由中国银行保险监督管理委员会提供。

7-8-1 金融机构人民币信贷收支表(年底余额)

单位：亿元

项　　目	2017	2018	项　　目	2017	2018
资金来源合计	**1931934.41**	**2109163.94**	**资金运用合计**	**1931934.41**	**2109163.94**
各项存款	1641044.22	1775225.73	各项贷款	1201320.99	1362966.65
境内存款	1630576.82	1764397.70	境内贷款	1196900.23	1357891.35
住户存款	643767.62	716038.16	住户贷款	405045.45	478842.55
非金融企业存款	542404.58	562976.21	非金融企业及机关团体贷款	785495.79	868288.88
政府存款	304852.70	325585.28	非银行业金融机构贷款	6358.99	10759.91
非银行业金融机构存款	139551.92	159798.05	境外贷款	4420.75	5075.30
境外存款	10467.40	10828.02	债券投资	294381.54	333467.14
金融债券	47999.58	65432.72	股权及其他投资	217588.73	196190.13
流通中货币	70645.60	73208.40	黄金占款	2541.50	2569.79
对国际金融机构负债	9.47	7.45	中央银行外汇占款	214788.33	212556.68
其他	172235.54	195289.64	在国际金融机构资产	1313.32	1413.50

注：1.本表机构包括中国人民银行、银行业存款类金融机构、银行业非存款类金融机构(以下相关表同)。
2.银行业存款类金融机构包括银行、信用社和财务公司。银行业非存款类金融机构包括信托投资公司、金融租赁公司、汽车金融公司和贷款公司等银行业非存款类金融机构(以下相关表同)。
3.自2015年起，“各项存款”含非银行业金融机构存放款项，“各项贷款”含拆放给非银行业金融机构款项(以下相关表同)。

7-8-2 货币供应量(年底余额)

单位：亿元

年 份	货币和准货币 (M_2)	货币 (M_1)	流通中货币 (M_0)	单位活期存款	准货币	单位定期存款	个人存款	其他存款
1990	15293.4	6950.7	2644.4	4306.3	8342.7			
1991	19349.9	8633.3	3177.8	5455.5	10716.6			
1992	25402.2	11731.5	4336.0	7395.2	13670.7			
1993	34879.8	16280.4	5864.7	10415.7	18599.4	1247.9	15203.5	2148.0
1994	46923.5	20540.7	7288.6	13252.1	26382.8	1943.1	21518.8	2920.9
1995	60750.5	23987.1	7885.3	16101.8	36763.4	3324.2	29662.2	3777.0
1996	76094.9	28514.8	8802.0	19712.8	47580.1	5041.9	38520.8	4017.4
1997	90995.3	34826.3	10177.6	24648.7	56169.1	6738.5	46279.8	3150.7
1998	104498.5	38953.7	11204.2	27749.5	65544.9	8301.9	53407.5	3835.5
1999	119897.9	45837.3	13455.5	32381.8	74060.6	9476.8	59621.8	4962.0
2000	134610.3	53147.2	14652.7	38494.5	81463.1	11261.1	64332.4	5869.7
2001	158301.9	59871.6	15688.8	44182.8	98430.3	14180.1	73762.4	10487.8
2002	185007.0	70881.8	17278.0	53603.8	114125.2	16433.8	86910.7	10780.7
2003	221222.8	84118.6	19745.9	64372.6	137104.3	20940.4	103617.7	12546.2
2004	254107.0	95969.7	21468.3	74501.4	158137.2	25382.2	119555.4	13199.7
2005	298755.7	107278.8	24031.7	83247.1	191476.9	33100.0	141051.0	17325.9
2006	345577.9	126028.1	27072.6	98955.4	219549.9	38715.9	161587.3	19246.7
2007	403442.2	152560.1	30375.2	122184.9	250882.1	46932.5	172534.2	31415.4
2008	475166.6	166217.1	34219.0	131998.2	308949.5	60103.1	217885.4	30961.1
2009	610224.5	221445.8	38247.0	183198.8	388778.7	84819.5	260752.7	43206.5
2010	725851.8	266621.5	44628.2	221993.4	459230.3	105858.7	303302.5	50069.1
2011	851590.9	289847.7	50748.5	239099.2	561743.2	166616.0	352797.5	42329.7
2012	974148.8	308664.2	54659.8	254004.5	665484.6	195940.1	411362.6	58181.9
2013	1106525.0	337291.1	58574.4	278716.6	769233.9	232696.6	467031.1	69506.2
2014	1228374.8	348056.4	60259.5	287796.9	880318.4	264055.7	508878.1	107384.6
2015	1392278.1	400953.4	63216.6	337736.9	991324.7	288240.7	552073.5	151010.5
2016	1550066.7	486557.2	68303.9	418253.4	1063509.4	307989.6	603504.2	152015.6
2017	1690235.3	543790.1	70645.6	473144.5	1146445.2	320196.2	649341.5	176907.4
2018	1826744.2	551685.9	73208.4	478477.5	1275058.3	340178.9	721688.6	213190.8

注：1. 2001年6月起，将证券公司客户保证金计入货币供应量(M_2)，含在其他存款项内。
2. 自2011年10月起，货币供应量已包含住房公积金中心存款和非存款类金融机构在存款类金融机构的存款。
3. 2017年货币和准货币数据为统计方法完善后的数据，与之前不可比(以下相关表同)。

7-8-3 金融机构人民币法定存款基准利率

单位：年利率%

调整时间	活期	定期					
		三个月	半年	一年	二年	三年	五年
1990.04.15	2.88	6.30	7.74	10.08	10.98	11.88	13.68
1990.08.21	2.16	4.32	6.48	8.64	9.36	10.08	11.52
1991.04.21	1.80	3.24	5.40	7.56	7.92	8.28	9.00
1993.05.15	2.16	4.86	7.20	9.18	9.90	10.80	12.06
1993.07.11	3.15	6.66	9.00	10.98	11.70	12.24	13.86
1996.05.01	2.97	4.86	7.20	9.18	9.90	10.80	12.06
1996.08.23	1.98	3.33	5.40	7.47	7.92	8.28	9.00
1997.10.23	1.71	2.88	4.14	5.67	5.94	6.21	6.66
1998.03.25	1.71	2.88	4.14	5.22	5.58	6.21	6.66
1998.07.01	1.44	2.79	3.96	4.77	4.86	4.95	5.22
1998.12.07	1.44	2.79	3.33	3.78	3.96	4.14	4.50
1999.06.10	0.99	1.98	2.16	2.25	2.43	2.70	2.88
2002.02.21	0.72	1.71	1.89	1.98	2.25	2.52	2.79
2004.10.29	0.72	1.71	2.07	2.25	2.70	3.24	3.60
2006.08.19	0.72	1.80	2.25	2.52	3.06	3.69	4.14
2007.03.18	0.72	1.98	2.43	2.79	3.33	3.96	4.41
2007.05.19	0.72	2.07	2.61	3.06	3.69	4.41	4.95
2007.07.21	0.81	2.34	2.88	3.33	3.96	4.68	5.22
2007.08.22	0.81	2.61	3.15	3.60	4.23	4.95	5.49
2007.09.15	0.81	2.88	3.42	3.87	4.50	5.22	5.76
2007.12.21	0.72	3.33	3.78	4.14	4.68	5.40	5.85
2008.10.09	0.72	3.15	3.51	3.87	4.41	5.13	5.58
2008.10.30	0.72	2.88	3.24	3.60	4.14	4.77	5.13
2008.11.27	0.36	1.98	2.25	2.52	3.06	3.60	3.87
2008.12.23	0.36	1.71	1.98	2.25	2.79	3.33	3.60
2010.10.20	0.36	1.91	2.20	2.50	3.25	3.85	4.20
2010.12.26	0.36	2.25	2.50	2.75	3.55	4.15	4.55
2011.02.09	0.40	2.60	2.80	3.00	3.90	4.50	5.00
2011.04.06	0.50	2.85	3.05	3.25	4.15	4.75	5.25
2011.07.07	0.50	3.10	3.30	3.50	4.40	5.00	5.50
2012.06.08	0.40	2.85	3.05	3.25	4.10	4.65	5.10
2012.07.06	0.35	2.60	2.80	3.00	3.75	4.25	4.75
2014.11.22	0.35	2.35	2.55	2.75	3.35	4.00	
2015.03.01	0.35	2.10	2.30	2.50	3.10	3.75	
2015.05.11	0.35	1.85	2.05	2.25	2.85	3.50	
2015.06.28	0.35	1.60	1.80	2.00	2.60	3.25	
2015.08.26	0.35	1.35	1.55	1.75	2.35	3.00	
2015.10.24	0.35	1.10	1.30	1.50	2.10	2.75	

注：1.2014年11月22日，金融机构存款利率浮动区间由存款基准利率的1.1倍调整为1.2倍。
2.自2014年11月22日起，人民银行不再公布金融机构人民币五年期定期存款基准利率。

7-8-4 金融机构人民币法定贷款基准利率

单位：年利率%

调整时间	短期贷款		中长期贷款		
	六个月以内（含六个月）	六个月至一年（含一年）	一年至三年（含三年）	三年至五年（含五年）	五年以上
1991.04.21	8.10	8.64	9.00	9.54	9.72
1993.05.15	8.82	9.36	10.80	12.06	12.24
1993.07.11	9.00	10.98	12.24	13.86	14.04
1995.01.01	9.00	10.98	12.96	14.58	14.76
1995.07.01	10.08	12.06	13.50	15.12	15.30
1996.05.01	9.72	10.98	13.14	14.94	15.12
1996.08.23	9.18	10.08	10.98	11.70	12.42
1997.10.23	7.65	8.64	9.36	9.90	10.53
1998.03.25	7.02	7.92	9.00	9.72	10.35
1998.07.01	6.57	6.93	7.11	7.65	8.01
1998.12.07	6.12	6.39	6.66	7.20	7.56
1999.06.10	5.58	5.85	5.94	6.03	6.21
2002.02.21	5.04	5.31	5.49	5.58	5.76
2004.10.29	5.22	5.58	5.76	5.85	6.12
2006.04.28	5.40	5.85	6.03	6.12	6.39
2006.08.19	5.58	6.12	6.30	6.48	6.84
2007.03.18	5.67	6.39	6.57	6.75	7.11
2007.05.19	5.85	6.57	6.75	6.93	7.20
2007.07.21	6.03	6.84	7.02	7.20	7.38
2007.08.22	6.21	7.02	7.20	7.38	7.56
2007.09.15	6.48	7.29	7.47	7.65	7.83
2007.12.21	6.57	7.47	7.56	7.74	7.83
2008.09.16	6.21	7.20	7.29	7.56	7.74
2008.10.09	6.12	6.93	7.02	7.29	7.47
2008.10.30	6.03	6.66	6.75	7.02	7.20
2008.11.27	5.04	5.58	5.67	5.94	6.12
2008.12.23	4.86	5.31	5.40	5.76	5.94
2010.10.20	5.10	5.56	5.60	5.96	6.14
2010.12.26	5.35	5.81	5.85	6.22	6.40
2011.02.09	5.60	6.06	6.10	6.45	6.60
2011.04.06	5.85	6.31	6.40	6.65	6.80
2011.07.07	6.10	6.56	6.65	6.90	7.05
2012.06.08	5.85	6.31	6.40	6.65	6.80
2012.07.06	5.60	6.00	6.15	6.40	6.55
2014.11.22	5.60	5.60	6.00	6.00	6.15
2015.03.01	5.35	5.35	5.75	5.75	5.90
2015.05.11	5.10	5.10	5.50	5.50	5.65
2015.06.28	4.85	4.85	5.25	5.25	5.40
2015.08.26	4.60	4.60	5.00	5.00	5.15
2015.10.24	4.35	4.35	4.75	4.75	4.90

7-8-5 黄金和外汇储备

年 份	黄金储备（万盎司）	外汇储备（亿美元）	年 份	黄金储备（万盎司）	外汇储备（亿美元）
1978	1280	1.67	1999	1267	1546.75
1979	1280	8.40	2000	1267	1655.74
1980	1280	-12.96	2001	1608	2121.65
1981	1267	27.08	2002	1929	2864.07
1982	1267	69.86	2003	1929	4032.51
1983	1267	89.01	2004	1929	6099.32
1984	1267	82.20	2005	1929	8188.72
1985	1267	26.44	2006	1929	10663.40
1986	1267	20.72	2007	1929	15282.49
1987	1267	29.23	2008	1929	19460.30
1988	1267	33.72	2009	3389	23991.52
1989	1267	55.50	2010	3389	28473.38
1990	1267	110.93	2011	3389	31811.48
1991	1267	217.12	2012	3389	33115.89
1992	1267	194.43	2013	3389	38213.15
1993	1267	211.99	2014	3389	38430.18
1994	1267	516.20	2015	5666	33303.62
1995	1267	735.97	2016	5924	30105.17
1996	1267	1050.29	2017	5924	31399.49
1997	1267	1398.90	2018	5956	30727.12
1998	1267	1449.59			

7-8-6 外资银行资产负债表(年底余额)

单位: 亿元

项　目	2016	2017	2018
总资产	**31670**	**42483**	**44177**
国外资产	2071	2222	2452
储备资产	4060	3766	3287
准备金	4051	3758	3251
库存现金	9	7	6
对政府债权	1958	2230	2681
对中央银行债权			
对其他存款性公司债权	5698	6505	5844
对其他金融性公司债权	2738	3694	3745
对非金融性公司债权	10254	11020	11649
对其他居民部门债权	1081	1234	1452
其他资产	3809	11812	13066
总负债	**31670**	**42483**	**44177**
对非金融机构及住户负债	17153	18357	18386
纳入广义货币的存款	12731	13802	13700
单位活期存款	4425	4886	4837
单位定期存款	6996	7645	7565
个人存款	1310	1270	1298
不纳入广义货币的存款	3478	3373	3461
可转让存款	1845	1761	1876
其他存款	1633	1612	1586
其他负债	945	1182	1225
对中央银行负债	168	284	144
对其他存款性公司负债	2611	2612	2342
对其他金融性公司负债	1241	941	1116
#计入广义货币的存款	1027	772	1004
国外负债	3247	4884	4904
债券发行	184	226	549
实收资本	1761	1835	1878
其他负债	5305	13344	14858

7-8-7 社会融资规模增量及构成

单位：亿元

年 份	社会融资规模增量	#人民币贷款	#外币贷款(折合人民币)	#委托贷款	#信托贷款	#未贴现银行承兑汇票	#企业债券	#地方政府专项债券	#非金融企业境内股票融资
2002	20112	18475	731	175		-695	367		628
2003	34113	27652	2285	601		2010	499		559
2004	28629	22673	1381	3118		-290	467		673
2005	30008	23544	1415	1961		24	2010		339
2006	42696	31523	1459	2695	825	1500	2310		1536
2007	59663	36323	3864	3371	1702	6701	2284		4333
2008	69802	49041	1947	4262	3144	1064	5523		3324
2009	139104	95942	9265	6780	4364	4606	12367		3350
2010	140191	79451	4855	8748	3865	23346	11063		5786
2011	128286	74715	5712	12962	2034	10271	13658		4377
2012	157631	82038	9163	12838	12845	10499	22551		2508
2013	173169	88916	5848	25466	18404	7756	18111		2219
2014	158761	97452	1235	21740	5174	-1198	24329		4350
2015	154063	112693	-6427	15911	434	-10567	29388		7590
2016	178159	124372	-5640	21854	8593	-19514	30025		12416
2017	194445	138432	18	7770	22555	5364	4421		8759
2018	192584	156712	-4201	-16067	-6901	-6343	24756	17852	3606

注：1.社会融资规模增量是指一定时期内实体经济(境内非金融企业和住户)从金融体系获得的资金总额。
2.2018年7月起，人民银行完善社会融资规模统计方法，将“存款类金融机构资产支持证券”和“贷款核销”纳入社会融资规模统计。2018年9月起，人民银行将“地方政府专项债券”纳入社会融资规模统计。
本表的地方政府专项债券按照债权债务在托管机构登记日统计。表中2018年数据与之前年份数据不可比。

7-8-8 社会融资规模存量及增长率

年 份	社会融资规模存量(亿元)	社会融资规模存量同比增速(%)	#人民币贷款(%)	#外币贷款(折合人民币)(%)	#委托贷款(%)	#信托贷款(%)	#未贴现银行承兑汇票(%)	#企业债券(%)	#地方政府专项债券(%)	#非金融企业境内股票融资(%)
2002	148532									
2003	181655	22.3	21.4	26.6	13.3		126.0	132.9		8.0
2004	204143	14.9	14.3	16.8	61.6		-8.0	4.0		8.5
2005	224265	13.5	13.3	11.0	11.8		0.7	129.1		4.2
2006	264500	18.1	16.3	9.0	20.0		44.9	68.7		12.5
2007	321326	21.5	16.4	21.9	29.9	84.0	138.4	41.0		45.8
2008	379765	20.5	18.7	5.1	29.1	84.3	9.2	78.7		17.7
2009	511835	34.8	31.3	55.5	35.8	63.4	36.5	86.2		18.3
2010	649869	27.0	19.9	15.9	44.2	34.4	135.5	42.3		30.9
2011	767791	18.3	16.1	13.1	21.2	13.5	25.6	36.2		17.7
2012	914675	19.1	15.0	27.2	17.1	75.0	21.0	44.4		8.6
2013	1075217	17.6	14.2	7.2	39.7	61.1	12.7	24.2		6.7
2014	1229386	14.3	13.6	4.1	29.2	10.8	-1.1	25.8		11.8
2015	1382824	12.5	13.9	-13.0	18.0	2.0	-14.8	25.1		20.2
2016	1560044	12.8	13.4	-12.9	19.8	15.8	-33.3	22.5		27.6
2017	1747069	12.0	13.2	-5.8	5.9	35.9	13.7	2.9		15.2
2018	2007470	9.8	13.2	-10.7	-11.5	-8.0	-14.3	9.2	32.6	5.4

注：1.社会融资规模存量是指一定时期末(月末、季末或年末)实体经济(境内非金融企业和住户)从金融体系获得的资金余额。
2.2018年7月起,人民银行完善社会融资规模统计方法，将“存款类金融机构资产支持证券”和“贷款核销”纳入社会融资规模统计。2018年9月起，人民银行将“地方政府专项债券”纳入社会融资规模统计。本表的地方政府专项债券按照债权债务在托管机构登记日统计。表中2018年数据与之前年份数据不可比。
3.同比增速为可比口径计算。

7-8-9 证券市场基本情况

项 目		2015	2016	2017	2018
境内上市公司数（A、B股）	（家）	2827	3052	3485	3584
境内上市外资股公司数(B股)	（家）	101	100	100	99
境外上市公司数（H股）	（家）	229	241	252	267
股票总发行股本	（亿股）	43024	48750	53747	57581
#流通股本	（亿股）	37043	41136	45045	49048
股票市价总值	（亿元）	531463	507686	567086	434924
#股票流通市值	（亿元）	417881	393402	449298	353794
股票成交量	（亿股）	171039	95525	87781	82037
股票成交金额	（亿元）	2550541	1277680	1124625	901739
上证综合指数	（收盘）	3539.18	3103.64	3307.17	2493.90
深证综合指数	（收盘）	2308.91	1969.11	1899.34	1267.87
期末投资者数	（万个）	9911	11811	13398	14650
静态市盈率(平均市盈率)	(%)				
上海		17.6	15.9	16.3	12.5
深圳		52.8	41.2	36.2	20.0
年换手率(平均换手率)	(%)				
上海		489.6	158.4	180.5	150.9
深圳		825.7	541.8	412.9	356.9
交易所债券发行额	（亿元）		28737	39147	56878
债券成交额	（亿元）	1309219	2387096	2687636	2405454
债券现货成交金额	（亿元）	33920	51270	55442	63822
债券回购成交金额	（亿元）	1275299	2335826	2632194	2341632
证券投资基金只数	（只）	2723	3873	4848	5580
证券投资基金规模	（亿份）	76674	88428	110182	128961
证券投资基金成交金额	（亿元）	152685	111444	98052	102705
期货总成交量	（万手）	357791	413777	307102	301056
期货总成交额	（亿元）	5542312	1956316	1878926	2107974

注：1.交易所债券包含由中国证监会审批或备案的公司债、可转债、可交换债、可分离债、企业资产支持证券，以及交易所招标发行的地方政府债、政策性金融债。
2.期末投资者数量指持有未注销、未休眠的A股、B股、信用账户、衍生品合约账户的一码通账户数量。
3.债券成交数据为交易所债券市场数据。
4.期货成交数据按单边口径统计，包括商品期货和金融期货。

7-8-10 上市公司数量

单位：个

年　份	全国合计	上交所	深交所	发A股公司	发B股公司	同时发A股、B股公司
1990	10	8	2			
1991	13	7	6			
1992	53	29	24	53	18	18
1993	183	106	77	177	41	35
1994	291	171	120	287	58	54
1995	323	188	135	311	70	58
1996	530	293	237	514	85	69
1997	745	383	362	720	101	76
1998	852	438	414	826	106	80
1999	949	484	465	922	108	81
2000	1088	572	516	1060	114	86
2001	1160	646	514	1140	112	92
2002	1224	715	509	1213	111	100
2003	1287	780	507	1277	111	101
2004	1377	837	540	1363	110	96
2005	1381	834	547	1358	109	86
2006	1434	842	592	1411	109	86
2007	1550	860	690	1527	109	86
2008	1625	864	761	1602	109	86
2009	1718	870	848	1696	108	86
2010	2063	894	1169	2041	108	86
2011	2342	931	1411	2320	108	86
2012	2494	954	1540	2472	107	85
2013	2489	953	1536	2468	106	85
2014	2613	995	1618	2592	104	83
2015	2827	1081	1746	2808	101	82
2016	3052	1182	1870	3034	100	82
2017	3485	1396	2089	3467	100	82
2018	3584	1450	2134	3567	99	82

注：发A股公司包括既发A股又发B股的公司，发B股公司包括既发A股又发B股的公司。

7-8-11 上市公司地区分布(2018年)

单位：个

地 区	上市公司家数	上交所	深交所
全 国	**3584**	**1450**	**2134**
北 京	316	139	177
天 津	50	26	24
河 北	57	23	34
山 西	38	20	18
内蒙古	26	16	10
辽 宁	46	18	28
吉 林	41	17	24
黑龙江	36	25	11
上 海	287	209	78
江 苏	401	173	228
浙 江	357	147	210
安 徽	103	47	56
福 建	86	35	51
江 西	41	17	24
山 东	166	56	110
河 南	79	30	49
湖 北	102	41	61
湖 南	104	30	74
广 东	303	59	244
广 西	37	17	20
海 南	31	11	20
重 庆	50	26	24
四 川	120	40	80
贵 州	29	14	15
云 南	33	13	20
西 藏	17	9	8
陕 西	49	22	27
甘 肃	33	16	17
青 海	12	8	4
宁 夏	13	5	8
新 疆	55	29	26

注：1.上市公司数量按上市日口径统计。
2.上市公司辖区按上市公司注册地划分。

7-8-12 证券市场发行情况

单位：亿元

年 份	境内发行金额			境外股票发行金额	新三板股票发行金额	合计
	小计	股票发行金额	交易所债券发行金额			
1992	68.91	68.91				68.91
1993	245.02	245.02		60.84		305.86
1994	213.63	213.63		188.75		402.38
1995	99.78	99.78		31.53		131.31
1996	308.04	308.04		100.57		408.61
1997	859.98	859.98		387.91		1247.89
1998	787.44	787.44		37.83		825.27
1999	873.63	873.63		47.11		920.74
2000	1515.82	1515.82		562.08		2077.90
2001	1238.14	1238.14		73.00		1311.14
2002	720.05	720.05		192.28		912.33
2003	665.51	665.51		537.32		1202.83
2004	650.53	650.53		647.72		1298.25
2005	339.03	339.03		1666.25		2005.28
2006	2374.50	2374.50		3072.57		5447.07
2007	8222.02	7814.74	407.28	927.46		9149.48
2008	4310.44	3312.39	998.05	311.38		4621.82
2009	5645.85	4834.34	811.51	1067.66		6713.51
2010	11120.10	9799.80	1320.30	2343.11		13463.21
2011	8884.13	7154.43	1729.70	732.41	6.48	9623.02
2012	7313.28	4542.40	2770.88	997.83	8.59	8319.70
2013	8086.40	4131.46	3954.94	1060.24	10.02	9156.66
2014	12671.90	8498.26	4173.64	2253.40	132.09	15057.39
2015	37983.36	16361.62	21621.74	7090.12	1216.17	46289.65
2016	56965.75	20297.39	36668.36	1271.48	1390.89	59628.12
2017	54681.89	15534.98	39146.91	1829.19	1336.25	57847.33
2018	68255.59	11377.88	56877.71	1387.61	604.43	70247.63

注：1.境内股票发行金额包括首发筹资金额和再筹资金额，均按股份上市日统计，再筹资包含公开增发、定向增发、配股、权证和优先股，其中权证为2008年之后开展的业务，优先股为2014年之后开展的业务。
2.境外股票发行金额指在港交所上市的H股的筹资金额，不含可转债。
3.新三板股票发行金额中不含优先股。

7-8-13 股票交易情况

项目	2011	2012	2013	2014	2015	2016	2017	2018
上市公司数 （家）	**2342**	**2494**	**2489**	**2613**	**2827**	**3052**	**3485**	**3584**
上市股票数 （只）	**2428**	**2579**	**2574**	**2696**	**2909**	**3134**	**3567**	**3666**
A股	2320	2472	2468	2592	2808	3034	3467	3567
B股	108	107	106	104	101	100	100	99
股票总发行股本（亿股）	**29745.11**	**31833.62**	**33822.04**	**36795.10**	**43024.14**	**48750.29**	**53746.67**	**57581.03**
A股	29448.60	31551.24	33538.25	36517.75	42753.16	48468.16	53461.94	57290.35
B股	296.52	282.38	283.79	277.35	270.98	282.13	284.74	291.08
#流通股本	22499.86	24778.23	29997.12	32289.25	37043.37	41136.05	45044.87	49047.57
A股	22204.54	24497.05	29714.53	32013.11	36773.67	40855.20	44761.43	48758.19
B股	295.32	281.18	282.59	276.14	269.70	280.85	283.45	289.38
股票市价总值 （亿元）	**214758.10**	**230357.62**	**239077.19**	**372546.96**	**531462.70**	**507685.88**	**567086.08**	**434924.03**
A股	213309.84	228775.33	237403.27	370823.17	529251.65	505772.76	565254.86	433547.91
B股	1448.26	1582.29	1673.92	1723.79	2211.05	1913.12	1831.21	1376.13
#股票流通市值	164921.30	181658.26	199579.53	315624.31	417880.75	393401.67	449298.15	353794.20
A股	163479.07	180082.94	197915.96	313910.42	415680.99	391498.97	447476.33	352428.06
B股	1442.24	1575.32	1663.57	1713.89	2199.76	1902.70	1821.82	1366.14
股票成交金额 （亿元）	**421644.59**	**314583.27**	**468729.00**	**742385.26**	**2550541.31**	**1277680.00**	**1124625.11**	**901739.40**
A股	420339.19	313715.14	466632.02	741378.07	2546837.74	1276194.30	1123647.88	901103.16
B股	1305.40	868.13	1439.32	1007.19	3703.57	1486.02	977.23	636.24
总成交股数 （亿股）	**33956.57**	**32860.55**	**48373.00**	**73383.09**	**171039.48**	**95525.00**	**87780.84**	**82037.25**
A股	33748.72	32681.93	47953.66	73188.22	170541.00	94480.50	87628.57	81926.96
B股	207.85	178.61	263.89	194.87	498.48	210.03	152.27	110.30
上证综合指数								
最高	3067.46	2478.38	2444.80	3239.36	5178.19	3538.69	3450.50	3587.03
最低	2134.02	1949.46	1849.65	1974.38	2850.71	2638.30	3016.53	2449.20
收盘	2199.42	2269.13	2115.98	3234.68	3539.18	3103.64	3307.17	2493.90
深证综合指数								
最高	1316.19	1020.29	1106.27	1504.48	3156.96	2304.49	2054.02	1966.15
最低	828.83	724.97	815.89	1004.93	1408.99	1618.12	1753.53	1212.23
收盘	866.65	881.17	1057.67	1415.19	2308.91	1969.11	1899.34	1267.87

注：1.股票总成交金额中包含约定购回式证券成交金额，故总成交金额大于A股B股成交金额之和。
2.指数最高、最低点为盘中最高、最低点。

7-8-14 全国期货交易所市场概况

年 份	全年总成交额 (亿元)	全年总成交量 (万手)	全年总实物交割额 (亿元)	全年总实物交割量 (万手)
1993	2761.00	445.35		
1994	15800.71	6055.36		
1995	50282.65	31806.04	181.52	83.09
1996	42059.58	17128.39	174.13	78.33
1997	30585.33	7938.16	93.75	38.18
1998	18483.62	5222.79	48.04	20.56
1999	11171.51	3681.96	109.41	16.12
2000	8041.14	2730.54	65.16	8.40
2001	15071.76	6022.54	59.63	16.34
2002	19745.30	6971.50	100.99	23.32
2003	54194.67	13993.32	130.94	32.10
2004	73465.27	15283.27	183.21	32.70
2005	67224.19	16142.38	213.37	30.71
2006	105023.16	22473.70	225.47	30.66
2007	204861.23	36421.34	283.73	42.76
2008	359570.98	68194.36	339.26	54.94
2009	652553.80	107871.49	284.72	50.34
2010	1134883.54	152089.14	516.89	73.25
2011	937475.68	100367.68	490.15	64.93
2012	952824.54	134540.06	528.04	58.96
2013	1264673.31	186822.39	465.25	56.79
2014	1279712.53	228827.45	451.58	63.50
2015	1364707.05	323704.12	641.76	115.36
2016	1774124.99	411943.25	783.34	129.19
2017	1633003.86	304642.57	881.94	124.51
2018	1846750.81	298334.65	1018.52	136.52

注：1.本表数据仅反映商品期货市场情况。
2.表中数据均按单边口径统计。
3.交割金额、交割量中包含期转现。

7-8-15 全国交易所上市基金成交概况

项　　目		2017	2018	增减(%)
交易日数	(天)	244	243	-0.41
基金成交金额	(亿元)	98052	102705	4.75
基金日均成交金额	(亿元)	402	423	5.18
基金成交股数	(亿份)	13627	17942	31.67
上证基金指数开市		5732	6223	8.56
上证基金指数最高		6390	6502	1.76
上证基金指数最低		5704	5465	-4.19
上证基金指数收市		6220	5499	-11.59
深证基金指数开市		5858	6036	3.03
深证基金指数最高		6406	6366	-0.62
深证基金指数最低		5513	4547	-17.52
深证基金指数收市		6032	4632	-23.21

注：基金成交数据包括证券投资基金、交易型货币基金、ETF和LOF。ETF是交易所交易基金的简称，LOF是一种可以在交易所挂牌交易的开放式基金。

7-8-16 保险系统机构、人员数(年底数)

项　　目	2017			2018		
	机构数(个)	职工人数(人)	#女职工	机构数(个)	职工人数(人)	#女职工
总　　计	**222**	**1181849**	**624366**	**229**	**1237751**	**647177**
保险集团公司	**12**	**7047**	**4055**	**12**	**8264**	**4141**
中资保险公司	**145**	**1111990**	**585081**	**158**	**1162612**	**605865**
#总公司	145	56580	28460	158	70501	34953
省级分公司	1701	288069	153157	2152	283649	151020
中心支分公司	9322	423704	228359	10474	440988	236029
支公司	26824	255637	131194	28480	273319	138357
营业部	2407	21896	11223	2491	23370	11852
营销服务部	40741	66002	32688	41734	70675	33654
中外合资公司	**57**	**62812**	**35230**	**59**	**66875**	**37171**
总公司	57	14900	7497	59	16223	8173
省级分公司	354	26129	15102	374	27096	15284

7-8-17 保险公司业务经济技术指标(2018年)

单位：亿元

项　　目	保　费	赔款及给付
合　　计	**38013.3**	**12297.0**
财产保险公司	**11756.5**	**6455.0**
企业财产保险	423.3	242.9
家庭财产保险	76.8	34.6
机动车辆保险	7834.1	4401.9
工程保险	120.8	54.2
责任保险	590.9	265.3
信用保险	242.5	127.9
保证保险	645.1	234.6
船舶保险	53.0	38.3
货物运输保险	121.2	67.6
特殊风险保险	59.5	20.1
农业保险	572.7	394.3
健康险	569.0	434.1
意外伤害保险	416.7	123.8
其他险	31.0	15.4
人寿保险公司	**26256.9**	**5842.0**
寿险	20722.8	4388.3
健康险	4875.1	1309.8
人身意外伤害险	659.0	143.9

注：本表人寿保险公司中包括中华控股寿险业务。

7-8-18 保险公司资产情况

单位：亿元

年 份	总资产	#财产险公司	#寿险公司	#再保险公司	#中资公司	#外资公司
2002	6320.00	948.00	5161.00	211.00		
2003	9088.00	1176.00	7657.00	255.00		
2004	11953.68	1411.38	8352.90	262.37	11540.63	413.05
2005	15286.44	1718.81	13458.27	292.70	14630.97	665.64
2006	19704.19	2340.45	17446.26	311.31	18862.60	862.66
2007	28912.78	3880.51	23249.16	877.26	27656.26	1256.51
2008	33418.83	4687.03	27138.45	994.45	31893.93	1524.91
2009	40634.75	4892.62	33655.05	1162.01	38582.37	2052.39
2010	50481.61	5833.52	42642.66	1151.79	47860.49	2621.12
2011	59828.94	7919.95	49798.19	1579.11	56822.12	3006.83
2012	73545.73	9477.47	60991.22	1845.25	70080.33	3465.40
2013	82886.95	10941.45	68250.07	2103.93	78551.67	4335.28
2014	101591.47	14061.48	82487.20	3513.56	94950.98	6640.49
2015	123597.76	18481.13	99324.83	5187.38	115057.96	6539.80
2016	153764.66	23849.82	126557.51	2765.61	144646.59	9118.07
2017	169377.32	24901.04	131885.05	3150.32	158956.86	10420.46
2018	183305.24	23502.73	146032.48	3633.48	171695.83	11609.41

7-8-19 保险公司资金运用情况

单位：亿元

年 份	资金运用余额	#银行存款	#国 债	#金融债券	#企业债券	#证券投资基金
2004	10778.62	5071.10	2618.44	1026.25	639.73	666.32
2005	14092.69	5165.55	3590.65	1804.71	1204.55	1107.00
2006	17785.40	5989.11	3647.01	2754.25	2121.56	912.08
2007	26647.81	6503.44	3956.56	4897.84	2799.76	2519.41
2008	30552.83	8087.49	4208.26	8754.06	4598.46	1646.46
2009	37417.12	10519.68	4053.82	8746.10	6074.56	2758.78
2010	46046.62	13909.97	4815.78	10038.75	7935.69	2620.73
2011	55192.98	17692.69	4741.90	12418.80	8755.86	2909.92
2012	68542.58	23446.00	4795.02	14832.57	10899.98	3625.58
2013	76873.41	22640.98	4776.73	14811.84	13727.75	3575.52
2014	93314.43	25310.73	5009.88	15067.12	15465.13	4714.28
2015	111795.49	24349.67	5831.12	15215.31	17307.38	8856.50
2016	133910.67	24844.21	7796.24	16260.35	18627.99	8554.46
2017	149206.21	19274.07	10167.99	19153.05	19436.76	7524.77
2018	164088.38	24363.50	14027.62	20215.82	21011.68	8650.55

7-8-20 各地区原保险保费收入和赔付支出情况(2018年)

单位：亿元

地区	原保险保费收入			赔付支出		
	小计	财产险业务	人身险业务	小计	财产险业务	人身险业务
全国	**38013.4**	**10770.7**	**27242.7**	**12297.0**	**5897.1**	**6399.9**
北京	1793.2	422.7	1370.5	629.4	245.9	383.5
天津	560.0	144.4	415.5	164.1	80.4	83.7
山西	824.6	212.9	611.6	267.3	102.4	164.9
河北	1789.3	529.8	1259.5	541.2	249.0	292.3
内蒙古	659.3	194.4	464.9	193.3	104.2	89.1
辽宁	1187.9	339.1	848.8	407.5	194.3	213.2
吉林	629.9	173.4	456.5	192.2	84.8	107.4
黑龙江	898.7	187.8	710.9	257.1	100.6	156.5
上海	1406.2	485.5	920.8	581.6	271.6	310.0
江苏	3317.3	858.8	2458.4	996.7	512.5	484.2
浙江	2274.4	826.8	1447.6	761.8	490.3	271.6
安徽	1209.7	408.8	800.9	419.1	222.7	196.5
福建	1082.3	315.3	767.0	346.2	1740.0	172.2
江西	754.0	240.4	513.6	264.9	127.7	137.1
山东	2958.8	748.4	2210.4	929.1	420.4	508.7
河南	2261.7	497.3	1764.4	654.5	260.8	393.7
湖北	1471.4	352.0	1119.4	466.8	182.3	284.5
湖南	1255.1	357.3	897.8	410.6	183.4	227.2
广东	4663.3	1271.2	3392.1	1403.5	744.9	658.6
广西	629.1	219.1	409.9	223.8	98.1	125.7
海南	183.2	64.2	119.0	56.0	31.8	24.2
重庆	806.1	202.5	603.6	277.4	108.6	168.7
四川	1956.5	492.1	1464.4	633.1	283.0	350.1
贵州	444.7	208.0	236.7	181.3	108.4	72.9
云南	667.9	275.8	392.1	248.6	135.6	113.0
西藏	33.5	22.2	11.3	18.0	12.6	5.4
陕西	970.5	229.7	740.9	280.9	118.3	162.6
甘肃	399.0	125.8	273.2	139.0	62.4	76.6
青海	87.7	37.0	50.6	34.7	18.6	16.1
宁夏	182.9	63.9	119.0	60.5	32.3	28.2
新疆	577.1	191.1	386.0	206.6	104.3	102.2
集团、总公司本级	78.1	73.0	5.0	50.3	30.1	19.3

注：1.本表数据为各公司上报中国保险统计信息系统年报数据,未经审计。
2.全国本级是指集团、总公司直接开展的业务，不计入任何地区。

【主要统计指标解释】

信贷资金 指金融机构以信用方式积聚和分配的货币资金。金融机构信贷资金的来源有各项存款、金融债券、对国际金融机构负债、流通中现金等；信贷资金的运用有各项贷款、有价证券及投资、金银占款、外汇占款、财政借款及在国际金融机构中的资产等。

存款 指企业、机关、团体或居民根据资金必须收回的原则，把货币资金存入银行或其他信贷机构保管并取得一定利息的一种信用活动形式。根据存款对象或性质的不同可划分为住户存款、非金融企业存款、政府存款、非银行业金融机构存款、其他存款等科目。它是银行信贷资金的主要来源。

贷款 指银行或其他信贷机构根据资金必须归还的原则，按一定利率，为企业、个人等提供资金的一种信用活动形式。我国银行贷款分为短期贷款、中长期贷款、委托及信托类贷款、其他类贷款等。

保险公司 指在中国境内的、经过保险监督管理部门批准设立，并依法登记注册的各类商业保险公司。

保险金额 指保险人承担赔偿或者给付保险金责任的最高限额。

保费 指投保人为取得保险人在约定范围内所承担赔偿责任而支付给保险人的费用。

赔款 指保险人根据保险合同的规定，向被保险人支付的赔偿保险责任损失的金额。

给付 包括死伤医疗给付和满期给付。死伤医疗给付是指保险人根据人寿保险及长期健康保险合同的规定，因被保险人在保险期内发生保险责任范围内的保险事故支付给被保险人（或受益人）的金额。满期给付是指被保险人生存期满，保险人按人寿保险合同规定支付给被保险人的满期保险金额。

社会融资规模增量 指一定时期内实体经济（境内非金融企业和住户）从金融体系获得的资金总额。主要包括人民币贷款、外币贷款（折合人民币）、委托贷款、信托贷款、未贴现的银行承兑汇票、企业债券、非金融企业境内股票融资、投资性房地产、保险公司赔偿等。

社会融资规模存量 指一定时期（月末、季末或年末）实体经济（境内非金融企业和住户）从金融体系获得的资金余额。

7 第三产业分行业主要指标

7-9 房地产业

简要说明

一、主要内容

本篇资料主要包括：房地产开发企业主要财务情况，房屋开竣工情况、商品房销售情况，土地购置情况等。还包括房地产业（不含房地产开发经营）企业法人单位分地区主要指标。

二、统计范围

本篇资料除了包含房地产业中的房地产开发行业资料外，还包括不含房地产开发经营的房地产企业法人单位主要情况。

三、统计调查方法

调查方法为全面调查和抽样调查。

四、统计口径变化

2004年，除财务指标、平均销售价格、住宅竣工与销售套数为经济普查数据外，其他指标均为快报数据。

2018年，除财务指标外，其他指标均为快报数据。

商品房销售面积和销售额：2004年及以前的销售数据仅包括现房；2005年及以后的销售数据包括期房和现房。

五、数据来源

本篇资料由国家统计局固定资产投资司根据联网直报房地产开发企业上报的基层数据整理。房地产企业法人单位分地区主要指标来源于第四次全国经济普查调查结果。

7-9-1 房地产开发企业经营情况

单位：亿元

年　份 地　区	主营业务收　　入	土地转让收　　入	商 品 房销售收入	房屋出租收　　入	其他收入	主营业务税金及附加	营业利润
1995	1731.66	194.40	1258.28	25.79	253.19	90.30	143.41
1996	1968.79	120.34	1533.76	29.99	284.69	92.78	17.98
1997	2218.46	103.28	1755.21	38.79	321.18	104.21	-10.35
1998	2951.21	132.25	2408.41	49.32	361.23	138.81	-10.66
1999	3026.01	103.25	2555.02	62.74	305.00	145.36	-35.09
2000	4515.71	129.61	3896.82	95.32	393.96	214.57	73.28
2001	5471.66	188.99	4729.42	117.35	435.90	273.45	125.47
2002	7077.85	225.13	6145.80	144.57	562.34	370.15	252.91
2003	9137.27	279.72	8153.69	164.33	539.53	493.72	430.37
2004	13314.46	410.09	11752.20	305.58	846.59	413.04	857.97
2005	14769.35	341.43	13316.77	290.29	820.86	845.25	1109.19
2006	18046.76	300.65	16621.36	316.79	807.96	1127.12	1669.89
2007	23397.13	427.92	21604.21	386.81	978.19	1660.30	2436.61
2008	26696.84	466.85	24394.12	521.47	1314.40	1829.20	3432.23
2009	34606.23	498.05	32507.83	544.27	1056.08	2585.49	4728.58
2010	42996.48	519.19	40585.33	742.92	1149.04	3464.66	6111.48
2011	44491.28	664.66	41697.91	904.28	1224.43	3832.98	5798.58
2012	51028.41	819.39	47463.49	1151.55	1593.98	4610.87	6001.33
2013	70706.67	671.42	66697.99	1364.01	1973.25	6204.18	9562.67
2014	66463.80	571.95	62535.06	1464.10	1892.69	5968.43	6143.13
2015	70174.34	600.54	65861.30	1600.42	2112.08	6202.38	6165.54
2016	90091.51	666.32	85163.32	1786.97	2474.89	6651.62	8673.23
2017	95896.90	838.42	90609.15	1568.32	2881.01	5751.77	11728.11
2018	112924.68	1207.38	106688.38	1484.30	3544.62	6785.53	18543.71
北　京	3515.50	123.50	2712.51	195.99	483.51	309.17	593.78
天　津	2089.75	35.70	1950.85	23.78	79.41	137.85	159.01
河　北	2748.27	22.33	2671.58	10.96	43.40	175.30	305.45
山　西	887.64	60.21	797.46	7.57	22.41	43.90	28.82
内蒙古	920.59	0.84	899.70	6.05	14.00	39.14	69.56
辽　宁	2493.77	59.62	2351.33	17.45	65.37	125.48	135.34
吉　林	1065.83	10.45	1030.66	8.71	16.01	43.47	66.68
黑龙江	1075.15	17.23	999.59	6.84	51.49	70.34	102.12
上　海	5612.27	87.47	4697.04	445.90	381.86	527.53	1591.29
江　苏	15565.80	190.43	15002.88	75.53	296.96	761.37	2857.89
浙　江	8176.62	39.07	7929.11	75.60	132.84	421.28	1063.93
安　徽	4663.29	12.03	4453.70	21.56	176.00	206.72	728.56
福　建	4512.60	11.56	4334.80	35.89	130.35	299.55	871.38
江　西	2679.25	47.01	2574.16	8.46	49.62	127.15	449.30
山　东	7557.50	116.11	7236.56	39.32	165.52	411.25	898.26
河　南	5043.35	41.12	4771.26	32.73	198.23	218.52	791.28
湖　北	5931.40	31.40	5716.00	48.10	135.90	331.65	1359.59
湖　南	4040.24	27.81	3857.00	17.55	137.88	183.74	508.09
广　东	14484.11	61.32	13850.31	213.81	358.67	1387.80	3514.26
广　西	2092.57	11.03	2012.38	18.09	51.07	111.37	257.39
海　南	1525.68	2.17	1483.27	9.48	30.76	137.65	204.50
重　庆	3713.69	61.35	3480.92	51.14	120.28	152.17	588.30
四　川	5444.43	28.92	5259.77	44.27	111.46	264.76	729.30
贵　州	1608.96	11.58	1499.46	13.31	84.61	70.13	227.54
云　南	1677.98	80.97	1485.72	16.71	94.59	72.54	168.87
西　藏	47.29		43.25	0.51	3.53	1.17	8.28
陕　西	1782.35	6.07	1688.88	15.96	71.44	68.71	120.35
甘　肃	779.90	4.58	756.42	6.05	12.86	31.87	65.26
青　海	144.45	0.29	138.68	1.62	3.86	5.40	10.75
宁　夏	330.08	4.99	316.22	3.88	4.98	13.05	8.04
新　疆	714.38	0.24	686.90	11.49	15.76	35.48	60.55

7-9-2 按登记注册类型分的房地产开发企业资产情况

单位：亿元

地 区	总 计	内 资								
			国 有	集 体	股份合作	国有联营	集体联营	国有与集体联营	其他联营	国有独资公司
全 国	**852720.54**	**779066.00**	**7441.89**	**1019.90**	**80.94**	**14.17**	**3.17**	**18.68**	**9.64**	**93145.33**
北 京	57172.58	52196.70	679.15	206.23						4068.73
天 津	29617.39	27518.24	394.36	11.70		0.31				5634.00
河 北	22513.56	21875.51	31.93							316.59
山 西	12384.45	12241.09	188.93	4.52						1289.70
内蒙古	8151.95	8125.82	9.41							425.53
辽 宁	22013.58	18884.17	270.57	6.01	0.75					1427.15
吉 林	6868.79	6738.49	79.89							439.67
黑龙江	9937.70	9742.75	143.56	0.60	0.29					1281.39
上 海	59214.54	49758.62	88.78	91.72		5.01				10459.52
江 苏	72232.83	63562.12	771.95	102.36	3.49			18.15		7825.77
浙 江	59210.29	54303.24	519.61	11.68	3.42	8.85				5937.94
安 徽	28429.45	27909.34	654.63	0.44	0.80					1252.21
福 建	37845.44	33891.80	1009.09	32.48				0.52		5196.01
江 西	14718.54	14096.92	210.88							2028.16
山 东	54091.40	51492.17	476.29	195.24	22.99					7486.52
河 南	33708.58	32589.66	218.87	10.02	1.04				0.03	2317.75
湖 北	32879.93	31379.54	463.99	30.73						3112.66
湖 南	19227.70	18360.15	50.48	1.82	1.81					2221.76
广 东	111716.01	93780.59	320.97	282.37	23.72		3.17		9.61	7797.24
广 西	15953.68	14952.89	89.51	3.76	0.48					2099.84
海 南	12284.23	10776.66	36.88	8.04						2252.57
重 庆	31494.92	27995.06	61.80		0.89					6280.22
四 川	31781.24	29917.71	115.13	0.67	20.11					2734.43
贵 州	14884.36	14435.86	32.10	0.09						2252.11
云 南	20575.64	19575.19	156.07	0.93	0.43					2574.23
西 藏	611.99	611.99	1.59							417.85
陕 西	16129.37	15656.08	235.74	15.83	0.71					1891.23
甘 肃	5829.11	5789.93	87.05	2.26						455.82
青 海	1595.91	1594.20								213.75
宁 夏	3037.90	2958.59								249.99
新 疆	6607.51	6354.92	42.70	0.41						1205.01

7-9-2 续表 1

单位：亿元

地区	其他有限责任公司	股份有限公司	私营独资	私营合伙	私营有限责任公司	私营股份有限公司	其他内资企业	港澳台商投资	合资经营	合作经营
全国	**424206.28**	**31283.08**	**87.74**	**19.56**	**212824.33**	**8884.21**	**27.09**	**51607.44**	**19269.17**	**2635.54**
北京	39243.35	4078.98			3745.28	174.97		3424.07	1953.04	446.54
天津	15861.43	1107.08			4453.49	55.89		1265.72	439.99	
河北	8915.54	793.94			11738.39	79.12		369.24	149.73	
山西	4983.46	154.76			5513.58	106.13		65.39	19.19	
内蒙古	4333.80	248.75	1.04		3035.89	71.40		11.50	11.50	
辽宁	9735.21	395.36			6875.62	172.85	0.65	1975.92	808.42	3.30
吉林	4045.57	430.68	2.56		1651.80	88.30		105.61	30.77	
黑龙江	5759.35	325.76	14.76		2134.94	82.10		146.36	49.11	3.19
上海	26372.20	2388.99			9375.32	977.08		6719.78	3003.54	82.94
江苏	26955.21	1852.12		2.12	25673.50	357.44		6098.51	2361.57	179.72
浙江	22874.24	1561.37			23232.17	153.96		2957.21	990.91	29.54
安徽	18603.92	808.36			6328.85	259.74	0.39	420.70	93.72	3.28
福建	18305.76	859.50			8247.64	240.80		3217.43	2034.93	14.32
江西	7145.65	532.86	0.56	5.82	3774.80	398.18		530.15	272.98	
山东	27547.40	1960.98			13150.36	645.09	7.30	1907.55	797.51	76.92
河南	22485.41	1289.84	6.87	1.58	6000.54	257.73		978.21	61.11	63.37
湖北	18199.09	1665.41	5.89		7701.22	200.55		1004.78	279.32	88.73
湖南	9587.39	681.62	2.02	0.17	5529.04	276.13	7.91	674.52	179.80	21.41
广东	53531.52	5823.85	9.56	2.96	24730.35	1245.26		12302.61	3004.63	1495.66
广西	7565.64	158.19			4882.29	153.19		638.97	304.79	2.42
海南	6512.06	481.83	22.90		1386.84	75.55		1116.32	356.61	3.26
重庆	11769.36	1100.93		6.52	7326.85	1448.49		2750.72	1230.61	56.08
四川	18692.64	681.91	2.13	0.39	7433.80	225.65	10.84	1000.99	270.40	5.08
贵州	8198.46	219.92			3576.62	156.56		417.31	137.16	
云南	10636.43	1048.45	0.10		4894.41	264.14		835.48	73.48	1.53
西藏	116.03	2.73			73.06	0.74				
陕西	9185.39	344.70	18.53		3726.15	237.80		340.56	23.97	58.25
甘肃	3076.28	138.08	0.28		1969.69	60.47		30.41	29.86	
青海	655.83	44.99			638.45	41.17				
宁夏	865.22	6.12	0.53		1586.51	250.22		48.80	48.80	
新疆	2447.42	95.02			2436.86	127.50		252.59	251.72	

7-9-2 续表 2

单位：亿元

地 区	独 资	股份有限	其 他	外商投资	合资经营	合作经营	独 资	股份有限	其 他
全 国	**28020.81**	**1418.54**	**263.37**	**22047.10**	**8696.82**	**1388.22**	**10114.27**	**834.81**	**1012.98**
北 京	965.16		59.33	1551.81	510.46	336.57	465.59	0.79	238.40
天 津	796.64	29.09		833.42	182.25	5.94	191.36	453.88	
河 北	219.52			268.80	54.45		208.03	6.32	
山 西	28.63	17.56		77.98	9.92		68.06		
内蒙古				14.62	14.62				
辽 宁	1157.95	3.66	2.57	1153.49	618.32	3.93	515.34		15.90
吉 林	63.42	9.88	1.54	24.69	12.40		12.29		
黑龙江	94.06			48.58	30.66	1.25	16.68		
上 海	3236.69	392.16	4.47	2736.13	914.15	313.62	1439.24	67.18	1.94
江 苏	3484.48	61.53	11.21	2572.20	1174.58	83.93	1213.62	13.63	86.45
浙 江	1792.11	143.26	1.39	1949.83	365.84	16.73	1487.40	3.91	75.95
安 徽	285.30	38.40		99.40	28.35		57.83		13.23
福 建	1141.09	24.50	2.59	736.22	122.71		502.17	86.25	25.08
江 西	257.17			91.47	70.01		21.40	0.06	
山 东	992.76	2.97	37.40	691.68	477.24	85.25	116.93	2.46	9.80
河 南	834.66	17.58	1.50	140.70	78.68		53.66		8.37
湖 北	514.26	121.58	0.90	495.61	135.19		249.75		110.67
湖 南	435.04	4.50	33.77	193.03	105.43		65.18	0.76	21.66
广 东	7674.91	89.72	37.70	5632.81	2711.90	281.32	2269.02	106.97	263.59
广 西	309.08		22.68	361.82	142.94		177.30	13.09	28.49
海 南	382.37	371.62	2.47	391.25	42.46	61.20	197.14		90.45
重 庆	1414.38	40.37	9.28	749.14	241.77	85.62	368.60	30.12	23.03
四 川	718.81	6.70		862.54	425.65	94.04	342.85		
贵 州	280.15			31.19	11.32	18.83	1.04		
云 南	726.92		33.56	164.97	113.86		2.92	48.19	
西 藏									
陕 西	213.85	43.47	1.02	132.73	78.46		53.08	1.19	
甘 肃	0.54			8.78	7.30		1.48		
青 海				1.71	1.71				
宁 夏				30.51	14.20		16.31		
新 疆	0.87								

7-9-3 按资质等级分的房地产开发企业资产情况

单位：亿元

地区	总计	一级	二级	三级	四级	暂定	其他
全国	**852720.54**	**92970.75**	**142006.54**	**119239.78**	**95861.10**	**325915.25**	**76727.12**
北京	57172.58	12860.55	7112.62	4342.61	19601.37	11444.31	1811.13
天津	29617.39	2999.15	3106.44	1278.85	14742.71	4190.83	3299.40
河北	22513.56	2299.06	3551.49	3352.61	5588.23	7036.59	685.56
山西	12384.45	391.95	2011.00	1385.15	3906.85	3674.33	1015.17
内蒙古	8151.95	663.99	1344.89	1060.86	3864.70	1030.55	186.94
辽宁	22013.58	875.53	1895.06	5323.52	643.09	10682.13	2594.25
吉林	6868.79	292.77	1734.81	993.61	642.58	3157.67	47.36
黑龙江	9937.70	297.49	2690.81	4385.87	83.42	1406.60	1073.52
上海	59214.54	13053.74	8978.66	3901.85	27.19	29272.87	3980.22
江苏	72232.83	5103.95	23194.80	2324.04	39.67	33258.26	8312.12
浙江	59210.29	5130.84	4273.26	9657.90	2639.54	23753.81	13754.94
安徽	28429.45	1248.53	3304.35	5276.38	438.82	15347.14	2814.23
福建	37845.44	4620.51	5219.58	5779.81	3140.60	16700.95	2384.00
江西	14718.54	405.94	1230.38	2801.35	1330.68	7869.86	1080.32
山东	54091.40	4015.89	5876.97	7353.32	5533.11	26590.25	4721.87
河南	33708.58	3486.79	5445.64	3802.80	1209.13	16976.26	2787.95
湖北	32879.93	3629.03	6765.63	2493.13	1840.93	16390.85	1760.36
湖南	19227.70	1010.92	2539.20	7200.73	3248.49	4752.65	475.71
广东	111716.01	16968.86	9931.96	16721.49	13587.00	40025.95	14480.75
广西	15953.68	809.67	2399.90	2591.97	568.47	8873.51	710.18
海南	12284.23	426.71	1440.74	1348.66	939.71	7135.75	992.66
重庆	31494.92	5013.99	13992.16	1903.84	42.52	10120.14	422.26
四川	31781.24	1926.72	8415.14	14773.74	240.06	4826.14	1599.45
贵州	14884.36	113.71	3954.34	2093.56	1363.95	6206.85	1151.95
云南	20575.64	2669.01	3811.82	1146.91	4575.88	6449.28	1922.74
西藏	611.99	0.74	17.44	122.36	29.64	434.35	7.45
陕西	16129.37	1311.33	3095.76	2444.78	3602.86	3328.93	2345.71
甘肃	5829.11	330.22	1289.27	1483.87	1106.14	1566.16	53.45
青海	1595.91	106.72	676.36	341.08	148.69	265.12	57.92
宁夏	3037.90	391.73	1022.21	541.26	473.80	598.36	10.53
新疆	6607.51	514.73	1683.83	1011.86	661.26	2548.79	187.03

7-9-4 按登记注册类型分的房地产开发企业负债情况

单位：亿元

地区	总计	内资							
			国有	集体	股份合作	国有联营	集体联营	国有与集体联营	其他联营	国有独资公司
全国	**674333.36**	**624179.09**	**5191.36**	**906.47**	**57.71**	**4.43**	**3.16**	**16.75**	**10.30**	**60948.48**
北京	46416.74	42526.24	509.13	201.72						2498.68
天津	22927.38	21410.52	263.42	10.50		0.08				3686.53
河北	19023.92	18580.12	31.82							248.30
山西	10912.20	10796.12	176.22	4.36						927.31
内蒙古	7052.10	7026.08	9.09							391.28
辽宁	17260.29	15423.04	178.48	5.73	0.81					977.03
吉林	5605.94	5523.94	42.64							335.47
黑龙江	6979.06	6838.22	107.63	0.44						847.44
上海	39971.13	34894.57	50.40	49.48		0.66				5344.07
江苏	55295.88	49866.55	587.56	126.10	0.82			16.19		5339.86
浙江	47466.41	44350.76	364.11	9.90	0.97	3.69				4479.81
安徽	22976.23	22627.82	434.61	0.36	0.60					872.49
福建	28799.67	25880.59	467.64	30.40				0.56		3017.12
江西	11484.34	11010.86	155.04							1159.00
山东	44671.49	42925.41	400.01	188.66	14.53					5329.91
河南	27940.46	27094.40	175.24	5.84	0.20					1495.87
湖北	25500.06	24588.47	356.07	21.69						2078.13
湖南	15343.34	14764.82	42.40	1.44						1633.09
广东	89303.33	75651.17	212.77	221.77	22.69		3.16		10.29	5027.10
广西	12734.92	11967.82	54.94	2.97	0.30					1316.75
海南	10054.47	8796.93	29.72	7.12						1614.63
重庆	23549.12	21379.75	51.88		0.26					3603.98
四川	25672.80	24569.77	65.38	0.27	15.98					1949.70
贵州	11833.32	11459.88	26.02	0.08						1641.92
云南	16942.84	16183.48	121.94	0.22	0.18					1648.12
西藏	389.50	389.50	1.43							226.04
陕西	13749.34	13428.80	196.08	15.49	0.36					1512.27
甘肃	4963.89	4928.91	69.59	1.50						392.93
青海	1391.62	1390.26								174.81
宁夏	2611.24	2545.55								191.08
新疆	5510.33	5358.74	10.10	0.44						987.78

7-9-4 续表 1

单位：亿元

地　区	其他有限责任公司	股份有限公司	私营独资	私营合伙	私营有限责任公司	私营股份有限公司	其他内资企业	港澳台商投资	合资经营	合作经营
全　国	**345575.11**	**23844.01**	**79.60**	**14.77**	**179822.58**	**7679.80**	**24.56**	**34823.27**	**13330.69**	**1936.43**
北　京	32992.45	2944.88			3282.36	97.03		2738.09	1631.02	333.49
天　津	12716.96	905.81			3779.71	47.51		940.59	330.80	
河　北	7710.50	661.35			9855.98	72.17		225.85	104.03	
山　西	4387.29	149.40			5048.36	103.17		42.12	7.53	
内蒙古	3703.00	238.28	0.88		2622.76	60.79		11.39	11.39	
辽　宁	7830.14	306.62			5968.52	154.93	0.77	1171.47	528.88	6.32
吉　林	3397.96	349.51	2.62		1323.73	72.01		67.06	19.83	
黑龙江	3812.08	284.22	12.54		1711.08	62.79		107.48	28.71	1.20
上　海	19809.09	1519.63			7245.51	875.74		3756.63	1572.12	49.73
江　苏	21236.50	1406.45		1.25	20856.25	295.56		3753.67	1537.18	127.99
浙　江	18251.46	1056.09			20051.58	133.14		1657.75	572.01	28.51
安　徽	15183.46	639.02			5288.29	208.81	0.18	274.83	74.77	2.79
福　建	14671.59	622.30			6867.84	203.14		2386.95	1561.80	7.83
江　西	5832.57	396.33		2.11	3155.74	310.08		411.48	214.81	
山　东	23240.70	1553.02			11613.99	577.65	6.94	1261.06	621.26	64.06
河　南	19078.33	1064.90	4.96	1.02	5066.11	201.92		732.04	50.60	24.12
湖　北	14511.47	1073.06	5.79		6369.08	173.18		539.17	196.60	59.85
湖　南	7881.63	560.88	1.92	0.16	4428.53	208.87	5.90	427.31	142.32	22.78
广　东	43635.97	4453.15	9.84	3.09	20871.96	1179.37		9180.82	2065.26	1113.91
广　西	6162.26	119.06			4177.65	133.89		474.43	236.92	2.07
海　南	5449.05	412.00	22.25		1203.09	59.06		939.92	395.81	3.30
重　庆	9291.63	922.74		6.83	6246.98	1255.45		1712.16	817.76	32.41
四　川	15569.56	564.66	0.35	0.31	6196.50	196.30	10.75	574.77	174.79	4.27
贵　州	6343.62	199.22			3114.80	134.22		357.12	142.38	
云　南	8944.10	881.97			4347.85	239.09		631.50	55.28	1.27
西　藏	101.31	2.67			57.55	0.50				
陕　西	7884.08	308.94	17.84		3303.93	189.81		229.82	19.77	50.54
甘　肃	2623.55	122.04	0.17		1665.47	53.64		26.86	26.82	
青　海	578.75	39.97			559.79	36.94				
宁　夏	718.83	5.55	0.44		1405.71	223.94		39.33	39.33	
新　疆	2025.21	80.26			2135.87	119.09		151.59	150.92	

7-9-4 续表 2

单位：亿元

地 区				外商投资					
	独 资	股份有限	其 他		合资经营	合作经营	独 资	股份有限	其 他
全 国	**18454.86**	**959.14**	**142.15**	**15331.00**	**5947.54**	**885.12**	**6969.15**	**671.33**	**857.86**
北 京	772.01		1.57	1152.41	314.58	256.42	367.34	0.32	213.76
天 津	589.37	20.42		576.26	70.22	5.22	100.52	400.30	
河 北	121.82			217.96	40.55		172.91	4.49	
山 西	19.36	15.24		73.96	10.45		63.51		
内蒙古				14.63	14.63				
辽 宁	633.61	2.51	0.15	665.78	353.71	3.77	299.59		8.71
吉 林	38.67	7.97	0.59	14.94	3.65		11.29		
黑龙江	77.57			33.36	23.49	0.01	9.86		
上 海	1859.77	270.69	4.32	1319.93	380.88	185.40	697.47	54.20	1.99
江 苏	2064.87	19.93	3.70	1675.66	752.53	64.31	791.38	10.26	57.18
浙 江	970.36	86.83	0.04	1457.90	224.15	14.51	1144.77	2.31	72.16
安 徽	173.23	24.03		73.58	16.06		49.25		8.27
福 建	795.21	20.26	1.85	532.12	103.72		352.20	56.81	19.39
江 西	196.66			62.00	50.38		11.58	0.04	
山 东	541.69	2.20	31.85	485.03	327.17	63.15	83.78	1.87	9.06
河 南	645.98	9.97	1.37	114.03	79.08		26.94		8.01
湖 北	202.51	79.50	0.71	372.42	106.97		161.00		104.46
湖 南	241.85	4.13	16.24	151.21	75.37		55.48	0.68	19.68
广 东	5912.41	61.66	27.59	4471.33	2209.12	164.26	1812.08	71.07	214.80
广 西	218.75		16.69	292.67	112.28		146.98	8.59	24.83
海 南	270.60	269.03	1.19	317.62	32.33	49.17	154.90		81.22
重 庆	825.28	33.24	3.46	457.21	143.60	33.81	236.23	29.22	14.35
四 川	394.22	1.49		528.26	318.78	34.54	174.94		
贵 州	214.74			16.32	5.05	10.57	0.70		
云 南	544.31		30.65	127.86	96.68		1.15	30.03	
西 藏									
陕 西	129.30	30.04	0.18	90.73	59.93		29.65	1.15	
甘 肃	0.05			8.11	6.62		1.49		
青 海				1.35	1.35				
宁 夏				26.36	14.24		12.13		
新 疆	0.67								

7-9-5 按资质等级分的房地产开发企业负债情况

单位：亿元

地 区	总 计	一 级	二 级	三 级	四 级	暂 定	其 他
全 国	**674333.36**	**69880.31**	**110036.72**	**93349.59**	**78337.71**	**263373.86**	**59355.18**
北 京	46416.74	9958.15	5383.50	3471.03	16341.09	9744.73	1518.24
天 津	22927.38	2389.19	2425.56	984.08	11733.93	3254.80	2139.81
河 北	19023.92	1837.31	2941.32	2699.36	4821.85	6139.60	584.47
山 西	10912.20	337.46	1860.45	1271.36	3528.85	3200.04	714.05
内蒙古	7052.10	528.58	1151.22	955.29	3358.93	908.24	149.84
辽 宁	17260.29	692.67	1602.64	4036.45	436.15	8345.63	2146.75
吉 林	5605.94	243.90	1392.15	811.25	490.47	2625.36	42.82
黑龙江	6979.06	293.00	1961.90	2838.77	59.87	1129.41	696.10
上 海	39971.13	8650.36	5881.21	2818.60	22.73	20076.17	2522.06
江 苏	55295.88	3772.55	17544.41	1893.97	31.55	25513.63	6539.77
浙 江	47466.41	3602.98	3355.50	7701.05	2102.79	19356.62	11347.48
安 徽	22976.23	934.58	2624.71	3949.19	330.99	12781.09	2355.66
福 建	28799.67	3142.09	4119.34	4277.67	2291.44	13354.11	1615.01
江 西	11484.34	336.88	870.43	2025.52	992.75	6340.30	918.46
山 东	44671.49	3195.96	4670.88	6073.34	4393.31	22270.89	4067.11
河 南	27940.46	2878.02	4488.56	3045.15	1027.45	14366.35	2134.94
湖 北	25500.06	2700.42	4819.99	1867.04	1490.70	13319.58	1302.34
湖 南	15343.34	810.94	2002.72	5607.89	2645.77	3950.09	325.93
广 东	89303.33	13142.12	7922.77	12765.93	10904.10	33842.29	10726.11
广 西	12734.92	662.95	1782.24	1759.01	440.04	7608.20	482.48
海 南	10054.47	326.84	1146.93	1040.94	755.21	5902.85	881.69
重 庆	23549.12	3605.14	10357.43	1468.43	37.40	7732.15	348.58
四 川	25672.80	1554.44	6768.64	12115.30	168.91	3810.08	1255.44
贵 州	11833.32	108.24	3010.77	1792.56	1086.04	5044.16	791.54
云 南	16942.84	2012.90	3360.44	985.19	3822.08	5285.09	1477.14
西 藏	389.50	0.50	15.51	94.98	25.90	245.79	6.81
陕 西	13749.34	1140.14	2681.18	2069.32	2962.43	2887.99	2008.29
甘 肃	4963.89	255.40	1090.97	1288.52	921.44	1358.69	48.87
青 海	1391.62	89.23	563.85	298.99	134.75	250.99	53.81
宁 夏	2611.24	329.82	885.81	467.12	400.03	520.29	8.16
新 疆	5510.33	347.55	1353.66	876.27	578.77	2208.67	145.40

7-9-6 按登记注册类型分的房地产开发企业所有者权益

单位：亿元

地 区	总 计	内 资							
			国 有	集 体	股份合作	国有联营	集体联营	国有与集体联营	其他联营	国有独资公司
全 国	**178382.98**	**154882.71**	**2250.54**	**113.43**	**23.23**	**9.73**	**0.01**	**1.93**	**-0.66**	**32196.85**
北 京	10755.84	9670.46	170.02	4.51						1570.06
天 津	6697.02	6114.73	130.94	1.20		0.22				1947.47
河 北	3483.54	3289.29	0.11							68.29
山 西	1472.25	1444.97	12.72	0.16						362.39
内蒙古	1099.85	1099.75	0.32							34.24
辽 宁	4754.13	3461.98	92.09	0.28	-0.05					450.12
吉 林	1262.84	1214.55	37.25							104.20
黑龙江	2958.65	2904.53	35.93	0.15	0.29					433.95
上 海	19243.41	14864.05	38.37	42.25		4.35				5115.45
江 苏	16937.22	13695.84	184.39	-23.74	2.67			1.96		2485.92
浙 江	11743.88	9952.48	155.50	1.77	2.45	5.16				1458.14
安 徽	5453.21	5281.52	220.02	0.09	0.20					379.73
福 建	9045.77	8011.21	541.45	2.07				-0.04		2178.88
江 西	3234.21	3086.05	55.83							869.16
山 东	9419.84	8566.70	76.28	6.58	8.46					2156.62
河 南	5768.11	5495.26	43.63	4.18	0.83				0.02	821.88
湖 北	7379.87	6791.07	107.92	9.04						1034.53
湖 南	3884.36	3595.33	8.07	0.38	1.81					588.67
广 东	22408.46	18125.19	108.19	60.61	1.03		0.01		-0.68	2770.15
广 西	3219.12	2985.43	34.58	0.79	0.18					783.08
海 南	2227.88	1977.85	7.15	0.93						637.94
重 庆	7945.80	6615.31	9.93		0.63					2676.25
四 川	6108.39	5347.89	49.75	0.40	4.12					784.73
贵 州	3051.04	2975.97	6.09	0.02						610.19
云 南	3632.79	3391.71	34.13	0.71	0.25					926.10
西 藏	222.49	222.49	0.16							191.81
陕 西	2380.03	2227.28	39.66	0.34	0.35					378.95
甘 肃	864.87	860.66	17.45	0.76						62.88
青 海	204.29	203.93								38.94
宁 夏	426.66	413.04								58.91
新 疆	1097.18	996.18	32.60	-0.03						217.23

7-9-6 续表 1

单位：亿元

地　区	其他有限责任公司	股份有限公司	私营独资	私营合伙	私营有限责任公司	私营股份有限公司	其他内资企业	港澳台商投资	合资经营	合作经营
全　国	**78630.03**	**7439.07**	**8.14**	**4.79**	**32998.68**	**1204.41**	**2.53**	**16784.17**	**5938.49**	**699.11**
北　京	6250.91	1134.10			462.93	77.94		685.99	322.02	113.05
天　津	3144.47	201.27			680.78	8.38		325.13	109.19	
河　北	1205.04	132.59			1876.32	6.95		143.39	45.69	
山　西	596.17	5.36			465.21	2.96		23.26	11.66	
内蒙古	630.80	10.47	0.16		413.14	10.62		0.11	0.11	
辽　宁	1905.91	88.74			907.09	17.92	-0.13	804.44	279.55	-3.02
吉　林	647.61	81.18	-0.06		328.07	16.29		38.54	10.94	
黑龙江	1947.27	41.54	2.22		423.86	19.31		38.88	20.39	1.99
上　海	6563.11	869.36			2129.81	101.34		2963.16	1431.42	33.21
江　苏	5718.71	445.66		0.87	4817.51	61.88		2344.84	824.39	51.73
浙　江	4622.78	505.29			3180.59	20.82		1299.47	418.90	1.03
安　徽	3420.46	169.34			1040.56	50.93	0.20	145.87	18.95	0.49
福　建	3634.17	237.20			1379.80	37.67		830.47	473.13	6.48
江　西	1313.08	136.53	0.56	3.72	619.06	88.10		118.68	58.17	
山　东	4306.63	407.95			1536.37	67.44	0.36	646.49	176.25	12.86
河　南	3407.07	224.94	1.91	0.55	934.42	55.81		246.18	10.51	39.24
湖　北	3687.62	592.35	0.10		1332.14	27.37		465.61	82.72	28.88
湖　南	1705.76	120.74	0.11	0.01	1100.51	67.26	2.01	247.21	37.49	-1.36
广　东	9895.55	1370.69	-0.28	-0.13	3854.16	65.89		3121.79	939.37	381.76
广　西	1403.39	39.12			704.99	19.30		164.54	67.87	0.35
海　南	1061.13	69.83	0.64		183.75	16.49		176.40	-39.20	-0.04
重　庆	2477.73	178.19		-0.31	1079.87	193.04		1038.56	412.84	23.67
四　川	3123.04	117.25	1.78	0.08	1237.30	29.35	0.09	426.22	95.61	0.81
贵　州	1854.84	20.70			461.82	22.33		60.19	-5.22	
云　南	1692.33	166.48	0.10		546.57	25.04		203.98	18.20	0.26
西　藏	14.72	0.05			15.51	0.24				
陕　西	1301.31	35.76	0.69		422.22	47.99		110.75	4.20	7.71
甘　肃	452.73	16.04	0.10		303.86	6.83		3.55	3.05	
青　海	77.08	5.02			78.66	4.23				
宁　夏	146.39	0.57	0.09		180.80	26.28		9.47	9.47	
新　疆	422.21	14.76			300.99	8.41		101.00	100.80	

7-9-6 续表 2

单位：亿元

地 区				外商投资					
	独 资	股份有限	其 他		合资经营	合作经营	独 资	股份有限	其 他
全 国	**9565.95**	**459.40**	**121.22**	**6716.09**	**2749.27**	**503.10**	**3145.13**	**163.47**	**155.12**
北 京	193.16		57.75	399.40	195.88	80.16	98.25	0.48	24.64
天 津	207.27	8.67		257.16	112.03	0.71	90.84	53.58	
河 北	97.70			50.85	13.90		35.12	1.83	
山 西	9.28	2.32		4.01	-0.53		4.54		
内蒙古				-0.01	-0.01				
辽 宁	524.34	1.15	2.42	487.71	264.61	0.16	215.75		7.19
吉 林	24.75	1.91	0.95	9.75	8.75		1.00		
黑龙江	16.50			15.23	7.17	1.24	6.82		
上 海	1376.91	121.47	0.15	1416.20	533.27	128.22	741.77	12.98	-0.05
江 苏	1419.60	41.61	7.51	896.54	422.04	19.62	422.24	3.37	29.27
浙 江	821.75	56.43	1.36	491.93	141.69	2.22	342.63	1.60	3.79
安 徽	112.06	14.37		25.82	12.29		8.57		4.96
福 建	345.88	4.24	0.74	204.09	18.99		149.97	29.45	5.69
江 西	60.51			29.48	19.64		9.82	0.02	
山 东	451.07	0.77	5.54	206.65	150.07	22.10	33.14	0.60	0.74
河 南	188.68	7.62	0.13	26.68	-0.40		26.71		0.36
湖 北	311.75	42.08	0.19	123.18	28.23		88.75		6.21
湖 南	193.19	0.36	17.53	41.83	30.07		9.70	0.08	1.98
广 东	1762.49	28.06	10.11	1161.47	502.78	117.07	456.94	35.90	48.78
广 西	90.34		5.99	69.15	30.66		30.33	4.50	3.66
海 南	111.77	102.59	1.28	73.63	10.12	12.03	42.24		9.23
重 庆	589.10	7.13	5.82	291.93	98.17	51.80	132.37	0.90	8.68
四 川	324.59	5.21		334.28	106.86	59.51	167.91		
贵 州	65.41			14.87	6.27	8.26	0.34		
云 南	182.61		2.90	37.10	17.18		1.77	18.16	
西 藏									
陕 西	84.56	13.43	0.85	42.00	18.53		23.43	0.04	
甘 肃	0.50			0.67	0.67		-0.01		
青 海				0.36	0.36				
宁 夏				4.15	-0.04		4.18		
新 疆	0.20								

7-9-7 按资质等级分的房地产开发企业所有者权益

单位：亿元

地区	总计	一级	二级	三级	四级	暂定	其他
全国	**178382.98**	**23090.44**	**31970.29**	**25890.19**	**17528.68**	**62533.84**	**17369.53**
北京	10755.84	2902.40	1729.12	871.58	3260.28	1699.58	292.89
天津	6697.02	609.96	680.88	294.78	3015.79	936.03	1159.59
河北	3483.54	461.75	610.17	653.25	766.38	890.90	101.09
山西	1472.25	54.49	150.56	113.79	378.00	474.29	301.12
内蒙古	1099.85	135.41	193.67	105.57	505.78	122.32	37.10
辽宁	4754.13	182.86	292.89	1287.07	206.94	2336.91	447.46
吉林	1262.84	48.87	342.66	182.36	152.12	532.30	4.54
黑龙江	2958.65	4.49	728.90	1547.09	23.56	277.19	377.41
上海	19243.41	4403.39	3097.45	1083.25	4.46	9196.70	1458.16
江苏	16937.22	1331.39	5650.39	430.06	8.39	7744.64	1772.35
浙江	11743.88	1527.86	917.76	1956.85	536.75	4397.19	2407.47
安徽	5453.21	313.95	679.64	1327.18	107.83	2566.04	458.57
福建	9045.77	1478.41	1100.24	1502.14	849.15	3346.83	768.99
江西	3234.21	69.06	359.95	775.83	337.94	1529.57	161.85
山东	9419.84	819.93	1206.09	1279.98	1139.80	4319.29	654.76
河南	5768.11	608.77	957.08	757.65	181.68	2609.91	653.01
湖北	7379.87	928.62	1945.64	626.09	350.23	3071.28	458.01
湖南	3884.36	199.99	536.48	1592.84	602.72	802.56	149.77
广东	22408.46	3826.73	2009.20	3955.56	2682.90	6181.81	3752.26
广西	3219.12	146.72	617.65	832.96	128.43	1265.67	227.69
海南	2227.88	99.86	293.81	307.72	182.51	1233.01	110.97
重庆	7945.80	1408.86	3634.73	435.41	5.12	2387.99	73.69
四川	6108.39	372.28	1646.50	2658.44	71.14	1016.01	344.01
贵州	3051.04	5.46	943.57	301.00	277.91	1162.68	360.40
云南	3632.79	656.10	451.38	161.72	753.80	1164.19	445.60
西藏	222.49	0.24	1.92	27.38	3.75	188.56	0.64
陕西	2380.03	171.19	414.58	375.46	640.43	440.94	337.43
甘肃	864.87	74.83	198.30	195.35	184.71	207.11	4.58
青海	204.29	17.49	112.51	42.09	13.94	14.14	4.12
宁夏	426.66	61.91	136.40	74.14	73.77	78.07	2.38
新疆	1097.18	167.18	330.18	135.58	82.48	340.12	41.63

7-9-8 按登记注册类型分的房地产开发企业营业利润

单位：亿元

地 区	总 计	内 资							
			国 有	集 体	股份合作	国有联营	集体联营	国 有 与 集体联营	其他联营	国有独资公司
全 国	**18543.71**	**16172.72**	**69.93**	**25.67**	**2.29**	**0.05**	**-0.01**	**-0.03**	**-0.08**	**748.39**
北 京	593.78	538.72	3.33	1.59						22.21
天 津	159.01	97.59	-0.65	-0.73						10.24
河 北	305.45	299.22	-0.36							17.75
山 西	28.82	29.83	-0.67	-0.03						5.05
内蒙古	69.56	71.05	-0.05							3.05
辽 宁	135.34	114.88	4.98	-0.01	-0.02					0.88
吉 林	66.68	65.40	-0.12							-1.88
黑龙江	102.12	98.94	-2.87		-0.01					6.01
上 海	1591.29	1259.46	0.88	-0.23		0.02				154.82
江 苏	2857.89	2430.44	12.60	-3.23	0.05			-0.03		57.62
浙 江	1063.93	906.86	0.61	-0.06	-0.01	0.03				4.68
安 徽	728.56	704.45	15.55		-0.01					17.27
福 建	871.38	765.37	6.17	0.13						78.49
江 西	449.30	438.74	0.87							14.94
山 东	898.26	775.35	1.28	4.59	0.57					55.50
河 南	791.28	777.72	2.17	3.25	0.07					9.30
湖 北	1359.59	1278.29	0.69	0.89						53.50
湖 南	508.09	479.17	3.25	0.10						2.08
广 东	3514.26	2935.93	12.22	19.57	-0.12		-0.01		-0.08	119.83
广 西	257.39	195.27	2.03	-0.04						16.13
海 南	204.50	167.41	-0.60	-0.19						12.79
重 庆	588.30	440.30	1.68							31.72
四 川	729.30	666.59	1.22	0.14	1.70					5.01
贵 州	227.54	205.01	-0.34							7.42
云 南	168.87	167.34	3.63	0.03						33.43
西 藏	8.28	8.28	1.06							-0.20
陕 西	120.35	112.39	2.49	-0.06	0.06					6.35
甘 肃	65.26	64.37	-0.87	-0.03						-1.63
青 海	10.75	10.72								0.16
宁 夏	8.04	6.34								0.86
新 疆	60.55	61.27	-0.26							5.00

7-9-8 续表 1

单位：亿元

地区	其他有限责任公司	股份有限公司	私营独资	私营合伙	私营有限责任公司	私营股份有限公司	其他内资企业	港澳台商投资	合资经营	合作经营
全国	**9840.35**	**752.38**	**20.43**	**0.05**	**4531.28**	**183.08**	**-1.06**	**1674.32**	**603.57**	**77.26**
北京	408.94	117.19			-21.38	6.83		18.03	29.68	-8.67
天津	70.90	-4.14			22.28	-0.32		46.71	25.79	
河北	90.17	3.10			188.84	-0.28		7.04	-0.52	
山西	22.77	1.38			1.76	-0.45		0.11	-0.03	
内蒙古	33.63	0.64	0.15		32.92	0.71		-1.59	-1.59	
辽宁	56.21	-2.96			55.34	0.47		11.32	15.37	-0.59
吉林	40.08	9.03	-0.02		15.95	2.37		1.27	0.49	
黑龙江	56.50	1.42			37.36	0.53		2.46	0.65	0.17
上海	857.37	115.67			114.07	16.86		179.20	136.08	3.14
江苏	1091.96	61.31		0.12	1196.75	13.29		296.60	78.72	15.10
浙江	598.03	44.48			258.79	0.30		96.82	29.34	8.63
安徽	454.06	21.19			184.07	12.29	0.03	19.40	0.73	0.55
福建	480.49	31.91			161.38	6.81		98.60	58.67	0.55
江西	243.33	23.93	0.08		112.63	42.96		9.20	7.90	
山东	455.38	44.69			204.99	8.22	0.12	72.52	34.38	-0.27
河南	556.95	42.50	1.01	0.04	147.41	15.01		14.04	-16.20	3.75
湖北	757.82	54.85	0.02		396.32	14.21		72.53	12.14	20.98
湖南	242.43	20.05	-0.02		206.01	6.76	-1.49	26.99	7.27	-0.03
广东	2006.79	109.67	-0.34	-0.04	686.79	-18.36		425.19	86.76	32.19
广西	118.35	6.86			51.57	0.37		34.43	6.30	-0.02
海南	142.70	9.36	19.50		-15.25	-0.91		33.68	-0.07	-0.01
重庆	214.11	6.17			141.20	45.43		146.15	85.58	0.58
四川	436.37	12.04		-0.07	205.43	4.48	0.28	34.99	12.89	-0.01
贵州	151.89	0.90			43.58	1.56		20.01	-6.09	
云南	70.27	14.60	0.11		45.20	0.08		2.64	-0.02	
西藏	5.82	-0.03			1.71	-0.08				
陕西	95.79	-1.59	-0.03		9.37	0.01		6.58	-0.08	1.23
甘肃	37.36	3.00	-0.02		25.99	0.58		-0.14	-0.14	
青海	5.04	-0.08			5.39	0.21				
宁夏	1.32	-0.02			-0.02	4.20		0.26	0.26	
新疆	37.50	5.27			14.82	-1.05		-0.73	-0.70	

7-9-8 续表 2

单位：亿元

地　区				外商投资					
	独　资	股份有限	其　他		合资经营	合作经营	独　资	股份有限	其　他
全　国	**906.83**	**75.23**	**11.44**	**696.66**	**306.80**	**52.47**	**276.05**	**21.76**	**39.59**
北　京	-2.79		-0.19	37.03	19.61	2.50	3.77	-0.08	11.23
天　津	20.77	0.15		14.71	-0.66	-0.11	7.12	8.36	
河　北	7.56			-0.81	-0.38		-1.07	0.65	
山　西	0.32	-0.17		-1.12	-0.12		-1.00		
内蒙古				0.10	0.10				
辽　宁	-3.44	-0.05	0.03	9.14	-0.66	-0.08	9.88		
吉　林	0.87	-0.07	-0.02	0.01	0.01				
黑龙江	1.64			0.72	0.46		0.26		
上　海	39.14	0.84		152.63	53.33	18.83	80.89	-0.41	-0.01
江　苏	198.11	4.91	-0.23	130.85	58.56	1.57	65.14	1.66	3.92
浙　江	48.62	10.17	0.06	60.25	3.09	-0.05	57.81	-0.07	-0.52
安　徽	18.15	-0.03		4.71	1.46		1.02		2.23
福　建	39.34	0.07	-0.03	7.41	2.21		2.51	2.60	0.09
江　西	1.30			1.36	-0.24		1.58	0.02	
山　东	37.44	0.09	0.88	50.38	45.74	4.72	0.06	-0.12	-0.02
河　南	24.56	1.93		-0.49	-0.57		-0.09		0.17
湖　北	19.71	19.58	0.11	8.77	1.91		5.14		1.72
湖　南	15.75	-0.04	4.05	1.92	5.04		-3.37	0.01	0.24
广　东	302.57	2.24	1.43	153.14	94.55	17.40	22.22	5.15	13.83
广　西	23.37		4.78	27.69	6.49		13.53	3.22	4.46
海　南	0.94	32.77	0.06	3.41	-0.14	-0.44	1.50		2.50
重　庆	57.54	1.56	0.89	1.85	0.91	-1.63	2.82	-0.03	-0.22
四　川	20.99	1.12		27.72	16.21	7.25	4.25		
贵　州	26.10			2.52	-0.02	2.49	0.05		
云　南	3.00		-0.35	-1.11	-1.89		-0.13	0.90	
西　藏									
陕　西	5.31	0.16	-0.03	1.37	0.73		0.73	-0.08	
甘　肃				1.03	1.04		-0.01		
青　海				0.03	0.03				
宁　夏				1.44	0.01		1.44		
新　疆	-0.03								

7-9-9 按资质等级分的房地产开发企业营业利润

单位：亿元

地 区	总 计	一 级	二 级	三 级	四 级	暂 定	其 他
全 国	**18543.71**	**2258.20**	**2908.66**	**2476.57**	**1434.22**	**7779.88**	**1686.18**
北 京	593.78	282.18	62.83	9.73	118.97	92.75	27.31
天 津	159.01	-26.57	57.31	-7.06	77.17	50.81	7.33
河 北	305.45	14.58	58.41	118.49	99.12	14.33	0.52
山 西	28.82	3.12	-0.74	0.08	-2.24	29.38	-0.78
内蒙古	69.56	8.92	-2.95	3.24	34.21	22.76	3.38
辽 宁	135.34	-3.39	12.01	30.12	0.74	85.78	10.09
吉 林	66.68	8.80	15.06	2.45	-7.98	48.81	-0.45
黑龙江	102.12	1.39	23.13	34.46	-0.83	29.91	14.06
上 海	1591.29	249.65	348.30	94.81	0.23	802.73	95.57
江 苏	2857.89	151.10	800.62	77.45	1.70	1487.75	339.27
浙 江	1063.93	183.53	78.47	142.19	36.24	471.94	151.56
安 徽	728.56	29.77	65.24	144.05	16.46	403.09	69.95
福 建	871.38	81.89	104.79	216.05	62.28	326.39	79.98
江 西	449.30	2.34	53.18	69.98	71.13	226.39	26.28
山 东	898.26	87.84	98.56	113.79	105.69	436.92	55.46
河 南	791.28	41.35	84.21	91.02	31.37	460.74	82.59
湖 北	1359.59	129.78	210.42	106.78	81.67	779.77	51.17
湖 南	508.09	23.97	65.49	185.99	79.72	131.18	21.73
广 东	3514.26	623.33	181.96	564.29	509.78	1108.76	526.15
广 西	257.39	31.99	32.35	28.25	3.95	150.13	10.71
海 南	204.50	37.81	6.21	21.90	6.92	141.26	-9.59
重 庆	588.30	147.46	188.61	36.59	2.23	201.24	12.17
四 川	729.30	80.47	184.90	319.96	0.61	98.92	44.44
贵 州	227.54	-2.01	110.18	28.21	15.35	58.03	17.78
云 南	168.87	23.88	-1.49	10.14	50.23	47.54	38.56
西 藏	8.28	-0.08	1.27	4.93	0.60	1.67	-0.10
陕 西	120.35	16.57	27.30	10.11	29.15	27.58	9.64
甘 肃	65.26	17.87	15.06	9.88	1.21	19.25	1.99
青 海	10.75	1.24	9.09	3.08	2.12	-2.30	-2.47
宁 夏	8.04	6.17	3.91	-2.17	2.77	-2.57	-0.07
新 疆	60.55	3.26	15.00	7.78	3.65	28.93	1.93

7-9-10 按登记注册类型分的房地产开发企业主营业务收入

单位：亿元

地区	总计	内资								
			国有	集体	股份合作	国有联营	集体联营	国有与集体联营	其他联营	国有独资公司
全国	**112924.68**	**103572.33**	**502.19**	**169.16**	**17.27**	**0.44**			**0.02**	**4798.37**
北京	3515.50	3261.80	29.74	3.29						396.27
天津	2089.75	1828.80	8.93	2.48		0.03				170.97
河北	2748.27	2696.64	0.37							65.71
山西	887.64	879.61	4.98	0.03						44.80
内蒙古	920.59	918.43	0.14							43.29
辽宁	2493.77	2012.08	18.09	0.01	0.08					64.60
吉林	1065.83	1049.86	0.22							19.51
黑龙江	1075.15	1055.53	5.22							66.43
上海	5612.27	4626.52	16.84	12.44		0.13				494.10
江苏	15565.80	13763.87	83.46	14.98	0.43					590.75
浙江	8176.62	7582.97	20.80	0.36	1.73	0.28				300.99
安徽	4663.29	4580.97	47.40	0.03	0.11					142.43
福建	4512.60	4052.61	32.37	0.86						284.98
江西	2679.25	2621.80	21.88							124.34
山东	7557.50	7034.39	28.05	33.40	2.22					358.17
河南	5043.35	4963.57	24.27	4.55	0.60				0.01	95.47
湖北	5931.40	5682.33	12.63	8.40						208.11
湖南	4040.24	3849.73	20.55	2.28						108.44
广东	14484.11	12492.91	34.78	83.20	0.50				0.02	257.69
广西	2092.57	1896.90	8.56	0.16	0.11					93.57
海南	1525.68	1457.23	1.19	0.27						98.26
重庆	3713.69	3225.69	9.46		0.03					214.40
四川	5444.43	5182.29	16.66	1.84	11.38					128.10
贵州	1608.96	1516.97	0.78	0.01						75.71
云南	1677.98	1631.12	19.21	0.13						111.14
西藏	47.29	47.29	2.93							10.60
陕西	1782.35	1718.46	28.59	0.38	0.09					150.65
甘肃	779.90	774.09	3.47	0.04						6.50
青海	144.45	144.38								7.73
宁夏	330.08	314.61								36.22
新疆	714.38	708.91	0.60	0.02						28.45

7-9-10 续表 1　　　　单位：亿元

地　区	其他有限责任公司	股份有限公司	私营独资	私营合伙	私营有限责任公司	私营股份有限公司	其他内资企业	港澳台商投资	合资经营	合作经营
全　国	**58138.32**	**3077.02**	**10.04**	**0.65**	**35708.16**	**1147.25**	**3.43**	**6616.70**	**2347.02**	**390.25**
北　京	2624.29	95.23			103.61	9.36		147.20	88.73	23.61
天　津	1231.74	65.12			349.48	0.05		170.43	79.42	
河　北	987.90	24.11			1614.91	3.64		39.83	1.32	
山　西	328.55	15.39			484.00	1.85		5.26	0.05	
内蒙古	460.51	14.56	0.20		394.56	5.17		1.39	1.39	
辽　宁	1061.97	22.44			828.46	16.45		257.95	95.88	0.03
吉　林	648.42	77.50			287.51	16.70		14.92	4.77	
黑龙江	597.94	56.49			314.21	15.22		13.03	6.80	2.01
上　海	3064.74	109.69			878.04	50.56		643.69	343.12	9.66
江　苏	5644.27	330.34		0.27	6976.04	123.32		1230.41	395.56	39.52
浙　江	3726.08	155.36			3355.39	21.99		505.12	158.81	31.51
安　徽	2971.00	99.59			1258.52	61.73	0.15	56.28	13.09	1.91
福　建	2416.03	126.73			1136.22	55.42		405.26	237.71	2.16
江　西	1343.97	127.22	0.09		888.81	115.50		54.63	33.44	
山　东	4027.42	338.33			2177.92	66.98	1.90	353.10	158.35	2.32
河　南	3503.72	221.65	3.16	0.38	1015.46	94.31		74.72	1.73	7.33
湖　北	3253.16	180.55	0.31		1963.60	55.58		183.63	40.13	54.00
湖　南	1961.88	154.15			1525.77	76.64	0.02	148.75	39.27	2.16
广　东	7729.68	318.70	0.04		4029.39	38.91		1364.63	356.14	195.16
广　西	1037.36	47.96			665.76	43.42		110.28	34.78	0.14
海　南	1096.78	65.49	4.41		179.61	11.20		50.09	17.23	
重　庆	1581.52	136.61			1212.73	70.94		446.16	125.37	9.09
四　川	3180.24	99.15	1.79		1684.45	57.33	1.36	156.54	66.39	0.22
贵　州	863.74	31.20			529.32	16.20		83.28	19.23	
云　南	847.02	67.87	0.01		544.38	41.34		31.07	8.95	0.02
西　藏	26.86				6.39	0.51				
陕　西	1024.83	38.17			450.22	25.52		50.24	0.54	9.40
甘　肃	402.36	29.21	0.03		318.75	13.74		0.87	0.87	
青　海	69.94	1.64			59.21	5.86				
宁　夏	87.40				167.66	23.33		12.49	12.49	
新　疆	337.01	26.56			307.77	8.49		5.47	5.47	

7-9-10 续表 2 单位：亿元

地 区				外商投资					
	独 资	股份有限	其 他		合资经营	合作经营	独 资	股份有限	其 他
全 国	**3701.00**	**128.95**	**49.48**	**2735.65**	**1201.54**	**214.61**	**1113.77**	**109.98**	**95.74**
北 京	33.57		1.29	106.51	64.83	27.60	8.30	0.59	5.19
天 津	89.46	1.56		90.52	5.64	0.02	41.42	43.44	
河 北	38.51			11.80	0.99		9.61	1.21	
山 西	3.73	1.48		2.77	0.15		2.62		
内蒙古				0.77	0.77				
辽 宁	161.23	0.36	0.44	223.73	84.18	1.33	136.76		1.46
吉 林	9.83	0.32		1.05	1.05				
黑龙江	4.22			6.60	5.80	0.02	0.77		
上 海	287.30	3.61		342.06	103.47	47.99	188.30	2.30	
江 苏	781.10	13.88	0.35	571.52	269.00	15.71	264.82	6.93	15.06
浙 江	277.71	36.71	0.37	88.54	47.58		40.04		0.92
安 徽	41.27			26.05	4.25		5.24		16.56
福 建	164.85	0.52	0.03	54.73	11.39		30.16	12.41	0.77
江 西	21.19			2.82	0.64		2.17	0.02	
山 东	182.73	0.77	8.93	170.01	143.90	19.09	7.01		
河 南	60.81	4.72	0.14	5.06	0.88		3.62		0.55
湖 北	69.76	19.38	0.36	65.44	13.78		30.23		21.44
湖 南	92.27		15.04	41.77	25.36		14.89	0.05	1.46
广 东	780.72	25.16	7.45	626.57	297.33	69.15	228.81	15.26	16.02
广 西	67.39		7.97	85.40	19.66		39.33	12.09	14.33
海 南	31.46	0.71	0.69	18.36	1.45	2.91	12.05		1.95
重 庆	289.22	16.09	6.38	41.85	25.76	1.63	12.42	1.99	0.04
四 川	88.04	1.89		105.59	58.86	20.66	26.08		
贵 州	64.06			8.71	0.20	8.49	0.02		
云 南	22.07		0.04	15.80	1.96		0.15	13.68	
西 藏									
陕 西	38.51	1.79		13.65	7.67		5.99		
甘 肃				4.94	4.93		0.01		
青 海				0.06	0.06				
宁 夏				2.97	0.02		2.96		
新 疆									

7-9-11 按资质等级分的房地产开发企业主营业务收入

单位：亿元

地 区	总 计	一 级	二 级	三 级	四 级	暂 定	其 他
全 国	**112924.68**	**6163.11**	**17606.77**	**17494.47**	**12011.32**	**50307.50**	**9341.51**
北 京	3515.50	394.13	557.29	276.63	1292.74	869.48	125.23
天 津	2089.75	81.12	199.18	84.62	1212.32	437.47	75.03
河 北	2748.27	237.02	413.75	646.49	753.18	660.34	37.49
山 西	887.64	37.62	140.79	121.22	300.86	285.51	1.65
内蒙古	920.59	50.50	106.10	109.96	460.80	150.80	42.42
辽 宁	2493.77	49.08	272.86	536.01	15.59	1370.35	249.87
吉 林	1065.83	77.68	252.54	127.91	94.03	505.74	7.93
黑龙江	1075.15	34.58	245.35	456.03	21.61	254.60	62.99
上 海	5612.27	422.62	639.88	283.96	0.35	3797.53	467.93
江 苏	15565.80	608.45	4455.49	474.97	10.33	8226.05	1790.52
浙 江	8176.62	284.62	620.98	1376.32	426.45	3979.04	1489.21
安 徽	4663.29	163.89	449.01	866.17	121.32	2663.63	399.26
福 建	4512.60	293.22	440.10	1168.36	359.11	2020.22	231.58
江 西	2679.25	42.15	270.63	449.47	340.04	1385.41	191.55
山 东	7557.50	592.09	862.74	1017.01	949.71	3672.49	463.47
河 南	5043.35	216.06	680.32	612.61	217.29	2811.94	505.14
湖 北	5931.40	425.09	869.56	529.28	493.65	3358.62	255.21
湖 南	4040.24	207.68	572.47	1386.13	761.63	980.51	131.82
广 东	14484.11	715.08	766.23	2289.06	2530.41	6298.00	1885.33
广 西	2092.57	106.79	246.19	302.77	79.06	1267.15	90.61
海 南	1525.68	94.60	62.02	250.33	120.84	946.30	51.57
重 庆	3713.69	337.31	1517.14	364.68	14.12	1393.51	86.94
四 川	5444.43	319.88	1294.90	2641.11	24.68	877.15	286.71
贵 州	1608.96	17.51	421.78	278.48	153.46	640.07	97.65
云 南	1677.98	58.43	299.30	95.14	589.29	536.14	99.68
西 藏	47.29	0.51	4.29	23.11	3.18	16.21	
陕 西	1782.35	137.92	442.36	295.99	425.68	315.18	165.22
甘 肃	779.90	48.54	185.49	214.46	105.10	205.93	20.39
青 海	144.45	6.71	60.51	49.35	16.35	5.57	5.96
宁 夏	330.08	47.75	124.47	51.70	51.11	54.28	0.76
新 疆	714.38	54.50	133.05	115.15	67.04	322.29	22.37

7-9-12 房地产开发企业土地开发及购置

年份 地区	待开发土地面积 (万平方米)	本年土地购置面积 (万平方米)	土地成交价款 (亿元)
1997	17670.10	6641.70	
1998	13530.70	10109.32	
1999	13505.17	11958.90	
2000	14754.77	16905.24	
2001	14582.13	23408.99	
2002	19178.65	31356.78	
2003	21782.58	35696.48	
2004	39635.30	39784.66	2888.57
2005	27522.00	38253.73	3269.32
2006	37523.65	36573.57	3318.04
2007	41483.97	40245.85	4573.18
2008	48161.07	39353.43	4831.68
2009	32816.54	31909.45	5150.14
2010	31457.95	39953.10	8206.71
2011	40220.76	44327.44	8894.03
2012	40195.99	35666.80	7409.64
2013	42280.47	38814.38	9918.29
2014	42136.28	33383.03	10019.88
2015	36638.48	22810.79	7621.61
2016	35121.01	22025.25	9129.31
2017	35747.29	25508.29	13643.39
2018	45617.86	29141.57	16102.16
北京	686.26	218.19	503.33
天津	811.14	226.32	348.31
河北	1617.23	1150.91	280.94
山西	646.22	287.80	81.94
内蒙古	539.02	362.59	56.91
辽宁	1679.03	809.86	294.73
吉林	496.96	769.11	227.29
黑龙江	222.99	246.06	80.05
上海	384.87	144.58	221.85
江苏	4455.26	2508.77	1723.90
浙江	1765.43	3026.02	3002.82
安徽	3016.52	2938.98	1337.71
福建	1087.18	1286.82	1165.07
江西	1103.32	534.70	242.48
山东	3258.72	2709.19	917.46
河南	2594.23	1018.43	498.93
湖北	1631.32	954.35	317.48
湖南	2444.96	1428.57	456.94
广东	4442.17	1968.44	1900.20
广西	1253.47	602.95	201.19
海南	599.69	123.22	47.91
重庆	3094.24	1260.92	625.56
四川	2030.57	1520.10	742.95
贵州	1128.20	596.56	139.76
云南	1667.67	571.55	159.50
西藏	23.14	33.02	3.73
陕西	1195.05	794.76	237.25
甘肃	419.35	180.98	35.83
青海	96.73	56.39	19.46
宁夏	235.01	144.90	16.10
新疆	991.92	666.52	214.60

7-9-13 按资质等级分房地产开发企业土地购置面积

单位：平方米

地　区	总　计	一　级	二　级	三　级	四　级	暂　定	其　他
全　国	**291415680**	**3827781**	**16586710**	**25585179**	**14272414**	**175885988**	**55257608**
北　京	2181925	120431	81908	31421	344298	1320333	283534
天　津	2263234			100447	1141916	624723	396148
河　北	11509082	192024	648033	1494291	1993122	6412791	768821
山　西	2878012	23109	95733	240867	493956	1942627	81720
内蒙古	3625915		77015	151585	1436135	1142496	818684
辽　宁	8098649	4250	228451	630403	37684	4574141	2623720
吉　林	7691071	93000	647770	909454	353947	5415746	271154
黑龙江	2460593		364801	418134	97177	811976	768505
上　海	1445799		25428	50717		1369654	
江　苏	25087674	485711	2515113	339353	3624	16396497	5347376
浙　江	30260158	374829	243403	3119773	849099	14098422	11574632
安　徽	29389847	296509	382015	1693760	323289	21276001	5418273
福　建	12868199	63112	52899	468656	213918	10209438	1860176
江　西	5347046		43116	288014	236853	3429694	1349369
山　东	27091854	540791	2106504	1589308	1839832	14452582	6562837
河　南	10184300	62974	475762	236713	80160	7492977	1835714
湖　北	9543455	227706	190625	717885	962414	5138655	2306170
湖　南	14285731	267111	595419	1794595	1255862	9895305	477439
广　东	19684351	313081	195067	236897	953692	12853112	5132502
广　西	6029545	18173		274351	147969	5456525	132527
海　南	1232207				18288	1159515	54404
重　庆	12609180	191289	3091064	731942	25869	8175836	393180
四　川	15201038	168752	2486083	7933065	13824	2890342	1708972
贵　州	5965584		323784	154686	95887	4738853	652374
云　南	5715528	93836	1038774	212908	515934	2668321	1185755
西　藏	330158			58361		222060	49737
陕　西	7947626	93584	369475	700058	194581	4327616	2262312
甘　肃	1809840		72894	205213	313268	1209507	8958
青　海	563907		10207	5799		465607	82294
宁　夏	1448986		43808	218140	25825	1161213	
新　疆	6665186	197509	181559	578383	303991	4553423	850321

7-9-14 房地产开发企业房屋建筑面积和造价

年份 地区	房屋施工面积（万平方米）	房屋竣工面积（万平方米）	房屋竣工价值（亿元）	房屋竣工造价（元/平方米）
1997	44985.46	15819.70	1859.25	1175
1998	50770.14	17566.60	2139.19	1218
1999	56857.63	21410.83	2467.58	1152
2000	65896.92	25104.86	2859.35	1139
2001	79411.68	29867.36	3369.45	1128
2002	94104.01	34975.75	4141.69	1184
2003	117525.99	41464.06	5279.95	1273
2004	140451.39	42464.87	5952.48	1402
2005	166053.26	53417.04	7752.24	1451
2006	194786.42	55830.92	8729.35	1564
2007	236318.24	60606.68	10039.89	1657
2008	283266.18	66544.77	11947.57	1795
2009	320368.16	72677.43	14689.37	2021
2010	405356.40	78743.88	17542.73	2228
2011	506775.48	92619.94	21975.91	2373
2012	573417.52	99424.96	24836.62	2498
2013	665571.89	101434.99	26805.38	2643
2014	726482.34	107459.05	30261.99	2816
2015	735693.37	100039.10	30552.38	3054
2016	758974.80	106127.71	32252.13	3039
2017	781483.73	101486.41	31512.46	3105
2018	822300.24	93550.11	29902.01	3196
北京	12962.61	1557.90	651.47	4182
天津	10324.37	2092.22	831.24	3973
河北	28172.06	2390.41	623.06	2607
山西	16949.56	1407.95	372.61	2646
内蒙古	15053.71	1415.72	335.84	2372
辽宁	24216.83	2273.85	585.17	2573
吉林	12079.52	1519.96	354.76	2334
黑龙江	10588.25	1203.46	287.71	2391
上海	14672.37	3115.76	1941.04	6230
江苏	62673.47	8536.27	3294.53	3859
浙江	44537.06	5189.67	2219.02	4276
安徽	41128.34	4488.40	1309.26	2917
福建	32825.97	3739.02	1137.79	3043
江西	20738.65	2031.76	519.92	2559
山东	69063.06	10512.57	2483.19	2362
河南	54685.56	6655.23	1413.25	2124
湖北	31315.60	2773.99	848.61	3059
湖南	35781.53	4160.98	1157.04	2781
广东	79935.06	7615.25	3021.33	3967
广西	25399.02	2192.94	619.88	2827
海南	9574.56	1186.81	501.70	4227
重庆	27226.56	4083.45	1555.97	3810
四川	44065.92	5635.30	1618.77	2873
贵州	21953.33	1279.64	307.96	2407
云南	21800.41	1447.28	457.61	3162
西藏	358.61	49.94	12.69	2542
陕西	24618.05	1524.66	461.40	3026
甘肃	9428.51	752.34	180.58	2400
青海	2549.21	319.91	137.22	4289
宁夏	6047.78	1213.98	326.92	2693
新疆	11574.72	1183.49	334.49	2826

7-9-15 房地产开发企业住宅建筑面积和造价

年份 地区	住宅施工面积(万平方米)	住宅竣工面积(万平方米)	住宅竣工价值(亿元)	住宅竣工造价(元/平方米)
1997	30374.66	12464.70	1269.91	1019
1998	36223.04	14125.73	1484.13	1051
1999	42590.34	17640.67	1831.35	1038
2000	50498.25	20603.32	2173.60	1055
2001	61582.99	24625.40	2622.41	1065
2002	73208.65	28524.70	3190.99	1119
2003	91390.49	33374.61	4128.94	1222
2004	108196.54	34677.18	4688.36	1352
2005	129078.38	43682.85	6060.13	1387
2006	151742.72	45471.75	6717.23	1477
2007	186788.43	49831.35	7853.07	1576
2008	222891.80	54334.10	9295.26	1711
2009	251328.78	59628.71	11500.24	1929
2010	314760.12	63443.10	13527.53	2132
2011	387705.98	74319.05	16947.74	2280
2012	428964.05	79043.20	19147.45	2422
2013	486347.33	78740.62	20039.42	2545
2014	515096.45	80868.26	22079.17	2730
2015	511569.52	73777.36	21569.13	2924
2016	521310.22	77185.19	22827.22	2957
2017	536443.96	71815.12	21402.64	2980
2018	569986.66	66015.75	20470.53	3101
北 京	5877.06	731.20	283.74	3880
天 津	7151.20	1522.27	583.36	3832
河 北	21452.64	1917.23	486.98	2540
山 西	12314.82	1094.50	290.57	2655
内蒙古	9925.98	1013.97	234.72	2315
辽 宁	17742.31	1711.44	415.95	2430
吉 林	8398.11	1105.37	246.42	2229
黑龙江	7683.95	920.53	217.01	2357
上 海	7520.39	1730.27	1019.36	5891
江 苏	46328.92	6360.00	2487.65	3911
浙 江	27437.16	3047.84	1396.06	4580
安 徽	29191.11	3184.19	924.76	2904
福 建	21031.59	2347.24	712.17	3034
江 西	15246.86	1510.51	378.42	2505
山 东	50789.55	8057.09	1871.18	2322
河 南	41349.89	5074.09	1039.59	2049
湖 北	23397.47	2091.69	610.82	2920
湖 南	25985.55	3074.98	819.27	2664
广 东	54791.17	5216.15	2036.88	3905
广 西	18522.84	1654.54	466.31	2818
海 南	7058.88	987.39	411.59	4168
重 庆	17859.42	2784.64	1114.93	4004
四 川	28540.40	3707.61	1025.11	2765
贵 州	13985.42	841.59	190.81	2267
云 南	14243.51	1047.65	327.69	3128
西 藏	225.04	38.74	9.66	2494
陕 西	17479.71	1036.15	303.99	2934
甘 肃	6167.60	498.67	114.97	2306
青 海	1582.56	187.38	55.29	2951
宁 夏	3821.19	843.82	223.57	2649
新 疆	6884.37	677.01	171.69	2536

7-9-16 按用途分房地产开发企业房屋施工面积

单位：万平方米

年份 地区	房屋施工面积	住宅	#别墅、高档公寓	办公楼	商业营业用房	其他
1997	44985.46	30374.66	1759.19	5335.15	6507.95	2767.34
1998	50770.10	36223.00	2032.10	5072.70	6551.30	2923.10
1999	56857.63	42590.34	1982.21	4383.17	6812.69	3071.43
2000	65896.92	50498.25	2986.69	4058.51	7825.67	3514.48
2001	79411.68	61582.99	3734.88	4120.00	9573.81	4134.88
2002	94104.01	73208.65	5009.23	4392.30	11501.45	5001.61
2003	117525.99	91390.49	5796.55	5088.41	14708.90	6338.19
2004	140451.39	108196.54	6598.11	5982.43	18293.23	7979.20
2005	166053.26	129078.38	8556.24	6618.80	20926.59	9429.49
2006	194786.42	151742.72	11471.45	7395.39	23712.76	11935.55
2007	236318.24	186788.43	14150.10	8321.51	25941.12	15267.18
2008	283266.18	222891.80	14608.82	9582.06	30465.05	20329.71
2009	320368.16	251328.78	14313.93	9996.19	34543.72	24499.46
2010	405356.40	314760.12	16579.52	12144.40	44631.92	33819.96
2011	506775.48	387705.98	18679.25	15991.01	55949.59	47128.90
2012	573417.52	428964.05	18579.98	19434.17	65813.91	59205.39
2013	665571.89	486347.33	19426.87	24577.41	80626.76	74020.40
2014	726482.34	515096.45	21266.37	29927.54	94320.05	87138.30
2015	735693.37	511569.52	20987.64	33044.37	100111.38	90968.10
2016	758974.80	521310.22	20860.01	35029.37	104571.86	98063.36
2017	781483.73	536443.96	21353.68	36014.62	105232.50	103792.65
2018	822300.24	569986.66	22833.46	35842.23	102629.22	113842.12
北京	12962.61	5877.06	480.76	2220.52	1160.15	3704.88
天津	10324.37	7151.20	367.62	623.55	929.56	1620.06
河北	28172.06	21452.64	351.26	690.06	2974.65	3054.72
山西	16949.56	12314.82	141.47	495.84	1856.51	2282.39
内蒙古	15053.71	9925.98	190.33	463.74	2862.89	1801.10
辽宁	24216.83	17742.31	468.43	518.23	3779.17	2177.11
吉林	12079.52	8398.11	305.92	532.30	1860.68	1288.43
黑龙江	10588.25	7683.95	164.54	230.94	1608.16	1065.20
上海	14672.37	7520.39	1575.03	2139.02	1876.24	3136.72
江苏	62673.47	46328.92	2855.67	2466.10	6847.07	7031.38
浙江	44537.06	27437.16	1825.95	2817.41	4819.35	9463.13
安徽	41128.34	29191.11	501.65	1232.57	6132.90	4571.77
福建	32825.97	21031.59	871.37	2227.70	3484.18	6082.50
江西	20738.65	15246.86	484.44	582.35	2921.66	1987.78
山东	69063.06	50789.55	1349.56	2681.25	7335.83	8256.43
河南	54685.56	41349.89	483.69	1791.97	6224.08	5319.62
湖北	31315.60	23397.47	648.14	1154.29	3448.72	3315.12
湖南	35781.53	25985.55	692.61	847.92	4593.84	4354.22
广东	79935.06	54791.17	3123.82	4480.20	7680.99	12982.70
广西	25399.02	18522.84	396.24	764.06	2733.66	3378.46
海南	9574.56	7058.88	813.28	225.35	1138.34	1151.99
重庆	27226.56	17859.42	1112.99	809.16	3836.44	4721.54
四川	44065.92	28540.40	1055.40	1689.40	5882.13	7953.98
贵州	21953.33	13985.42	399.51	747.85	3922.74	3297.32
云南	21800.41	14243.51	1208.39	781.72	3433.26	3341.92
西藏	358.61	225.04	13.25	6.51	71.08	55.98
陕西	24618.05	17479.71	407.68	1301.74	3167.74	2668.85
甘肃	9428.51	6167.60	79.05	303.83	1631.91	1325.17
青海	2549.21	1582.56	12.65	103.96	524.55	338.15
宁夏	6047.78	3821.19	111.66	299.90	1099.12	827.56
新疆	11574.72	6884.37	341.10	612.79	2791.64	1285.92

7-9-17 按用途分房地产开发企业房屋新开工面积

单位：万平方米

年份/地区	本年房屋新开工面积	住宅	#别墅、高档公寓	办公楼	商业营业用房	其他
1997	14026.98	10996.64	469.72	872.44	1462.45	695.44
1998	20387.90	16637.50	638.60	871.50	1938.65	940.25
1999	22579.41	18797.94	594.06	690.29	2198.56	892.62
2000	29582.64	24401.15	1169.09	898.81	3034.77	1247.91
2001	37394.18	30532.72	1456.69	1072.98	4105.40	1683.08
2002	42800.52	34719.35	2278.17	1254.24	4926.48	1900.45
2003	54707.53	43853.88	2349.29	1466.89	6706.80	2679.96
2004	60413.86	47949.01	2975.69	1704.19	7790.81	2969.85
2005	68064.44	55185.07	2834.97	1671.10	7675.47	3532.79
2006	79252.83	64403.80	4058.32	2134.94	8473.23	4240.86
2007	95401.53	78795.51	4914.41	2141.44	9093.89	5370.70
2008	102553.37	83642.12	4336.97	2471.95	10040.69	6398.62
2009	116422.05	93298.41	3649.80	2860.76	12415.03	7847.84
2010	163646.87	129359.31	5080.05	3668.07	17472.58	13146.91
2011	191236.87	147163.11	5653.01	5399.20	20730.78	17943.77
2012	177333.62	130695.42	4228.31	5986.46	22006.85	18644.89
2013	201207.84	145844.80	4454.59	6887.24	25902.00	22573.80
2014	179592.49	124877.00	4275.01	7349.10	25047.73	22318.66
2015	154453.68	106651.30	3318.41	6569.12	22530.29	18702.96
2016	166928.13	115910.60	3662.14	6415.29	22316.63	22285.61
2017	178653.77	128097.78	4282.68	6139.66	20483.93	23932.41
2018	209341.79	153352.57	5452.54	6049.04	20065.69	29874.50
北京	2321.11	1233.58	99.14	221.31	108.32	757.89
天津	2479.34	1862.93	134.64	19.64	187.29	409.48
河北	8390.07	6443.62	102.07	157.75	805.20	983.50
山西	3872.55	2957.24	34.24	52.91	318.84	543.56
内蒙古	3024.31	2154.03	26.15	29.76	462.19	378.33
辽宁	3961.71	3118.63	79.52	32.74	464.06	346.28
吉林	2477.96	1752.84	61.87	100.54	364.46	260.11
黑龙江	2494.74	1857.00	13.62	53.77	386.84	197.13
上海	2687.17	1473.17	155.01	310.84	206.93	696.23
江苏	16821.27	12902.27	798.50	441.55	1418.72	2058.73
浙江	12879.28	8765.56	436.50	484.66	856.27	2772.78
安徽	10849.59	8454.68	111.35	230.38	955.27	1209.26
福建	7205.35	5073.73	175.74	236.26	557.08	1338.28
江西	5801.49	4454.65	133.83	77.40	711.53	557.91
山东	18732.25	13940.76	357.75	613.77	1488.74	2688.98
河南	14677.65	11431.06	162.66	361.30	1643.45	1241.83
湖北	8495.32	6698.65	185.94	260.69	678.24	857.74
湖南	11127.65	8420.77	223.21	149.24	1251.10	1306.55
广东	19144.08	13593.10	529.64	863.77	1403.85	3283.35
广西	6059.30	4672.08	81.74	96.03	523.36	767.83
海南	1944.64	1520.62	117.74	37.44	144.29	242.29
重庆	7386.16	5145.20	368.50	132.72	725.19	1383.06
四川	14094.44	9734.54	259.10	513.74	1366.53	2479.62
贵州	5689.20	3983.80	125.20	97.78	712.73	894.89
云南	4738.28	3386.83	479.34	91.52	569.56	690.36
西藏	193.06	128.55	7.20	1.21	38.90	24.39
陕西	5451.76	3979.58	95.51	223.48	633.69	615.01
甘肃	2443.03	1611.52	18.61	53.39	393.88	384.24
青海	513.83	331.84		7.48	91.96	82.55
宁夏	994.55	681.57	23.22	10.56	149.36	153.07
新疆	2390.67	1588.18	54.99	85.39	447.85	269.24

7-9-18 按用途分房地产开发企业房屋竣工面积

单位：万平方米

年份 地区	本年房屋竣工面积	住宅	#别墅、高档公寓	办公楼	商业营业用房	其他
1997	15819.70	12464.70	554.22	1057.66	1628.44	668.89
1998	17566.60	14125.70	609.00	996.40	1791.50	652.90
1999	21410.83	17640.67	646.03	979.19	2011.84	779.13
2000	25104.86	20603.32	959.34	952.01	2561.97	987.57
2001	29867.36	24625.40	1183.56	974.03	3111.66	1156.27
2002	34975.75	28524.70	1625.58	1013.65	3939.75	1497.65
2003	41464.06	33774.61	1735.87	1077.14	4825.06	1787.25
2004	42464.87	34677.18	2115.31	1034.60	4945.95	1807.14
2005	53417.04	43682.85	2538.79	1416.70	5888.03	2429.46
2006	55830.92	45471.75	2652.85	1393.71	6285.75	2679.72
2007	60606.68	49831.35	3033.34	1545.02	6096.49	3133.82
2008	66544.77	54334.10	2988.71	1824.64	6410.65	3975.38
2009	72677.43	59628.71	3020.47	1652.55	6823.72	4572.46
2010	78743.88	63443.10	3266.37	1815.85	8282.63	5202.30
2011	92619.94	74319.05	3335.27	2266.79	9472.65	6561.45
2012	99424.96	79043.20	3167.91	2315.36	10226.45	7839.94
2013	101434.99	78740.62	2856.04	2789.40	10852.42	9052.56
2014	107459.05	80868.26	2830.20	3144.18	12084.08	11362.54
2015	100039.10	73777.36	2634.04	3419.49	12026.67	10815.59
2016	106127.71	77185.19	2917.42	3629.27	12518.08	12795.18
2017	101486.41	71815.12	2630.01	4006.54	12670.26	12994.49
2018	93550.11	66015.75	2519.65	3884.04	11258.68	12391.64
北　京	1557.90	731.20	38.65	249.87	162.83	414.00
天　津	2092.22	1522.27	37.89	113.42	119.33	337.20
河　北	2390.41	1917.23	14.80	42.11	253.79	177.28
山　西	1407.95	1094.50	3.27	16.04	127.41	169.99
内蒙古	1415.72	1013.97	19.93	25.48	220.41	155.86
辽　宁	2273.85	1711.44	19.81	30.59	351.05	180.76
吉　林	1519.96	1105.37	52.39	73.55	186.26	154.79
黑龙江	1203.46	920.53	5.24	50.86	146.81	85.26
上　海	3115.76	1730.27	392.25	413.46	341.05	630.98
江　苏	8536.27	6360.00	331.95	275.49	989.85	910.93
浙　江	5189.67	3047.84	183.07	383.68	629.84	1128.32
安　徽	4488.40	3184.19	46.21	190.95	631.50	481.76
福　建	3739.02	2347.24	87.79	261.45	374.56	755.78
江　西	2031.76	1510.51	31.48	50.56	303.69	167.01
山　东	10512.57	8057.09	194.89	354.35	1088.91	1012.22
河　南	6655.23	5074.09	34.78	187.97	792.40	600.77
湖　北	2773.99	2091.69	31.12	91.76	352.46	238.08
湖　南	4160.98	3074.98	101.76	74.14	479.63	532.23
广　东	7615.25	5216.15	306.95	349.31	701.16	1348.62
广　西	2192.94	1654.54	15.42	36.92	270.24	231.24
海　南	1186.81	987.39	90.42	13.94	87.72	97.75
重　庆	4083.45	2784.64	147.03	129.04	509.48	660.30
四　川	5635.30	3707.61	85.80	165.89	814.77	947.02
贵　州	1279.64	841.59	17.36	34.84	242.10	161.10
云　南	1447.28	1047.65	116.05	16.37	192.10	191.16
西　藏	49.94	38.74	7.30		4.60	6.61
陕　西	1524.66	1036.15	71.21	69.20	184.06	235.25
甘　肃	752.34	498.67	2.24	32.70	137.11	83.86
青　海	319.91	187.38	3.69	15.15	87.64	29.73
宁　夏	1213.98	843.82	9.95	40.58	196.32	133.27
新　疆	1183.49	677.01	18.97	94.36	279.61	132.50

7-9-19 按用途分房地产开发企业房屋竣工价值

单位：万元

年份/地区	房屋竣工价值	住宅	#别墅、高档公寓	办公楼	商业营业用房	其他
1998	21391927	14841274	1797188	2696191	2908120	946342
1999	24675822	18313466	3243105	2307508	2821830	1233018
2000	28593463	21736046	4167662	1887549	3435603	1534265
2001	33694469	26224110	4653653	1794697	3972859	1702803
2002	41416949	31909883	4603868	1821081	5421762	2264223
2003	52799528	41289403	3861036	2179823	6707887	2622415
2004	59524820	46883710	3355237	2334105	7443231	2863774
2005	77522369	60601314	6585999	3330709	9442203	4148143
2006	87293459	67172276	7067080	3812779	11523290	4785114
2007	100398923	78530678	7956405	4117505	11996464	5754276
2008	119475659	92952620	7845093	4996314	13651868	7874857
2009	146893651	115002390	8769854	5233193	16690159	9967909
2010	175427347	135275286	10971101	6039054	22433546	11679461
2011	219759131	169477370	12621063	8319008	26176483	15786270
2012	248366202	191474476	12282888	8554573	28992746	19344407
2013	268053771	200394205	11967830	10957180	32756607	23945779
2014	302619873	220791656	13197486	11874068	39277437	30676712
2015	305523769	215691268	13416486	15541035	44141635	30149831
2016	322521317	228272161	14110890	14637590	43366270	36245296
2017	315124591	214026388	12801595	18660131	45027235	37410837
2018	299020098	204705316	12571963	18197654	41026330	35090798
北京	6514742	2837417	235812	1482095	752577	1442653
天津	8312382	5833619	221703	701323	526917	1250523
河北	6230615	4869820	49212	149407	812195	399193
山西	3726053	2905706	14780	49645	418712	351990
内蒙古	3358405	2347196	67510	58049	611333	341827
辽宁	5851669	4159492	140760	219474	1076128	396575
吉林	3547613	2464190	158875	200170	515440	367813
黑龙江	2877116	2170082	13842	133744	386023	187267
上海	19410371	10193609	2787017	3076192	2911629	3228941
江苏	32945342	24876544	1815056	1263574	4339366	2465858
浙江	22190178	13960589	1033894	1736240	2861887	3631462
安徽	13092559	9247583	173559	547162	2064436	1233378
福建	11377918	7121709	378045	923219	1301983	2031007
江西	5199153	3784249	76670	194590	832333	387981
山东	24831886	18711811	614677	977526	2714326	2428223
河南	14132497	10395947	84956	531327	1771727	1433496
湖北	8486125	6108201	194638	538063	1237854	602007
湖南	11570368	8192683	406740	397673	1804319	1175693
广东	30213299	20368800	1321548	2332126	3160619	4351754
广西	6198818	4663146	75179	135684	828215	571773
海南	5016997	4115861	338891	100257	343314	457565
重庆	15559656	11149273	1108434	546268	2328109	1536006
四川	16187691	10251149	254287	618773	2901523	2416246
贵州	3079559	1908072	54266	113341	692927	365219
云南	4576130	3276884	465735	61689	654126	583431
西藏	126946	96607	22937		13026	17313
陕西	4614003	3039858	349722	367258	750932	455955
甘肃	1805762	1149687	4178	109339	356940	189796
青海	1372213	552948	13479	152923	573834	92508
宁夏	3269167	2235682	35092	119916	549663	363906
新疆	3344865	1716902	60469	360607	933917	333439

7-9-20 房地产开发企业商品房销售情况

年 份 地 区	商品房销售面积 (万平方米)	#住 宅	商品房销售额 (亿元)	#住 宅
1991	3025.46	2745.17	237.86	207.60
1992	4288.86	3812.21	426.59	379.85
1993	6687.91	6035.19	863.71	729.19
1994	7230.35	6118.03	1018.50	730.52
1995	7905.94	6787.03	1257.73	1024.07
1996	7900.41	6898.46	1427.13	1106.90
1997	9010.17	7864.30	1799.48	1407.56
1998	12185.30	10827.10	2513.30	2006.87
1999	14556.53	12997.87	2987.87	2413.73
2000	18637.13	16570.28	3935.44	3228.60
2001	22411.90	19938.75	4862.75	4021.15
2002	26808.29	23702.31	6032.34	4957.85
2003	33717.63	29778.85	7955.66	6543.45
2004	38231.64	33819.89	10375.71	8619.37
2005	55486.22	49587.83	17576.13	14563.76
2006	61857.07	55422.95	20825.96	17287.81
2007	77354.72	70135.88	29889.12	25565.81
2008	65969.83	59280.35	25068.18	21196.00
2009	94755.00	86184.89	44355.17	38432.90
2010	104764.65	93376.60	52721.24	44120.65
2011	109366.75	96528.41	58588.86	48198.32
2012	111303.65	98467.51	64455.79	53467.18
2013	130550.59	115722.69	81428.28	67694.94
2014	120648.54	105187.79	76292.41	62410.95
2015	128494.97	112412.29	87280.84	72769.82
2016	157348.53	137539.93	117627.05	99064.17
2017	169407.82	144788.77	133701.31	110239.51
2018	171654.36	147929.42	149972.74	126392.60
北 京	696.19	526.76	2377.00	1971.15
天 津	1249.87	1140.73	2006.62	1816.53
河 北	5251.93	4714.42	4034.96	3567.27
山 西	2360.90	2215.59	1610.61	1473.17
内蒙古	2007.67	1702.39	1113.94	909.04
辽 宁	3934.57	3554.81	2967.31	2615.75
吉 林	2074.46	1813.82	1452.43	1233.50
黑龙江	1913.25	1665.58	1320.31	1112.28
上 海	1767.01	1333.29	4751.50	3864.03
江 苏	13484.21	12040.68	14527.27	12693.86
浙 江	9755.49	7936.17	14089.85	12096.31
安 徽	10038.43	8901.25	7076.95	6174.85
福 建	6213.40	4781.58	6579.49	5074.52
江 西	6200.71	5389.00	4219.89	3524.32
山 东	13454.73	11755.37	10065.70	8682.81
河 南	13990.50	12482.88	8055.30	6903.79
湖 北	8865.38	8101.71	7531.38	6591.36
湖 南	9239.15	7997.94	5353.99	4377.39
广 东	14336.31	12075.10	18742.12	15595.29
广 西	6212.90	5589.89	3826.50	3330.75
海 南	1432.25	1298.82	2083.29	1831.95
重 庆	6536.25	5424.76	5272.70	4442.87
四 川	12210.73	9895.35	8532.35	6621.21
贵 州	5181.96	4441.44	2920.95	2278.10
云 南	4531.88	3643.93	3406.84	2690.84
西 藏	73.35	62.10	52.82	42.94
陕 西	4118.56	3545.60	3407.45	2808.78
甘 肃	1595.65	1437.95	922.34	774.63
青 海	447.93	377.41	289.89	224.05
宁 夏	1026.50	887.97	517.73	420.63
新 疆	1452.23	1195.14	863.26	648.64

7-9-21 房地产开发企业成套住宅竣工与销售情况

单位：套

年份 地区	住宅竣工套数 合计	#别墅、高档公寓	住宅销售套数 合计	#别墅、高档公寓
1999	1946358	44025		
2000	2139702	59880		
2001	2414392	72207		
2002	2629616	97751		
2003	3021134	108525		
2004	4042219	144949		
2005	3682523	135276	4235372	152339
2006	4005305	139632	5049094	219982
2007	4401203	159423	6251263	257776
2008	4939189	144618	5565827	157455
2009	5548897	143621	8040470	240129
2010	6019767	163207	8817526	223596
2011	7219163	155923	9139672	191881
2012	7642379	161899	9446424	184001
2013	7493133	126444	11046279	202081
2014	7659418	145182	10104351	167469
2015	7050109	126972	10578898	191594
2016	7455409	218297	12822565	258582
2017	6770598	153900	13361411	294616
2018	6182425	136666	13298420	281405
北京	79744	1214	49412	2110
天津	177624	3439	107316	5912
河北	187153	912	449855	2169
山西	101379	193	191333	4830
内蒙古	100722	2629	157230	1473
辽宁	199740	1761	378186	5234
吉林	111814	1161	180868	1837
黑龙江	99243	301	174122	1512
上海	171688	25655	143725	12445
江苏	580531	16902	1014809	37275
浙江	256252	7182	664046	21878
安徽	290667	2173	828007	7293
福建	218227	4831	446805	10154
江西	131329	1604	471058	9329
山东	682920	8201	987777	12945
河南	460503	1382	1114669	6940
湖北	181886	2012	704013	8076
湖南	263374	5847	658427	13620
广东	463752	17373	1093652	37718
广西	155423	710	504148	6168
海南	116842	7360	162803	7349
重庆	312512	6366	523030	21125
四川	369022	3121	957882	12432
贵州	76801	912	381021	7154
云南	80653	5511	290014	15296
西藏	3892	630	5542	96
陕西	100087	4133	312177	3114
甘肃	45003	96	131212	666
青海	17094	767	34428	750
宁夏	82663	1086	75795	1462
新疆	63885	1202	105058	3043

7-9-22 按用途分房地产开发企业商品房销售面积

单位：万平方米

年 份 地 区	商品房销售面 积	住 宅	#别墅、高档公寓	办公楼	商业营业用房	其 他
1997	9010.17	7864.30	254.25	341.43	634.06	170.38
1998	12185.30	10827.10	345.30	400.60	810.80	146.80
1999	14556.53	12997.87	435.74	403.43	1003.17	152.06
2000	18637.13	16570.28	640.72	436.98	1399.31	230.56
2001	22411.90	19938.75	878.19	502.57	1696.15	274.44
2002	26808.29	23702.31	1241.26	538.92	2218.58	348.47
2003	33717.63	29778.85	1449.87	630.49	2833.10	475.19
2004	38231.64	33819.89	2323.05	692.84	3100.29	618.62
2005	55486.22	49587.83	2818.44	1096.23	4081.38	720.78
2006	61857.07	55422.95	3672.44	1231.04	4337.79	865.29
2007	77354.72	70135.88	4581.31	1465.23	4644.61	1109.01
2008	65969.83	59280.35	2865.25	1157.05	4206.06	1326.37
2009	94755.00	86184.89	4626.05	1544.43	5328.03	1697.65
2010	104764.65	93376.60	4219.10	1889.97	6994.84	2503.24
2011	109366.75	96528.41	3729.93	2004.97	7868.65	2964.71
2012	111303.65	98467.51	3476.00	2253.65	7759.28	2823.21
2013	130550.59	115722.69	3632.03	2883.35	8469.22	3475.33
2014	120648.54	105187.79	3047.35	2505.45	9076.93	3878.37
2015	128494.97	112412.29	3487.40	2912.59	9254.79	3915.29
2016	157348.53	137539.93	4470.00	3826.22	10811.96	5170.43
2017	169407.82	144788.77	4743.44	4756.21	12838.14	7024.70
2018	171654.36	147929.42	4410.69	4363.32	11971.33	7390.29
北 京	696.19	526.76	63.14	75.78	35.02	58.62
天 津	1249.87	1140.73	88.09	37.46	53.37	18.31
河 北	5251.93	4714.42	35.07	110.63	274.04	152.84
山 西	2360.90	2215.59	53.16	32.61	70.81	41.90
内蒙古	2007.67	1702.39	24.47	22.39	183.82	99.08
辽 宁	3934.57	3554.81	57.97	18.75	257.61	103.40
吉 林	2074.46	1813.82	34.08	50.83	156.66	53.15
黑龙江	1913.25	1665.58	21.71	14.88	182.39	50.41
上 海	1767.01	1333.29	179.77	147.08	101.75	184.89
江 苏	13484.21	12040.68	659.43	278.73	812.86	351.94
浙 江	9755.49	7936.17	420.35	424.12	642.14	753.06
安 徽	10038.43	8901.25	98.77	169.39	784.32	183.47
福 建	6213.40	4781.58	182.37	304.59	457.83	669.40
江 西	6200.71	5389.00	134.63	119.18	564.81	127.72
山 东	13454.73	11755.37	191.10	274.48	889.42	535.46
河 南	13990.50	12482.88	64.50	224.00	1042.89	240.74
湖 北	8865.38	8101.71	147.52	194.89	428.16	140.62
湖 南	9239.15	7997.94	190.05	135.75	696.63	408.82
广 东	14336.31	12075.10	492.65	604.45	736.09	920.67
广 西	6212.90	5589.89	102.79	117.30	287.87	217.85
海 南	1432.25	1298.82	80.29	39.83	66.83	26.77
重 庆	6536.25	5424.76	324.12	127.37	513.97	470.14
四 川	12210.73	9895.35	199.24	320.46	1046.39	948.53
贵 州	5181.96	4441.44	114.28	89.28	555.00	96.24
云 南	4531.88	3643.93	324.35	110.97	469.28	307.71
西 藏	73.35	62.10	1.04	0.93	8.96	1.36
陕 西	4118.56	3545.60	46.74	218.14	231.51	123.31
甘 肃	1595.65	1437.95	9.65	16.59	105.08	36.02
青 海	447.93	377.41	3.76	8.83	52.31	9.38
宁 夏	1026.50	887.97	17.76	19.14	93.07	26.33
新 疆	1452.23	1195.14	47.82	54.50	170.45	32.14

7-9-23 按用途分房地产开发企业商品房平均销售价格

单位：元/平方米

年份/地区	商品房平均销售价格	住宅	#别墅、高档公寓	办公楼	商业营业用房	其他
1997	1997	1790	5382	4677	3090	2129
1998	2063	1854	4596	5552	3170	1837
1999	2053	1857	4503	5265	3333	1804
2000	2112	1948	4288	4751	3260	1864
2001	2170	2017	4348	4588	3274	2033
2002	2250	2092	4154	4336	3489	1919
2003	2359	2197	4145	4196	3675	2241
2004	2778	2608	5576	5744	3884	2235
2005	3168	2937	5834	6923	5022	2829
2006	3367	3119	6585	8053	5247	3131
2007	3864	3645	7471	8667	5774	3351
2008	3800	3576	7801	8378	5886	3219
2009	4681	4459	9662	10608	6871	3671
2010	5032	4725	10934	11406	7747	4099
2011	5357	4993	10994	12327	8488	4182
2012	5791	5430	11460	12306	9021	4306
2013	6237	5850	12591	12997	9777	4907
2014	6324	5933	12965	11826	9817	5177
2015	6793	6473	15157	12914	9566	4845
2016	7476	7203	15911	14332	9786	4832
2017	7892	7614	14965	13543	10323	5364
2018	8737	8544	16242	14385	11150	5351
北京	34143	37420	49506	31300	34091	8401
天津	16055	15924	16398	17998	18515	13029
河北	7683	7567	10186	9068	10409	5372
山西	6822	6649	12512	9874	11682	5378
内蒙古	5548	5340	9387	7796	7545	4921
辽宁	7542	7358	15128	10204	10517	5947
吉林	7001	6801	12016	7788	9721	5091
黑龙江	6901	6678	12908	11722	8711	6291
上海	26890	28981	65458	32964	26475	7208
江苏	10774	10542	16358	12083	16043	5471
浙江	14443	15242	20149	14833	15346	5032
安徽	7050	6937	10458	8452	8614	4541
福建	10589	10613	14524	15784	12784	6557
江西	6805	6540	8654	8569	9252	5551
山东	7481	7386	13130	10896	8951	5373
河南	5758	5531	10451	10056	7688	5172
湖北	8495	8136	9846	16906	11744	7660
湖南	5795	5473	8429	11305	9553	3856
广东	13073	12915	17865	22244	15333	7317
广西	6159	5959	8068	9757	9787	4570
海南	14546	14105	23088	22428	19256	12449
重庆	8067	8190	11222	10912	10429	3293
四川	6988	6691	11340	10667	11479	3881
贵州	5637	5129	8798	8182	9616	3753
云南	7517	7384	7757	10433	9629	4822
西藏	7202	6915	9525	11217	9104	5016
陕西	8273	7922	12701	11625	11767	5893
甘肃	5780	5387	10378	13959	10151	4962
青海	6472	5937	4660	8261	10385	4498
宁夏	5044	4737	7273	8224	7755	3489
新疆	5944	5427	8157	7927	9247	4296

7-9-24 房地产业(不含房地产开发经营)企业法人单位分地区主要指标

地 区	单位数 (个)	营业收入 (亿元)	资产总计 (亿元)	从业人员 (万人)
全 国	**536216**	**17977.6**	**153540.1**	**891.9**
北 京	22807	2693.7	28437.6	65.0
天 津	8842	326.2	7558.8	18.9
河 北	29931	323.0	1607.9	29.1
山 西	11514	139.5	1084.8	15.5
内蒙古	7770	110.4	811.2	11.8
辽 宁	15570	372.1	3865.2	23.5
吉 林	4855	78.7	319.0	8.1
黑龙江	6570	122.9	521.9	8.8
上 海	17746	1693.5	12128.7	46.0
江 苏	45357	1343.8	11688.3	75.2
浙 江	35147	1153.7	11096.1	50.6
安 徽	19316	372.6	1460.7	25.4
福 建	12342	453.4	2745.8	25.5
江 西	8341	246.6	2074.9	13.1
山 东	35904	763.0	4041.8	50.4
河 南	30377	747.8	1914.1	39.0
湖 北	22202	651.5	3128.4	34.7
湖 南	12359	377.5	1691.1	24.2
广 东	93914	3508.5	34444.9	144.5
广 西	14034	214.6	2610.7	18.6
海 南	7058	154.3	1715.4	10.1
重 庆	13325	483.8	2578.9	31.7
四 川	16618	637.1	7750.3	41.9
贵 州	6810	139.0	2228.4	12.0
云 南	9518	193.7	1085.8	15.8
西 藏	487	41.7	157.3	1.2
陕 西	13507	328.3	2452.9	23.7
甘 肃	4812	93.1	682.5	9.3
青 海	1846	31.9	186.5	3.3
宁 夏	1435	31.9	222.3	3.8
新 疆	5902	150.0	1247.9	11.4

【主要统计指标解释】

主营业务收入 指企业确认的销售商品、提供劳务等主营业务的收入。根据会计“主营业务收入”科目的本年各月贷方余额（结转前）之和填报。如未设置该科目，以“营业收入”代替填报。

土地转让收入 指房地产开发企业按国家规定在报告期转让已经开发的土地和未经开发的土地所得到的收入。根据会计“利润表”和相关核算资料计算填报。

商品房销售收入 指房地产开发企业在报告期售出商品房屋的收入，一次收款的，一次性全部计入销售收入，按合同规定分期收款的，可按合同规定的时间分次计入收入。根据会计“利润表”和相关核算资料计算填报。

房屋出租收入 指房地产开发企业在报告期内，在不改变现有财产所有权关系的条件下，将企业的全部或部分房屋出租给其他单位或个人使用所得到的租金收入。根据会计“利润表”和相关核算资料计算填报。

其他（主营业务）收入 指房地产开发企业在报告期内从事除以上收入外的其他业务活动所得到的收入，包括配套设施销售收入、代建工程结算收入等。根据会计“利润表”和相关核算资料计算填报。

营业利润 指企业从事生产经营活动所取得的利润。执行企业会计准则或《小企业会计准则》的企业，营业利润为营业收入减去营业成本、税金及附加、销售费用、管理费用、财务费用、资产减值损失，再加上公允价值变动收益、投资收益、资产处置收益和其他收益后的金额，根据会计“利润表”中“营业利润”项目的本年累计数填报；执行其他企业会计制度的企业，营业利润为营业收入减去营业成本、税金及附加、销售费用、管理费用、财务费用，再加上投资收益后的金额，根据会计“损益表”中“营业利润”项目、“投资收益”项目的本年累计数之和填报。

房屋施工面积 指报告期内施工的全部房屋建筑面积。包括本期新开工的房屋建筑面积、上期跨入本期继续施工的房屋建筑面积、上期停缓建在本期恢复施工的房屋建筑面积、本期竣工的房屋建筑面积以及本期施工后又停缓建的房屋建筑面积。多层建筑应填各层建筑面积之和。

房屋新开工面积 指报告期内新开工建设的房屋面积，以单位工程为核算对象，即整栋房屋的全部建筑面积，不能分割计算。不包括在上期开工跨入报告期继续施工的房屋建筑面积和上期停缓建而在本期复工的建筑面积。房屋的开工应以房屋正式开始破土刨槽（地基处理或打永久桩）的日期为准。

房屋竣工面积 指报告期内房屋建筑按照设计要求已全部完工，达到住人和使用条件，经验收鉴定合格或达到竣工验收标准，可正式移交使用的各栋房屋建筑面积的总和。竣工面积以房屋单位工程（栋）为核算对象，在整栋房屋符合竣工条件后按其全部建筑面积一次性计算，而不是按各栋施工房屋中已完成的部分或层次分割计算。

商品房销售面积 指报告期内出售商品房屋的合同总面积（即双方签署的正式买卖合同中所确定的建筑面积）。商品房销售面积由现房销售面积和期房销售面积两部分组成。

商品房销售额 指报告期内出售商品房屋的合同总价款（即双方签署的正式买卖合同中所确定的合同总价）。该指标与商品房销售面积同口径，由现房销售额和期房销售额两部分组成。

住宅竣工套数 指报告期内按照设计要求已全部完工，经验收合格，达到住人或使用条件的正式交给开发公司的成套住宅数量（以设计图纸为准）。

商品住宅销售套数 指报告期内出售商品房屋合同中总的成套住宅数量（即双方签署的正式买卖合同中所确定的成套住宅数量）。由现房销售套数和期房销售套数两部分组成。

房屋竣工价值 指报告期内按规定已经上报竣工的房屋本身的建造价值。一般按房屋设计和预算规定的内容计算。包括竣工房屋本身的基础、结构、屋面、装修以及水、电、卫等附属工程的建筑价值；也包括作为房屋建筑组成部分而列入房屋建筑工程预算内的设备（如电梯、通风设备等）的购置和安装费用。不包括厂房内的工艺设备、工艺管线的购置和安装，工艺设备基础的建造；室外的水、暖、电、卫、道路工程、挡土墙等环境工程的费用；办公和生活用家具的购置等费用；购置土地的费用；迁移补偿费和场地平整的费用及城市建设配套投资。

房屋竣工价值不仅包括该竣工房屋在报告期内完成的价值，也包括跨年施工的房屋在本期以前完成的价值。未竣工而转让给其他单位的房屋建筑工程，出让单位不计算竣工价值，待接受单位继续施工并符合竣工条件后，由接受单位计算其竣工价值，包括出让单位在出让前所完成的价值。房屋竣工价值一般按结算价格（或中标价）计算。

待开发土地面积 指经有关部门批准，通过各种方式获得土地使用权，但尚未开工建设的土地面积。

本年土地购置面积 指在本年内通过各种方式获得土地使用权的土地面积。

7 第三产业分行业主要指标

7-10　租赁和商务服务业

简要说明

一、主要内容

本篇资料主要包括租赁和商务服务业企业法人单位分地区主要指标和律师、公证、调解等情况。

二、资料来源

租赁和商务服务业企业法人单位分地区主要指标来源于第四次全国经济普查调查结果。

其他资料由国家统计局社科文司依据司法部相关统计报表制度整理提供。

7-10-1 租赁和商务服务业企业法人单位分地区主要指标

地 区	单位数 (个)	营业收入 (亿元)	资产总计 (亿元)	从业人员 (万人)
全 国	**2505492**	**85404.9**	**1108253.1**	**2236.9**
北 京	183426	11944.1	185688.3	182.4
天 津	39098	1663.6	32518.9	45.4
河 北	98089	2379.0	26457.4	64.7
山 西	43722	691.1	18433.2	32.5
内蒙古	31821	556.7	19293.8	23.5
辽 宁	63165	1088.8	21899.3	47.5
吉 林	16136	344.2	10563.0	14.2
黑龙江	23751	464.6	5345.3	19.6
上 海	68458	12550.9	75194.5	138.6
江 苏	182619	7837.2	110098.4	213.7
浙 江	155262	5886.9	91560.2	147.5
安 徽	89417	2591.1	42645.2	77.0
福 建	67929	2244.4	21111.2	81.1
江 西	47851	1260.3	10452.9	42.8
山 东	167487	3639.7	43707.1	117.4
河 南	123809	2862.3	18777.3	105.6
湖 北	91070	2825.6	22647.0	85.1
湖 南	63112	2217.5	27899.6	66.1
广 东	510367	9962.1	113684.4	311.5
广 西	67500	1188.8	15948.5	48.1
海 南	14511	319.2	11103.3	9.2
重 庆	63723	2254.3	19082.7	66.4
四 川	90389	3201.1	48289.0	110.5
贵 州	34696	1159.5	36718.4	35.4
云 南	47570	1098.4	24351.6	41.6
西 藏	5575	318.3	7066.8	6.0
陕 西	56310	1247.2	16635.5	48.4
甘 肃	19500	366.5	6687.9	14.5
青 海	9059	159.9	3647.5	7.6
宁 夏	6732	140.9	2756.0	7.6
新 疆	23338	940.8	17988.8	25.3

7-10-2 律师、公证和调解工作基本情况

项 目		2010	2011	2012	2013	2014	2015	2016	2017	2018
律师工作										
律师事务所	(个)	17230	18235	19361	20609	22166	24425	26150	28382	30647
律师人数	(人)	195170	214968	232384	248623	271452	297175	325540	357193	423758
#专职律师		176000	192546	208356	225000	244000	267536	293586	316771	364345
兼职律师		9294	9740	10108	10550	10545	11199	11567	12369	12002
担任法律顾问	(家)	369129	392456	447993	456847	507289	548260	579360	629742	700027
民事案件代理	(件)	1569043	1693635	1779118	1887156	2100102	2476112	2744896	3872852	3969240
刑事案件辩护及代理	(件)	530800	569330	576050	592486	667391	717283	704447	705213	814570
行政案件代理	(件)	51011	52136	43312	57659	64545	86455	98989	156971	165840
非诉讼法律事务	(件)	549453	625229	585358	817703	673080	784264	844414	848806	1058594
咨询和代书	(万人次)	474.5	513.6	436.9	452.3	464.3	508.2	530.2	452.4	322.6
公证工作										
公证机构	(家)	3026	3006	3007	2987	3006	3001	3002	2952	2956
公证员	(人)	11000	12163	12333	12725	12960	13147	13175	13231	13335
办理公证(出证)总数	(万件)	1104.8	1076.6	1120.8	1258.9	1221.6	1246.8	1399.7	1448.7	1337.3
人民调解工作										
人民调解委员会	(万个)	81.8	81.1	81.7	82.0	80.3	79.8	78.4	75.9	75.2
调解人员	(万人)	466.9	433.6	428.1	422.9	394.1	391.1	385.2	362.9	349.7
调解案件总数	(万件)	841.8	893.5	926.6	943.9	933.0	933.1	901.9	874.1	953.2

7-10-3　公证业务分类情况

分　类	办证件数(件)	比 重(%)
合　计	**13373342**	**100.00**
合同(协议)	1153828	8.63
继承	1489725	11.14
其中：小额继承	393759	2.94
委托	3016122	22.55
声明	969000	7.25
赠与	63752	0.48
遗嘱	180858	1.35
现场监督	202716	1.52
婚姻状况、亲属关系、收养关系	591732	4.42
出生、生存、死亡	421226	3.15
身份、经历、学历、学位、职务、职称	248582	1.86
有无违法犯罪记录	422797	3.16
公司章程	6604	0.05
保全证据	405399	3.03
证书、执照	650486	4.86
签名、印鉴	486379	3.64
文本相符	921463	6.89
赋予强制执行效力	1180240	8.83
执行证书	29126	0.22
抵押登记	40534	0.30
提存	5790	0.04
保管	4258	0.03
其他	882725	6.60

7-10-4　调解民间纠纷分类

项　目	调解纠纷(万件)		各类纠纷所占比重(%)	
	2017	2018	2017	2018
合　计	**883.3**	**953.2**	**100.0**	**100.0**
#婚姻家庭	164.5	167.4	18.6	17.6
房屋、宅基地	54.6	54.6	6.2	5.7
邻　里	222.6	249.5	25.2	26.2
损害赔偿	71.8	72.7	8.1	7.6

【主要统计指标解释】

公证（出证） 指公证处根据当事人申请，依照事实和法律，按照法定程序制作的，具有法律效力的司法证明文书。

调解人员 指在人民调解委员会担负调解民间纠纷工作的人员，包括调解委员会的委员和调解小组的调解员。

调解民间纠纷 指调解委员会按照法律规定，根据自愿原则，用说服教育的方法调解民间发生的有关民事权利和义务争执的件数，包括调解成功数和调解未成功数。

7 第三产业分行业主要指标

7-11　科学研究和技术服务业

简要说明

一、主要内容

科技活动基本情况，包括 R&D 人员、R&D 经费、科技成果和专利情况；气象、地震、海洋、测绘、质量监督检验检疫等综合技术服务部门业务活动情况；全国技术市场成交合同额情况以及科学研究与技术服务业企业法人单位分地区主要指标等。

二、统计范围

科技活动统计资料范围为研究与试验发展（R&D）活动相对密集行业中的企事业单位和从事综合技术服务活动的单位。其中研究与试验发展（R&D）活动相对密集行业中的企事业单位具体包括规模以上工业法人单位、地级及以上独立核算的政府属科学研究与技术开发机构及科技信息与文献机构、全日制普通高等学校及附属医院以及其他行业（包括农、林、牧、渔业，建筑业，交通运输、仓储和邮政业，信息传输、软件和信息技术服务业，金融业，租赁和商务服务业，科学研究和技术服务业，水利、环境和公共设施管理业，卫生和社会工作，文化、体育和娱乐业等）企事业单位。

三、资料来源

科技活动基本情况资料由国家统计局、科技部、国防科工局、教育部、国家知识产权局等部门提供；研究与试验发展（R&D）课题学科分组情况由科技部、国防科工局、教育部提供；气象、地震、海洋、测绘、产品质量监督和检验检疫等资料，分别由中国气象局、中国地震局、自然资源部、国家市场监督管理总局、海关总署等部门提供；技术市场资料由科技部提供。

科学研究与技术服务业企业法人单位分地区主要指标来源于第四次全国经济普查调查结果。

四、统计调查方法

研究与试验发展（R&D）活动情况采用全面调查取得；科协、测绘、气象、地震、海洋、产品质量监督和检验检疫、专利资料采用抽样等多种调查方法取得。

五、科技活动统计资料口径变动说明

2000 年以前研究与试验发展（R&D）活动统计资料只包括大中型工业企业、政府属研究机构、普通高等学校，2000 年及以后年份扩大到了全社会范围。

7-11-1 科技活动基本情况

指 标	2005	2006	2007	2008	2009	2010	2011
研究与试验发展(R&D)投入情况							
R&D人员全时当量 (万人年)	136.5	150.2	173.6	196.5	229.1	255.4	288.3
#基础研究	11.5	13.1	13.8	15.4	16.5	17.4	19.3
应用研究	29.7	30.0	28.6	28.9	31.5	33.6	35.3
试验发展	95.2	107.1	131.2	152.2	181.1	204.5	233.7
R&D经费内部支出 (亿元)	2450.0	3003.1	3710.2	4616.0	5802.1	7062.6	8687.0
#基础研究	131.2	155.8	174.5	220.8	270.3	324.5	411.8
应用研究	433.5	489.0	492.9	575.2	730.8	893.8	1028.4
试验发展	1885.2	2358.4	3042.8	3820.0	4801.0	5844.3	7246.8
#政府资金	645.4	742.1	913.5	1088.9	1358.3	1696.3	1883.0
企业资金	1642.5	2073.7	2611.0	3311.5	4162.7	5063.1	6420.6
R&D经费内部支出与国内生产总值之比 (%)	1.31	1.37	1.37	1.45	1.66	1.71	1.78
科技成果及获奖数 (项)							
科技成果登记数	32359	33644	34170	35971	38688	42108	44208
国家技术发明奖	40	56	51	55	55	46	55
国家科学技术进步奖	236	241	255	254	282	273	283
技术市场成交额 (亿元)	1551	1818	2227	2665	3039	3907	4764
专利申请数 (件)	476264	573178	693917	828328	976686	1222286	1633347
#发明	173327	210490	245161	289838	314573	391177	526412
实用新型	139566	161366	181324	225586	310771	409836	585467
外观设计	163371	201322	267432	312904	351342	421273	521468
专利授权数 (件)	214003	268002	351782	411982	581992	814825	960513
#发明	53305	57786	67948	93706	128489	135110	172113
实用新型	79349	107655	150036	176675	203802	344472	408110
外观设计	81349	102561	133798	141601	249701	335243	380290

注：1.2017年起专利申请受理数改为专利申请数(以下相关表同)。

2.2018年R&D经费内部支出与国内生产总值之比已根据第四次全国经济普查结果进行了修订，截至本书定稿，历史数据暂未进行修正。下同。

7-11-1 续表

指 标	2012	2013	2014	2015	2016	2017	2018
研究与试验发展(R&D)投入情况							
R&D人员全时当量 (万人年)	324.7	353.3	371.1	375.9	387.8	403.4	438.1
#基础研究	21.2	22.3	23.5	25.3	27.5	29.0	30.5
应用研究	38.4	39.6	40.7	43.0	43.9	49.0	53.9
试验发展	265.1	291.4	306.8	307.5	316.4	325.4	353.8
R&D经费内部支出 (亿元)	10298.4	11846.6	13015.6	14169.9	15676.7	17606.1	19677.9
#基础研究	498.8	555.0	613.5	716.1	822.9	975.5	1090.4
应用研究	1162.0	1269.1	1398.5	1528.6	1610.5	1849.2	2190.9
试验发展	8637.6	10022.5	11003.6	11925.1	13243.4	14781.4	16396.7
#政府资金	2221.4	2500.6	2636.1	3013.2	3140.8	3487.4	3978.6
企业资金	7625.0	8837.7	9816.5	10588.6	11923.5	13464.9	15079.3
R&D经费内部支出与国内生产总值之比 (%)	1.91	2.00	2.03	2.07	2.12	2.15	2.14
科技成果及获奖数 (项)							
科技成果登记数	51723	52477	53140	55284	58779	59792	65720
国家技术发明奖	77	71	70	66	66	66	67
国家科学技术进步奖	212	188	202	187	171	170	173
技术市场成交额 (亿元)	6437	7469	8577	9836	11407	13424	17697
专利申请数 (件)	2050649	2377061	2361243	2798500	3464824	3697845	4323112
#发明	652777	825136	928177	1101864	1338503	1381594	1542002
实用新型	740290	892362	868511	1127577	1475977	1687593	2072311
外观设计	657582	659563	564555	569059	650344	628658	708799
专利授权数 (件)	1255138	1313000	1302687	1718192	1753763	1836434	2447460
#发明	217105	207688	233228	359316	404208	420144	432147
实用新型	571175	692845	707883	876217	903420	973294	1479062
外观设计	466858	412467	361576	482659	446135	442996	536251

7-11-2 全国研究与试验发展(R&D)经费内部支出

单位：亿元，%

年 份	R&D经费内部支出	基础研究	应用研究	试验发展	与国内生产总值之比	R&D经费内部支出现价增长
1995	348.7	18.1	92.0	238.6	0.57	
1996	404.5	20.2	99.1	285.1	0.56	16.0
1997	509.2	27.4	132.5	349.3	0.64	25.9
1998	551.1	29.0	124.6	397.5	0.65	8.2
1999	678.9	33.9	151.6	493.5	0.75	23.2
2000	895.7	46.7	151.9	697.0	0.89	31.9
2001	1042.5	55.6	184.9	802.0	0.94	16.4
2002	1287.6	73.8	246.7	967.2	1.06	23.5
2003	1539.6	87.7	311.4	1140.5	1.12	19.6
2004	1966.3	117.2	400.5	1448.7	1.21	27.7
2005	2450.0	131.2	433.5	1885.2	1.31	24.6
2006	3003.1	155.8	489.0	2358.4	1.37	22.6
2007	3710.2	174.5	492.9	3042.8	1.37	23.5
2008	4616.0	220.8	575.2	3820.0	1.45	24.4
2009	5802.1	270.3	730.8	4801.0	1.66	25.7
2010	7062.6	324.5	893.8	5844.3	1.71	21.7
2011	8687.0	411.8	1028.4	7246.8	1.78	23.0
2012	10298.4	498.8	1162.0	8637.6	1.91	18.5
2013	11846.6	555.0	1269.1	10022.5	2.00	15.0
2014	13015.6	613.5	1398.5	11003.6	2.03	9.9
2015	14169.9	716.1	1528.6	11925.1	2.07	8.9
2016	15676.7	822.9	1610.5	13243.4	2.12	10.6
2017	17606.1	975.5	1849.2	14781.4	2.15	12.3
2018	19677.9	1090.4	2190.9	16396.7	2.14	11.8

7-11-3 全国研究与试验发展(R&D)人员全时当量

单位：万人年，%

年 份	R&D人员全时当量	基础研究	比重	应用研究	比重	试验发展	比重
1992	67.43	5.84	8.66	20.90	30.99	40.70	60.36
1993	69.78	6.33	9.07	21.49	30.80	41.96	60.13
1994	78.32	7.64	9.76	24.20	30.90	46.48	59.35
1995	75.17	6.66	8.87	22.79	30.32	45.71	60.81
1996	80.40	6.96	8.65	23.65	29.42	49.79	61.93
1997	83.12	7.17	8.63	25.27	30.40	50.68	60.97
1998	75.52	7.87	10.42	24.97	33.06	42.68	56.51
1999	82.17	7.60	9.25	24.15	29.39	50.42	61.36
2000	92.21	7.96	8.63	21.96	23.82	62.28	67.54
2001	95.65	7.88	8.24	22.60	23.63	65.17	68.13
2002	103.51	8.40	8.12	24.73	23.89	70.39	68.00
2003	109.48	8.97	8.19	26.03	23.77	74.49	68.03
2004	115.26	11.07	9.61	27.86	24.17	76.33	66.22
2005	136.48	11.54	8.46	29.71	21.77	95.23	69.78
2006	150.25	13.13	8.74	29.97	19.95	107.14	71.31
2007	173.62	13.81	7.95	28.60	16.47	131.21	75.57
2008	196.54	15.40	7.83	28.94	14.72	152.20	77.44
2009	229.13	16.46	7.18	31.53	13.76	181.14	79.06
2010	255.38	17.37	6.80	33.56	13.14	204.46	80.06
2011	288.29	19.32	6.70	35.28	12.24	233.73	81.07
2012	324.68	21.22	6.53	38.38	11.82	265.09	81.65
2013	353.28	22.32	6.32	39.56	11.20	291.40	82.49
2014	371.06	23.54	6.34	40.70	10.97	306.82	82.69
2015	375.88	25.32	6.73	43.04	11.45	307.53	81.81
2016	387.81	27.47	7.08	43.89	11.32	316.44	81.60
2017	403.36	29.01	7.19	48.96	12.14	325.39	80.67
2018	438.14	30.50	6.96	53.88	12.30	353.77	80.74

7-11-4 各地区研究与试验发展(R&D)经费内部支出

单位：万元，%

地区	R&D经费内部支出	基础研究	应用研究	试验发展	R&D经费内部支出与国内(地区)生产总值之比
全国	**196779294**	**10903709**	**21908728**	**163966856**	**2.14**
北京	18707701	2777757	4128265	11801679	6.17
天津	4923997	236513	633594	4053890	2.62
河北	4997415	131502	597294	4268620	1.39
山西	1757822	94939	212985	1449898	1.05
内蒙古	1292187	39470	187062	1065655	0.75
辽宁	4600800	277265	853717	3469817	1.82
吉林	1150255	162232	261580	726444	0.76
黑龙江	1349873	243869	401990	704015	0.83
上海	13592023	1056893	1694452	10840677	4.16
江苏	25044293	684846	1386830	22972616	2.70
浙江	14456893	396966	689753	13370174	2.57
安徽	6489541	422790	508762	5557988	2.16
福建	6427935	248830	472768	5706338	1.80
江西	3106906	109572	207962	2789373	1.41
山东	16433300	489547	1112017	14831736	2.15
河南	6715193	128167	711029	5875998	1.40
湖北	8220501	305641	1081924	6832936	2.09
湖南	6582729	227831	724941	5629957	1.81
广东	27046969	1151815	2305296	23589859	2.78
广西	1448530	173697	173413	1101420	0.71
海南	268723	55102	59293	154328	0.56
重庆	4102094	209690	482468	3409936	2.01
四川	7370813	401307	943738	6025768	1.81
贵州	1216145	102724	198295	915126	0.82
云南	1872976	196020	252705	1424252	1.05
西藏	37064	9280	8843	18942	0.25
陕西	5324201	292570	1207416	3824215	2.18
甘肃	970537	158192	213397	598948	1.18
青海	172951	19139	40508	113304	0.60
宁夏	455793	27909	43106	384778	1.23
新疆	643135	71635	113330	458171	0.53

注：2018年全国R&D经费内部支出与国内生产总值之比已根据第四次全国经济普查结果进行了修订，截至本书定稿，分省数据暂未进行修订。

7-11-5 各地区研究与试验发展(R&D)人员全时当量

单位：人年

地 区	R&D人员全时当量	#研究人员	基础研究	应用研究	试验发展
全 国	**4381444**	**1866109**	**304989**	**538817**	**3537720**
北 京	267338	167304	50048	70880	146431
天 津	99490	47684	6175	13162	80154
河 北	103275	48083	5751	19399	78126
山 西	44593	23363	5508	9215	29872
内蒙古	24906	12457	2061	5217	17628
辽 宁	95317	52011	11678	18466	65174
吉 林	36376	22141	9723	12297	14357
黑龙江	37155	25507	12350	8150	16655
上 海	188138	98661	21701	28538	137910
江 苏	560263	205758	17289	31849	511129
浙 江	458038	134034	10423	22296	425322
安 徽	147149	61301	11809	14936	120408
福 建	160922	59913	6557	16742	137623
江 西	85255	36628	4855	8217	72183
山 东	308339	128419	18680	34273	255386
河 南	166807	63461	5147	17877	143790
湖 北	155547	67474	9081	22665	123799
湖 南	146948	66677	10103	18487	118366
广 东	762733	271449	23614	61865	677269
广 西	39961	22176	7993	10577	21391
海 南	8160	4237	1578	1830	4753
重 庆	91973	38650	6215	14447	71311
四 川	158847	81071	12377	26092	120380
贵 州	33357	14318	4773	6057	22526
云 南	49667	24228	7921	9035	32714
西 藏	1569	1048	479	459	631
陕 西	96710	56993	10623	22418	63671
甘 肃	22214	14111	4537	6207	11469
青 海	4301	2300	763	1202	2338
宁 夏	11077	4919	1753	1692	7634
新 疆	15022	9734	3427	4272	7323

7-11-6 国家财政科技支出

单位：亿元，%

年 份	国家财政总支出	国家财政科技拨款	中 央	地 方	科技拨款与财政总支出之比
1980	1228.8	64.6			5.26
1981	1138.4	61.6			5.41
1982	1230.0	65.3			5.31
1983	1409.5	79.0			5.61
1984	1701.0	94.7			5.57
1985	2004.3	102.6			5.12
1986	2204.9	112.6			5.11
1987	2262.2	113.8			5.03
1988	2491.2	121.1			4.86
1989	2823.8	127.9			4.53
1990	3083.6	139.1	97.6	41.6	4.51
1991	3386.6	160.7	115.4	45.3	4.74
1992	3742.2	189.3	133.6	55.7	5.06
1993	4642.3	225.6	167.6	58.0	4.86
1994	5792.6	268.3	199.0	69.3	4.63
1995	6823.7	302.4	215.6	86.8	4.43
1996	7937.6	348.6	242.8	105.8	4.39
1997	9233.6	408.9	273.9	134.0	4.43
1998	10798.2	438.6	289.7	148.9	4.06
1999	13187.7	543.9	355.6	188.3	4.12
2000	15886.5	575.6	349.6	226.0	3.62
2001	18902.6	703.3	444.3	258.9	3.72
2002	22053.2	816.2	511.2	305.0	3.70
2003	24650.0	944.6	609.9	335.6	3.83
2004	28486.9	1095.3	692.4	402.9	3.84
2005	33930.3	1334.9	807.8	527.1	3.93
2006	40422.7	1688.5	1009.7	678.8	4.18
2007	49781.4	2135.7	1044.1	1091.6	4.29
2008	62592.7	2611.0	1287.2	1323.8	4.17
2009	76299.9	3276.8	1653.3	1623.5	4.29
2010	89874.2	4196.7	2052.5	2144.2	4.67
2011	109247.8	4797.0	2343.3	2453.7	4.39
2012	125953.0	5600.1	2613.6	2986.5	4.45
2013	140212.1	6184.9	2728.5	3456.4	4.41
2014	151785.6	6454.5	2899.2	3555.4	4.25
2015	175877.8	7005.8	3012.1	3993.7	3.98
2016	187755.2	7760.7	3269.3	4491.4	4.13
2017	203085.5	8383.6	3421.4	4962.1	4.13
2018	220904.1	9518.2	3738.5	5779.7	4.31

7-11-7 科学研究与技术服务业企业法人单位分地区主要指标

地区	单位数(个)	营业收入(亿元)	资产总计(亿元)	从业人员(万人)
全国	**1194964**	**44695.7**	**152124.0**	**1029.0**
北京	152524	8502.3	37438.9	121.1
天津	25360	1345.9	4782.8	21.2
河北	48988	1105.9	2724.3	38.4
山西	18082	343.6	1625.9	14.1
内蒙古	11053	227.8	1757.6	9.4
辽宁	27971	626.8	1979.9	17.6
吉林	7676	219.8	645.8	7.9
黑龙江	13919	365.6	974.5	7.8
上海	25318	3878.0	11099.3	53.2
江苏	124484	4747.4	14419.2	108.3
浙江	58585	2415.7	6798.2	51.5
安徽	40009	1044.5	2596.8	30.5
福建	24804	803.0	2045.9	28.4
江西	14525	573.3	5533.9	14.3
山东	89384	2356.7	7436.1	65.8
河南	71907	1985.7	3041.3	64.8
湖北	51180	2007.8	4749.1	45.2
湖南	41497	1328.6	3171.2	38.9
广东	190554	4766.9	12992.5	132.6
广西	23173	357.3	1682.1	15.5
海南	5181	129.4	1733.3	4.0
重庆	19526	799.1	1994.2	21.1
四川	34175	2013.4	7580.7	41.9
贵州	9544	374.3	2692.3	10.6
云南	17683	476.2	2319.0	15.0
西藏	1174	56.8	1467.1	1.6
陕西	25786	1090.2	3372.1	25.3
甘肃	6145	253.9	1106.2	8.6
青海	2778	71.5	634.3	2.8
宁夏	1816	72.3	325.3	2.8
新疆	10163	356.0	1403.9	9.0

7-11-8 研究与开发机构科技活动情况

指 标	2005	2006	2007	2008	2009	2010	2011
机构基本情况							
机构数 (个)	3901	3803	3775	3727	3707	3696	3673
#中央属	679	673	674	678	691	686	686
地方属	3222	3130	3101	3049	3016	3010	2987
研究与试验发展(R&D)投入情况							
R&D人员 (万人)	24.1	25.7	29.0	30.4	32.3	34.2	36.2
R&D人员全时当量 (万人年)	21.5	23.1	25.5	26.0	27.7	29.3	31.6
#基础研究	2.8	3.2	3.6	3.8	4.1	4.2	5.0
应用研究	8.3	8.9	9.3	9.7	10.3	10.9	11.3
试验发展	10.4	11.0	12.6	12.5	13.4	14.2	15.2
R&D经费内部支出 (亿元)	513.1	567.3	687.9	811.3	996.0	1186.4	1306.7
#基础研究	58.0	67.9	74.7	92.7	110.6	129.9	160.2
应用研究	176.3	196.2	227.1	271.3	350.9	387.6	417.2
试验发展	278.7	303.2	386.1	447.2	534.4	668.9	729.3
#政府资金	424.7	481.2	592.9	699.7	849.5	1036.5	1106.1
企业资金	17.6	17.3	26.2	28.2	29.8	34.2	39.9
国外资金	1.8	2.6	3.4	4.0	4.2	3.4	4.9
其他资金	68.1	66.1	65.3	79.3	112.4	112.2	155.8
研究与试验发展(R&D)项目(课题)情况							
R&D项目(课题)数 (项)	39072	42262	49453	54900	61135	67050	70967
R&D项目(课题)人员全时当量 (万人年)	17.6	20.2	22.2	22.9	23.7	25.4	27.3
R&D项目(课题)经费内部支出 (亿元)	353.5	365.4	451.7	537.7	579.8	681.5	807.1
科技产出及成果情况							
发表科技论文 (篇)	109995	118211	126527	132072	138119	140818	148039
#国外发表	15638	17597	19596	21498	25882	26862	31598
出版科技著作 (种)	3578	3791	4134	4691	4788	3922	4292
专利申请数 (件)	6814	8026	9802	12536	15773	19192	24059
#发明专利	5064	6200	7782	9864	12361	14979	18227
专利授权数 (件)	3234	3499	4036	5048	6391	8698	12126
#发明专利	2088	2191	2467	3102	4077	5249	7862

7-11-8 续表

指 标	2012	2013	2014	2015	2016	2017	2018
机构基本情况							
机构数 (个)	3674	3651	3677	3650	3611	3547	3306
#中央属	710	711	720	715	734	728	717
地方属	2964	2940	2957	2935	2877	2819	2589
研究与试验发展(R&D)							
投入情况							
R&D人员 (万人)	38.8	40.9	42.3	43.6	45.0	46.2	46.4
R&D人员全时当量 (万人年)	34.4	36.4	37.4	38.4	39.0	40.6	41.3
#基础研究	5.7	6.1	6.6	7.1	8.4	8.4	8.5
应用研究	12.1	13.0	12.8	13.1	12.7	14.3	14.8
试验发展	16.5	17.3	18.0	18.1	17.9	17.8	18.0
R&D经费内部支出 (亿元)	1548.9	1781.4	1926.2	2136.5	2260.2	2435.7	2698.4
#基础研究	197.9	221.6	258.9	295.3	337.4	384.4	423.8
应用研究	469.3	525.8	552.9	618.4	642.1	699.4	797.6
试验发展	881.7	1034.0	1114.4	1222.8	1280.7	1351.9	1476.9
#政府资金	1292.7	1481.2	1581.0	1802.7	1851.6	2025.9	2284.9
企业资金	47.4	60.9	62.9	65.4	90.4	91.9	102.6
国外资金	5.1	5.7	9.1	5.0	3.9	4.4	5.2
其他资金	203.8	233.5	273.8	263.4	314.2	313.6	305.6
研究与试验发展(R&D)							
项目(课题)情况							
R&D项目(课题)数 (项)	79343	85069	91465	99559	100925	112472	117872
R&D项目(课题)人员全时当量 (万人年)	31.1	32.7	34.0	34.9	34.4	35.9	36.8
R&D项目(课题)经费内部支出 (亿元)	1078.3	1221.7	1272.7	1513.8	1592.5	1720.8	1930.2
科技产出及成果情况							
发表科技论文 (篇)	158647	164440	171928	169989	175169	177572	176003
#国外发表	35173	41072	47032	47301	50010	54500	58440
出版科技著作 (种)	4458	4619	5023	5662	5714	5459	5722
专利申请数 (件)	30418	37040	41966	46559	52331	56267	61404
#发明专利	23406	28628	32265	35092	39854	43426	47740
专利授权数 (件)	16551	20095	24870	30104	32442	35350	36778
#发明专利	10935	12542	15786	19720	21816	24283	23098

7-11-9 研究与开发机构研究与试验发展(R&D)课题学科分组情况

学　科	R&D课题数(个)	R&D课题参加人员全时当量(人年)	R&D项目(课题)经费内部支出(万元)
全　国	**117872**	**367883**	**19302012**
数　学	596	592	24050
信息科学与系统科学	1060	3308	160677
力　学	710	830	41449
物理学	5082	8421	557173
化　学	3940	7827	276655
天文学	1922	1903	99290
地球科学	11794	16836	800424
生物学	11567	14594	531519
心理学	266	488	15953
农　学	18359	30250	694072
林　学	2686	4963	101227
畜牧、兽医科学	2961	5006	146560
水产学	2090	2763	86145
基础医学	1350	3183	82440
临床医学	3049	7006	270317
预防医学与公共卫生学	1106	3331	51945
军事医学与特种医学	35	99	937
药　学	1687	2732	129562
中医学与中药学	3048	5717	141734
工程与技术科学基础学科	2587	21488	999615
信息与系统科学相关工程与技术	1148	1870	108563
自然科学相关工程与技术	1773	2960	125263
测绘科学技术	1842	2421	120841
材料科学	4352	10308	413766
矿山工程技术	132	273	11394
冶金工程技术	61	85	2244
机械工程	619	2966	83013
动力与电气工程	802	2857	176209
能源科学技术	897	2004	70832
核科学技术	735	16176	922778
电子与通信技术	4779	60788	3127400
计算机科学技术	2193	9660	588194
化学工程	812	966	28244
产品应用相关工程与技术	202	477	10056
纺织科学技术	24	71	701
食品科学技术	764	1141	30850
土木建筑工程	293	1142	34152
水利工程	2057	2521	113920
交通运输工程	1143	3227	185213
航空、航天科学技术	3532	81504	7281670
环境科学技术及资源科学技术	5019	7643	298469
安全科学技术	615	1645	62849
管理学	955	2431	26718
马克思主义	142	252	6082
哲　学	164	217	5591
宗教学	75	161	1915
语言学	87	134	1776
文　学	171	336	9581
艺术学	115	363	8408
历史学	471	698	18190
考古学	354	1124	36833
经济学	2057	3080	67423
政治学	375	706	10968
法　学	561	333	9159
军事学	12	20	489
社会学	618	1137	24174
民族学与文化学	432	727	22051
新闻学与传播学	92	117	2490
图书馆、情报与文献学	292	739	15495
教育学	1033	768	20751
体育科学	132	281	3675
统计学	45	223	1883

7-11-10 高等学校科技活动情况

指　　标		2005	2006	2007	2008	2009	2010	2011
高等学校基本情况								
学校数	（个）	1792	1867	1908	2263	2305	2358	2409
#理工农医		786	800	786	827	1003	970	975
人文社科		815	843	840	869	954	963	997
R&D机构	（个）	3936	4154	4502	5159	5784	7833	8630
研究与试验发展（R&D）投入情况								
R&D人员	（万人）	38.7	42.1	44.8	47.8	50.9	59.4	63.2
R&D人员全时当量	（万人年）	22.7	24.2	25.4	26.6	27.5	29.0	29.9
#基础研究		7.8	9.0	9.4	10.9	11.3	12.0	12.9
应用研究		11.1	11.3	12.0	13.7	14.1	14.8	15.0
试验发展		3.9	3.9	4.0	2.0	2.1	2.1	2.0
R&D经费内部支出	（亿元）	242.3	276.8	314.7	390.2	468.2	597.3	688.8
#基础研究		56.7	71.4	86.8	114.8	145.5	179.9	226.7
应用研究		125.0	137.3	161.8	208.9	250.0	337.0	372.4
试验发展		60.6	68.2	66.1	66.5	72.6	80.3	89.8
#政府资金		133.1	151.5	177.7	225.5	262.2	358.8	405.1
企业资金		88.9	101.2	110.3	134.9	171.7	198.5	242.9
研究与试验发展（R&D）项目（课题）情况								
R&D项目（课题）数	（项）	280327	365294	375425	429096	476708	547717	604107
R&D项目（课题）人员全时当量	（万人年）	22.5	26.8	25.2	26.6	27.4	28.9	29.9
R&D项目（课题）经费内部支出	（亿元）	193.5	287.0	258.2	323.2	363.5	467.0	535.3
科技产出及成果情况								
发表科技论文	（篇）	728082	830948	905985	964877	1016354	1062512	1109965
#国外发表		69857	90722	108727	134058	156750	182247	218301
出版科技著作	（种）	33064	34633	35733	37541	40919	38101	37472
专利申请数	（件）	20094	24490	29860	40610	56641	72744	95592
#发明专利		14673	18059	21864	29337	36241	44132	54362
专利授权数	（件）	8843	12043	14111	19248	25570	37490	53055
#发明专利		4715	6650	8251	10216	14408	18055	25064

7-11-10 续表

指　　标		2012	2013	2014	2015	2016	2017	2018
高等学校基本情况								
学校数	(个)	2442	2491	2529	2560	2596	2631	2663
#理工农医		1039	1070	1356	1713	2021	2162	2211
人文社科		1090	1150	1540	1814	2199	2325	2346
R&D机构	(个)	9225	9842	10632	11732	13062	14971	16280
研究与试验发展(R&D) 投入情况								
R&D人员	(万人)	67.8	71.5	76.3	83.9	85.2	91.4	98.4
R&D人员全时当量	(万人年)	31.4	32.5	33.5	35.5	36.0	38.2	41.1
#基础研究		14.0	14.7	15.5	16.4	16.7	18.1	19.1
应用研究		15.4	15.9	16.1	17.2	17.3	18.3	19.7
试验发展		1.9	1.9	1.9	1.9	2.0	1.9	2.3
R&D经费内部支出	(亿元)	780.6	856.7	898.1	998.6	1072.2	1266.0	1457.9
#基础研究		275.7	307.6	328.6	391.0	432.5	531.1	589.9
应用研究		402.7	441.3	476.4	516.3	528.4	623.1	711.5
试验发展		102.2	107.8	93.1	91.3	111.4	111.8	156.5
#政府资金		474.1	516.9	536.5	637.3	687.8	804.5	972.3
企业资金		260.5	289.3	302.7	301.5	310.5	360.4	387.2
研究与试验发展(R&D)项目(课题)情况								
R&D项目(课题)数	(项)	657027	711010	766731	841520	894279	966780	1076903
R&D项目(课题)人员全时当量	(万人年)	31.3	32.4	33.5	35.4	36.0	38.2	41.1
R&D项目(课题)经费内部支出	(亿元)	607.3	662.7	701.8	765.6	777.2	877.0	988.8
科技产出及成果情况								
发表科技论文	(篇)	1117742	1127210	1152147	1220467	1267881	1308110	1389912
#国外发表		226097	249637	278599	313698	355483	390235	459492
出版科技著作	(种)	38760	37866	39326	43136	44518	45591	44794
专利申请数	(件)	113430	133865	149961	190351	236665	277524	320790
#发明专利		66755	81251	93415	109911	137755	157131	191964
专利授权数	(件)	74550	84930	85006	127329	149524	169679	193027
#发明专利		34441	35873	39468	55021	66419	78254	79773

7-11-11 高等学校研究与试验发展(R&D)课题学科分组情况

学　　科	R&D课题数 (个)	R&D课题参加人员全时当量 (人年)	R&D项目(课题)经费内部支出 (万元)
全　国	**1076903**	**410746**	**9887969**
数　学	13662	6319	108169
信息科学与系统科学	11282	4885	223120
力　学	4400	1823	101816
物理学	17233	8101	343672
化　学	24569	11407	343231
天文学	625	237	8417
地球科学	17938	7080	280864
生物学	28075	12606	464263
心理学	890	334	8866
农　学	21294	9178	373176
林　学	5119	2575	68115
畜牧、兽医科学	8848	3633	125749
水产学	3237	1356	37129
基础医学	30389	19366	320825
临床医学	67543	53319	658981
预防医学与公共卫生学	3860	2365	49383
军事医学与特种医学	167	91	2434
药　学	10087	5684	202486
中医学与中药学	19982	14959	152261
工程与技术科学基础学科	6002	2410	124151
信息与系统科学相关工程与技术	8963	4132	184750
自然科学相关工程与技术	4330	1998	116738
测绘科学技术	2609	1249	46784
材料科学	29416	14000	599388
矿山工程技术	8168	3446	121220
冶金工程技术	3298	1548	50403
机械工程	30124	14512	539251
动力与电气工程	17389	7527	357578
能源科学技术	5563	2420	98324
核科学技术	1172	494	49886
电子与通信技术	28194	12659	495677
计算机科学技术	31731	15289	422198
化学工程	15246	6580	242529
产品应用相关工程与技术	1459	776	33619
纺织科学技术	2504	1233	31615
食品科学技术	8821	4196	115734
土木建筑工程	23658	10997	404223
水利工程	4175	2037	74076
交通运输工程	11816	5216	219693
航空、航天科学技术	4726	1911	194871
环境科学技术及资源科学技术	18953	8500	348216
安全科学技术	2123	903	36334
管理学	104936	24822	307344
马克思主义	24068	5784	28610
哲　学	7166	1654	13571
宗教学	1199	300	2810
语言学	28845	7205	35545
文　学	22941	5426	34484
艺术学	44269	10489	92459
历史学	12234	2816	32028
考古学	2313	421	13737
经济学	64670	14921	149734
政治学	11559	2595	20239
法　学	29833	5894	57284
军事学	25	10	537
社会学	27095	6256	58071
民族学与文化学	8439	2162	25785
新闻学与传播学	13013	2573	23599
图书馆、情报与文献学	7535	1873	12157
教育学	77380	18781	107552
体育科学	17740	4479	27887
统计学	4290	972	15221
其　他	7713	1966	49102

7-11-12 全国气象部门基本情况

项 目		2000	2005	2007	2008	2009	2010	2011
气象观测业务台站	**(个)**							
地面观测		2819	2405	2431	2438	2416	2418	2419
高空探测		156	120	123	121	118	120	120
自动气象站		550	7813	23130	28235	31553	30693	33259
天气雷达观测		238	253	304	313	330	342	259
大气成分观测			21	31	35	35	28	28
太阳辐射观测		99	105	103	142	157	100	100
农业气象观测		1125	769	739	635	653	653	653
生态与农业气象观测试验		68	67	69	67	68	68	68
卫星云图接收		319	435	496	621	311	361	363
大气本底站		4	6	7	7	7	7	7
闪电定位监测			234	354	387	417	425	319
沙尘暴监测			85	31	194	182	29	29
紫外线观测			178	174	203	149	164	160
风廓线雷达观测								
空间天气观测								
酸雨观测		82	299	334	330	337	342	342
臭氧观测		3	14	4	20	17	22	36
气象科学数据共享服务数据量	**(GB)**		**2089**	**11250858**	**5198905**	**245739555**	**3583171**	**398134**
装备								
拥有计算机数	(台)	27724	50683	63350	72133	79349	90040	98101
#高性能计算机			62	65	61	72	106	108
服务器及工作站			768	1046	1196	1751	2428	3124
个人计算机(含个人服务器)			47950	59610	67853	73750	82744	89530
云图接收机数	(台)	354	506	438	453	407	421	453
电视会商系统设备	(套)		729	1041	1296	1805	1895	2071
人工影响天气作业								
设备高炮	(门)		6393	6969	6311	6973	6902	6636
火箭发射系统	(部)		4129	5039	4862	6355	7034	7109
人员	**(人)**							
全国气象部门职工总数		59113	53214	53321	53265	53180	53606	53665

注：1.2006年起气象科学数据共享服务数据量是全国气象部门利用网络向社会提供气象资料的数据量，2005年以前是国家气象信息中心气象科学数据共享服务网的数据量。

2.2018年地面观测站变动较大，系将部分省级气象观测站纳入国家级气象观测站统计范围所致，下同。

7-11-12 续表

项　　目		2012	2013	2014	2015	2016	2017	2018
气象观测业务台站	**(个)**							
地面观测		2423	2424	2423	2422	2423	2425	10602
高空探测		120	120	120	120	120	120	120
自动气象站		45926	53184	55488	57405	57435	57435	53395
天气雷达观测		230	212	224	233	242	242	275
大气成分观测		28	28	28	28	28	28	166
太阳辐射观测		100	100	100	100	100	100	103
农业气象观测		653	653	653	653	653	653	653
生态与农业气象观测试验		68	68	68	70	70	70	69
卫星云图接收		363	364	364	364	380	380	329
大气本底站		7	7	7	7	7	7	7
闪电定位监测		334	334	391	490	490	490	476
沙尘暴监测		29	29	29	29	29	29	29
紫外线观测		153	157	168	158	164	155	111
风廓线雷达观测				61	31	31	69	123
空间天气观测				17	44	84	87	56
酸雨观测		365	365	365	376	376	376	398
臭氧观测		36	41	48	71	53	68	53
气象科学数据共享服务数据量	**(GB)**	**4409824**	**505077**	**348736**	**901068**	**274157**	**339876**	**1213193**
装备								
拥有计算机数	(台)	108370	113208	108521	126982	136952	143876	144715
#高性能计算机		143	96	100	233	341	274	251
服务器及工作站		4249	5005	6169	7584	15862	16945	18270
个人计算机(含个人服务器)		97250	100368	102252	119165	120749	126657	126194
云图接收机数	(台)	453	542	698	812	747	840	1000
电视会商系统设备	(套)	2208	2529					
人工影响天气作业								
设备高炮	(门)	6654	6761	6593	6542	6320	6183	5909
火箭发射系统	(部)	7213	7632	7507	8209	7950	8311	7358
人员	**(人)**							
全国气象部门职工总数		53956	54426	54155	53587	53153	52495	65460

7-11-13 各地区气象业务站点及观测项目情况

单位：个

地　区 和单位	地面观 测业务	高空探 测业务	自动 气象站	天气雷达 观测业务	农业气象 观测站	环境气象 观测站	闪电定位 监测业务	卫星云图 接收业务
全　国	**10602**	**120**	**53395**	**275**	**722**	**764**	**476**	**329**
北　京	55	1	398	6	7	34	1	1
天　津	54		256	3	5	16	4	2
河　北	411	3	2847	6	30	34	11	8
山　西	262	1	1571	7	31	46	7	15
内蒙古	697	12	1636	10	35	21	39	11
辽　宁	298	2	1302	7	28	65	9	3
吉　林	388	3	1061	6	25	32	7	8
黑龙江	485	4	820	9	39	21	29	9
上　海	46	1	212	2	1	18	4	7
江　苏	262	3	1778	12	22	74	25	7
浙　江	260	3	2968	17	14	16	11	21
安　徽	295	2	2025	8	25	7	7	2
福　建	294	3	2116	10	26	5	9	9
江　西	380	2	2167	11	19	28	12	11
山　东	431	3	1201	11	20	55	13	10
河　南	330	3	2408	10	39	19	19	22
湖　北	327	3	2314	10	32	34	32	18
湖　南	421	3	3124	11	26	7	10	10
广　东	434	4	2808	28	28	28	9	11
广　西	519	6	2399	11	29	12	11	14
海　南	129	3	466	6	7	14	6	6
重　庆	159	1	1805	5	14	49	5	6
四　川	504	7	4648	11	47	15	24	16
贵　州	373	2	3122	8	19	11	12	10
云　南	570	5	2598	9	26	7	22	11
西　藏	187	5	127	4	5	8	24	10
陕　西	390	4	1231	8	22	25	11	13
甘　肃	343	9	1488	8	27	15	19	11
青　海	232	7	492	3	19	8	33	18
宁　夏	114	1	858	3	10	10	5	7
新　疆	709	14	1149	9	44	16	46	16
其　他	243			6	1	14		6

注：农业气象观测站包括生态与农业气象观测试验站；环境气象站包括大气成分观测站、大气本底站、沙尘暴监测站、紫外线观测站、酸雨观测站和臭氧观测站。

7-11-14 地震台、网基本情况

单位：个

地区	国家地震观测台、网			国家地震遥测台、网	市、县地震台		
	国家级台	省级台	强震观测点		市、县级台	企业台	宏观观测点
全国	**199**	**286**	**2686**	**1509**	**1478**	**290**	**33941**
北京	10	2	42	32	47	1	138
天津	5	5	150	36			151
河北	7	35	140	78	62	4	4025
山西	7	4	18	87	82	13	2354
内蒙古	6	24	47	49	35		1055
辽宁	7	11	95	41	29	2	829
吉林	5	6	15	39	28		1123
黑龙江	9	2	14	81	43	11	5019
上海	2		130	31	7		47
江苏	9	7	42	29	97	1	1028
浙江	5	1	46	31	58	7	170
安徽	3	9	8	29	89	2	716
福建	4	10	156	162	28	8	298
江西	2	6	6	28			1118
山东	6	20	153	144	191	5	1541
河南	3	10	26	17	93	4	2229
湖北	6	8	39	40	12	25	1216
湖南	4	3	6	25	31	3	416
广东	5	7	572	75	40	5	172
广西	5	4	6	31	42	32	996
海南	2	3	5	24	16		306
重庆	1	39	7	30		7	948
四川	14	13	14	65	80	5	2354
贵州	4	15	7	21	2		4
云南	13	5	309	14	123	119	1909
西藏	15	10	2	26			
陕西	6	6	114	58	88	6	1811
甘肃	9	12	251	55	75	7	932
青海	5	2	55	40	12	20	107
宁夏	4	3	59	15	10		310
新疆	16	4	152	76	58	3	619

7-11-15 各地区测绘生产完成和资料提供情况

地区和单位	大地测量		地形图提供合计(张)			提供测绘基准成果(点)	提供航摄成果(平方千米)
	GNSS大地控制点测量(点)	水准测量(公里)		1:10000	1:50000		
全　国	**1459**	**13090**	**264558**	**38246**	**22039**	**391894**	**2283297**
北　京	44		2546	62		5128	
天　津						57	
河　北			3250	2644	606	2060	277346
山　西			1063	973	90	1131	
内蒙古			6186	2203	2873	126239	53573
辽　宁			2051	1715	313	5267	
吉　林		3113	1583	975	608	3966	998000
黑龙江			4825	4505	304	18033	
上　海			183525	211		13996	
江　苏			1483	1357	114	6270	25800
浙　江			367	82	281	909	7258
安　徽			1330	891	264	2274	13910
福　建		1287				907	245
江　西			2372	2029	343	3083	141379
山　东			644	474	170	12498	
河　南			752	505	233	1789	122
湖　北			120		120	2764	5465
湖　南			1101	996	105	6511	
广　东	1038	3540	3502	3189	307	5817	1193
广　西			644	346	298	9835	12597
海　南			13	2	11	49831	
重　庆	150	275	6137	573	273	293	
四　川			988	338	600	1656	
贵　州			11		11	11059	193638
云　南	119		2783	2625	142	19327	
西　藏			4497	225	4135	25744	
陕　西		4088	1167	143	1021	14867	136795
甘　肃			10662	9518	1131	11929	
青　海	87	786	1094	32	992	2682	334930
宁　夏			1190	887	303	714	16212
新　疆			2455	746	1682	12384	49697
青　岛	21						
大　连			41				
宁　波			2029			505	9880
深　圳			3117			283	
厦　门			5928			46	
国家基础地理信息中心			5102		4709	12040	5258

7-11-16　产品质量国家监督抽查情况

项　目	抽查企业 (家)	抽查产品 (批)	不合格产品 (批)
合　计	**25856**	**28771**	**2952**
食　品	2218	2304	102
日用消费品	3142	3300	549
建筑与装饰装修材料	6054	6505	597
农业生产资料	3000	3343	269
轻工产品	2587	3002	357
机械及安防产品	2045	2203	190
电子电器	2028	2169	345
电工及材料	4782	5945	543

7-11-17　各地区产品质量情况

单位：%

地　区	产品质量等级优等品率	质量损失率	产品质量合格率
全　国	**51.34**	**2.11**	**93.93**
北　京	53.05	2.97	96.61
天　津	50.06	2.07	96.23
河　北	50.94	2.07	93.20
山　西	41.63	1.54	93.80
内蒙古	47.37	1.63	94.68
辽　宁	49.02	3.32	94.90
吉　林	46.34	2.13	94.68
黑龙江	41.07	1.89	94.41
上　海	56.64	1.89	95.02
江　苏	53.09	2.39	93.96
浙　江	54.33	1.56	93.85
安　徽	47.97	2.67	94.12
福　建	51.81	2.62	94.07
江　西	53.94	2.19	93.76
山　东	53.63	1.57	93.86
河　南	54.47	1.89	93.74
湖　北	53.20	2.85	94.13
湖　南	56.97	1.73	93.80
广　东	63.62	2.89	94.15
广　西	45.37	1.98	91.47
海　南	51.39	1.83	92.56
重　庆	52.24	1.77	96.11
四　川	43.30	2.10	93.43
贵　州	49.94	2.63	94.83
云　南	55.62	1.83	93.95
西　藏			92.78
陕　西	45.06	2.15	93.33
甘　肃	34.52	1.93	93.68
青　海	27.50	2.97	92.83
宁　夏			94.50
新　疆	51.25	1.96	92.15

注：本资料由75个重点工业城市抽样数据汇总而成。

7-11-18 产品质量省级监督抽查情况

地 区	抽查企业（家）	抽查产品（批）	不合格产品（批）
全 国	**151535**	**206734**	**13431**
北 京	2125	1627	95
天 津	1032	1127	20
河 北	6841	9227	288
山 西	7350	10554	560
内蒙古	1879	3076	219
辽 宁	6991	8222	284
吉 林	1488	807	25
黑龙江	3182	4647	216
上 海	5726	6942	670
江 苏	9785	7964	796
浙 江	13994	13995	654
安 徽	6311	8410	346
福 建	4663	7144	378
江 西	6358	6626	579
山 东	3590	3713	174
河 南	6813	11523	370
湖 北	4600	8135	660
湖 南	7065	13951	1734
广 东	16660	24383	1885
广 西	1749	3075	123
海 南	634	581	74
重 庆	14929	20780	743
四 川	6620	15128	1257
贵 州	4434	5405	352
云 南	210	239	34
西 藏	171	444	64
陕 西	1400	1879	232
甘 肃	2000	2803	177
青 海	313	456	32
宁 夏	646	1052	98
新 疆	1976	2819	292

7-11-19 各地区出入境货物检验检疫情况

地 区	批 次（批）	#不合格	货 值（万美元）	#不合格
全 国	**8942228**	**162593**	**111656302**	**10966515**
北 京	174456	1157	1145202	4555
天 津	273265	16484	6165760	869084
河 北	111751	2489	3748014	684654
山 西	15194	65	106343	1522
内蒙古	324424	6781	1033521	43736
辽 宁	322539	4934	7445511	618026
吉 林	51648	520	431357	4209
黑龙江	197675	1786	1854115	10245
上 海	1729940	49921	13916144	550043
江 苏	523152	14607	10636287	1525695
浙 江	853436	8040	10871863	596922
安 徽	72758	773	464544	5061
福 建	418002	4291	5224649	581671
江 西	64592	499	403519	2178
山 东	882288	7733	18110581	2356991
河 南	71893	358	1894807	3699
湖 北	86390	435	558404	7685
湖 南	88964	741	471254	4262
广 东	2207231	31959	18181964	2465236
广 西	136202	2606	3188971	574362
海 南	18409	74	968283	7373
重 庆	39725	266	645582	3093
四 川	34763	761	282600	6935
贵 州	13942	16	173407	2206
云 南	102718	2796	1308784	18757
西 藏	2779	2	18901	1
陕 西	27843	237	153014	3696
甘 肃	23564	12	255109	28
青 海	1760	1	21228	2
宁 夏	6709	38	45754	880
新 疆	64216	2211	1930830	13708

7-11-20 各地区技术市场成交额

单位：万元

地区	2000	2005	2008	2009	2010	2011	2012
全国	**6507519**	**15513694**	**26652288**	**30390024**	**39065753**	**47635589**	**64370683**
北京	1402871	4895922	10272173	12362450	15795367	18902752	24585034
天津	262581	507093	866122	1054611	1193390	1693819	2323275
河北	94143	103827	165906	172112	192931	262471	378178
山西	5258	47980	128425	162068	184911	224825	306088
内蒙古	60287	109939	94423	147651	271464	226719	1060962
辽宁	347817	865167	997290	1197095	1306811	1596633	2306648
吉林	71390	122261	196066	197598	188090	262614	251180
黑龙江	152382	142585	412565	488550	529123	620682	1004473
上海	738952	2317328	3861695	4354108	4314374	4807491	5187473
江苏	449568	1008296	940246	1082184	2493406	3334316	4009141
浙江	276275	386954	589189	564581	603478	718968	813079
安徽	61012	142553	324865	356174	461470	650337	861592
福建	172601	171959	179690	232594	356569	345712	500920
江西	69299	111227	77641	97893	230479	341861	397796
山东	288135	983614	660126	719391	1006769	1263778	1400153
河南	211621	263737	254425	263046	272002	387602	399435
湖北	276000	501823	628971	770329	907218	1256876	1963922
湖南	286833	417394	477024	440432	400940	353901	422420
广东	482104	1124740	2016319	1709850	2358949	2750647	3649384
广西	17741	94059	26996	17662	41362	56377	25238
海南		10007	35602	5556	32651	34584	5666
重庆	296594	357059	621884	383158	794410	681453	540188
四川	104150	190823	435313	545977	547393	678330	1112438
贵州	620	10488	20356	17806	77191	136483	96743
云南	187742	159175	50547	102469	108827	117144	454779
西藏							
陕西	92560	188977	438300	698074	1024140	2153664	3348153
甘肃	26413	172736	297560	356287	430845	526386	730619
青海		11812	77033	84967	114051	168443	192989
宁夏	6402	14131	8898	8982	9972	39447	29135
新疆	66168	80029	73963	12078	45188	43783	53853
港澳台			49309	124063	126750	249756	353197
国外			1373366	1660227	2645234	2747738	5606534

7-11-20 续表 单位：万元

地　区	2013	2014	2015	2016	2017	2018
全　国	**74691254**	**85771790**	**98357896**	**114069816**	**134242245**	**176974213**
北　京	28517239	31371854	34538855	39409752	44868872	49578246
天　津	2761575	3885631	5034369	5526361	5514411	6855875
河　北	315581	292228	395438	589959	889245	2759840
山　西	527681	484595	512007	425622	941471	1507567
内蒙古	387390	139393	153872	120492	196087	198398
辽　宁	1733775	2174648	2674927	3232180	3858317	4744910
吉　林	347167	285756	264697	1164198	2199199	3419460
黑龙江	1017747	1202776	1272637	1258091	1467121	1659200
上　海	5316804	5924481	6637838	7809858	8106177	12251857
江　苏	5275020	5431585	5729178	6356425	7784223	9914475
浙　江	814958	872527	980966	1983716	3247310	5906641
安　徽	1308253	1698313	1904669	2173748	2495697	3213131
福　建	446885	391913	521448	432204	754634	845235
江　西	430552	507593	648484	790077	962096	1158231
山　东	1793981	2492942	3075545	3959453	5116448	8199520
河　南	402406	407919	450442	587075	768528	1492840
湖　北	3976158	5806801	7893407	9038371	10330773	12040937
湖　南	772098	979342	1050578	1056287	2031915	2816126
广　东	5293936	4132478	6625775	7581650	9370755	13654186
广　西	73449	115833	73132	339922	394228	614077
海　南	38693	6525	21861	34431	41079	69407
重　庆	902760	1562007	572366	1471870	513581	1883529
四　川	1485752	1990506	2823202	2993006	4058307	9967010
贵　州	183972	200392	259626	204437	807409	1710975
云　南	420003	479233	518364	582559	847625	894879
西　藏					440	394
陕　西	5332787	6400198	7218211	8027887	9209395	11252908
甘　肃	999936	1145162	1296958	1506615	1629587	1808778
青　海	268863	291001	468849	569190	677186	793553
宁　夏	14289	31823	35202	40526	66679	121058
新　疆	29953	28223	30322	42755	57554	39215
港澳台	67307	91608	158797	678396	604530	174241
国　外	3434284	4946503	4515877	4082703	4431367	5427512

7-11-21 海洋观测预报单位机构、人员情况

项　　目	中心站	观测站	海洋预报机构
一、机构数（个）			
1994	7	56	4
1995	9	57	4
1996	10	56	4
1997	10	60	4
1998	10	56	4
1999	12	60	4
2000	12	60	4
2001	12	60	4
2002	12	63	4
2003	12	63	4
2004	12	63	4
2005	12	63	4
2006	12	63	4
2007	12	63	4
2008	12	67	4
2009	14	73	4
2010	14	73	4
2011	15	73	4
2012	16	74	4
2013	16	74	4
2014	17	73	5
2015	17	73	5
2016	17	73	5
2017	17	79	5
二、人员数（人）			
1994	267	558	652
1995	348	580	658
1996	379	557	649
1997	531	592	932
1998	395	525	617
1999	362	468	621
2000	362	468	621
2001	362	468	621
2002	530	427	734
2003	530	427	734
2004	530	427	734
2005	530	427	734
2006	696	469	655
2007	696	469	657
2008	696	523	657
2009	948	444	601
2010	932	446	587
2011	968	431	588
2012	978	436	574
2013	989	435	617
2014	1343	427	1143
2015	1263	487	1143
2016	1263	487	1143
2017	1263	487	1143

7-11-22 海洋观测调查情况(2017年)

项　　目	合计	志愿船观测	断面观测	台站观测	浮标观测
站点数　　（个）	354	59	119	124	52
观测数据　(MB)	16325.4	2956.4	364.8	12707.8	296.4

【主要统计指标解释】

研究与试验发展（R&D） 指在科学技术领域，为增加知识总量，以及运用这些知识去创造新的应用进行的系统的、创造性的活动，包括基础研究、应用研究、试验发展三类活动。国际上通常采用R&D活动的规模和强度指标反映一国的科技实力和核心竞争力。

基础研究 指为了获得关于现象和可观察事实的基本原理的新知识(揭示客观事物的本质、运动规律，获得新发现、新学说)而进行的实验性或理论性研究，它不以任何专门或特定的应用或使用为目的。其成果以科学论文和科学著作为主要形式。用来反映知识的原始创新能力。

应用研究 指为获得新知识而进行的创造性研究，主要针对某一特定的目的或目标。应用研究是为了确定基础研究成果可能的用途，或是为达到预定的目标探索应采取的新方法（原理性）或新途径。其成果形式以科学论文、专著、原理性模型或发明专利为主。用来反映对基础研究成果应用途径的探索。

试验发展 指利用从基础研究、应用研究和实际经验所获得的现有知识，为产生新的产品、材料和装置，建立新的工艺、系统和服务，以及对已产生和建立的上述各项作实质性的改进而进行的系统性工作。其成果形式主要是专利、专有技术、具有新产品基本特征的产品原型或具有新装置基本特征的原始样机等。在社会科学领域，试验发展是指把通过基础研究、应用研究获得的知识转变成可以实施的计划(包括为进行检验和评估实施示范项目)的过程。主要反映将科研成果转化为技术和产品的能力，是科技推动经济社会发展的物化成果。

研究与试验发展人员全时当量 指全时人员数加非全时人员按工作量折算为全时人员数的总和。例如：有两个全时人员和三个非全时人员(工作时间分别为20%、30%和70%)，则全时当量为2+0.2+0.3+0.7=3.2人年。为国际上比较科技人力投入而制定的可比指标。

政府资金 指R&D经费内部支出中来自各级政府部门的各类资金，包括财政科学技术拨款、科学基金、教育等部门事业费以及政府部门预算外资金的实际支出。

企业资金 指R&D经费内部支出中来自本企业的自有资金和接受其他企业委托而获得的经费，以及科研院所、高校等事业单位从企业获得的资金的实际支出。

专利 是专利权的简称，是对发明人的发明创造经审查合格后，由专利局依据专利法授予发明人和设计人对该项发明创造享有的专有权。包括发明、实用新型和外观设计。反映拥有自主知识产权的科技和设计成果情况。

发明专利 指对产品、方法或者其改进所提出的新的技术方案。是国际通行的反映拥有自主知识产权技术的核心指标。

实用新型专利 指对产品的形状、构造或者其结合所提出的适于实用的新的技术方案。反映具有一定技术含量的技术成果情况。

外观设计专利 指对产品的形状、图案、色彩或者其结合所作出的富有美感并适于工业上应用的新设计。反映拥有自主知识产权的外观设计成果情况。

7 第三产业分行业主要指标

7-12 水利、环境和公共设施管理业

简要说明

一、主要内容

本篇主要反映我国水环境、大气环境、工业固体废物、生态环境、自然灾害和突发环境事件、环境污染治理投资、城市环境、农村环境等情况。水利、环境和公共设施管理业企业法人单位分地区主要指标。

二、资料来源

水资源、供水和用水情况由水利部提供；“三废”排放及处理、空气质量、噪声监测、海水水质、自然保护区和突发环境事件等情况由生态环境部提供；地质灾害和海洋灾害情况由自然资源部提供；湿地和森林有害生物防治情况由国家林业和草原局提供；森林火灾情况由应急管理部提供；城市市政设施、垃圾、污水、园林绿地情况由住房和城乡建设部提供；地震灾害情况由中国地震局提供。

水利、环境和公共设施管理业企业法人单位分地区主要指标来源于第四次全国经济普查调查结果。

7-12-1 水利、环境和公共设施管理业企业法人单位分地区主要指标

地 区	单位数(个)	营业收入(亿元)	资产总计(亿元)	从业人员(万人)
全 国	**115923**	**10066.5**	**166617.2**	**238.8**
北 京	6725	755.0	5329.0	12.6
天 津	1334	214.2	7687.8	2.7
河 北	6456	203.5	3727.4	12.0
山 西	4174	88.2	1430.5	5.7
内蒙古	2979	74.0	1407.8	3.7
辽 宁	2620	108.3	3340.1	6.5
吉 林	905	32.3	880.8	2.0
黑龙江	1274	29.9	805.9	2.0
上 海	1683	535.1	5750.7	10.2
江 苏	8224	1206.1	21276.2	18.8
浙 江	7259	1010.8	16755.6	14.8
安 徽	5471	314.1	4485.3	8.4
福 建	3846	214.0	2945.7	8.7
江 西	2505	178.2	4911.8	5.3
山 东	9250	618.9	7331.2	21.5
河 南	7997	449.2	4144.1	17.0
湖 北	5692	514.9	9125.7	8.7
湖 南	4270	642.9	11629.5	6.8
广 东	9065	604.8	6320.6	18.6
广 西	2469	131.2	2931.8	3.3
海 南	739	74.3	1231.5	4.2
重 庆	2984	727.3	17333.9	7.8
四 川	4400	542.7	9497.3	10.8
贵 州	2702	205.5	5363.1	5.9
云 南	2789	131.5	3104.3	5.7
西 藏	161	12.4	43.6	0.7
陕 西	4181	302.3	4082.8	7.5
甘 肃	1204	38.9	2122.9	2.3
青 海	737	17.5	563.9	0.9
宁 夏	390	17.9	266.9	0.8
新 疆	1438	70.9	789.4	3.1

7-12-2 环境保护基本情况

指 标	2005	2006	2007	2008	2009	2010	2011
水环境							
水资源总量 (亿立方米)	28053	25330	25255	27434	24180	30906	23257
地表水	26982	24358	24242	26377	23125	29798	22214
地下水	8091	7643	7617	8122	7267	8417	7215
地表水与地下水资源重复量	7020	6671	6604	7065	6212	7308	6171
人均水资源量 (立方米/人)	2152	1932	1916	2071	1816	2310	1730
供水总量 (亿立方米)	5633	5795	5819	5910	5965	6022	6107
#地表水	4572	4707	4724	4796	4839	4882	4953
地下水	1039	1066	1069	1085	1095	1107	1109
用水总量 (亿立方米)	5633	5795	5819	5910	5965	6022	6107
#农业	3580	3664	3600	3663	3723	3689	3744
工业	1285	1344	1403	1397	1391	1447	1462
生活	675	694	710	729	748	766	790
废水排放总量 (亿吨)	525	537	557	572	589	617	659
#工业废水排放量	243	240	247	242	234	237	231
生活污水排放量	281	297	310	330	355	380	428
化学需氧量排放量 (万吨)	1414	1428	1382	1321	1278	1238	2500
#工业	555	542	511	458	440	435	355
生活	859	887	871	863	838	803	939
农业							1186
氨氮排放量 (万吨)	150	141	132	127	123	120	260
#工业	53	42	34	30	27	27	28
生活	97	99	98	97	95	93	148
农业							83
大气环境							
工业废气排放量 (亿立方米)	268988	330990	388169	403866	436064	519168	674509
二氧化硫排放量 (万吨)	2549	2589	2468	2321	2214	2185	2218
#工业	2168	2235	2140	1991	1866	1864	2017
生活	381	354	328	330	348	321	200
氮氧化物排放量 (万吨)							2404
#工业							1730
生活							37
机动车							638
烟(粉)尘排放总量 (万吨)							1279
#工业							1101
生活							115
机动车							63
固体废物							
一般工业固体废物产生量 (万吨)							322772
危险废物产生量 (万吨)							3431

7-12-2 续表 1

指　　标	2005	2006	2007	2008	2009	2010	2011
一般工业固体废物综合利用量（万吨）							195215
危险废物综合利用量（万吨）							1773
一般工业固体废物综合利用率（%）							60.5
危险废物综合利用率（%）							51.7
一般工业固体废物处置量（万吨）							70465
危险废物处置量（万吨）							916
一般工业固体废物贮存量（万吨）							60424
危险废物贮存量（万吨）							824
一般工业固体废物倾倒丢弃量（万吨）							433
生态环境							
森林面积（万公顷）	19545	19545	19545	19545	20769	20769	20769
森林覆盖率（%）	20.36	20.36	20.36	20.36	21.63	21.63	21.63
当年造林面积（万公顷）	540	384	391	535	626	591	600
自然保护区数（个）	2349	2395	2531	2538	2541	2588	2640
#国家级	243	265	303	303	319	319	335
自然保护区面积（万公顷）	14995	15154	15188	14894	14775	14944	14971
湿地面积（万公顷）	3848.6	3848.6	3848.6	3848.6	5360.3	5360.3	5360.3
湿地面积占国土面积比重（%）	4.0	4.0	4.0	4.0	5.6	5.6	5.6
自然灾害							
发生地质灾害次数（处）	17751	102804	25364	26580	10580	30670	15804
#滑坡	9367	88523	15478	13450	6310	22250	11504
崩塌	7654	13160	7722	8080	2378	5688	2445
泥石流	566	417	1215	843	1442	1981	1358
发生地震灾害次数（次）	13	10	3	17	8	12	18
#5.0级以上	11	9	2	12	7	5	14
海洋赤潮发生次数（次）	82	93	82	68	68	69	55
森林火灾次数（次）	11542	8170	9260	14144	8859	7723	5550
#重大	16	7	4	13	35	22	9
特大	3	5			1	4	
森林火灾受害森林面积（万公顷）	7.4	40.8	2.9	5.3	4.6	4.6	2.7
森林有害生物发生面积（万公顷）	961.0	1100.7	1209.7	1141.8	1142.0	1164.2	1168.1
森林有害生物防治面积（万公顷）	640.7	735.5	801.2	784.0	819.4	812.4	728.5
森林有害生物防治率（%）	66.7	66.8	66.2	68.7	71.8	69.8	62.4
环境污染							
突发环境事件次数（次）	1406	842	462	474	418	420	542
环境污染治理投资							
环境污染治理投资（亿元）	2565.2	2779.5	3668.8	4937.0	5258.4	7612.2	7114.0
环境污染治理投资占国内生产总值比重（%）	1.38	1.28	1.37	1.56	1.52	1.86	1.47
城镇环境基础设施建设投资（亿元）	1466.9	1528.4	1749.0	2247.7	3245.1	5182.2	4557.2
#燃气	164.3	179.2	187.0	199.2	219.2	357.9	444.1

7-12-2 续表 2

指 标	2005	2006	2007	2008	2009	2010	2011
集中供热	250.0	252.5	272.4	328.2	441.5	557.5	593.3
排水	431.5	403.6	517.1	637.2	1035.5	1172.7	971.6
园林绿化	456.3	475.2	601.6	823.9	1137.6	2670.6	1991.9
市容环境卫生	164.8	217.9	171.0	259.2	411.2	423.5	556.2
工业污染治理投资 (亿元)	458.2	483.9	552.4	542.6	442.6	397.0	444.4
#治理废水	133.7	151.1	196.1	194.6	149.5	129.6	157.7
治理废气	213.0	233.3	275.3	265.7	232.5	188.2	211.7
治理固体废物	27.4	18.3	18.3	19.7	21.9	14.3	31.4
治理噪声	3.1	3.0	1.8	2.8	1.4	1.4	2.2
治理其他	81.0	78.3	60.7	59.8	37.4	62.0	41.4
当年完成环保验收项目环保投资 (亿元)	640.1	767.2	1367.4	2146.7	1570.7	2033.0	2112.4
城市环境情况							
城区面积 (万平方公里)	41.3	16.7	17.6	17.8	17.5	17.9	18.4
城市建设用地面积 (万平方公里)		3.2	3.6	3.9	3.9	4.0	4.2
城市污水处理率 (%)	52.0	55.7	62.9	70.2	75.3	82.3	83.6
城市燃气普及率 (%)	82.1	79.1	87.4	89.6	91.4	92.0	92.4
城市生活垃圾清运量 (万吨)	15577	14841	15215	15438	15734	15805	16395
城市生活垃圾无害化处理率 (%)	51.7	52.2	62.0	66.8	71.4	77.9	79.7
城市人均公园绿地面积 (平方米)	7.89	8.30	8.98	9.71	10.66	11.18	11.80
城市公园个数 (个)	7077	6908	7913	8557	9050	9955	10780
农村环境情况							
农村累计使用卫生厕所户数(万户)	13740	13873	14442	15166	16056	17138	18019
农村卫生厕所普及率 (%)	55.3	55.0	57.0	59.7	63.2	67.4	69.2
农村累计使用卫生公厕户数(万户)	1034.1	2126.3	2049.0	2739.5	2970.7	2827.7	2972.8
农村沼气池产气量 (亿立方米)	72.9	83.6	101.7	118.4	130.8	139.6	152.8
农村太阳能热水器 (万平方米)	3205.6	3941.0	4286.4	4758.7	4997.1	5488.9	6231.9
农村太阳灶数 (万台)	68.6	86.5	111.9	135.7	148.4	161.7	213.9

7-12-2 续表 3

指 标	2012	2013	2014	2015	2016	2017	2018
水环境							
水资源总量 (亿立方米)	29529	27958	27267	27963	32466	28761	27463
地表水	28373	26839	26264	26901	31274	27746	26323
地下水	8296	8081	7745	7797	8855	8310	8247
地表水与地下水资源重复量	7141	6963	6742	6735	7662	7295	7107
人均水资源量 (立方米/人)	2186	2060	1999	2039	2355	2075	1972
供水总量 (亿立方米)	6131	6183	6095	6103	6040	6043	6016
#地表水	4953	5007	4920	4970	4912	4946	4953
地下水	1134	1126	1117	1069	1057	1017	976
用水总量 (亿立方米)	6131	6183	6095	6103	6040	6043	6016
#农业	3903	3922	3869	3852	3768	3766	3693
工业	1381	1406	1356	1335	1308	1277	1262
生活	740	750	767	794	822	838	860
废水排放总量 (亿吨)	685	695	716	735	711	700	
#工业废水排放量	222	210	205	199	153	130	
生活污水排放量	463	485	510	535	557	569	
化学需氧量排放量 (万吨)	2424	2353	2295	2224	1047	1022	
#工业	338	319	311	293	122	89	
生活	913	890	864	847	859	896	
农业	1154	1126	1102	1069	57	32	
氨氮排放量 (万吨)	254	246	239	230	142	140	
#工业	26	25	23	22	10	7	
生活	145	141	138	134	130	131	
农业	81	78	76	73	1	1	
大气环境							
工业废气排放量 (亿立方米)	635519	669361	694190	685190	698527		
二氧化硫排放量 (万吨)	2118	2044	1974	1859	1103	875	
#工业	1912	1835	1740	1557	808	583	
生活	206	209	234	297	295	292	
氮氧化物排放量 (万吨)	2338	2227	2078	1851	1394	1259	
#工业	1658	1546	1405	1181	764	637	
生活	39	41	45	65	52	47	
机动车	640	641	628	585	579	574	
烟(粉)尘排放总量 (万吨)	1236	1278	1741	1538	1011	796	
#工业	1029	1095	1456	1233	751	571	
生活	143	124	227	250	206	174	
机动车	64	59	57	56	53	51	
固体废物							
一般工业固体废物产生量 (万吨)	329044	327702	325620	327079	309210	331592	
危险废物产生量 (万吨)	3465	3157	3634	3976	5347	6937	

7-12-2 续表 4

指 标		2012	2013	2014	2015	2016	2017	2018
一般工业固体废物综合利用量	(万吨)	202462	205916	204330	198807	184096	181187	
危险废物综合利用量	(万吨)	2005	1700	2062	2050	2824	4043	
一般工业固体废物综合利用率	(%)	61.5	62.8	62.1	60.3	59.1	54.0	
危险废物综合利用率	(%)	57.8	53.9	56.4	51.2	51.8	57.0	
一般工业固体废物处置量	(万吨)	70745	82969	80388	73034	65522	79798	
危险废物处置量	(万吨)	698	701	929	1174	1606	2552	
一般工业固体废物贮存量	(万吨)	59786	42634	45033	58365	62599	78397	
危险废物贮存量	(万吨)	847	811	691	810	1158	871	
一般工业固体废物倾倒丢弃量	(万吨)	144	129	59	56	32	73	
生态环境								
森林面积	(万公顷)	20769	20769	22045	22045	22045	22045	22045
森林覆盖率	(%)	21.63	21.63	22.96	22.96	22.96	22.96	22.96
当年造林面积	(万公顷)	560	610	555	768	720	768	730
自然保护区数	(个)	2669	2697	2729	2740	2750	2750	
#国家级		363	407	428	428			
自然保护区面积	(万公顷)	14979	14631	14699	14703	14733	14717	
湿地面积	(万公顷)	5360.3	5360.3	5360.3	5360.3	5360.3	5360.3	5360.3
湿地面积占国土面积比重	(%)	5.6	5.6	5.6	5.6	5.6	5.6	5.6
自然灾害								
发生地质灾害次数	(处)	14675	15374	10937	8355	10997	7521	2966
#滑坡		11112	9832	8149	5668	8194	5524	1631
崩塌		2152	3288	1860	1870	1905	1356	858
泥石流		952	1547	554	483	652	387	339
发生地震灾害次数	(次)	12	14	20	14	16	12	11
#5.0级以上		11	14	19	14	12	8	7
海洋赤潮发生次数	(次)	73	46	56	35	68	68	36
森林火灾次数	(次)	3966	3929	3703	2936	2034	3223	2478
#重大		1		2	6	1	4	3
特大				1			3	2
森林火灾受害森林面积	(万公顷)	1.4	1.4	1.9	1.3	0.6	2.5	1.6
森林有害生物发生面积	(万公顷)	1176.9	1223.0	1206.4	1218.4	1211.3	1253.1	1219.5
森林有害生物防治面积	(万公顷)	782.6	766.8	787.4	877.8	833.8	962.2	948.9
森林有害生物防治率	(%)	66.5	62.7	65.3	72.0	68.8	76.8	77.8
环境污染								
突发环境事件次数	(次)	542	712	471	334	304	302	286
环境污染治理投资								
环境污染治理投资	(亿元)	8253.5	9037.2	9575.5	8806.3	9219.8	9539.0	
环境污染治理投资占国内生产总值比重	(%)	1.55	1.54	1.51	1.28	1.24	1.15	
城镇环境基础设施建设投资	(亿元)	5062.7	5223.0	5463.9	4946.8	5412.0	6085.7	5893.2
#燃气		551.8	607.9	574.0	463.1	532.0	566.7	398.6

7-12-2 续表 5

指　　标	2012	2013	2014	2015	2016	2017	2018
集中供热	798.1	819.5	763.0	687.8	662.5	778.3	578.6
排水	934.1	1055.0	1196.1	1248.5	1485.5	1727.5	1897.5
园林绿化	2380.0	2234.9	2338.5	2075.4	2170.9	2390.2	2413.4
市容环境卫生	398.6	505.7	592.2	472.0	561.1	623.0	605.1
工业污染治理投资 (亿元)	500.5	849.7	997.7	773.7	819.0	681.5	
#治理废水	140.3	124.9	115.2	118.4	108.2	76.4	
治理废气	257.7	640.9	789.4	521.8	561.5	446.3	
治理固体废物	24.7	14.0	15.1	16.1	46.7	12.7	
治理噪声	1.2	1.8	1.1	2.8	0.6	1.3	
治理其他	76.5	68.1	76.9	114.5	102.0	144.9	
当年完成环保验收项目环保投资 (亿元)	2690.4	2964.5	3113.9	3085.8	2988.8	2771.7	
城市环境情况							
城区面积 (万平方公里)	18.3	18.3	18.4	19.2	19.8	19.8	20.1
城市建设用地面积 (万平方公里)	4.6	4.7	5.0	5.2	5.3	5.5	5.6
城市污水处理率 (%)	87.3	89.3	90.2	91.9	93.4	94.5	95.5
城市燃气普及率 (%)	93.2	94.3	94.6	95.3	95.8	96.3	96.7
城市生活垃圾清运量 (万吨)	17081	17239	17860	19142	20362	21521	22802
城市生活垃圾无害化处理率 (%)	84.8	89.3	91.8	94.1	96.6	97.7	99.0
城市人均公园绿地面积 (平方米)	12.26	12.64	13.08	13.35	13.70	14.01	14.11
城市公园个数 (个)	11604	12401	13037	13834	15370	15633	16735
农村环境情况							
农村累计使用卫生厕所户数(万户)	18628	19401	19939	20684	21460	21701	
农村卫生厕所普及率 (%)	71.7	74.1	76.1	78.4	80.3	81.7	
农村累计使用卫生公厕户数(万户)	2896.6	3165.1	3990.9	3879.5	3502.6	2997.7	
农村沼气池产气量 (亿立方米)	157.6	157.8	155.0	153.9	144.9	123.8	112.2
农村太阳能热水器 (万平方米)	6801.8	7294.6	7782.9	8232.6	8623.7	8723.5	8805.4
农村太阳灶数 (万台)	220.7	226.4	230.0	232.6	227.9	222.3	213.6

注：1. 2011年生态环境部对统计制度中的指标体系、调查方法及相关技术规定等进行了修订，统计范围扩展为工业源、农业源、城镇生活源、机动车、集中式污染治理设施5个部分。2016年生态环境部对统计制度进行了修订，农业源改为大型畜禽养殖场。2016年之后数据与以前年份不可比，且2016年、2017年为初步数。

2. 2012年起，生活用水量中的牲畜用水量调整至农业用水量中。

3. 森林面积和森林覆盖率2014-2018年为第九次全国森林资源清查数(2014-2018年)；2009-2013年为第八次全国森林资源清查数(2009-2013年)；2005-2008年为第七次清查数(2004-2008年)。包括香港、澳门特别行政区和台湾省数据。

4. 2007年起，造林总面积中增加无林地和疏林地新封山育林面积；2015年起，造林面积包括人工造林、飞播造林、新封山育林、退化林修复和人工更新。

5. 湿地面积和湿地面积占国土面积比重2009-2014年为第二次全国湿地资源调查(2009-2013)资料，包括台湾省和香港、澳门特别行政区数据；2005-2008年为全国首次湿地调查(1995-2003)资料，不包括台湾省和香港、澳门特别行政区数据。

7-12-3 水资源情况

地区	水资源总量(亿立方米)				人均水资源量(立方米/人)
		地表水资源量	地下水资源量	地表水与地下水资源重复量	
全国	**27462.5**	**26323.2**	**8246.5**	**7107.2**	**1971.8**
北京	35.5	14.3	28.9	7.7	164.2
天津	17.6	11.8	7.3	1.5	112.9
河北	164.1	85.3	124.4	45.6	217.7
山西	121.9	81.3	100.3	59.7	328.6
内蒙古	461.5	302.4	253.6	94.5	1823.0
辽宁	235.4	209.3	79.8	53.7	539.4
吉林	481.2	422.2	137.9	78.9	1775.3
黑龙江	1011.4	842.2	347.5	178.3	2675.1
上海	38.7	32.0	9.6	2.9	159.9
江苏	378.4	274.9	119.7	16.2	470.6
浙江	866.2	848.3	213.9	196.0	1520.4
安徽	835.8	766.7	203.7	134.6	1328.9
福建	778.5	777.0	245.7	244.2	1982.9
江西	1149.1	1129.9	298.5	279.3	2479.2
山东	343.3	230.6	196.7	84.0	342.4
河南	339.8	241.7	188.0	89.9	354.6
湖北	857.0	825.9	257.7	226.6	1450.2
湖南	1342.9	1336.5	333.5	327.1	1952.0
广东	1895.1	1885.2	460.6	450.7	1683.4
广西	1831.0	1829.7	440.9	439.6	3732.5
海南	418.1	414.6	98.0	94.5	4495.7
重庆	524.2	524.2	104.0	104.0	1697.2
四川	2952.6	2951.5	635.1	634.0	3548.2
贵州	978.7	978.7	252.7	252.7	2726.2
云南	2206.5	2206.5	772.8	772.8	4582.3
西藏	4658.2	4658.2	1105.7	1105.7	136804.7
陕西	371.4	347.6	125.0	101.2	964.8
甘肃	333.3	325.7	165.6	158.0	1266.6
青海	961.9	939.5	424.2	401.8	16018.3
宁夏	14.7	12.0	18.1	15.4	214.6
新疆	858.8	817.8	497.0	456.0	3482.6

7-12-4 供水用水情况

地 区	供水总量(亿立方米)	地表水	地下水	其 他	用水总量(亿立方米)	农 业	工 业	生 活	生 态	人均用水量(立方米/人)
全 国	**6015.5**	**4952.7**	**976.4**	**86.4**	**6015.5**	**3693.1**	**1261.6**	**859.9**	**200.9**	**431.9**
北 京	39.3	12.3	16.3	10.8	39.3	4.2	3.3	18.4	13.4	181.7
天 津	28.4	19.5	4.4	4.6	28.4	10.0	5.4	7.4	5.6	182.2
河 北	182.4	70.4	106.1	5.8	182.4	121.1	19.1	27.8	14.5	242.0
山 西	74.3	39.8	30.0	4.5	74.3	43.3	14.0	13.4	3.5	200.3
内蒙古	192.1	99.5	88.7	3.9	192.1	140.3	15.9	11.2	24.6	758.8
辽 宁	130.3	72.5	53.3	4.4	130.3	80.5	18.7	25.5	5.7	298.6
吉 林	119.5	76.6	42.5	0.4	119.5	84.4	16.7	14.1	4.4	440.9
黑龙江	343.9	190.3	152.8	0.9	343.9	304.8	19.8	15.7	3.6	909.6
上 海	103.4	103.4			103.4	16.5	61.6	24.5	0.8	427.1
江 苏	592.0	575.5	7.9	8.7	592.0	273.3	255.2	61.0	2.5	736.3
浙 江	173.8	170.4	0.8	2.6	173.8	77.1	44.0	47.2	5.5	305.1
安 徽	285.8	251.5	29.8	4.5	285.8	154.0	91.0	34.1	6.7	454.4
福 建	186.9	181.2	4.4	1.2	186.9	87.5	62.1	33.6	3.7	476.1
江 西	250.8	240.6	8.0	2.2	250.8	160.7	58.8	29.0	2.4	541.1
山 东	212.7	125.7	78.3	8.7	212.7	133.5	32.5	36.0	10.6	212.1
河 南	234.6	112.4	116.0	6.2	234.6	119.9	50.4	40.7	23.6	244.8
湖 北	296.9	289.0	7.8		296.9	153.8	87.4	54.4	1.3	502.4
湖 南	337.0	322.6	14.3	0.1	337.0	194.5	93.2	45.7	3.6	489.9
广 东	420.9	406.1	12.6	2.2	420.9	214.2	99.4	102.1	5.3	373.9
广 西	287.8	276.1	10.0	1.8	287.8	196.4	47.6	40.8	3.0	586.7
海 南	45.1	41.7	3.0	0.3	45.1	32.6	2.9	8.6	0.9	484.9
重 庆	77.2	75.9	1.1	0.2	77.2	25.4	29.1	21.5	1.2	250.0
四 川	259.1	248.1	10.3	0.7	259.1	156.6	42.5	54.4	5.6	311.4
贵 州	106.8	104.3	1.8	0.6	106.8	61.2	25.2	19.5	0.9	297.5
云 南	155.7	150.0	3.4	2.3	155.7	107.2	21.0	23.6	3.9	323.3
西 藏	31.7	27.9	3.7		31.7	27.0	1.5	2.9	0.3	931.0
陕 西	93.7	59.4	31.7	2.6	93.7	57.1	14.5	17.4	4.8	243.4
甘 肃	112.3	83.6	24.8	3.9	112.3	89.2	9.2	9.2	4.7	426.8
青 海	26.1	20.9	5.0	0.2	26.1	19.3	2.5	3.0	1.3	434.6
宁 夏	66.2	59.8	6.1	0.3	66.2	56.7	4.3	2.6	2.6	966.4
新 疆	548.8	445.8	101.3	1.7	548.8	490.9	12.6	14.8	30.5	2225.5

注：1.生态用水仅包括部分河湖、湿地人工补水和城市环境用水。

2.2012年起，生活用水量中的牲畜用水量调整至农业用水量中。

7-12-5 各地区废水中主要污染物排放情况

地区	废水排放总量	废水中主要污染物排放量											
		COD	氨氮	总氮	总磷	石油类	挥发酚	铅	汞	镉	六价铬	总铬	砷
	(万吨)	(万吨)	(万吨)	(万吨)	(万吨)	(吨)	(吨)	(千克)	(千克)	(千克)	(千克)	(千克)	(千克)
全　国	**6996610**	**1022.0**	**139.5**	**216.5**	**11.8**	**5202.1**	**233.1**	**38348**	**880**	**7127**	**27712**	**100052**	**34317**
北　京	133188	8.2	0.6	1.9	0.1	19.9	1.0	4		1	47	52	5
天　津	90790	9.3	1.4	2.2	0.1	163.0	0.1	66	11	7	22	86	1
河　北	253685	48.7	7.1	10.3	0.5	237.5	8.2	316	7	5	2054	9270	23
山　西	135057	19.5	3.1	4.7	0.3	113.6	18.1	80	9	8	18	54	1304
内蒙古	104251	15.0	1.9	2.6	0.2	141.8	18.6	2349	34	112	57	343	657
辽　宁	237971	25.4	4.8	7.6	0.2	344.0	13.4	63	3	7	200	2275	12
吉　林	121464	17.4	2.4	3.4	0.2	313.7	1.6	203	7	78	95	243	1684
黑龙江	138121	24.8	3.8	5.6	0.2	149.4	1.4	25	1	3	41	164	2
上　海	211951	14.2	3.7	7.8	0.3	493.0	1.1	90	32	20	382	2313	219
江　苏	575196	74.4	10.1	17.1	0.9	348.4	35.3	588	1	33	5599	24135	110
浙　江	453935	41.9	6.7	12.0	0.5	188.5	0.5	550	8	77	4167	14704	303
安　徽	233838	49.6	5.8	8.4	0.4	222.3	12.3	640	29	83	472	1529	341
福　建	238279	39.5	5.4	7.9	0.5	54.7	0.2	1277	9	97	430	1848	558
江　西	189362	52.0	5.8	8.1	0.5	159.7	6.2	7004	129	2942	2572	5967	10055
山　东	499884	52.1	8.0	14.1	0.7	266.6	25.1	1075	5	32	481	5585	199
河　南	409107	43.1	6.2	9.4	0.5	174.4	2.4	451	15	61	152	1586	52
湖　北	272694	51.9	7.2	10.8	0.6	165.9	5.4	1462	4	101	6239	10825	1023
湖　南	300563	57.6	8.3	10.3	0.6	331.5	3.6	2976	39	702	586	1800	6766
广　东	882020	100.1	13.8	21.9	1.0	201.9	1.7	3232	153	527	1222	7409	814
广　西	198144	45.6	4.8	8.9	0.5	67.8	0.7	1399	17	251	558	881	1671
海　南	44081	7.8	1.1	1.5	0.1	17.1		4	4	2	15	60	16
重　庆	200677	25.3	3.5	5.0	0.3	117.9	0.3	64	1	4	312	574	12
四　川	362438	67.5	7.9	11.5	0.9	162.5	9.3	1378	87	132	589	2314	970
贵　州	118017	27.2	3.4	4.7	0.4	163.6	0.3	209	3	30	397	974	66
云　南	185112	33.1	4.1	5.9	0.5	40.0	10.2	7657	198	870	137	1095	4104
西　藏	7176	2.5	0.3	0.4		0.1		14		3		6	118
陕　西	175955	19.6	2.6	3.7	0.3	149.2	13.7	807	19	326	109	2095	572
甘　肃	64514	13.2	1.9	2.4	0.3	76.5	24.6	3417	24	534	356	1006	928
青　海	27115	5.7	0.8	1.7	0.1	101.2	2.3	600	14	61	1	86	809
宁　夏	30735	10.0	0.6	1.1		36.3	6.7	42	5	1	383	461	52
新　疆	101291	19.9	2.3	3.5	0.2	180.1	8.8	306	14	21	16	315	871

注：本表数据为2017年初步数。

7-12-6 全海域未达到第一类海水水质标准的海域面积

单位：平方公里

海　区	第二类水质海域面积	第三类水质海域面积	第四类水质海域面积	劣于第四类水质海域面积
全　国	**38070**	**22320**	**16130**	**33270**
渤　海	10830	4470	2930	3330
黄　海	10350	6890	6870	1980
东　海	11390	6480	4380	22110
南　海	5500	4480	1950	5850

7-12-7 环保重点城市空气质量情况

单位：微克/立方米

城市	二氧化硫年平均浓度	二氧化氮年平均浓度	可吸入颗粒物(PM_{10})年平均浓度	一氧化碳日均值第95百分位浓度(毫克/立方米)	臭氧日最大8小时第90百分位浓度	细颗粒物($PM_{2.5}$)年平均浓度	空气质量达到及好于二级的天数(天)
北京	6	42	78	1.7	192	51	227
天津	12	47	82	1.9	201	52	207
石家庄	23	50	131	2.6	211	72	151
唐山	34	56	110	3.3	197	60	202
秦皇岛	21	45	77	2.5	164	38	285
邯郸	22	43	133	2.8	201	69	161
保定	21	47	114	2.4	210	67	159
太原	29	52	135	1.9	191	59	170
大同	31	29	82	3.1	153	36	288
阳泉	32	45	108	2.2	184	59	203
长治	22	31	98	2.4	189	54	213
临汾	46	40	117	3.6	217	69	138
呼和浩特	20	41	86	2.2	150	36	272
包头	24	39	84	2.3	156	39	268
赤峰	20	27	69	1.5	127	30	331
沈阳	26	39	72	1.8	163	41	282
大连	12	27	55	1.3	157	30	317
鞍山	22	34	76	2.1	158	41	299
抚顺	21	32	72	1.6	164	43	278
本溪	21	31	65	2.2	137	34	331
锦州	39	35	75	1.8	152	46	276
长春	16	35	61	1.3	133	33	322
吉林	15	27	63	1.5	149	37	304
哈尔滨	20	37	65	1.3	136	39	310
齐齐哈尔	15	18	53	1.1	121	28	338
牡丹江	7	25	58	1.3	125	30	342
上海	10	42	51	1.1	160	36	295
南京	10	44	75	1.3	181	43	251
无锡	12	43	75	1.6	179	43	258
徐州	17	42	104	1.6	184	62	205
常州	15	49	77	1.6	194	53	225
苏州	8	48	65	1.2	173	42	268
南通	17	36	62	1.2	160	41	291
连云港	15	31	67	1.5	169	44	274
扬州	13	38	87	1.5	180	49	235
镇江	10	38	74	1.3	177	54	230
杭州	10	43	68	1.3	181	40	269
宁波	9	36	52	1.2	152	33	320

7-12-7 续表 1

单位：微克/立方米

城市	二氧化硫年平均浓度	二氧化氮年平均浓度	可吸入颗粒物(PM_{10})年平均浓度	一氧化碳日均值第95百分位浓度(毫克/立方米)	臭氧日最大8小时第90百分位浓度	细颗粒物($PM_{2.5}$)年平均浓度	空气质量达到及好于二级的天数(天)
温州	9	37	58	1.0	141	30	347
湖州	13	38	60	1.3	189	36	259
绍兴	9	31	66	1.4	171	42	284
合肥	7	43	72	1.4	169	48	260
芜湖	11	42	68	1.5	179	50	238
马鞍山	15	38	76	1.7	185	45	250
福州	7	26	48	0.9	151	25	337
厦门	9	31	46	0.9	127	25	360
泉州	10	25	53	0.8	150	27	341
南昌	11	36	64	1.5	144	30	327
九江	13	29	68	1.2	152	43	291
济南	18	46	111	1.8	201	55	188
青岛	10	35	74	1.4	151	35	308
淄博	27	43	105	2.3	202	57	182
枣庄	20	35	117	1.4	195	59	182
烟台	12	28	67	1.3	162	30	303
潍坊	18	36	106	1.7	188	53	210
济宁	20	38	101	1.8	194	50	212
泰安	18	36	100	1.8	188	52	207
日照	11	35	80	1.4	162	42	268
郑州	15	50	106	1.8	194	63	168
开封	17	36	105	1.9	187	64	182
洛阳	19	43	104	2.1	190	59	181
平顶山	18	38	101	1.7	182	65	187
安阳	22	44	123	2.9	196	74	160
焦作	18	41	116	2.6	200	67	168
三门峡	15	39	100	1.8	171	57	211
武汉	9	47	73	1.6	164	49	249
宜昌	11	34	77	1.6	143	53	274
荆州	15	34	86	1.8	157	49	273
长沙	10	34	61	1.3	161	48	278
株洲	18	33	71	1.4	148	45	288
湘潭	16	35	68	1.3	153	49	275
岳阳	10	23	72	1.4	155	45	283
常德	11	25	62	1.4	151	44	296
张家界	7	22	58	1.4	130	32	340
广州	10	50	54	1.2	174	35	294
韶关	15	29	49	1.4	148	36	330

7-12-7 续表 2

单位：微克/立方米

城　市	二氧化硫年平均浓度	二氧化氮年平均浓度	可吸入颗粒物(PM_{10})年平均浓度	一氧化碳日均值第95百分位浓度(毫克/立方米)	臭氧日最大8小时第90百分位浓度	细颗粒物($PM_{2.5}$)年平均浓度	空气质量达到及好于二级的天数(天)
深　圳	7	29	44	0.9	137	26	345
珠　海	7	30	43	1.0	162	27	325
汕　头	12	19	44	1.0	152	27	337
湛　江	9	14	39	0.9	150	27	336
南　宁	11	35	57	1.3	128	34	340
柳　州	15	24	62	1.4	127	41	322
桂　林	12	23	55	1.3	136	38	324
北　海	9	15	46	1.3	138	27	343
海　口	5	14	35	0.8	116	18	356
重　庆	9	44	64	1.3	166	40	295
成　都	9	48	81	1.4	167	51	251
自　贡	13	31	78	1.4	172	54	234
攀枝花	40	39	64	2.5	140	36	357
泸　州	15	35	59	1.0	149	39	305
德　阳	8	32	77	1.2	155	42	276
绵　阳	6	31	72	1.1	152	45	279
南　充	9	33	73	1.2	151	48	292
宜　宾	16	36	75	1.4	159	52	260
贵　阳	11	25	57	1.0	118	32	357
遵　义	12	26	47	1.1	123	28	359
昆　明	13	34	55	1.2	130	30	361
曲　靖	14	19	53	1.4	128	30	364
玉　溪	12	22	55	2.2	128	26	364
拉　萨	7	21	55	0.9	136	20	358
西　安	15	55	111	2.2	180	61	187
铜　川	21	37	89	2.0	168	49	234
宝　鸡	10	41	96	1.5	150	52	253
咸　阳	16	50	121	2.1	198	69	157
渭　南	13	51	120	1.9	170	59	178
延　安	26	46	84	2.6	144	36	315
兰　州	21	55	103	2.7	168	47	213
金　昌	21	16	76	0.9	146	22	308
西　宁	20	39	91	2.8	138	46	282
银　川	27	37	87	2.1	166	38	249
石嘴山	41	32	89	1.7	157	39	250
乌鲁木齐	11	45	98	3.0	134	54	255
克拉玛依	7	21	60	1.5	129	28	327

7-12-8 各地区废气中主要污染物排放情况

地 区	废气中主要污染物排放量		
	二氧化硫（万吨）	氮氧化物（万吨）	烟(粉)尘（万吨）
全 国	**875.40**	**1258.83**	**796.26**
北 京	2.01	14.45	2.04
天 津	5.56	14.23	6.52
河 北	60.24	105.60	80.37
山 西	57.31	52.10	43.38
内蒙古	54.63	50.55	53.62
辽 宁	38.97	60.51	55.75
吉 林	16.61	25.54	19.57
黑龙江	29.37	40.96	40.22
上 海	1.85	19.39	4.70
江 苏	41.07	90.72	39.08
浙 江	19.05	43.20	15.34
安 徽	23.54	49.00	28.08
福 建	13.39	27.72	17.02
江 西	21.55	35.54	27.95
山 东	73.91	115.86	54.96
河 南	28.63	66.29	22.34
湖 北	22.01	37.67	18.80
湖 南	21.46	36.47	20.71
广 东	27.68	82.97	26.08
广 西	17.73	34.56	20.91
海 南	1.43	6.01	2.09
重 庆	25.34	20.40	8.33
四 川	38.91	45.76	22.40
贵 州	68.75	35.97	19.68
云 南	38.44	26.88	22.42
西 藏	0.35	3.02	0.66
陕 西	27.94	33.98	23.67
甘 肃	25.88	21.25	17.71
青 海	9.24	7.23	12.95
宁 夏	20.75	16.17	18.77
新 疆	41.82	38.84	50.15

注：本表数据为2017年初步数。

7-12-9 各地区固体废物处理利用情况

单位：万吨

地区	一般工业固体废物产生量	一般工业固体废物综合利用量	一般工业固体废物处置量	一般工业固体废物贮存量	一般工业固体废物倾倒丢弃量	危险废物产生量	危险废物综合利用量	危险废物处置量	危险废物贮存量
全国	**331592**	**181187**	**79798**	**78397**	**73.0**	**6936.89**	**4043.42**	**2551.56**	**870.87**
北京	630	467	164			18.18	7.72	10.35	0.20
天津	1495	1479	20			24.38	3.17	21.13	0.08
河北	32721	18741	11668	2399		189.82	127.32	64.56	5.05
山西	34162	12190	16684	5877	3.1	70.86	38.34	33.53	1.11
内蒙古	27953	10422	8259	9654	3.3	320.11	143.53	394.76	12.27
辽宁	27466	11346	4407	13514	1.5	106.21	57.43	43.84	9.46
吉林	5143	2300	1496	1381	0.7	178.72	91.70	80.71	32.65
黑龙江	7070	3159	1827	2284	32.6	65.08	25.85	40.65	6.31
上海	1630	1533	100	2		110.44	24.36	85.81	1.91
江苏	12002	11298	591	167	3.0	435.52	170.95	242.22	49.96
浙江	4485	4226	259	57		342.26	138.16	201.33	21.82
安徽	12002	11157	592	561		127.69	69.12	60.90	4.59
福建	5462	3404	1956	163	0.4	95.46	58.79	51.56	9.13
江西	12341	4594	839	6940	0.7	84.50	59.74	26.13	5.58
山东	23925	19026	1900	3164		2043.40	1660.68	295.11	140.40
河南	15685	11537	2769	1604	0.9	188.96	141.19	46.77	21.32
湖北	8112	4812	1021	2624	0.6	115.28	50.80	66.40	1.72
湖南	4354	3597	222	586		328.12	306.95	28.02	13.77
广东	6340	5311	682	399	1.0	264.31	117.17	136.43	17.81
广西	6503	3693	1009	1994	0.5	214.01	147.48	62.22	14.35
海南	437	186	250	3		13.03	2.63	6.19	4.66
重庆	1943	1372	457	124	0.8	60.49	30.08	23.69	9.27
四川	13756	5466	3007	6634	2.7	341.19	176.91	152.28	19.44
贵州	9353	5201	3139	1275	2.7	43.05	13.28	29.37	1.42
云南	13725	5364	6155	2553	4.3	245.62	135.29	59.92	67.14
西藏	382	7	5	371					
陕西	10081	3586	5394	1961	0.1	111.56	34.65	74.43	8.92
甘肃	5334	2453	1276	1679	0.1	162.60	86.46	32.43	47.35
青海	12996	7152	32	5954		295.69	12.04	16.61	268.30
宁夏	4877	1905	2010	988		82.73	56.02	23.63	5.34
新疆	9223	4207	1608	3483	14.0	257.64	55.60	140.56	69.53

注：本表数据为2017年初步数。

7-12-10 各地区城市生活垃圾清运和处理情况

地 区	生活垃圾清运量（万吨）	无害化处理厂数（座）	卫生填埋	焚烧	其他	无害化处理能力（吨/日）	卫生填埋
全 国	**22801.8**	**1091**	**663**	**331**	**97**	**766195**	**373498**
北 京	975.1	28	13	7	8	28591	10991
天 津	294.8	9	4	5		10600	5100
河 北	755.7	53	39	10	4	25342	13942
山 西	478.9	27	19	6	2	13887	10012
内蒙古	349.3	28	25	3		12954	9604
辽 宁	872.2	38	32	3	3	26622	22442
吉 林	470.6	30	22	6	2	15234	9154
黑龙江	524.9	35	28	6	1	18831	13888
上 海	784.7	15	5	9	1	29150	15350
江 苏	1718.0	72	28	35	9	60665	14935
浙 江	1474.6	72	22	38	12	63626	16626
安 徽	612.0	39	16	18	5	24595	8735
福 建	874.9	30	11	14	5	24896	6246
江 西	448.8	24	17	7		17318	12356
山 东	1700.8	88	34	40	14	57515	18653
河 南	1019.6	45	37	7	1	25265	17865
湖 北	954.2	49	32	11	6	31397	14847
湖 南	824.5	37	29	6	2	26647	16222
广 东	3035.4	99	54	37	8	107304	51668
广 西	466.5	27	19	8		15896	9796
海 南	222.4	13	6	5	2	6438	2230
重 庆	549.2	25	18	6	1	17697	7047
四 川	1013.1	48	29	16	3	25441	9731
贵 州	338.5	25	13	10	2	15821	7656
云 南	435.8	30	20	10		12409	4479
西 藏	53.9	6	5	1		1501	801
陕 西	650.2	25	24		1	19388	19288
甘 肃	281.2	27	22	4	1	10244	6294
青 海	113.5	8	7		1	1779	1659
宁 夏	117.7	13	9	2	2	4830	2670
新 疆	390.7	26	24	1	1	14312	13212

7-12-10 续表

地 区			无害化处理量（万吨）				生活垃圾无害化处理率（%）
	焚烧	其他		卫生填埋	焚烧	其他	
全 国	**364595**	**28102**	**22565.4**	**11706.0**	**10184.9**	**674.4**	**99.0**
北 京	12050	5550	975.1	393.8	399.7	181.6	100.0
天 津	5500		278.5	142.0	136.5		94.5
河 北	10650	750	754.2	386.1	343.3	24.8	99.8
山 西	3577	298	478.1	345.5	122.6	10.1	99.8
内蒙古	3350		348.6	255.5	93.1		99.8
辽 宁	2780	1400	868.4	734.3	67.2	67.0	99.6
吉 林	5500	580	410.5	270.3	132.2	8.0	87.2
黑龙江	4600	343	456.4	349.3	100.5	6.6	86.9
上 海	13300	500	784.7	394.3	386.0	4.4	100.0
江 苏	44210	1520	1718.0	348.9	1328.7	40.5	100.0
浙 江	44585	2415	1474.6	454.8	981.3	38.5	100.0
安 徽	15110	750	612.0	179.5	420.3	12.2	100.0
福 建	16350	2300	873.9	254.3	585.3	34.3	99.9
江 西	4962		448.8	335.0	113.8		100.0
山 东	36100	2762	1700.8	499.4	1116.4	85.0	100.0
河 南	7350	50	1016.6	807.7	207.5	1.4	99.7
湖 北	12350	4200	954.0	501.6	409.3	43.1	100.0
湖 南	10300	125	824.1	508.9	311.5	3.7	100.0
广 东	53872	1764	3031.6	1739.4	1241.7	50.4	99.9
广 西	6100		466.5	313.0	153.5		100.0
海 南	3908	300	222.4	80.7	133.7	8.0	100.0
重 庆	10500	150	549.1	292.1	256.9		100.0
四 川	14810	900	1006.0	439.7	558.2	8.0	99.3
贵 州	7750	415	325.3	184.8	130.4	10.0	96.1
云 南	7930		427.8	175.2	252.6		98.2
西 藏	700		51.8	23.3	28.5		96.0
陕 西		100	644.1	642.8		1.3	99.1
甘 肃	3600	350	280.5	159.4	109.0	12.1	99.8
青 海		120	109.0	90.7		18.3	96.0
宁 夏	2000	160	116.9	64.4	49.9	2.6	99.3
新 疆	800	300	357.2	339.3	15.5	2.5	91.4

7-12-11 环保重点城市道路交通噪声监测情况

城 市	等效声级 dB(A)	城 市	等效声级 dB(A)	城 市	等效声级 dB(A)
北 京	69.0	温 州	66.8	深 圳	69.0
天 津	67.3	湖 州	68.0	珠 海	67.8
石家庄	67.2	绍 兴	68.7	汕 头	70.2
唐 山	69.2	合 肥	69.0	湛 江	65.7
秦皇岛	64.1	芜 湖	66.0	南 宁	68.2
邯 郸	67.1	马鞍山	67.1	柳 州	68.0
保 定	69.1	福 州	69.3	桂 林	68.1
太 原	69.7	厦 门	66.4	北 海	65.6
大 同	68.2	泉 州	69.4	海 口	69.1
阳 泉	66.6	南 昌	67.1	重 庆	67.1
长 治	66.6	九 江	67.9	成 都	69.7
临 汾	64.4	济 南	69.7	自 贡	71.3
呼和浩特	68.7	青 岛	68.0	攀枝花	69.7
包 头	63.9	淄 博	67.7	泸 州	70.6
赤 峰	67.4	枣 庄	66.9	德 阳	66.2
沈 阳	69.8	烟 台	67.2	绵 阳	70.3
大 连	67.9	潍 坊	67.7	南 充	67.0
鞍 山	69.7	济 宁	67.9	宜 宾	67.5
抚 顺	69.6	泰 安	66.8	贵 阳	69.3
本 溪	68.7	日 照	61.4	遵 义	69.7
锦 州	68.8	郑 州	68.0	昆 明	67.1
长 春	69.6	开 封	68.7	曲 靖	64.2
吉 林	69.6	洛 阳	66.5	玉 溪	64.0
哈尔滨	73.9	平顶山	66.6	拉 萨	67.0
齐齐哈尔	68.2	安 阳	68.0	西 安	69.8
牡丹江	68.3	焦 作	65.6	铜 川	68.1
上 海	69.3	三门峡	67.7	宝 鸡	68.7
南 京	67.5	武 汉	70.1	咸 阳	67.6
无 锡	65.3	宜 昌	68.9	渭 南	66.2
徐 州	69.2	荆 州	69.5	延 安	66.0
常 州	66.9	长 沙	69.9	兰 州	68.5
苏 州	67.1	株 洲	64.8	金 昌	64.0
南 通	67.6	湘 潭	66.4	西 宁	68.2
连云港	65.5	岳 阳	70.0	银 川	66.8
扬 州	69.0	常 德	68.3	石嘴山	64.3
镇 江	66.7	张家界	69.8	乌鲁木齐	67.7
杭 州	67.8	广 州	68.9	克拉玛依	64.8
宁 波	68.6	韶 关	67.3		

7-12-12 环保重点城市区域环境噪声监测情况

城市	等效声级 dB(A)	城市	等效声级 dB(A)	城市	等效声级 dB(A)
北京	53.7	温州	54.9	深圳	57.2
天津	54.3	湖州	52.0	珠海	56.0
石家庄	56.0	绍兴	52.3	汕头	57.1
唐山	51.7	合肥	55.4	湛江	55.4
秦皇岛	51.5	芜湖	54.9	南宁	56.6
邯郸	54.3	马鞍山	57.0	柳州	55.3
保定	60.4	福州	57.6	桂林	53.8
太原	55.7	厦门	55.3	北海	52.2
大同	51.3	泉州	56.5	海口	56.1
阳泉	55.4	南昌	54.4	重庆	53.2
长治	53.2	九江	53.3	成都	55.3
临汾	50.9	济南	53.3	自贡	59.3
呼和浩特	54.4	青岛	56.9	攀枝花	51.5
包头	54.4	淄博	55.2	泸州	52.8
赤峰	55.5	枣庄	54.7	德阳	52.5
沈阳	54.7	烟台	54.6	绵阳	56.8
大连	54.6	潍坊	55.5	南充	51.2
鞍山	54.7	济宁	50.7	宜宾	54.8
抚顺	52.4	泰安	55.0	贵阳	58.2
本溪	54.8	日照	49.5	遵义	55.5
锦州	53.5	郑州	55.6	昆明	54.4
长春	55.8	开封	52.3	曲靖	51.4
吉林	53.3	洛阳	53.1	玉溪	53.9
哈尔滨	59.5	平顶山	54.9	拉萨	49.1
齐齐哈尔	52.5	安阳	54.3	西安	56.1
牡丹江	54.6	焦作	54.6	铜川	55.1
上海	54.6	三门峡	54.0	宝鸡	57.2
南京	54.1	武汉	56.4	咸阳	58.6
无锡	56.7	宜昌	52.0	渭南	56.6
徐州	55.8	荆州	55.7	延安	57.2
常州	55.6	长沙	53.9	兰州	54.7
苏州	54.3	株洲	55.3	金昌	51.8
南通	56.2	湘潭	53.8	西宁	52.1
连云港	53.2	岳阳	53.1	银川	53.0
扬州	54.1	常德	55.9	石嘴山	49.6
镇江	54.1	张家界	52.3	乌鲁木齐	54.7
杭州	56.8	广州	55.5	克拉玛依	53.7
宁波	56.1	韶关	56.6		

7-12-13 各地区湿地面积

地 区	湿地面积（千公顷）	自然湿地					人工湿地	湿地面积占辖区面积比重（%）
			近海与海岸	河 流	湖 泊	沼 泽		
全 国	**53602.6**	**46674.7**	**5795.9**	**10552.1**	**8593.8**	**21732.9**	**6745.9**	**5.58**
北 京	48.1	24.2		22.7	0.2	1.3	23.9	2.86
天 津	295.6	151.1	104.3	32.3	3.6	10.9	144.5	23.94
河 北	941.9	694.6	231.9	212.5	26.6	223.6	247.3	5.04
山 西	151.9	108.1		96.9	3.1	8.1	43.8	0.97
内蒙古	6010.6	5878.8		463.7	566.2	4848.9	131.8	5.08
辽 宁	1394.8	1077.7	713.2	251.5	2.9	110.1	317.1	9.42
吉 林	997.6	862.9		223.5	112.0	527.4	134.7	5.32
黑龙江	5143.3	4953.8		733.5	356.0	3864.3	189.5	11.31
上 海	464.6	409.0	386.6	7.3	5.8	9.3	55.6	73.27
江 苏	2822.8	1948.8	1087.5	296.6	536.7	28.0	874.0	27.51
浙 江	1110.1	843.3	692.5	141.2	8.9	0.7	266.8	10.91
安 徽	1041.8	713.6		309.6	361.1	42.9	328.2	7.46
福 建	871.0	711.2	575.6	135.1	0.3	0.2	159.8	7.18
江 西	910.1	710.7		310.8	374.1	25.8	199.4	5.45
山 东	1737.5	1103.0	728.5	257.8	62.6	54.1	634.5	11.07
河 南	627.9	380.7		368.9	6.9	4.9	247.2	3.76
湖 北	1445.0	764.2		450.4	276.9	36.9	680.8	7.77
湖 南	1019.7	813.5		398.4	385.8	29.3	206.2	4.81
广 东	1753.4	1158.1	815.1	337.9	1.5	3.6	595.3	9.76
广 西	754.3	536.6	259.0	268.9	6.3	2.4	217.7	3.20
海 南	320.0	242.0	201.7	39.7	0.6		78.0	9.14
重 庆	207.2	87.7		87.3	0.3	0.1	119.5	2.51
四 川	1747.8	1665.6		452.3	37.4	1175.9	82.2	3.61
贵 州	209.7	151.6		138.1	2.5	11.0	58.1	1.19
云 南	563.5	392.5		241.8	118.5	32.2	171.0	1.43
西 藏	6529.0	6524.0		1434.5	3035.2	2054.3	5.0	5.35
陕 西	308.5	276.2		257.6	7.6	11.0	32.3	1.50
甘 肃	1693.9	1642.4		381.7	15.9	1244.8	51.5	3.73
青 海	8143.6	8001.0		885.3	1470.3	5645.4	142.6	11.27
宁 夏	207.2	169.5		97.9	33.5	38.1	37.7	4.00
新 疆	3948.2	3678.3		1216.4	774.5	1687.4	269.9	2.38

注：本表为中国第二次湿地调查（2009-2013)资料，按类型分面积数据不包括台湾省、香港特别行政区和澳门特别行政区；湿地面积不包括水稻田湿地。

7-12-14 各地区自然保护基本情况

地　区	自然保护区数（个）	自然保护区面积（万公顷）	保护区面积占辖区面积比重（%）
全　国	**2750**	**14716.7**	**14.3**
北　京	20	13.5	8.2
天　津	8	9.1	7.6
河　北	45	70.9	3.7
山　西	46	110.2	7.0
内蒙古	182	1270.3	10.7
辽　宁	105	267.3	13.4
吉　林	51	252.6	13.5
黑龙江	250	791.6	16.7
上　海	4	13.7	5.3
江　苏	31	53.6	3.8
浙　江	37	21.2	1.7
安　徽	106	50.6	3.6
福　建	92	44.5	3.2
江　西	200	122.4	7.3
山　东	88	113.6	4.9
河　南	33	77.8	4.7
湖　北	80	106.3	5.7
湖　南	128	122.5	5.8
广　东	384	185.0	7.1
广　西	78	135.0	5.5
海　南	49	270.7	6.9
重　庆	57	80.2	9.6
四　川	169	830.1	17.1
贵　州	124	89.4	5.1
云　南	160	288.2	7.3
西　藏	47	4137.1	33.7
陕　西	60	113.1	5.5
甘　肃	60	887.1	20.8
青　海	11	2177.3	30.1
宁　夏	14	53.3	8.0
新　疆	31	1958.4	11.8

注：本表数据为2017年初步数。

7-12-15 地质灾害及防治情况

地区	发生地质灾害数量(处)	#滑坡	#崩塌	#泥石流	#地面塌陷	人员伤亡(人)	#死亡人数	直接经济损失(万元)
全国	**2966**	**1631**	**858**	**339**	**122**	**185**	**105**	**147128**
北京	21	2	19					458
天津	1		1			2	2	10
河北	10	4	6			1		10
山西	10	1	8		1	10	10	293
内蒙古	2		2					6
辽宁	1		1					1
吉林	6		6			1	1	14
黑龙江	3	1	2					100
上海								
江苏	8	3	3		2			830
浙江	32	12	16	3	1			445
安徽	109	38	67	3	1			433
福建	29	10	18		1	6	6	199
江西	133	89	23	6	15	2		555
山东	7	3	3		1			272
河南	7	2	2		2			894
湖北	39	20	14		5	6	5	1328
湖南	276	208	31	4	29	20	9	6565
广东	230	59	157	4	8	11	10	2626
广西	130	24	70	2	34	19	10	2179
海南								
重庆	157	53	97	3	4	21	14	4263
四川	563	238	199	125	1	24	6	37955
贵州	22	17	3		2	1		1612
云南	235	183	14	33	3	23	8	18214
西藏	67	18	9	39	1	5	4	3787
陕西	258	215	24	15	3	6	5	9874
甘肃	479	351	41	75	6	22	12	48692
青海	100	76	15	9		4	3	5047
宁夏	3	1	1		1			60
新疆	28	3	6	18	1	1		406

7-12-16 各地区森林火灾情况

地区	森林火灾次数(次)	一般火灾	较大火灾	重大火灾	特别重大火灾	火场总面积(公顷)	受害森林面积(公顷)	公益林	商品林	伤亡人数(人)	#死亡人数	其他损失折款(万元)
全国	**2478**	**1579**	**894**	**3**	**2**	**28595**	**16309**	**11657**	**4653**	**39**	**23**	**20445**
北京	1	1				1						
天津	1		1			11	3	3				
河北	25	21	4			295	67	22	45			8
山西	12	6	6			670	201	201		3	2	42
内蒙古	105	30	73	1	1	6641	6120	5667	453			342
辽宁	40	17	23			750	371	228	142			348
吉林	83	64	19			265	85	15	70	1		145
黑龙江	44	28	15		1	2616	2407	2370	37			5
上海												
江苏	16	16				19	3	3				5
浙江	45	17	28			289	117	38	79			174
安徽	42	38	4			48	17	6	11			2
福建	89	14	75			807	578	128	450	5	3	49
江西	58	24	34			804	479	105	374	1	1	472
山东	20	14	6			266	141	124	18			8
河南	41	37	4			126	5	3	2	1		68
湖北	153	108	45			1078	194	33	161	2	2	24
湖南	290	185	105			1526	649	127	522	1	1	178
广东	266	161	105			1896	969	279	690	1		489
广西	574	394	180			4142	1233	177	1055	9	9	606
海南	29	17	12			62	39	3	35	1	1	29
重庆	13	10	3			52	36	21	15			42
四川	229	201	26	2		3589	1540	1408	132	2	1	16286
贵州	29	14	15			321	75	32	43			5
云南	60	24	36			1390	562	256	306	10	2	862
西藏	1		1									
陕西	125	72	53			696	281	275	6			3
甘肃	9	6	3			31	19	19		1		51
青海	21	10	11			168	97	97				145
宁夏	15	14	1			13	8	7	1			49
新疆	42	36	6			24	13	6	7	1	1	6

7-12-17 森林有害生物防治情况

地区	合计			森林病害		森林虫害		森林鼠害		有害植物	
	发生面积(公顷)	防治面积(公顷)	防治率(%)	发生面积(公顷)	防治面积(公顷)	发生面积(公顷)	防治面积(公顷)	发生面积(公顷)	防治面积(公顷)	发生面积(公顷)	防治面积(公顷)
全国	**12195249**	**9489279**	**77.8**	**1768711**	**1345403**	**8404058**	**6652490**	**1843971**	**1386034**	**178509**	**105352**
北京	29117	29117	100.0	1338	1338	27779	27779				
天津	51061	51060	100.0	6663	6662	44398	44398				
河北	468626	440897	94.1	20979	20230	409547	387284	38100	33383		
山西	239252	195324	81.6	16635	8735	166340	138342	54678	46742	1599	1505
内蒙古	1019762	604445	59.3	148851	81434	673247	411138	197664	111873		
辽宁	560063	514272	91.8	49997	42950	498567	462510	11499	8812		
吉林	231911	222046	95.7	22444	20825	164773	156743	44694	44478		
黑龙江	414260	327000	78.9	28901	18499	211112	160921	174247	147580		
上海	12649	12037	95.2	1181	1155	11468	10882				
江苏	150963	145756	96.6	6415	6414	143117	137985			1431	1357
浙江	211376	197982	93.7	58291	54536	153085	143446				
安徽	419769	385033	91.7	71532	61060	348237	323973				
福建	176530	168980	95.7	9865	9832	166665	159148				
江西	310731	289043	93.0	104973	99701	205757	189341			1	1
山东	485020	472815	97.5	77573	74159	407447	398656				
河南	570725	515386	90.3	107424	97631	463301	417755				
湖北	535294	393540	73.5	132520	94425	311471	253011	3855	3558	87448	42546
湖南	422763	278534	65.9	31243	20040	391063	258041	120	120	337	333
广东	346139	221322	63.9	104015	88267	206665	105644			35459	27411
广西	345649	56033	16.2	56370	19831	283877	31499	178	178	5224	4525
海南	22708	6594	29.0	94	12	9303	5311			13311	1271
重庆	413677	413108	99.9	146610	146513	237055	236616	29879	29846	133	133
四川	692552	451131	65.1	87966	47798	567774	373348	36791	29964	21	21
贵州	205010	195699	95.5	19253	18784	172759	166004	3782	3565	9216	7346
云南	452459	446919	98.8	72339	71280	355117	351654	7079	7000	17924	16985
西藏	376046	72577	19.3	84645	16336	237356	45811	53426	10311	619	119
陕西	411905	318271	77.3	81724	52312	243893	204407	86288	61552		
甘肃	393778	282624	71.8	69911	46451	188283	137600	135584	98573		
青海	267760	221260	82.6	26630	23638	108562	84755	126782	111068	5786	1799
宁夏	303243	163506	53.9	9531	8764	119541	54569	174171	100173		
新疆	1517200	1375105	90.6	91566	83951	847915	767152	577719	524002		
大兴安岭	137251	21863	15.9	21232	1840	28584	6767	87435	13256		

7-12-18 地震灾害情况

年 份 地 区	地震灾害次数 (次)	5.0-5.9级	6.0-6.9级	7.0级以上	人员伤亡 (人)	#死亡人数	直接经济损失 (万元)
2000	10	7	2		2987	10	146792
2001	12	8	2	1	750	9	148449
2002	5	4			362	2	14774
2003	21	10	6	1	7465	319	466040
2004	11	8	1		696	8	94959
2005	13	9	2		882	15	262811
2006	10	9			229	25	79962
2007	3	1	1		422	3	201922
2008	17	6	4	2	446293	69283	85949594
2009	8	5	2		407	3	273782
2010	12	4		1	13795	2705	2361077
2011	18	11	2	1	540	32	6020873
2012	12	8	3		1279	86	828757
2013	14	10	3	1	15965	294	9953631
2014	20	14	4	1	3666	623	3326078
2015	14	13	1		1192	30	1791918
2016	16	8	4		104	1	668693
2017	12	4	3	1	676	38	1476600
2018	11	7			85		302716
吉 林	2	1			2		39921
湖 北	1						1636
四 川	3	2			23		32461
云 南	3	2			60		178640
青 海	1	1					11754
新 疆	1	1					38304

7-12-19 主要海洋灾害情况

灾 种	发生次数 (次)	人员死亡、失踪 (人)	直接经济损失 (亿元)
合 计	**97**	**73**	**44.92**
风暴潮	16	3	44.56
赤 潮	36		
海 浪	44	70	0.35
海 冰	1		0.01

7-12-20 各地区突发环境事件情况

地区	突发环境事件次数（次）	特别重大环境事件	重大环境事件	较大环境事件	一般环境事件
全国	**286**		**2**	**6**	**278**
北京	29				29
天津	2				2
河北	6				6
山西	12				12
内蒙古	1				1
辽宁	10				10
吉林	4				4
黑龙江					
上海	1				1
江苏	5				5
浙江	11				11
安徽	4				4
福建	11			1	10
江西	4			1	3
山东	1				1
河南	12			1	11
湖北	17			1	16
湖南	16				16
广东	37				37
广西	10				10
海南	1				1
重庆	7				7
四川	20			1	19
贵州	8			1	7
云南					
西藏					
陕西	27				27
甘肃	5		1		4
青海	1				1
宁夏	23		1		22
新疆	1				1

7-12-21 各地区城市市政设施情况

地　区	道路长度（公里）	道路面积（万平方米）	城市桥梁（座）	城市道路照明灯（千盏）	排水管道长度（公里）
全　国	**432231**	**854268**	**73432**	**27383**	**683485**
北　京	8332	14098	2336	303	17646
天　津	8242	15131	1009	377	21369
河　北	17281	37605	1725	1021	20655
山　西	8622	19478	1314	515	8396
内蒙古	9894	21251	442	590	14002
辽　宁	19279	34325	1699	1195	21617
吉　林	9220	16831	902	473	11601
黑龙江	12726	21062	1164	686	12278
上　海	5317	11092	2855	607	21975
江　苏	47973	85212	15678	3443	80649
浙　江	23689	45946	11569	1610	48525
安　徽	15018	36927	1739	979	30978
福　建	13325	26995	1747	850	16760
江　西	11222	23263	944	808	17331
山　东	45633	93397	5708	2008	64169
河　南	14538	36673	1465	972	25027
湖　北	20612	38831	2159	858	27903
湖　南	13192	29355	1209	819	18529
广　东	45100	77290	7596	3017	82172
广　西	10441	22861	1253	593	13254
海　南	4595	6158	218	182	4736
重　庆	9520	20378	1798	725	18911
四　川	17832	37968	2845	1444	33011
贵　州	4969	10575	701	604	8251
云　南	6954	13587	801	560	13775
西　藏	781	1352	40	28	719
陕　西	8643	19735	845	748	10415
甘　肃	5092	11561	648	341	6955
青　海	1176	3124	211	133	2223
宁　夏	2404	6798	202	236	2036
新　疆	10611	15411	610	657	7614

7-12-22 各地区城市污水处理情况

地区	污水处理厂(座)	污水处理厂污水处理能力(万立方米/日)	污水处理厂污水处理量(万立方米)	污水处理装置处理能力(万立方米/日)	污水处理装置处理量(万立方米)	市政再生水利用量(万立方米)	城市污水处理率(%)	#污水处理厂集中处理率
全国	**2321**	**16880.5**	**4864773**	**1264.7**	**111353**	**854507**	**95.5**	**93.4**
北京	67	670.6	185948	22.2	4548	107633	98.6	96.2
天津	40	283.2	96757	2.8	871	29105	93.8	93.0
河北	90	632.8	172596	0.3	17	48579	98.2	98.2
山西	40	267.2	78169	4.0		18000	94.5	94.5
内蒙古	44	240.6	64982			20708	97.4	97.4
辽宁	107	999.5	250924	26.2	5544	23044	95.2	93.1
吉林	50	400.8	110048	3.2	55	1905	93.6	93.5
黑龙江	68	381.3	100583	20.3	2990	7755	91.0	88.4
上海	48	813.0	212818		5943		95.2	92.6
江苏	206	1372.6	385392	498.3	32457	90276	95.6	88.2
浙江	94	1072.9	298189	55.3	10018	24479	95.8	92.6
安徽	73	561.8	162995	50.1	4783	20364	97.7	94.9
福建	48	392.5	118520	23.5	1657	18177	93.6	92.3
江西	52	286.0	94629	3.8	833		95.8	94.9
山东	196	1209.7	331513	13.3	704	122581	97.4	97.2
河南	101	791.3	194902	2.5	53	54896	97.3	97.3
湖北	92	663.3	221918	27.7	5539	28659	95.4	93.1
湖南	74	605.8	194028	31.9	6130	11991	96.0	93.1
广东	286	2270.3	714360	27.4	1856	186902	94.8	94.6
广西	52	364.2	108080	409.1	18912	17	95.0	80.9
海南	24	102.1	28013			2538	89.2	89.2
重庆	63	366.1	119412	1.0	238	1156	95.2	95.0
四川	137	677.5	204036	31.3	5734	9511	93.6	91.0
贵州	68	253.6	69499			2359	97.1	97.1
云南	45	244.0	85902	8.8	1244	1400	95.9	94.5
西藏	8	28.1	7844				90.1	90.1
陕西	49	390.3	111369			5993	93.2	93.2
甘肃	25	153.1	39854	0.2	26	3608	96.4	96.3
青海	11	47.8	14911		1127	1884	87.7	81.5
宁夏	20	100.0	26179			3119	95.5	95.5
新疆	43	238.7	60404	1.5	73	7867	95.5	95.4

7-12-23 各地区城市绿地和园林

地 区	城市绿地面积(公顷)	#公园绿地	公 园(个)	公园面积(公顷)	建成区绿化覆盖率(%)
全 国	**3047108**	**723740**	**16735**	**494228**	**41.11**
北 京	85286	32619	311	32619	48.44
天 津	46498	12158	131	2817	38.03
河 北	91424	27075	751	21113	41.57
山 西	48235	14223	316	11143	41.28
内蒙古	67203	17300	305	15115	40.60
辽 宁	122259	27686	454	16967	39.92
吉 林	69260	16393	344	13298	37.64
黑龙江	70669	17495	384	12480	36.04
上 海	139427	20578	250	2565	36.24
江 苏	293765	49580	1133	30546	43.13
浙 江	167370	34958	1340	20432	41.19
安 徽	107515	23606	475	15893	42.50
福 建	72103	19173	675	15379	44.30
江 西	69708	17620	519	11511	45.92
山 东	243368	65179	1214	40554	41.81
河 南	107112	31934	443	15787	40.02
湖 北	93148	26201	449	14785	38.37
湖 南	72435	19020	368	13344	41.16
广 东	485418	105810	3414	82505	44.03
广 西	92058	15365	294	11716	39.92
海 南	17371	3750	97	2665	40.62
重 庆	64778	25844	428	14818	40.36
四 川	113537	33668	629	18238	40.55
贵 州	51561	12137	192	11575	38.64
云 南	46426	11414	823	9364	39.78
西 藏	6020	963	105	808	37.35
陕 西	71285	14087	284	8464	38.77
甘 肃	27222	8816	172	5472	33.50
青 海	6677	2210	48	11923	33.94
宁 夏	25115	6041	96	3313	40.53
新 疆	72853	10839	291	7021	39.61

7-12-24 各地区城市设施水平

地区	城市供水普及率(%)	城市燃气普及率(%)	每万人拥有公共汽电车数(标台)	人均城市道路面积(平方米)	人均公园绿地面积(平方米)	每万人拥有公共厕所(座)
全国	**98.36**	**96.70**	**13.09**	**16.70**	**14.11**	**2.88**
北京	100.00	100.00	18.24	7.57	16.30	2.83
天津	100.00	100.00	11.93	11.67	9.38	1.07
河北	99.70	99.28	14.62	19.76	14.23	3.18
山西	99.70	98.30	10.57	16.81	12.28	2.12
内蒙古	99.23	94.76	10.18	22.75	18.52	8.15
辽宁	99.16	97.52	11.72	14.93	12.04	1.80
吉林	93.89	93.04	10.73	13.81	13.45	3.14
黑龙江	98.48	89.50	14.03	14.86	12.35	4.08
上海	100.00	100.00	9.04	4.58	8.49	2.50
江苏	99.98	99.81	15.63	25.20	14.66	4.13
浙江	100.00	100.00	16.10	18.05	13.73	3.17
安徽	99.75	98.56	12.80	22.95	14.67	2.38
福建	99.69	98.29	15.28	20.59	14.62	3.68
江西	98.31	97.40	9.72	19.37	14.67	2.15
山东	99.40	99.20	15.13	25.28	17.64	1.92
河南	96.65	96.30	12.59	14.57	12.69	3.92
湖北	99.37	97.64	10.98	17.00	11.47	2.45
湖南	96.35	93.64	15.49	16.96	10.99	2.50
广东	97.30	96.66	12.74	13.39	18.34	1.87
广西	97.80	98.15	10.78	19.42	13.05	1.40
海南	97.04	96.74	12.67	16.81	10.23	2.69
重庆	98.28	97.39	9.51	13.52	17.14	2.81
四川	95.70	93.70	13.18	14.63	12.97	2.36
贵州	96.68	87.25	10.96	13.51	15.51	2.86
云南	96.60	77.31	12.97	14.11	11.85	6.40
西藏	85.90	55.05	7.72	12.21	8.71	3.94
陕西	95.49	96.19	13.72	16.47	11.76	5.28
甘肃	97.90	90.91	11.87	17.91	13.65	3.10
青海	99.00	94.69	14.57	16.19	11.45	3.69
宁夏	98.40	93.85	13.35	22.94	20.38	2.65
新疆	97.66	98.01	14.44	20.34	14.31	3.03

【主要统计指标解释】

水资源总量 指当地降水形成的地表和地下产水量，即地表径流量与降水入渗补给量之和，不包括过境水量。

地表水资源量 指河流、湖泊、冰川等地表水体中由当地降水形成的、可以逐年更新的动态水量，即天然河川径流量。

地下水资源量 指当地降水和地表水对饱水岩土层的补给量。

地表水与地下水资源重复量 指地表水和地下水相互转化的部分，即在河川径流量中包括一部分地下水排泄量，地下水补给量中包括一部分来源于地表水的入渗量。

供水总量 指各种水源工程为用户提供的包括输水损失在内的毛供水量。

地表水源供水量 指地表水体工程的取水量，按蓄、引、提、调四种形式统计。从水库、塘坝中引水或提水，均属蓄水工程供水量；从河道或湖泊中自流引水的，无论有闸或无闸，均属引水工程供水量；利用扬水站从河道或湖泊中直接取水的，属提水工程供水量；跨流域调水指水资源一级区或独立流域之间的跨流域调配水量，不包括在蓄、引、提水量中。

地下水源供水量 指水井工程的开采量，按浅层淡水、深层承压水和微咸水分别统计。城市地下水源供水量包括自来水厂的开采量和工矿企业自备井的开采量。

其他水源供水量 包括污水处理再利用、集雨工程、海水淡化等水源工程的供水量。

用水总量 指分配给用户的包括输水损失在内的毛用水量。按用户特性分为农业、工业、生活和生态用水四大类。

农业用水 包括农田灌溉用水、林果地灌溉用水、草地灌溉用水、鱼塘补水和畜禽用水。

工业用水 按新水取用量计，不包括企业内部的重复利用水量。

生活用水 包括城镇生活用水和农村生活用水。城镇生活用水由居民用水和公共用水（含第三产业及建筑业等用水）组成；农村生活用水指居民生活用水。

生态环境补水 仅包括人为措施供给的城镇环境用水和部分河湖、湿地补水。

一般工业固体废物产生量 系指未被列入《国家危险废物名录》或者根据国家规定的危险废物鉴别标准（GB5085）、固体废物浸出毒性浸出方法（GB5086）及固体废物浸出毒性测定方法（GB／T 15555）鉴别方法判定不具有危险特性的工业固体废物。计算公式为：

一般工业固体废物产生量=（一般工业固体废物综合利用量-其中：综合利用往年贮存量）+一般工业固体废物贮存量+（一般工业固体废物处置量-其中：处置往年贮存量）+一般工业固体废物倾倒丢弃量

一般工业固体废物综合利用量 指报告期内企业通过回收、加工、循环、交换等方式，从固体废物中提取或者使其转化为可以利用的资源、能源和其他原材料的固体废物量（包括当年利用的往年工业固体废物累计贮存量）。如用作农业肥料、生产建筑材料、筑路等。综合利用量由原产生固体废物的单位统计。

一般工业固体废物处置量 指报告期内企业将工业固体废物焚烧和用其他改变工业固体废物的物理、化学、生物特性的方法，达到减少或者消除其危险成分的活动，或者将工业固体废物最终置于符合环境保护规定要求的填埋场的活动中，所消纳固体废物的量。

一般工业固体废物贮存量 指报告期内企业以综合利用或处置为目的，将固体废物暂时贮存或堆存在专设的贮存设施或专设的集中堆存场所内的量。专设的固体废物贮存场所或贮存设施必须有防扩散、防流失、防渗漏、防止污染大气、水体的措施。

一般工业固体废物倾倒丢弃量 指报告期内企业将所产生的固体废物倾倒或者丢弃到固体废物污染防治设施、场所以外的量。

危险废物产生量 指当年全年调查对象实际产生的危险废物的量。危险废物指列入国家危险废物名录或者根据国家规定的危险废物鉴别标准和鉴别方法认定的，具有爆炸性、易燃性、易氧化性、毒性、腐蚀性、易传染性疾病等危险特性之一的废物。按《国家危险废物名录》（环境保护部、国家发展和改革委员会2008部令第1号）填报。

危险废物综合利用量 指当年全年调查对象从危险废物中提取物质作为原材料或者燃料的活动中消纳危险废物的量。包括本单位利用或委托、提供给外单位利用的量。

危险废物处置量 指报告期内企业将危险废物焚烧和用其他改变工业固体废物的物理、化学、生物特性的方法，达到减少或者消除其危险成分的活动，或者将危险废物最终置于符合环境保护规定要求的填埋场的活动中，所消纳危险废物的量。处置量包括处置本单位或委托给外单位处置的量。

危险废物贮存量 指将危险废物以一定包装方式暂时存放在专设的贮存设施内的量。专设的贮存设施指对危险废物的包装、选址、设计、安全防护、监测和关闭等符合《危险废物贮存污染控制标准》（GB18597-2001）等相关环保法律法规要求，具有防扩散、防流失、防渗漏、防止污染大气和水体措施的设施。

自然保护区 指对有代表性的自然生态系统、珍稀濒危野生动植物物种的天然分布区、水源涵养区、有特殊意义的自然历史遗迹等保护对象所在的陆地、陆地水体或海域，依法划出一定面积进行特殊保护和管理的区域。以县及县以上各级人民政府正式批准建立的自然保护区为准。风景名胜区、文物保护区不计在内。

湿地 指天然或人工、长久或暂时性的沼泽地、泥炭地或水域地带，包括静止或流动、淡水、半咸水、咸水体，低潮时水深不超过6米的水域以及海岸地带地区的珊瑚滩和海草床、滩涂、红树林、河口、河流、淡水沼泽、沼泽森林、湖泊、盐沼及盐湖。

突发环境事件 指突然发生，造成或者可能造成重大人员伤亡、重大财产损失和对全国或者某一地区的经济社会稳定、政治安定构成重大威胁和损害，有重大社会影响的涉及公共安全的环境事件。

环境污染治理投资 指在工业污染源治理和城市环境基础设施建设的资金投入中，用于形成固定资产的资金。包括工业污染源治理工程投资、建设项目“三同时”环保投资，以及城市环境基础设施建设所投入的资金。

燃气普及率 指报告期末使用燃气的城市人口数与城市人口总数的比率。计算公式为：

$$\text{燃气普及率}=\frac{\text{城市用气人口数}}{\text{城市人口总数}}\times 100\%$$

生活垃圾清运量 指报告期内收集和运送到垃圾处理厂(场)的生活垃圾数量。生活垃圾指城市日常生活或为城市日常生活提供服务的活动中产生的固体废物以及法律行政规定的视为城市生活垃圾的固体废物。包括：居民生活垃圾、商业垃圾、集市贸易市场垃圾、街道清扫垃圾、公共场所垃圾和机关、学校、厂矿等单位的生活垃圾。

生活垃圾无害化处理率 指报告期生活垃圾无害化处理量与生活垃圾产生量比率。在统计上，由于生活垃圾产生量不易取得，可用清运量代替。计算公式为：

$$生活垃圾无害化处理率=\frac{生活垃圾无害化处理量}{生活垃圾产生量}\times 100\%$$

公园绿地 指城市中向公众开放的，以游憩为主要功能，有一定的游憩设施和服务设施，同时兼有健全生态、美化景观、防灾减灾等综合作用的绿化用地。

7 第三产业分行业主要指标

7-13　居民服务、修理和其他服务业

简要说明

一、主要内容

本篇资料主要包括居民服务、修理和其他服务业企业法人单位分地区主要指标和婚姻登记情况等。

二、资料来源

婚姻登记情况资料由国家统计局社科文司依据民政部相关统计报表制度整理提供。

居民服务、修理和其他服务业企业法人单位分地区主要指标来源于国家统计局服务业司《规模以上服务业统计报表制度》和《规模以下服务业抽样调查统计报表制度》调查结果。

7-13-1 居民服务、修理和其他服务业企业法人单位分地区主要指标

地　区	单位数（个）	营业收入（亿元）	资产总计（亿元）	从业人员（万人）
全　国	**479203**	**6832.3**	**10360.8**	**414.8**
北　京	36430	510.0	1021.4	30.0
天　津	7114	149.6	301.4	9.9
河　北	22035	143.9	223.6	12.9
山　西	11192	69.4	161.2	6.2
内蒙古	6715	50.1	95.7	4.6
辽　宁	11966	117.3	345.0	7.9
吉　林	3717	41.8	94.0	3.6
黑龙江	4533	57.0	100.5	2.6
上　海	16718	504.7	700.6	22.4
江　苏	35740	563.8	747.7	29.9
浙　江	24838	440.2	465.6	21.6
安　徽	20629	240.7	363.6	13.7
福　建	15115	328.7	356.4	20.6
江　西	7814	137.8	193.1	7.5
山　东	32794	403.2	537.0	23.6
河　南	24497	469.9	470.6	23.6
湖　北	19030	330.8	351.7	15.7
湖　南	12879	267.0	305.0	14.6
广　东	60751	796.9	889.6	58.4
广　西	11018	95.3	613.4	7.3
海　南	3051	19.9	87.7	1.9
重　庆	17276	258.9	280.6	15.6
四　川	18205	272.4	445.8	18.8
贵　州	13853	145.4	297.7	10.8
云　南	13676	158.9	410.5	11.8
西　藏	664	15.6	30.3	1.0
陕　西	13200	128.7	243.9	9.9
甘　肃	5772	35.1	85.1	3.4
青　海	1736	9.2	22.8	1.2
宁　夏	1683	15.8	33.6	1.2
新　疆	4562	54.2	85.5	2.8

7-13-2 婚姻登记情况

年 份 地 区	结婚登记 (万对)	内地居民 登记结婚	涉外及港澳台 居民登记结婚	初 婚 (万人)	再 婚 (万人)	离 婚 (万对)	离婚率 (‰)
1985	831.30	829.06	2.22	1607.63	50.48	45.79	0.44
1990	951.10	948.69	2.38	1819.13	78.24	80.00	0.69
1995	934.10	929.71	4.40	1776.07	83.35	105.60	0.88
2000	848.50	842.00	6.49	1581.39	102.62	121.29	0.96
2005	823.10	816.60	6.43	1483.00	163.10	178.50	1.37
2006	945.00	938.20	6.82	1705.60	184.40	191.30	1.46
2007	991.40	986.30	5.11	1779.70	203.10	209.80	1.59
2008	1098.30	1093.20	5.10	1972.50	224.10	226.90	1.71
2009	1212.40	1207.50	4.92	2168.80	256.00	246.80	1.85
2010	1241.00	1236.10	4.90	2200.90	281.10	267.80	2.00
2011	1302.36	1297.48	4.88	2309.88	294.85	287.40	2.13
2012	1323.59	1318.27	5.33	2361.17	286.02	310.38	2.29
2013	1346.93	1341.43	5.50	2385.96	307.89	350.01	2.57
2014	1306.74	1302.04	4.70	2286.81	326.68	363.68	2.67
2015	1224.71	1220.59	4.12	2108.97	340.44	384.14	2.79
2016	1142.82	1138.61	4.22	1913.26	372.39	415.82	3.02
2017	1063.10	1059.04	4.05	1746.33	379.86	437.40	3.15
2018	1013.94	1009.11	4.84	1598.67	429.22	446.08	3.20
北 京	13.78	13.70	0.08	16.92	10.65	7.41	3.43
天 津	9.75	9.72	0.03	14.96	4.54	6.41	4.11
河 北	45.87	45.75	0.12	64.52	27.23	23.45	3.11
山 西	27.85	27.82	0.04	47.56	8.14	8.75	2.36
内蒙古	17.69	17.67	0.02	23.48	11.89	9.88	3.90
辽 宁	28.08	27.94	0.14	45.64	10.52	17.24	3.95
吉 林	19.32	19.24	0.08	27.19	11.44	12.88	4.75
黑龙江	27.82	27.69	0.13	46.25	9.39	19.37	5.12
上 海	10.51	10.37	0.14	13.88	7.14	5.90	2.44
江 苏	63.77	63.63	0.14	97.30	30.24	28.48	3.54
浙 江	33.73	33.43	0.30	56.19	11.27	15.42	2.71
安 徽	61.91	61.73	0.18	95.09	28.74	24.38	3.88
福 建	27.36	26.83	0.54	45.83	8.90	10.69	2.72
江 西	33.06	32.88	0.18	54.35	11.78	12.51	2.70
山 东	59.90	59.77	0.13	83.96	35.85	27.45	2.74
河 南	80.90	80.77	0.13	135.85	25.95	32.60	3.40
湖 北	43.78	43.65	0.13	74.92	12.64	20.10	3.40
湖 南	42.16	41.98	0.17	62.65	21.66	21.32	3.10
广 东	71.38	70.44	0.94	122.31	20.45	22.88	2.03
广 西	36.19	35.70	0.48	59.94	12.43	12.87	2.62
海 南	7.27	7.24	0.04	12.73	1.82	1.96	2.10
重 庆	25.88	25.81	0.07	34.26	17.50	15.33	4.96
四 川	66.90	66.76	0.15	98.63	35.18	31.26	3.76
贵 州	40.03	39.98	0.05	67.18	12.88	15.17	4.22
云 南	37.76	37.46	0.30	58.02	17.49	13.33	2.77
西 藏	3.01	3.01		5.84	0.18	0.47	1.37
陕 西	30.04	29.99	0.05	46.75	13.33	12.84	3.34
甘 肃	21.07	21.01	0.06	38.40	3.73	5.78	2.20
青 海	5.73	5.73		9.61	1.85	1.71	2.85
宁 夏	6.07	6.07		9.95	2.20	2.28	3.33
新 疆	15.37	15.36	0.01	28.54	2.19	5.95	2.41

【主要统计指标解释】

离婚率 指当年离婚对数占年平均人口的比重，计算公式为：

$$离婚率=\frac{当年离婚对数}{年平均人口数}\times 1000‰$$

7 第三产业分行业主要指标

7-14 教 育

简要说明

一、主要内容

教育统计资料包括公办教育和民办教育、学历教育和非学历教育。具体有高等教育(研究生教育、普通高等教育和成人高等教育)、中等教育(高中阶段教育和初中阶段教育)、初等教育(小学)、学前教育、特殊教育(盲聋哑和弱智学校等)以及教育经费等资料。主要指标包括学校数、在校学生数、招生数、毕业生数、教职工数和专任教师数等。

教育经费资料主要反映国家教育经费投入情况。

教育企业法人单位分地区主要指标、15 岁及以上人口受教育程度分地区、分性别主要指标。

二、资料来源

教育经费资料由教育部提供，详细资料见《中国教育经费统计年鉴》(教育部财务司编)。

教育事业统计资料由教育部提供，详细资料见《中国教育统计年鉴》(教育部发展规划司编)；技工学校资料由人力资源和社会保障部提供。

教育企业法人单位分地区数据来源国家统计局服务业司《规模以上服务业统计报表制度》和《规模以下服务业抽样调查统计报表制度》调查结果。

15 岁及以上人口受教育程度数据由国家统计局人口和就业统计司提供。

7-14-1 教育经费情况

单位：万元

年 份 地 区	合 计	国家财政性教育经费	#一般公共预算教育经费	民办学校中举办者投入	社会捐赠经费	事业收入	#学杂费	其他教育经费
1992	8670491	7287506	5649364		696285		439319	
1995	18779501	14115233	10929473	203672	1628414		2012423	
2000	38490806	25626056	21917652	858537	1139557	9382717	5948304	1483939
2001	46376626	30570100	27056548	1280895	1128852	11575137	7456014	1821643
2002	54800278	34914048	32549425	1725549	1272791	14609169	9227792	2278722
2003	62082653	38506237	36190977	2590148	1045927	17218399	11214985	2721943
2004	72425989	44658575	42444209	3478529	934204	20114268	13465517	3240414
2005	84188391	51610759	49460379	4522185	931613	23399991	15530545	3723842
2006	98153087	63483648	61353481	5490583	899078	24073042	15523301	4206736
2007	121480663	82802142	80943369	809337	930584	31772357	21309082	5166242
2008	145007374	104496296	102129675	698479	1026663	33670711	23492983	5115225
2009	165027065	122310935	119749753	749829	1254991	35275939	25155983	5435371
2010	195618471	146700670	141639029	1054254	1078839	41060664	30155593	5724045
2011	238692936	185867009	178217380	1119320	1118675	44246927	33169742	6341005
2012	286553052	231475698	203141685	1281753	956919	46198404	35048301	6640278
2013	303647182	244882177	214056715	1474089	855445	49262087	37376869	7173384
2014	328064609	264205820	225760099	1313476	796700	54271581	40530393	7477031
2015	361291927	292214511	258618740	1876620	869960	58097239	43173611	8233597
2016	388883850	313962519	277006325	2032733	810447	62768292	47709339	9309860
2017	425620069	342077546	299197838	2250061	849974	69575734	52932815	10866754
中 央	39119918	27180885	16197501		359636	9069779	3143195	2509617
地 方	386500151	314896661	283000337	2250061	490338	60505954	49789620	8357137
北 京	12512746	10863394	9557007	6368	9341	1478756	1201615	154888
天 津	5850624	4951367	4346123	3826	5336	804001	676659	86094
河 北	15938479	13374769	12466288	79721	8260	2387755	2041977	87973
山 西	8533662	7097917	6180853	38282	2337	1333668	1092714	61458
内蒙古	7601337	6740750	5457663	16625	5354	632425	521275	206182
辽 宁	9651893	7749271	6474197	14589	1498	1830269	1476471	56265
吉 林	6586685	5512733	5038015	23997	3840	943957	816936	102159
黑龙江	7545432	6576669	5950720	10427	895	921928	804654	35513
上 海	12104556	9939601	8356465	8164	11946	1755802	1451797	389042
江 苏	25960645	20943564	19792749	94764	80290	4165842	3323928	676186
浙 江	21327866	15959821	14131448	227050	40537	4136979	3317148	963480
安 徽	13751567	11400507	10125204	91135	9585	2074927	1690256	175412
福 建	11390975	9115032	8504673	79321	33937	1874637	1544049	288047
江 西	11717849	9854977	9394189	19984	12738	1733161	1419212	96988
山 东	23946021	19797132	18888280	128448	19939	3699432	3183679	301070
河 南	21546749	16854320	14414112	208431	27556	4143540	3515334	312903
湖 北	13821834	11041050	10370978	89220	6856	2451874	2011280	232834
湖 南	15165690	11853958	11198287	124716	8946	2872114	2321904	305955
广 东	38610331	28793140	25225457	357725	84318	8716596	7458697	658552
广 西	11891781	9915677	9119220	65841	9548	1745587	1398774	155127
海 南	3390271	2731665	2207329	105042	933	490764	391160	61867
重 庆	9483526	7595118	6145409	93016	21640	1547283	1212175	226469
四 川	19274514	15793602	13971869	132069	36822	3080108	2461467	231913
贵 州	12488005	9790255	9066642	78135	8389	1210438	945800	1400787
云 南	13292088	11490455	9887455	61728	21239	1393129	1129020	325537
西 藏	2387658	2360014	2163641	162	1610	22707	16762	3164
陕 西	10545862	8430072	8141137	59555	4989	1838606	1421420	212639
甘 肃	7087547	6372791	5673619	7987	3245	558112	452254	145412
青 海	2343469	2131024	1866289	8365	1477	115329	74949	87274
宁 夏	2288400	1989493	1667994	10141	4546	225951	182437	58269
新 疆	8462090	7876522	7217025	5227	2388	320275	233817	257677

注：1.“民办学校中举办者投入”数据1992-2006年为社会团体和公民个人办学总经费。

2.从2017年起，“公共财政教育经费”改为“一般公共预算教育经费”。“一般公共预算教育经费”数据1992-2012年包括教育事业费、基建经费、教育费附加、科研经费和其他经费，2012年起包括教育事业费、基建经费和教育费附加。

7-14-2 教育企业法人单位分地区主要指标

地区	单位数(个)	营业收入(亿元)	资产总计(亿元)	从业人员(万人)
全国	**289050**	**5225.5**	**9957.7**	**360.3**
北京	16477	589.2	1107.4	21.9
天津	2750	36.5	98.2	2.5
河北	9262	83.7	239.8	10.9
山西	5291	37.7	137.8	6.3
内蒙古	4026	19.9	48.8	3.1
辽宁	7783	69.5	184.6	6.6
吉林	2810	28.5	81.2	3.1
黑龙江	4105	28.2	67.5	3.5
上海	3979	247.3	438.2	8.7
江苏	21220	381.1	542.6	21.7
浙江	21323	270.1	395.9	19.4
安徽	13698	206.7	353.5	15.4
福建	9468	201.2	243.8	13.3
江西	7187	147.7	234.9	10.6
山东	19665	256.5	524.1	19.0
河南	19764	501.9	668.6	31.5
湖北	10875	245.1	399.6	14.9
湖南	13006	293.7	527.5	20.7
广东	39551	708.5	1285.3	49.8
广西	8358	63.4	116.9	9.0
海南	2040	20.9	134.5	2.2
重庆	8829	176.3	367.3	11.7
四川	12445	261.5	824.5	20.4
贵州	5859	100.1	279.9	9.6
云南	5685	103.0	295.7	7.8
西藏	171	3.1	21.9	0.2
陕西	5896	80.2	155.3	8.0
甘肃	3318	25.1	82.6	3.6
青海	617	4.4	13.4	0.7
宁夏	1334	11.5	31.1	1.7
新疆	2258	22.9	55.4	2.6

7-14-3 各级各类学校、教职工和专任教师情况

项　目	学校数(所)	教职工数(人)	专任教师(人)
高等教育			
研究生培养机构	(815)		
普通高校	(580)		
科研机构	(235)		
普通高等学校	2663	2487544	1672753
本科院校	1245	1800964	1174334
#独立学院	265	163928	123958
高职(专科)院校	1418	685266	497682
其他普通高教机构	(22)	1314	737
成人高等学校	277	38027	21908
民办的其他高等教育机构	(786)	19681	9107
中等教育	**76746**	**8007965**	**6289410**
高中阶段教育	24320	3811458	2648232
高中	14091	2745154	1814713
普通高中	13737	2742521	1812584
完全中学	5412	1070065	537624
高级中学	6898	1352245	1199404
十二年一贯制学校	1427	320211	75556
成人高中	354	2633	2129
中等职业教育	10229	1066304	833519
普通中专	3322	397538	304959
成人中专	1097	51906	39510
职业高中	3431	339456	282996
技工学校	2379	266711	198058
其他中职机构	(285)	10693	7996
初中阶段教育	52426	4196507	3641178
初中	51982	4193767	3638999
初级中学	35275	2779555	2547534
九年一贯制学校	16696	1413893	591283
十二年一贯制学校			86243
完全中学			413647
职业初中	11	319	292
成人初中	444	2740	2179
初等教育	**170209**	**5751498**	**6102307**
普通小学	161811	5732525	6091908
小学	161811	5732525	5372468
九年一贯制学校			642135
十二年一贯制学校			77305
成人小学	8398	18973	10399
#扫盲班	5211	12556	6363
工读学校	**92**	**2855**	**2099**
特殊教育	**2152**	**68087**	**58656**
学前教育	**266677**	**4531454**	**2581363**

注：1.完全中学的学校数和教职工数计入高中阶段教育，九年一贯制学校的校数和教职工数计入初中阶段教育，十二年一贯制学校的校数和教职工数计入高中阶段教育。专任教师按照教育层次划分归类。

2."()"内数据为不计校数。

7-14-4 各级各类学历教育学生情况

单位：人

项　　目	毕业生数	招生数	在校生数
高等教育			
研究生	604368	857966	2731257
博　士	60724	95502	389518
硕　士	543644	762464	2341739
普通本专科	7533087	7909931	28310348
本　科	3868358	4221590	16973343
专　科	3664729	3688341	11337005
成人本专科	2177408	2733119	5909878
本　科	995851	1400380	2971134
专　科	1181557	1332739	2938744
网络本专科生	1949189	3209064	8256553
本　科	681915	1044360	2825757
专　科	1267274	2164704	5430796
中等教育	**26532791**	**29523486**	**86027102**
高中阶段教育	12701215	13497555	39346687
高中	7828452	7927063	23794053
普通高中	7792443	7927063	23753709
完全中学	2388090	2415580	7246165
高级中学	5115500	5129919	15449469
十二年一贯制学校	288853	381564	1058075
成人高中	36009		40344
中等职业教育	4872763	5570492	15552634
普通中专	2185850	2419344	6994205
成人中专	510987	462495	1131250
职业高中	1272933	1403185	4010825
技工学校	902993	1285468	3416354
初中阶段教育	13831576	16025931	46680415
初中	13677686	16025931	46525854
初级中学	9682552	10978173	32249484
九年一贯制学校	1966137	2597780	7256642
十二年一贯制学校	327926	457910	1262258
完全中学	1700160	1991459	5755420
职业初中	911	609	2050
成人初中	153890		154561
初等教育	**16888395**	**18672970**	**104125004**
普通小学	16164927	18672970	103392541
小学	14168663	16439462	90986857
九年一贯制学校	1798155	1999810	11140679
十二年一贯制学校	198109	233698	1265005
成人小学	723468		732463
#扫盲班	210127		229141
工读学校	**2716**	**3235**	**6818**
特殊教育	**81017**	**123514**	**665942**
学前教育	**17906336**	**18639134**	**46564204**

注：1.完全中学、九年一贯制学校和十二年一贯制学校的学生数按教育层次分别计入对应教育阶段的学生数中。
2.特殊教育学生数中包括义务教育阶段随班就读的学生、其他学校附设特教班。

7-14-5 各级各类民办教育学生情况

项　目	毕业生数(人)	招生数(人)	在校生数(人)
高等教育			
研究生	266	735	1490
博士			
硕士	266	735	1490
普通本专科	1661667	1839444	6496003
本科	925733	1051654	4170860
专科	735934	787790	2325143
成人本专科	80801	141423	281833
本科	10904	23607	43315
专科	69897	117816	238518
另有其他学生数			
民办高校			11087
民办的其他高等教育机构			85017
中等教育			
高中阶段教育			
高中			
普通高中	925741	1169477	3282687
完全中学	360872	426719	1212634
高级中学	340314	432624	1216742
十二年一贯制学校	224555	310134	853311
成人高中			
中等职业教育			
普通中专	306142	458490	1185015
成人中专	80770	85103	188094
职业高中	205510	268708	723917
技工学校			
初中阶段教育			
初中	1714188	2304700	6363044
初级中学	501375	595483	1705127
九年一贯制学校	595547	878440	2352552
十二年一贯制学校	265833	380431	1042229
完全中学	351415	450311	1263035
职业初中	18	35	101
成人初中			
初等教育			
普通小学	1401671	1553073	8845746
小学	668608	764585	4325633
九年一贯制学校	574405	613502	3541088
十二年一贯制学校	158658	174986	979025
成人小学			
其中：扫盲班			
工读学校	**171**	**186**	**816**
特殊教育	**1663**	**3564**	**15591**
学前教育	**9359928**	**9972628**	**26397847**
另有：民办培训机构			**9100988**

注：1.完全中学、九年一贯制学校和十二年一贯制学校的学生数按教育层次分别计入对应教育阶段的学生数中。
　　2.特殊教育学生数中包括义务教育阶段随班就读的学生、其他学校附设特教班。
　　3."另有其他学生数"包括：自考助学班学生、预科生、进修及培训学生数。

7-14-6 各级各类学校情况

单位：所

年 份	普通高等学校	#高职(专科)院校	普通高中	中等职业教育	初中	#职业初中	普通小学	特殊教育	学前教育
1978	598		49215	2760	113130		949323	292	163952
1980	675		31300	3459	87077		917316	292	170419
1985	1016		17318	14190	77529	1626	832309	375	172262
1990	1075		15678	20763	73462	1509	766072	746	172322
1995	1054		13991	22072	68564	1535	668685	1379	180438
2000	1041	442	14564	19727	63898	1194	553622	1539	175836
2001	1225	628	14907	17580	66590	1065	491273	1531	111706
2002	1396	767	15406	15919	65645	984	456903	1540	111752
2003	1552	908	15779	14682	64730	1019	425846	1551	116390
2004	1731	1047	15998	14454	63757	697	394183	1560	117899
2005	1792	1091	16092	14466	62486	601	366213	1593	124402
2006	1867	1147	16153	14693	60885	335	341639	1605	130495
2007	1908	1168	15681	14832	59384	275	320061	1618	129086
2008	2263	1184	15206	14847	57914	213	300854	1640	133722
2009	2305	1215	14607	14388	56320	153	280184	1672	138209
2010	2358	1246	14058	13862	54890	67	257410	1706	150420
2011	2409	1280	13688	13083	54117	54	241249	1767	166750
2012	2442	1297	13509	12654	53216	49	228585	1853	181251
2013	2491	1321	13352	12262	52804	40	213529	1933	198553
2014	2529	1327	13253	11878	52623	26	201377	2000	209881
2015	2560	1341	13240	11202	52405	22	190525	2053	223683
2016	2596	1359	13383	10893	52118	16	177633	2080	239812
2017	2631	1388	13555	10671	51894	15	167009	2107	254950
2018	2663	1418	13737	10229	51982	11	161811	2152	266677

7-14-7 各级各类学校专任教师情况

单位：万人

年 份	普通高等学校	#高职(专科)院校	普通高中	中等职业教育	初中	#职业初中	普通小学	特殊教育	学前教育
1978	20.6		74.1	9.9	244.1		522.6	0.4	27.8
1980	24.7		57.1	13.3	244.9		549.9	0.5	41.1
1985	34.4		49.2	35.5	216.0		537.7	0.7	55.0
1990	39.5		56.2	66.3	249.9	2.9	558.2	1.4	75.0
1995	40.1		55.1	74.0	282.1	3.7	566.4	2.5	87.5
2000	46.3	8.7	75.7	79.7	328.7	3.8	586.0	3.2	85.6
2001	53.2	12.4	84.0	73.8	338.6	3.7	579.8	2.9	54.6
2002	61.8	15.6	94.6	69.1	346.8	3.7	577.9	3.0	57.1
2003	72.5	19.7	107.1	71.3	349.8	3.1	570.3	3.0	61.3
2004	85.8	23.8	119.1	73.6	350.0	2.4	562.9	3.1	65.6
2005	96.6	26.8	129.9	75.0	349.2	2.0	559.2	3.2	72.2
2006	107.6	31.6	138.7	79.9	347.5	1.2	558.8	3.3	77.6
2007	116.8	35.5	144.3	85.9	347.3	0.9	561.3	3.5	82.7
2008	123.7	37.7	147.6	89.5	347.6	0.7	562.2	3.6	89.9
2009	129.5	39.5	149.3	86.7	351.8	0.5	563.3	3.8	98.6
2010	134.3	40.4	151.8	87.1	352.5	0.2	561.7	4.0	114.4
2011	139.3	41.3	155.7	88.1	352.5	0.2	560.5	4.1	131.6
2012	144.0	41.3	159.5	88.0	350.4	0.2	558.5	4.4	147.9
2013	149.7	43.7	162.9	86.8	348.1	0.1	558.5	4.6	166.3
2014	153.5	43.8	166.3	85.8	348.8	0.1	563.4	4.8	184.4
2015	157.3	45.5	169.5	84.4	347.6	0.1	568.5	5.0	205.1
2016	160.2	46.7	173.3	84.0	348.8		578.9	5.3	223.2
2017	163.3	48.2	177.4	83.9	354.9		594.5	5.6	243.2
2018	167.3	49.8	181.3	83.4	363.9		609.2	5.9	258.1

7-14-8 各级各类学校招生情况

单位：万人

年 份	普 通 本专科	#专科	普通高中	中等职业 教 育	初中	#职业初中	普通小学	特殊教育	学前教育
1978	40.2	12.4	692.9	44.7	2006.0		3315.4	0.6	
1980	28.1	7.7	383.4	58.3	1557.6	6.7	2942.3	0.6	
1985	61.9	30.2	257.5	234.2	1367.0	17.6	2298.2	0.9	
1990	60.9	29.2	249.8	286.1	1389.3	19.4	2064.0	1.6	
1995	92.6	47.8	273.6	498.6	1781.1	28.8	2531.8	5.6	1972.4
2000	220.6	48.7	472.7	408.3	2295.6	32.3	1946.5	5.3	1531.1
2001	268.3	66.6	558.0	399.9	2287.9	30.0	1944.2	5.6	1398.2
2002	320.5	89.1	676.7	473.6	2281.8	29.5	1952.8	5.3	1373.6
2003	382.2	199.6	752.1	515.8	2220.1	24.8	1829.4	4.9	1316.8
2004	447.3	237.4	821.5	566.2	2094.6	16.4	1747.0	5.1	1350.3
2005	504.5	268.1	877.7	655.7	1987.6	11.1	1671.7	4.9	1356.2
2006	546.1	293.0	871.2	747.8	1929.5	5.9	1729.4	5.0	1391.3
2007	565.9	283.8	840.2	810.0	1868.5	4.8	1736.1	6.3	1433.6
2008	607.7	310.6	837.0	812.1	1859.6	3.4	1695.7	6.2	1482.7
2009	639.5	313.4	830.3	868.2	1788.5	2.1	1637.8	6.4	1546.9
2010	661.8	310.5	836.2	870.4	1716.6	1.1	1691.7	6.5	1700.4
2011	681.5	324.9	850.8	813.9	1634.7	0.7	1736.8	6.4	1827.3
2012	688.8	314.8	844.6	754.1	1570.8	0.5	1714.7	6.6	1911.9
2013	699.8	318.4	822.7	674.8	1496.1	0.4	1695.4	6.6	1970.0
2014	721.4	338.0	796.6	619.8	1447.8	0.2	1658.4	7.1	1987.8
2015	737.8	348.4	796.6	601.2	1411.0	0.2	1729.0	8.3	2008.8
2016	748.6	343.2	802.9	593.3	1487.2	0.1	1752.5	9.2	1922.1
2017	761.5	350.7	800.1	582.4	1547.2	0.1	1766.6	11.1	1938.0
2018	791.0	368.8	792.7	557.0	1602.6	0.1	1867.3	12.4	1863.9

7-14-9 各级各类学校在校学生情况

单位：万人

年 份	普 通本专科	#专科	普通高中	中等职业教 育	初中	#职业初中	普通小学	特殊教育	学前教育
1978	85.6	38.0	1553.1	212.8	4995.2		14624.0	3.1	787.7
1980	114.4	28.2	969.8	586.3	4551.8	13.5	14627.0	3.3	1150.8
1985	170.3	58.0	741.1	476.1	4010.1	45.2	13370.2	4.2	1479.7
1990	206.3	74.3	717.3	763.5	3916.6	47.9	12241.4	7.2	1972.2
1995	290.6	126.8	713.2	1230.2	4727.5	69.7	13195.2	29.6	2711.2
2000	556.1	100.9	1201.3	1284.5	6256.3	88.6	13013.3	37.8	2244.2
2001	719.1	146.8	1405.0	1164.9	6514.4	83.3	12543.5	38.6	2021.8
2002	903.4	193.4	1683.8	1190.8	6687.4	83.4	12156.7	37.5	2036.0
2003	1108.6	479.4	1964.8	1256.7	6690.8	72.4	11689.7	36.5	2003.9
2004	1333.5	595.7	2220.4	1409.2	6527.5	52.5	11246.2	37.2	2089.4
2005	1561.8	713.0	2409.1	1600.0	6214.9	43.1	10864.1	36.4	2179.0
2006	1738.8	795.5	2514.5	1809.9	5957.9	20.6	10711.5	36.3	2263.9
2007	1884.9	860.6	2522.4	1987.0	5736.2	15.3	10564.0	41.9	2348.8
2008	2021.0	916.8	2476.3	2087.1	5585.0	10.8	10331.5	41.7	2475.0
2009	2144.7	964.8	2434.3	2195.2	5440.9	7.3	10071.5	42.8	2657.8
2010	2231.8	966.2	2427.3	2238.5	5279.3	3.4	9940.7	42.6	2976.7
2011	2308.5	958.9	2454.8	2205.3	5066.8	2.6	9926.4	39.9	3424.5
2012	2391.3	964.2	2467.2	2213.7	4763.1	1.9	9695.9	37.9	3685.8
2013	2468.1	973.6	2435.9	1923.0	4440.1	1.1	9360.5	36.8	3894.7
2014	2547.7	1006.6	2400.5	1755.3	4384.6	0.8	9451.1	39.5	4050.7
2015	2625.3	1048.6	2374.4	1656.7	4312.0	0.5	9692.2	44.2	4264.8
2016	2695.8	1082.9	2366.6	1599.0	4329.4	0.4	9913.0	49.2	4413.9
2017	2753.6	1105.0	2374.5	1592.5	4442.1	0.3	10093.7	57.9	4600.1
2018	2831.0	1133.7	2375.4	1555.3	4652.6	0.2	10339.3	66.6	4656.4

7-14-10 各级各类学校毕业生情况

单位：万人

年份	普通本专科	#专科	普通高中	中等职业教育	初中	#职业初中	普通小学	特殊教育	学前教育
1978	16.5	0.8	682.7	40.3	1692.6		2287.9	0.3	
1980	14.7		616.2	73.3	964.8	7.9	2053.3	0.4	
1985	31.6	14.4	196.6	92.5	1007.2	8.9	1999.9	0.4	
1990	61.4	30.6	233.0	240.6	1123.0	13.9	1863.1	0.5	
1995	80.5	48.0	201.6	348.4	1244.4	17.0	1961.5	1.9	
2000	95.0	17.9	301.5	476.7	1633.5	26.4	2419.2	4.3	
2001	103.6	19.3	340.5	430.6	1731.5	24.5	2396.9	4.6	1160.2
2002	133.7	27.7	383.8	380.1	1903.7	23.8	2351.9	4.4	1152.7
2003	187.7	94.8	458.1	346.4	2018.5	22.9	2267.9	4.5	1072.0
2004	239.1	119.5	546.9	359.2	2087.3	16.9	2135.2	4.7	1059.7
2005	306.8	160.2	661.6	418.2	2123.4	16.9	2019.5	4.3	1025.4
2006	377.5	204.8	727.1	479.1	2071.6	9.2	1928.5	4.5	1045.1
2007	447.8	248.2	788.3	530.9	1963.7	6.9	1870.2	5.0	1049.1
2008	511.9	286.3	836.1	580.7	1868.0	5.1	1865.0	5.2	1040.5
2009	531.1	285.6	823.7	624.9	1797.7	3.0	1805.2	5.7	1040.6
2010	575.4	316.4	794.4	665.0	1750.4	1.8	1739.6	5.9	1057.6
2011	608.2	328.5	787.7	660.0	1736.7	1.2	1662.8	4.4	1184.7
2012	624.7	320.9	791.5	674.6	1660.8	0.9	1641.6	4.9	1433.6
2013	638.7	318.7	799.0	674.4	1561.5	0.7	1581.1	5.1	1491.7
2014	659.4	318.0	799.6	622.9	1413.5	0.3	1476.6	4.9	1527.2
2015	680.9	322.3	797.7	567.9	1417.6	0.2	1437.3	5.3	1590.3
2016	704.2	329.8	792.4	533.6	1423.9	0.2	1507.4	5.9	1623.2
2017	735.8	351.6	775.7	496.9	1397.5	0.1	1565.9	6.9	1652.7
2018	753.3	366.5	779.2	487.3	1367.8	0.1	1616.5	8.1	1790.6

7-14-11 研究生和留学人员情况

单位：人

年 份	研究生数			出 国	学成回国
	毕业生数	招生数	在校学生数	留学人员	留学人员
1978	9	10708	10934	860	248
1980	476	3616	21604	2124	162
1985	17004	46871	87331	4888	1424
1990	35440	29649	93018	2950	1593
1995	31877	51053	145443	20381	5750
2000	58767	128484	301239	38989	9121
2001	67809	165197	393256	83973	12243
2002	80841	202611	500980	125179	17945
2003	111091	268925	651260	117307	20152
2004	150777	326286	819896	114682	24726
2005	189728	364831	978610	118515	34987
2006	255902	397925	1104653	134000	42000
2007	311839	418612	1195047	144000	44000
2008	344825	446422	1283046	179800	69300
2009	371273	510953	1404942	229300	108300
2010	383600	538177	1538416	284700	134800
2011	429994	560168	1645845	339700	186200
2012	486455	589673	1719818	399600	272900
2013	513626	611381	1793953	413900	353500
2014	535863	621323	1847689	459800	364800
2015	551522	645055	1911406	523700	409100
2016	563938	667064	1981051	544500	432500
2017	578045	806103	2639561	608400	480900
2018	604368	857966	2731257	662100	519400

7-14-12 技工学校情况

年 份	学校数（所）	教职工数（万人）	毕业生数（万人）	招生数（万人）	在校学生数（万人）
1985	3548	21.5	22.6	35.5	74.2
1986	3765	24.4	23.3	39.4	89.2
1987	3952	26.2	26.5	42.3	103.1
1988	3996	28.0	31.1	46.1	116.1
1989	4102	29.6	36.8	47.0	125.8
1990	4184	30.8	41.3	50.6	133.2
1991	4269	32.5	45.4	54.4	142.2
1992	4392	33.6	45.7	60.2	155.6
1993	4477	33.5	49.7	66.4	171.7
1994	4430	34.0	55.7	71.4	187.1
1995	4521	33.7	68.5	74.6	189.0
1996	4467	33.5	68.1	72.7	191.8
1997	4395	31.0	69.9	73.4	193.1
1998	4362	31.0	68.2	59.4	181.3
1999	4098	26.9	66.2	51.5	156.0
2000	3792	24.0	64.6	50.4	140.1
2001	3470	22.0	47.7	55.1	134.7
2002	3075	20.3	45.4	73.3	153.0
2003	2970	20.2	45.3	91.6	193.1
2004	2884	20.4	53.5	109.7	234.4
2005	2855	20.4	69.0	118.4	275.3
2006	2880	21.5	86.4	134.8	320.8
2007	2995	24.0	99.7	158.5	367.1
2008	3075	24.7	109.0	161.4	397.5
2009	3064	25.8	115.2	156.4	414.3
2010	2998	26.5	121.3	158.6	421.0
2011	2914	26.5	118.9	163.5	429.4
2012	2892	26.7	120.2	156.8	422.8
2013	2882	26.9	116.9	133.5	386.6
2014	2818	26.5	106.8	124.4	339.0
2015	2545	26.0	94.6	121.4	321.5
2016	2526	26.5	93.1	127.2	323.2
2017	2490	26.9	90.5	130.9	338.2
2018	2379	26.7	90.3	128.5	341.6

7-14-13 进城务工子女在校情况

单位：人

项　目	进城务工人员随迁子女	外省迁入	本省外县迁入
普通小学			
毕业生数	1465462	666311	799151
招生数	1845633	813573	1032060
#受过学前教育	1840917	811936	1028981
在校学生数	10483928	4636367	5847561
#女	4659504	2041286	2618218
初中			
毕业生数	945271	354432	590839
招生数	1330669	557350	773319
在校学生数	3756475	1518447	2238028
#女	1658326	655418	1002908

7-14-14 小学学龄儿童净入学率和各级普通学校毕业生升学率

单位：%

年　份	小学学龄儿童净入学率	小学升学率	初中升学率
1990	97.8	74.6	40.6
1991	97.9	77.7	42.6
1992	97.2	79.7	43.6
1993	97.7	81.8	44.1
1994	98.4	86.6	47.8
1995	98.5	90.8	50.3
1996	98.8	92.6	49.8
1997	98.9	93.7	51.5
1998	98.9	94.3	50.7
1999	99.1	94.4	50.0
2000	99.1	94.9	51.2
2001	99.1	95.5	52.9
2002	98.6	97.0	58.3
2003	98.7	97.9	59.6
2004	98.9	98.1	63.8
2005	99.2	98.4	69.7
2006	99.3	100.0	75.7
2007	99.5	99.9	80.5
2008	99.5	99.7	82.1
2009	99.4	99.1	85.6
2010	99.7	98.7	87.5
2011	99.8	98.3	88.9
2012	99.9	98.3	88.4
2013	99.7	98.3	91.2
2014	99.8	98.0	95.1
2015	99.9	98.2	94.1
2016	99.9	98.7	93.7
2017	99.9	98.8	94.9
2018	100.0	99.1	95.2

注：1.1991年以前的入学率是按7-11周岁统一计算的；从1991年起入学率是按各地不同入学年龄和学制分别计算的。
2.2017年起，教育部不再对外发布“高中升学率”指标。

7-14-15 各地区普通本专科学生情况

单位：人

地 区	招生数	本 科	专 科	在校学生数	本 科	专 科	毕业生数
全 国	**7909931**	**4221590**	**3688341**	**28310348**	**16973343**	**11337005**	**7533087**
北 京	151952	130060	21892	594933	520899	74034	149183
天 津	142116	89100	53016	523349	350646	172703	138789
河 北	386504	200178	186326	1342631	774678	567953	338771
山 西	201497	122038	79459	765580	502932	262648	216596
内蒙古	122156	62764	59392	455284	258781	196503	122929
辽 宁	256017	168364	87653	963208	692619	270589	275875
吉 林	175543	120125	55418	658327	486973	171354	166174
黑龙江	197866	133899	63967	732082	527986	204096	200701
上 海	135825	95786	40039	517796	383459	134337	132508
江 苏	478683	271837	206846	1806277	1121239	685038	491268
浙 江	267993	150858	117135	1019449	624707	394742	280634
安 徽	306990	163886	143104	1139112	664949	474163	335182
福 建	221725	125233	96492	772361	505489	266872	204271
江 西	296321	141845	154476	1054400	544906	509494	310976
山 东	553743	258168	295575	2040793	1068178	972615	585871
河 南	622240	279947	342293	2140780	1140778	1000002	559882
湖 北	406772	214554	192218	1438242	876771	561471	375447
湖 南	381644	183895	197749	1326828	723763	603065	347641
广 东	573287	282802	290485	1963170	1133292	829878	523936
广 西	282938	125196	157742	942227	491574	450653	213788
海 南	54468	29218	25250	189179	114041	75138	49281
重 庆	213681	113922	99759	762811	462559	300252	199727
四 川	453510	230169	223341	1564710	913215	651495	393689
贵 州	217176	91829	125347	687530	342790	344740	159724
云 南	210134	104914	105220	764659	440003	324656	188092
西 藏	9491	6123	3368	35717	24691	11026	9297
陕 西	282961	167402	115559	1054808	674094	380714	311010
甘 肃	136920	72845	64075	483620	293062	190558	122347
青 海	20465	10762	9703	70288	39448	30840	17414
宁 夏	35027	21150	13877	125253	81028	44225	30799
新 疆	114286	52721	61565	374944	193793	181151	81285

7-14-15 续表

单位：人

地 区			授 予	预 计		
	本 科	专 科	学位数	毕业生数	本 科	专 科
全 国	**3868358**	**3664729**	**3807417**	**7876732**	**4125184**	**3751548**
北 京	120258	28925	118827	155891	128660	27231
天 津	78461	60328	76338	143550	84263	59287
河 北	171447	167324	170031	366194	179815	186379
山 西	117525	99071	116119	214996	122914	92082
内蒙古	58014	64915	56633	131003	63486	67517
辽 宁	177461	98414	176259	268813	175324	93489
吉 林	113143	53031	111529	177314	120524	56790
黑龙江	124946	75755	123964	199622	126157	73465
上 海	85832	46676	84519	143897	95125	48772
江 苏	260106	231162	253898	513850	280280	233570
浙 江	149271	131363	147887	297011	160982	136029
安 徽	154074	181108	152293	327903	162461	165442
福 建	120998	83273	120490	211941	128635	83306
江 西	126875	184101	125677	306678	125416	181262
山 东	239609	346262	238320	592887	254321	338566
河 南	262013	297869	257927	606846	283258	323588
湖 北	203965	171482	199243	395368	215663	179705
湖 南	164199	183442	161013	372655	172759	199896
广 东	253961	269975	252319	546619	280710	265909
广 西	97498	116290	95712	249051	116638	132413
海 南	24856	24425	24128	52911	26958	25953
重 庆	105300	94427	102550	210763	114242	96521
四 川	186361	207328	182096	424646	218432	206214
贵 州	69877	89847	66588	178906	70255	108651
云 南	95714	92378	93754	202402	105207	97195
西 藏	5609	3688	5303	10071	6080	3991
陕 西	169633	141377	167464	303044	166474	136570
甘 肃	70587	51760	69388	127165	71856	55309
青 海	8331	9083	8169	19688	8801	10887
宁 夏	17892	12907	17159	33470	18953	14517
新 疆	34542	46743	31820	91577	40535	51042

7-14-16 各地区普通高等学校(机构)情况

单位：人

地区	学校数(所)	教职工数	#校本部教职工	专任教师	正高级	副高级	中级	初级	无职称	行政人员	教辅人员	工勤人员
全国	2663	2487544	2384187	1672753	217874	504719	655883	178390	115887	356249	223358	131827
北京	92	143255	124992	71095	20378	25302	21184	2072	2159	25265	16960	11672
天津	56	47468	46782	31362	4948	10350	12699	1816	1549	8716	4680	2024
河北	122	108248	106309	75454	10432	22847	30048	6476	5651	14810	9279	6766
山西	83	59424	57902	41910	2913	11144	17204	7318	3331	7350	5093	3549
内蒙古	53	40465	39870	26870	2995	8767	10483	2622	2003	6330	4494	2176
辽宁	115	97176	95287	62535	9301	20534	26299	4722	1679	17146	9369	6237
吉林	62	63479	61316	40328	6711	13335	14699	4574	1009	9290	6752	4946
黑龙江	81	73542	71257	46027	7764	16049	17743	3225	1246	11996	7273	5961
上海	64	75115	70811	44585	8462	14403	17209	2715	1796	13570	9349	3307
江苏	167	170589	162684	116350	16355	40380	47052	8177	4386	24648	14124	7562
浙江	108	94462	90313	63433	9532	19471	26653	3832	3945	16067	8333	2480
安徽	119	82096	80067	61089	5786	17014	24764	10139	3386	9394	5884	3700
福建	89	70707	67433	46555	5886	14314	19023	5528	1804	11980	6618	2280
江西	102	81501	79133	57440	5448	14776	23384	8138	5694	8085	10299	3309
山东	145	158526	152057	112717	11993	33588	47871	12990	6275	19756	13195	6389
河南	139	153690	148307	115353	9226	29570	47020	20216	9321	15163	9493	8298
湖北	128	129164	123986	83403	11538	28150	30650	7961	5104	19915	12584	8084
湖南	124	104086	100907	72689	8063	21276	29053	6824	7473	13738	9446	5034
广东	152	160099	153126	108222	14805	29423	43246	7935	12813	23429	14719	6756
广西	75	69027	62618	45211	4905	12164	17899	3183	7060	9021	4838	3548
海南	20	15313	15156	10082	1318	2907	3712	1035	1110	2278	1511	1285
重庆	65	59521	57950	42946	5137	12278	17584	4717	3230	8223	4141	2640
四川	119	125535	120431	86997	9666	23447	33201	14987	5696	16513	9714	7207
贵州	72	50050	49441	36243	3444	11193	10492	6097	5017	7509	3641	2048
云南	79	54832	53893	40102	4247	11146	14932	5852	3925	7094	4066	2631
西藏	7	3788	3718	2629	245	785	1051	385	163	598	305	186
陕西	95	106096	101065	68459	9180	20973	27573	7125	3608	16268	10346	5992
甘肃	49	40803	38846	28939	3534	9601	11277	3218	1309	5095	2689	2123
青海	12	7046	6762	4746	752	1494	1228	803	469	826	783	407
宁夏	19	11629	11271	8185	1419	2314	2142	1486	824	1586	879	621
新疆	50	30812	30497	20797	1491	5724	8508	2222	2852	4590	2501	2609

7-14-17 各地区普通高中情况

单位：人

地区	学校数(所)	教职工数	#专任教师	毕业生数	招生数	在校学生数
全国	**13737**	**2742521**	**1812584**	**7792443**	**7927063**	**23753709**
北京	309	59611	20892	51065	47355	155478
天津	189	30644	16606	53731	50162	159889
河北	655	152885	99859	401065	448898	1334876
山西	512	100027	63893	247611	207013	679268
内蒙古	299	56081	36316	146323	133263	421384
辽宁	414	65778	51811	206402	191108	608554
吉林	248	43846	30775	133057	129106	408494
黑龙江	366	59556	42686	180948	173135	548421
上海	260	33106	18350	51942	52330	158181
江苏	578	126952	95624	312440	352082	980758
浙江	591	94300	70365	253335	254912	769236
安徽	661	119303	78595	369152	358860	1074716
福建	538	101540	51144	206080	210816	633906
江西	480	91819	58415	304483	344664	1008384
山东	620	173356	137946	550112	544536	1642050
河南	852	174443	131102	660798	726544	2100552
湖北	531	90145	66010	275641	277436	823519
湖南	626	118965	79968	364539	406744	1175466
广东	1013	260118	149931	646488	604224	1837141
广西	468	85495	59520	295808	368036	1035827
海南	119	27632	13435	57018	56996	170078
重庆	256	68369	39298	204087	201397	607678
四川	768	173747	99647	479939	461665	1389515
贵州	466	88801	66598	330559	337279	1007791
云南	519	92875	59147	257036	302529	864850
西藏	34	6579	5740	19133	22682	61702
陕西	471	86708	57414	263301	232057	722663
甘肃	381	60753	45730	201083	172624	549305
青海	105	13955	9727	39125	42551	126705
宁夏	65	14144	11304	52262	50880	147599
新疆	343	70988	44736	177880	165179	549723

7-14-18 各地区中等职业学校情况

单位：人

地 区	学校数（所）	教职工数	#专任教师	毕业生数	#获得职业资格证书	招生数	在校学生数	预计毕业生数
全 国	**7850**	**799593**	**635461**	**3969770**	**2997739**	**4285024**	**12136280**	**4056047**
北 京	86	9507	6147	26037	13351	14373	62299	24645
天 津	71	8077	5839	32446	25017	27516	90666	34868
河 北	604	59202	46588	230532	167024	275767	724282	250355
山 西	358	29445	23374	111831	96798	100471	302107	110896
内蒙古	242	18192	13639	60611	34780	57496	181488	61604
辽 宁	280	26514	19811	98698	54666	80526	286095	103160
吉 林	260	17583	13418	41718	20633	35090	120897	44160
黑龙江	229	18480	13528	69211	44729	51549	180400	65358
上 海	92	11947	8083	34707	29441	33372	102575	34312
江 苏	218	50137	42518	212599	179215	199204	626012	206745
浙 江	246	38628	34409	170376	163466	177634	526120	174245
安 徽	344	32291	27323	257212	202218	294300	752810	271030
福 建	180	19629	16485	107814	97232	122939	335832	117466
江 西	338	17758	13005	108660	102514	122524	355042	111134
山 东	398	59304	48269	250210	180701	245355	750142	262149
河 南	606	60030	48216	314036	229460	391987	1101602	358846
湖 北	270	25937	19891	116775	89694	127901	369424	117684
湖 南	472	36678	29029	204504	159255	229118	658221	212530
广 东	444	56750	44105	318470	231492	297190	867254	265408
广 西	249	27407	20311	185663	111712	247944	677550	215660
海 南	74	6293	4518	33132	9817	44177	119241	35329
重 庆	132	17979	14820	99289	72003	109202	299909	92909
四 川	419	48342	37892	327834	292927	325773	820060	315884
贵 州	183	21003	17386	152670	107925	166564	472182	152504
云 南	376	24941	20898	142093	91732	185565	505415	158284
西 藏	11	1869	1754	5228	545	9690	22817	6683
陕 西	234	18590	14047	84877	63690	82498	233336	74453
甘 肃	209	16877	14211	58873	50991	72657	189046	60322
青 海	38	2940	2357	20654	12870	28694	76979	20940
宁 夏	29	3605	2900	24527	14721	27156	72820	23258
新 疆	158	13658	10690	68483	47120	100792	253657	73226

7-14-19 各地区初中情况

单位：人

地区	学校数（所）	专任教师	城区	镇区	乡村	在校学生数	城区	镇区	乡村
全国	**51982**	**3638999**	**1296529**	**1779144**	**563326**	**46525854**	**16918809**	**23122983**	**6484062**
北京	335	35643	29385	3496	2762	278971	238627	24017	16327
天津	347	27469	19183	5557	2729	280205	194900	58501	26804
河北	2367	199852	61426	103694	34732	2831535	869900	1504508	457127
山西	1787	108356	35833	53643	18880	1137656	420266	568035	149355
内蒙古	691	58263	22811	31538	3914	636615	267677	332430	36508
辽宁	1522	98947	52341	35097	11509	985317	545378	337349	102590
吉林	1175	65808	26265	26013	13530	660635	301233	251434	107968
黑龙江	1418	88978	39392	36917	12669	932812	424543	400934	107335
上海	573	40996	34737	5043	1216	432531	376089	45705	10737
江苏	2187	190762	91850	90253	8659	2257619	1093477	1075140	89002
浙江	1742	127488	66385	49537	11566	1614623	839053	641528	134042
安徽	2833	158888	36859	87028	35001	2091690	502087	1183111	406492
福建	1246	101846	35940	48426	17480	1287133	536901	576160	174072
江西	2160	128769	34295	67593	26881	2069873	567545	1121144	381184
山东	3051	281957	111155	145656	25146	3457221	1417633	1749947	289641
河南	4519	314329	76816	169609	67904	4518810	1143545	2515549	859716
湖北	2066	129756	51413	60549	17794	1587795	662668	728647	196480
湖南	3331	175418	45291	94204	35923	2404647	659680	1316407	428560
广东	3614	286437	154386	104121	27930	3724667	2118004	1284937	321726
广西	1743	137395	32693	86254	18448	2126353	494414	1347140	284799
海南	401	26250	10073	12760	3417	352801	153786	160326	38689
重庆	866	77861	32605	38892	6364	1045616	455949	509733	79934
四川	3716	204939	56409	115359	33171	2618120	768289	1491123	358708
贵州	2002	128242	27072	81261	19909	1808436	377178	1161653	269605
云南	1679	132323	25325	68372	38626	1861533	356093	984105	521335
西藏	99	10772	2422	6444	1906	129405	25652	76742	27011
陕西	1601	98478	33360	55864	9254	1085454	440328	574666	70460
甘肃	1467	79952	16855	44216	18881	870014	214462	487600	167952
青海	265	16362	4550	8406	3406	222833	62373	117821	42639
宁夏	244	20473	7525	9657	3291	290451	116966	136200	37285
新疆	935	85990	21877	33685	30428	924483	274113	360391	289979

7-14-20 各地区普通小学情况

单位：人

地区	学校数（所）	专任教师数	城区	镇区	乡村	在校学生数	城区	镇区	乡村
全国	**161811**	**6091908**	**2002078**	**2225601**	**1864229**	**103392541**	**37221569**	**39506834**	**26664138**
北京	970	66894	55175	5091	6628	913216	790596	58437	64183
天津	879	44785	32313	5209	7263	673188	494198	80053	98937
河北	11545	380333	88778	143326	148229	6588456	1692143	2608994	2287319
山西	5445	168018	50246	64598	53174	2284991	890789	957646	436556
内蒙古	1655	100652	33326	48202	19124	1341863	557763	621784	162316
辽宁	3280	136984	68886	39641	28457	1954825	1187416	483461	283948
吉林	3871	106603	36097	35923	34583	1201872	541162	430491	230219
黑龙江	1469	110544	42835	43624	24085	1318982	619569	540787	158626
上海	721	56803	48301	6845	1657	800222	691235	87657	21330
江苏	4103	316063	146860	132312	36891	5604407	2589769	2383359	631279
浙江	3301	210407	108306	70584	31517	3605686	1907516	1225341	472829
安徽	7908	249323	52158	103809	93356	4568379	1053681	2072987	1441711
福建	5189	172012	63276	66908	41828	3213945	1321754	1278706	613485
江西	7578	234662	56310	97752	80600	4212208	1124892	1940662	1146654
山东	9674	430702	151187	166779	112736	7259706	2700150	2852556	1707000
河南	18622	547153	112431	205845	228877	9945951	2322495	4046863	3576593
湖北	5396	203576	74043	74912	54621	3665794	1485467	1400250	780077
湖南	7335	274527	73395	124445	76687	5219847	1466478	2503850	1249519
广东	10308	530291	291188	129621	109482	9883724	5718351	2486837	1678536
广西	8054	257750	57329	89089	111332	4767771	1147264	1733399	1887108
海南	1377	50730	15907	17883	16940	831869	330660	306713	194496
重庆	2893	126513	49440	50045	27028	2095361	949403	838998	306960
四川	5730	329927	83610	149279	97038	5554589	1605146	2596321	1353122
贵州	6951	207839	40726	88517	78596	3717297	811389	1706335	1199573
云南	10900	228365	37956	62473	127936	3795120	736005	1078688	1980427
西藏	809	22446	3345	6623	12478	326334	50723	95105	180506
陕西	4714	164159	56147	74989	33023	2656120	1091856	1210745	353519
甘肃	5785	143260	25133	52941	65186	1896471	462070	789067	645334
青海	731	27483	6375	10638	10470	486026	123282	197503	165241
宁夏	1250	34487	10712	11502	12273	581495	215449	203642	162404
新疆	3368	158617	30287	46196	82134	2426826	542898	689597	1194331

7-14-21　各地区特殊教育情况

单位：人

地区	学校数（所）	专任教师数	毕业生数	招生数	在校学生数	#女
全国	**2152**	**58656**	**81017**	**123514**	**665942**	**242141**
北京	21	966	1454	998	6407	2225
天津	20	634	540	667	4491	1574
河北	162	3422	2011	4089	20670	7590
山西	76	1752	1883	2721	14398	5656
内蒙古	45	1504	1383	2071	11757	4514
辽宁	79	2085	1602	1579	11835	3905
吉林	50	1662	1094	1867	9649	3518
黑龙江	72	1920	1307	2298	13990	5030
上海	30	1286	1515	1076	7435	2654
江苏	102	3527	3830	4774	31151	10835
浙江	85	2589	3046	3479	19526	6901
安徽	73	1748	1970	5009	31450	11260
福建	72	2147	3872	3978	25140	8588
江西	94	1571	5188	6212	33788	12147
山东	149	5352	4322	5240	30473	10796
河南	149	3997	2406	9946	43875	15712
湖北	84	1799	1515	2850	16177	5464
湖南	85	2202	4730	7288	36544	12925
广东	135	4842	4502	9055	47912	15289
广西	81	1656	2662	7474	33594	11587
海南	11	330	300	684	2952	1011
重庆	38	995	2459	3872	21405	8027
四川	128	2970	10094	10298	56851	21984
贵州	77	1839	3311	6147	31068	11653
云南	65	1661	7349	7274	36925	14720
西藏	5	246	488	833	4715	2175
陕西	65	1408	1976	3071	16399	6193
甘肃	43	921	1524	3050	15769	5858
青海	15	194	658	1241	6634	2779
宁夏	13	407	697	964	6004	2425
新疆	28	1024	1329	3409	16958	7146

7-14-22 各地区各级学校生师比

(教师人数=1)

年份 地区	普通小学	初中	普通高中	中等职业学校	普通高校
2005	19.43	17.80	18.54	21.34	16.85
2006	19.17	17.15	18.13	22.65	17.93
2007	18.82	16.52	17.48	23.13	17.28
2008	18.38	16.07	16.78	23.32	17.23
2009	17.88	15.47	16.30	25.27	17.27
2010	17.70	14.98	15.99	25.69	17.33
2011	17.71	14.38	15.77	24.97	17.42
2012	17.36	13.59	15.47	24.19	17.52
2013	16.76	12.76	14.95	22.97	17.53
2014	16.78	12.57	14.44	21.34	17.68
2015	17.05	12.41	14.01	20.47	17.73
2016	17.12	12.41	13.65	19.84	17.07
2017	16.98	12.52	13.39	18.98	17.52
2018	16.97	12.79	13.10	19.10	17.56
北京	13.65	7.83	7.44	10.13	16.94
天津	15.03	10.20	9.63	15.53	18.67
河北	17.32	14.17	13.37	15.55	17.39
山西	13.60	10.50	10.63	12.92	17.62
内蒙古	13.33	10.93	11.60	13.31	17.41
辽宁	14.27	9.96	11.75	14.44	17.18
吉林	11.27	10.04	13.27	9.01	17.98
黑龙江	11.93	10.48	12.85	13.34	15.31
上海	14.09	10.55	8.62	12.69	16.34
江苏	17.73	11.83	10.26	14.72	15.68
浙江	17.14	12.66	10.93	15.29	15.29
安徽	18.32	13.16	13.67	27.55	18.21
福建	18.68	12.64	12.39	20.37	16.12
江西	17.95	16.07	17.26	27.30	18.06
山东	16.86	12.26	11.90	15.54	18.02
河南	18.18	14.38	16.02	22.85	18.43
湖北	18.01	12.24	12.48	18.57	18.17
湖南	19.01	13.71	14.70	22.67	18.18
广东	18.64	13.00	12.25	19.66	17.42
广西	18.50	15.48	17.40	33.36	18.37
海南	16.40	13.44	12.66	26.39	17.70
重庆	16.56	13.43	15.46	20.24	17.64
四川	16.84	12.78	13.94	21.64	19.33
贵州	17.89	14.10	15.13	27.16	18.22
云南	16.62	14.07	14.62	24.18	20.44
西藏	14.54	12.01	10.75	13.01	14.92
陕西	16.18	11.02	12.59	16.61	17.69
甘肃	13.24	10.88	12.01	13.30	17.40
青海	17.68	13.62	13.03	32.66	15.75
宁夏	16.86	14.19	13.06	25.11	17.26
新疆	15.30	10.75	12.29	23.73	19.01

7-14-23 每十万人口各级学校平均在校生数

单位：人

年 份 地 区	学前教育	小 学	初中阶段	高中阶段	高等教育
1991	1907	10502	3465	1355	304
1992	2072	10413	3518	1365	313
1993	2190	10656	3599	1448	376
1994	2219	10819	3681	1293	433
1995	2262	11010	3945	1610	457
1996	2208	11273	4180	1780	470
1997	2058	11435	4289	1905	482
1998	1944	11287	4408	1978	519
1999	1864	10855	4656	2032	594
2000	1782	10335	4969	2000	723
2001	1602	9937	5161	2021	931
2002	1595	9525	5240	2283	1146
2003	1560	9100	5209	2523	1298
2004	1617	8725	5058	2824	1420
2005	1676	8358	4781	3070	1613
2006	1731	8192	4557	3321	1816
2007	1787	8037	4364	3409	1924
2008	1873	7819	4227	3463	2042
2009	2001	7584	4097	3495	2128
2010	2230	7448	3955	3504	2189
2011	2554	7403	3779	3495	2253
2012	2736	7196	3535	3411	2335
2013	2876	6913	3279	3227	2418
2014	2977	6946	3222	3100	2488
2015	3118	7086	3152	2965	2524
2016	3211	7211	3150	2887	2530
2017	3327	7300	3213	2861	2576
2018	3350	7438	3347	2828	2658
北 京	2076	4206	1285	1151	5268
天 津	1689	4324	1800	1752	4150
河 北	3194	8761	3765	2885	2457
山 西	2668	6172	3073	2919	2383
内蒙古	2439	5306	2517	2449	1984
辽 宁	2091	4474	2255	2195	2866
吉 林	1543	4424	2431	2076	3131
黑龙江	1378	3481	2462	2079	2405
上 海	2363	3309	1789	1082	3517
江 苏	3183	6980	2812	2323	3143
浙 江	3419	6374	2854	2581	2370
安 徽	3313	7304	3344	3065	2245
福 建	4306	8218	3291	2659	2355
江 西	3490	9113	4478	3242	2771
山 东	3074	7255	3455	2723	2588
河 南	4582	10405	4727	3631	2653
湖 北	2949	6211	2690	2153	3088
湖 南	3283	7609	3505	2891	2610
广 东	4021	8849	3335	2917	2542
广 西	4499	9760	4353	3756	2602
海 南	4040	8983	3810	3362	2305
重 庆	3132	6814	3400	3268	3081
四 川	3142	6691	3154	2799	2409
贵 州	4328	10384	5051	4379	2254
云 南	2981	7905	3877	3147	2166
西 藏	3660	9684	3840	2508	1616
陕 西	3685	6926	2830	2894	3562
甘 肃	3596	7222	3313	2954	2258
青 海	3590	8128	3726	3697	1426
宁 夏	3542	8526	4259	3330	2379
新 疆	6371	9926	3781	3631	1954

注：1.高等教育包括普通高等学校和成人高等学校。
2.高中阶段包括普通高中、成人高中、普通中专、职业高中、技工学校和成人中专。
3.初中阶段包括普通初中和职业初中。

7-14-24 中国出国留学和外国来华留学人员情况

单位：万人

指　　标	2015	2016	2017	2018
出国留学人员总数	**52.37**	**54.45**	**60.84**	**66.21**
国家公派	2.59	3.00	3.12	3.02
单位公派	1.60	1.63	3.59	3.56
自费留学	48.18	49.82	54.13	59.63
留学回国人员总数	**40.91**	**43.25**	**48.09**	**51.94**
国家公派	2.11	2.25		2.53
单位公派	1.42	2.00		2.65
自费留学	37.38	39.00		46.76
来华留学人员总数	**39.76**	**44.28**	**48.92**	**49.22**
亚　洲	24.02	26.50		29.50
欧　洲	6.67	7.13		7.36
非　洲	4.98	6.16		8.16
美　洲	3.49	3.81		3.57
大洋洲	0.60	0.68		0.62

注：本表数据来源于教育部官网统计信息《我国出国留学人员情况统计》《我国来华留学人员情况统计》。

【主要统计指标解释】

国家财政性教育经费 包括一般公共预算安排的教育经费，政府性基金预算安排的教育经费，企业办学中的企业拨款，校办产业和社会服务收入用于教育的经费，其他属于国家财政性教育经费。

一般公共预算教育经费 指学校（单位）以同级财政部门取得的一般公共预算拨款。包括教育事业费、基建经费和教育费附加。

普通高等学校 指通过国家普通高等教育招生考试，招收高中毕业生为主要培养对象，实施高等学历教育的全日制大学、独立设置的学院、独立学院和高等专科学校、高等职业学校及其他普通高教机构。

大学、独立设置的学院主要实施本科及本科层次以上的教育。独立学院主要实施本科层次的教育。高等专科学校、高等职业学校实施专科层次的教育。

其他普通高教机构是指承担国家普通招生计划任务不计校数的机构，包括普通高等学校分校、大专班等。

成人高等学校 指通过国家成人高等教育招生考试，招收具有高中毕业或同等学力的人员为主要培养对象，利用函授、业余、脱产等多种形式，对其实施高等学历教育的学校。包括：职工高等学校、农民高等学校、管理干部学院、教育学院、独立函授学院、广播电视大学、其他成人高教机构。其他成人高教机构是指承担国家成人招生计划任务不计校数的机构。

小学学龄儿童净入学率 指调查范围内已入小学学习的学龄儿童占校内外学龄儿童总数的比重。计算公式为：

$$\text{小学学龄儿童净入学率}=\frac{\text{已入学的小学学龄儿童数}}{\text{校内外小学学龄儿童总数}}\times 100\%$$

7 第三产业分行业主要指标

7-15 卫生和社会工作

简要说明

一、主要内容

本篇资料主要包括卫生事业、民政事业等内容。

卫生经费资料包括卫生总费用、政府卫生支出等。

民政事业费资料包括民政事业费总支出、社会福利支出、社会救助支出等。

卫生事业统计资料主要包括医疗卫生机构、卫生人员、卫生设施以及各级各类医疗卫生机构服务、妇幼保健、疾病控制、居民病伤死亡原因等情况。

社会服务统计资料主要包括民政机构床位数、社会救助、医疗救助、社区服务机构、社会工作师等情况。

卫生和社会工作企业法人单位分地区主要指标。

二、资料来源

卫生统计资料由国家卫生健康委员会提供。社会服务统计资料由民政部和国家医疗保障局提供。

详细资料分别见《中国卫生健康统计年鉴》(国家卫生健康委员会编)、《中国民政统计年鉴》(中华人民共和国民政部编)。

卫生和社会工作企业法人单位分地区主要指标来源国家统计局服务业司《规模以上服务业统计报表制度》和《规模以下服务业抽样调查统计报表制度》调查结果。

7-15-1 卫生总费用

年 份	卫生总费用（亿元）				卫生总费用构成（%）			人均卫生费用（元）			卫生总费用与GDP之比（%）
	合计	政府卫生支出	社会卫生支出	个人现金卫生支出	政府卫生支出	社会卫生支出	个人现金卫生支出	合计	城市	农村	
1978	110.21	35.44	52.25	22.52	32.16	47.41	20.43	11.45			3.00
1979	126.19	40.64	59.88	25.67	32.21	47.45	20.34	12.94			3.08
1980	143.23	51.91	60.97	30.35	36.24	42.57	21.19	14.51			3.12
1981	160.12	59.67	62.43	38.02	37.27	38.99	23.74	16.00			3.24
1982	177.53	68.99	70.11	38.43	38.86	39.49	21.65	17.46			3.30
1983	207.42	77.63	64.55	65.24	37.43	31.12	31.45	20.14			3.44
1984	242.07	89.46	73.61	79.00	36.96	30.41	32.64	23.20			3.33
1985	279.00	107.65	91.96	79.39	38.58	32.96	28.46	26.36			3.07
1986	315.90	122.23	110.35	83.32	38.69	34.93	26.38	29.38			3.04
1987	379.58	127.28	137.25	115.05	33.53	36.16	30.31	34.73			3.12
1988	488.04	145.39	189.99	152.66	29.79	38.93	31.28	43.96			3.21
1989	615.50	167.83	237.84	209.83	27.27	38.64	34.09	54.61			3.58
1990	747.39	187.28	293.10	267.01	25.06	39.22	35.73	65.37	158.82	39.31	3.96
1991	893.49	204.05	354.41	335.03	22.84	39.67	37.50	77.14	187.56	45.61	4.06
1992	1096.86	228.61	431.55	436.70	20.84	39.34	39.81	93.61	222.01	55.34	4.03
1993	1377.78	272.06	524.75	580.97	19.75	38.09	42.17	116.25	268.58	68.45	3.86
1994	1761.24	342.28	644.91	774.05	19.43	36.62	43.95	146.95	332.56	85.49	3.62
1995	2155.13	387.34	767.81	999.98	17.97	35.63	46.40	177.93	401.28	101.48	3.51
1996	2709.42	461.61	875.66	1372.15	17.04	32.32	50.64	221.38	467.43	134.34	3.77
1997	3196.71	523.56	984.06	1689.09	16.38	30.78	52.84	258.58	537.85	157.16	4.01
1998	3678.72	590.06	1071.03	2017.63	16.04	29.11	54.85	294.86	625.94	194.63	4.32
1999	4047.50	640.96	1145.99	2260.55	15.84	28.31	55.85	321.78	701.98	203.22	4.47
2000	4586.63	709.52	1171.94	2705.17	15.47	25.55	58.98	361.88	812.95	214.93	4.57
2001	5025.93	800.61	1211.43	3013.88	15.93	24.10	59.97	393.80	841.20	244.77	4.53
2002	5790.03	908.51	1539.38	3342.14	15.69	26.59	57.72	450.75	987.07	259.33	4.76
2003	6584.10	1116.94	1788.50	3678.67	16.96	27.16	55.87	509.50	1108.91	274.67	4.79
2004	7590.29	1293.58	2225.35	4071.35	17.04	29.32	53.64	583.92	1261.93	301.61	4.69
2005	8659.91	1552.53	2586.40	4520.98	17.93	29.87	52.21	662.30	1126.36	315.83	4.62
2006	9843.34	1778.86	3210.92	4853.56	18.07	32.62	49.31	748.84	1248.30	361.89	4.49
2007	11573.97	2581.58	3893.72	5098.66	22.31	33.64	44.05	875.96	1516.29	358.11	4.28
2008	14535.40	3593.94	5065.60	5875.86	24.73	34.85	40.42	1094.52	1861.76	455.19	4.55
2009	17541.92	4816.26	6154.49	6571.16	27.46	35.08	37.46	1314.26	2176.63	561.99	5.03
2010	19980.39	5732.49	7196.61	7051.29	28.69	36.02	35.29	1490.06	2315.48	666.30	4.84
2011	24345.91	7464.18	8416.45	8465.28	30.66	34.57	34.77	1806.95	2697.48	879.44	4.98
2012	28119.00	8431.98	10030.70	9656.32	29.99	35.67	34.34	2076.67	2999.28	1064.83	5.20
2013	31668.95	9545.81	11393.79	10729.34	30.14	35.98	33.88	2327.37	3234.12	1274.44	5.32
2014	35312.40	10579.23	13437.75	11295.41	29.96	38.05	31.99	2581.66	3558.31	1412.21	5.48
2015	40974.64	12475.28	16506.71	11992.65	30.45	40.29	29.27	2980.80	4058.50	1603.60	5.95
2016	46344.88	13910.31	19096.68	13337.90	30.01	41.21	28.78	3351.74			6.23
2017	52598.28	15205.87	22258.81	15133.60	28.91	42.32	28.77	3783.83			6.36
2018	59121.90	16399.13	25810.78	16911.99	27.74	43.66	28.61	4236.98			6.57

注：1.本表系按当年价格核算数，2018年为初步测算数。
2.2001年起卫生总费用不含高等医学教育经费，2006年起包括城乡医疗救助经费。

7-15-2 各地区卫生总费用(2017年)

地 区	卫生总费用构成(%)			卫生总费用与GDP之比(%)	人均卫生费 用(元)
	政府卫生支 出	社会卫生支 出	个人现金卫生支出		
全 国	**28.91**	**42.32**	**28.77**	**6.36**	**3783.83**
北 京	23.13	60.51	16.36	7.83	10106.42
天 津	23.26	45.97	30.77	4.66	5554.36
河 北	28.02	37.92	34.06	6.11	2921.86
山 西	29.99	37.92	32.09	7.01	2938.24
内蒙古	32.97	35.46	31.57	6.27	3995.95
辽 宁	21.41	43.41	35.18	6.86	3675.32
吉 林	28.24	39.00	32.76	6.59	3707.67
黑龙江	22.67	44.47	32.86	8.29	3542.76
上 海	21.54	57.95	20.50	6.81	8630.30
江 苏	21.91	53.64	24.46	4.30	4597.18
浙 江	21.18	51.83	26.99	5.46	4995.65
安 徽	33.36	37.27	29.36	6.71	2897.37
福 建	30.27	45.21	24.52	4.36	3598.89
江 西	39.63	33.42	26.94	6.03	2717.89
山 东	23.59	47.03	29.38	4.92	3568.74
河 南	30.75	36.96	32.29	6.11	2874.43
湖 北	28.70	37.75	33.55	6.15	3698.89
湖 南	27.68	40.08	32.25	6.21	3130.08
广 东	28.61	45.18	26.21	5.15	4135.76
广 西	37.27	35.60	27.13	6.83	2851.55
海 南	35.03	41.77	23.20	8.28	3991.16
重 庆	31.05	39.62	29.33	6.05	3836.11
四 川	27.55	44.54	27.90	8.26	3680.60
贵 州	42.22	33.64	24.14	7.71	2916.38
云 南	36.63	35.41	27.96	9.15	3149.36
西 藏	68.55	26.29	5.16	10.63	4131.04
陕 西	27.61	41.53	30.85	7.02	4010.09
甘 肃	35.91	35.78	28.31	10.59	3095.17
青 海	47.15	26.84	26.00	10.22	4513.49
宁 夏	33.52	38.52	27.96	8.65	4383.50
新 疆	29.19	46.02	24.79	10.01	4453.89

7-15-3 民政事业费支出情况

单位：亿元

年份 地区	民政 事业费 总支出	社会福利	社会救助	民政管理事务支出	行政事业 单位离退休	其他
2003	498.9	39.8	192.2		13.1	54.0
2004	577.4	52.1	223.6		13.9	58.5
2005	718.4	55.6	279.6		13.7	74.4
2006	915.4	65.3	372.0		14.0	90.6
2007	1215.5	87.6	509.7		24.8	137.8
2008	2146.5	103.1	806.7		26.5	166.2
2009	2181.9	124.1	1098.1		30.0	194.5
2010	2697.5	109.9	1302.0		30.4	386.3
2011	3229.1	232.2	1766.3	220.8	35.3	115.3
2012	3683.7	319.5	1866.1	248.5	39.0	158.2
2013	4276.5	397.6	2172.4	296.7	43.6	133.8
2014	4404.1	480.9	2197.5	330.5	44.2	133.1
2015	4926.4	562.8	2347.4	399.6	50.1	148.5
2016	5440.2	753.4	2492.8	441.7	48.4	152.2
2017	5932.7	920.5	2609.8	501.0	47.9	175.0
2018	4076.9	1064.8	2224.0	500.3	38.2	249.6
中央级	12.9			6.6	0.4	5.8
北京	141.1	57.5	21.5	34.1	6.9	21.1
天津	72.4	18.1	23.7	27.2	0.8	2.6
河北	126.7	32.5	70.9	16.6	1.8	4.9
山西	96.5	15.3	66.0	10.2	0.6	4.5
内蒙古	122.9	28.0	79.5	7.4	1.5	6.5
辽宁	134.6	21.1	66.3	25.7	1.4	20.1
吉林	83.3	16.4	53.4	9.7	0.8	3.1
黑龙江	101.7	18.4	72.5	7.8	0.8	2.2
上海	144.0	86.0	42.5	10.7	0.7	4.1
江苏	254.2	108.7	82.7	30.0	2.7	30.0
浙江	142.3	52.2	58.1	26.4	1.5	4.2
安徽	165.4	34.5	113.0	11.3	1.0	5.6
福建	81.3	28.8	34.0	11.6	1.5	5.4
江西	143.6	26.2	106.0	7.9	0.6	3.0
山东	157.1	48.8	73.6	24.4	1.3	8.9
河南	176.2	44.3	108.0	15.8	1.5	6.6
湖北	177.7	39.2	102.9	20.5	1.1	14.0
湖南	170.7	39.1	104.5	19.7	0.6	6.8
广东	263.1	89.2	102.5	48.8	4.4	18.2
广西	130.1	28.1	79.9	12.5	0.9	8.7
海南	30.0	6.0	11.2	4.3	0.1	8.4
重庆	109.2	22.4	72.1	12.5	0.8	1.5
四川	249.0	61.4	151.3	20.7	1.7	13.8
贵州	136.3	19.9	102.7	12.7	0.2	0.8
云南	180.0	24.7	118.7	19.4	1.3	15.9
西藏	22.1	4.5	10.0	7.4		0.2
陕西	138.6	41.8	72.3	18.7	0.4	5.4
甘肃	125.4	15.6	93.6	5.5	0.4	10.3
青海	40.5	9.6	23.1	4.2	0.1	3.5
宁夏	37.6	6.3	24.2	3.4	0.2	3.5
新疆	110.4	20.4	83.1	6.6	0.1	0.1

注：1.2010年起，其他民政事业费支出不包含民政管理事务支出。

2.2018年起，民政事业费支出不包含抚恤支出、退役安置支出、医疗救助支出、自然灾害生活救助支出；社会救助支出不包含医疗救助支出。

3.2018年民政系统机构改革，优抚安置、防灾减灾、医疗救助等职能转隶，民政事业费支出、社会救助支出等较以前年度出现较大减幅。

7-15-4 卫生和社会工作企业法人单位分地区主要指标

地　区	单位数（个）	营业收入（亿元）	资产总计（亿元）	从业人员（万人）
全　国	**102547**	**5431.7**	**9171.2**	**230.2**
北　京	4199	362.9	585.6	9.4
天　津	1203	65.1	123.0	3.0
河　北	3908	144.3	255.3	7.7
山　西	2570	89.8	174.4	5.5
内蒙古	1311	53.6	118.7	2.9
辽　宁	5376	218.4	399.1	9.8
吉　林	1148	61.8	146.3	4.2
黑龙江	2193	125.9	179.2	5.4
上　海	1984	262.8	430.4	6.5
江　苏	7299	417.9	614.2	15.8
浙　江	4967	348.1	499.5	11.8
安　徽	4433	203.7	354.9	9.2
福　建	2655	128.3	210.7	5.5
江　西	2452	200.4	305.5	8.0
山　东	7607	309.7	583.9	13.4
河　南	7987	378.8	608.3	15.7
湖　北	5170	230.3	388.2	9.6
湖　南	3872	228.3	421.1	10.2
广　东	10395	463.1	707.4	17.9
广　西	1627	59.4	110.6	3.3
海　南	549	24.6	151.1	1.5
重　庆	3294	193.4	227.9	8.1
四　川	5557	335.6	544.3	16.1
贵　州	2250	139.1	244.4	7.5
云　南	2071	126.7	215.8	6.6
西　藏	107	9.2	16.8	0.4
陕　西	3803	145.7	312.5	7.8
甘　肃	1041	43.6	92.1	3.0
青　海	347	12.4	20.4	0.8
宁　夏	275	15.9	71.2	1.1
新　疆	897	32.9	58.3	2.2

7-15-5 医疗卫生机构情况

单位：个

年 份	合计	#医院	#综合医院	#中医医院	#专科医院	#基层医疗卫生机构	#社区卫生服务中心(站)	#乡 镇卫生院
1949	3670	2600						
1950	8915	2803	2692	4	85			
1955	67725	3648	3351	67	188			
1960	261195	6020	5173	330	401			24849
1965	224266	5330	4747	131	339			36965
1970	149823	5964	5353	117	385			56568
1975	151733	7654	6817	160	543			54026
1978	169732	9293	7539	447	643			55018
1980	180553	9902	7859	678	694			55413
1981	800205	10252	8044	781	718			55500
1982	801869	10471	8146	878	731			55496
1983	870686	10901	8370	1009	772			55559
1984	905424	11381	8545	1218	810			55549
1985	978540	11955	9197	1485	938			47387
1986	999102	12442	9363	1646	1030			46967
1987	1012804	12962	9657	1790	1097			47177
1988	1012485	13544	9916	1932	1190			47529
1989	1027522	14090	10242	2046	1265			47523
1990	1012690	14377	10424	2115	1362			47749
1991	1003769	14628	10562	2195	1345			48140
1992	1001310	14889	10774	2269	1376			46117
1993	1000531	15436	11426	2298	1438			45024
1994	1005271	15595	11549	2336	1440			51929
1995	994409	15663	11586	2361	1445			51797
1996	1078131	15833	11696	2405	1473			51277
1997	1048657	15944	11771	2413	1488			50981
1998	1042885	16001	11779	2443	1495			50071
1999	1017673	16678	11868	2441	1533			49694
2000	1034229	16318	11872	2453	1543	1000169		49229
2001	1029314	16197	11834	2478	1576	995670		48090
2002	1005004	17844	12716	2492	2237	973098	8211	44992
2003	806243	17764	12599	2518	2271	774693	10101	44279
2004	849140	18393	12900	2611	2492	817018	14153	41626
2005	882206	18703	12982	2620	2682	849488	17128	40907
2006	918097	19246	13120	2665	3022	884818	22656	39975
2007	912263	19852	13372	2720	3282	878686	27069	39876
2008	891480	19712	13119	2688	3437	858015	24260	39080
2009	916571	20291	13364	2728	3716	882153	27308	38475
2010	936927	20918	13681	2778	3956	901709	32739	37836
2011	954389	21979	14328	2831	4283	918003	32860	37295
2012	950297	23170	15021	2889	4665	912620	33562	37097
2013	974398	24709	15887	3015	5127	915368	33965	37015
2014	981432	25860	16524	3115	5478	917335	34238	36902
2015	983528	27587	17430	3267	6023	920770	34321	36817
2016	983394	29140	18020	3462	6642	926518	34327	36795
2017	986649	31056	18921	3695	7220	933024	34652	36551
2018	997433	33009	19693	3977	7900	943639	34997	36461

7-15-5 续表

单位：个

年份	#村卫生室	#门诊部(所)	#专业公共卫生机构	#疾病预防控制中心	#专科疾病防治院(所/站)	#妇幼保健院(所/站)	#卫生监督所(中心)
1949		769			11	9	
1950		3356		61	30	426	
1955		51600		315	287	3944	
1960		213823		1866	683	4213	
1965		170430		2499	822	2910	
1970		79600		1714	607	1124	
1975		80739		2912	683	2128	
1978		94395		2989	887	2571	
1980		102474		3105	1138	2745	
1981	610079	111189		3202	1197	2789	
1982	608431	113916		3271	1272	2827	
1983	674669	115826		3274	1326	2851	
1984	707168	117028		3339	1458	2955	
1985	777674	126604		3410	1566	2996	
1986	795963	127575		3475	1635	3059	
1987	807844	128459		3512	1697	3082	
1988	806497	128422		3532	1727	3103	
1989	820798	128112		3591	1747	3112	
1990	803956	129332		3618	1781	3148	
1991	794733	128665		3652	1818	3187	
1992	796523	125873		3673	1845	3187	
1993	806945	115161		3729	1872	3115	
1994	813529	105984		3711	1905	3190	
1995	804352	104406		3729	1895	3179	
1996	755565	237153		3737	1887	3172	
1997	733624	229474		3747	1893	3180	
1998	728788	229349		3746	1889	3191	
1999	716677	226588		3763	1877	3180	
2000	709458	240934	11386	3741	1839	3163	
2001	698966	248061	11471	3813	1783	3132	
2002	698966	219907	10787	3580	1839	3067	571
2003	514920	204468	10792	3584	1749	3033	838
2004	551600	208794	10878	3588	1583	2998	1284
2005	583209	207457	11177	3585	1502	3021	1702
2006	609128	212243	11269	3548	1402	3003	2097
2007	613855	197083	11528	3585	1365	3051	2553
2008	613143	180752	11485	3534	1310	3011	2675
2009	632770	182448	11665	3536	1291	3020	2809
2010	648424	181781	11835	3513	1274	3025	2992
2011	662894	184287	11926	3484	1294	3036	3022
2012	653419	187932	12083	3490	1289	3044	3088
2013	648619	195176	31155	3516	1271	3144	2967
2014	645470	200130	35029	3490	1242	3098	2975
2015	640536	208572	31927	3478	1234	3078	2986
2016	638763	216187	24866	3481	1213	3063	2986
2017	632057	229221	19896	3456	1200	3077	2992
2018	622001	249654	18033	3443	1161	3080	2949

注：1.村卫生室数计入医疗卫生机构数中；2.2008年社区卫生服务中心(站)减少的原因是江苏省约5000家农村社区卫生服务站划归村卫生室；3.2002年起,医疗卫生机构数不再包括高中等医学院校本部、药检机构、国境卫生检疫所和非卫生部门举办的计划生育指导站；4.2013年起，医疗卫生机构数包括原计生部门主管的计划生育技术服务机构；5.1996年以前门诊部(所)不包括私人诊所。

7-15-6 各地区医疗卫生机构情况

单位：个

地　区	合计	医　院				基层医疗卫生机构		
		小计	#综合医院	#中医医院	#专科医院	小计	#社区卫生服务中心(站)	#乡　镇卫生院
全　国	**997433**	**33009**	**19693**	**3977**	**7900**	**943639**	**34997**	**36461**
北　京	10058	648	248	159	193	9172	1951	
天　津	5686	420	270	55	92	5101	601	141
河　北	85088	2108	1470	243	352	82236	1385	2005
山　西	42079	1368	654	213	469	40198	965	1313
内蒙古	24610	818	424	117	159	23235	1197	1301
辽　宁	36029	1369	761	186	395	33777	1325	1032
吉　林	22691	780	417	108	237	21371	376	777
黑龙江	20349	1105	729	161	196	18460	614	972
上　海	5293	358	171	19	120	4729	1038	
江　苏	33254	1853	1029	138	473	30295	2769	1053
浙　江	32754	1288	555	171	473	30883	5312	1155
安　徽	24925	1140	723	113	262	23076	1891	1365
福　建	27590	641	369	80	174	26423	691	881
江　西	36545	716	450	106	147	35020	556	1588
山　东	81470	2580	1550	290	646	77614	2443	1592
河　南	71351	1825	1118	287	371	67730	1498	2042
湖　北	36486	995	561	123	279	34912	1161	1139
湖　南	56239	1552	877	174	454	53788	781	2208
广　东	51451	1553	882	167	458	48684	2602	1184
广　西	33742	624	365	96	136	31826	310	1264
海　南	5325	218	158	17	38	4981	177	299
重　庆	20524	800	454	110	174	19535	472	872
四　川	81537	2344	1484	232	552	78427	980	4433
贵　州	28066	1309	957	97	222	26374	755	1341
云　南	24954	1280	843	141	267	23108	601	1355
西　藏	6844	158	108		11	6539	14	678
陕　西	35300	1175	764	163	230	33412	625	1544
甘　肃	27897	626	354	109	120	25785	628	1376
青　海	6396	220	124	14	40	5994	256	405
宁　夏	4450	231	153	26	45	4121	184	217
新　疆	18450	907	671	62	115	16833	839	929

7-15-6 续表 单位：个

地区	#村卫生室	#门诊部(所)	专业公共卫生机构					
			小计	#疾病预防控制中心	#专科疾病防治院(所/站)	#健康教育所(站)	#妇幼保健院(所/站)	#卫生监督所(中心)
全国	**622001**	**249654**	**18033**	**3443**	**1161**	**177**	**3080**	**2949**
北京	2493	4728	110	29	24		20	18
天津	2511	1843	96	23	15	1	20	19
河北	59047	19799	684	188	12	2	187	178
山西	28338	9286	449	135	8	12	134	128
内蒙古	13539	7198	488	118	50	32	114	113
辽宁	19127	12275	672	122	72	5	102	74
吉林	9901	10316	406	66	55	3	70	41
黑龙江	10740	6130	736	165	95	1	145	139
上海	1162	2529	108	19	16	1	20	17
江苏	15311	11158	808	117	41	6	114	104
浙江	11483	12922	393	100	16		89	99
安徽	15317	4502	604	120	45	4	120	111
福建	18283	6568	450	97	25		90	86
江西	28309	4561	739	147	108	6	112	111
山东	53246	20285	1081	175	132	3	162	106
河南	56173	8011	1589	180	21	4	163	178
湖北	24411	8180	504	116	74	1	103	106
湖南	39976	10819	851	147	86	2	137	133
广东	25996	18893	1058	136	129	31	129	124
广西	20409	9843	1257	118	34	1	104	115
海南	2716	1789	119	24	13	6	24	24
重庆	10847	7332	153	41	15	4	42	39
四川	56019	16990	697	206	23	11	201	200
贵州	20355	3868	343	100	8		99	95
云南	13404	7741	523	153	29	8	146	142
西藏	5298	549	145	82			56	1
陕西	24183	7050	613	120	5	7	116	116
甘肃	16487	7291	1394	103	6	15	99	95
青海	4474	859	178	56	1	4	50	55
宁夏	2300	1420	88	25		7	21	24
新疆	10146	4919	697	215	3		91	158

7-15-7 村卫生室情况

单位：个

年份 地区	合计	村办	乡卫生院设点	联合办	私人办	其他
1985	777674	305537	29769	88803	323904	29661
1990	803956	266137	29963	87149	381844	38863
1995	804352	297462	36388	90681	354981	
2000	709458	300864	47101	89828	255179	16486
2005	583209	313633	32396	38561	180403	18216
2006	609128	333790	34803	36805	186524	17206
2007	613855	340082	33633	33649	186841	19650
2008	613143	342692	40248	31698	180157	18348
2009	632770	350515	45434	31035	183699	22087
2010	648424	365153	49678	32650	177080	23863
2011	662894	372661	56128	33639	175747	24719
2012	653419	370099	58317	32278	167025	25700
2013	648619	371579	59896	32690	158811	25643
2014	645470	349428	59396	29180	160549	46917
2015	640536	353196	60231	29208	153353	44548
2016	638763	351016	60419	29336	152164	45828
2017	632057	349025	63598	28687	147046	43701
2018	622001	342062	65495	28353	141623	44468
北京	2493	2254	6	3	216	14
天津	2511	899	705	112	239	556
河北	59047	28491	2668	1002	23121	3765
山西	28338	19286	1090	726	3439	3797
内蒙古	13539	5172	2369	413	4502	1083
辽宁	19127	8412	341	147	9693	534
吉林	9901	3948	1532	1179	2767	475
黑龙江	10740	7403	1698	148	942	549
上海	1162	884	170	26		82
江苏	15311	7912	4204	1863	19	1313
浙江	11483	6762	1411	145	1949	1216
安徽	15317	7106	2965	1849	872	2525
福建	18283	11231	863	230	4173	1786
江西	28309	13441	281	1484	11725	1378
山东	53246	26274	14062	4732	4785	3393
河南	56173	33675	848	2846	15795	3009
湖北	24411	15279	3506	3091	1587	948
湖南	39976	26560	1417	968	7658	3373
广东	25996	16279	1834	121	5614	2148
广西	20409	13802	836	177	4951	643
海南	2716	877	221	26	1436	156
重庆	10847	6669	1234	291	1404	1249
四川	56019	27848	3556	2561	18808	3246
贵州	20355	8653	2801	543	6418	1940
云南	13404	10027	1454	588	337	998
西藏	5298	2148	2270	132		748
陕西	24183	19599	742	358	3350	134
甘肃	16487	6523	3849	723	3921	1471
青海	4474	1789	636	596	927	526
宁夏	2300	818	467	215	472	328
新疆	10146	2041	5459	1058	503	1085

7-15-8 卫生人员情况

单位：人

年 份	卫生人员	卫生技术人员	#执业(助理)医师	#执业医师	#注册护士	#药师(士)	乡村医生和卫生员	其他技术人员	管理人员	工勤技能人员
1949	541240	505040	363400	314000	32800	3357			11877	24323
1950	611240	555040	380800	327400	37800	8080			21877	34323
1955	1052787	874063	500398	402409	107344	60974			86465	92259
1960	1769205	1504894	596109	427498	170143	119293			132034	132277
1965	1872300	1531600	762804	510091	234546	117314		10996	168845	160899
1970	6571795	1453247	702304	446251	295147		4779280	10813	156862	171593
1975	7435212	2057068	877716	521617	379545	219904	4841695	14122	251420	270907
1978	7883041	2463931	978152	609608	405223	266570	4777469	22950	298104	320587
1980	7355483	2798241	1153234	709473	465798	308438	3820776	27834	310805	397827
1981	7199133	3011038	1243787	620291	525311	323786	3403012	29622	318721	436740
1982	6954413	3142943	1307205	668010	563912	342451	2996609	32207	326883	455771
1983	6757244	3252836	1352651	704060	595569	351002	2667214	37830	326927	472437
1984	6622973	3343998	1381456	716365	616080	358969	2409327	42539	341271	485838
1985	5606105	3410910	1413281	724238	636974	365145	1293094	46052	358812	497237
1986	5725854	3506517	1444150	745592	680583	372760	1279935	50957	370056	518389
1987	5842621	3608618	1481754	777333	717596	382121	1278499	57255	371167	527082
1988	5924557	3723756	1618174	1095926	829261	394287	1247045	65063	368227	520466
1989	6028234	3809097	1718018	1257668	921687	401098	1241275	73530	384890	519442
1990	6137711	3897921	1763086	1302997	974541	405978	1231510	85504	396694	526082
1991	6278458	3984974	1779545	1310933	1011943	409325	1253324	91265	408819	540076
1992	6409307	4073986	1808194	1327875	1039674	413598	1269061	99177	417670	549413
1993	6540522	4117067	1831665	1372471	1056096	413025	1325106	113138	432903	552311
1994	6630710	4199217	1882180	1425375	1093544	417166	1323701	116921	438084	552787
1995	6704395	4256923	1917772	1454926	1125661	418520	1331017	120782	450013	545660
1996	6735097	4311845	1941235	1475232	1162609	424952	1316095	125480	444571	537106
1997	6833962	4397805	1984867	1505342	1198228	428295	1317786	133369	448047	536955
1998	6863315	4423721	1999521	1513975	1218836	423644	1327633	145060	435507	531394
1999	6894985	4458669	2044672	1561584	1244844	418574	1324937	150041	434997	526341
2000	6910383	4490803	2075843	1603266	1266838	414408	1319357	157533	426789	515901
2001	6874527	4507700	2099658	1637337	1286938	404087	1290595	157961	412757	505514
2002	6528674	4269779	1843995	1463573	1246545	357659	1290595	179962	332628	455710
2003	6216971	4380878	1942364	1534046	1265959	357378	867778	199331	318692	450292
2004	6332739	4485983	1999457	1582442	1308433	355451	883075	209422	315595	438664
2005	6447246	4564050	2042135	1622684	1349589	349533	916532	225697	312826	428141
2006	6681184	4728350	2099064	1678031	1426339	353565	957459	235466	323705	436204
2007	6964389	4913186	2122925	1715460	1558822	325212	931761	243460	356569	519413
2008	7251803	5174478	2201904	1791881	1678091	330525	938313	255149	356854	527009
2009	7781448	5535124	2329206	1905436	1854818	341910	1050991	275006	362665	557662
2010	8207502	5876158	2413259	1972840	2048071	353916	1091863	290161	370548	578772
2011	8616040	6202858	2466094	2020154	2244020	363993	1126443	305981	374885	605873
2012	9115705	6675549	2616064	2138836	2496599	377398	1094419	319117	372997	653623
2013	9790483	7210578	2794754	2285794	2783121	395578	1081063	359819	420971	718052
2014	10234213	7589790	2892518	2374917	3004144	409595	1058182	379740	451250	755251
2015	10693881	8007537	3039135	2508408	3241469	423294	1031525	399712	472620	782487
2016	11172945	8454403	3191005	2651398	3507166	439246	1000324	426171	483198	808849
2017	11748972	8988230	3390034	2828999	3804021	452968	968611	451480	509093	831558
2018	12300325	9529179	3607156	3010376	4098630	467685	907098	476569	529045	858434

注：1. 卫生人员和卫生技术人员包括获得“卫生监督员”证书的公务员。
2. 2013年起卫生人员数包括卫生计生部门主管的计划生育技术服务机构人员数。
3. 执业(助理)医师数包括村卫生室执业(助理)医师数。
4. 1985年以前乡村医生和卫生员系赤脚医生数。

7-15-9 各地区卫生人员情况

单位：人

地区	合计	卫生技术人员					乡村医生和卫生员	其他技术人员	管理人员	工勤技能人员
		小计	#执业(助理)医师	#执业医师	#注册护士	#药师(士)				
全国	**12300325**	**9529179**	**3607156**	**3010376**	**4098630**	**467685**	**907098**	**476569**	**529045**	**858434**
北京	326102	255930	99807	93587	107351	14389	2977	17136	20966	29093
天津	132525	104577	43105	40515	39377	6127	4600	5578	9645	8125
河北	623974	461139	211387	164733	172863	18841	72690	30142	22242	37761
山西	330891	246367	99490	85834	103860	10710	35642	13539	14108	21235
内蒙古	241424	188173	73563	63270	76435	10968	17639	10279	11412	13921
辽宁	391919	303140	120431	108499	134492	13811	21884	16620	19965	30310
吉林	241961	183762	77108	67329	76241	8149	14768	9856	15412	18163
黑龙江	299636	230813	89489	76443	93068	11354	20156	10114	17177	21376
上海	238225	195640	71580	67791	88005	10194	717	11613	13339	16916
江苏	739314	590062	233263	193878	260422	30184	27000	31875	32585	57792
浙江	589357	486204	190782	166124	201511	29048	7312	24788	21255	49798
安徽	426956	333563	126824	103628	149723	15000	37609	16470	16035	23279
福建	318503	247413	91110	78723	109330	14806	23297	12527	10492	24774
江西	325847	247259	87304	73290	110855	14716	39550	9254	9564	20220
山东	961360	738532	290416	245310	322750	35030	101069	43520	31792	46447
河南	863167	621488	235649	180402	263100	27765	103306	37712	36386	64275
湖北	521930	410971	152040	126644	190858	18659	37373	22080	21892	29614
湖南	557808	437044	180882	139366	184012	21006	39987	20946	24348	35483
广东	918396	755173	276361	229165	334551	41785	23063	28290	33590	78280
广西	420360	320915	105979	86541	140412	18343	32648	13998	16799	36000
海南	81387	63674	22289	18732	29959	3086	3378	2847	4316	7172
重庆	272794	209260	76379	61809	95109	9389	17906	9552	13540	22536
四川	746322	562477	204956	171277	247262	25997	62907	19418	34783	66737
贵州	323381	245456	81475	65264	109127	9434	34097	12296	15953	15579
云南	389770	301804	99669	82233	136886	11657	38443	15597	10925	23001
西藏	36806	19077	8322	6230	5573	866	12748	1678	1302	2001
陕西	410896	327962	99036	82880	138021	15754	29424	3818	26115	23577
甘肃	207045	157293	59560	48150	64276	6981	19330	8271	10113	12038
青海	59369	44590	16153	13725	17577	2355	6795	2882	1793	3309
宁夏	65764	53066	19435	17092	23277	3217	3137	2367	3035	4159
新疆	227136	176355	63312	51912	72347	8064	15646	11506	8166	15463

7-15-10 每千人口卫生技术人员数

单位：人

年 份	卫生技术人员			执业(助理)医师			其中:执业医师	注册护士		
	合计	城市	农村	合计	城市	农村		合计	城市	农村
1949	0.93	1.87	0.73	0.67	0.70	0.66	0.58	0.06	0.25	0.02
1955	1.42	3.49	1.01	0.81	1.24	0.74	0.70	0.14	0.64	0.04
1960	2.37	5.67	1.85	1.04	1.97	0.90	0.79	0.23	1.04	0.07
1965	2.11	5.37	1.46	1.05	2.22	0.82	0.70	0.32	1.45	0.10
1970	1.76	4.88	1.22	0.85	1.97	0.66	0.43	0.29	1.10	0.14
1975	2.24	6.92	1.41	0.95	2.66	0.65	0.57	0.41	1.74	0.18
1980	2.85	8.03	1.81	1.17	3.22	0.76	0.72	0.47	1.83	0.20
1985	3.28	7.92	2.09	1.36	3.35	0.85	0.70	0.61	1.85	0.30
1990	3.45	6.59	2.15	1.56	2.95	0.98	1.15	0.86	1.91	0.43
1995	3.59	5.36	2.32	1.62	2.39	1.07	1.23	0.95	1.59	0.49
1998	3.64	5.30	2.35	1.65	2.34	1.11	1.25	1.00	1.64	0.51
1999	3.64	5.24	2.38	1.67	2.33	1.14	1.27	1.02	1.64	0.52
2000	3.63	5.17	2.41	1.68	2.31	1.17	1.30	1.02	1.64	0.54
2001	3.62	5.15	2.38	1.69	2.32	1.17	1.32	1.03	1.65	0.54
2002	3.41			1.47			1.17	1.00		
2003	3.48	4.88	2.26	1.54	2.13	1.04	1.22	1.00	1.59	0.50
2004	3.53	4.99	2.24	1.57	2.18	1.04	1.25	1.03	1.63	0.50
2005	3.50	5.82	2.69	1.56	2.46	1.26	1.24	1.03	2.10	0.65
2006	3.60	6.09	2.70	1.60	2.56	1.26	1.28	1.09	2.22	0.66
2007	3.72	6.44	2.69	1.61	2.61	1.23	1.30	1.18	2.42	0.70
2008	3.90	6.68	2.80	1.66	2.68	1.26	1.35	1.27	2.54	0.76
2009	4.15	7.15	2.94	1.75	2.83	1.31	1.43	1.39	2.82	0.81
2010	4.39	7.62	3.04	1.80	2.97	1.32	1.47	1.53	3.09	0.89
2011	4.58	7.90	3.19	1.82	3.00	1.33	1.49	1.66	3.29	0.98
2012	4.94	8.54	3.41	1.94	3.19	1.40	1.58	1.85	3.65	1.09
2013	5.27	9.18	3.64	2.04	3.39	1.48	1.67	2.04	4.00	1.22
2014	5.56	9.70	3.77	2.12	3.54	1.51	1.74	2.20	4.30	1.31
2015	5.84	10.21	3.90	2.22	3.72	1.55	1.84	2.37	4.58	1.39
2016	6.12	10.42	4.08	2.31	3.79	1.61	1.92	2.54	4.75	1.50
2017	6.47	10.87	4.28	2.44	3.97	1.68	2.04	2.74	5.01	1.62
2018	6.83	10.91	4.63	2.59	4.01	1.82	2.16	2.94	5.08	1.80

注：1.2002年以前，执业(助理)医师系医生，执业医师系医师，注册护士系护师(士)。
2.城市包括直辖市区和地级市辖区，农村包括县及县级市。
3.合计分母系常住人口数，分城乡分母为户籍人口数。

7-15-11 各地区每千人口卫生技术人员数

单位：人

地区	卫生技术人员			执业(助理)医师			注册护士		
	合计	城市	农村	合计	城市	农村	合计	城市	农村
全国	**6.83**	**10.91**	**4.63**	**2.59**	**4.01**	**1.82**	**2.94**	**5.08**	**1.80**
北京	11.88	17.95		4.63	6.98		4.98	7.54	
天津	6.70	9.59	8.11	2.76	3.86	4.66	2.52	3.70	1.70
河北	6.10	9.22	4.52	2.80	3.82	2.24	2.29	4.06	1.44
山西	6.63	13.76	4.30	2.68	5.18	1.89	2.79	6.51	1.53
内蒙古	7.43	13.86	5.32	2.90	5.09	2.21	3.02	6.33	1.88
辽宁	6.95	10.87	3.96	2.76	4.19	1.70	3.09	5.10	1.51
吉林	6.80	11.13	5.15	2.85	4.62	2.18	2.82	4.96	1.97
黑龙江	6.12	10.44	4.25	2.37	3.87	1.75	2.47	4.79	1.37
上海	8.07	13.63	7.38	2.95	4.94	3.73	3.63	6.17	2.44
江苏	7.33	10.05	5.65	2.90	3.71	2.42	3.23	4.76	2.26
浙江	8.47	12.92	7.36	3.33	4.92	2.99	3.51	5.63	2.86
安徽	5.27	7.68	3.39	2.01	2.69	1.39	2.37	3.83	1.35
福建	6.28	10.73	4.29	2.31	3.99	1.56	2.77	4.96	1.80
江西	5.32	8.90	3.62	1.88	2.97	1.33	2.39	4.44	1.48
山东	7.35	10.94	5.29	2.89	4.21	2.13	3.21	5.12	2.13
河南	6.47	12.34	3.79	2.45	4.35	1.52	2.74	6.00	1.43
湖北	6.95	10.25	4.93	2.57	3.61	1.91	3.23	5.12	2.12
湖南	6.33	12.34	4.41	2.62	4.48	1.98	2.67	6.10	1.64
广东	6.66	11.46	4.21	2.44	4.14	1.59	2.95	5.24	1.71
广西	6.51	9.05	4.14	2.15	3.09	1.32	2.85	4.29	1.66
海南	6.82	14.09	4.23	2.39	4.93	1.48	3.21	6.98	1.86
重庆	6.75	7.87	4.36	2.46	2.78	1.68	3.07	3.83	1.72
四川	6.74	9.06	4.73	2.46	3.20	1.77	2.96	4.37	1.89
贵州	6.82	9.73	4.27	2.26	3.42	1.37	3.03	4.76	1.79
云南	6.25	13.04	4.97	2.06	4.54	1.59	2.83	6.31	2.18
西藏	5.55	8.43	3.72	2.42	3.78	1.57	1.62	2.96	0.84
陕西	8.49	10.87	6.26	2.56	3.50	1.74	3.57	5.10	2.28
甘肃	5.96	9.31	4.08	2.26	3.36	1.62	2.44	4.37	1.42
青海	7.39	14.38	4.95	2.68	4.84	1.93	2.91	6.80	1.53
宁夏	7.71	11.05	4.88	2.82	4.01	1.82	3.38	5.15	1.87
新疆	7.09	14.46	6.43	2.55	5.47	2.26	2.91	6.43	2.55

7-15-12 医疗卫生机构床位数

单位：万张

年 份	合计	#医院	#综合医院	#中医医院	#专科医院	#基层医疗卫生机构	#社区卫生服务中心(站)	#乡 镇卫生院	#专业公共卫生机构	#妇 幼保健院(所/站)	#专科疾病防治院(所/站)
1949	8.46	8.00									
1950	11.91	9.71	8.46	0.01	0.74					0.27	
1955	36.28	21.53	17.08	0.14	2.80					0.57	
1960	97.68	59.14	44.74	1.42	7.95			4.63		0.88	1.74
1965	103.33	61.20	48.04	1.04	7.49			13.25		0.92	
1970	126.15	70.50	57.21	1.01	7.79			36.80		0.70	
1975	176.43	94.02	76.33	1.37	11.11			62.03		0.97	2.88
1978	204.17	110.00	87.33	3.40	12.10			74.73		1.16	2.63
1980	218.44	119.58	94.11	5.00	12.87			77.54		1.64	2.73
1981	223.38	124.09	96.80	5.79	13.49			76.31		1.97	2.71
1982	228.03	128.52	99.83	6.40	13.90			75.32		2.33	2.73
1983	234.16	134.53	103.99	7.24	14.58			74.62		2.75	2.85
1984	241.24	141.24	108.00	8.65	15.29			73.14		3.18	2.96
1985	248.71	150.86	112.77	11.23	16.56			72.06		3.46	2.95
1986	256.25	155.98	117.52	12.52	17.71			71.12		3.67	3.06
1987	268.50	165.34	123.71	14.21	19.03			72.30		4.00	3.07
1988	279.49	174.70	129.06	15.55	20.23			72.61		4.35	3.00
1989	286.70	181.46	133.60	16.60	20.93			72.30		4.50	3.10
1990	292.54	186.89	136.90	17.57	21.95			72.29		4.66	3.10
1991	299.19	192.61	140.55	18.82	22.26			72.92		4.80	3.17
1992	304.94	197.66	144.10	20.04	22.71			73.28		5.00	3.22
1993	309.90	203.64	156.63	21.35	24.37			73.08		4.50	3.03
1994	313.40	207.04	158.70	22.18	24.85			73.24		4.80	2.98
1995	314.06	206.33	158.72	22.72	24.51			73.31		5.13	3.07
1996	309.96	209.65	159.73	23.75	24.86			73.47		5.60	2.83
1997	313.45	211.92	161.21	24.46	24.97			74.24		6.02	3.06
1998	314.30	213.41	162.00	24.95	25.01			73.77		6.30	2.90
1999	315.90	215.07	163.25	25.33	25.03			73.40		6.63	2.93
2000	317.70	216.67	164.09	25.93	25.08	76.65		73.48	11.86	7.12	2.84
2001	320.12	215.56	150.50	24.60	25.65	77.14		74.00	12.02	7.40	2.70
2002	313.61	222.18	168.38	24.67	26.21	71.05	1.20	67.13	12.37	7.98	3.18
2003	316.40	226.95	171.34	26.02	26.72	71.05	1.21	67.27	12.61	8.09	3.38
2004	326.84	236.35	177.68	27.55	28.26	71.44	1.81	66.89	12.73	8.70	3.12
2005	336.75	244.50	183.47	28.77	29.21	72.58	2.50	67.82	13.58	9.41	3.34
2006	351.18	256.04	190.29	30.32	32.05	76.19	4.12	69.62	13.50	9.93	2.80
2007	370.11	267.51	197.16	32.16	34.37	85.03	7.66	74.72	13.29	10.62	2.59
2008	403.87	288.29	211.28	35.03	37.77	97.10	9.80	84.69	14.66	11.73	2.64
2009	441.66	312.08	227.11	38.56	41.67	109.98	13.13	93.34	15.40	12.61	2.71
2010	478.68	338.74	244.95	42.42	45.95	119.22	16.88	99.43	16.45	13.44	2.93
2011	515.99	370.51	267.07	47.71	49.65	123.37	18.71	102.63	17.81	14.59	3.14
2012	572.48	416.15	297.99	54.80	55.74	132.43	20.32	109.93	19.82	16.16	3.57
2013	618.19	457.86	325.52	60.88	62.11	134.99	19.42	113.65	21.49	17.55	3.85
2014	660.12	496.12	349.99	66.50	68.58	138.12	19.59	116.72	22.30	18.48	3.76
2015	701.52	533.06	372.10	71.54	76.25	141.38	20.10	119.61	23.63	19.54	4.03
2016	741.05	568.89	392.79	76.18	84.46	144.19	20.27	122.39	24.72	20.65	4.00
2017	794.03	612.05	417.24	81.82	94.56	152.85	21.84	129.21	26.26	22.11	4.08
2018	840.41	651.97	437.89	87.21	105.41	158.36	23.13	133.39	27.44	23.28	4.08

7-15-13 各地区医疗卫生机构床位数

单位：张

地区	合计	#医院	#基层医疗卫生机构	#社区卫生服务中心(站)	#乡镇卫生院	#专业公共卫生机构	#妇幼保健院(所/站)	#专科疾病防治院(所/站)
全国	**8404088**	**6519749**	**1583577**	**231274**	**1333909**	**274394**	**232848**	**40845**
北京	123626	116397	4774	4774		2455	2021	434
天津	68247	60337	6972	2675	4156	708	63	645
河北	421916	320739	86553	13625	71819	13521	13262	175
山西	208305	163584	38924	4286	31018	5127	4937	180
内蒙古	159006	126378	27783	4993	22443	4338	3989	349
辽宁	314440	265968	40441	8219	31889	3591	1563	1908
吉林	166994	140384	21627	3385	18015	2891	1954	937
黑龙江	250129	209578	31635	7295	23886	7966	4316	3644
上海	139029	120787	16042	16042		1337	1303	
江苏	491522	387981	93529	22349	70655	7450	6035	1334
浙江	332086	293690	27589	8330	18781	9339	8820	446
安徽	328123	253595	67023	8290	58458	7045	4499	2542
福建	192473	148012	34484	3639	30845	8558	6524	2003
江西	249490	172843	60615	3942	56328	14022	10443	3577
山东	608459	460703	119373	19580	97171	25871	20365	5442
河南	608519	455677	126978	11850	114445	25719	24169	1525
湖北	393514	281455	94949	15857	77677	17110	14594	2512
湖南	482439	346350	116861	14898	101561	19068	14260	4808
广东	516929	416243	70741	9412	60584	29469	24462	5007
广西	255940	173207	67497	2160	65278	14477	13924	552
海南	44800	35863	7090	1023	6016	1747	1578	165
重庆	220104	162147	52881	9405	42048	4541	4055	486
四川	598898	442215	143846	11761	131474	12837	12499	282
贵州	245639	189167	47947	4413	42349	8431	8268	163
云南	291194	223272	58852	5476	52877	7996	7324	586
西藏	16787	12604	3771	118	3653	374	374	
陕西	253711	204359	39933	3350	36220	8651	7712	939
甘肃	162737	126147	30998	4144	26750	5024	4978	
青海	39146	32521	6119	1503	4522	506	466	
宁夏	41005	35698	3955	382	3532	1252	1252	
新疆	178881	141848	33795	4098	29459	2973	2839	84

7-15-14 各地区医疗卫生机构门诊服务情况

地区	诊疗人次数（万人次）	#门急诊	观察室留观病例数（万人）	健康检查人数（万人）	急诊病死率（%）	观察室病死率（%）	居民平均就诊次数（次）
全国	**830801.69**	**797815.80**	**4488.97**	**43534.76**	**0.07**	**0.09**	**5.96**
北京	23515.80	23407.47	216.18	952.45	0.10	0.16	10.92
天津	11997.77	11560.17	114.35	484.23	0.09	0.07	7.69
河北	43137.25	39920.66	167.00	1603.43	0.17	0.13	5.71
山西	12962.78	11919.09	49.23	809.59	0.14	0.12	3.49
内蒙古	10548.11	9895.11	44.03	553.25	0.14	0.10	4.16
辽宁	19869.02	18494.88	249.82	973.31	0.13	0.10	4.56
吉林	11040.65	9926.50	51.28	507.76	0.11	0.07	4.08
黑龙江	11177.98	10414.49	39.23	598.49	0.14	0.35	2.96
上海	27016.88	26640.94	16.04	1000.91	0.11	2.75	11.15
江苏	59442.11	57755.71	149.39	3286.70	0.04	0.03	7.38
浙江	62755.16	61468.75	125.68	3043.54	0.03	0.17	10.94
安徽	29701.92	28434.80	111.46	1478.16	0.07	0.03	4.70
福建	23366.76	22655.69	67.63	1075.63	0.03	0.02	5.93
江西	21232.29	20301.12	119.02	1558.27	0.04	0.03	4.57
山东	65561.77	62753.16	337.51	3210.18	0.14	0.15	6.53
河南	58542.77	55598.50	138.99	3150.74	0.08	0.11	6.10
湖北	35149.46	33912.45	298.13	1714.65	0.06	0.05	5.94
湖南	26927.41	25208.29	368.73	1595.20	0.03	0.04	3.90
广东	84530.26	82588.56	489.20	4872.79	0.03	0.05	7.45
广西	25574.26	24889.01	128.95	1529.24	0.04	0.05	5.19
海南	5078.55	4998.56	13.86	208.27	0.03	0.06	5.44
重庆	15968.77	15396.51	209.62	819.95	0.07	0.01	5.15
四川	51599.38	49119.56	263.00	3060.09	0.07	0.04	6.19
贵州	16358.62	15749.37	134.31	856.23	0.05	0.03	4.54
云南	25832.83	25305.66	321.22	1029.88	0.04	0.06	5.35
西藏	1640.80	1490.30	7.97	177.86	0.04	0.14	4.77
陕西	19627.98	19169.99	17.41	1029.35	0.08	0.31	5.08
甘肃	13245.93	12333.74	99.27	775.33	0.08	0.06	5.02
青海	2533.59	2357.81	31.16	163.67	0.19	0.01	4.20
宁夏	4145.67	3988.09	47.16	233.60	0.11	0.01	6.02
新疆	10719.21	10160.86	62.14	1181.99	0.18	0.25	4.31

7-15-15 各地区医疗卫生机构住院服务情况

地 区	入院人数（万人）	出院人数（万人）	住院病人手术人次（万人次）	病死率（%）	每床出院人数（人）	每百门急诊入院人数（人）	居民年住院率（%）
全 国	**25454.33**	**25384.66**	**6171.58**	**0.36**	**30.2**	**4.5**	**18.27**
北 京	353.60	353.11	146.55	0.99	28.6	1.6	16.41
天 津	162.52	162.49	75.85	0.68	23.8	1.7	10.42
河 北	1215.23	1205.93	217.76	0.27	28.6	5.7	16.08
山 西	496.03	494.29	120.67	0.20	23.8	6.0	13.34
内蒙古	384.89	384.00	75.76	0.58	24.2	5.3	15.19
辽 宁	741.68	737.72	179.08	0.92	23.5	5.4	17.01
吉 林	404.44	402.32	79.35	0.97	24.1	5.8	14.96
黑龙江	585.19	582.82	142.91	0.98	23.4	7.2	15.51
上 海	418.36	418.12	236.22	1.26	30.1	1.7	17.26
江 苏	1449.41	1447.46	381.14	0.16	29.6	3.2	18.00
浙 江	1019.74	1018.64	346.08	0.29	30.7	2.0	17.77
安 徽	1011.06	1009.68	216.97	0.29	30.8	5.0	15.99
福 建	574.16	574.67	144.05	0.13	29.9	3.6	14.57
江 西	865.54	861.87	159.15	0.18	34.6	7.6	18.62
山 东	1841.46	1838.05	416.69	0.37	30.3	5.1	18.33
河 南	1916.43	1910.99	357.38	0.21	31.4	5.5	19.95
湖 北	1319.39	1317.65	332.65	0.36	33.5	5.8	22.29
湖 南	1537.32	1537.70	254.87	0.12	31.9	9.0	22.28
广 东	1710.12	1708.73	734.56	0.50	33.1	2.8	15.07
广 西	932.02	929.51	181.91	0.35	36.3	5.3	18.92
海 南	119.41	119.55	26.02	0.27	26.7	3.2	12.78
重 庆	705.44	703.30	147.32	0.37	32.0	6.8	22.74
四 川	1835.29	1827.00	404.31	0.42	30.5	5.6	22.00
贵 州	815.25	809.60	160.52	0.17	33.0	7.1	22.65
云 南	961.40	957.04	229.14	0.24	32.9	5.4	19.91
西 藏	31.06	30.91	5.91	0.19	18.5	3.0	9.03
陕 西	798.09	795.04	180.65	0.26	31.4	6.3	20.65
甘 肃	487.22	484.81	66.68	0.13	29.9	6.2	18.47
青 海	98.53	98.46	16.53	0.28	25.2	5.7	16.33
宁 夏	120.81	120.29	25.75	0.21	29.3	3.9	17.56
新 疆	543.23	542.90	109.15	0.39	30.4	6.3	21.84

7-15-16 社区卫生服务中心(站)医疗服务情况

年份 地区	社区卫生服务中心					社区卫生服务站	
	诊疗人次 (万人次)	入院人数 (万人)	病床使用率 (%)	平均住院日 (日)	医师日均担负诊疗人次 (人次)	诊疗人次 (万人次)	医师日均担负诊疗人次 (人次)
2004	4615.6	15.2	61.2	21.0	13.0	5095.5	11.1
2005	5938.5	26.6	60.7	17.2	13.7	6281.5	11.0
2006	8285.5	43.6	57.9	15.5	13.0	9378.9	13.1
2007	12712.4	74.3	59.6	13.1	13.1	9875.0	14.6
2008	17247.3	103.3	58.7	13.4	12.9	8425.1	12.5
2009	26080.2	164.2	59.8	10.6	14.0	11617.3	13.7
2010	34740.4	218.1	56.1	10.4	13.6	13711.1	13.6
2011	40950.0	247.3	54.4	10.2	14.0	13703.8	13.7
2012	45475.1	268.7	55.5	10.1	14.8	14393.6	14.0
2013	50788.6	292.1	57.0	9.8	15.7	14921.2	14.3
2014	53618.8	298.1	55.6	9.9	16.1	14912.0	14.4
2015	55902.6	305.5	54.7	9.8	16.3	14742.5	14.1
2016	56327.0	313.7	54.6	9.7	15.9	15561.9	14.5
2017	60743.2	344.2	54.8	9.5	16.2	15982.4	14.1
2018	63897.9	339.5	52.0	9.9	16.1	16011.5	13.7
北　京	5476.9	2.8	34.4	18.1	18.1	762.0	20.8
天　津	1860.0	0.9	20.7	12.6	23.3	363.7	35.1
河　北	738.0	7.2	42.9	9.3	8.3	1064.5	10.0
山　西	402.3	4.8	39.9	9.4	6.9	421.8	6.7
内蒙古	459.6	5.4	38.7	9.7	6.8	320.4	6.6
辽　宁	1041.6	6.6	32.1	9.8	9.6	577.0	10.5
吉　林	478.1	2.3	33.1	10.6	7.2	59.6	8.3
黑龙江	655.1	6.0	30.4	8.4	6.7	79.2	6.0
上　海	8577.6	6.9	88.0	77.0	26.6		
江　苏	7637.0	44.6	54.9	8.9	18.2	1359.0	18.2
浙　江	9924.7	6.7	40.7	14.8	25.1	365.9	23.6
安　徽	1426.3	12.5	42.9	8.0	13.5	1133.9	13.3
福　建	1682.9	5.7	32.8	7.2	17.8	383.0	12.3
江　西	365.4	5.2	43.7	6.8	9.2	298.4	12.2
山　东	2173.1	27.0	50.6	8.6	9.8	1597.2	12.8
河　南	1494.4	17.0	45.6	9.2	9.6	996.7	13.5
湖　北	1594.6	31.7	56.4	8.4	9.6	757.3	18.5
湖　南	1130.8	34.6	59.9	7.4	7.5	226.5	7.5
广　东	10271.0	16.5	52.1	9.4	22.0	2261.5	30.7
广　西	833.3	3.8	47.8	8.1	14.0	191.8	12.1
海　南	67.5	0.9	34.3	6.5	7.4	234.1	15.4
重　庆	734.0	29.7	69.5	7.6	8.2	126.3	11.3
四　川	2373.5	26.5	62.9	8.3	16.1	478.6	14.1
贵　州	415.5	9.4	39.7	4.9	8.3	324.6	9.3
云　南	479.1	10.2	49.6	8.0	10.1	266.5	10.7
西　藏	13.2		11.1		5.0	2.6	4.5
陕　西	539.1	5.6	41.9	7.8	10.0	285.6	11.1
甘　肃	369.3	3.8	55.4	5.5	9.1	346.9	10.2
青　海	77.7	0.8	45.5	9.0	7.3	196.3	17.9
宁　夏	98.7	0.1	25.7	9.5	16.5	203.5	16.2
新　疆	507.7	4.6	41.2	7.9	10.6	327.3	9.3

7-15-17 监测地区5岁以下儿童和孕产妇死亡率

年 份	新生儿死亡率(‰)			婴儿死亡率(‰)			5岁以下儿童死亡率(‰)			孕产妇死亡率(1/10万)		
	合计	城市	农村	合计	城市	农村	合计	城市	农村	合计	城市	农村
1991	33.1	12.5	37.9	50.2	17.3	58.0	61.0	20.9	71.1	80.0	46.3	100.0
1992	32.5	13.9	36.8	46.7	18.4	53.2	57.4	20.7	65.6	76.5	42.7	97.9
1993	31.2	12.9	35.4	43.6	15.9	50.0	53.1	18.3	61.6	67.3	38.5	85.1
1994	28.5	12.2	32.3	39.9	15.5	45.6	49.6	18.0	56.9	64.8	44.1	77.5
1995	27.3	10.6	31.1	36.4	14.2	41.6	44.5	16.4	51.1	61.9	39.2	76.0
1996	24.0	12.2	26.7	36.0	14.8	40.9	45.0	16.9	51.4	63.9	29.2	86.4
1997	24.2	10.3	27.5	33.1	13.1	37.7	42.3	15.5	48.5	63.6	38.3	80.4
1998	22.3	10.0	25.1	33.2	13.5	37.7	42.0	16.2	47.9	56.2	28.6	74.1
1999	22.2	9.5	25.1	33.3	11.9	38.2	41.4	14.3	47.7	58.7	26.2	79.7
2000	22.8	9.5	25.8	32.2	11.8	37.0	39.7	13.8	45.7	53.0	29.3	69.6
2001	21.4	10.6	23.9	30.0	13.6	33.8	35.9	16.3	40.4	50.2	33.1	61.9
2002	20.7	9.7	23.2	29.2	12.2	33.1	34.9	14.6	39.6	43.2	22.3	58.2
2003	18.0	8.9	20.1	25.5	11.3	28.7	29.9	14.8	33.4	51.3	27.6	65.4
2004	15.4	8.4	17.3	21.5	10.1	24.5	25.0	12.0	28.5	48.3	26.1	63.0
2005	13.2	7.5	14.7	19.0	9.1	21.6	22.5	10.7	25.7	47.7	25.0	53.8
2006	12.0	6.8	13.4	17.2	8.0	19.7	20.6	9.6	23.6	41.1	24.8	45.5
2007	10.7	5.5	12.8	15.3	7.7	18.6	18.1	9.0	21.8	36.6	25.2	41.3
2008	10.2	5.0	12.3	14.9	6.5	18.4	18.5	7.9	22.7	34.2	29.2	36.1
2009	9.0	4.5	10.8	13.8	6.2	17.0	17.2	7.6	21.1	31.9	26.6	34.0
2010	8.3	4.1	10.0	13.1	5.8	16.1	16.4	7.3	20.1	30.0	29.7	30.1
2011	7.8	4.0	9.4	12.1	5.8	14.7	15.6	7.1	19.1	26.1	25.2	26.5
2012	6.9	3.9	8.1	10.3	5.2	12.4	13.2	5.9	16.2	24.5	22.2	25.6
2013	6.3	3.7	7.3	9.5	5.2	11.3	12.0	6.0	14.5	23.2	22.4	23.6
2014	5.9	3.5	6.9	8.9	4.8	10.7	11.7	5.9	14.2	21.7	20.5	22.2
2015	5.4	3.3	6.4	8.1	4.7	9.6	10.7	5.8	12.9	20.1	19.8	20.2
2016	4.9	2.9	5.7	7.5	4.2	9.0	10.2	5.2	12.4	19.9	19.5	20.0
2017	4.5	2.6	5.3	6.8	4.1	7.9	9.1	4.8	10.9	19.6	16.6	21.1
2018	3.9	2.2	4.7	6.1	3.6	7.3	8.4	4.4	10.2	18.3	15.5	19.9

7-15-18 部分地区城市居民主要疾病死亡率及死因构成

疾病名称	合计			男			女		
	死亡率(1/10万)	构成(%)	位次	死亡率(1/10万)	构成(%)	位次	死亡率(1/10万)	构成(%)	位次
传染病(含呼吸道结核)	5.96	0.95	10	8.23	1.15	9	3.61	0.67	10
寄生虫病	0.04	0.01	17	0.05	0.01	16	0.03	0.01	17
恶性肿瘤	163.18	25.98	1	205.00	28.72	1	120.01	22.23	2
血液,造血器官及免疫疾病	1.43	0.23	13	1.42	0.20	15	1.44	0.27	13
内分泌,营养和代谢疾病	21.15	3.37	6	20.47	2.87	6	21.85	4.05	6
精神障碍	2.96	0.47	11	2.79	0.39	11	3.12	0.58	11
神经系统疾病	8.62	1.37	8	8.63	1.21	8	8.62	1.60	8
心脏病	146.34	23.29	2	150.13	21.03	2	142.42	26.38	1
脑血管病	128.88	20.51	3	141.63	19.84	3	115.72	21.43	3
呼吸系统疾病	68.02	10.83	4	80.25	11.24	4	55.39	10.26	4
消化系统疾病	14.54	2.31	7	17.74	2.49	7	11.23	2.08	7
肌肉骨骼和结缔组织疾病	2.49	0.40	12	1.96	0.27	12	3.03	0.56	12
泌尿生殖系统疾病	6.84	1.09	9	7.81	1.09	10	5.83	1.08	9
妊娠,分娩产褥期并发症	0.05	0.01	16				0.10	0.02	16
围生期疾病	1.30	0.21	15	1.54	0.22	13	1.05	0.20	15
先天畸形,变形和染色体异常	1.33	0.21	14	1.45	0.20	14	1.22	0.23	14
损伤和中毒外部原因	35.63	5.67	5	44.84	6.28	5	26.13	4.84	5
诊断不明	2.56	0.41		3.45	0.48		1.64	0.30	
其他疾病	6.42	1.02		5.07	0.71		7.82	1.45	

注：本表系605个死因监测点结果。下表同。

7-15-19 部分地区农村居民主要疾病死亡率及死因构成

疾病名称	合计			男			女		
	死亡率(1/10万)	构成(%)	位次	死亡率(1/10万)	构成(%)	位次	死亡率(1/10万)	构成(%)	位次
传染病(含呼吸道结核)	7.26	1.05	10	10.02	1.27	8	4.40	0.75	10
寄生虫病	0.08	0.01	16	0.09	0.01	16	0.07	0.01	17
恶性肿瘤	158.61	22.96	3	202.86	25.76	1	112.71	19.09	3
血液,造血器官及免疫疾病	1.19	0.17	15	1.20	0.15	15	1.18	0.20	15
内分泌营养和代谢疾病	17.01	2.46	6	15.36	1.95	7	18.72	3.17	6
精神障碍	2.81	0.41	11	2.70	0.34	11	2.92	0.49	11
神经系统疾病	8.39	1.21	8	8.29	1.05	10	8.49	1.44	8
心脏病	162.12	23.47	1	166.00	21.08	3	158.10	26.78	1
脑血管病	160.19	23.19	2	176.06	22.36	2	143.73	24.34	2
呼吸系统疾病	77.67	11.24	4	87.83	11.15	4	67.13	11.37	4
消化系统疾病	14.57	2.11	7	18.42	2.34	6	10.58	1.79	7
肌肉骨骼和结缔组织疾病	1.96	0.28	12	1.65	0.21	13	2.29	0.39	12
泌尿生殖系统疾病	7.44	1.08	9	8.73	1.11	9	6.09	1.03	9
妊娠分娩产褥期并发症	0.07	0.01	17				0.15	0.03	16
围生期疾病	1.58	0.23	13	1.91	0.24	12	1.24	0.21	14
先天畸形,变形和染色体异常	1.48	0.21	14	1.63	0.21	14	1.32	0.22	13
损伤和中毒外部原因	51.48	7.45	5	67.63	8.59	5	34.74	5.88	5
诊断不明	2.24	0.32		2.78	0.35		1.67	0.28	
其他疾病	6.17	0.89		4.96	0.63		7.43	1.26	

注：农村包括县及县级市。

7-15-20 分地区提供住宿的民政机构床位数

单位：万张

地 区	床位数					每千老年人口养老床位数（张）
		养老	儿童福利和救助	精神疾病	其他	
全 国	**408.1**	**379.4**	**9.7**	**6.3**	**12.7**	**29.15**
北 京	11.4	10.5	0.3		0.5	31.14
天 津	5.1	4.9		0.1	0.1	22.22
河 北	17.4	16.9	0.1	0.1	0.4	30.09
山 西	5.1	4.6	0.1	0.1	0.3	20.19
内蒙古	9.1	8.5	0.2	0.2	0.2	54.75
辽 宁	15.5	14.7	0.1		0.7	19.41
吉 林	13.2	12.2	0.3	0.5	0.2	23.67
黑龙江	14.9	13.8	0.4	0.4	0.4	27.39
上 海	13.9	13.2	0.2	0.2	0.3	27.90
江 苏	41.3	39.9	0.4	0.5	0.5	39.45
浙 江	29.6	28.9	0.3	0.1	0.4	54.17
安 徽	22.6	21.4	0.6		0.5	34.75
福 建	5.4	4.6	0.1	0.4	0.2	26.38
江 西	15.3	14.7	0.2		0.4	26.83
山 东	29.4	28.6	0.5		0.3	27.54
河 南	15.2	13.9	0.4	0.2	0.7	21.39
湖 北	24.0	22.9	0.4	0.2	0.6	32.77
湖 南	14.8	13.4	0.4	0.4	0.6	23.85
广 东	22.1	20.3	0.6	0.2	1.0	31.02
广 西	6.1	5.2	0.3	0.2	0.2	23.95
海 南	0.4	0.4			0.1	11.85
重 庆	9.4	8.6	0.3	0.3	0.2	25.14
四 川	32.0	28.3	0.8	1.3	1.6	28.41
贵 州	8.3	7.2	0.3	0.4	0.3	30.40
云 南	6.4	5.6	0.3	0.2	0.3	15.05
西 藏	1.1	0.1	0.4		0.6	8.20
陕 西	9.2	8.5	0.3	0.1	0.3	23.30
甘 肃	2.7	2.0	0.3	0.1	0.3	30.42
青 海	0.8	0.6	0.2			30.55
宁 夏	1.7	1.4	0.1		0.1	24.52
新 疆	5.0	3.7	0.8	0.4	0.2	16.48

注：老年人口指60岁及以上人口。

7-15-21 社会救助情况

单位：万人

年份 地区	城市居民最低生活保障人数	农村居民最低生活保障人数	农村特困人员集中供养人数	农村特困人员分散供养人数
2007	2272.1	3566.3	138.0	393.3
2008	2334.8	4305.5	155.6	393.0
2009	2345.6	4760.0	171.8	381.6
2010	2310.5	5214.0	177.4	378.9
2011	2276.8	5305.7	184.5	366.5
2012	2143.5	5344.5	185.3	360.3
2013	2064.0	5388.0	183.5	353.8
2014	1877.0	5207.0	174.3	354.8
2015	1701.1	4903.6	162.3	354.4
2016	1480.2	4586.5	139.7	357.2
2017	1261.0	4045.2	99.6	367.2
2018	1007.0	3519.1	86.2	368.8
北京	6.7	3.8	0.2	0.3
天津	`8.0	6.2	0.1	0.9
河北	23.7	122.2	3.0	22.1
山西	35.8	100.5	1.6	12.1
内蒙古	38.8	125.2	1.0	7.2
辽宁	45.5	59.9	2.2	10.4
吉林	50.9	59.4	1.9	8.6
黑龙江	74.1	89.3	1.8	8.5
上海	15.4	3.5	0.1	0.1
江苏	14.5	74.8	5.0	15.2
浙江	22.0	50.6	2.3	0.3
安徽	42.7	180.6	6.6	31.1
福建	6.1	37.8	0.6	5.9
江西	69.0	167.8	10.9	9.4
山东	15.9	117.1	5.6	16.8
河南	50.1	257.8	7.7	41.9
湖北	37.8	133.8	4.6	19.8
湖南	59.7	126.8	5.3	31.7
广东	17.3	123.8	1.6	20.4
广西	12.0	182.2	1.6	22.3
海南	4.8	14.7	0.2	2.2
重庆	31.1	58.1	1.1	8.6
四川	93.7	339.9	10.4	34.1
贵州	34.1	226.8	3.0	5.1
云南	48.3	254.9	1.2	10.6
西藏	2.9	17.3	1.1	0.8
陕西	25.9	85.7	3.1	9.0
甘肃	49.7	233.6	0.8	9.3
青海	7.7	30.9	0.3	1.5
宁夏	9.7	36.6	0.3	0.7
新疆	53.0	197.6	1.2	1.7

7-15-22 分地区医疗救助情况

地区	资助参加基本医疗保险人数（万人）	门诊和住院医疗救助人数（万人次）	资助参加基本医疗保险资金数（万元）	门诊和住院医疗救助资金数（万元）
全国	**6692.3**	**5361.0**	**1026748.8**	**2970236.8**
北京	10.3	12.5	2199.9	23965.7
天津	39.7	69.3	13741.2	35033.6
河北	118.5	289.7	22003.0	66060.0
山西	113.4	37.1	17123.6	76671.8
内蒙古	131.9	66.0	13773.8	83545.5
辽宁	110.7	106.8	280.0	66970.0
吉林	161.1	63.7	17415.9	52581.1
黑龙江	219.0	67.0	39529.3	96279.9
上海	8.4	205.8	3994.8	40696.6
江苏	211.1	809.6	52931.7	209347.2
浙江	129.0	733.2	82227.0	197735.0
安徽	446.7	290.6	94365.1	174873.6
福建	118.5	289.7	22003.0	66060.0
江西	177.7	213.4	1988.0	119086.0
山东	225.6	137.9	44734.2	116133.1
河南	531.7	154.1	35843.9	128578.4
湖北	202.0	169.9	37031.3	134301.9
湖南	192.4	150.1	24780.2	131453.8
广东	265.3	198.5	50403.0	211968.6
广西	184.2	33.2	23699.3	51230.5
海南	43.4	65.1	7974.0	14541.0
重庆	175.3	495.3	30159.0	129442.0
四川	361.1	200.1	19694.1	175764.7
贵州	305.0	54.7	18811.6	82173.3
云南	666.6	185.6	64910.9	98821.9
西藏	12.8	6.5	283.0	21284.9
陕西	158.5	106.9	129767.5	121812.9
甘肃	865.3	46.1	68882.7	96338.4
青海	55.8	16.6	13260.0	36087.8
宁夏	80.7	44.3	6772.0	21097.0
新疆	370.6	41.8	66165.7	90300.7

注：1.2016年起，将资助参加合作医疗保险人数合并到资助参加医疗保险人数指标中，将资助参加合作医疗支出合并到资助参加医疗保险支出指标中。
2.2018年起，直接医疗救助修改为门诊和住院医疗救助，统计口径不变。

7-15-23 社区服务机构、社会工作师情况

年 份 地 区	社区服务 机构和设施 (个)	社会工作师 累计合格人数 (人)	助理社会工作师 累计合格人数 (人)
2000	187888		
2005	203275		
2006	160007		
2007	172002		
2008	162976	4192	20648
2009	174976	8419	27259
2010	152941	11083	32687
2011	160352	13421	40755
2012	200162	19525	64601
2013	251939	31183	91901
2014	251368	38501	120111
2015	360956	51722	154461
2016	386186	69391	218794
2017	407453	83189	243421
2018	426524	106932	332334
北 京	11895	8330	23966
天 津	2865	2076	7028
河 北	36290	2321	4216
山 西	6427	1748	3413
内蒙古	4535	1597	2378
辽 宁	7962	4409	12125
吉 林	1901	1895	7242
黑龙江	3353	1733	4985
上 海	6425	6055	16550
江 苏	43458	12812	42871
浙 江	35775	12307	35969
安 徽	8060	2788	7991
福 建	9995	4038	9474
江 西	4130	1028	3264
山 东	26656	7555	13672
河 南	6262	2361	5982
湖 北	22843	2564	10358
湖 南	17175	2376	7172
广 东	65001	15396	66137
广 西	13933	1006	3659
海 南	2923	124	568
重 庆	8390	3271	13849
四 川	24599	326	1683
贵 州	23207	966	3172
云 南	5232	8	38
西 藏	87	2205	6965
陕 西	9627	3582	11474
甘 肃	10877	616	2190
青 海	1765	104	433
宁 夏	2697	411	1315
新 疆	2179	924	2195

注：2015年起社区服务机构和设施指标包括社区养老机构、社区互助型养老设施数。

【主要统计指标解释】

卫生总费用　指一个国家或地区在一定时期内，为开展卫生服务活动从全社会筹集的卫生资源的货币总额，按来源法核算。它反映一定经济条件下，政府、社会和居民个人对卫生保健的重视程度和费用负担水平，以及卫生筹资模式的主要特征和卫生筹资的公平性合理性。

政府卫生支出　指各级政府用于医疗卫生服务、医疗保障补助、卫生和医疗保障行政管理、人口与计划生育事务支出等各项事业的经费。

社会卫生支出　指政府支出外的社会各界对卫生事业的资金投入。包括社会医疗保障支出、商业健康保险费、社会办医支出、社会捐赠援助、行政事业性收费收入等。

个人现金卫生支出　指城乡居民在接受各类医疗卫生服务时的现金支付，包括享受各种医疗保险制度的居民就医时自付的费用。

人均卫生费用　即某年卫生总费用与同期平均人口数之比。

卫生总费用与GDP之比　指某年卫生总费用与同期国内生产总值（GDP）之比。是用来反映一定时期，一定经济条件下，国家对卫生事业的资金投入力度，以及政府和全社会对居民卫生健康的重视程度。

民政事业费总支出　包括社会福利支出、社会救助支出、民政管理事务支出、行政事业单位离退休支出，以及财政从预算内经费中安排的其他用于民政事业的经费支出。

社会福利支出　指各级列入政府收支分类科目中20810项预算指标，用于社会福利支出。包括儿童福利、老年人福利、残疾人福利、殡葬、社会福利事业单位和其他社会福利支出。

医疗卫生机构　指从卫生健康行政部门取得《医疗机构执业许可证》，或从民政、工商行政、机构编制管理部门取得法人单位登记证书，为社会提供医疗保健、疾病控制、卫生监督服务或从事医学科研和医学在职培训等工作的单位。医疗卫生机构包括医院、基层医疗卫生机构、专业公共卫生机构、其他医疗卫生机构。

基层医疗卫生机构　包括社区卫生服务中心(站)、街道卫生院、乡镇卫生院、村卫生室、门诊部、诊所(医务室)。

专业公共卫生机构　包括疾病预防控制中心、专科疾病防治机构、妇幼保健机构、健康教育机构、急救中心(站)、采供血机构、卫生监督机构、卫生健康部门主管的计划生育技术服务机构。不包括传染病院、结核病医院、血防医院、精神病医院、卫生监督(监测、检测)机构。

卫生人员　指在医院、基层医疗卫生机构、专业公共卫生机构及其他医疗卫生机构工作的职工，包括卫生技术人员、乡村医生和卫生员、其他技术人员、管理人员和工勤人员等。

卫生技术人员　包括执业医师、执业助理医师、注册护士、药师（士）、检验技师（士）、影像技师（士）、卫生监督员和见习医（药、护、技）师（士）等卫生专业人员。不包括从事管理工作的卫生技术人员。

执业医师　指《医师执业证》“级别”为“执业医师”且实际从事医疗、预防保健工作的人员，不包括实际从事管理工作的执业医师。执业医师类别分为临床、中医、口腔和公共卫生四类。

每千人口执业(助理)医师 每千人口执业(助理)医师=（执业医师数+执业助理医师数)/人口数×1000。

新生儿死亡率 指年内新生儿死亡数与活产数之比，一般以‰表示。新生儿死亡指出生至28天以内(即0-27天)死亡人数。

5岁以下儿童死亡率 指年内未满5岁儿童死亡人数与活产数之比，一般以‰表示。

孕产妇死亡率 指年内每10万名孕产妇的死亡人数。孕产妇死亡指从妊娠期至产后42天内，由于任何妊娠或妊娠处理有关的原因导致的死亡，但不包括意外原因死亡者。按国际通用计算方法，“孕产妇总数”以“活产数”代替计算。

城市居民最低生活保障人数 指在报告期末共同生活的家庭成员人均收入低于当地最低生活保障标准，且家庭财产状况符合相关规定的城镇居民，并已发放补助经费的人数。

农村居民最低生活保障人数 指报告期末共同生活的家庭成员人均收入低于当地最低生活保障标准，得到当地政府给予最低生活保障待遇的农业人口家庭人数。

社区服务机构和设施数 是面向全体城乡居民提供社区服务的机构和设施。原则上，城乡社区服务机构应能提供以公共服务为主体的综合性服务，城乡社区服务设施面积应能满足社区组织办公和社区综合服务所需，并配置多功能社区居民活动场所。在此基础上可根据社区居民的实际需求，重点强化若干类服务功能。社区服务机构和设施包括（1）社区服务指导中心；（2）社区服务中心；（3）社区服务站；（4）未登记注册的农村特困供养机构；（5）社区养老照料机构和设施；（6）社区互助型养老设施；（7）其他社区服务机构和设施。

7 第三产业分行业主要指标

7-16　文化、体育和娱乐业

简要说明

一、主要内容

本篇主要反映新闻出版、广电、文化、文物、档案、体育事业发展情况。

内容包括广播电视业和文化事业财务情况；图书、期刊、报纸、音像制品的出版、印刷、发行以及引进和输出版权情况；广播影视宣传、覆盖、技术、财务收支等方面的情况；艺术表演团体、公共图书馆、群众艺术馆、博物馆以及国家档案馆等单位的机构、人员、经费和业务活动情况；体育系统机构人员、运动员获世界冠军以及创世界记录情况。

文化、体育和娱乐业企业法人单位分地区主要指标。

二、资料来源

新闻出版资料由国家新闻出版署提供；广播、电视资料由国家广播电视总局提供；电影资料由国家电影局提供；文化资料由文化和旅游部提供；文物资料由国家文物局提供；档案资料由国家档案局提供；体育资料由国家体育总局提供。

详细资料分别见《中国新闻出版统计资料汇编》（国家新闻出版署编）、《全国广播电视服务业统计数据》（国家广播电视总局编）、《中国文化文物统计年鉴》（文化和旅游部编）、《体育事业统计年鉴》（国家体育总局体育经济司编）。

文化、体育和娱乐业企业法人单位分地区主要指标来源国家统计局服务业司《规模以上服务业统计报表制度》和《规模以下服务业抽样调查统计报表制度》调查结果。

7-16-1 各地区广播电视行政事业单位财务收支情况

单位：万元

地　　区	总收入	#财政补助收入	#事业收入	#经营收入	总支出
全国合计	**15865141**	**7749922**	**6788329**	**604743**	**15000072**
国家广播电视总局	536052	450635	58036		526784
中央广播电视总台	3491180	331147	2971998		2741615
其他部门所属单位	248995	56026	154441		225383
北　京	664159	353734	285840	10361	699017
天　津	197549	111312	71297	2133	246706
河　北	238745	184374	41334	7947	233664
山　西	388537	276291	98745	4107	361757
内蒙古	324162	310356	6522	474	314950
辽　宁	413363	222845	181470	4061	414525
吉　林	337936	325067	4841	4804	327761
黑龙江	206647	186091	9021	3445	212222
上　海	403921	371977	14428	1992	343145
江　苏	468879	166394	190694	77834	502132
浙　江	462927	191801	182125	52092	472625
安　徽	480116	268090	191518	2317	477374
福　建	264696	196824	45951	2198	250507
江　西	289145	242449	21250	12361	284644
山　东	756013	293961	413530	15365	758565
河　南	447703	231826	193968	7099	416167
湖　北	416652	225396	62486	121182	402459
湖　南	1245694	207239	977838	22491	1179369
广　东	602227	229381	284706	47311	627918
广　西	372571	275002	55675	172	378682
海　南	111382	88324	15666	5703	108878
重　庆	114124	104194	4471	2661	112620
四　川	622734	478884	42214	86841	617544
贵　州	167247	145940	12076	475	176204
云　南	352333	252960	78129	3016	376552
西　藏	128274	119985	7104		139057
陕　西	277502	168392	27746	73265	284370
甘　肃	246233	197750	33284	2285	230940
青　海	110591	104076	3278	2611	114774
宁　夏	93441	60171	23432	1252	94469
新　疆	383409	321034	23216	5981	346694

7-16-2 各地区广播电视企业单位经营情况

单位：万元

地 区	总收入	#营业收入	本年应缴税金	本年固定资产投资额	本年新增固定资产
全国合计	**53656283**	**52480692**	**2365648**	**3500867**	**2686434**
国家广播电视总局	175849	157092	5561	14059	12001
中央广播电视总台	2561534	2480583	113007	39889	41185
其他部门所属单位	490384	471154	20873	5729	8021
北 京	17195715	17002824	744734	465487	394849
天 津	356014	353719	16403	11381	82466
河 北	692283	655010	33207	105431	90481
山 西	296316	287164	19950	19278	23438
内蒙古	170450	170450	14328		
辽 宁	285917	280381	11890	32405	33434
吉 林	232115	225603	1744	190576	106270
黑龙江	391164	381216	575	114985	56155
上 海	5316046	5223934	229137	147109	120560
江 苏	3268332	3116918	138445	387232	228699
浙 江	4850584	4748320	257358	226582	186176
安 徽	491647	480972	14101	33144	37681
福 建	1137115	1088699	43087	121085	86130
江 西	233390	228068	3134	44524	35200
山 东	946831	924301	37984	93107	84712
河 南	317766	307389	-431	79601	50239
湖 北	979700	948702	28124	223596	158958
湖 南	1709095	1669883	252821	65741	63657
广 东	3919862	3849133	152689	251625	202595
广 西	360290	346180	5625	79132	55397
海 南	65189	60910	1480	887	232
重 庆	610771	589305	29095	73446	54964
四 川	1482748	1442688	62143	249210	144053
贵 州	887856	856574	21911	215266	157602
云 南	318054	300751	8956	44647	43145
西 藏	3290	2966		83	216
陕 西	590933	573503	14408	93866	41149
甘 肃	111300	105781	4247	21314	12410
青 海	32040	29224	-908	3708	9575
宁 夏	46187	40288	1179	32707	4716
新 疆	3129517	3081009	78793	14035	60069

7-16-3　各地区广播电视企业资产负债情况

单位：万元

地　区	资产总额	固定资产净值	负债总额
全国合计	**140494004**	**18513698**	**79446859**
国家广播电视总局	1878442	130813	911266
中央广播电视总台	3740679	168043	1411121
其他部门所属单位	1515287	55620	312053
北　京	33639445	1577770	23819734
天　津	738260	288302	414298
河　北	1958944	559343	1263846
山　西	726428	132202	360597
内蒙古	581668	229308	190546
辽　宁	1023021	457306	699612
吉　林	2391574	524877	1126474
黑龙江	1528829	489931	948707
上　海	12979099	1093771	7278238
江　苏	12858671	2288993	5518845
浙　江	20541456	1496136	10582534
安　徽	1137631	335072	678715
福　建	2153306	478156	1276384
江　西	742041	154865	550162
山　东	2761982	951580	1250843
河　南	1463740	489458	1046294
湖　北	3346999	892593	1834111
湖　南	3847060	744236	1753777
广　东	7982544	1373312	3263403
广　西	1083111	372912	575320
海　南	240754	85499	128833
重　庆	1305588	355268	839446
四　川	3924829	958184	2469203
贵　州	2078919	452354	1130957
云　南	1499440	393514	916509
西　藏	5667	4360	2022
陕　西	2220854	493470	1234719
甘　肃	1211501	235296	904371
青　海	97889	63124	39187
宁　夏	316448	30903	155179
新　疆	6971899	157127	4559555

7-16-4 文化、体育和娱乐业企业法人单位分地区主要指标

地 区	单位数(个)	营业收入(亿元)	资产总计(亿元)	从业人员(万人)
全 国	**506782**	**10718.8**	**34187.5**	**336.4**
北 京	52654	1889.4	6348.3	30.8
天 津	6948	244.1	812.6	3.4
河 北	22006	174.3	806.7	11.2
山 西	11764	64.6	385.1	6.2
内蒙古	5742	38.8	295.7	2.5
辽 宁	11363	108.3	584.0	5.2
吉 林	3315	49.7	255.2	2.4
黑龙江	5148	53.2	171.5	2.8
上 海	11134	720.7	2748.9	10.7
江 苏	37153	897.9	3073.6	25.3
浙 江	32975	908.7	3162.2	18.3
安 徽	19592	267.3	734.5	11.6
福 建	16836	373.5	742.5	15.8
江 西	9306	199.5	451.5	7.8
山 东	33315	459.4	1345.3	17.9
河 南	30298	570.1	1024.8	25.0
湖 北	20662	525.4	1527.1	16.4
湖 南	21757	629.3	1428.6	19.3
广 东	58281	889.5	2538.6	33.5
广 西	9914	89.1	342.3	5.9
海 南	2901	46.1	382.4	2.2
重 庆	15638	289.7	753.2	12.9
四 川	22833	356.7	787.0	16.4
贵 州	8046	114.1	663.3	6.5
云 南	12121	137.2	501.1	7.5
西 藏	776	14.4	71.0	0.7
陕 西	12221	209.4	1147.5	9.9
甘 肃	4761	48.4	322.3	4.0
青 海	1442	11.7	70.8	1.0
宁 夏	1363	15.1	55.3	1.1
新 疆	4517	323.2	654.7	2.2

7-16-5 电影综合情况

年 份	生产故事影片(部)	生产动画影片(部)	生产科教影片(部)	生产纪录影片(部)	生产特种影片(部)
1978	46	26	289	202	
1979	65	25	349	317	
1980	82	32	337	242	
1981	105	33	277	276	
1982	112	33	284	259	
1983	127	37	343	299	
1984	144	37	387	337	
1985	127	45	357	419	
1986	134	46	383	417	
1987	146	45	353	347	
1988	158	38	344	350	
1989	136	53	334	259	
1990	134	51	326	296	
1991	130	46	351	283	
1992	170	56	354	307	
1993	154	47	252	300	
1994	148	32	182	22	
1995	146	37	40	111	
1996	110	58	33	39	
1997	88	28	34	95	
1998	82	9	30	54	
1999	99	3	20	14	
2000	91	1	49	10	
2001	88	1	56	9	
2002	100	2	60	7	
2003	140	2	53	6	
2004	212	4	30	10	
2005	260	7	33	2	
2006	330	13	36	13	
2007	402	6	34	9	
2008	406	16	39	16	2
2009	456	27	52	19	4
2010	526	16	54	16	9
2011	558	24	76	26	5
2012	745	33	74	15	26
2013	638	29	121	18	18
2014	618	40	52	25	23
2015	686	51	96	38	17
2016	772	49	67	32	24
2017	798	32	68	44	28
2018	902	51	61	57	11

注：2005年及以前动画片数为美术片数。

7-16-6 主要文化机构情况

单位：个

年 份	公共图书馆	文化馆(站)	省级、地市级文化馆	县市级文化馆	乡镇(街道)文化站	博物馆	艺术表演团 体	艺术表演场 馆
1978	1218	6893	92	2748	4053	349	3150	1095
1980	1732	8739	218	2912	5609	365	3533	1444
1985	2344	8576	335	2960	5281	711	3317	1377
1986	2406	8913	337	2993	5583	777	3195	2058
1987	2440	8974	348	2973	5653	827	3094	2148
1988	2485	9045	358	2975	5712	903	2985	2081
1989	2512	9037	366	2955	5716	967	2850	2050
1990	2527	9216	366	2955	5895	1013	2805	1955
1991	2535	10507	371	2894	7242	1075	2772	2068
1992	2558	9564	372	2900	6292	1106	2753	2037
1993	2572	10155	370	2886	6899	1130	2707	2024
1994	2589	11276	374	2887	8015	1161	2698	1998
1995	2615	13487	373	2886	10228	1194	2682	1958
1996	2620	45253	392	2892	41969	1219	2664	1934
1997	2628	45449	385	2901	42163	1282	2663	1947
1998	2662	45834	386	2901	42547	1339	2652	1929
1999	2669	45837	389	2905	42543	1363	2632	1911
2000	2675	45321	390	2907	42024	1392	2619	1900
2001	2696	43379	399	2842	40138	1461	2605	1854
2002	2697	42516	389	2854	39273	1511	2587	1829
2003	2709	41816	382	2846	38588	1515	2601	1900
2004	2720	41402	380	2841	38181	1548	2759	1928
2005	2762	41588	375	2851	38362	1581	2805	1866
2006	2778	40088	395	2819	36874	1617	2866	1839
2007	2799	40601	411	2806	37384	1722	4512	1732
2008	2820	41156	389	2829	37938	1893	5114	1662
2009	2850	41959	361	2862	38736	2252	6139	1499
2010	2884	43382	374	2890	40118	2435	6864	1461
2011	2952	43675	379	2906	40390	2650	7055	1429
2012	3076	43876	382	2919	40575	3069	7321	1279
2013	3112	44260	385	2930	40945	3473	8180	1344
2014	3117	44423	385	2928	41110	3658	8769	1338
2015	3139	44291	386	2929	40976	3852	10787	2143
2016	3153	44497	389	2933	41175	4109	12283	1265
2017	3166	44521	390	2938	41193	4721	15742	2455
2018	3176	44464	390	2936	41138	4918	17123	2478

注：1.2007年以前艺术表演团体为文化系统内数据，2007年起含非文化部门单位。艺术表演场馆不含民营艺术表演场馆。
2.1996年以前文化站数据未包括其他部门所属乡镇文化站。1996-1998年包括其他部门所属文化站，1999年以后，其他部门所属文化站划归文化部门管理。

7-16-7 文化文物机构人员情况

机构类别	机构（个）	文化部门	其他部门	从业人员（人）	文化部门	其他部门
总　计	**306252**	**66835**	**239417**	**2407827**	**670618**	**1737209**
一、文化合计	**296092**	**58357**	**237735**	**2245189**	**534284**	**1710905**
艺术表演团体	17123	2078	15045	416374	114401	301973
艺术表演场馆	2478	1236	1242	51478	21046	30432
公共图书馆	3176	3173	3	57602	57510	92
文化馆	3326	3326		54557	54557	
文化站	41138	41137	1	131079	131078	1
艺术展览创作机构	714	699	15	5988	5768	220
艺术教育业	122	122		13037	13037	
文化科研机构	227	227		5195	5195	
文化市场经营机构	220934		220934	1342557		1342557
（不包括非公有制院团和场馆）						
文化行政主管部门	3253	3253		83225	83225	
其他文化机构	3601	3106	495	84097	48467	35630
二、文物合计	**10160**	**8478**	**1682**	**162638**	**136334**	**26304**
博物馆	4918	3374	1544	107506	84958	22548
文物保护管理机构	3550	3473	77	32406	29566	2840
文物科研机构	122	122		4133	4133	
文物商店	64	59	5	1139	922	217
其他文物机构	1506	1450	56	17454	16755	699

7-16-8 各地区出版印刷生产情况

地 区	企业数(个)	从业人员(人)	印刷产量		装订产量(万令)	用纸量(万令)
			黑白(万令)	彩色(万对开色令)		
全 国	**8923**	**429799**	**27760.33**	**116387.94**	**33357.92**	**55951.23**
北 京	723	29365	2025.28	13796.18	2829.39	3859.71
天 津	201	7377	317.03	2048.31	217.94	984.34
河 北	791	35388	2452.38	3927.59	4601.90	3874.94
山 西	160	7766	259.37	1501.00	294.17	584.75
内蒙古	194	3659	236.02	1469.08	289.03	561.79
辽 宁	157	5983	1296.91	2337.86	675.33	1865.14
吉 林	207	6525	712.03	2150.72	444.43	1345.14
黑龙江	155	4294	193.44	1359.08	281.46	551.32
上 海	198	16190	439.47	10201.92	494.63	2901.27
江 苏	433	30638	1381.07	6973.40	1831.84	3716.94
浙 江	704	33972	2114.84	12417.70	2492.34	5179.75
安 徽	337	14822	758.74	4273.30	1295.83	1947.48
福 建	278	17412	614.95	1824.89	629.46	1098.24
江 西	142	7440	937.27	1420.14	1080.88	1221.05
山 东	587	40273	3630.95	7330.90	3839.44	5604.37
河 南	440	17929	868.94	3331.09	1173.29	1785.43
湖 北	356	16303	1157.70	2803.02	1551.96	2092.87
湖 南	430	17873	911.60	4380.88	1214.36	2027.60
广 东	788	58352	3360.25	16955.14	3997.98	6969.38
广 西	176	7026	829.44	3413.32	590.09	1976.88
海 南	40	1657	53.31	965.40	34.36	244.37
重 庆	117	6778	318.54	1505.54	372.92	699.06
四 川	296	9307	1385.02	4012.14	1392.63	1886.50
贵 州	170	3871	135.38	1098.55	134.03	317.79
云 南	185	5866	310.96	1159.05	315.84	721.27
西 藏	28	890	41.08	136.55	42.26	79.91
陕 西	260	11985	513.39	2065.54	591.75	939.01
甘 肃	100	4067	191.60	423.70	205.22	314.98
青 海	54	1475	44.75	137.99	40.35	99.74
宁 夏	100	1283	45.08	108.95	38.30	68.77
新 疆	116	4033	223.54	859.01	364.51	431.44

7-16-9 图书出版情况

类　别	种　数 (种)	印　数 (万册)
图书总计	**519250**	**1000974**
使用“中国标准书号”部分合计	**518913**	**998593**
马列主义、毛泽东思想	974	2497
哲学	10083	7422
社会科学总论	5770	3165
政治、法律	18972	29125
军事	1388	866
经济	35228	18154
文化、科学、教育、体育	209534	750758
语言、文字	21367	26190
文学	58909	80024
艺术	28488	21586
历史、地理	19444	13966
自然科学总论	820	511
数理科学、化学	9789	4689
天文学、地球科学	3222	1552
生物科学	3907	2248
医学、卫生	23573	11249
农业科学	5355	1860
工业技术	49336	16561
交通运输	5741	2256
航空、航天	706	194
环境科学	2561	1155
综合性图书	3746	2565
不使用“中国标准书号”部分合计	**337**	**2381**
图片	337	211
国标(GB)、部标(BB)等标准类文件印品		1179
活页文选、活页歌篇、小件印品等		991

7-16-10 图书、期刊和报纸出版情况

年份 地区	图书			期刊		报纸	
	种数(种)	#新出版	总印数(亿册、亿张)	种数(种)	总印数(亿册)	种数(种)	总印数(亿份)
1978	14987	11888	37.7	930	7.6	186	127.8
1980	21621	17660	45.9	2191	11.3	188	140.4
1985	45603	33743	66.7	4705	25.6	1445	246.8
1990	80224	55245	56.4	5751	17.9	1444	211.3
1995	101381	59159	63.2	7583	23.4	2089	263.3
1996	112813	63647	71.6	7916	23.1	2163	274.3
1997	120106	66585	73.1	7918	24.4	2149	287.6
1998	130613	74719	72.4	7999	25.4	2053	300.4
1999	141831	83095	73.2	8187	28.5	2038	318.4
2000	143376	84235	62.7	8725	29.4	2007	329.3
2001	154526	91416	63.1	8889	28.9	2111	351.1
2002	170962	100693	68.7	9029	29.5	2137	367.8
2003	190391	110812	66.7	9074	29.5	2119	383.1
2004	208294	121597	64.1	9490	28.3	1922	402.4
2005	222473	128578	64.7	9468	27.6	1931	412.6
2006	233971	160757	64.1	9468	28.5	1938	424.5
2007	248283	136226	62.9	9468	30.4	1938	438.0
2008	274123	148978	70.6	9549	31.0	1943	442.9
2009	301719	168296	70.4	9851	31.5	1937	439.1
2010	328387	189295	71.7	9884	32.2	1939	452.1
2011	369523	207506	77.1	9849	32.9	1928	467.4
2012	414005	241986	79.2	9867	33.5	1918	482.3
2013	444427	255981	83.1	9877	32.7	1915	482.4
2014	448431	255890	81.8	9966	30.9	1912	463.9
2015	475768	260426	86.6	10014	28.8	1906	430.1
2016	499884	262415	90.4	10084	27.0	1894	390.1
2017	512487	255106	92.4	10130	24.9	1884	362.5
2018	519250	247108	100.1	10139	22.9	1871	337.3
中　央	206873	99936	27.0	3070	7.9	213	78.3
北　京	13759	7075	2.7	174	0.3	34	4.9
天　津	7897	4974	1.0	256	0.3	19	3.2
河　北	10434	2805	3.2	227	0.4	63	10.9
山　西	3304	1888	1.0	202	0.2	60	19.8
内蒙古	3719	1668	0.6	152	0.1	58	2.7
辽　宁	11487	5421	1.9	322	0.7	66	7.3
吉　林	27824	14187	2.4	240	0.6	51	7.0
黑龙江	8709	5832	0.8	315	0.3	68	5.0
上　海	30005	14227	4.8	639	0.9	70	8.1
江　苏	30892	11990	6.8	472	1.1	81	21.4
浙　江	15231	6835	4.2	231	0.7	66	21.1
安　徽	10040	4248	3.2	186	0.4	51	6.8
福　建	4359	2372	1.1	176	0.2	43	7.9
江　西	8242	4949	2.5	166	0.7	40	8.8
山　东	18312	6196	6.0	276	0.8	86	21.8
河　南	8868	4506	3.1	248	0.8	77	16.7
湖　北	13419	6852	2.7	430	1.2	73	8.9
湖　南	9805	3797	4.5	259	0.9	48	8.5
广　东	11033	5795	3.5	387	1.1	99	22.1
广　西	6855	2705	3.0	181	0.4	49	5.4
海　南	4240	1843	0.6	42	0.1	14	1.9
重　庆	5568	1773	1.5	140	0.4	27	2.6
四　川	14456	8746	3.3	362	0.5	84	13.3
贵　州	1001	674	1.0	93	0.2	27	2.7
云　南	7056	3995	1.6	129	0.2	42	3.3
西　藏	716	320	0.1	39		27	1.1
陕　西	11923	5566	2.2	287	0.3	43	5.2
甘　肃	3611	1838	0.8	131	0.8	50	4.3
青　海	520	286	0.1	54		26	0.9
宁　夏	3303	1544	0.8	37	0.1	14	1.0
新　疆	5789	2265	2.1	216	0.1	102	4.4

7-16-11 各地区少年儿童读物和课本出版情况

地区	种数(种)		总印数（万册）		总印张(千印张)	
	儿童读物	课本	儿童读物	课本	儿童读物	课本
全国	**44196**	**82862**	**88858**	**348116**	**5412232**	**27458388**
中央	10169	48162	17938	90406	1166747	9441794
北京	2765	872	5739	1011	496219	92213
天津	964	339	2274	1147	113332	85930
河北	908	317	1587	13222	78055	885387
山西	126	159	90	4935	7021	329298
内蒙古	331	870	92	3915	3289	288414
辽宁	1429	2883	2608	5940	163981	475852
吉林	2915	915	3032	4462	162044	300451
黑龙江	1685	922	434	3480	18561	258053
上海	1530	6119	8710	13950	306421	1217686
江苏	1958	3167	3285	21523	223205	1436252
浙江	2916	1419	6681	13621	492748	874211
安徽	1687	805	5240	10885	329790	775487
福建	472	444	643	5103	46389	353980
江西	1931	407	5898	7740	333281	599671
山东	2616	1471	5135	19328	272923	1203935
河南	553	1147	744	17081	32970	1183681
湖北	728	2226	1184	8316	86602	654466
湖南	1099	885	3111	15894	289804	972342
广东	822	1493	1634	20343	68061	1331142
广西	1673	493	2991	10532	194457	707718
海南	83	22	120	1418	7141	93284
重庆	201	1963	270	7691	10681	500790
四川	2544	2256	6116	10297	345685	802859
贵州	69	122	277	6625	14915	468250
云南	568	175	733	7860	36330	542171
西藏	67	128	25	914	615	65029
陕西	771	1855	1588	8640	68288	659316
甘肃	299	69	252	2992	21562	226144
青海		148		917		70426
宁夏	74	9	257	841	7480	63857
新疆	243	600	170	7087	13635	498299

7-16-12　课本出版情况

项　　目	种数（种）	#新出版	总印数（万册）	总印张（千印张）	定价总金额（万元）
总　计	**82862**	**21066**	**348116**	**27458388**	**3868824**
大专及以上课本	59950	16880	31014	5595481	1243148
中专、技校课本	6104	1387	5647	750758	150620
中学课本	5715	648	158389	12151794	1282134
小学课本	5058	687	148330	8180858	986359
业余教育课本	2277	834	2079	427780	112451
扫盲课本	1		1	16	7
教学用书	3757	630	2656	351701	94105

7-16-13　分地区音像制品及电子出版物情况

地　区	录像制品出版品种（种）	录像制品出版数量（万盒、万张）	录像制品发行数量（万盒、万张）	录音制品出版品种（种）	录音制品出版数量（万盒、万张）	录音制品发行数量（万盒、万张）	电子出版物出版品种（种）	电子出版物出版数量（万张）
全　国	**4672**	**6367**	**6027**	**6391**	**17757**	**16590**	**8403**	**25884**
中　央	2269	3486	3197	2719	12669	11539	4983	19622
北　京	185	50	24	229	104	99	141	45
天　津	17	12	12	22	21	24	54	25
河　北	11	4	4	51	258	251	104	152
山　西	28	2	10	67	80	80	48	3
内蒙古	7	2	2	23	3	3	38	15
辽　宁	51	30	28	136	105	98	193	177
吉　林	99	9	9	123	173	171	35	17
黑龙江	4			3			5	
上　海	534	2140	2134	1364	1191	1197	558	1306
江　苏	66	17	14	209	1117	1117	478	1843
浙　江	111	67	83	115	291	291	287	943
安　徽	23	7	9	15	4	3	5	1
福　建	48	18	19	26	27	28	30	10
江　西	80	36	36	57	30	30	46	12
山　东	61	25	22	100	12	12	281	155
河　南	35	3	3	6	1	1	145	303
湖　北	65	21	20	38	6	6	108	87
湖　南	145	113	113	117	336	331	94	267
广　东	291	69	51	688	1201	1186	270	588
广　西	23	10	5	107	54	53	8	1
海　南	7	2	2	18	3	2	5	2
重　庆	31	14	21	37	12	12	133	58
四　川	91	54	52	11	3	3	228	102
贵　州	1						5	
云　南	85	27	24	27	6	5	44	102
西　藏	53	24	21				13	4
陕　西	115	33	30	72	43	42	62	45
甘　肃	15	3	3	6	1	1		
青　海	10	3	1					
宁　夏	6	2	2	1			2	
新　疆	105	85	76	4	5	5		

7-16-14 全国图书、期刊、报纸进出口情况

指　标	出口		进口	
	数量（万册、份）	金额（万美元）	数量（万册、份）	金额（万美元）
总　计	**1478.09**	**5723.00**	**4088.02**	**36202.19**
图书	1067.17	5084.06	2995.39	21577.06
哲学、社会科学	94.45	1010.38	195.19	2947.44
文化、教育	124.37	828.90	777.00	5390.23
文学、艺术	140.85	920.46	400.54	3218.94
自然、科学技术	50.25	364.62	84.00	2712.10
少儿读物	481.36	846.47	981.84	3089.47
综合性图书	175.89	1113.23	556.82	4218.88
期刊	325.23	595.54	305.84	13526.85
报纸	85.69	43.40	786.79	1098.28

7-16-15 全国音像、电子出版物进出口情况

指　标	出口		进口	
	数量（盒、张）	金额（万美元）	数量（盒、张）	金额（万美元）
总　计	**12354**	**212.20**	**88444**	**38019.93**
录音合计	10795	34.39	82248	87.75
录像合计	1559	1.76	6196	9.98
数字出版物		176.05		37922.20

7-16-16 版权引进和输出情况

单位：项

项 目	合 计	图 书	录 音 制 品	录 像 制 品	电 子 出版物	软 件	电 影	电 视 节 目
本年引进版权								
总 计	**16829**	**16071**	**125**	**192**	**214**	**114**	**15**	**98**
美 国	5047	4833	27	104	42	22	3	16
英 国	3496	3317	26	11	99	11	1	31
德 国	881	844	9	15	2	4	2	5
法 国	1024	970	5	9	21	7		12
俄罗斯	83	78				3		2
加拿大	127	117				7		3
新加坡	228	222	1	2		1		2
日 本	2075	1993	13	17	19	19	6	8
韩 国	124	120			1	3		
中国香港	266	236	23	6				1
中国澳门	1	1						
中国台湾	824	798	12	1	5	6		2
其 他	2653	2542	9	27	25	31	3	16
本年输出版权								
总 计	**12778**	**10873**	**214**		**743**	**19**	**1**	**928**
美 国	1228	912			273			43
英 国	533	476			16			41
德 国	507	435	29		2			41
法 国	286	244					1	41
俄罗斯	477	452	25					
加拿大	226	103						123
新加坡	430	334			26			70
日 本	424	408	12		4			
韩 国	587	512	2		73			
中国香港	805	535	115		45	1		109
中国澳门	67	25				1		41
中国台湾	1552	1449			59	1		43
其 他	5656	4988	31		245	16		376

7-16-17 国家综合档案馆基本情况

年份	馆藏档案（万卷、万件）	照片档案（万张）	开放档案（万卷、万件）	利用档案（万卷、万件次）	档案馆建筑面积（万平方米）
1991	9637.4	371.0	2094.3	937.0	348.1
1992	10003.5	402.4	2018.7	773.8	255.7
1993	10726.8	435.5	2140.7	891.9	275.9
1994	10782.9	449.6	2454.6	674.4	268.3
1995	11318.3	485.5	2790.3	529.3	282.5
1996	11341.4	494.6	2939.2	485.4	297.5
1997	12222.9	553.0	3304.6	501.0	347.6
1998	12276.5	579.7	3556.5	446.5	310.7
1999	12866.8	584.5	3808.2	508.5	328.4
2000	13314.0	631.7	4072.0	494.4	336.2
2001	13756.6	642.8	4129.7	575.4	342.0
2002	14790.7	720.5	4301.1	548.8	351.0
2003	15945.9	797.4	4618.4	602.6	361.4
2004	17601.5	827.9	4868.3	813.9	376.8
2005	18688.7	908.8	5132.3	868.0	393.1
2006	21656.5	1277.2	5746.3	1166.4	406.1
2007	23675.3	1393.3	5875.5	1244.9	421.9
2008	25051.0	1505.3	6072.2	1257.4	465.4
2009	28089.2	1646.3	6687.4	1308.0	473.3
2010	32198.6	1809.2	7428.6	1417.3	504.4
2011	35445.5	1965.8	7828.4	1564.5	551.1
2012	40547.7	1827.4	8254.6	1521.1	627.1
2013	42454.5	1927.6	8900.5	1477.8	709.3
2014	53470.3	2041.8	9179.7	1688.8	736.0
2015	58641.7	2102.4	9266.3	1978.3	785.5
2016	65062.5	2228.2	9707.9	2033.7	859.8
2017	65371.1	2336.5	10151.7	2078.0	949.3
2018	75051.1	2056.0	11222.1	1819.1	1050.9

7-16-18 档案馆机构和人员情况

单位：个、人

年 份	国家综合档案馆		国家专门档案馆		部门档案馆		企业档案馆数	事业单位档案馆数	科技事业单位档案馆数
	馆数	专职人员	馆数	专职人员	馆数	专职人员			
1991	2957	21657	211	2038	128	2171	229	19	28
1992	2962	22226	206	2082	122	2258	231	19	28
1993	2980	23624	200	2245	122	1448	221	20	31
1994	2983	23568	205	2294	136	2160	209	20	36
1995	3024	24777	216	2484	144	2168	213	27	38
1996	3011	24542	226	2658	134	2072	232	23	44
1997	3021	24904	223	2578	162	2521	228	26	46
1998	3034	24197	232	3200	149	2411	245	27	46
1999	3046	23530	225	3436	142	2123	304	40	59
2000	3070	23701	234	3319	141	1865	307	53	80
2001	3100	23652	243	3448	142	2086	286	47	84
2002	3110	22825	253	3435	148	2109	299	75	93
2003	3121	23086	260	3514	141	1770	300	75	85
2004	3127	23401	258	3591	149	1932	300	79	99
2005	3142	23413	238	3452	145	2020	301	105	63
2006	3154	22689	239	3537	137	1699	216	110	95
2007	3161	21399	245	3737	146	1985	215	126	94
2008	3170	21414	240	3663	154	1886	241	141	87
2009	3191	20949	241	3626	149	1814	233	167	96
2010	3194	19750	252	3833	167	1747	223	160	111
2011	3196	19985	255	3843	170	2121	183	179	124
2012	3237	18009	238	3577	183	2161	204	260	
2013	3325	18106	240	3579	218	2182	189	274	
2014	3319	17863	247	3538	209	2129	169	252	
2015	3322	18386	234	3457	237	2263	176	224	
2016	3336	17511	236	3521	213	2021	180	272	
2017	3333	16799	234	3275	202	1939	167	274	
2018	3315	22584	211	3119	143	1739	158	309	

注：2012年新修订的《全国档案事业统计年报制度》不再细分事业单位的属性，统称“省部属事业单位档案馆”。省部属事业省部属事单位包括文化事业档案馆数，科技事业单位档案馆数。

7-16-19 各地区广播电视节目综合人口覆盖情况

地 区	公共广播节目套数（套）	广播节目综合人口覆盖率（%）	公共电视节目套数（套）	电视节目综合人口覆盖率（%）
全 国	**2900**	**98.94**	**3559**	**99.25**
中央广播电视总台	23		29	
其他部门所属单位			1	
北 京	26	100.00	26	100.00
天 津	22	100.00	23	100.00
河 北	169	99.36	184	99.29
山 西	125	98.80	146	99.57
内蒙古	125	99.24	119	99.22
辽 宁	109	99.09	125	99.17
吉 林	80	99.01	75	99.10
黑龙江	108	99.04	105	99.07
上 海	22	100.00	25	100.00
江 苏	121	100.00	123	100.00
浙 江	112	99.73	112	99.80
安 徽	105	99.84	109	99.83
福 建	93	99.04	101	99.19
江 西	105	98.54	122	99.09
山 东	181	99.12	259	99.09
河 南	158	99.05	174	99.04
湖 北	94	99.68	116	99.58
湖 南	114	99.02	137	99.64
广 东	135	99.98	159	99.98
广 西	75	97.56	116	98.78
海 南	25	99.06	16	99.08
重 庆	35	99.04	46	99.27
四 川	144	97.84	213	98.79
贵 州	48	93.92	104	96.76
云 南	67	98.69	174	98.90
西 藏	30	97.14	82	98.21
陕 西	112	98.84	122	99.34
甘 肃	97	98.45	117	98.81
青 海	43	98.62	50	98.65
宁 夏	28	98.98	30	99.79
新 疆	169	97.83	219	98.07

7-16-20 各地区广播电视从业人员情况

单位：人

地区	从业人员	按岗位分							
		管理人员	专业技术人员	编辑、记者	播音员、主持人	工程技术人员	艺术人员	经营人员	其他人员
全国合计	**978974**	**160362**	**513765**	**167792**	**30962**	**152859**	**27217**	**71656**	**304847**
国家广播电视总局	9748	1764	6556	178	5	5064	444	130	1428
中央广播电视总台	39295	4481	22533	8833	707	4023	1044	2185	12281
其他部门所属单位	5746	914	4071	1744	40	625	447	504	761
北京	89122	14650	41501	9661	1272	10730	4306	9642	32971
天津	8462	1271	5720	2215	249	1302	311	295	1471
河北	38846	5913	18697	6418	1560	5138	1328	1302	14236
山西	27088	4148	14967	7393	988	4146	357	909	7973
内蒙古	17805	1560	12497	4719	985	3026	185	204	3748
辽宁	27411	4949	15857	4376	1158	5437	709	1800	6605
吉林	20136	3189	14283	4700	912	3754	303	4257	2664
黑龙江	27518	5202	13542	4962	859	4274	598	2267	8774
上海	26603	3973	14252	2937	645	4135	2715	2042	8378
江苏	59604	8289	33008	9857	1962	9100	1458	6127	18307
浙江	58648	10066	29677	8549	1697	10072	1288	5184	18905
安徽	32135	5689	17467	4356	1156	4197	730	6094	8979
福建	28405	4946	12587	4534	765	3503	417	1512	10872
江西	18817	4159	7639	2628	693	2174	152	480	7019
山东	52608	7336	32710	12135	2498	10946	981	3123	12562
河南	48966	7589	22469	10090	1799	6967	302	1418	18908
湖北	37254	6437	18667	6093	1047	5941	572	3549	12150
湖南	44245	7852	21761	6916	1014	6662	966	2526	14632
广东	71127	12191	33142	7698	1713	10652	2475	5348	25794
广西	17174	3196	9306	3731	707	3040	511	574	4672
海南	6144	819	3538	1632	215	963	28	613	1787
重庆	13761	2304	6118	1892	402	1945	534	878	5339
四川	46989	9457	22796	7039	1508	6234	1641	3988	14736
贵州	18828	3490	8296	3348	680	2088	188	403	7042
云南	19023	2607	11905	4805	720	4470	252	1018	4511
西藏	4437	665	2631	943	268	935	62	15	1141
陕西	19278	3570	11407	3712	788	4041	734	1588	4301
甘肃	15565	3330	7683	3216	561	2101	364	924	4552
青海	4168	441	2570	1067	305	1026	97	28	1157
宁夏	4734	782	2694	1263	228	859	97	104	1258
新疆	19284	3133	11218	4152	856	3289	621	625	4933

7-16-21 广播电视节目制作时间

单位：小时

项　目	1995	2005	2011	2012	2013	2014	2015	2016	2017	2018
广播节目制作	**2332164**	**6139227**	**6936960**	**7188245**	**7391245**	**7647267**	**7718163**	**7820296**	**7888254**	**8017573**
新闻	353368	1066880	1295019	1333084	1397353	1443464	1436129	1457302	1426059	1432069
专题	1054140	1822621	2016386	2044073	2091787	2120517	2072348	2096407	2144051	2166880
综艺	924656	1937290	1905916	1973796	1976162	2020456	2078791	2103561	2106228	2080201
广播剧		75456	119477	140493	178163	185405	183124	172558	231143	218013
广告		671071	766463	796009	785278	808148	752705	761747	766344	749168
其他		565909	833699	900790	962502	1069277	1195065	1228720	1214428	1371241
电视节目制作	**383513**	**2553861**	**2950490**	**3436301**	**3397834**	**3277394**	**3520190**	**3507217**	**3651775**	**3577444**
新闻	80800	637956	802376	886905	866756	918296	978801	989934	1085110	1079491
专题	193391	525528	775565	892521	854124	848276	930283	899782	909003	897248
综艺	109322	382350	416289	483174	464977	468355	511398	484081	474273	439081
影视剧		193771	75452	163348	201117	116750	120604	119102	153062	117810
广告		524892	508294	555192	542823	510275	481973	483620	534911	472188
其他		289364	372515	455161	468035	415441	497131	530698	495417	571626

7-16-22 公共广播电视节目播出时间

单位：小时

指　标	总　计	新闻资讯类节目	专题服务类节目	综艺益智类节目	广播(影视)剧类节目	广告类节　目	其他类节　目
广　播	15267407	2994363	3257941	3841622	971618	1359222	2842642
电　视	19250257	2789802	2561239	1421652	8220875	2136678	2120012

7-16-23 各地区有线广播电视实际用户情况

地 区	有线广播电视用户数(万户)	#数字电视	有线广播电视用户数占家庭总户数的比重(%)	#农村
全 国	**21832.41**	**20143.68**	**49.01**	**31.19**
北 京	594.55	571.46	109.48	87.60
天 津	352.89	347.99	91.62	45.61
河 北	734.62	653.17	30.40	10.74
山 西	382.01	311.81	29.34	23.30
内蒙古	228.40	216.09	23.34	5.38
辽 宁	732.84	666.43	47.91	30.04
吉 林	453.53	440.73	43.99	36.16
黑龙江	591.64	568.79	38.56	20.50
上 海	484.03	451.50	88.56	53.13
江 苏	1640.55	1566.71	66.43	50.59
浙 江	1434.67	1405.62	85.81	74.46
安 徽	796.01	589.68	37.06	19.40
福 建	716.23	716.23	65.22	64.24
江 西	618.23	576.74	48.06	71.59
山 东	1684.23	1567.69	52.99	40.97
河 南	974.89	811.71	29.86	14.75
湖 北	1082.77	1060.83	51.61	36.14
湖 南	1014.58	874.84	47.89	32.22
广 东	1844.92	1760.68	71.09	52.13
广 西	689.31	605.68	43.48	19.91
海 南	226.66	151.97	85.66	46.84
重 庆	736.80	557.00	58.43	11.90
四 川	1181.63	1123.83	36.50	16.85
贵 州	702.92	702.92	53.19	44.05
云 南	460.34	434.60	32.95	15.23
西 藏	24.15	21.52	30.60	
陕 西	730.75	730.75	56.20	48.20
甘 肃	191.62	144.49	22.69	5.90
青 海	95.85	94.74	53.90	2.04
宁 夏	105.70	104.58	48.42	4.07
新 疆	325.09	312.92	43.15	7.15

7-16-24 电视节目进口情况

指　　标	合　计	欧　洲	非　洲	美　洲	#美　国	亚　洲
全年电视节目进口总额　（万元）	**360621**	**51882**	**7**	**104726**	**100856**	**202627**
#电视剧	80657	5729		36435	33916	38293
动画电视	250634	35112	7	59045	58933	156428
纪录片	6577	3995		1407	657	1073
全年电视节目进口量　（时）	**66341**	**4951**	**1**	**41926**	**41653**	**19136**
#电视剧　（部/集）	360/6846	49/236		103/1524	83/1336	207/5026
动画电视　（时）	18213	1865	1	2665	2659	13609
纪录片　（时）	1785	1032		389	200	277

7-16-24　续表

指　　标	#日　本	#韩　国	#东南亚	#中国香港	#中国台湾	大洋洲
全年电视节目进口总额　（万元）	**159743**	**99**	**7333**	**27891**	**7021**	**1379**
#电视剧	2627		6704	22025	6938	200
动画电视	156068	99	236	14	11	42
纪录片	1		99	974		102
全年电视节目进口量　（时）	**13446**	**46**	**884**	**3769**	**916**	**327**
#电视剧　（部/集）	22/204		32/766	127/3681	26/375	1/60
动画电视　（时）	13258	46	213	19	1	72
纪录片　（时）	1		4	272		84

7-16-25 艺术表演场馆基本情况

项目	机构数（个）	从业人员（人）	座席数（个）	演(映)出场次（万场次）	#艺术演出	观众人次（万人次）
总计	**2478**	**51478**	**1920410**	**126.64**	**17.89**	**14093**
按登记注册类型分						
国有	1205	20226	989316	61.74	5.81	5011
集体	20	164	11725	0.36	0.09	51
其他	1253	31088	919369	64.53	12	9030
按性质分						
执行事业会计制度	921	14216	778410	35.23	3.95	3592
执行企业会计制度	1557	37262	1142000	91.41	13.95	10501
按机构类型分						
剧场	1130	25602	876976	31.57	8.45	7129
影剧院	610	9061	518333	79.37	2.86	3365
书场、曲艺场	32	565	5953	0.57	0.54	65
杂技、马戏场	8	849	116458	0.16	0.15	315
音乐厅	44	1085	21185	1.87	0.5	294
综合性	287	8390	231953	9.28	3.49	2115
其他艺术表演场馆	367	5926	149552	3.82	1.9	810
按隶属关系分						
中央	7	204	6670	0.14	0.14	88
省、区、市	118	5331	93638	12.33	1.33	1163
地、市	357	8190	262237	31.17	2.69	1798
县、市及以下	1996	37753	1557865	83	13.73	11043

7-16-25 续表

项目	#艺术演出	收入合计（万元）	#财政拨款	#演出收入	支出合计（万元）
总计	**5862**	**1324795**	**231541**	**374392**	**1046126**
按登记注册类型分					
国有	2482	427879	171860	86594	395595
集体	28	3589	1710	608	3257
其他	3352	893328	57970	287190	647274
按性质分					
执行事业会计制度	1842	313839	143292	52477	285631
执行企业会计制度	4020	1010956	88249	321915	760495
按机构类型分					
剧场	3241	701715	144680	221893	579220
影剧院	810	172341	30078	51864	140155
书场、曲艺场	63	5122	3	3868	4701
杂技、马戏场	213	95822	1991	27367	47668
音乐厅	249	47994	14694	22230	29320
综合性	951	220879	36820	37319	186097
其他艺术表演场馆	334	80922	3276	9851	58966
按隶属关系分					
中央	82	3242	44	1568	2979
省、区、市	828	198412	71067	59327	170488
地、市	856	158122	59097	33556	158604
县、市及以下	4096	965020	101333	279942	714055

7-16-26 各地区艺术表演场馆基本情况

地 区	机构数（个）	从业人员（人）	坐席数（个）	演(映)出场次合计（万场次）	#艺术演出	观众人次合计（万人次）	#艺术演出观众人次
全 国	**2478**	**51478**	**1920410**	**126.6**	**17.9**	**14092.8**	**5861.7**
中央本级	7	204	6670	0.1	0.1	88.3	82.4
北 京	61	3151	127444	7.7	1.6	1006.6	601.5
天 津	68	902	35000	6.4	0.6	400.3	220.1
河 北	81	1241	47679	4.0	0.2	158.8	64.4
山 西	125	1683	143758	11.2	0.5	442.8	192.6
内蒙古	54	931	165921	3.4	0.3	241.5	61.7
辽 宁	121	2555	47684	3.1	1.3	1401.8	221.3
吉 林	58	874	19747	2.1	0.4	148.4	40.0
黑龙江	56	822	25611	0.5	0.2	154.6	130.6
上 海	45	1513	56592	1.5	0.6	490.2	397.0
江 苏	249	4467	178726	27.0	2.3	1069.1	401.3
浙 江	336	6030	165566	9.5	2.5	1326.1	731.6
安 徽	107	2066	64412	8.2	0.5	678.8	154.7
福 建	54	933	35231	5.4	0.2	218.4	67.8
江 西	57	898	51355	2.7	0.3	315.1	102.7
山 东	106	1902	73283	1.4	0.4	585.5	193.2
河 南	155	3471	87777	1.6	0.4	309.2	163.5
湖 北	61	1347	63438	6.7	0.3	308.2	155.3
湖 南	105	2652	88440	2.5	1.0	762.2	386.8
广 东	86	3410	215513	2.9	0.6	1717.0	455.3
广 西	57	1484	14353	2.7	0.3	190.0	15.3
海 南	15	908	20776	0.8	0.2	659.6	148.7
重 庆	43	1393	17671	0.6	0.4	127.8	97.1
四 川	110	1911	49581	1.2	0.8	302.7	149.6
贵 州	15	142	720	0.1	0.1	10.3	10.1
云 南	27	387	13798	0.4	0.3	93.4	75.2
西 藏	14	24	3268			4.3	1.5
陕 西	102	2169	55369	2.9	1.0	372.6	211.3
甘 肃	44	1220	17368	3.6	0.6	177.3	137.1
青 海	27	261	9927	0.2	0.1	106.3	24.8
宁 夏	6	91	2835	0.1		105.5	101.6
新 疆	26	436	14897	6.0	0.1	120.3	65.6

7-16-26 续表

地 区	收入合计（万元）	#财政拨款	#演出收入	支出合计（万元）	#人员支出	资产总计（万元）	#固定资产原价
全 国	**1324795**	**231541**	**374392**	**1046126**	**286488**	**4572048**	**1655068**
中央本级	3242	44	1568	2979	348	4283	1106
北 京	170358	39740	69146	136564	33292	601316	279147
天 津	18597	2140	6567	18636	4487	36665	9220
河 北	12588	5689	1662	13485	4995	78513	51062
山 西	19755	6755	3816	19051	6867	83927	61766
内蒙古	12239	3761	812	8706	3688	155500	94741
辽 宁	46876	4120	7799	38098	7446	134213	9495
吉 林	13996	4033	4827	11572	6848	35969	12801
黑龙江	18813	3083	1684	17903	8002	28298	10977
上 海	108054	20977	29890	62753	14591	545135	215398
江 苏	88736	19230	28886	78145	24569	206250	99592
浙 江	164619	22118	43743	136782	34884	603159	131461
安 徽	57793	5411	6516	60437	19428	140865	28382
福 建	15556	5781	2097	15342	5837	79488	73547
江 西	10730	5791	639	12246	4646	94911	24987
山 东	27481	13794	6791	27800	8764	244816	119814
河 南	52143	7653	1514	31964	10908	184661	58388
湖 北	25795	2798	9868	26723	5877	100969	68744
湖 南	62363	3692	18679	48690	15045	166193	36112
广 东	216795	31520	51331	159935	30903	413415	122298
广 西	9492	24	991	6923	2865	32984	3271
海 南	46241	360	41157	20196	3904	124044	3610
重 庆	22805	3917	5930	18509	4756	19314	2091
四 川	20791	2795	5638	14874	5323	195330	19923
贵 州	1887		178	1742	515	11235	1648
云 南	7488	401	3527	6038	2184	62393	21694
西 藏	236	92		236	155	444	166
陕 西	32044	8565	9702	26423	7080	83066	42967
甘 肃	29647	4887	8861	16906	5717	47716	21444
青 海	1383	268	479	876	529	15395	10261
宁 夏	649	478	85	635	303	2127	1927
新 疆	5603	1623	10	4958	1733	39457	17032

7-16-27 艺术表演团体基本情况

项　目	机构（个）	从业人员（人）	演出场次（万场次）	#国内演出	国内演出观众人次（万人次）	收入合计（万元）
总　计	**17123**	**416374**	**312.46**	**310.85**	**117569**	**3667258**
按登记注册类型分						
国有	1721	99953	32.96	31.62	27088	1866056
集体	173	5673	4.52	4.48	2857	72334
其他	15229	310748	274.98	274.75	87624	1728868
按隶属关系分						
中央	16	4798	0.71	0.29	300	201680
省、区、市	214	29622	6.02	5.72	3615	801596
地、市	510	38241	9.91	9.51	8129	708165
县、市及以下	16383	343713	295.83	295.32	105525	1955817
按性质分						
执行事业会计制度	1541	80963	29.18	28.07	23425	1571298
执行企业会计制度	15582	335411	283.28	282.78	94145	2095960
按管理部门分						
文化部门	2078	114401	40.90	39.33	32867	2041313
其他部门	15045	301973	271.57	271.52	84703	1625945
按剧种分						
话剧、儿童剧、滑稽剧类	2958	56901	41.07	41.05	11687	424387
歌舞、音乐类	2412	89366	57.01	56.65	15266	1079381
京剧、昆曲类	145	8076	3.49	3.09	1854	193434
地方戏曲类	4433	129005	82.90	82.63	46919	855661
杂技、魔术、马戏类	502	11925	11.90	11.50	3572	102041
曲艺类	857	14388	12.00	11.90	3457	78607
乌兰牧骑	110	3548	1.20	1.20	863	37656
综合性艺术表演团体	5706	103165	103.00	102.80	33950	896091

7-16-27 续表

项　目	#财政拨款	#演出收入	支出合计（万元）	政府采购的公益演出活动	
				演出场次（万场次）	观众人次（万人次）
总　计	**1584115**	**1522685**	**3152559**	**17**	**13118**
按登记注册类型分					
国有	1390983	252694	1840360	14	10778
集体	46974	13561	72578	1	1092
其他	146158	1256430	1239622	2	1248
按隶属关系分					
中央	129941	25486	182860		128
省、区、市	553995	138113	806422	2	1255
地、市	542368	90891	701454	4	3198
县、市及以下	357811	1268195	1461823	11	8537
按性质分					
执行事业会计制度	1237422	162116	1545009	12	9408
执行企业会计制度	346692	1360569	1607550	5	3710
按管理部门分					
文化部门	1476686	311436	2025501	16	12798
其他部门	107428.2	1211249	1127058		320
按剧种分					
话剧、儿童剧、滑稽剧类	136998	175103	339604		299
歌舞、音乐类	563858	319553	977756	4	2771
京剧、昆曲类	148431	22207	191150	1	403
地方戏曲类	450746	322901	825818	9	7672
杂技、魔术、马戏类	50468	43991	95874		241
曲艺类	35769	31411	68960		201
乌兰牧骑	35807	138	36358	1	494
综合性艺术表演团体	162038	607381	617038	1	1037

7-16-28 各地区艺术表演团体基本情况

地区	机构（个）	从业人员（人）	演出场次（万场次）	#国内演出	国内演出观众人次（万人次）	收入合计（万元）
全国	**17123**	**416374**	**312**	**311**	**117569**	**3667258**
中央本级	16	4798	1		300	201680
北京	414	23872	3	2	915	138413
天津	121	3270	1	1	364	54058
河北	450	9758	10	10	3316	74191
山西	795	23758	10	10	4848	98792
内蒙古	226	7993	3	3	1611	106009
辽宁	192	4651	1	1	819	53604
吉林	82	3690	1	1	367	49314
黑龙江	90	4317	1	1	587	55730
上海	254	9130	4	4	1097	191901
江苏	662	14069	10	10	3546	168454
浙江	1573	45485	38	38	20788	572211
安徽	2859	43000	51	50	19960	183297
福建	454	13375	8	8	3404	114206
江西	379	9616	8	8	2326	57788
山东	828	17902	22	22	5256	152648
河南	2017	48338	39	39	15349	174046
湖北	489	11853	37	37	4426	115773
湖南	510	12018	6	6	2248	137283
广东	436	12335	5	5	2522	136030
广西	112	4727	2	2	1118	74169
海南	82	3839	1	1	716	43425
重庆	1571	17282	19	19	5143	73278
四川	829	14327	11	11	2340	109141
贵州	153	3776	1	1	1231	54356
云南	268	8428	5	5	2570	136753
西藏	86	2389	1	1	440	25697
陕西	531	18567	8	8	4938	137465
甘肃	351	9434	4	4	3259	59158
青海	84	2089	1	1	424	22521
宁夏	75	2804	1	1	280	19730
新疆	134	5484	2	2	1062	76138

7-16-28 续表

地 区	#财政补贴收入	#演出收入	支出合计(万元)	#人员支出	资产总计(万元)	#固定资产原价
全 国	**1584115**	**1522685**	**3152559**	**1668114**	**8134262**	**2154532**
中央本级	129941	25486	182860	95275	433269	233115
北 京	68772	43164	127692	63321	296838	57669
天 津	38572	10943	54730	29618	67609	43628
河 北	40440	29086	64782	37766	97428	36313
山 西	48303	39145	92650	49103	117237	47317
内 蒙 古	94546	7984	100006	64542	171448	117368
辽 宁	35632	7748	48414	24430	356578	42916
吉 林	27510	12964	44793	23093	68924	25615
黑 龙 江	49072	3347	56157	35873	572032	49434
上 海	92506	58877	181736	79673	423746	170484
江 苏	72429	74798	157840	77856	176615	138115
浙 江	89226	441873	426386	193060	1364160	70171
安 徽	27795	140537	138485	86694	222621	33000
福 建	57543	47535	116958	78486	160556	102032
江 西	25791	24965	49662	25857	133353	35276
山 东	78631	33830	138988	74673	718231	59962
河 南	59385	100336	134571	82215	321644	44675
湖 北	68431	32936	103203	54296	268998	79136
湖 南	54579	40970	118819	48723	262656	43889
广 东	62158	39677	119936	61337	229543	146159
广 西	22284	34602	54832	23596	219608	33767
海 南	9727	13116	28752	13249	48673	14016
重 庆	19189	44151	62804	36801	127022	28830
四 川	47297	45639	97029	51616	196630	52032
贵 州	18985	23816	44765	16216	114742	35878
云 南	52101	58759	101398	55855	451109	199254
西 藏	23982	177	24661	18616	29862	25124
陕 西	46448	50514	117746	62380	219454	66243
甘 肃	27254	23132	53299	33161	138699	56322
青 海	16688	3895	13660	8272	34671	16980
宁 夏	9982	6585	16018	6579	36964	11106
新 疆	68917	2095	78928	55885	53343	38706

7-16-29 群众文化机构基本情况

指 标	总 计	省、区、直辖市(级)	地市级	县市级	#县文化馆	乡镇(街道)文化站	#乡镇文化站
机构数 (个)	44464	31	359	2936	1613	41138	33858
从业人员 (人)	185636	1799	10368	42390	22018	131079	104924
组织文艺活动 (万次)	123		3	24	11	96	65
参加文艺活动人次 (万人次)	53950	1136	4828	20751	10142	27236	20164
举办训练班 (次)	768995	3618	81411	207662	62981	476304	285151
参加培训人次 (万人次)	4961	23	484	1214	416	3239	2053
举办展览个数 (个)	158742	549	4123	24925	11810	129145	99904
参观展览人次 (万人次)	11041	216	1087	3470	1748	6268	4825
组织各类理论研讨和讲座次数 (次)	35791	1046	5322	29423	10384		
参加研讨和讲座人次 (万人次)	618	12	93	513	190		
藏书 (万册)						36647	29497
拥有计算机台数 (万台)	40		1	5	3	33	26
本年收入合计 (亿元)	295.5	8.9	32.1	85.6	33.3	168.9	130.9
本年支出合计 (亿元)	305.8	9.1	31.6	95.1	33.0	170.0	131.4
馆办文艺团体 (个)	7990	131	1205	6654	3090		
馆办文艺团体演出场次 (万场次)	16		1	15	8		
馆办老年大学 (个)	798	12	101	685	385		
群众业余文艺团体 (个)	426062	337	7550	77299	36280	340876	258686

7-16-30 各地区群众文化机构基本情况

地区	机构数（个）	从业人员（人）	收入合计（万元）	#财政补贴收入	#上级补助收入	支出合计（万元）	资产总计（万元）	#固定资产原价
全国	**44464**	**185636**	**2955019**	**2806290**	**32110**	**3057577**	**7301562**	**5970576**
北京	350	3134	97432	93455	58	98586	147298	119620
天津	261	1455	33932	33597	152	81008	79730	64832
河北	2433	7542	62642	60245	149	74449	215216	180057
山西	1539	4454	37250	36734	31	35749	102305	90540
内蒙古	1213	4984	55920	54754	730	63092	150026	120702
辽宁	1585	5488	46372	45262	58	49669	157747	135159
吉林	980	4405	48675	46663	51	48749	92555	64513
黑龙江	1635	5685	44610	44170	222	44012	85183	79520
上海	239	4990	198136	177184	6345	186340	349279	277948
江苏	1379	7498	186948	181448	1197	176511	478050	400710
浙江	1475	7759	261464	237801	1438	265603	680122	572310
安徽	1559	5979	73124	68121	1421	69338	262060	220195
福建	1223	4122	93453	89115	2116	100745	174745	133918
江西	1873	9287	56872	53649	1128	120070	184061	158928
山东	1976	8279	104702	101934	1270	101973	340420	303300
河南	2616	10933	81420	79304	4	82263	141288	130507
湖北	1406	5099	182215	170333	1872	206246	326099	297461
湖南	2540	8595	83640	77616	1536	87377	213703	161402
广东	1755	12259	407841	394114	2960	330415	882230	581630
广西	1297	5179	61229	55816	2414	61063	110989	98795
海南	242	794	13771	12032	441	12940	23158	19424
重庆	1068	5675	83810	80890	486	86344	243667	222024
四川	4781	11411	146292	141578	886	148838	391927	342867
贵州	1688	6467	70604	63467	1007	66969	343472	207940
云南	1594	7320	156976	153182	620	165008	230658	197570
西藏	774	5706	54826	53359	27	54828	358691	345757
陕西	1507	7057	62529	59432	816	63006	149430	122871
甘肃	1482	6555	55167	52960	584	52828	107091	94219
青海	416	1201	20593	18977	1148	51080	35857	29304
宁夏	272	1405	21055	19250	704	19743	53114	36370
新疆	1306	4919	51520	49849	240	52734	191394	160183

7-16-31 公共图书馆基本情况

指 标		总 计	#少 儿 图书馆	按隶属关系分				
				中 央	省、区、 直辖市(级)	地市级	县市级	#县图书馆
机构数	(个)	3176	123	1	39	376	2760	1580
从业人员	(人)	57602	2531	1444	7537	15251	33370	14868
总藏量	(万册件)	103716	4635	3901	21123	27359	51333	18666
当年购买的报刊种类	(万种)	112.98	4.05	1.67	15.33	31.86	64.12	24.65
有效借书证数	(万个)	7263	400	441	885	2735	3202	913
#书刊文献外借人次		25814	1213	37	1675	8007	16095	6525
书刊文献外借册次	(万册次)	58010	3823	65	5208	17955	34782	11863
组织各类讲座次数	(次)	79274	7972	506	4817	23514	50437	18412
举办展览	(个)	33394	1396	24	2116	7500	23754	11613
举办培训班	(个)	66375	4602	1748	6195	18649	39783	15524
计算机	(台)	223521	8036	3286	19098	52166	148971	71508
#电子阅览室终端数		146333	4555	494	8518	31598	105723	51824
阅览室坐席数	(万个)	111.68	3.90	0.54	7.68	29.95	73.49	32.53

7-16-32 各地区公共图书馆基本情况

地 区	机构数（个）	从业人员（人）	总藏量（万册）	人均拥有公共图书馆藏量（册）	有效借书证数（个）	总流通人次（万人次）	#书刊文献外借人次	书刊文献外借册次（万册次）	阅览室座席数（个）
全 国	**3176**	**57602**	**103716.2**	**0.7**	**72628018**	**82031.55**	**25814.2**	**58009.5**	**1116769**
北 京	23	1229	2876.4	1.3	1700638	1903.34	466.3	1202.8	16433
天 津	29	1047	1867.3	1.2	903501	1226.49	388.5	1136.6	19038
河 北	173	1921	2717.5	0.4	1637318	2371.15	752.2	1412.8	42995
山 西	128	1652	1859.9	0.5	1337494	1620.40	506.6	961.3	37112
内蒙古	117	1873	1904.1	0.8	723502	1251.52	400.9	829.6	30735
辽 宁	130	2588	4175.2	1.0	1511235	2849.78	765.0	1913.9	39674
吉 林	66	1556	2051.6	0.8	1171887	812.41	416.3	757.3	21943
黑龙江	109	1659	2232.9	0.6	748960	1130.57	461.8	929.4	29202
上 海	23	2110	7894.2	3.3	2479234	3036.03	621.6	2505.1	23099
江 苏	116	3529	9322.7	1.2	14230991	8114.41	2939.0	5956.2	70332
浙 江	103	3849	8607.6	1.5	9573160	11874.64	2432.2	7148.5	78012
安 徽	126	1504	2909.7	0.5	1991057	3340.87	1316.2	2229.1	42573
福 建	91	1599	3745.0	1.0	2586075	3354.93	1335.2	3497.2	40262
江 西	113	1408	2522.1	0.5	1627397	1754.03	831.0	1584.3	36961
山 东	154	2843	6212.9	0.6	3644166	4577.86	1959.8	3328.7	63532
河 南	160	2914	3168.7	0.3	1815036	3360.15	1437.6	2270.7	54392
湖 北	115	2128	3910.3	0.7	2116702	2577.44	1142.9	2210.3	43952
湖 南	140	2110	3305.3	0.5	2029708	2477.70	1019.8	2274.9	39726
广 东	143	4542	9547.6	0.8	7468361	10517.67	2161.4	7213.2	100006
广 西	116	1675	2749.9	0.6	1142618	2384.60	593.7	1155.3	33182
海 南	24	319	551.3	0.6	289860	578.26	81.9	223.2	6706
重 庆	43	1002	1807.9	0.6	1738221	1604.00	570.5	1312.6	30010
四 川	204	2313	3948.4	0.5	2406864	2562.08	975.3	1784.9	57766
贵 州	98	1089	1467.0	0.4	853673	882.11	386.8	614.5	24820
云 南	151	1770	2154.1	0.5	564260	1694.88	562.0	1142.4	31618
西 藏	81	200	221.1	0.6	13654	35.37	6.0	11.1	3745
陕 西	111	2085	1892.7	0.5	605755	1524.89	469.2	887.7	26064
甘 肃	103	1434	1559.9	0.6	459958	834.21	350.8	661.9	23372
青 海	51	520	478.9	0.8	192691	156.19	58.5	99.1	4884
宁 夏	27	597	732.3	1.1	273486	511.85	179.9	345.1	12266
新 疆	107	1093	1420.4	0.6	384485	565.87	188.0	344.8	26930

7-16-32 续表

地 区	每万人拥有公共图书馆建筑面积（平方米）	计算机（台）	#电子阅览室终端数	收入合计（万元）	#财政补贴收入	#上级补助收入	支出合计（万元）	资产总计（万元）	#固定资产原价
全 国	**114.4**	**223521**	**146333**	**1829159**	**1754512**	**12834**	**1876015**	**6986363**	**5502398**
北 京	138.6	4496	2210	77802	76091	52	74259	270178	192574
天 津	259.7	4341	2824	57750	56947	69	53025	133201	106857
河 北	71.5	8052	5639	38073	37758	221	37000	120916	82774
山 西	139.9	6887	4816	40895	37935	181	38156	134852	120031
内蒙古	168.1	7024	4814	40144	39714	344	44126	494379	451048
辽 宁	137.3	9638	5870	52965	52805	14	52747	279978	243897
吉 林	106.5	4666	2980	32951	31933	3	32914	90756	78002
黑龙江	89.0	6099	3929	28533	28322	89	28415	95200	85985
上 海	180.7	6285	2987	162802	154282	33	221557	720434	507633
江 苏	167.0	12027	6954	135656	131931	600	136250	435271	359309
浙 江	208.8	13082	8666	144190	138967	1947	143649	418321	338817
安 徽	80.7	7999	5896	39153	37970	762	37629	256814	191961
福 建	143.0	8062	5191	57614	53594	527	54482	149641	121197
江 西	89.1	7021	4952	31826	30253	832	31080	132998	119352
山 东	116.5	11844	7947	69405	68445	502	66638	227948	200699
河 南	70.2	10339	7021	52471	51314		52348	180822	157790
湖 北	116.8	7569	4998	61785	59781	882	62461	257090	221940
湖 南	72.0	7371	4965	48268	46738	504	47505	201597	174269
广 东	120.8	17063	10847	209153	206621	1242	202280	644507	574234
广 西	89.4	6776	4748	38644	37156	946	39978	122600	91621
海 南	94.6	1591	1061	16913	16011	54	18571	31089	21989
重 庆	116.7	4307	3220	32250	30273	193	31361	83920	71153
四 川	79.2	11906	8370	61169	60482	287	66352	175643	128626
贵 州	73.9	5410	3557	28875	25871	398	28614	102405	48705
云 南	84.1	7264	5191	38780	37120	304	38999	109479	97321
西 藏	170.0	1482	1035	6345	6306	29	6037	40878	34555
陕 西	83.4	6130	4262	39323	36487	878	39667	125319	86103
甘 肃	114.5	5339	3616	26096	24827	503	27939	120963	90578
青 海	132.0	2190	1413	11927	11669	148	15096	21945	18673
宁 夏	189.4	2391	1733	12588	12120	174	13959	68358	58858
新 疆	113.1	5584	4127	28645	28263	115	28480	97309	53185

7-16-33 文物业基本情况

项目	机构（个）	从业人员（人）	本年收入合计（万元）	本年支出合计（万元）	资产总计（万元）	实际使用房屋建筑面积（万平方米）
总计	**10160**	**162638**	**5621156**	**5471143**	**18660546**	**4335**
按单位性质分						
文物科研机构	122	4133	333070	312846	527096	81
文物保护管理机构	3550	32406	1032279	947034	2470391	1362
博物馆	4918	107506	3043180	3084586	13383485	2791
文物商店	64	1139	58104	55148	219965	15
其他文物机构	1506	17454	1154523	1071529	2059609	86
按隶属关系分						
中　央	12	3073	278201	250410	858248	54
省、区、市	308	19246	1004865	1021579	3675638	316
地、市	1752	48452	1888521	1772852	5870176	996
县、市	8088	91867	2449570	2426303	8256485	2969
按管理部门分						
文物部门	8478	136334	4998955	4781642	14112361	3527
其他部门	1682	26304	622202	689500	4548185	809

7-16-33 续表

项目	文物藏品（件/套）	#一级品	本年从有关部门接收文物数（件/套）	本年藏品征集数（件/套）	举办陈列展览（个）	参观人次（万人次）
总计	**49604379**	**95607**	**209517**	**382151**	**27925**	**122352**
按单位性质分						
文物科研机构	1315659	1617	452		127	335
文物保护管理机构	2430379	8405	18468	13393	1452	17616
博物馆	37540740	84201	188377	356435	26346	104401
文物商店	7513985	53				
其他文物机构	803616	1331	2220	12323		
按隶属关系分						
中　央	3397457	14941	1628	1567	314	2938
省、区、市	17264448	30793	124262	28638	1548	12733
地、市	9819563	23098	44273	130521	7918	39300
县、市	19122911	26775	39354	221425	18145	67381
按管理部门分						
文物部门	37418648	90801	207695	237779	21452	99425
其他部门	12185731	4806	1822	144372	6473	22927

7-16-34 各地区博物馆基本情况

地区	机构数（个）	从业人员（人）	文物藏品（件/套）	基本陈列展览（个）	参观人次（万人次）	门票销售总额（万元）
总计	**4918**	**107506**	**37540740**	**26346**	**104404**	**614922**
中央	3	2402	3303701	135	2638	73671
北京	82	4433	2020881	516	2375	6431
天津	65	1473	704279	437	1400	3180
河北	134	4016	390913	784	3289	9857
山西	152	4506	1382097	518	2533	23267
内蒙古	109	1782	912078	525	1176	227
辽宁	65	1994	523463	363	1703	13324
吉林	107	1548	624402	559	1041	4366
黑龙江	191	2691	971658	945	2144	201
上海	100	3036	2010506	826	2584	26352
江苏	329	6923	1853112	2095	9519	28469
浙江	337	5724	1353210	2275	7005	5512
安徽	201	2995	787699	930	3026	746
福建	128	2642	670838	1135	3715	237
江西	144	3418	444241	673	3697	787
山东	517	8059	3569646	2725	7233	13585
河南	334	6959	1019373	1402	6040	7784
湖北	200	4032	1694265	1003	3922	1027
湖南	121	3056	617645	461	5444	1167
广东	184	3670	1038580	1655	5512	28784
广西	131	2255	305269	552	1754	131
海南	19	526	162529	145	234	
重庆	100	2738	540005	586	3687	14545
四川	252	6201	4026271	1216	7189	114789
贵州	91	1636	163996	278	1974	41
云南	137	1719	1412696	867	2323	415
西藏	7	204	67636	9	20	
陕西	294	9354	3810089	1163	6713	200385
甘肃	215	5017	509469	1040	2915	27864
青海	24	366	74491	71	189	
宁夏	54	812	363981	200	724	6366
新疆	91	1319	211721	257	680	1415

7-16-34 续表

地区	收入合计（万元）	#财政补助收入	#上级补助收入	支出合计（万元）	资产总计（万元）	#固定资产原价
总计	**3043180**	**2450548**	**86088**	**3084586**	**13383485**	**8118541**
中央	195895	154796		172795	597998	251783
北京	176203	133599	2310	177073	671682	505863
天津	38887	33396	240	46416	352722	238622
河北	71524	57278	12	66437	287120	240903
山西	120505	110012	1223	78038	386828	189668
内蒙古	60305	58444	783	48379	347214	287564
辽宁	53269	52912	131	48380	128022	107862
吉林	36640	33775	763	40124	133808	85414
黑龙江	37699	31457	3747	39080	248605	225684
上海	189056	147244	1895	198471	1143176	734933
江苏	232229	198698	7827	223845	1432733	980909
浙江	163660	135131	4391	210442	749029	420041
安徽	52926	43344	2758	58802	255285	175504
福建	57415	50772	1646	53396	119990	68613
江西	65283	57776	5062	63676	276011	138075
山东	162007	102843	4040	147487	977039	551369
河南	91537	77818	1963	95575	421074	334478
湖北	121795	98835	7928	113859	294217	177345
湖南	88538	79090	3232	93352	336604	165941
广东	176126	169094	2752	176440	462476	396600
广西	53224	43010	7394	45575	163970	117242
海南	19220	18737	183	20010	91299	16882
重庆	69983	60079	1603	77335	222669	135165
四川	147423	111084	1731	148874	1247973	449620
贵州	27182	24155	2016	41224	283751	52777
云南	40521	37625	461	44598	281827	113326
西藏	25093	25093		25553	12491	12161
陕西	292277	158676	4744	365424	834579	491709
甘肃	114748	98891	10370	100990	450721	331867
青海	20004	15011	4232	16237	31308	21652
宁夏	18170	11226	181	16814	71874	55331
新疆	23835	20650	471	29887	69392	43640

7-16-35 各地区文物保护管理机构基本情况

地 区	机构数（个）	从业人员（人）	藏品数（件/套）	收入合计（万元）	#财政补助收入	#上级补助收入	支出合计（万元）	资产总计（万元）	#固定资产原价
全 国	**3550**	**32400**	**2430379**	**1031941**	**722020**	**48889**	**946661**	**2470155**	**1084301**
北 京	26	2580	22701	99990	45738	18	99867	107876	32002
天 津	8	65	508	3877	1546	22	3175	5746	942
河 北	165	3661	91160	89346	56029	704	79603	110221	39679
山 西	143	1857	118942	44489	35815	2859	46621	54720	17289
内蒙古	94	690	80500	26249	25619	480	19901	55465	41671
辽 宁	61	1141	44461	19157	16562	122	20046	14367	7509
吉 林	52	177	5339	5341	5176	2	4399	3057	636
黑龙江	86	258	13665	8172	8137	35	7513	3515	1830
上 海	6	64	2970	5012	4889		4583	5632	4115
江 苏	50	393	28394	25403	22326		21097	21858	10625
浙 江	96	2827	110754	137214	72068	6019	119530	432328	290818
安 徽	93	511	47412	15584	11968	3452	14299	65376	57237
福 建	48	331	4927	11754	7413	1332	7123	8411	1217
江 西	67	394	32771	9483	6799	2360	10482	17574	8615
山 东	110	2529	807222	59164	56322	156	49428	173139	63733
河 南	125	2583	211876	51429	35183	2074	44587	223240	46029
湖 北	47	748	33047	20238	10713	2953	16897	32766	19457
湖 南	83	928	91175	31823	25945	3585	32832	64479	11496
广 东	32	275	17840	9134	6537	235	8936	40475	35003
广 西	70	381	24434	10774	9109	1420	10862	13613	3400
海 南	11	282	541	2885	2071	5	2921	9912	7706
重 庆	39	219	28766	12128	10413	1667	11149	19779	2468
四 川	172	1892	136040	72481	70917	917	63820	638845	216531
贵 州	69	339	8660	8877	6252	1604	39529	13196	7335
云 南	130	765	103736	28044	25703	697	24387	34823	20447
西 藏	1259	859	192537	71175	26859	12263	28762	24359	2443
陕 西	216	3789	119632	96884	76174	2382	100341	132790	61142
甘 肃	57	809	2047	13685	12373	761	11624	26302	16833
青 海	28	72	3277	4554	4247	7	3230	874	384
宁 夏	22	329	26425	17138	14248	511	18736	39603	4175
新 疆	84	558	1918	9292	7820	251	9835	19510	9772

7-16-36 各地区娱乐场所基本情况

单位：万元

地 区	机构数(个)	从业人员(人)	资产总计	营业收入	营业成本	营业利润
全 国	**70584**	**528238**	**9212288**	**5209738**	**4086489**	**1123267**
北 京	700	7718	137955	90936	69474	21462
天 津	490	3184	91999	35807	30430	5378
河 北	935	5266	75837	34437	24282	10156
山 西	1236	9382	123029	47181	36523	10659
内蒙古	2089	6891	121027	51913	34940	16973
辽 宁	3169	13616	234187	87320	61275	26045
吉 林	1363	5594	116143	47251	28152	19101
黑龙江	2274	6923	93693	44535	28161	16375
上 海	1640	13707	530583	265629	241475	24154
江 苏	8580	44300	804657	592083	437935	154149
浙 江	4346	50079	873972	652268	537579	114690
安 徽	3633	18694	353525	146766	112693	34074
福 建	2123	30604	461528	321095	268848	52248
江 西	1856	12173	210588	120295	84533	35762
山 东	2094	12844	165972	85870	58086	27784
河 南	2230	15458	230509	99069	68145	30925
湖 北	1930	13255	280981	137863	111348	26514
湖 南	2420	22415	405711	200712	151472	49241
广 东	5259	76401	1257093	672507	566985	105524
广 西	1713	19096	235883	180027	143407	36621
海 南	435	5080	59750	35531	28132	7399
重 庆	1998	17263	300464	189266	148514	40753
四 川	5079	30519	555614	320355	221284	99072
贵 州	2398	20396	339380	217355	143062	74293
云 南	4872	27116	435834	208557	155066	53496
西 藏	499	7226	89126	68102	102236	-34134
陕 西	1117	9193	154327	60241	46163	14078
甘 肃	1583	8721	192018	79105	56495	22610
青 海	303	3214	51958	28545	20517	8028
宁 夏	836	3577	73380	31298	21109	10189
新 疆	1384	8333	155567	57818	48167	9651

7-16-37 各地区网吧基本情况

单位：万元

地 区	机构数(个)	从业人员(人)	资产总计	营业收入	营业成本	营业利润
全 国	**124266**	**346686**	**5592315**	**2946316**	**2178892**	**767578**
北 京	634	2507	29566	12010	10692	1318
天 津	1017	2316	40115	18236	15403	2833
河 北	2005	4499	69194	26652	17694	8968
山 西	2707	8574	119558	50775	38358	12418
内蒙古	2622	6497	122038	52023	37409	14615
辽 宁	3192	7831	104501	50703	36000	14703
吉 林	1916	5602	86793	40433	22667	17766
黑龙江	2978	6658	98469	45831	30214	15621
上 海	1121	4357	67007	40215	35697	4518
江 苏	11205	25446	494742	314396	219763	94638
浙 江	7265	19719	352316	220237	176389	43850
安 徽	7464	17789	306227	144225	103465	40761
福 建	1920	5548	76060	47053	40147	6930
江 西	3551	8931	161736	98919	62204	36715
山 东	6827	15326	218122	115108	70875	44234
河 南	10483	24867	344799	157452	105172	52303
湖 北	7197	19017	334590	172604	134876	37728
湖 南	8920	26020	467801	221593	171073	50521
广 东	7392	26399	389301	219508	192238	27281
广 西	3085	9960	115751	61363	45830	15534
海 南	698	2215	25264	12503	9837	2667
重 庆	3443	13979	223570	138297	106112	32186
四 川	10250	32639	503389	296707	211320	85388
贵 州	3979	12354	209289	112528	77053	35476
云 南	4564	12494	179830	86204	65015	21208
西 藏	365	1376	37669	11437	7335	4102
陕 西	3130	10298	140768	67223	52449	14775
甘 肃	1637	4909	100612	45691	31813	13878
青 海	379	1703	36295	14429	10516	3913
宁 夏	811	2230	70048	23983	16461	7570
新 疆	1509	4626	66895	27979	24817	3162

7-16-38 体育系统机构人员情况

单位：个、人

指 标	合 计		国家级		省级		地级		县级	
	机构	人员	机构	人员	机构	人员	机构	人员	机构	人员
总 计	**6979**	**145334**	**44**	**5210**	**650**	**56171**	**1875**	**46912**	**4410**	**37041**
体育行政机关	3012	24267	1	238	31	1599	431	6542	2549	15888
运动项目管理部门	284	33558	20	1701	221	28869	42	2955	1	33
本科院校	8	6127	1	1062	7	5065				
职业、运动技术学院	18	6124			16	5686	2	438		
体育运动学校	215	13928			26	2107	159	11264	30	557
竞技体校	16	568					3	105	13	463
少儿体育运动学校(业余体校)	1403	19974			6	308	325	9061	1072	10605
单项运动学校	20	430			3	82	14	303	3	45
体育中学	35	1584			1	95	18	836	16	653
训练基地	71	2323	5	589	23	1061	40	615	3	58
体育场馆	661	13126	1	269	58	2888	373	7493	229	2476
体育科研机构	56	1267	1	121	27	886	28	260		
其他事业单位	1107	19194	13	649	210	6551	405	5959	479	6035
其他	73	2864	2	581	21	974	35	1081	15	228

7-16-39 运动员获世界冠军情况

年份	项数(项)	人数(人)	个数(个)
1978	4	4	4
1979	12	20	12
1980	3	3	3
1981	25	53	25
1982	12	31	13
1983	37	50	39
1984	33	46	37
1985	42	70	46
1986	26	56	26
1987	64	72	69
1988	54	59	54
1989	80	83	82
1990	54	61	54
1991	88	86	93
1992	86	68	89
1993	101	106	103
1994	79	86	79
1995	98	187	102
1996	72	58	75
1997	87	96	92
1998	75	89	83
1999	91	129	92
2000	92	109	110
2001	79	138	90
2002	99	123	110
2003	17	94	84
2004	27	175	101
2005	22	159	106
2006	24	169	141
2007	22	217	123
2008	24	151	120
2009	30	223	142
2010	22	180	108
2011	24	198	138
2012	24	140	107
2013	22	164	124
2014	22	206	98
2015	25	214	127
2016	23	154	107
2017	24	248	106
2018	27	222	118

7-16-40 运动员分项创世界纪录情况

项目	项数(项)	人数(人)	次数(次)
总计	**5**	**12**	**12**
举重	1	6	6
游泳	1	3	3
滑冰	1	1	1
田径	1	1	1
蹼泳	1	1	1

7-16-41 分地区按岗位和文化程度分在岗专职教练员情况(2018年)

单位：人

地区	合计	按岗位分			按文化程度分			
		一线	二线	三线	研究生及以上	本科	专科	中专(中学)及以下
全国	**25546**	**5591**	**5639**	**14316**	**672**	**17772**	**6187**	**915**
国家直属	153	126	10	17	38	102	13	
北京	782	252	108	422	28	644	105	5
天津	457	190	53	214	18	330	101	8
河北	916	165	207	544	21	668	179	48
山西	716	145	260	311	11	457	213	35
内蒙古	577	74	146	357	3	347	179	48
辽宁	1425	388	450	587	72	1050	269	34
吉林	790	137	180	473	22	528	207	33
黑龙江	1133	368	104	661	14	797	288	34
上海	1204	277	115	812	27	980	185	12
江苏	1455	269	466	720	54	1166	208	27
浙江	1030	228	174	628	15	846	155	14
安徽	610	107	123	380	17	384	191	18
福建	1091	216	180	695	11	797	258	25
江西	618	116	100	402	10	345	223	40
山东	2394	325	655	1414	58	1755	453	128
河南	1039	241	480	318	52	752	215	20
湖北	842	244	162	436	32	455	308	47
湖南	922	143	142	637	13	540	335	34
广东	1608	405	452	751	23	1218	329	38
广西	880	121	215	544	28	545	262	45
海南	135	38		97		101	20	14
重庆	295	72	98	125	8	209	71	7
四川	1164	230	52	882	35	711	385	33
贵州	281	84	118	79	5	171	86	19
云南	816	110	150	556	8	514	263	31
西藏	56	25	7	24	4	33	18	1
陕西	791	210	153	428	25	515	212	39
甘肃	493	121	133	239	14	323	139	17
青海	131	37		94	2	81	43	5
宁夏	160	62	28	70	2	117	37	4
新疆	582	65	118	399	2	291	237	52

【主要统计指标解释】

资产合计 指是指文化事业单位占有或者使用的能以货币计量的经济资源，包括各种财产、债权和其他权利。包括流动资产、固定资产、在建工程、无形资产和对外投资等。

固定资产原价 反映填表机构使用年限在一年以上、单位价值在规定标准以上，并在使用过程中基本保持原来物质形态的资产，包括房屋及构筑物；专用设备；通用设备；文物和陈列品；图书、档案；家具、用具、装具及动植物等，按原值（计提折旧的，按净值）进行反映。该指标根据“资产负债表”中的“固定资产原价”年（期）末数填列。

本年收入合计 反映行政事业单位在本年取得的全部收入，包括行政事业类资金收入和基本建设类收入，具体有财政拨款、上级补助收入、事业收入、经营收入、附属单位上缴收入和其他收入。根据“收入决算表”中的“本年收入合计”项填报。

财政补贴收入 反映填表单位本年度实际收到的本级财政拨款。包括一般预算财政拨款和政府性基金预算财政拨款。一级预算单位收到的应拨给下级单位使用的款项，年终时尚未拨出的，在编制财务决算表和填报统计报表时，应列为本单位的财政拨款。

上级补助收入 反映填表单位从行政主管部门和上级单位取得的非财政补贴收入。

事业收入 反映事业单位开展专业业务活动及辅助活动取得的收入。根据“收入决算表”中的“事业收入”项填报。

经营收入 反映事业单位在专业业务活动及辅助活动之外开展非独立核算经营活动取得的收入。根据“收入决算表”中的“经营收入”项填报。在确认经营收入时，应注意两个问题：一是经营收入是经营活动取得的收入，而不是专业业务活动及辅助活动取得的收入；二是经营收入是非独立核算的经营活动取得的收入，而不是独立核算的经营活动取得的收入。

附属单位上缴收入 反映填表事业单位拥有附属的独立核算机构，按有关规定上缴的收入。

其他收入 反映取得的除上述规定以外的各项收入，包括投资收益、利息收入、捐赠收入等。各单位从其他部门取得的财政拨款和非本级财政拨款均填列在本项内。

本年支出合计 反映填表机构在业务活动中发生的各项资产耗费和损失等支出情况，包括基本支出、项目支出、经营支出等内容。按经济功能分类，还可分为工资福利支出、商品和服务支出、对个人和家庭补助支出、其他资本性支出等内容。

基本支出 反映填表机构为保障其机构正常运转、完成日常工作任务而发生的人员支出和公用支出。

项目支出 反映填表机构为完成本机构特定的工作任务或事业发展目标，在基本支出之外发生的各项支出。项目支出明细在“项目支出决算明细表”中按支出经济分类科目进行反映。

经营支出 反映填表机构开展专业业务活动及辅助活动之外开展非独立核算经营活动发生的支出。在经营活动中应正确归集实际发生的各项费用数，无法归集的，应按规定的比例合理分摊。

使用“中国标准书号”合计 使用统一书号的主要有两类：1.各级技术标准文献；2.年画、年历画、台历、无书名页的单张美术印刷品或折页美术印刷品，不另加封面的出版物（如活页文选、活页歌篇、小件印品）等。

不使用“中国标准书号”部分合计 指图片、图标（GB）、部标（BB）等标准类文件印品、活页文选、活页歌篇、小件印品等。

少年儿童读物类图书和课本出版种数 少年儿童读物是指供初中及初中以下少年儿童阅读的书籍，课本是指供大、中、小学生及业余教育使用的书籍。

国家综合档案馆 指归口中央或地方各级档案行政管理部门直接管理的，按行政区划或历史时期设置的，收集和管理所辖范围内多种门类档案的档案馆。

公共广播节目套数 指经国家广播电视总局批准的、广播电视播出机构开办的不向听众收取收听费用，以为大众提供公共广播服务为主要目的，用固定频率播出，并编有整套自办节目时间表的广播节目套数。

全年制作广播节目时间 指广播电视节目制作机构全年自采、自编、自录的及合作制作、加工制作的各类广播节目，包括直播广播节目。

公共电视节目套数 指经国家广播电视总局批准的、广播电视播出机构开办的不向观众收取收看费用，以为大众提供公共电视服务为主要目的，用固定频率播出的自办电视节目套数。

全年制作电视节目时间 指广播电视节目制作机构全年自采、自编、自录的及合作制作、加工制作的各类电视节目，包括直播电视节目。

全年公共电视节目播出时间 指广播电视播出机构自办节目频道内全年播出公共电视节目的时间（含重复播出时间）。

有线广播电视实际用户数 指通过广播电视有线传输网收看电视节目的家庭用户数，包括接收模拟信号和接收数字信号的有线电视用户数。

数字电视用户数 指通过广播电视有线传输网收看数字信号电视节目的家庭用户数。

广播综合人口覆盖率 根据国家广播电视总局制定的《广播电视人口覆盖率统计技术标准和方法》进行统计调查的，在对象区内能接收到中央、省、地市或县通过无线、有线或卫星等各种技术方式转播的各级广播节目的人口数占全部总人口的比重。

电视节目综合人口覆盖率 根据国家广播电视总局制定的《广播电视人口覆盖率统计技术标准和方法》进行统计调查的，在对象区内能接收到中央、省、地市、或县通过无线、有线或卫星等各种技术方式转播的中央电视节目的人口数占全部总人口的比重。

艺术表演团体 指由文化部门主办或实行行业管理（经文化市场行政部门审批或已申报登记并领取相关许可证），专门从事表演艺术等活动的各类专业艺术表演团体，含民间职业剧团。不包括群众业余文艺表演团体。

艺术表演场馆 指由文化部门主办或实行行业管理（经文化市场行政部门审批或已申报登记并领取相关许可证），有观众席、舞台、灯光设备，公开售票、专供文艺团体演出的文化活动场所。

文物及文化保护 指对具有历史、文化、艺术、科学价值，并经有关部门鉴定，列入文物保护范围的不可移动文物的保护和管理活动；对我国语言、文字、民间文化艺术、民俗等非物质遗产的文化保护和管理活动。包括近现代重要史迹及具有代表性、纪念性的建筑物的保护（含革命遗址、纪念碑、名人故居）；寺庙、清真寺、教学及各种祠、堂、碑遗址的保护；古文化遗址、古墓地、古建筑、石窟寺、石记得等的保护；民族语言、文字遗产保护；民间艺术（民间传说、神话、歌谣、故事、音乐、舞蹈、戏曲、曲艺皮影、绘画、剪纸等）遗产保护；民间、民俗传统活动（传统节日、庆典、民族艺术活动、民族体育活动等）遗产保护；民族制作（建筑风格、服饰、家具、木器、陶器、铜器等）遗产保护；其他未列明的文物与文化保护。

博物馆 指为了研究、教育、欣赏的目的，收藏、保护、展示人类活动和自然环境的见证物，向公众开放，非营利性、永久性社会服务机构，包括以博物馆（院）、纪念馆（舍）、美术（艺术）馆、科技馆、陈列馆等专有名称开展活动的单位。

总藏量 指图书馆已编目的古籍、图书、期刊和报纸的合订本、小册子、手稿，以及缩微制品、录像带、录音带、光盘等视听文献资料数量之和。

藏品 是文博机构根据收藏品的文化属性、自然属性等情况，所划分的文物藏品、标本藏品、模型藏品（含具有收藏、展示价值的雕塑、绘画等艺术作品）和复制品藏品的总和。本指标所统计的藏品是指报告期末，该机构已经整理并登记入账的藏品数。

7 第三产业分行业主要指标

7–17　公共管理、社会保障和社会组织

简要说明

本篇资料主要包括社会活动参与、公检法、劳动保障等内容。

一、社会活动参与的内容主要包括历届全国人大代表情况、历届全国政协委员情况、全国工会组织情况。全国人大代表数由全国人大办公厅联络局提供，依全国人大换届情况每五年更新一次；全国政协委员数由全国政协办公厅人事局提供，依全国政协换届情况每五年更新一次；全国工会组织情况由中华全国总工会依据统计报表制度整理提供。

二、公检法统计资料主要包括公安机关的刑事案件立案情况和治安案件查处情况，交通事故情况，检察机关的办案情况，人民法院审理案件和收结案情况。资料分别由公安部、最高人民检察院、最高人民法院依据统计报表制度整理提供。

三、劳动保障统计资料主要包括参加社会保险人员情况、社会保险基金收支情况。劳动保障资料是人力资源和社会保障部根据《人力资源和社会保障统计报表制度》整理提供。

7-17-1 公安机关受理和查处治安案件数

案件类别	受 理 (起)	查 处 (起)	每万人口 受理案件数 (起)
总　　计	**9721130**	**8845576**	**69.7**
扰乱单位秩序	58872	56183	0.4
扰乱公共场所秩序	341448	338081	2.4
寻衅滋事	107813	100940	0.8
阻碍执行职务	43345	41696	0.3
非法携带枪支、弹药、管制工具	78697	77606	0.6
违反危险物质管理规定	47803	46535	0.3
殴打他人	2364273	2222805	16.9
故意伤害	176387	160300	1.3
盗窃	2112070	1696514	15.1
敲诈勒索	10670	9361	0.1
抢夺	10018	7106	0.1
盗窃、损毁公共设施	13941	11241	0.1
伪造、变造、倒卖有价票证、凭证	5352	5160	
违反旅馆业管理	97364	96237	0.7
违反房屋出租管理	123042	122941	0.9
诈骗	395335	312783	2.8
卖淫、嫖娼	104599	102202	0.7
赌博	268480	263186	1.9
毒品违法活动	538521	526974	3.9
其他	2823100	2647725	20.2

7-17-2 公安机关立案的刑事案件及构成

案件类别	立案（起）		构成（%）	
	2017	2018	2017	2018
总计	**5482570**	**5069242**	**100.00**	**100.00**
杀人	7990	7525	0.15	0.15
伤害	111124	97391	2.03	1.92
抢劫	39230	25413	0.72	0.50
强奸	27664	29807	0.50	0.59
拐卖妇女儿童	6668	5397	0.12	0.11
盗窃	3459742	2786804	63.10	54.97
诈骗	927583	1156351	16.92	22.81
走私	3277	3856	0.06	0.08
伪造、变造货币,出售、购买运输、持有、使用假币	1467	1216	0.03	0.02
其他	897825	955482	16.37	18.85

7-17-3 交通事故情况

类别	发生数（起）	死亡人数（人）	受伤人数（人）	直接财产损失（万元）
总计	**244937**	**63194**	**258532**	**138455.9**
机动车	216178	58091	227438	131023.5
#汽车	166906	46161	169046	118671.6
摩托车	45868	10663	55071	10682.8
拖拉机	2120	780	2114	662.3
非机动车	25556	3741	28987	5466.3
#自行车	1840	372	1720	376.6
行人乘车人	3045	1325	1968	1904.9
其他	158	37	139	61.2

7-17-4 各地区交通事故情况

地 区	发生数 (起)	死亡人数 (人)	受伤人数 (人)	直接财产损失 (万元)
全 国	**244937**	**63194**	**258532**	**138455.9**
北 京	3242	1288	2800	3517.1
天 津	6223	750	6551	4041.7
河 北	4923	2494	4303	4838.0
山 西	7636	2102	8022	5092.4
内蒙古	4230	1003	4614	3116.3
辽 宁	4554	1860	4260	1909.5
吉 林	4895	1191	5593	3530.8
黑龙江	5119	1289	5606	5432.7
上 海	741	647	242	501.1
江 苏	12978	4490	11300	6442.4
浙 江	12565	3561	11410	4858.0
安 徽	10928	2626	11936	5418.7
福 建	9668	1809	10207	2109.9
江 西	6925	2015	7668	5937.0
山 东	13226	3600	12332	5572.6
河 南	19059	2670	21638	10938.1
湖 北	19207	4837	21218	13224.2
湖 南	4618	1124	5398	5522.8
广 东	24133	4917	24025	7865.8
广 西	17034	4459	19314	6038.1
海 南	2684	839	3145	1770.9
重 庆	4511	915	5268	1867.4
四 川	8804	2351	10427	7664.6
贵 州	12199	2327	15752	9327.1
云 南	6067	2755	5931	2930.7
西 藏	363	124	495	243.5
陕 西	6122	1501	6196	4685.9
甘 肃	3086	1270	3243	972.7
青 海	1281	508	1302	1167.6
宁 夏	1735	408	1735	680.8
新 疆	6181	1464	6601	1237.5

7-17-5 人民检察院审查逮捕、审查起诉情况

案件分类	批捕、决定逮捕合计		决定起诉合计	
	(件)	(人)	(件)	(人)
合　计	**714896**	**1056616**	**1189480**	**1692846**
危害公共安全案	62044	93997	363833	401108
破坏社会主义市场经济秩序案	45738	74231	60454	113285
侵犯公民人身、民主权利案	116385	157004	161740	223648
侵犯财产案	249595	335402	305889	424775
妨害社会管理秩序案	235745	389681	282174	509569
危害国防利益案	240	331	247	378
军人违反职责案				
贪污贿赂案	4535	5037	13332	17340
渎职侵权案	390	473	1636	2384
其他	224	460	175	359

7-17-6 人民检察院办理刑事抗诉案件情况

案件类别	提出抗诉(件)	审判结果合　计(件)	改　判		维持原判(件)	发回重审(件)
			(件)	(人)		
合　　计	**8504**	**7194**	**3684**	**5316**	**1950**	**1560**
二审小计	7128	6325	3067	4547	1840	1418
贪污贿赂案件	574	656	292	367	204	160
渎职侵权案件	189	182	60	86	71	51
刑事案件	6365	5487	2715	4094	1565	1207
再审小计	1376	869	617	769	110	142
贪污贿赂案件	114	88	51	52	23	14
渎职侵权案件	26	10	6	9	3	1
刑事案件	1236	771	560	708	84	127

7-17-7 人民检察院办理民事、行政抗诉案件情况

单位：件

案件类别	合　计	民事案件	行政案件
提请抗诉	7340	7037	303
抗　诉	4050	3933	117
提出再审检察建议	4177	4087	90
抗诉案件再审	2058	1982	76
改　判	975	956	19
发回重审	351	346	5
调　解	148	147	1
维持原判	450	413	37
其　他	134	120	14

7-17-8 人民检察院受理举报、控告和申诉案件情况

单位：件

案件类别	受　理	处　理		
			检察机关办理	转其他机关
合　计	**248893**	**243020**	**224333**	**18687**
首次举报	19483	18671	9333	9338
首次控告	25995	25409	19950	5459
首次申诉	203415	198940	195050	3890

7-17-9 人民检察院处理申诉案件情况

单位：件

案件分类	受　案	立案复查	结　案	
				#改变原决定
合　　计	**16926**	**7553**	**6731**	**247**
不服检察机关处理决定	3779	2812	2459	247
不服不批捕	187	106	111	22
不服不起诉	3375	2629	2276	206
不服撤案	28	11	10	1
不服原免予起诉				
其他	189	66	62	18
不服法院刑事判决裁定	13147	4741	4272	
刑罚执行中被害人申诉	2632	1078	1025	
刑罚执行中被告人申诉	3955	1481	1364	
刑罚执行完毕后被害人申诉	1143	442	392	
刑罚执行完毕后被告人申诉	4572	1403	1202	
其他	845	337	289	

7-17-10 人民检察院纠正违法情况

项　　目	2017	2018
书面提出纠正件次合计　　（件次）	**94951**	**114989**
立案监督小计	37809	46588
监督立案	22941	26866
监督撤案	14868	19722
侦查监督小计	47871	58744
刑事审判监督	9271	9657
刑罚执行监督人次小计　　（人次）	**55638**	**69485**
监管活动	23145	25509
超期羁押	1605	1646
减刑、假释、保外就医	30888	42330
已纠正件次合计　　（件次）	**81304**	**99865**
立案监督小计	32511	40600
监督立案	18587	22215
监督撤案	13924	18385
侦查监督小计	40358	50455
刑事审判监督	8435	8810
刑罚执行监督人次小计　　（人次）	**51969**	**66041**
监管活动	22375	25283
超期羁押	1306	1471
减刑、假释、保外就医	28288	39287

7-17-11 人民法院审理一审案件情况

单位：件

年 份	收 案	刑 事	民商事			行 政	行政赔偿
				#知识产权	#海事海商		
1978	447755	146968	300787				
1979	513789	123846	389943				
1980	763535	197856	565679				
1981	906051	232125	673926				
1982	1024160	245219	778941				
1983	1343164	542648	756436			527	
1984	1355460	431357	838307			983	
1985	1319741	246655	846391		238	916	
1986	1611282	299720	989409		301	632	
1987	1875229	289614	1213219		346	5940	
1988	2290624	313306	1455130		569	8573	
1989	2913515	392564	1815385		725	9934	
1990	2916774	459656	1851897		753	13006	
1991	2901685	427840	1880635		951	25667	
1992	3051157	422991	1948786		1654	27125	
1993	3414845	403267	2089257		1830	27911	
1994	3955475	482927	2383764		1959	35083	
1995	4545676	495741	2718533		2847	52596	
1996	5312580	618826	3093995		3945	79966	
1997	5288379	436894	3277572		4534	90557	
1998	5410798	482164	3375069		5166	98350	
1999	5692434	540008	3519244		5736	97569	
2000	5356294	560432	3412259		6976	85760	
2001	5344934	628996	3459025		6891	100921	
2002	5132199	631348	4420123			80728	
2003	5130760	632605	4410236			87919	
2004	5072881	647541	4332727			92613	
2005	5161170	684897	4380095			96178	
2006	5183794	702445	4385732			95617	
2007	5550062	724112	4724440			101510	
2008	6288831	767842	5412591			108398	
2009	6688963	768507	5800144			120312	
2010	6999350	779595	6090622			129133	
2011	7596116	845714	6614049			136353	
2012	8442657	996611	7316463			129583	
2013	8876733	971567	7781972	88583	11224	123194	
2014	9489787	1040457	8307450	95522	12174	141880	
2015	11444950	1126748	10097804	109386	17546	220398	
2016	12088800	1101191	10762124	134248	16336	225485	
2017	12907729	1294377	11373753	201039	15367	230432	9167
2018	13920964	1203055	12449685	283414	15784	256656	11568

注：1.一审案件指人民法院按照诉讼级别管辖按第一审程序审理的案件。

2.2002年起，经济纠纷和海事海商并入民事案件中。

3.2017年起，行政赔偿案件从行政案件中分离出来。

7-17-12 人民法院审理刑事一审案件收结案情况

单位：件

项 目	收 案	结 案
合 计	**1203055**	**1198383**
危害公共安全罪	340629	341709
破坏社会主义市场经济秩序罪	81381	79823
侵犯公民人身权利民主权利罪	168019	167055
侵犯财产罪	310216	308620
妨害社会管理秩序罪	283126	278773
危害国防利益罪	802	769
贪污贿赂罪	16201	18047
渎职罪	2424	3369
其他	257	218
合计中含自诉案件	13225	13287

注：结案中含上年旧存(以下各表同)。

7-17-13 人民法院审理刑事案件罪犯情况

单位：人

年 份	刑事罪犯总 数	#青少年罪犯			青少年罪犯占刑事罪犯比重(%)
			不满18岁	18岁至25岁	
1997	526312	199212	30446	168766	37.9
1998	528301	208076	33612	174464	39.4
1999	602380	221153	40014	181139	36.7
2000	639814	220981	41709	179272	34.5
2001	746328	253465	49883	203582	34.0
2002	701858	217909	50030	167879	31.0
2003	742261	231715	58870	172845	31.2
2004	764441	248834	70086	178748	32.6
2005	842545	285801	82692	203109	33.9
2006	889042	303631	83697	219934	34.2
2007	931745	316298	87506	228792	33.9
2008	1007304	322061	88891	233170	32.0
2009	996666	302023	77604	224419	30.3
2010	1006420	287978	68193	219785	28.6
2011	1050747	282429	67280	215149	26.9
2012	1173406	282990	63782	219208	24.1
2013	1157784	265439	55817	209622	22.9
2014	1183784	249576	50415	199161	21.1
2015	1231656	236341	43839	192502	19.2
2016	1219569	204657	35743	168914	16.8
2017	1268985	183471	32778	150693	14.5
2018	1428772	243275	34365	208910	17.0

7-17-14 人民法院审理婚姻家庭、继承一审案件收结案情况

单位：件

项目	收案	结案						
			调解	判决	不予受理	驳回	撤诉	其他
合计	**1808787**	**1814441**	**692657**	**655674**	**1397**	**20199**	**432280**	**12234**
婚姻家庭纠纷	1666172	1672841	601003	628619	1263	17761	412575	11620
离婚纠纷	1377073	1384426	479184	536690	784	13359	345576	8833
抚养纠纷	108078	107673	51969	31952	94	1352	21512	794
扶养纠纷	3461	3455	1208	1241	6	55	895	50
赡养纠纷	25560	25579	7470	9564	23	325	7744	453
收养关系纠纷	2368	2376	1147	743	7	39	430	10
监护权纠纷	868	850	256	225	11	32	323	3
探望权纠纷	5310	5252	2012	1890	13	55	1222	60
其他	143454	143230	57757	46314	325	2544	34873	1417
继承纠纷	141134	140012	90909	26563	127	2405	19407	601
法定继承纠纷	68242	68191	51392	7886	61	612	8076	164
遗嘱继承纠纷	6521	6471	2650	2476	6	121	1187	31
其他	66371	65350	36867	16201	60	1672	10144	406
其他	1481	1588	745	492	7	33	298	13

7-17-15 人民法院审理民事一审案件情况

单位：件

项目	收案	结案						
			判决	不予受理	驳回	撤诉	调解	其他
合计	**12449685**	**12434826**	**5532546**	**26516**	**424798**	**3210422**	**3133015**	**107529**
人格权纠纷	176046	178847	90410	354	3335	39413	44569	766
婚姻家庭、继承纠纷	1808787	1814441	655674	1397	20199	432280	692657	12234
物权纠纷	324162	329220	142719	3139	24731	100702	55342	2587
合同、无因管理、不当得利纠纷	7972100	7952001	3661604	14973	329655	2172969	1710597	62203
知识产权与竞争纠纷	283414	273945	83797	453	1813	151486	27677	8719
劳动争议、人事争议	452289	450589	206284	3379	18645	76418	136577	9286
海事海商纠纷	15784	16181	5063	47	213	7076	3232	550
与公司、证券、保险、票据等有关的民事纠纷	262552	252647	127066	762	8279	51368	57476	7696
侵权责任纠纷	1096130	1112755	524604	1526	12637	166881	404301	2806
其他	58421	54200	35325	486	5291	11829	587	682

7-17-16 人民法院审理行政一审案件收结案情况

单位：件

项　目	收　案	结　案						
			判　决	不予立案	驳　回	撤　诉	调　解	其　他
合　计	**256656**	**251355**	**112679**	**17065**	**61186**	**50967**	**965**	**8493**
土地等资源	27995	28143	10918	2102	8386	5414	81	1242
公　安	18676	19012	9831	1109	2927	4633	21	491
城　建	34664	34121	13504	2147	10098	6701	207	1464
交通运输	1532	1568	584	69	358	533	3	21
工　商	5603	5360	1955	125	1190	1907	55	128
环　保	1499	1220	570	19	183	386	27	35
计划生育	328	351	139	51	88	59	1	13
税　务	641	693	248	36	145	238	3	23
卫　生	479	484	211	41	138	84		10
乡政府	9103	8981	3817	544	2814	1480	63	263
劳动和社会保障	15719	15479	9662	747	1434	3244	22	370
其　他	140417	135943	61240	10075	33425	26288	482	4433

7-17-17 工会组织情况

单位：万人

年　份	工会基层组织数（万个）	全国已建工会组织的基层单位的职工与会员人数				工会专职工作人员人数
		职工人数	#女职工	会员人数	#女会员	
1979	32.9	6897.2	2171.7	5147.3		17.9
1980	37.6	7448.2	2518.6	6116.5		24.3
1985	46.5	9643.0	3596.7	8525.8	3149.2	38.1
1990	60.6	11156.9	4291.0	10135.6	3897.7	55.6
1991	61.4	11351.4	4394.8	10389.1	3991.6	58.0
1992	61.7	11223.9	4377.1	10322.5	3974.0	58.0
1993	62.7	11103.8	4359.9	10176.1	3949.6	55.4
1994	58.3	11269.6	4483.2	10202.5	4018.1	56.0
1995	59.3	11321.4	4515.3	10399.6	4116.5	46.8
1996	58.6	11181.4	4500.0	10211.9	4093.1	60.5
1997	51.0	10111.5	4004.8	9131.0	3579.4	57.7
1998	50.4	9716.5	3882.0	8913.4	3546.7	48.4
1999	50.9	9683.0	3797.9	8689.9	3406.2	49.7
2000	85.9	11472.1	4534.5	10361.5	3917.3	48.2
2001	153.8	12997.0	5087.9	12152.3	4696.6	
2002	171.3	14461.5	5157.6	13397.8	4665.2	47.2
2003	90.6	13301.6	5079.3	12340.5	4601.2	46.5
2004	102.0	14436.7	5502.6	13694.9	5135.3	45.6
2005	117.4	15985.3	6016.3	15029.4	5574.8	47.7
2006	132.4	18143.6	6719.3	16994.2	6177.8	54.3
2007	150.8	20452.4	7494.5	19329.0	7042.2	60.2
2008	172.5	22487.5	8168.8	21217.1	7773.8	70.5
2009	184.5	24535.3	8652.6	22634.4	8248.4	74.6
2010	197.6	25345.4	9288.1	23996.5	8871.5	86.4
2011	232.0	27304.7	10211.2	25885.1	9763.6	99.8
2012	266.3	29371.5	11014.5	28021.3	10611.0	107.9
2013	276.7	29946.2	11227.6	28786.9	10886.0	115.6
2014	278.1	29930.9	11299.4	28811.8	10977.7	115.5
2015	280.6	30707.6	11589.2	29546.0	11287.7	111.4
2016	282.5	31428.6	11806.7	30288.1	11520.0	113.0
2017	280.9	31430.3	11884.5	30311.2	11604.8	108.9
2018	273.1	30582.9	11647.9	29476.5	11351.8	102.2

注：2003年以后的工会基层组织数不包含部分覆盖单位数。

7-17-18 社会保险基金收支及累计结余

单位：亿元

年 份	合 计	基本养老保险	失业保险	基本医疗保险	工伤保险	生育保险
基金收入						
1990	186.8	178.8	7.2			
1995	1006.0	950.1	35.3	9.7	8.1	2.9
2000	2644.9	2278.5	160.4	170.0	24.8	11.2
2001	3101.9	2489.0	187.3	383.6	28.3	13.7
2002	4048.7	3171.5	213.4	607.8	32.0	21.8
2003	4882.9	3680.0	249.5	890.0	37.6	25.8
2004	5780.3	4258.4	290.8	1140.5	58.3	32.1
2005	6975.2	5093.3	340.3	1405.3	92.5	43.8
2006	8643.2	6309.8	402.4	1747.1	121.8	62.1
2007	10812.3	7834.2	471.7	2257.2	165.6	83.6
2008	13696.1	9740.2	585.1	3040.4	216.7	113.7
2009	16115.6	11490.8	580.4	3671.9	240.1	132.4
2010	19276.1	13872.9	649.8	4308.9	284.9	159.6
2011	25153.3	18004.8	923.1	5539.2	466.4	219.8
2012	30738.8	21830.2	1138.9	6938.7	526.7	304.2
2013	35252.9	24732.6	1288.9	8248.3	614.8	368.4
2014	39827.7	27619.9	1379.8	9687.2	694.8	446.1
2015	46012.1	32195.5	1367.8	11192.9	754.2	501.7
2016	53562.7	37990.8	1228.9	13084.3	736.9	521.9
2017	67154.5	46613.8	1112.6	17931.3	853.8	643.0
2018	79254.8	55005.3	1171.1	21384.4	913.0	781.0
基金支出						
1990	151.9	149.3	2.5			
1995	877.1	847.6	18.9	7.3	1.8	1.6
2000	2385.6	2115.5	123.4	124.5	13.8	8.3
2001	2748.0	2321.3	156.6	244.1	16.5	9.6
2002	3471.5	2842.9	182.6	409.4	19.9	12.8
2003	4016.4	3122.1	199.8	653.9	27.1	13.5
2004	4627.4	3502.1	211.3	862.2	33.3	18.8
2005	5400.8	4040.3	206.9	1078.7	47.5	27.4
2006	6477.4	4896.7	198.0	1276.7	68.5	37.5
2007	7887.8	5964.9	217.7	1561.8	87.9	55.6
2008	9925.1	7389.6	253.5	2083.6	126.9	71.5
2009	12302.6	8894.4	366.8	2797.4	155.7	88.3
2010	15018.9	10755.3	423.3	3538.1	192.4	109.9
2011	18652.9	13363.2	432.8	4431.4	286.4	139.2
2012	23331.3	16711.5	450.6	5543.6	406.3	219.3
2013	27916.3	19818.7	531.6	6801.0	482.1	282.8
2014	33002.7	23325.8	614.7	8133.6	560.5	368.1
2015	38988.1	27929.4	736.4	9312.1	598.7	411.5
2016	46888.4	34004.3	976.1	10767.1	610.3	530.6
2017	57145.6	40423.8	893.8	14421.8	662.3	744.0
2018	67792.7	47550.4	915.3	17823.0	742.0	762.0
累计结余						
1990	117.3	97.9	19.5			
1995	516.8	429.8	68.4	3.1	12.7	2.7
2000	1327.5	947.1	195.9	109.8	57.9	16.8
2001	1622.8	1054.1	226.2	253.0	68.9	20.6
2002	2423.4	1608.0	253.8	450.7	81.1	29.7
2003	3313.8	2206.5	303.5	670.6	91.2	42.0
2004	4493.4	2975.0	385.8	957.9	118.6	55.9
2005	6073.7	4041.0	519.0	1278.1	163.5	72.1
2006	8255.9	5488.9	724.8	1752.4	192.9	96.9
2007	11236.6	7391.4	979.1	2476.9	262.6	126.6
2008	15225.6	9931.0	1310.1	3431.7	384.6	168.2
2009	19006.5	12526.1	1523.6	4275.9	468.8	212.1
2010	23407.5	15787.8	1749.8	5047.1	561.4	261.4
2011	30233.1	20727.8	2240.2	6180.0	742.6	342.5
2012	38106.6	26243.5	2929.0	7644.5	861.9	427.6
2013	45588.1	31274.8	3685.9	9116.5	996.2	514.7
2014	52462.3	35644.5	4451.5	10644.8	1128.8	592.7
2015	59532.5	39937.1	5083.0	12542.8	1285.3	684.4
2016	66349.7	43965.2	5333.3	14964.3	1410.9	675.9
2017	77312.1	50202.2	5552.4	19385.6	1606.9	565.0
2018	89775.5	58151.6	5817.0	23440.0	1784.9	582.0

注：1.2007年及以后城镇基本医疗保险基金中包括城镇职工基本医疗保险和城镇居民基本医疗保险。

2.2010年及以后基本养老保险基金中包括城镇职工基本养老保险和城乡居民基本养老保险。

3.工伤保险累计结余中含储备金。

7-17-19 参加基本养老保险人数

单位：万人

年 份	年末参加基本养老保险人数	城镇职工基本养老保险					城乡居民基本养老保险
		合 计	职 工	#执行企业制度	离退休人员	#执行企业制度	
1989	5710.3	5710.3	4816.9	4816.9	893.4	893.4	
1990	6166.0	6166.0	5200.7	5200.7	965.3	965.3	
1991	6740.3	6740.3	5653.7	5653.7	1086.6	1086.6	
1992	9456.2	9456.2	7774.7	7774.7	1681.5	1681.5	
1993	9847.6	9847.6	8008.2	8008.2	1839.4	1839.4	
1994	10573.5	10573.5	8494.1	8494.1	2079.4	2079.4	
1995	10979.0	10979.0	8737.8	8737.8	2241.2	2241.2	
1996	11116.7	11116.7	8758.4	8758.4	2358.3	2358.3	
1997	11203.9	11203.9	8670.9	8670.9	2533.0	2533.0	
1998	11203.1	11203.1	8475.8	8475.8	2727.3	2727.3	
1999	12485.4	12485.4	9501.8	8859.2	2983.6	2863.8	
2000	13617.4	13617.4	10447.5	9469.9	3169.9	3016.5	
2001	14182.5	14182.5	10801.9	9733.0	3380.6	3171.3	
2002	14736.6	14736.6	11128.8	9929.4	3607.8	3349.2	
2003	15506.7	15506.7	11646.5	10324.5	3860.2	3556.9	
2004	16352.9	16352.9	12250.3	10903.9	4102.6	3775.0	
2005	17487.9	17487.9	13120.4	11710.6	4367.5	4005.2	
2006	18766.3	18766.3	14130.9	12618.0	4635.4	4238.6	
2007	20136.9	20136.9	15183.2	13690.6	4953.7	4544.0	
2008	21891.1	21891.1	16587.5	15083.4	5303.6	4868.0	
2009	23549.9	23549.9	17743.0	16219.0	5806.9	5348.0	
2010	35984.1	25707.3	19402.3	17822.7	6305.0	5811.6	10276.8
2011	61573.3	28391.3	21565.0	19970.0	6826.2	6314.0	33182.0
2012	78796.3	30426.8	22981.1	21360.9	7445.7	6910.9	48369.5
2013	81968.4	32218.4	24177.3	22564.7	8041.0	7484.8	49750.1
2014	84231.9	34124.4	25531.0	23932.3	8593.4	8013.6	50107.5
2015	85833.4	35361.2	26219.2	24586.8	9141.9	8536.5	50472.2
2016	88776.8	37929.7	27826.3	25239.6	10103.4	9023.9	50847.1
2017	91548.3	40293.3	29267.6	25856.3	11025.7	9460.4	51255.0
2018	94293.3	41901.6	30104.0	26502.6	11797.7	9980.5	52391.7

7-17-20 社会保险基本情况

年份	失业保险			基本医疗保险			工伤保险		年末参加生育保险人数(万人)
	年末参保人数(万人)	全年发放失业保险金人数(万人)	全年发放失业保险金(亿元)	年末参保人数(万人)	年末参保职工	年末参保城乡居民	年末参保人数(万人)	年末享受工伤待遇的人数(万人)	
1994	7967.8	196.5	5.1	400.3	400.3		1822.1	5.8	915.9
1995	8237.7	261.3	8.2	745.9	745.9		2614.8	7.1	1500.2
1996	8333.1	330.8	13.9	855.7	855.7		3102.6	10.1	2015.6
1997	7961.4	319.0	18.7	1762.0	1762.0		3507.8	12.5	2485.9
1998	7927.9	158.1	20.4	1877.6	1877.6		3781.3	15.3	2776.7
1999	9852.0	271.4	31.9	2065.3	2065.3		3912.3	15.1	2929.8
2000	10408.4	329.7	56.2	3786.9	3786.9		4350.3	18.8	3001.6
2001	10354.6	468.5	83.3	7285.9	7285.9		4345.3	18.7	3455.1
2002	10181.6	657.0	116.8	9401.2	9401.2		4405.6	26.5	3488.2
2003	10372.9	741.6	133.4	10901.7	10901.7		4574.8	32.9	3655.4
2004	10583.9	753.5	137.5	12403.6	12403.6		6845.2	51.9	4383.8
2005	10647.7	677.8	132.4	13782.9	13782.9		8478.0	65.1	5408.5
2006	11186.6	598.1	125.8	15731.8	15731.8		10268.5	77.8	6458.9
2007	11644.6	538.5	129.4	22311.1	18020.0	4291.1	12173.3	96.0	7775.3
2008	12399.8	516.7	139.5	31821.6	19995.6	11826.0	13787.2	117.8	9254.1
2009	12715.5	483.9	145.8	40147.0	21937.4	18209.6	14895.5	129.6	10875.7
2010	13375.6	431.6	140.4	43262.9	23734.7	19528.3	16160.7	147.5	12335.9
2011	14317.1	394.4	159.9	47343.2	25227.1	22116.1	17695.9	163.0	13892.0
2012	15224.7	390.1	181.3	53641.3	26485.6	27155.7	19010.1	190.5	15428.7
2013	16416.8	416.7	203.2	57072.6	27443.1	29629.4	19917.2	195.2	16392.0
2014	17042.6	422.0	233.3	59746.9	28296.0	31450.9	20639.2	198.2	17038.7
2015	17326.0	456.8	269.8	66581.6	28893.1	37688.5	21432.5	201.9	17771.0
2016	18088.8	483.9	309.4	74391.6	29531.5	44860.0	21889.3	196.0	18451.0
2017	18784.2	458.1	318.2	117681.4	30322.7	87358.7	22723.7	192.8	19300.2
2018	19643.5	452.3	357.6	134458.6	31680.8	102777.8	23874.4	198.5	20434.1

7-17-21 各地区城镇职工基本养老保险情况

地　区	年末参加城镇职工基本养老保险人数(万人)			基金收支情况(亿元)		
		职　工	离退休人员	基金收入	基金支出	累计结余
全　国	**41901.6**	**30104.0**	**11797.7**	**51167.6**	**44644.9**	**50901.3**
中央机关	55.6	31.2	24.4	178.4	142.1	43.3
北　京	1685.8	1392.2	293.5	2553.9	1519.2	5298.2
天　津	683.2	462.2	221.0	1120.3	1059.9	530.3
河　北	1586.1	1130.7	455.4	2125.7	2020.3	870.4
山　西	837.6	575.5	262.2	1223.4	1138.6	1560.1
内蒙古	733.5	448.9	284.6	1094.6	1073.8	656.5
辽　宁	1994.8	1205.2	789.6	2343.6	2714.7	309.6
吉　林	862.4	505.8	356.6	1055.4	940.3	504.2
黑龙江	1308.5	731.7	576.7	1630.2	1793.1	-557.2
上　海	1573.4	1071.4	502.0	2808.9	2584.1	2242.3
江　苏	3225.6	2354.4	871.2	3923.2	3401.0	4695.5
浙　江	2883.4	2076.6	806.8	3011.8	2870.5	3796.8
安　徽	1141.7	798.8	342.9	2005.6	1732.7	1681.5
福　建	1074.3	883.7	190.6	886.4	724.6	938.6
江　西	1052.8	719.7	333.1	1169.8	1004.0	820.1
山　东	2762.7	2085.6	677.1	2728.1	2617.1	2387.2
河　南	2006.5	1520.1	486.4	1901.8	1816.0	1197.4
湖　北	1601.6	1047.5	554.1	1941.7	1996.1	743.4
湖　南	1402.4	947.9	454.5	2129.2	1610.2	1657.5
广　东	4919.7	4283.0	636.6	4571.3	2450.6	11128.8
广　西	825.9	565.5	260.3	1248.9	1126.8	693.2
海　南	258.0	187.5	70.5	326.1	267.8	234.6
重　庆	1051.2	662.5	388.7	1202.3	1093.0	1025.9
四　川	2543.7	1662.1	881.6	2884.2	2532.1	3686.8
贵　州	639.8	490.1	149.7	799.3	636.6	781.9
云　南	616.2	440.2	176.0	878.0	690.4	1138.4
西　藏	46.2	36.6	9.6	110.5	94.7	139.5
陕　西	992.0	733.7	258.2	1173.3	1045.4	693.0
甘　肃	454.7	299.3	155.4	552.6	508.2	458.1
青　海	145.1	100.3	44.7	217.7	221.7	54.1
宁　夏	216.1	152.5	63.6	268.8	240.1	250.0
新　疆	695.3	484.3	211.0	1041.7	920.2	1203.3
不分地区	26.0	17.1	8.9	60.5	59.0	37.5
中央调剂金账户				0.5		0.5

注：1.不分地区合计中，包括中国人民银行、中国农业发展银行数。
2.中央调剂金账户金额为调剂基金利息收入。

7-17-22 各地区城乡居民基本养老保险情况

地　区	参保人数(万人)	#实际领取待遇人数	基金收支情况(亿元)		
			基金收入	基金支出	累计结余
全　国	**52391.7**	**15898.1**	**3837.7**	**2905.5**	**7250.3**
北　京	209.0	88.9	55.9	47.3	155.8
天　津	161.2	81.8	61.0	41.3	264.0
河　北	3511.6	1024.1	194.8	146.5	339.4
山　西	1579.3	415.8	87.5	60.8	202.2
内蒙古	749.9	223.7	59.1	53.7	93.8
辽　宁	1040.8	406.6	71.7	67.5	73.8
吉　林	684.3	251.7	41.6	34.1	62.3
黑龙江	896.8	294.9	53.1	42.3	80.9
上　海	78.7	51.0	75.3	70.4	81.5
江　苏	2325.4	1093.6	348.6	276.7	638.0
浙　江	1197.8	533.9	176.6	171.5	156.9
安　徽	3487.8	923.5	215.6	139.3	398.0
福　建	1525.6	466.3	103.6	82.0	165.5
江　西	1884.1	481.8	110.5	65.9	219.4
山　东	4551.9	1512.4	437.5	274.2	985.8
河　南	5082.5	1382.1	265.8	193.6	475.5
湖　北	2282.8	723.1	182.4	125.3	305.6
湖　南	3405.0	935.4	175.8	135.6	311.5
广　东	2661.1	850.7	215.8	201.9	416.7
广　西	1889.6	585.7	105.6	85.3	159.1
海　南	298.2	75.7	35.4	18.1	82.5
重　庆	1119.6	367.4	77.4	61.6	132.7
四　川	3222.4	1129.1	246.5	200.3	488.4
贵　州	1802.7	452.8	70.2	56.3	124.1
云　南	2361.0	533.8	104.7	74.5	262.0
西　藏	165.9	3.6	8.4	5.2	25.3
陕　西	1741.7	500.0	115.5	86.1	222.6
甘　肃	1317.0	311.9	73.5	45.4	166.8
青　海	245.6	46.5	17.5	11.3	39.3
宁　夏	181.4	40.9	15.3	10.2	32.4
新　疆	731.1	109.3	35.5	21.4	88.4

注：2012年8月起，新型农村社会养老保险和城镇居民社会养老保险制度全覆盖工作全面启动，合并为城乡居民社会养老保险。

7-17-23 各地区失业保险情况

地区	年末参加失业保险人数（万人）	年末领取失业保险金人数（万人）	基金收支情况(亿元)		
			基金收入	基金支出	累计结余
全 国	**19643.5**	**223.1**	**1171.1**	**915.3**	**5817.0**
北 京	1240.7	3.8	104.7	72.2	270.3
天 津	323.4	6.9	27.0	36.2	82.2
河 北	546.0	6.8	32.5	20.2	170.8
山 西	431.1	2.9	26.6	11.8	193.3
内蒙古	255.5	2.5	21.2	9.9	139.7
辽 宁	679.6	11.2	37.9	35.5	284.9
吉 林	269.5	2.4	19.1	11.0	133.8
黑龙江	318.0	3.5	18.0	14.1	171.7
上 海	977.2	10.8	96.8	123.4	143.2
江 苏	1671.3	30.4	100.0	102.1	438.5
浙 江	1478.4	13.0	81.6	59.1	434.5
安 徽	505.5	7.5	28.8	22.9	122.4
福 建	570.3	5.0	22.8	16.4	177.9
江 西	288.0	1.7	13.5	4.0	86.6
山 东	1318.5	18.7	74.1	64.5	309.8
河 南	819.9	7.2	36.3	20.7	204.0
湖 北	590.8	6.1	31.2	21.2	188.5
湖 南	584.2	5.9	24.8	14.7	142.9
广 东	3361.7	16.2	121.9	73.1	732.0
广 西	323.5	5.5	23.3	16.3	141.0
海 南	173.4	2.3	7.1	5.6	36.6
重 庆	489.8	3.4	19.6	15.0	118.4
四 川	875.1	33.2	104.3	80.8	438.8
贵 州	257.3	2.3	15.5	10.7	85.0
云 南	273.1	4.9	17.7	11.1	140.0
西 藏	17.7	0.004	2.6	0.3	20.5
陕 西	372.4	2.9	22.8	14.2	168.2
甘 肃	168.3	1.0	10.7	5.7	88.2
青 海	42.3	0.3	4.4	3.6	30.0
宁 夏	92.0	1.2	5.5	3.0	38.8
新 疆	328.8	3.4	19.1	16.2	84.4

7-17-24　各地区基本医疗保险参保人数

单位：万人

地　区	年末参保人数合计	职工基本医疗保险			城乡居民基本医疗保险
			职工	退休人员	
全　国	**134458.6**	**31680.8**	**23307.5**	**8373.3**	**102777.8**
北　京	2018.1	1628.9	1332.0	296.9	389.2
天　津	1116.7	575.3	367.8	207.5	541.5
河　北	6914.3	1030.2	705.6	324.7	5884.1
山　西	3266.9	686.6	479.4	207.2	2580.3
内蒙古	2164.4	505.3	351.7	153.6	1659.0
辽　宁	3968.8	1567.9	945.1	622.8	2400.9
吉　林	2607.3	576.0	366.1	209.9	2031.4
黑龙江	2908.6	856.2	498.0	358.2	2052.3
上　海	1866.1	1523.3	1020.6	502.7	342.8
江　苏	7721.7	2752.6	2029.5	723.1	4969.1
浙　江	5368.7	2277.0	1830.7	446.4	3091.7
安　徽	6105.1	854.6	607.3	247.3	5250.5
福　建	3804.7	853.1	692.0	161.0	2951.7
江　西	4797.5	573.7	376.4	197.3	4223.7
山　东	9437.1	2072.1	1560.1	512.0	7364.9
河　南	10435.7	1265.1	903.8	361.3	9170.6
湖　北	5586.2	1054.0	732.0	321.9	4532.2
湖　南	6838.0	898.5	605.9	292.6	5939.5
广　东	10615.8	4170.7	3665.4	505.3	6445.1
广　西	5136.7	588.5	421.0	167.5	4548.2
海　南	915.4	225.7	162.9	62.9	689.7
重　庆	3265.3	678.3	485.9	192.4	2587.0
四　川	8637.1	1667.7	1186.3	481.4	6969.5
贵　州	4233.6	432.0	316.2	115.7	3801.6
云　南	4520.9	506.9	356.6	150.3	4014.0
西　藏	342.7	43.9	34.1	9.8	298.8
陕　西	3885.9	674.4	476.8	197.6	3211.5
甘　肃	2546.7	331.6	220.8	110.8	2215.1
青　海	555.3	99.4	65.3	34.2	455.9
宁　夏	626.2	131.9	95.6	36.3	494.3
新　疆	2250.9	579.4	416.7	162.7	1671.5

7-17-25 分地区基本医疗保险基金收支情况

单位：亿元

地区	基金收入			基金支出			累计结余		
	合计	职工	居民	合计	职工	居民	合计	职工	居民
全国	**21384.2**	**13537.8**	**7846.4**	**17822.5**	**10706.6**	**7115.9**	**23439.9**	**18749.8**	**4690.1**
北京	1320.7	1209.0	111.7	1077.7	974.7	103.0	852.5	805.9	46.6
天津	367.8	308.1	59.7	320.4	277.9	42.5	329.9	242.8	87.1
河北	838.5	416.9	421.7	739.5	334.1	405.4	889.8	688.5	201.3
山西	428.4	246.5	181.9	393.6	211.8	181.8	463.9	331.2	132.7
内蒙古	340.7	215.6	125.1	301.6	175.9	125.7	342.1	280.2	61.9
辽宁	659.3	492.6	166.7	614.1	460.0	154.1	563.0	439.2	123.9
吉林	304.8	175.5	129.3	262.8	148.5	114.2	355.0	273.0	82.0
黑龙江	461.2	308.3	152.9	395.1	268.6	126.4	493.3	360.3	133.0
上海	1199.5	1119.3	80.2	894.3	809.5	84.7	2391.0	2389.4	1.6
江苏	1576.7	1141.4	435.3	1299.1	911.1	388.0	1815.6	1583.9	231.7
浙江	1413.7	1011.2	402.5	1157.8	786.5	371.3	1826.6	1708.0	118.6
安徽	664.5	309.5	355.0	562.7	229.2	333.6	587.4	405.2	182.3
福建	537.9	325.0	213.0	455.1	249.4	205.7	713.8	610.2	103.6
江西	516.8	214.2	302.6	427.6	154.9	272.8	533.7	289.8	243.9
山东	1531.4	873.4	658.0	1253.7	720.2	533.5	1257.0	933.6	323.3
河南	997.1	414.2	582.8	953.8	352.6	601.2	856.3	558.0	298.2
湖北	754.0	429.0	325.0	668.2	365.1	303.1	655.3	402.4	252.9
湖南	772.4	364.0	408.4	655.8	274.0	381.8	697.7	476.9	220.8
广东	1798.4	1345.6	452.9	1440.7	997.6	443.1	2832.6	2455.4	377.2
广西	580.0	234.3	345.7	421.0	171.9	249.1	697.1	333.7	363.5
海南	124.0	78.9	45.1	87.6	52.0	35.5	158.5	124.9	33.5
重庆	516.8	288.7	228.1	444.2	271.0	173.2	384.2	235.2	149.0
四川	1204.0	667.4	536.6	926.1	486.9	439.2	1436.2	1070.5	365.7
贵州	401.3	185.8	215.5	348.8	133.9	214.9	320.3	193.5	126.7
云南	574.8	289.3	285.5	477.5	219.1	258.4	528.8	369.3	159.5
西藏	60.7	37.6	23.1	37.8	19.1	18.7	92.7	81.7	11.0
陕西	515.8	290.3	225.5	437.8	207.2	230.6	446.7	382.6	64.2
甘肃	274.0	125.9	148.1	258.4	107.5	150.9	194.1	135.5	58.6
青海	113.4	72.9	40.6	81.8	52.5	29.3	121.5	99.7	21.8
宁夏	106.9	63.9	43.0	86.1	48.0	38.1	102.1	80.7	21.4
新疆	428.7	283.7	145.0	341.7	235.8	105.9	501.2	408.6	92.6

7-17-26 各地区工伤保险情况

地区	年末参加工伤保险人数(万人)	享受工伤待遇人数(万人)	基金收支情况(亿元)		
			基金收入	基金支出	累计结余
全国	**23874.4**	**198.5**	**913.0**	**742.0**	**1784.9**
北京	1187.0	4.4	40.2	36.5	52.0
天津	398.5	3.7	14.3	11.7	17.4
河北	880.3	10.3	54.2	44.5	45.1
山西	596.6	6.8	38.4	38.7	60.7
内蒙古	325.5	2.4	14.6	11.4	45.7
辽宁	841.1	13.7	38.1	32.7	45.5
吉林	441.4	3.9	13.0	11.6	39.5
黑龙江	520.1	6.9	24.9	26.1	30.8
上海	972.9	6.5	31.7	34.6	65.3
江苏	1777.5	14.8	80.9	66.9	163.8
浙江	2087.8	21.6	66.4	55.8	104.3
安徽	603.5	11.3	24.0	20.6	52.1
福建	853.9	4.7	20.2	18.6	63.9
江西	534.6	5.2	24.6	15.7	51.9
山东	1633.0	11.4	64.1	47.8	116.9
河南	926.3	5.6	29.7	25.5	70.2
湖北	675.6	5.3	26.7	17.4	56.3
湖南	793.8	13.2	55.9	35.2	89.4
广东	3592.5	14.5	72.9	60.1	288.1
广西	412.6	1.7	16.0	6.9	49.4
海南	152.9	0.4	3.4	1.7	18.1
重庆	577.1	6.4	21.5	20.0	8.2
四川	1012.6	8.2	41.9	30.2	79.1
贵州	355.8	2.4	16.0	14.7	23.9
云南	403.3	4.3	17.5	13.2	32.1
西藏	35.7	0.1	1.9	0.8	5.8
陕西	528.0	3.1	21.8	14.4	40.8
甘肃	219.4	2.0	12.3	8.1	17.6
青海	69.2	0.5	4.8	2.8	10.3
宁夏	93.3	0.6	5.6	4.7	11.6
新疆	372.4	2.4	15.2	13.3	29.0

注：工伤保险累计结余中含储备金。

7-17-27 各地区生育保险情况

地区	年末参加生育保险人数(万人)	享受待遇人次(万人次)	基金收支情况(亿元)		
			基金收入	基金支出	累计结余
全国	**20434.1**	**1088.6**	**781.1**	**762.4**	**581.7**
北京	1104.0	61.4	76.1	82.6	22.6
天津	330.4	25.0	12.1	18.0	4.8
河北	774.2	31.4	22.8	21.4	17.7
山西	481.9	14.2	11.5	10.0	21.1
内蒙古	319.5	11.0	10.6	8.3	20.7
辽宁	777.8	40.5	18.9	15.3	18.0
吉林	370.3	15.3	8.6	7.4	13.9
黑龙江	350.2	8.4	7.5	5.4	17.4
上海	984.9	32.2	88.9	64.9	66.1
江苏	1694.5	166.8	78.1	76.3	29.2
浙江	1477.3	72.3	62.1	69.6	29.1
安徽	586.3	25.8	12.3	11.5	12.4
福建	651.9	24.0	17.1	19.3	14.9
江西	290.1	10.9	9.4	9.5	7.5
山东	1235.4	81.6	64.1	58.6	28.7
河南	755.4	29.3	24.7	24.1	27.8
湖北	540.0	36.1	17.6	18.4	22.7
湖南	571.8	31.2	16.2	14.7	25.5
广东	3495.3	189.3	103.7	113.7	83.1
广西	366.2	19.1	13.4	14.4	12.7
海南	152.6	7.0	4.3	5.2	3.9
重庆	439.5	26.9			
四川	878.2	34.1	32.2	27.8	17.8
贵州	325.9	23.5	12.1	10.1	9.9
云南	339.5	17.3	14.0	14.6	3.8
西藏	32.4	2.0	2.2	1.8	3.0
陕西	401.9	14.3	10.3	10.4	12.9
甘肃	202.9	13.5	8.9	6.9	8.4
青海	58.1	4.0	2.5	2.7	3.1
宁夏	88.1	5.7	5.2	4.9	2.3
新疆	357.5	14.4	13.7	14.5	20.7

【主要统计指标解释】

城镇职工基本养老保险

1. 参保职工人数 指报告期末按照国家法律、法规和有关政策规定参加城镇职工基本养老保险并在社保经办机构已建立缴费记录档案的职工人数，包括中断缴费但未终止养老保险关系的职工人数，不包括只登记未建立缴费记录档案的人数。

2. 离退休人员人数 指报告期末参加城镇职工基本养老保险的离休、退休和退职人员的人数。

3. 基金收入 指根据国家有关规定，由纳入基本养老保险范围的缴费单位和个人按国家规定的缴费基数和缴费比例缴纳的养老保险费，以及通过其他方式取得的形成基金来源的收入。包括单位和职工个人缴纳的基本养老保险费、基本养老保险基金利息收入、上级补助收入、下级上解收入、转移收入、财政补贴和其他收入。

4. 基金支出 指按照国家政策规定的开支范围和开支标准从职工基本养老保险基金中支付给参加职工基本养老保险的个人养老保险待遇支出，以及由于保险关系转移、上下级之间补助、上解等原因而发生的支出。其他支出包括基本养老金、医疗补助金、丧葬补助金和抚恤金、病残津贴、补助下级支出、上解上级支出、转移支出和其他支出等。

5. 基金累计结余 指职工基本养老保险基金收支相抵后的期末累计余额。

城乡居民基本养老保险

1. 参保人数 指报告期末，参加城乡居民养老保险（在经办机构参保登记并已建立缴费记录以及制度实施当年已经年满60周岁并在经办机构参保登记）的人数（不包括已经办理注销登记手续的人数）。

2. 实际领取待遇人数 指报告期末，实际领取城乡居民养老保险待遇的人数，不包括未足额发放的人数。

3. 基金收入 指根据国家有关规定，由参加城乡居民基本养老保险的个人按规定缴费的城乡居民基本养老保险费，以及通过集体补助、财政补助等其他方式取得的形成基金来源的收入。包括个人缴费收入、集体补助收入、政府补贴收入、利息收入、委托投资收益、转移收入、上级补助收入、下级上解收入和其他收入。

4. 基金支出 指按照国家政策规定的开支范围和开支标准从城乡居民基本养老保险基金中支付给参加城乡居民基本养老保险的个人养老金待遇支出，以及由于参保人员跨统筹地区或跨制度流动而发生的支出等。包括养老保险待遇支出、转移支出、补助下级支出、上解上级支出、其他支出。

5. 基金累计结余 指城乡居民基本养老保险基金收支相抵后的期末累计余额。

基本医疗保险

1. 参保人数 指报告期末按国家有关规定参加职工基本医疗保险和城乡居民基本医疗保险人员的合计。

2. 基金收入 指由用人单位和个人按照国家规定的缴费基数、缴费比例或缴费标准缴纳的基本医疗保险费，财政补贴资金以及通过其他方式取得的形成基金来源的款项，包括：单位缴纳收入、个人缴纳收入、财政补贴收入、利息收入、上级补助收入、下级上解收入和其他收入。

3. 基金支出 指按照国家政策规定的开支范围和开支标准，从基本医疗保险基金中支付给参保人员的医疗保险待遇支出，以及其他支出。包括住院费用支出、门诊费用支出、大病保险支出、生育保险与职工基本医疗保险合并实施的统筹地区生育待遇支出、补助下级支出，上解上级支出和其他支出。

4. 基金累计结余 指基本医疗保险基金收支相抵后的期末累计结余金额。

失业保险

1. 参保人数 指报告期末按照国家法律、法规和有关政策规定参加了失业保险的城镇企业、事业单位的职工及地方政府规定参加失业保险的其他人员的人数。

2. 基金收入 指报告期内筹集的失业保险基金的总额，包括失业保险费收入、利息收入、财政补贴收入、其他收入、转移收入。

3. 基金支出 指报告期内为保障失业人员基本生活、预防失业、促进再就业等支出的基金总额，包括失业保险金支出、医疗补助金支出、丧葬补助金和抚恤金支出、职业培训和职业介绍补贴支出、其他费用支出、技能提升补贴支出、稳定岗位补贴支出、转移支出、其他支出。

4. 基金累计结余 指截止报告期末失业保险基金收支相抵后的累计余额。

工伤保险

1. 参加保险人数 指报告期末依据国家有关规定参加工伤保险的职工人数和有雇工的个体工商户的雇工数。

2. 享受工伤保险待遇人数 指年报告期内因工伤或职业病而享受工伤保险待遇的职工人数。为享受工伤医疗待遇中未评定等级的人数、享受伤残待遇人数以及享受因工死亡待遇人数之和。

3. 基金收入 指根据国家有关规定，由参加工伤保险的单位按国家规定的缴费基数和缴费比例缴纳及难以直接按照工资总额计算缴纳工伤保险费的部分行业企业按规定方式缴纳的工伤保险费，以及依法通过其他形式取得的形成基金来源的款项。包括：工伤保险费收入、利息收入、上级补助收入、下级上解收入和其他收入。

4. 基金支出 指按照国家政策规定的开支范围和开支标准从工伤保险基金中支付给参加工伤保险的人员及供养直系亲属工伤保险待遇支出及其他支出。包括工伤医疗待遇支出、伤残待遇支出、工亡待遇支出、劳动能力鉴定支出、工伤预防费用支出、补助下级支出、上解上级支出和其他支出。

5. 基金累计结余 指工伤保险基金收支相抵后的期末累计结余金额。

生育保险

1. 参保人数 指报告期末依据有关规定参加生育保险的人数。

2. 基金收入 指根据国家有关规定，由参加生育保险的单位按照国家规定的缴费基数和缴费比例缴纳的生育保险费，以及通过其他方式取得的形成基金来源的款项，包括：生育保险费收入、财政补贴收入、利息收入、上级补贴收入、下级上解收入和其他收入。

3. 基金支出 指按照国家政策规定的开支范围和开支标准，从生育保险基金中支出的生育保险待遇支出及其他支出。包括：生育津贴、医疗费用支出、补助下级支出、上解上级支出及其他支出。

4. 基金累计结余 指生育保险基金收支相抵后的期末累计结余金额。

8 派生产业情况

8-1 旅游及相关产业

简要说明

一、主要内容

旅游及相关产业增加值，国内游客，入境游客（外国人、港澳同胞和台湾同胞），以及国际、国内旅游收入等。

二、统计范围

国内旅游和国际旅游。

旅游及相关产业增加值的核算范围包括《国家旅游及相关产业统计分类》中规定的全部旅游及相关活动。

三、统计调查方法

国内游客、国际旅游收入和国内旅游收入等指标采取抽样调查方法，其余指标均为全面调查统计取得。

旅游及相关产业增加值按照国家统计局制定的《旅游及相关产业增加值核算方法》进行核算。核算所需的数据来源于全国经济普查数据、国民经济核算资料和旅游及相关产业消费结构一次性调查结果等资料。

四、资料来源

本篇资料由国家统计局贸易外经统计司根据国家移民管理局、文化和旅游部的资料编制。

入境游客人数和国内居民出境人数来自国家移民管理局；各地区接待入境过夜游客人数、国内游客人数和国内旅游收入资料来自文化和旅游部；国际旅游收入，1994 年以前由国家统计局贸易外经统计司根据国际旅游者在华花费外汇券统计资料整理提供，1994 年及以后由文化和旅游部整理提供。

旅游及相关产业增加值由国家统计局核算司提供。

8-1-1 旅游及相关产业增加值

年份	增加值(亿元)	占GDP比重(%)
2014	27433	4.26
2015	30017	4.36
2016	32979	4.42
2017	37081	4.46
2018	41478	4.51

注：第四次全国经济普查后，对2014年以来GDP和旅游及相关产业增加值历史数据进行了修订。

8-1-2 国内旅游情况

年份	国内游客(百万人次)			旅游总花费(亿元)		
		城镇居民	农村居民		城镇居民	农村居民
1994	524	205	319	1023.51	848.21	175.30
1995	629	246	383	1375.70	1140.10	235.60
1996	640	256	383	1638.38	1368.36	270.02
1997	644	259	385	2112.70	1551.83	560.87
1998	695	250	445	2391.18	1551.13	876.05
1999	719	284	435	2831.92	1748.23	1083.69
2000	744	329	415	3175.54	2235.26	940.28
2001	784	375	409	3522.37	2651.68	870.69
2002	878	385	493	3878.36	2848.09	1030.27
2003	870	351	519	3442.27	2404.08	1038.19
2004	1102	459	643	4710.71	3359.04	1351.67
2005	1212	496	716	5285.86	3656.13	1629.73
2006	1394	576	818	6229.70	4414.70	1815.00
2007	1610	612	998	7770.60	5550.40	2220.20
2008	1712	703	1009	8749.30	5971.75	2777.55
2009	1902	903	999	10183.69	7233.79	2949.90
2010	2103	1065	1038	12579.77	9403.81	3175.96
2011	2641	1687	954	19305.39	14808.61	4496.78
2012	2957	1933	1024	22706.22	17678.03	5028.19
2013	3262	2186	1076	26276.12	20692.59	5583.53
2014	3611	2483	1128	30311.86	24219.76	6092.11
2015	3990	2802	1188	34195.05	27610.90	6584.15
2016	4435	3195	1240	39389.82	32241.95	7147.87
2017	5001	3677	1324	45660.77	37673.03	7987.74
2018	5539	4119	1420	51278.29	42589.99	8688.30

8-1-3 历年入境游客

单位：万人次

年 份	合 计	#入境过夜游客	外国人	港澳台同胞	#台湾同胞
1978	180.92	71.60	22.96	156.15	
1979	420.39	152.90	36.24	382.06	
1980	570.25	350.00	52.91	513.90	
1981	776.71	376.70	67.52	705.31	
1982	792.43	392.40	76.45	711.70	
1983	947.70	379.10	87.25	856.41	
1984	1285.22	514.10	113.43	1167.04	
1985	1783.31	713.30	137.05	1637.78	
1986	2281.95	900.10	148.23	2126.90	
1987	2690.23	1076.00	172.78	2508.74	
1988	3169.48	1236.10	184.22	2977.33	43.77
1989	2450.14	936.10	146.10	2297.19	54.10
1990	2746.18	1048.40	174.73	2562.34	94.80
1991	3334.98	1246.40	271.01	3050.62	94.66
1992	3811.49	1651.20	400.64	3394.34	131.78
1993	4152.69	1898.20	465.59	3670.49	152.70
1994	4368.45	2107.00	518.21	3838.72	139.02
1995	4638.65	2003.40	588.67	4038.40	153.23
1996	5112.75	2276.50	674.43	4422.86	173.39
1997	5758.79	2377.00	742.80	5006.09	211.76
1998	6347.84	2507.29	710.77	5625.00	217.46
1999	7279.56	2704.66	843.23	6425.52	258.46
2000	8344.39	3122.88	1016.04	7320.80	310.86
2001	8901.29	3316.67	1122.64	7778.65	344.20
2002	9790.83	3680.26	1343.95	8446.88	366.06
2003	9166.21	3297.05	1140.29	8025.92	273.19
2004	10903.82	4176.14	1693.25	9210.57	368.53
2005	12029.23	4680.90	2025.51	10003.71	410.92
2006	12494.21	4991.34	2221.03	10273.19	441.35
2007	13187.33	5471.98	2610.97	10576.36	462.79
2008	13002.74	5304.92	2432.53	10570.21	438.56
2009	12647.59	5087.52	2193.75	10453.84	448.40
2010	13376.22	5566.45	2612.69	10763.53	514.06
2011	13542.35	5758.07	2711.20	10831.15	526.30
2012	13240.53	5772.49	2719.16	10521.37	534.02
2013	12907.78	5568.59	2629.03	10278.75	516.25
2014	12849.83	5562.20	2636.08	10213.75	536.59
2015	13382.04	5688.57	2598.54	10783.50	549.86
2016	13844.38	5926.73	2815.12	11029.26	573.00
2017	13948.24	6073.84	2916.53	11031.71	587.13
2018	14119.83	6289.57	3054.29	11065.53	613.61

8-1-4 历年入境游客增长速度

单位：%

年份	合计	#入境过夜游客	外国人	港澳台同胞	#台湾同胞
1979	132.4	113.5	57.8	144.7	
1980	35.6	128.9	46.0	34.5	
1981	36.2	7.6	27.6	37.2	
1982	2.0	4.2	13.2	0.9	
1983	19.6	-3.4	14.1	20.3	
1984	35.6	35.6	30.0	36.3	
1985	38.8	38.7	20.8	40.3	
1986	28.0	26.2	8.2	29.9	
1987	17.9	19.5	16.6	18.0	
1988	17.8	14.9	6.6	18.7	
1989	-22.7	-24.3	-20.7	-22.8	23.6
1990	12.1	12.0	19.6	11.5	75.2
1991	21.4	18.9	55.1	19.1	-0.1
1992	14.3	32.5	47.8	11.3	39.2
1993	9.0	15.0	16.2	8.1	15.9
1994	5.2	11.0	11.3	4.6	-9.0
1995	6.2	-4.9	13.6	5.2	10.2
1996	10.2	13.6	14.6	9.5	13.2
1997	12.6	4.4	10.1	13.2	22.1
1998	10.2	5.5	-4.3	12.4	2.7
1999	14.7	7.9	18.6	14.2	18.9
2000	14.6	15.5	20.5	13.9	20.3
2001	6.7	6.2	10.5	6.3	10.7
2002	10.0	11.0	19.7	8.6	6.4
2003	-6.4	-10.4	-15.2	-5.0	-25.4
2004	19.0	26.7	48.5	14.8	34.9
2005	10.3	12.1	19.6	8.6	11.5
2006	3.9	6.6	9.7	2.7	7.4
2007	5.5	9.6	17.6	3.0	4.9
2008	-1.4	-3.1	-6.8	-0.1	-5.2
2009	-2.7	-4.1	-9.8	-1.1	2.2
2010	5.8	9.4	19.1	3.0	14.6
2011	1.2	3.4	3.8	0.6	2.4
2012	-2.3	0.3	0.3	-2.9	1.5
2013	-2.5	-3.5	-3.3	-2.3	-3.3
2014	-0.5	-0.1	0.3	-0.6	3.9
2015	4.1	2.3	-1.4	5.6	2.5
2016	3.5	4.2	8.3	2.3	4.2
2017	0.8	2.5	3.6		2.5
2018	1.2	3.6	4.7	0.3	4.5

8-1-5 按国籍分入境外国游客

单位：万人次

地　区	2008	2009	2010	2011	2012	2013	2014	2015	2016	2017	2018
总　计	**2432.53**	**2193.75**	**2612.69**	**2711.20**	**2719.15**	**2629.03**	**2636.08**	**2598.54**	**2815.12**	**2916.53**	**3054.29**
亚洲	**1455.10**	**1377.93**	**1619.72**	**1662.32**	**1662.22**	**1606.01**	**1633.13**	**1659.47**	**1788.19**	**1818.47**	**1912.07**
#朝鲜	10.18	10.56	11.64	15.23	18.06	20.66	18.44	18.83	21.04	22.98	16.52
印度	43.66	44.89	54.93	60.65	61.02	67.67	70.99	73.05	79.97	82.20	86.30
印度尼西亚	42.63	46.90	57.34	60.87	62.20	60.53	56.69	54.48	63.37	68.31	71.19
日本	344.61	331.75	373.12	365.82	351.82	287.75	271.76	249.77	258.99	268.30	269.14
马来西亚	104.05	105.90	124.52	124.51	123.55	120.65	112.96	107.55	116.54	123.32	129.15
蒙古	70.53	57.67	79.44	99.42	101.05	105.00	108.27	101.41	158.12	186.45	149.43
菲律宾	79.53	74.89	82.83	89.43	96.20	99.67	96.79	100.40	113.51	116.85	120.50
新加坡	87.58	88.95	100.37	106.30	102.77	96.66	97.14	90.53	92.46	94.12	97.84
韩国	396.04	319.75	407.64	418.54	406.99	396.90	418.17	444.44	477.53	386.38	419.35
泰国	55.43	54.18	63.55	60.80	64.76	65.17	61.31	64.15	75.35	77.67	83.34
非洲	**37.84**	**40.12**	**46.36**	**48.88**	**52.49**	**55.27**	**59.69**	**58.02**	**58.88**	**62.91**	**67.41**
欧洲	**612.33**	**459.11**	**567.93**	**593.78**	**594.82**	**568.81**	**551.43**	**491.67**	**547.15**	**591.17**	**604.43**
#英国	55.15	52.88	57.50	59.57	61.84	62.50	60.47	57.96	59.50	59.18	60.82
德国	52.89	51.85	60.86	63.70	65.96	64.93	66.26	62.34	62.49	63.55	64.37
法国	43.00	42.48	51.27	49.31	52.48	53.35	51.70	48.69	50.38	49.47	49.96
意大利	19.44	19.14	22.92	23.50	25.20	25.12	25.31	24.61	26.73	28.05	27.81
荷兰	18.09	16.69	18.91	19.75	19.55	18.86	18.04	18.18	19.96	19.43	19.64
葡萄牙	4.39	4.36	4.77	4.70	4.86	4.94	5.23	5.33	5.50	5.64	5.63
瑞典	13.77	12.58	15.45	17.01	17.16	15.90	14.20	11.84	11.53	11.19	11.01
瑞士	6.34	6.26	7.43	7.53	8.28	8.06	7.95	7.27	7.26	7.23	7.40
俄罗斯	312.34	174.30	237.03	253.63	242.61	218.63	204.58	158.23	197.66	235.68	241.55
拉丁美洲	**26.03**	**23.10**	**30.05**	**33.69**	**35.31**	**35.43**	**34.62**	**34.98**	**39.04**	**42.65**	**45.37**
北美洲	**232.12**	**226.01**	**269.49**	**286.42**	**282.64**	**276.95**	**276.03**	**276.56**	**299.09**	**311.90**	**333.48**
#加拿大	53.47	55.03	68.53	74.80	70.83	68.42	66.71	67.98	74.13	80.60	85.02
美国	178.64	170.98	200.96	211.61	211.81	208.53	209.32	208.58	224.96	231.29	248.46
大洋洲及太平洋岛屿	**68.88**	**67.24**	**78.93**	**85.93**	**91.49**	**86.34**	**81.01**	**77.64**	**82.55**	**89.22**	**91.31**
#澳大利亚	57.15	56.15	66.13	72.62	77.43	72.31	67.21	63.73	67.51	73.43	75.22
新西兰	10.52	10.04	11.61	12.09	12.83	12.86	12.66	12.54	13.62	14.37	14.65
其他	**0.23**	**0.22**	**0.21**	**0.19**	**0.19**	**0.22**	**0.18**	**0.21**	**0.22**	**0.22**	**0.22**

注：2016年、2017年入境外国游客中包含边民。

8-1-6 历年国际旅游收入及增长速度

单位：亿美元

年 份	收入合计	商品收入	劳务收入	增长速度(%)	商品收入	劳务收入
1978	2.63	1.22	1.41			
1979	4.49	2.03	2.46	70.7	66.4	74.5
1980	6.17	3.15	3.02	37.4	55.2	22.8
1981	7.85	4.06	3.79	27.2	28.9	25.5
1982	8.43	4.31	4.12	7.4	6.2	8.7
1983	9.41	4.66	4.75	11.6	8.1	15.3
1984	11.31	5.65	5.66	20.2	21.2	19.2
1985	12.50	5.30	7.20	10.5	-6.2	27.2
1986	15.31	6.66	8.65	22.5	25.7	20.1
1987	18.62	7.78	10.84	21.6	16.8	25.3
1988	22.47	8.95	13.52	20.7	15.0	24.7
1989	18.60	6.30	12.30	-17.2	-29.6	-9.0
1990	22.18	7.75	14.43	19.2	23.0	17.3
1991	28.45	9.89	18.56	28.3	27.6	28.6
1992	39.47	12.90	26.57	38.7	30.4	43.2
1993	46.83	13.09	33.74	18.6	1.5	27.0
1994	73.23	26.45	46.78	56.4	102.1	38.6
1995	87.33	32.99	54.34	19.3	24.7	16.2
1996	102.00	34.50	67.50	16.8	4.6	24.2
1997	120.74	40.24	80.50	18.4	16.6	19.3
1998	126.02	41.39	84.63	4.4	2.9	5.1
1999	140.99	42.99	98.00	11.9	3.9	15.8
2000	162.24	47.54	114.70	15.1	10.6	17.0
2001	177.92	52.93	124.99	9.7	11.3	9.0
2002	203.85	58.71	145.14	14.6	10.9	16.1
2003	174.06	50.51	123.55	-14.6	-14.0	-14.9
2004	257.39	77.40	179.99	47.9	53.2	45.7
2005	292.96	91.26	201.70	13.8	17.9	12.1
2006	339.49	147.19	192.30	15.9	61.3	-4.7
2007	419.19	142.42	276.77	23.5	-3.2	43.9
2008	408.43	124.07	284.35	-2.6	-12.9	2.7
2009	396.75	127.63	269.12	-2.9	2.9	-5.4
2010	458.14	157.05	301.09	15.5	23.1	11.9
2011	484.64	154.54	330.09	5.8	-1.6	9.6
2012	500.28	149.01	351.26	3.2	-3.6	6.4
2013	516.64	153.10	363.54	3.3	2.7	3.5
2014	569.13	161.56	407.58	10.2	5.5	12.1
2015	1136.50	291.60	844.90			
2016	1200.00	305.70	894.30	5.6	4.8	5.8
2017	1234.17	333.02	901.15	2.8	8.9	0.8
2018	1271.03	470.16	800.85	3.0	41.2	-11.1

注：2015年以后“国际旅游(外汇)收入”文化和旅游部（原国家旅游局）补充完善了停留时间为3-12个月的入境旅游花费和游客在华短期旅居花费，与以前年度不可比(以下表同)。

8-1-7 入境外国游客分组构成

单位：万人次

指标	2018		2017	
	人数	比重(%)	人数	比重(%)
总　计	**4795.11**	**100.0**	**4294.3**	**100.0**
按性别分				
男	2859.71	59.6	2607.98	60.7
女	1935.39	40.4	1686.32	39.3
按年龄分				
14岁及以下	161.18	3.4	134.75	3.1
15-24岁	656.71	13.7	568.82	13.2
25-44岁	2394.69	49.9	2143.34	49.9
45-64岁	1363.24	28.4	1256.03	29.2
65岁以上	219.28	4.6	191.36	4.5
按事由分				
会议/商务	614.70	12.8	569.68	13.3
观光/休闲	1608.57	33.5	1593.04	37.1
探亲/访友	132.24	2.8	110.28	2.6
服务员工	744.86	15.5	633.91	14.8
其他	1694.74	35.3	1387.4	32.3
按入境方式分				
船舶	276.26	5.8	277.55	6.5
飞机	1827.17	38.1	1717.09	40.0
火车	51.72	1.1	42.78	1.0
汽车	790.17	16.5	685.18	16.0
徒步	1849.78	38.6	1571.7	36.6

8-1-8 国际旅游收入

单位：亿美元

指　标	2008	2009	2010	2011	2012	2013	2014	2015	2016	2017	2018
总　计	**408.43**	**396.75**	**458.14**	**484.64**	**500.28**	**516.64**	**569.13**	**1136.5**	**1200.00**	**1234.17**	**1271.03**
商品收入	**124.07**	**127.63**	**157.05**	**154.54**	**149.01**	**153.10**	**161.56**	**291.60**	**305.70**	**333.02**	**470.16**
商品销售	85.34	91.49	115.90	118.56	111.54	111.82	113.28	209.00	209.50	229.95	327.61
餐饮	38.73	36.14	41.15	35.98	37.47	41.28	48.28	82.60	96.20	103.07	142.55
劳务收入	**284.36**	**269.12**	**301.09**	**330.09**	**351.26**	**363.54**	**407.58**	**844.90**	**894.30**	**901.15**	**800.85**
长途交通	124.87	117.41	130.91	151.17	172.78	174.57	195.95	448.50	446.50	449.46	366.31
民航	90.47	85.84	98.08	114.70	131.64	134.10	145.79	294.80	290.60	304.87	333.53
铁路	13.46	12.77	12.47	14.06	16.46	16.00	20.90	43.20	53.20	49.52	13.52
汽车	10.47	9.58	10.81	14.06	15.54	13.65	15.68	32.50	31.60	29.43	13.72
轮船	10.47	9.22	9.56	8.35	9.14	10.82	13.59	78.00	71.00	65.65	5.54
游览	22.02	20.80	21.07	25.32	25.55	30.92	32.54	44.80	67.10	65.04	53.71
住宿	48.60	44.34	51.95	50.98	52.11	59.76	69.50	132.90	116.30	122.08	181.09
娱乐	29.70	28.82	31.72	34.66	36.13	35.91	36.74	53.90	77.10	74.16	45.82
邮电通讯	10.02	9.55	14.60	10.36	7.91	7.92	11.04	23.90	28.90	27.57	11.62
市内交通	13.55	13.29	10.68	16.19	16.10	14.44	16.04	22.40	40.40	39.20	27.76
其他服务	35.60	34.91	40.15	41.41	40.68	40.01	45.77	118.60	118.00	123.64	114.54

8-1-9 各地区接待入境过夜游客情况

地区	2018				2017			
	人数（万人次）	#外国人	人天数（万人天）	#外国人	人数（万人次）	#外国人	人天数（万人天）	#外国人
北京	400.41	339.77	1721.75	1461.00	392.56	332.00	1688.00	1427.61
天津	58.96	55.93	378.61	373.16	79.21	68.53	1524.93	1253.08
河北	98.86	74.50	366.65	288.50	91.01	70.40	330.00	275.54
山西	71.35	46.60	187.15	125.78	67.00	43.47	174.76	116.39
内蒙古	188.08	178.82	592.40	550.88	184.83	175.70	575.85	535.25
辽宁	287.70	229.84	779.06	640.05	278.85	217.05	802.22	621.68
吉林	143.75	123.84	409.79	361.23	148.43	128.34	350.68	301.63
黑龙江	109.16	104.13	261.97	252.37	103.88	98.46	234.14	223.65
上海	742.04	601.99	2741.47	2227.36	719.33	589.48	2388.02	1945.30
江苏	400.85	264.69	1523.91	926.00	370.10	241.75	1388.87	839.20
浙江	456.76	323.41	1134.77	850.91	589.06	430.13	1552.25	1181.91
安徽	370.75	218.79	939.24	548.30	351.09	205.28	977.45	573.40
福建	513.55	218.29	1324.59	639.44	691.74	292.87	3529.83	1669.91
江西	191.78	57.25	396.63	120.33	174.69	57.05	360.04	119.34
山东	422.00	306.20	1383.03	1017.57	440.52	316.14	1344.54	983.14
河南	167.25	105.02	390.01	250.89	155.89	99.69	307.68	204.35
湖北	405.11	307.03	1020.90	793.19	368.14	277.95	926.78	719.86
湖南	365.08	178.74	781.01	402.90	322.28	155.48	625.78	313.19
广东	3748.06	862.37	9496.44	2602.70	3654.52	864.83	9206.86	2507.35
广西	562.33	270.19	1245.89	610.40	512.44	255.38	1111.29	560.87
海南	126.36	89.68	338.94	273.48	111.95	78.70	324.26	266.88
重庆	279.98	159.00	1357.89	771.15	224.85	136.21	1045.55	633.38
四川	369.82	276.47	675.77	509.37	336.17	241.29	626.74	458.79
贵州	39.69	17.53	87.65	40.33	32.40	13.49	69.02	29.13
云南	706.08	549.94	1451.27	1137.34	667.69	507.52	1348.22	1026.47
西藏	47.62	24.16	135.79	78.06	34.35	26.88	97.74	72.86
陕西	437.14	307.30	1396.31	1068.96	383.74	262.06	1316.21	999.74
甘肃	10.01	5.69	15.80	9.11	7.88	4.22	12.18	6.69
青海	6.92	5.36	21.44	17.37	7.02	5.70	22.83	19.36
宁夏	8.82	3.43	32.71	9.61	6.53	3.32	24.23	10.29
新疆	99.30	85.63	421.20	361.47	77.41	67.15	361.27	313.14

8-1-10 各地区入境过夜游客人均天花费额

单位：美元/人天

地区	人均天花费		外国人		香港同胞		澳门同胞		台湾同胞	
	2018	2017	2018	2017	2018	2017	2018	2017	2018	2017
北京	286.38	274.76	300.10	276.95	234.98	234.83	298.36	298.31	255.87	255.79
天津	250.34	230.08	262.31	239.21	208.16	195.38	207.34	194.34	210.06	202.57
河北	180.51	178.47	183.90	176.14	185.70	199.03	164.48	196.38	165.52	166.33
山西	197.11	195.60	203.97	198.55	215.19	193.57	210.65	186.72	180.36	176.24
内蒙古	200.07	211.29	210.86	213.06	195.63	195.68	191.62	217.08	205.46	207.32
辽宁	197.42	214.97	195.87	214.15	228.32	215.61	190.16	214.34	201.78	211.09
吉林	189.75	186.67	191.70	186.46	181.07	200.17	159.25	169.22	166.63	173.49
黑龙江	206.07	203.35	206.02	205.18	228.20	213.12	224.40	187.75	202.70	190.28
上海	266.63	280.77	267.00	281.58	265.34	283.99	243.30	268.65	250.14	270.77
江苏	269.62	258.70	275.38	265.13	262.25	249.95	252.62	251.94	253.43	237.06
浙江	233.52	225.29	226.96	223.75	217.19	241.15	253.14	237.31	221.36	204.01
安徽	212.78	203.91	214.37	205.95	190.15	175.61	195.32	184.00	198.21	187.63
福建	223.05	213.06	242.28	235.61	181.92	190.11	199.56	196.83	184.79	190.67
江西	192.93	180.92	196.28	192.83	184.13	170.08	179.07	166.24	189.44	159.40
山东	235.47	229.37	242.23	235.94	228.78	220.02	205.76	194.80	199.64	210.99
河南	185.04	176.59	186.03	175.52	193.75	174.13	184.04	160.84	193.13	190.90
湖北	218.10	209.34	221.46	226.67	189.28	163.96	200.77	200.47	212.96	208.95
湖南	197.17	210.49	198.54	217.90	184.02	191.50	196.22	190.35	204.57	200.65
广东	190.50	187.93	205.15	202.65	170.06	173.58	163.93	162.32	191.14	190.98
广西	215.26	202.86	219.16	207.80	199.13	189.57	207.23	190.83	213.23	196.08
海南	209.27	202.28	207.43	201.12	238.19	200.11	191.71	213.47	315.06	211.18
重庆	215.81	209.28	224.88	218.72	214.39	188.93	223.36	184.41	223.99	216.29
四川	193.82	202.08	200.44	205.88	178.12	199.48	189.99	205.49	187.66	185.80
贵州	213.90	203.11	221.03	210.63	195.48	184.05	179.04	171.90	179.85	172.39
云南	245.51	225.10	273.68	231.14	198.60	188.66	233.05	201.34	239.27	204.73
西藏	227.38	210.15	231.02	213.25	193.49	167.43	187.26	163.62	211.63	194.33
陕西	224.85	206.78	223.68	206.92	221.35	198.34	233.28	215.37	223.45	195.65
甘肃	181.03	173.39	190.69	184.71	166.81	159.86	179.88	164.20	158.70	151.14
青海	172.20	168.50	180.42	167.98	163.44	171.00	145.31	137.37	167.55	180.64
宁夏	200.15	186.69	204.36	190.17	135.06	135.89	170.94	153.00	158.27	148.00
新疆	197.49	187.74	197.49	188.74		173.67		178.54		165.97

【主要统计指标解释】

旅游人数

1. 入境游客：指报告期内来我国观光、度假、探亲访友、就医疗养、购物、参加会议或从事经济、文化、体育、宗教活动的外国人、港澳台同胞等入境游客。统计时，外国人、港澳台同胞每入境一次统计1人次。

2. 国内游客：指报告期内在中国（大陆）观光游览、度假、探亲访友、就医疗养、购物、参加会议或从事经济、文化、体育、宗教活动的中国（大陆）居民人数，其出游的目的不是通过所从事的活动谋取报酬。统计时，国内游客按每出游一次统计1人次。

国际旅游收入 指入境游客在中国（大陆）境内旅行、游览过程中用于交通、参观游览、住宿、餐饮、购物、娱乐等全部花费。

国内旅游总花费 指国内游客在国内旅行、游览过程中用于交通、参观游览、住宿、餐馆、购物、娱乐等全部花费。

旅游及相关产业 指在国民经济活动中为游客直接提供行、住、吃、游、购、娱等旅游服务，以及为旅游提供相关服务的产业。《国家旅游及相关产业统计分类》中规定，游客是指以游览观光、休闲娱乐、探亲访友、文化体育、健康医疗、短期教育（培训）、宗教朝拜，或因公务、商务等为目的，前往惯常环境以外，出行持续时间不足一年的出行者。旅游是指游客的活动，即游客的出行、住宿、餐饮、游览、购物、娱乐等活动。

旅游及相关产业增加值 指一个国家所有常住单位一定时期内进行旅游及相关产业生产活动而创造的新增价值。常住单位指在我国的经济领土上具有经济利益中心的经济单位。生产是指在机构单位的控制和组织下，利用劳动、资本、货物和服务投入，创造新的货物和服务产出的活动。

8 派生产业情况

8-2 文化及相关产业

简要说明

一、主要内容

本篇资料反映2018年全国及分地区文化服务业的发展情况，主要内容包括文化及相关产业增加值，文化服务业企业、事业和其他单位的资产、收入、税金、利润等指标。

二、统计范围

文化及相关产业增加值的核算范围包括《文化及相关产业分类》中规定的全部文化及相关活动。

三、资料来源

本篇资料由国家统计局社会科技和文化产业统计司根据2018年第四次全国经济普查有关资料整理提供，其中，文化及相关产业增加值数据由国家统计局核算司提供。

8-2-1 文化及相关产业增加值

年 份	增加值(亿元)	占GDP比重(%)
2004	3440	2.13
2005	4253	2.27
2006	5123	2.33
2007	6455	2.39
2008	7630	2.39
2009	8786	2.52
2010	11052	2.68
2011	13479	2.75
2012	18071	3.34
2013	21870	3.67
2014	24538	3.81
2015	27235	3.95
2016	30785	4.12
2017	35427	4.26
2018	41171	4.48

注：1.2004-2011年执行《文化及相关产业分类》，2012-2016年执行《文化及相关产业分类(2012)》，2017-2018年执行《文化及相关产业分类(2018)》。

2.第四次全国经济普查后，对2014年以来的GDP和文化及相关产业增加值历史数据进行了修订。

8-2-2 各地区文化及相关产业增加值(2017年)

地　区	增加值(亿元)	占地区生产总值比重(%)
北　京	2700	9.64
天　津	620	3.34
河　北	1101	3.24
山　西	330	2.12
内蒙古	378	2.35
辽　宁	595	2.54
吉　林	184	1.23
黑龙江	418	2.63
上　海	2081	6.79
江　苏	3979	4.63
浙　江	3202	6.19
安　徽	1088	4.03
福　建	1307	4.06
江　西	708	3.54
山　东	3018	4.16
河　南	1342	3.01
湖　北	1164	3.28
湖　南	1280	3.78
广　东	4817	5.37
广　西	480	2.59
海　南	142	3.18
重　庆	597	3.07
四　川	1538	4.16
贵　州	324	2.39
云　南	517	3.16
西　藏	38	2.91
陕　西	911	4.16
甘　肃	164	2.19
青　海	45	1.70
宁　夏	81	2.37
新　疆	148	1.36

8-2-3 规模以上文化服务业企业基本情况

单位：万元

指　　标	企业单位数（个）	年末从业人员（人）	资产总计	营业收入	营业利润	营业税金及附加	应交增值税
总　　计	**30013**	**3517194**	**800662583**	**365888952**	**49305794**	**2875202**	**7597609**
按单位规模分							
大型	1401	1481667	323543013	155695319	29774248	1321113	3512048
中型	4887	1039624	219863727	90024201	8519794	658703	2004602
小型	20078	909598	221511945	88538049	8762476	765757	1783289
微型	3647	86305	35743899	31631383	2249276	129629	297670
按登记注册类型分							
内资企业	28742	3107444	665716537	275619361	26999317	2378879	5503642
港、澳、台商投资企业	619	254801	103885089	58224497	20013908	375238	1608044
外商投资企业	652	154949	31060957	32045095	2292569	121085	485923
按企业控股情况分							
国有控股	5330	1034380	359190852	87133430	9570153	805943	1842755
集体控股	423	62061	10282956	3242392	467396	40517	95544
私人控股	20926	1672182	234118578	158213336	12736963	1266672	2955133
港澳台商控股	597	261198	107337617	58158080	20052344	372238	1604852
外商控股	560	122508	24773344	28848910	2060960	113732	421428
其他	2177	364865	64959236	30292804	4417979	276099	677898
按地区分							
北　京	3315	454106	141126151	82786803	7945612	595795	1217703
天　津	468	61331	23568249	11888644	1609446	72140	209341
河　北	725	75853	16496722	2977353	-41684	23757	30888
山　西	203	25868	4448648	765596	-37001	7384	17033
内蒙古	126	15312	2834834	497849	-38838	5429	4523
辽　宁	436	75160	8633629	3263925	-3187	32117	61235
吉　林	253	23921	4790474	905879	92871	9219	2870
黑龙江	114	21612	2077529	628233	-70902	6822	-21705
上　海	1633	267507	80803754	38443407	5752264	239719	921545
江　苏	3885	449894	87373101	32677479	3063179	287834	799702
浙　江	1756	194669	83846780	53995493	11981946	276718	990399
安　徽	934	88002	13678849	6203133	676203	44714	142047
福　建	1403	112765	12691638	6134325	767197	55127	136825
江　西	713	48465	5360973	2694942	179305	22278	49010
山　东	1562	143560	31426749	7145331	708453	77910	182331
河　南	1467	163372	18640543	7343183	969465	106119	190876
湖　北	1355	232141	36995358	14118940	1767127	187764	583213
湖　南	1726	131749	20760010	8192405	936226	96785	152662
广　东	3518	441657	105488921	54077224	8827905	443342	1020843
广　西	348	38621	5444225	1456039	128900	14101	42470
海　南	113	20062	2964003	1500563	259388	20165	32771
重　庆	618	94686	22268935	6902664	655648	46629	132912
四　川	959	112424	22680873	8568698	1954641	86706	357218
贵　州	467	42146	7121102	1702982	155385	16092	38581
云　南	452	50837	15168234	2541843	270719	38211	61405
西　藏	20	2008	364805	73036	3296	261	2709
陕　西	1063	93203	15908869	5441233	477586	43091	179237
甘　肃	168	17056	3560373	533050	21576	7867	13131
青　海	23	3326	775104	499881	-4906	1477	1331
宁　夏	44	6126	753098	166155	10468	1870	5022
新　疆	146	9755	2610052	1762666	287510	7760	39484

8-2-4 规模以下文化服务业企业基本情况

单位：万元

地 区	年末从业人员(人)	资产总计	营业收入	营业税金及附加
总 计	**7181693**	**721700119**	**195073261**	**1867099**
北 京	487258	67895311	19817769	109033
天 津	65998	9560784	2173395	14647
河 北	223316	15057366	3019832	38242
山 西	111596	7232744	1283583	15339
内蒙古	53639	7226719	781393	7804
辽 宁	109690	11559601	2162611	25409
吉 林	37709	3203417	567311	7627
黑龙江	46101	2924750	969213	14927
上 海	233810	28247148	15387352	79212
江 苏	704950	127111045	22465722	217022
浙 江	381161	47547760	12035439	102450
安 徽	283005	23422842	6807109	56419
福 建	354890	13150240	8262789	77095
江 西	159525	11618055	3898563	59888
山 东	446889	48206505	10987410	145773
河 南	537828	18166645	12932955	171947
湖 北	414484	36810442	12162408	135557
湖 南	284434	14774328	6747902	114589
广 东	827532	41288282	18365969	134761
广 西	121336	8457994	1730450	22329
海 南	44966	28645671	1168934	14739
重 庆	312565	22604365	7976617	59591
四 川	322101	30975187	7141847	84950
贵 州	130949	38077098	3221613	37722
云 南	133474	10123402	2517032	31672
西 藏	15398	2622473	1546496	6258
陕 西	190326	25785929	3802878	36730
甘 肃	61304	5684159	736816	18032
青 海	19464	1557572	225937	3061
宁 夏	19691	1389729	229145	3603
新 疆	46304	10772557	3946773	20674

8-2-5 文化服务业事业和社团法人单位基本情况

单位：万元

地 区	年末从业人员（人）	年末资产	非企业单位支出（费用）
总 计	**1438348**	**116062421**	**38753849**
北 京	102486	28613222	9007352
天 津	14962	1800449	557067
河 北	48372	1738430	863219
山 西	52903	2287688	816762
内蒙古	39493	1966303	728343
辽 宁	57479	3409606	1317489
吉 林	27024	4500044	468735
黑龙江	33819	2232352	539406
上 海	29640	4277510	1675652
江 苏	102603	7729729	2190636
浙 江	69880	6015954	1961447
安 徽	44824	1834191	857372
福 建	42766	2566362	966148
江 西	31666	1271407	612149
山 东	90021	7531186	1854411
河 南	90683	3500467	1555617
湖 北	59892	4671461	1368822
湖 南	66903	3895722	1154463
广 东	83911	6296667	2781786
广 西	34560	1827628	757096
海 南	8875	529647	290550
重 庆	21378	973048	512490
四 川	69716	3864222	1561277
贵 州	24850	1269783	496196
云 南	42601	3432637	957991
西 藏	5481	363071	195970
陕 西	58873	3246148	945988
甘 肃	33216	1742150	608251
青 海	7386	209004	148385
宁 夏	10942	567989	195713
新 疆	31143	1898347	807067

【主要统计指标解释】

营业利润 指企业从事生产经营活动所取得的利润。

营业税金及附加 指企业因从事生产经营活动按税法规定缴纳的应从经营收入中抵扣的税金和附加，包括营业税、消费税、城市维护建设税、教育费附加等。

应交增值税 指企业按税法规定，从事货物销售或提供加工、修理修配劳务等增加货物价值的活动本期应交纳的税金，不含期初未抵扣税额。

非企业单位支出（费用） 指行政事业单位在业务活动中发生的各项资产耗费和损失等费用或社团、民办非企业单位、基金会及其他单位为完成各种目标所发生的费用，包括业务活动成本、管理费用、筹资费用和其他费用。

年末资产 指非企业单位占有或者使用的，能以货币计量的经济资源。包括流动资产、固定资产、债权和其他权利。

文化及相关产业 指为社会公众提供文化产品和文化相关产品的生产活动的集合。按照《文化及相关产业分类（2018）》的规定,文化及相关产业包括：

（一）以文化为核心内容，为直接满足人们的精神需要而进行的创作、制造、传播、展示等文化产品（包括货物和服务）的生产活动。具体包括新闻信息服务、内容创作生产、创意设计服务、文化传播渠道、文化投资运营和文化娱乐休闲服务等活动。

（二）为实现文化产品的生产活动所需的文化辅助生产和中介服务、文化装备生产和文化消费终端生产（包括制造和销售）等活动。

文化及相关产业增加值 指一个国家所有常住单位一定时期内进行文化及相关产业生产活动而创造的新增价值。常住单位指在我国的经济领土上具有经济利益中心的经济单位。生产是指在机构单位的控制和组织下，利用劳动、资本、货物和服务投入，创造新的货物和服务产出的活动。

8 派生产业情况

8-3 体育产业

简要说明

一、主要内容

体育产业增加值。

二、统计范围

体育产业增加值的核算范围包括《体育产业统计分类》中规定的全部体育及相关活动。

三、资料来源

本篇资料由国家统计局核算司提供。体育产业增加值按照国家统计局制定的《体育产业增加值核算方法》核算。核算所需的数据主要来源于三大部分：一是普查资料和专项调查资料，包括全国经济普查资料、全国体育产业专项调查资料等；二是国家统计局统计资料，包括国民经济核算资料、有关专业统计年报资料等；三是行政管理资料，如国家体育总局的部门统计资料等。

8-3-1 体育产业增加值

年份/分类名称	总量(亿元)	
	总产出	增加值
2017年体育产业	**21988**	**7811**
2018年体育产业	**26579**	**10078**
体育管理活动	747	390
体育竞赛表演活动	292	104
体育健身休闲活动	1028	477
体育场地和设施管理	2633	855
体育经纪与代理、广告与会展、表演与设计服务	317	106
体育教育与培训	1722	1425
体育传媒与信息服务	500	230
其他体育服务	1377	616
体育用品及相关产品制造	13201	3399
体育用品及相关产品销售、出租与贸易代理	4116	2327
体育场地设施建设	646	150

注：2017年执行《国家体育产业统计分类(2015)》，2018年执行《体育产业统计分类(2019)》。

【主要统计指标解释】

体育产业 指为社会提供各种体育产品（货物和服务）和体育相关产品的生产活动的集合。

体育产业增加值 指一个国家所有常住单位一定时期内进行体育产业生产活动而创造的新增价值。常住单位指在我国的经济领土上具有经济利益中心的经济单位。生产是指在机构单位的控制和组织下，利用劳动、资本、货物和服务投入，创造新的货物和服务产出的活动。

8 派生产业情况

8-4 企业信息化和电子商务

简要说明

一、主要内容

企业生产经营中应用信息技术的基本情况和电子商务交易活动情况。

二、统计范围

规模以上工业、有资质的建筑业、限额以上批发和零售业、限额以上住宿和餐饮业、房地产开发经营业和规模以上服务业的法人单位。

三、调查方法

以联网直报的方式对统计范围内的企业进行全面调查。

四、企业标准

规模以上工业：年主营业务收入2000万元及以上的工业法人单位。

有资质的建筑业：有总承包、专业承包和劳务分包资质的建筑业法人单位。

限额以上批发和零售业：年主营业务收入2000万元及以上批发业、年主营业务收入500万元及以上的零售业法人单位。

限额以上住宿和餐饮业：年主营业务收入200万元及以上的住宿和餐饮业法人单位。

房地产开发经营业：全部房地产开发经营法人单位。

规模以上服务业：年末从业人员50人及以上，年营业收入1000万元及以上的服务业法人单位。

五、资料来源

本部分资料是国家统计局服务业司根据《企业一套表统计调查制度》调查的资料进行加工整理而得。

8-4-1 分地区企业信息化基本情况

单位：个

地区	企业数	使用计算机的企业	比重(%)	使用互联网的企业	比重(%)	有网站的企业	比重(%)
全国	**985463**	**981603**	**99.6**	**981005**	**99.5**	**464134**	**47.1**
北京	31534	31424	99.7	31459	99.8	16788	53.2
天津	16725	16514	98.7	16544	98.9	7214	43.1
河北	29231	29064	99.4	29018	99.3	14028	48.0
山西	14635	14584	99.7	14570	99.6	5161	35.3
内蒙古	9317	9284	99.6	9263	99.4	3712	39.8
辽宁	24758	24503	99.0	24453	98.8	11260	45.5
吉林	12855	12767	99.3	12736	99.1	5145	40.0
黑龙江	9867	9816	99.5	9773	99.0	3864	39.2
上海	33967	33864	99.7	33814	99.5	19388	57.1
江苏	103460	103067	99.6	102949	99.5	57018	55.1
浙江	88443	88123	99.6	88236	99.8	42262	47.8
安徽	39818	39745	99.8	39714	99.7	21737	54.6
福建	46357	46230	99.7	46244	99.8	18723	40.4
江西	27056	26995	99.8	26962	99.7	12254	45.3
山东	78913	78600	99.6	78551	99.5	37619	47.7
河南	53291	53262	99.9	53155	99.7	21962	41.2
湖北	40082	39981	99.7	39948	99.7	20075	50.1
湖南	38803	38653	99.6	38632	99.6	17510	45.1
广东	124606	123912	99.4	123863	99.4	63667	51.1
广西	17285	17223	99.6	17207	99.5	3772	21.8
海南	3023	2985	98.7	3000	99.2	1503	49.7
重庆	21990	21950	99.8	21938	99.8	9399	42.7
四川	39274	39200	99.8	39197	99.8	18321	46.6
贵州	16293	16178	99.3	16150	99.1	5898	36.2
云南	16541	16483	99.6	16469	99.6	6196	37.5
西藏	796	791	99.4	785	98.6	358	45.0
陕西	22692	22645	99.8	22624	99.7	10442	46.0
甘肃	8183	8168	99.8	8163	99.8	3507	42.9
青海	2070	2062	99.6	2064	99.7	953	46.0
宁夏	3347	3333	99.6	3337	99.7	1478	44.2
新疆	10251	10197	99.5	10187	99.4	2920	28.5

8-4-2 分地区企业信息化应用情况

单位：个

地区	企业数	采用信息化管理的企业	比重(%)	通过互联网开展有关生产经营活动的企业	比重(%)	通过互联网进行宣传和推广的企业	比重(%)
全国	**985463**	**950501**	**96.5**	**981005**	**99.5**	**818121**	**83.0**
北京	31534	30445	96.5	31459	99.8	25317	80.3
天津	16725	15771	94.3	16544	98.9	12227	73.1
河北	29231	27750	94.9	29018	99.3	23834	81.5
山西	14635	13963	95.4	14570	99.6	10900	74.5
内蒙古	9317	8933	95.9	9263	99.4	7001	75.1
辽宁	24758	23429	94.6	24453	98.8	17826	72.0
吉林	12855	12374	96.3	12736	99.1	10108	78.6
黑龙江	9867	9474	96.0	9773	99.0	7384	74.8
上海	33967	32921	96.9	33814	99.5	27743	81.7
江苏	103460	100359	97.0	102949	99.5	86650	83.8
浙江	88443	86253	97.5	88236	99.8	73402	83.0
安徽	39818	38904	97.7	39714	99.7	34637	87.0
福建	46357	44860	96.8	46244	99.8	38906	83.9
江西	27056	25900	95.7	26962	99.7	22843	84.4
山东	78913	76996	97.6	78551	99.5	70299	89.1
河南	53291	52048	97.7	53155	99.7	47484	89.1
湖北	40082	39126	97.6	39948	99.7	35246	87.9
湖南	38803	37811	97.4	38632	99.6	34236	88.2
广东	124606	116186	93.2	123863	99.4	97504	78.2
广西	17285	16626	96.2	17207	99.5	13811	79.9
海南	3023	2922	96.7	3000	99.2	2472	81.8
重庆	21990	21523	97.9	21938	99.8	18955	86.2
四川	39274	38360	97.7	39197	99.8	33741	85.9
贵州	16293	15644	96.0	16150	99.1	13132	80.6
云南	16541	16081	97.2	16469	99.6	13384	80.9
西藏	796	757	95.1	785	98.6	620	77.9
陕西	22692	21927	96.6	22624	99.7	19320	85.1
甘肃	8183	7917	96.7	8163	99.8	6887	84.2
青海	2070	2014	97.3	2064	99.7	1722	83.2
宁夏	3347	3260	97.4	3337	99.7	2745	82.0
新疆	10251	9967	97.2	10187	99.4	7785	75.9

8-4-3 分地区电子商务应用情况

地区	企业数(个)	有电子商务交易的企业(个)	比重(%)	有电子商务销售的企业(个)	比重(%)	有电子商务采购的企业(个)	比重(%)	电子商务销售额(亿元)	电子商务采购额(亿元)
全国	**985463**	**99035**	**10.0**	**72441**	**7.4**	**51854**	**5.3**	**152424.48**	**85597.78**
北京	31534	6536	20.7	4514	14.3	3816	12.1	18261.23	10623.59
天津	16725	1103	6.6	762	4.6	564	3.4	3106.01	1906.31
河北	29231	1954	6.7	1437	4.9	984	3.4	2556.11	1971.41
山西	14635	916	6.3	684	4.7	385	2.6	2450.22	922.06
内蒙古	9317	571	6.1	393	4.2	277	3.0	1948.59	1258.35
辽宁	24758	1226	5.0	896	3.6	532	2.1	3638.43	2264.16
吉林	12855	635	4.9	457	3.6	304	2.4	553.13	288.37
黑龙江	9867	466	4.7	336	3.4	207	2.1	593.26	310.84
上海	33967	3645	10.7	2316	6.8	1953	5.7	17411.98	9664.40
江苏	103460	8939	8.6	6606	6.4	4974	4.8	8659.91	6534.76
浙江	88443	10558	11.9	8228	9.3	4981	5.6	8846.51	2648.93
安徽	39818	4704	11.8	3635	9.1	2632	6.6	4864.41	2103.18
福建	46357	5028	10.8	4174	9.0	1966	4.2	3480.96	998.10
江西	27056	2234	8.3	1959	7.2	1034	3.8	2817.87	1048.87
山东	78913	10654	13.5	6430	8.1	6865	8.7	15992.24	10034.34
河南	53291	3618	6.8	2579	4.8	2076	3.9	5183.95	2220.21
湖北	40082	3666	9.1	2637	6.6	2123	5.3	4051.40	1825.92
湖南	38803	3988	10.3	2885	7.4	2227	5.7	3127.54	2581.31
广东	124606	12158	9.8	9530	7.6	5553	4.5	27829.85	17104.59
广西	17285	1530	8.9	1050	6.1	817	4.7	1168.16	815.77
海南	3023	392	13.0	328	10.9	141	4.7	689.50	284.53
重庆	21990	2545	11.6	1861	8.5	1253	5.7	4186.84	1624.72
四川	39274	4501	11.5	3048	7.8	2554	6.5	4219.19	2463.94
贵州	16293	1576	9.7	1195	7.3	784	4.8	1612.09	616.30
云南	16541	1713	10.4	1252	7.6	906	5.5	1443.08	867.31
西藏	796	89	11.2	70	8.8	42	5.3	119.32	48.35
陕西	22692	2483	10.9	1968	8.7	1180	5.2	1820.30	814.69
甘肃	8183	614	7.5	463	5.7	294	3.6	506.37	784.82
青海	2070	186	9.0	151	7.3	71	3.4	168.04	169.09
宁夏	3347	286	8.5	219	6.5	124	3.7	267.11	217.64
新疆	10251	521	5.1	378	3.7	235	2.3	850.88	580.91

8-4-4 按行业分企业信息化基本情况

单位：个

行 业	企业数	使用计算机的企业	比重(%)	使用互联网的企业	比重(%)	有网站的企业	比重(%)
总 计	**985463**	**981603**	**99.6**	**981005**	**99.5**	**464134**	**47.1**
采矿业	9716	9667	99.5	9636	99.2	3299	34.0
制造业	343681	342847	99.8	342421	99.6	205417	59.8
电力、热力、燃气及水的生产和供应业	11798	11776	99.8	11762	99.7	5526	46.8
建筑业	106510	105993	99.5	105871	99.4	40477	38.0
批发和零售业	207906	207233	99.7	207134	99.6	74783	36.0
交通运输、仓储和邮政业	40039	39892	99.6	39895	99.6	15168	37.9
住宿和餐饮业	45884	45819	99.9	45767	99.7	18004	39.2
信息传输、软件和信息技术服务业	20700	20601	99.5	20637	99.7	15854	76.6
房地产业	109953	108841	99.0	108927	99.1	38017	34.6
租赁和商务服务业	33542	33365	99.5	33401	99.6	16623	49.6
科学研究和技术服务业	20753	20700	99.7	20697	99.7	13100	63.1
水利、环境和公共设施管理业	5897	5873	99.6	5869	99.5	2869	48.7
居民服务、修理和其他服务业	6779	6756	99.7	6749	99.6	2541	37.5
教育	5544	5538	99.9	5534	99.8	3155	56.9
卫生和社会工作	6212	6201	99.8	6200	99.8	4044	65.1
文化、体育和娱乐业	10549	10501	99.5	10505	99.6	5257	49.8

8-4-5 按行业分企业信息化应用情况

单位：个

行 业	企业数	采用信息化管理的企业	比重(%)	通过互联网开展有关生产经营活动的企业	比重(%)	通过互联网进行宣传和推广的企业	比重(%)
总 计	**985463**	**950501**	**96.5**	**981005**	**99.5**	**818121**	**83.0**
采矿业	9716	9387	96.6	9636	99.2	7174	73.8
制造业	343681	334220	97.2	342421	99.6	301943	87.9
电力、热力、燃气及水的生产和供应业	11798	11626	98.5	11762	99.7	8956	75.9
建筑业	106510	102164	95.9	105871	99.4	82696	77.6
批发和零售业	207906	198812	95.6	207134	99.6	163877	78.8
交通运输、仓储和邮政业	40039	38446	96.0	39895	99.6	30848	77.0
住宿和餐饮业	45884	44166	96.3	45767	99.7	39633	86.4
信息传输、软件和信息技术服务业	20700	20164	97.4	20637	99.7	19255	93.0
房地产业	109953	105621	96.1	108927	99.1	87838	79.9
租赁和商务服务业	33542	31915	95.1	33401	99.6	27396	81.7
科学研究和技术服务业	20753	20114	96.9	20697	99.7	18188	87.6
水利、环境和公共设施管理业	5897	5702	96.7	5869	99.5	4784	81.1
居民服务、修理和其他服务业	6779	6494	95.8	6749	99.6	5401	79.7
教育	5544	5390	97.2	5534	99.8	5049	91.1
卫生和社会工作	6212	6120	98.5	6200	99.8	5520	88.9
文化、体育和娱乐业	10549	10160	96.3	10505	99.6	9563	90.7

8-4-6 按行业分企业电子商务应用情况

行业	企业数(个)	有电子商务交易的企业(个)	比重(%)	有电子商务销售的企业(个)	比重(%)	有电子商务采购的企业(个)	比重(%)	电子商务销售额(亿元)	电子商务采购额(亿元)
总计	**985463**	**99035**	**10.0**	**72441**	**7.4**	**51854**	**5.3**	**152424.48**	**85597.78**
采矿业	9716	297	3.1	103	1.1	242	2.5	1984.16	718.69
制造业	343681	34709	10.1	24800	7.2	20925	6.1	55925.76	37842.70
电力、热力、燃气及水的生产和供应业	11798	718	6.1	129	1.1	640	5.4	2739.62	2691.54
建筑业	106510	3937	3.7	590	0.6	3685	3.5	156.13	5440.78
批发和零售业	207906	25080	12.1	22056	10.6	9495	4.6	68984.72	33508.06
交通运输、仓储和邮政业	40017	2479	6.2	1369	3.4	1577	3.9	5227.17	364.90
住宿和餐饮业	45884	14492	31.6	14047	30.6	3778	8.2	881.23	26.44
信息传输、软件和信息技术服务业	20700	4494	21.7	3000	14.5	2788	13.5	11164.88	2540.66
房地产业	109953	3589	3.3	482	0.4	3301	3.0	249.61	44.68
租赁和商务服务业	33559	3085	9.2	1966	5.9	1811	5.4	4294.12	1839.40
科学研究和技术服务业	20757	1756	8.5	624	3.0	1428	6.9	236.54	510.53
水利、环境和公共设施管理业	5897	809	13.7	639	10.8	372	6.3	58.46	3.87
居民服务、修理和其他服务业	6780	544	8.0	334	4.9	360	5.3	47.27	9.82
教育	5544	383	6.9	182	3.3	280	5.1	133.31	3.17
卫生和社会工作	6212	455	7.3	194	3.1	325	5.2	8.56	25.28
文化、体育和娱乐业	10549	2208	20.9	1926	18.3	847	8.0	332.93	27.26

【主要统计指标解释】

计算机（数） 指企业（单位）在生产经营中使用的计算机，包括台式机、笔记本电脑和平板电脑。

互联网 指在世界范围内的公共计算机网络。它提供一系列通信服务（包括万维网）的接入，并传送电子邮件、新闻、娱乐和数据文件等。

网站 指在公共互联网上，面向公众使用的，基于TCP/IP协议的计算机系统，以域名本身或者“WWW.+域名”为网址的web站点，由地址、软件、硬件和内容组成。

电子商务销售额 指报告期内企业（单位）借助网络订单而销售的商品和服务总额。借助网络订单指通过网络接受订单。付款和配送可以不借助于互联网。

电子商务采购额 指报告期内企业（单位）借助网络订单而采购的商品和服务总额。借助网络订单指通过网络发送订单。付款和配送可以不借助于互联网。

8 派生产业情况

8-5 派生服务业

简要说明

一、主要内容

本篇资料主要内容是2018年派生服务业企业法人单位主要指标。

二、统计范围

规模以上服务业：年营业收入1000万元及以上，或年末从业人员50人及以上服务业法人单位，包括：交通运输、仓储和邮政业，信息传输、软件和信息技术服务业，租赁和商务服务业，科学研究和技术服务业，水利、环境和公共设施管理业，教育，卫生和社会工作；以及物业管理、房地产中介服务、自有房地产经营活动和其他房地产业等行业；年营业收入500万元及以上，或年末从业人员50人及以上服务业法人单位，包括：居民服务业、修理和其他服务业，文化、体育和娱乐业。

三、统计调查方法

规模以上服务业企业法人单位为全面调查。

四、资料来源

规模以上服务业数据来自第四次全国经济普查中规模以上服务业企业相关调查结果，按照相关国家统计分类标准，对企业进行认定，汇总各类派生服务业企业法人单位主要指标。

五、其他

由于数据四舍五入影响，合计数与各分项之和可能存在细微偏差。

8-5-1 规模以上服务业企业中派生服务业主要指标

指　　标	单位数（个）	营业收入（亿元）	资产总计（亿元）	平均用工人数（万人）
高技术服务业	43322	77997.0	171978.3	799.3
科技服务业	57448	97453.9	465918.7	969.2
生产性服务业	118832	178492.2	738787.6	2440.3
生活性服务业	78911	95936.0	314778.4	1893.2
养老服务业	316	43.0	151.8	2.5
文化及相关产业服务业	30013	36588.9	80066.3	351.7

【主要统计指标解释】

资产总计 指企业过去的交易或者事项形成的、由企业拥有或者控制的、预期会给企业带来经济利益的资源。资产一般按流动性（资产的变现或耗用时间长短）分为流动资产和非流动资产。其中流动资产可分为货币资金、交易性金融资产、应收票据、应收账款、预付款项、其他应收款、存货等；非流动资产可分为长期股权投资、固定资产、无形资产及其他非流动资产等。根据会计“资产负债表”中“资产总计”项目的期末余额数填报。包括企业拥有的土地、办公楼、厂房、机器、运输工具、存货等实物资产和现金、存款、应收账款和预付账款等金融资产。

营业收入 指企业经营主要业务和其他业务所确认的收入总额。营业收入合计包括“主营业务收入”和“其他业务收入”。根据会计“利润表”中“营业收入”项目的本年累计数填报。

9 港澳台第三产业情况

9-1 香港第三产业情况

简要说明

一、本章资料反映香港特别行政区主要社会、经济发展情况。内容包括:土地、人口、就业、国民收入、国际收支平衡、工业、能源、建筑、运输、对外贸易、政府收支及金融、教育、房屋、卫生、社会保障等方面。

二、本章由香港特别行政区政府统计处向有关政府决策局/部门及公营机构搜集数据,国家统计局国际统计信息中心负责整理、编辑。

三、在统计工作方面,按《中华人民共和国香港特别行政区基本法》的有关原则,香港特别行政区保留其单独运作的统计系统,并负责编制和发布反映香港特别行政区情况的统计数据。由于香港和内地在使用统计名词及概念方面会有所不同,读者在比较两地数据时,请参考本章末的"主要统计指标解释"。

四、香港特别行政区是单独的关税地区,香港与内地之间的贸易,亦需办理进出口报关。在贸易统计方面,香港特别行政区对外贸易统计数据亦包括香港特别行政区与内地的贸易。

五、在外汇统计及与之有关的各方面,港币是香港特别行政区的法定货币,因此,除港币以外的货币(包括人民币)均视作外币。

六、更详细的统计资料及有关的技术细节,可参阅香港特别行政区政府统计处出版的《香港统计月刊》、《香港统计年刊》及各专题统计出版物。

七、本章节表中的符号使用说明:

本章节表中使用的符号含义如下: "-"表示不适用;"空格"表示没有数字;"#"表示临时数字;"§"表示数字少于单位的一半。

9-1-1 主要统计指标概况

项 目		2014	2015	2016	2017	2018
香港陆地面积①	**（平方公里）**	**1106**	**1106**	**1106**	**1106**	**1106**
香港岛		81	81	81	81	81
九龙		47	47	47	47	47
新界		978	978	978	978	978
人口						
年中人口	（万人）	723.0	729.1	733.7	739.2	745.1
粗出生率	（‰）	8.6	8.2	8.3	7.7	7.2
粗死亡率	（‰）	6.2	6.3	6.4	6.3	6.3#
婴儿死亡率（按每千名登记活产婴儿计算）	（‰）	1.7	1.4	1.8	1.7	1.5#
劳工						
劳动人口	（万人）	387.1	390.3	392.0	394.7	397.9
劳动人口参与率	（%）	61.1	61.1	61.1	61.1	61.2
失业率	（%）	3.3	3.3	3.4	3.1	2.8
就业人数	（万人）	374.3	377.4	378.7	382.3	386.7
选定行业的就业人数	（万人）					
制造		13.0	11.3	11.8	11.1	10.3
建筑		31.0	31.7	32.8	34.2	35.2
进出口贸易及批发		50.2	48.0	46.5	45.0	44.3
零售、住宿②及膳食服务③		63.3	62.5	62.0	63.8	63.1
运输、仓库、邮政及速递服务、资讯及通讯		44.6	45.5	45.0	45.3	45.1
金融、保险、地产、专业及商用服务		73.3	75.0	76.2	77.9	79.4
公共行政、社会及个人服务		96.7	100.8	101.8	102.9	107.0
实际工资指数④	（1992年9月=100）	115.8	117.7	120.7	123.2	124.5
对外贸易						
商品贸易						
进口	（亿港元）	42190	40464	40084	43570	47214
整体出口	（亿港元）	36728	36053	35882	38759	41581
服务贸易						
服务出口⑤	（亿港元）	8291	8089	7648	8129	8914
服务进口⑤	（亿港元）	5735	5743	5781	6055	6353
国民收入及国际收支平衡						
本地生产总值						
按2017年环比物量计算⑥						
年增长率	（%）	2.8	2.4	2.2	3.8	3.0
本地生产总值	（亿港元）	24510	25095	25641	26628	27428
人均本地生产总值	（港元）	339026	344179	349498	360247	368110
按当年价格计算						
年增长率	（%）	5.7	6.1	3.9	6.9	6.8
本地生产总值	（亿港元）	22600	23983	24906	26628	28429
人均本地生产总值	（港元）	312609	328924	339478	360247	381544
本地居民总收入						
按当年价格计算						
本地居民总收入	（亿港元）	23066	24427	25532	27784	29845
人均本地居民总收入	（港元）	319056	335010	348010	375879	400551
对外初次收入流量净值	（亿港元）	466	444	626	1156	1416

9-1-1 续表 1

项　　目	2014	2015	2016	2017	2018
国际收支平衡					
经常帐户　(亿港元)	315	796	987	1239	1219
资本及金融帐户　(亿港元)	-738	-1286	-1011	-765	-1840
净误差及遗漏　(亿港元)	423	491	24	-474	621
整体的国际收支　(亿港元)	1391	2820	89	2505	76
国际投资头寸⑦					
国际投资头寸净值⑧　(亿港元)	67488	77747	89468	111050	101399
对外金融资产　(亿港元)	323915	338245	357388	428100	429335
对外金融负债　(亿港元)	256427	260497	267921	317051	327936
消费价格指数					
(2014年10月至2015年9月=100)					
综合消费价格指数	97.7	100.6	103.0	104.5	107.0
甲类消费价格指数	96.8	100.6	103.5	105.1	107.9
乙类消费价格指数	97.8	100.6	102.9	104.3	106.7
丙类消费价格指数	98.4	100.5	102.6	104.2	106.5
工业生产					
工业生产指数　(2008年=100)	94.6	93.2	92.7	93.1	94.3
工业电力消费量　(万亿焦耳)	11281	11436	11252	11196	11081
工业煤气消费量　(万亿焦耳)	1673	1649	1477	1569	1717
房屋及物业					
永久性居住屋宇单位⑨　(万个)					
公营租住房屋⑩	78.15	78.32	78.67	80.54	81.29
资助出售单位⑪	39.39	39.60	39.89	40.31	40.90
私人永久性房屋⑪	149.65	151.64	154.79	156.51	158.25
总计	267.19	269.56	273.35	277.36	280.44
新落成私人楼宇					
楼宇数目　(栋)	466	612	556	703	732
实用楼面面积　(万平方米)					
住宅⑫	64.5	58.5	63.7	63.2	79.3
非住宅	45.4	44.8	59.2	74.1	61.7
获批准可动工兴建私人楼宇　(栋)					
初次呈交	362	486	383	269	238
重大修改	219	159	163	192	199
政府收支、金融、保险（亿港元）					
政府储备结余⑬⑭	8285	8429	9540	11029	11709
政府收入总额⑭⑮	4787	4500	5731	6198	5998
政府开支总额⑭⑮	4059	4356	4621	4709	5318
货币供应量M3					
港元⑯	52362	57788	62927	70245	72843
外币⑰	58128	58762	62587	67793	71194
总计	110489	116550	125513	138038	144037
港汇指数(贸易总值(进口及整体出口)加权)　(2010年1月=100)⑱	96.0	101.3	104.1	104.2	101.8

9-1-1 续表 2

项　目	2014	2015	2016	2017	2018
运输、通讯、旅游					
进出香港货物					
总卸下 (万吨)	20079	16887	16669	19108	17543
总装上 (万吨)	12553	11491	11647	11772	10975
集装箱吞吐量 (万标准集装箱)	2223	2007	1981	2077	1960
电话服务 (万条操作线路)	432	421	421	415	410
访港旅客⑲ (万人次)	6083.9	5930.8	5665.5	5847.2	6514.8
教育 (人)					
小学学生人数	329300	337558	349008	362049	372465
中学学生人数⑳	375603	354698	339849	332382	327023
教资会资助大学学生人数	192981	191997	190919	192034	193632
卫生					
医生 (人)	13417	13726	14013	14290	14651
注册中医 (人)	6898	7071	7262	7425	7409
病床 (张)	37322	38287	39090	39683	40434
社会保障					
综合社会保障援助⑬					
个案数目 (个)	251099	242903	236522	231468	224603
发放款项 (亿港元)	207	223	223	217	223
公共福利金⑬					
个案数目 (个)	778941	808909	846028	897541	957595
发放款项 (亿港元)	186	217	221	236	393
交通意外伤亡援助⑬					
获批个案数目 (个)	7413	7148	7340	6553	7334

注：①2014年前的数字是该年6月底的数据，而2014年起的数字是该年10月底的数据。面积包括不在区议会分区内的落马州河套。
②住宿服务包括酒店、宾馆、旅舍及其他提供短期住宿服务的机构单位。
③零售、住宿及膳食服务业合计通常被称为「与消费及旅游相关行业」。
④实际工资指数是按其名义指数扣除以2014/15年为基期的甲类消费价格指数而计算出来。
⑤数字已采纳《2010年国际服务贸易统计手册》内最新的国际建议。
⑥以环比物量计算的本地生产总值及其组成部分的参照年，已由2016年重订为2017年。重订参照年会影响以环比物量计算的数值，但不会影响其变动率。
⑦期末头寸。
⑧国际投资头寸净值是对外金融资产总值与对外金融负债总值之间的差额。
⑨数字包括所有住宅屋宇单位及非住宅楼宇内已知作居所用途的屋宇单位，但不包括非住宅用途、酒店及院舍内供住院或在囚人士居住的屋宇单位。
⑩数字不包括房屋委员会售出的公营租住房屋单位。
⑪数字包括房屋委员会及香港房屋协会售出而不可在公开市场买卖的屋宇单位。可在公开市场买卖的资助出售单位则归类为私人永久性房屋。
⑫数字包括住宅楼宇内用作非住宅用途的实用楼面面积，例如：会所/娱乐设施、管理员办事处/宿舍、电机房等。
⑬数字是以相应的财政年度为根据。例如2018年的数字代表2018/19财政年度终结时的数字。
⑭2018/19年度的数字有待审计署署长核实。
⑮数字不包括“政府一般收入帐目及各基金之间的转拨”。
⑯所列数字已包括外币掉期存款。
⑰所列数字已扣除外币掉期存款。《中华人民共和国香港特别行政区基本法》说明，港元是香港特别行政区的法定货币。外币指港元以外的其他货币，因而人民币亦视作外币。
⑱由2012年1月3日起公布的新系列。数字是指年内每日电汇或现钞收市中间兑换价的平均值。
⑲访港旅客数字包括经澳门访港的非澳门居民。
⑳数字涵盖日、夜校。

9-1-2 按当年价格计算的生产法本地生产总值

单位：亿港元

经济活动	2013	2014	2015	2016	2017
农业、渔业、采矿及采石①	**12.25**	**14.96**	**16.30**	**18.98**	**17.36**
工业	**1485.64**	**1597.25**	**1692.72**	**1861.91**	**1919.91**
制造	301.56	278.85	267.16	268.44	272.99
电力、燃气和自来水供应及废弃物管理	351.19	356.36	346.53	344.14	349.78
建筑	832.88	962.05	1079.02	1249.32	1297.14
服务	**19482.92**	**20447.50**	**21545.41**	**22299.39**	**23590.65**
进出口贸易、批发及零售	5237.41	5315.41	5278.22	5255.26	5486.36
住宿及膳食服务②	754.13	787.25	781.34	796.82	835.07
运输、仓库、邮政及速递服务	1254.65	1376.58	1500.73	1497.42	1533.59
资讯及通讯	761.45	777.61	808.13	842.08	868.91
金融及保险	3462.48	3679.89	4099.33	4290.82	4821.91
地产、专业及商用服务	2257.89	2394.34	2527.14	2661.39	2748.22
公共行政、社会及个人服务	3563.26	3795.88	4074.05	4369.12	4654.92
楼宇业权	2191.66	2320.53	2476.48	2586.49	2641.66
以基本价格计算的本地生产总值	**20980.80**	**22059.72**	**23254.43**	**24180.28**	**25527.92**
产品税	**753.14**	**832.36**	**954.33**	**837.43**	**1106.98**
统计差额③ (%)	**-1.6**	**-1.3**	**-0.9**	**-0.4**	**§§**
以当时市价计算的本地生产总值	**21383.05**	**22600.05**	**23982.80**	**24906.17**	**26628.36**

注：以上的统计数字是按“香港标准行业分类2.0版”编制。

①由于要为采矿及采石业个别机构单位的数据保密，因此采矿及采石业的数字会包括在「农业、渔业、采矿及采石」内

②住宿服务包括酒店、宾馆、旅舍及其他提供短期住宿服务的机构单位。

③统计差额是以当年价格计算,以支出法编制的本地生产总值与以生产法编制的本地生产总值之间的差额。这差额是由于编制过程中数据来源及估算方法有所不同而引致的。统计差额是以其占当时市价计算的本地生产总值的百分比来表示

§§统计差额在±0.05%之内。

9-1-3 按行业划分的就业人数

单位：万人

行业	2014	2015	2016	2017	2018
制造	13.0	11.3	11.8	11.1	10.3
建筑	31.0	31.7	32.8	34.2	35.2
进出口贸易及批发	50.2	48.0	46.5	45.0	44.3
零售、住宿①及膳食服务②	63.3	62.5	62.0	63.8	63.1
运输、仓库、邮政及速递服务、资讯及通讯	44.6	45.5	45.0	45.3	45.1
金融、保险、地产、专业及商用服务	73.3	75.0	76.2	77.9	79.4
公共行政、社会及个人服务	96.7	100.8	101.8	102.9	107.0
其他	2.3	2.5	2.6	2.1	2.4
总计	**374.3**	**377.4**	**378.7**	**382.3**	**386.7**

注：数字是根据该年1月至12月进行的“综合住户统计调查”结果，以及年中人口估计数字而编制。

① 住宿服务包括酒店、宾馆、旅舍及其他提供短期住宿服务的机构单位。

② 零售、住宿及膳食服务业合计通常被称为「与消费及旅游相关行业」。

9-1-4 按行业划分的名义和实际工资指数

(1992年9月=100)

行业主类	2014	2015	2016	2017	2018
名义工资指数					
制造	191.1	199.1	206.8	214.8	223.4
进出口贸易、批发及零售	204.7	210.5	216.3	222.8	229.5
运输	181.7	189.1	195.3	200.8	212.7
住宿及膳食服务活动①	176.8	186.2	195.1	204.2	214.0
金融及保险活动	215.4	222.8	230.0	238.2	247.3
地产租赁及保养管理	223.6	231.7	239.9	250.8	261.4
专业及商业服务	221.3	236.8	247.5	258.8	269.8
个人服务	271.9	287.8	301.9	313.9	326.1
所有选定行业②	203.3	211.9	219.6	227.9	237.3
实际工资指数③					
制造	108.8	110.5	113.6	116.1	117.2
进出口贸易、批发及零售	116.6	116.9	118.8	120.4	120.4
运输	103.5	105.0	107.3	108.5	111.6
住宿及膳食服务活动①	100.7	103.4	107.2	110.4	112.2
金融及保险活动	122.7	123.7	126.3	128.7	129.7
地产租赁及保养管理	127.3	128.7	131.8	135.6	137.1
专业及商业服务	126.0	131.5	135.9	139.9	141.5
个人服务	154.8	159.8	165.8	169.6	171.1
所有选定行业②	115.8	117.7	120.7	123.2	124.5

注：指有关年度12月份的数字。

①住宿服务包括酒店、宾馆、旅舍及其他提供短期住宿服务的机构单位。

②指“劳工收入统计调查”内工资统计调查所涵盖的所有行业，包括并没有列出其统计数字的电力及燃气供应业、污水处理及废弃物管理业与出版活动业。

③实际工资指数是按其名义指数扣除以2014/15年为基期的甲类消费价格指数而计算。

9-1-5 商品进出口贸易总额

单位：亿港元

贸易种类	2014	2015	2016	2017	2018
进口	42190	40464	40084	43570	47214
整体出口	36728	36053	35882	38759	41581
贸易总额	78918	76517	75966	82329	88795
商品贸易差额	-5463	-4411	-4201	-4811	-5633

9-1-6 商品进口及商品整体出口的主要供应地和目的地

单位：亿港元

贸易种类／主要国家／地区	2014	2015	2016	2017	2018
进口(供应地)	**42190**	**40464**	**40084**	**43570**	**47214**
中国内地	19870	19840	19168	20301	21863
中国台湾	3003	2744	2921	3297	3384
新加坡	2608	2459	2617	2881	3141
韩国	1755	1721	1962	2521	2783
日本	2889	2603	2467	2534	2600
整体出口(目的地)	**36728**	**36053**	**35882**	**38759**	**41581**
中国内地	19790	19365	19435	21058	22873
美国	3415	3422	3240	3302	3568
印度	942	1018	1167	1586	1343
日本	1315	1228	1167	1285	1293
中国台湾	793	650	745	894	862

9-1-7 商品转口的主要来源地和目的地

单位：亿港元

贸易种类／主要国家／地区	2014	2015	2016	2017	2018
转口(目的地)	**36175**	**35584**	**35454**	**38324**	**41118**
中国内地	19558	19161	19249	20886	22668
美国	3370	3383	3204	3267	3532
印度	925	1013	1162	1572	1337
日本	1302	1217	1155	1275	1283
中国台湾	763	629	727	873	837
转口(来源地)	**36175**	**35584**	**35454**	**38324**	**41118**
中国内地	21683	21630	20855	22268	23460
中国台湾	2880	2757	3067	3437	3974
韩国	1571	1671	1868	2279	2618
日本	2058	1862	1812	1854	1974
马来西亚	852	935	962	1005	1339

9-1-8 按标准国际贸易分类划分商品进口和出口

单位：亿港元

标准国际贸易分类	2013	2014	2015	2016	2017	2018
进　口	**40607**	**42190**	**40464**	**40084**	**43570**	**47214**
0 粮食及活动物	1615	1791	1637	1770	1820	1906
1 饮料及烟叶	254	266	301	318	317	339
2 除燃料外的非食用未加工材料	335	261	232	143	162	166
3 矿物燃料、润滑油及有关物质	1375	1223	938	753	973	1236
4 动物及植物油、脂肪及蜡	17	15	14	14	15	15
5 未列明的化学及有关产品	1727	1697	1579	1493	1584	1696
6 主要按材料分类的制成品	4340	4339	3843	3574	3771	3810
7 机械和运输设备	23919	25672	25671	26141	28769	31462
8 杂项制成品	7008	6911	6234	5860	6113	6523
9 未列入其他分类的货物及交易	17	17	16	16	46	62
整体出口	**35597**	**36728**	**36053**	**35882**	**38759**	**41581**
0 粮食及活动物	448	496	510	614	702	751
1 饮料及烟叶	153	167	194	197	179	191
2 除燃料外的非食用未加工材料	266	237	186	125	128	160
3 矿物燃料、润滑油及有关物质	74	66	56	40	46	54
4 动物及植物油、脂肪及蜡	4	4	3	3	3	3
5 未列明的化学及有关产品	1457	1379	1273	1173	1222	1267
6 主要按材料分类的制成品	3613	3740	3371	3292	3637	3237
7 机械和运输设备	22568	23931	24264	24801	27025	29779
8 杂项制成品	6973	6659	6148	5586	5766	6093
9 未列入其他分类的货物及交易	40	48	47	51	50	46

9-1-9 按服务组成部分划分的服务出口及进口

单位：亿港元

服务组成部分	2014	2015	2016	2017	2018
服务出口					
制造服务	§	§	§	§	
保养及维修服务	25	27	26	26	
运输	2477	2309	2187	2374	
旅游	2976	2802	2550	2598	
建筑	28	13	9	10	
保险及退休金服务	94	101	112	110	
金融服务	1370	1487	1385	1587	
知识产权使用费	48	50	52	56	
电子通讯、计算机及资讯服务	219	220	221	221	
其他商业服务	1028	1053	1074	1115	
个人、文化及康乐服务	20	20	23	25	
政府货品及服务	7	7	7	8	
总计	**8291**	**8089**	**7648**	**8129**	**8914**
服务进口					
制造服务	925	900	882	913	
保养及维修服务	9	9	10	11	
运输	1426	1342	1314	1363	
旅游	1707	1788	1874	1979	
建筑	27	13	10	10	
保险及退休金服务	112	113	110	113	
金融服务	344	373	366	423	
知识产权使用费	150	144	146	150	
电子通讯、计算机及资讯服务	148	148	150	150	
其他商业服务	868	892	897	920	
个人、文化及康乐服务	8	8	10	10	
政府货品及服务	12	13	12	14	
总计	**5735**	**5743**	**5781**	**6055**	**6353#**
服务出口净额	**2556**	**2346**	**1867**	**2074**	**2560#**

注：数字已采纳《2010年国际服务贸易统计手册》内最新的国际建议。
由于进位原因，统计表内个别项目的数字加起来可能与其总计略有差别。

9-1-10 按主要目的地和来源地划分的服务出口及进口

单位：亿港元

目的地／来源地	2013	2014	2015	2016	2017
服务出口①					
中国内地	3172	3216	3108	2964	3102
美国	1158	1202	1168	1049	1109
英国	486	534	594	608	642
日本	362	364	329	310	335
新加坡	239	274	295	295	324
其他	2405	2411	2315	2167	2267
所有目的地	7821	8001	7808	7392	7779
服务进口①					
中国内地	2359	2165	2217	2210	2281
美国	628	631	638	656	662
日本	393	427	446	459	499
英国	325	336	334	333	348
新加坡	266	282	255	244	257
其他	1827	1856	1815	1844	1921
所有来源地	5797	5697	5704	5745	5968

注：数字已采纳《2010年国际服务贸易统计手册》内最新的国际建议。
由于进位原因，统计表内个别项目的数字加起来可能与其所有目的地／来源地的数字略有差别。
①由于非直接计算金融中介服务没有按地区细分数字，本统计表内的数字不包括非直接计算的金融中介服务数字。因此于本统计表内所有目的地／来源地的数字与表26-30内所有服务的相应数字并不相同。

9-1-11 按当年价格计算货物及服务进出口占本地生产总值比重

单位：%

指　　标	2005	2010	2015	2017	2018
本地生产总值（亿港元）	**14121**	**17763**	**23983**	**26628**	**28429**
对外商品贸易					
进口（离岸价）	134.26	168.66	169.56	164.91	165.87
出口（离岸价）	151.36	170.10	162.17	158.21	156.93
对外服务贸易					
服务出口	26.09	35.23	33.73	30.53	31.35
服务进口	30.98	30.79	23.95	22.74	22.35

注：对外商品进口及出口与服务出口及进口数字是根据《2008年国民经济核算体系》的标准，采用所有权转移原则记录外地加工货品及转手商贸活动编制而成的。

9-1-12　按居住国家和地区划分的访港旅客人数

单位：万人次

居住国家和地区	2014	2015	2016	2017	2018
中国内地	4724.8	4584.2	4277.8	4444.5	5103.8
南亚及东南亚	361.5	355.9	370.2	362.6	357.2
中国台湾	203.2	201.6	201.1	201.1	192.5
北亚	233.0	229.3	248.5	271.8	270.9
欧洲、非洲及中东	221.8	216.7	222.6	220.2	223.2
美洲	167.9	172.8	177.3	178.2	187.3
澳大利亚、新西兰及南太平洋	71.5	68.1	68.4	68.7	70.4
中国澳门①/未能辨别	100.2	102.1	99.5	100.1	109.5
总计	**6083.9**	**5930.8**	**5665.5**	**5847.2**	**6514.8**
与上年比较的变动百分比(%)	**12.0**	**-2.5**	**-4.5**	**3.2**	**11.4**

注：①访港旅客数字包括经澳门访港的非澳门居民。

9-1-13　按居住国家和地区划分的访港旅客人均消费和逗留时间

国家和地区	2005	2010	2015	2016	2017	2018
过夜旅客人均消费　　(港元)	**4663**	**6728**	**7234**	**6599**	**6443**	**6614**
中国内地	4554	7453	7924	7275	7010	7029
南亚及东南亚	4377	5251	6255	5638	5687	6026
中国台湾	4916	5197	5092	4585	4758	5233
北亚	4300	4976	4156	3839	3978	4354
欧洲、非洲及中东	5331	6674	6412	5999	5862	6739
美洲	5477	6476	6737	6196	6184	6215
澳大利亚、新西兰及南太平洋	5068	7050	6530	6636	6500	6726
中国澳门/未能辨别	2765	3824	4383	3886	3979	4240
入境不过夜旅客人均消费(港元)	**810**	**1846**	**2409**	**2122**	**2059**	**2202**
中国内地	1247	2356	2696	2377	2298	2410
南亚及东南亚	244	543	630	685	752	603
中国台湾	195	610	587	611	553	693
北亚	204	377	441	425	374	519
欧洲、非洲及中东	301	560	510	515	520	586
美洲	320	329	458	413	378	416
澳大利亚、新西兰及南太平洋	547	573	491	534	487	430
中国澳门/未能辨别	1284	2299	1818	1799	1807	2050
过夜旅客逗留时间　　(晚数)	**3.7**	**3.6**	**3.3**	**3.3**	**3.2**	**3.1**
中国内地	4.2	3.9	3.2	3.2	3.1	3.0
南亚及东南亚	3.2	3.2	3.4	3.5	3.5	3.4
中国台湾	2.5	2.5	2.6	2.6	2.7	2.7
北亚	2.2	2.2	2.3	2.3	2.2	2.2
欧洲、非洲及中东	3.3	3.9	4.1	4.1	4.0	3.9
美洲	3.4	3.9	3.9	3.9	3.8	3.8
澳大利亚、新西兰及南太平洋	3.4	3.8	3.9	3.8	3.8	3.8
中国澳门/未能辨别	2.3	2.2	2.2	2.2	2.2	2.2

9-1-14 按主要货物装卸地点划分的集装箱吞吐量

单位：万标准集装箱

项目	2014	2015	2016	2017	2018
集装箱吞吐量	**2222.6**	**2007.3**	**1981.3**	**2077.0**	**1959.6**
葵青货柜码头					
抵港					
载货集装箱	790.9	700.5	701.6	740.6	680.0
空集装箱	111.3	101.4	89.1	104.9	120.2
离港					
载货集装箱	783.1	683.1	662.0	701.3	668.8
空集装箱	73.4	72.2	67.6	76.7	78.3
葵青货柜码头以外					
抵港					
载货集装箱	163.3	166.3	179.8	180.1	182.8
空集装箱	61.6	59.8	60.1	51.1	31.3
离港					
载货集装箱	166.7	160.8	154.6	153.2	138.3
空集装箱	72.3	63.2	66.5	69.1	59.9

注：一个标准集装箱单位等同一个20英尺集装箱的容量。

9-1-15 按运输方式划分的进出香港货物

单位：万吨

项目	2014	2015	2016	2017	2018
卸下					
空运	158.5	159.6	164.8	172.4	178.1
水运	18418.5	15280.8	15077.4	17457.8	15950.9
海运	13052.7	11218.0	11029.1	11887.3	10987.8
河运	5365.7	4062.8	4048.3	5570.5	4963.1
道路运输①	1501.9	1446.9	1426.7	1477.4	1414.0
总计	20078.9	16887.3	16668.9	19107.6	17543.0
装上					
空运	279.1	278.4	287.3	321.4	323.7
水运	11355.2	10375.1	10595.6	10696.7	9903.2
海运	6679.3	5640.6	5379.4	5801.7	5467.2
河运	4675.8	4734.5	5216.3	4895.1	4436.0
道路运输①	919.1	837.5	763.7	753.6	747.6
总计	12553.4	11491.0	11646.6	11771.7	10974.5

注：①港珠澳大桥于2018年10月24日开始通车营运。由2018年10月开始，道路货物数字亦包括港珠澳大桥。

9-1-16 通讯及互联网服务

项目	2014	2015	2016	2017	2018
邮递服务					
信件邮件 (亿件物品)	12.2	12.0	12.2	11.7	12.5
包裹 (万件)	120.1	110.5	101.5	88.2	81.2
已使用对外电讯设施容量①（以每秒千兆比特计）	**18106**	**25818**	**34427**	**48717**	**64592**
电话服务①②（万条操作线路）					
住宅	248.3	235.6	236.2	232.5	228.6
商用	183.9	185.5	184.5	182.6	181.3
总计	432.2	421.1	420.7	415.1	409.9
图文传真① （万条操作线路）	**18.8**	**17.7**	**16.7**	**16.1**	**15.4**
对外电话通讯量 （万分钟）					
拨出③	540550	491487	366887	303070	
拨入④	220834	200167	165899	136351	
公共无线电传呼接收器①(个)	**41442**	**34924**	**28499**	**23128**	**18779^**
移动电话用户	**7851393**	**7971884**	**8161032**	**8347375**	**8397681^**
系统①⑤⑥ (个)	**(17371999)**	**(16774732)**	**(17233286)**	**(18340347)**	**(19366977)^**
互联网服务					
互联网服务商数目①⑦(个)	**201**	**215**	**225**	**228**	**244**
互联网服务商客户数目①⑧(个)					
拨号上网登记用户户口（不包括互联网储值卡)⑨	239427	200283	190859	140923	52284
拨号上网储值卡					
以私人租用线路接驳的已登记客户户口⑨	2268	2263	2551	2641	2911
宽带互联网用户户口⑨	2268576	2335662	2611682	2645752	2699029
互联网使用量⑧					
客户通过公共电话网络接驳⑩ (万分钟)	24804	24022	21458	19676	16271
客户通过宽带网络接驳 (太字节)⑪	2946653	3510437	4824088	5988964	6792188

注：①年底数字。②数字包括直通内线式电话线、图文传真线及电文线路的直拨服务。③数字也包括图文传真及数据。④估计数字。⑤数字不包括储值智能卡。包括储值智能卡的数字于括号内展示。⑥数字包括3G及4G服务。
⑦营办商数目包括所有持牌获准提供互联网接驳服务的营办商。
⑧数字为根据互联网服务供应商申报的估计数字，并不包括不属于持牌互联网服务供应商客户的使用者。
⑨已登记客户户口指互联网服务供应商的客户户口(包括免费的客户户口)。拥有超过一个客户登入识别码的登记客户户口只算作一个已登记的客户户口。数字不包括只获提供电邮地址的客户户口。
⑩不包括通过私人租用线路接驳及使用宽带服务的客户。
⑪1个太字节 = 8万亿比特。
截至2018年10月底。

9-1-17 15岁及以上人口受教育程度

教育程度/性别	2014		2015		2016		2017		2018	
	人数（万人）	百分比	人数（万人）	百分比	人数（万人）	百分比	人数（万人）	百分比	人数（万人）	百分比
总计										
男	289.08	45.60	290.16	45.45	290.93	45.31	291.85	45.16	292.83	45.01
女	344.93	54.40	348.20	54.55	351.17	54.69	354.48	54.84	357.82	54.99
未受教育/学前教育①										
男	6.27	0.99	5.54	0.87	5.87	0.91	5.51	0.85	5.49	0.84
女	21.39	3.37	20.30	3.18	19.99	3.11	19.34	2.99	18.90	2.90
小学										
男	41.03	6.47	39.70	6.22	39.20	6.10	37.95	5.87	37.04	5.69
女	56.09	8.85	55.37	8.67	55.32	8.62	55.07	8.52	54.98	8.45
初中										
男	47.41	7.48	47.27	7.40	47.12	7.34	47.65	7.37	47.59	7.31
女	48.34	7.63	49.35	7.73	48.42	7.54	49.80	7.71	49.71	7.64
高中										
男	99.83	15.75	98.38	15.41	97.51	15.19	97.71	15.12	96.27	14.80
女	124.68	19.66	125.70	19.69	125.81	19.59	125.81	19.46	125.14	19.23
高等教育										
非学位课程②										
男	24.88	3.92	24.79	3.88	25.22	3.93	24.48	3.79	25.54	3.92
女	24.79	3.91	23.44	3.67	23.47	3.66	22.97	3.55	24.78	3.81
学位课程③										
男	69.66	10.99	74.49	11.67	76.01	11.84	78.54	12.15	80.89	12.43
女	69.63	10.98	74.04	11.60	78.16	12.17	81.50	12.61	84.30	12.96

注：数字是根据该年1月至12月进行的“综合住户统计调查”结果，以及年中人口估计数字而编制。
① 包括所有幼儿园及幼儿中心班级。
② 包括所有在香港或以外地区学院的证书、文凭、高级证书、高级文凭、专业文凭及其它同等程度的高等教育课程。
③ 包括所有在香港或以外地区学院的学士学位、研究生修课及专题研究课程。

9-1-18 研究及发展经费支出及人员情况

年份	研究及发展经费支出(百万港元)			研究及发展人员数目①（人）			
	总计	资本支出	经常支出	总计	研究人员	技术人员	其他辅助人员
2000	6218	496	5722	9802	7728	1374	699
2005	10922	2228	8694	22054	18024	2346	1683
2009	12833	813	12020	23281	19283	2463	1535
2010	13313	899	12414	24060	20582	2159	1319
2011	13945	1009	12935	24460	20381	2462	1617
2012	14816	1152	13664	25264	21236	2779	1249
2013	15613	1054	14559	26045	22466	2080	1499
2014	16727	1141	15587	27378	23831	1985	1563
2015	18271	1640	16630	28165	23675	2692	1799
2016	19713	1890	17824	29047	24865	2351	1831
2017	21280	2145	19135	29846	25127	2908	1811

注：① 研究及发展人员的数目是以“相当于全日制的人数”计算。

9-1-19 香港国际收支平衡表

单位：亿港元

标准组成部分①	2014	2015	2016	2017#	2018#
经常账户②	**315**	**796**	**987**	**1239**	**1219**
货物	-2509	-1773	-1297	-1785	-2543
服务	2556	2346	1867	2074	2560
初次收入	466	444	626	1156	1416
二次收入	-198	-221	-210	-206	-214
资本及金融账户②	**-738**	**-1286**	**-1011**	**-765**	**-1840**
资本账户	-7	-2	-4	-6	-15
直接投资	-857	7948	4478	1869	2391
证券投资	-644	-9709	-4696	2642	-5877
金融衍生工具	1184	992	363	618	155
其他投资	978	2305	-1064	-3381	1581
储备资产③	-1391	-2820	-89	-2505	-76
净误差及遗漏④	**423**	**491**	**24**	**-474**	**621**
整体的国际收支	**1391**	**2820**	**89**	**2505**	**76**

注：①根据国际收支平衡的会计常规，某标准组成部分的净贷方数字以正数显示，而净借方则以负数显示。

②经常账户差额的正数值显示盈余而负数值则为赤字。在资本及金融账户方面，正数值显示资金净流入而负数值则为资金净流出。由于对外资产的增加是属于借方记账而减少则属贷方记账，因此负数值的储备资产显示储备资产的增加，而正数值则显示减少。

③在国际收支平衡架构下储备及非储备资产的估计数字是指交易数字。因估值方式改变(包括价格变动及汇率变动)及重新分类所导致的影响并没计算在内。

④原则上，贷方和借方各项记账的净总和等于零。实际上，由于有关数据是从多个来源搜集得来，贷方和借方记账之间可能由于各种原因而出现差异。为令贷方记账的总和与借方记账的总和相等，须加进一个反映净误差及遗漏的平衡项目。

9-1-20 香港国际投资头寸（期末头寸）

单位：亿港元

概括组成部分	2013	2014	2015	2016	2017	2018#
资产	**291248**	**323915**	**338245**	**357388**	**428100**	**429335**
直接投资	104835	123585	132308	135269	159229	164693
证券投资	86936	90777	97555	106015	134711	125061
金融衍生工具	5680	6235	6411	8581	6169	6356
其他投资	69669	77842	74161	77577	94269	99976
储备资产	24128	25475	27809	29946	33721	33249
负债	**232478**	**256427**	**260497**	**267921**	**317051**	**327936**
直接投资	113467	127145	136973	141422	169435	174650
证券投资	40458	40858	35922	33908	44772	42470
金融衍生工具	5121	5503	5757	8270	5509	5844
其他投资	73432	82921	81845	84321	97334	104971
国际投资头寸净值①	**58770**	**67488**	**77747**	**89468**	**111050**	**101399**

注：①国际投资头寸净值是对外金融资产总值与对外金融负债总值之间的差额。

9-1-21 外币兑换率及港汇指数

单位：每单位外币兑换港元

项 目	2014	2015	2016	2017	2018
年内平均数字①					
澳元	7.00	5.83	5.78	5.98	5.86
加拿大元	7.03	6.07	5.86	6.01	6.05
人民币	1.2590	1.2299	1.1664	1.1552	1.1855
欧元	10.30	8.60	8.59	8.82	9.25
印度卢比	0.127	0.121	0.116	0.120	0.115
日元	0.0734	0.0640	0.0716	0.0695	0.0709
马来西亚林吉特	2.37	2.00	1.87	1.81	1.94
新台币	0.263	0.251	0.247	0.262	0.263
菲律宾比索	0.179	0.174	0.166	0.157	0.152
英镑	12.78	11.85	10.51	10.05	10.46
韩圆	0.0074	0.0069	0.0067	0.0069	0.0071
新加坡元	6.12	5.64	5.62	5.65	5.81
瑞士法郎	8.48	8.06	7.88	7.92	8.01
泰铢	0.239	0.227	0.220	0.230	0.243
美元	7.754	7.752	7.762	7.794	7.839
特别提款权	11.78779	10.84389	10.79275	10.80958	11.10253
港汇指数					
(2010年1月=100)②					
贸易总值(进口及整体出口)加权	96.0	101.3	104.1	104.2	101.8
进口货值加权	96.0	101.7	104.2	104.2	101.7
整体出口货值加权 ③	95.9	100.9	104.1	104.3	101.9
年底数字④					
澳元	6.35	5.66	5.59	6.10	5.53
加拿大元	6.68	5.58	5.77	6.22	5.75
人民币	1.2479	1.1761	1.1113	1.1989	1.1386
欧元	9.43	8.47	8.16	9.38	8.95
印度卢比	0.125	0.117	0.114	0.123	0.112
日元	0.0648	0.0644	0.0663	0.0693	0.0709
马来西亚林吉特	2.22	1.81	1.73	1.93	1.89
新台币	0.252	0.243	0.248	0.267	0.257
菲律宾比索	0.178	0.167	0.157	0.157	0.152
英镑	12.06	11.49	9.57	10.55	9.93
韩圆	0.0071	0.0066	0.0064	0.0073	0.0071
新加坡元	5.86	5.48	5.36	5.85	5.74
瑞士法郎	7.84	7.83	7.61	8.02	7.95
泰铢	0.236	0.215	0.217	0.241	0.241
美元	7.756	7.751	7.754	7.814	7.834
特别提款权	11.23697	10.74079	10.42662	11.13385	10.89406
港汇指数					
(2010年1月=100)②					
贸易总值(进口及整体出口)加权	99.0	104.9	108.8	100.9	104.8
进口货值加权	99.4	105.3	108.9	100.9	104.6
整体出口货值加权③	98.5	104.3	108.6	100.9	105.1

注：《中华人民共和国香港特别行政区基本法》说明，港元是香港特别行政区的法定货币。外币指港元以外的其他货币，因而人民币亦视作外币。

①数字是指年内每日电汇或现钞收市中间兑换价的平均值。

②由2012年1月3日起公布的新系列。

③包括转口和港产品出口。

④数字是该年最后一个交易日的电汇或现钞收市中间兑换价。

9-1-22 货币供应量(年底数字)

单位：亿港元

项　　目	2014	2015	2016	2017	2018
法定纸币及硬币的流通量					
由商业银行发行	3421.65	3601.65	4077.95	4557.15	4838.45
由政府发行	113.45	116.61	122.53	124.39	128.45
总计	3535.10	3718.26	4200.48	4681.54	4966.90
由认可机构持有的法定纸币及硬币	234.24	224.86	295.78	294.00	301.51
由公众持有的法定纸币及硬币	3300.86	3493.40	3904.70	4387.54	4665.39
货币供应量：就外币掉期存款作出调整					
货币供应量 M_1					
港元	11166.75	12533.80	14287.75	15980.14	15557.31
外币	5920.49	7177.66	7851.95	8334.47	8658.67
总计	17087.24	19711.46	22139.70	24314.61	24215.98
货币供应量 M_2					
港元①	52257.73	57655.49	62802.30	70103.45	72624.51
外币②	57855.99	58528.92	62278.96	67449.10	70856.08
总计	110113.72	116184.41	125081.27	137552.55	143480.59
货币供应量 M_3					
港元①	52361.88	57787.72	62926.66	70245.14	72843.22
外币②	58127.57	58762.47	62586.65	67793.24	71193.67
总计	110489.44	116550.19	125513.31	138038.37	144036.88
货币供应量：未就外币掉期存款作出调整					
货币供应量 M_2					
港元	52256.55	57655.01	62801.87	70102.79	72624.26
外币	57857.17	58529.40	62279.40	67449.77	70856.33
总计	110113.72	116184.41	125081.27	137552.55	143480.59
货币供应量 M_3					
港元	52360.69	57787.25	62926.22	70244.47	72842.97
外币	58128.75	58762.95	62587.08	67793.91	71193.92
总计	110489.44	116550.19	125513.31	138038.37	144036.88

注：《中华人民共和国香港特别行政区基本法》说明，港元是香港特别行政区的法定货币。外币指港元以外的其他货币，因视作外币。

①所列数字已包括外币掉期存款。

②所列数字已扣除外币掉期存款。

9-1-23 股票价格指数、证券交易成交额及市场总值

项　　目	2014	2015	2016	2017	2018
香港上市①					
主板					
股票价格指数					
恒生指数②（1964年7月31日=100）					
最高	25363.0	28588.5	24364.0	30199.7	33484.1
最低	21137.6	20368.1	18278.8	21883.8	24540.6
收市	23605.0	21914.4	22000.6	29919.2	25845.7
分类指数					
(1984年1月13日= 975.47)					
金融					
最高	34398.4	41536.9	32402.1	41193.5	46650.3
最低	28180.4	27976.1	24003.0	30116.2	34073.3
收市	33903.5	30576.0	30308.3	40829.5	35808.2
公用事业					
最高	56506.1	57904.3	56018.9	59179.5	59676.1
最低	44758.8	48525.5	46669.1	50174.3	52940.1
收市	54559.0	51113.6	50037.5	55654.7	57792.6
地产					
最高	32723.0	37738.0	35897.0	40252.6	44445.1
最低	25381.3	27787.3	24379.3	28996.9	33396.2
收市	30545.5	29907.2	28991.7	40088.4	37143.4
工商业					
最高	15801.4	16791.7	14440.2	18738.9	20091.8
最低	12665.7	11659.7	10795.9	12790.1	13956.6
收市	13221.3	12522.2	12884.6	18156.2	14656.7
恒生综合指数					
(2000年1月3日= 2 000)					
最高	3460.9	4029.6	3284.3	4168.1	4631.4
最低	2958.3	2805.4	2477.8	2980.1	3269.6
收市	3267.3	3021.5	2994.6	4140.5	3449.7
恒生中国企业指数③					
(2000年1月3日= 2 000)					
最高	12115.0	14962.7	10209.7	12100.7	13962.5
最低	9159.8	9058.5	7498.8	9310.8	9902.6
收市	11984.7	9661.0	9394.9	11709.3	10124.8
恒生香港中资企业指数					
(2000年1月3日= 2 000)					
最高	4956.4	5642.5	4128.3	4478.4	4929.0
最低	3927.0	3736.6	3236.7	3558.0	3994.4
收市	4350.0	4052.1	3588.0	4426.3	4169.0
主板					
成交金额（亿港元）	169902.7	258359.6	162799.8	215601.0	262952.7
市场总值④(亿港元)	248924.2	244255.5	244504.3	337180.0	297232.4
GEM					
成交金额（亿港元）	1654.6	2546.6	1164.5	1490.6	1274.9
市场总值④(亿港元)	1794.1	2581.8	3108.7	2808.4	1861.8

注：对于最高和最低指数，恒生指数有限公司是根据期内每日即市指数编制。
①恒生指数系列已于2010年3月8日重整，并按指数成分股的上市地域分类为香港上市、跨市场及内地上市。
②恒生指数采用流通市值加权法计算。每只成分股的比重上限设定为10%。
③此指数采用流通市值加权法计算，并为每只成分股的比重上限设定为10%。
④年底数字。

9-1-24 按类别划分的日均弃置的固体废物量

单位：吨(每日计)

类　别	2013	2014	2015	2016	2017
于堆填区弃置的固体废物					
都市固体废物①					
家居废物②	6359	6 418	6 464	6 391	6 404
商业废物③	2408	2 565	2 803	3 029	3 220
工业废物④	780	799	892	925	1 109
小计	9547	9 782	10 159	10 345	10 733
整体建筑废物⑤	3591	3 942	4 200	4 422	4 207
特殊废物⑥	1173	1 135	743	565	575
总计	**14311**	**14 859**	**15 102**	**15 332**	**15 516**
已回收的都市固体废物	5503	5 625	5 569	5 225	5 015

注：①都市固体废物包括家居废物、商业废物及工业废物。
②家居废物是指住宅废物、公共事务机构(例如：学校及政府办公室)日常活动所产生的废物及公众洁净服务所收集的废物。
③商业废物是指在商店、食肆、酒店、办公室及私人屋苑的街市等从事商业活动的地点所产生的废物。
④工业废物包括由工业活动产生的固体废物，但不包括化学废物及建筑废料。
⑤整体建筑废物包括由地盘清理、挖掘、翻新、修复、拆卸和道路工程等所产生的废物或剩余物料，亦包括在建筑地盘以外设立的混凝土配料厂和水泥/砂浆生产厂所产生的废弃混凝土。这些建筑废物会被拣选分类为惰性物料和其他物料。惰性物料可作公众填料，在建筑地盘重用，或作填海工程用途。至于其他物料则会被运往堆填区弃置。
以上数字是于堆填区弃置的整体建筑废物量。
⑥特殊废物包括动物尸体、屠房废物、报废货物、滤水厂及污水处理后的污泥、污水处理厂的隔滤物、禽畜废物、医疗废物、化学废物及其他需要特别处置的废物。

【主要统计指标解释】

年中人口 是以“居住人口”方法编制，利用“居住人口”方法所编制的人口估计称为“居港人口”。“居港人口”包括“常住居民”和“流动居民”。“常住居民”指两类人士：（a）在统计时点之前的6个月内，在港逗留最少3个月，又或在统计时点之后的6个月内，在港逗留最少3个月的香港永久性居民，不论在统计时点他们是否身在香港；及（b）在统计时点身在香港的香港非永久性居民。至于“流动居民”，是指在统计时点之前的6个月内，在港逗留最少一个月但少于3个月，又或在统计时点之后的6个月内，在港逗留最少1个月但少于3个月的香港永久性居民，不论在统计时点他们是否身在香港。根据新的编制方法，旅客并不包括在香港人口内。

粗出生率 是指某一年内的活产婴儿数目相对该年年中每千名人口的比率。

粗死亡率 是指某一年内的死亡人数相对该年年中每千名人口的比率。

婴儿死亡率 是指某一年内一岁以下婴儿死亡人数相对该年每千名活产婴儿的比率。

劳动人口 是指15岁及以上陆上非住院人口，并符合就业人口或失业人口定义的人士。

劳动人口参与率 是指劳动人口占所有15岁及以上陆上非住院人口的比例。

就业人口 包括在统计前7天内有做工赚取薪酬或利润或有一份正式工作的15岁及以上人士。无酬家庭从业人员及在统计前7天内正休假的就业人士亦包括在内。

失业率 是指失业人士在劳动人口中所占的比例。

本地生产总值 是指一个经济体的所有居民生产单位，在一个指定的期间内(一般是1年或1季)，未扣除固定资本消耗的生产总值。

人均本地生产总值 是指把该经济体在某统计年的本地生产总值除以该经济体在同年的人口总数所得的数字。

本地居民总收入 指一个经济体的居民透过从事各项经济活动而赚取的总收入，不论该等经济活动是否在该经济体的经济领域内或外进行。换言之，编制本地居民总收入应包括本地居民在该经济领域内或外从事各类经济活动的收入，并扣除非本地居民在该经济领域内从事经济活动的收入。本地居民总收入的计算方法如下：

本地居民总收入

=本地生产总值+对外初次收入流量净值

=本地生产总值+本地居民从经济领域外所赚取的初次收入−非本地居民从经济领域内所赚取的初次收入

初次收入 包括投资收益及雇员报酬。投资收益包括:直接投资收益、证券投资收益、其它投资收益及储备资产收益。

人均本地居民总收入 指把该经济体在某统计年的本地居民总收入除以该经济体在同年的人口总数所得的数字。

国际收支平衡 是一项统计报表，有系统地撮录在一个指定期间内（一般是1年或1季）某经济体与世界各地之间（即居民与非居民之间）进行的经济交易。完整的国际收支平衡表包括两大账户：(a)经常账户；及(b)资本及金融账户。

经常账户 量度居民与非居民之间关于货物、服务、初次收入和二次收入的流量。

货物 在国际收支平衡表内经常账户的货物主要包括一般商品、转手商贸活动下的货物净出口及非货币黄金。

服务 在国际收支平衡表内经常账户的服务主要包括运输服务、旅游服务、保险和退休金服务、金融服务、制造服务及其他服务。

初次收入账户 显示应收及应付的外地款额，作为向非居民提供／从非居民获得可予使用的劳动力、金融资源或自然资源的回报。在国际收支平衡经常账户内初次收入的概念及定义，与本地居民总收入的对外初次收入流量是相同的。

二次收入账户 记录居民与非居民之间的经常转移。经常转移指提供可能即时或短时间内被耗用的实质或金融资源而无同等经济价值作回报的交易。经常转移属单向性质，在国际收支平衡表内是一项用以抵销单边交易的记账。例子包括职工汇款、捐款、官方援助及退休金。

资本账户 量度有关资本转移及非生产、非金融资产（如商标和品牌）的获得和处置的对外交易。资本转移的例子包括债权人减免债务，和涉及获得或处置固定资产的现金转移。

金融账户 记录居民与非居民之间关于金融资产及负债的交易，显示某经济体的对外交易是如何融资的。金融账户内的交易按功能(即投资目的)归类为直接投资、证券投资、金融衍生工具、其它投资及储备资产。

直接投资 指某经济体的投资者对另一经济体内的企业所作的对外投资，并对该企业拥有持久利益及在其管理上具有相当程度的影响力或话语权。就统计计算而言，若投资者持有某企业10%或以上的表决权，便视作对该企业的管理具话语权。

证券投资 指对非本地股权证券及债务证券（如中长期债券、货币市场工具）所作的投资，直接投资或储备资产所包括的投资除外。与直接投资者相比，投资在非本地企业所发行的股权证券及债务证券的证券投资者，在该等企业并无持久利益或在管理方面没有影响力。凡持有一间企业不足10%的表决权均视为证券投资。

金融衍生工具 是一种与某个特定的金融工具、指标或商品挂钩的金融工具，使特定的金融风险本身能透过这种工具在金融市场进行交易。金融衍生工具包括期权类合约（如认股权证和期权）及远期类合约（如期货、利率掉期、货币掉期、远期利率协议、远期外汇合约）。

其他投资 指对非居民的其他金融申索和负债，但不属直接投资、证券投资、金融衍生工具或储备资产。其他投资包括不可转让的贷款、货币和存款、贸易信贷和预付款，以及其他资产／负债。

储备资产 是由一个经济体的金融当局（就香港而言，即香港金融管理局）控制的对外资产，并随时可供金融当局用来应付国际收支平衡的财务需要、干预外汇市场以调节该经济体的货币汇率，以及用作其他相关目的（如维持大众对货币及经济的信心，及作为向外地借贷的基础）。

国际投资头寸 是显示一个经济体在某特定时点的对外金融资产及负债存量的资产负债表。对外金融资产及负债的差额即为该经济体的国际投资头寸净值，代表其对世界各地的净申索或净负债。国际投资头寸与国际收支平衡的金融账户完全协调，同样也按投资类别分类。资产和负债分类为直接投资、证券投资、金融衍生工具及其他投资。国际投资头寸的资产方还包括储备资产。有关投资组成部分的详细解释，请参阅国际收支平衡表内金融账户组成部分的解释。

国际投资头寸净值 是对外金融资产总值与对外金融负债总值之间的差额。

工业生产指数 量度本地工业生产量的实际变动，即撇除价格变动因素后的本地生产量的变动情况。

实用楼面面积 指各层楼面面积总和，但不包括楼梯、公共通道空间、升降机等候处、盥洗室、厕所、厨房、及为楼宇提供升降机、空调系统、或类似设施而安装的机械所占用的空间。

获批准可动工兴建楼宇 是指获屋宇署签发“同意书”动工兴建的楼宇。这种“同意书”是发给私人发展计划（包括香港房屋协会的计划）及香港房屋委员会的私人机构参建居屋计划。

初次呈交 就一项建筑工程初次呈交建筑事务监督要求批准的图则。

重大修改 指经过大规模修改的建筑图则，而这些图则必须从根本上接受重新评估。

自置住房住户 是指住户拥有其居住屋宇单位的业权。

进口货物 是指在香港以外出产或制成的货物，输入香港供本地使用或转口，以及再进口的香港产品。其货值是以到岸价值计算。

港产品出口货物 是指香港的天然产品或在香港经过制造工序，以致其基本原料的形状、性质、式样或用途受到永久改变的产品。如果产品在香港只进行简单的稀释、包装、入樽、烘干、简单装配、分类、装饰等过程，则该产品并不能以香港作为来源地。其货值是以离岸价值计算。

转口货物 是指输出曾经自外地输入香港的货物，而这些货物并没有在香港经过任何制造工序，以致永久改变其形状、性质、式样或用途。其货值是以离岸价值计算。

直接投资 指某经济体的投资者对另一经济体内的企业所作的对外投资，并对该企业拥有持久利益及在其管理上具有相当程度的影响力或话语权。就统计计算而言，若投资者持有某企业10%或以上的表决权，便视作对该企业的管理具话语权。直接投资包括股权及投资基金份额，以及债务工具。股权及投资基金份额包括所持有的分行股本、附属公司及联营公司的股票、投资基金份额，以及收益再投资（即投资者应得但有关企业的分行、附属公司、联营公司或投资基金没有分发的利润）。债务工具主要涉及公司之间的债务交易，包括母公司与其分行、附属公司及联营公司之间的短期及长期借贷。

外商直接投资 指境外居民持有香港居民企业的直接投资。跨国企业在香港营运的分行或附属公司，是外商直接投资的典型例子。

对外直接投资 指香港居民投资者持有境外企业的直接投资。

直接投资头寸 指某一特定日子香港居民在境外投资的价值或接受外来投资的价值。

直接投资流动 指某一时段内香港居民于境外投资或接受外来投资的投入或撤走。

贷款基金 提供资金予如房屋贷款和教育贷款等贷款计划。基金收入主要来自政府一般收入帐目转拨的款项、偿还的贷款及贷款利息。

港汇指数 是量度港元相对其他主要贸易伙伴的货币汇率变动加权平均值的指数，作为反映港元相对各种选定货币强弱的整体指标。由2012年1月3日起公布的新系列港汇指数已取代旧港汇指数系列。新系列指数是以2010年1月为基期及包括15种货币(印度卢比亦被纳入新系列指数中)。

外币兑换率 指外币兑港元的电汇或现钞收市中间兑换价。

认可机构 包括持牌银行、有限制牌照银行及接受存款公司。持牌银行可接受任何金额及期限的存款。随着撤销利率限制的最后阶段在2001年7月3日生效，各类存款利率再无任何限制。至于有限制牌照银行，它们可接受金额不少于港币50万元的任何期限的定期存款。接受存款公司则可接受金额不少于港币10万元而期限不少于3个月的定期存款。有限制牌照银行及接受存款公司均无任何存款利率限制。

外币掉期存款 是指顾客在现货市场购买外币，然后存入认可机构，但同时订下远期合约，将该笔外币（本金加利息）在存款到期时售予认可机构。从分析角度来看，这类掉期存款应当作港元定期存款。

货币供应量（M_1） 是指市民持有的法定纸币和硬币加上持牌银行的客户活期存款。

货币供应量（M_2） 是指货币供应量M_1所包括的项目，加上持牌银行的客户储蓄及定期存款，再加上持牌银行发行而由非认可机构持有的可转让存款证。

货币供应量（M_3） 是指货币供应量M_2所包括的各项，加上有限制牌照银行及接受存款公司客户的存款，再加上以上两类认可机构发行而由非认可机构持有的可转让存款证。

恒生指数 是以流通市值加权法计算，每只成分股的比重上限设定由15%逐步降低至10%。此改变由2014年9月5日收市后，会在12个月内通过五轮指数调整。该指数内的五十只成份股划分为四个行业类别指数，包括工商、金融、地产及公用事业，其涵盖市值占香港联合交易所主板所有上市股份总市值大约百分之六十。

消费物价指数 量度住户一般所购买的消费商品和服务的价格水平随时间而变动的情况。消费物价指数的按年变动率被广泛地用作反映消费者所面对的通货膨胀的指标。不同的消费物价指数数列反映消费物价转变对不同开支组别的住户的影响。甲类、乙类及丙类消费物价指数分别根据较低、中等及较高开支范围的住户的开支模式编制而成。综合消费物价指数是根据以上所有住户的整体开支模式而编制，反映消费物价转变对整体住户的影响。每个项目的开支权数，是其在住户总开支中所占的比重。开支权数是根据住户开支统计调查的结果而制订的。并会每隔五年更新一次，以确保相应的消费物价指数能准确地反映不同开支范围住户的最新开支模式。

教育程度 是指某人在学校或其它教育机构修读达到的最高教育水平，不论他／她有否完成该课程。计算教育程度时，只包括正式课程，即须最少为期一个学年，入学须具备指定的学历资格（香港公开大学的非学位、副学位、学位及研究生课程除外），以及设有考试或指定评核成绩的程序。

社会保障计划 旨在帮助社会上需要经济或物质援助的人士，应付基本及特别需要。这个无须供款的社会保障制度，包括综合社会保障援助计划、公共福利金计划、暴力及执法伤亡赔偿计划、交通意外伤亡援助计划和紧急救济。

综合社会保障援助计划 是以入息补助方法，为那些在经济上无法自给的人士提供安全网，使他们的入息达到一定水平，以应付生活上的基本需要。申请人必须符合居港规定及通过入息及资产审查。

公共福利金计划 包括普通伤残津贴、高额伤残津贴、高龄津贴、长者生活津贴及广东计划。高龄津贴及伤残津贴其目的分别是为年龄在70岁或以上或严重残疾的香港居民，每月提供现金津贴，以应付因年老或严重残疾而引致的特别需要。至于在 2013年4月起实施的长者生活津贴，旨在为年龄在65岁或以上有经济需要的香港居民，每月提供特别津贴，以补助他们的生活开支。广东计划由2013年10月起实施。

交通意外伤亡援助计划 的目的是向道路交通意外受害人，或这些人士的受养人（如受害人因伤死亡）迅速提供经济援助，而无须考虑计划受惠人的经济状况，或有关交通意外是因谁人的过失而造成。援助金按意外受害人的伤亡情况支付；至于财物损失，则不在援助范围内。

9 港澳台第三产业情况

9-2 澳门第三产业情况

简要说明

一、本章资料反映澳门特别行政区主要社会、经济发展情况。内容包括：土地、人口、就业、国民经济核算、工业、能源、建筑、交通通讯、对外贸易、财政金融、物价、教育、卫生、房屋、社会保障等方面。

二、本章由澳门特别行政区政府统计暨普查局提供所有数据，国家统计局国际统计信息中心负责整理、编辑。

三、在统计工作方面，按中华人民共和国“澳门特别行政区基本法”的有关原则，澳门特别行政区保留其单独运作的统计系统，并负责编制和发布反映澳门特别行政区情况的统计数据。由于澳门和内地在使用统计名词及概念方面会有所不同，读者在比较两地数据时，请参考本章末的“主要统计指标解释”。

四、澳门特别行政区是单独的关税地区，澳门与内地之间的贸易，亦需办理进出口报关。在贸易统计方面，澳门特别行政区对外商品贸易统计数据亦包括澳门特别行政区与内地的贸易。

五、在外汇统计及与之有关的各方面，澳门元是澳门特别行政区的法定货币，因此，除澳门元以外的货币（包括人民币）均视作外币。

六、更详细的统计资料及有关的技术细节，可参阅澳门特别行政区政府统计暨普查局出版的《统计月刊》、《统计年鉴》及各专题统计出版物。

七、本章节表中的符号使用说明：“o”表示数据小于本表最小单位半数；“#”表示保密资料；“-”表示绝对数值为零。

9-2-1 主要统计指标概况

项　　目		2014	2015	2016	2017	2018
人口及生命统计						
年中人口	(万人)	62.2	64.3	65.3	64.8	65.9
粗出生率	(‰)	11.8	11.0	11.0	10.1	9.0
粗死亡率	(‰)	3.1	3.1	3.4	3.3	3.1
婴儿死亡率	(‰)	2.0	1.6	1.7	2.3	3.4
(按每千名出生登记活产婴儿计算)						
劳动、就业						
劳动人口	(万人)	39.5	40.4	39.7	38.7	39.2
劳动力参与率	(%)	73.8	73.7	72.3	70.8	70.9
失业率	(%)	1.7	1.8	1.9	2.0	1.8
就业不足率	(%)	0.4	0.4	0.5	0.4	0.5
就业人口	(万人)	38.8	39.7	39.0	38.0	38.5
建筑业		5.3	5.5	4.4	3.3	3.1
批发及零售业		4.5	4.5	4.4	4.6	4.4
酒店及饮食业		5.5	5.5	5.7	5.5	5.6
文娱博彩及其他服务业		9.4	9.4	9.3	9.2	9.6
对外商品贸易	**(亿澳门元)**					
出口		99	107	100	113	122
本地产品出口		20	18	20	18	15
再出口		79	89	81	95	107
进口		900	847	714	759	901
贸易价格比率	(2016=100)	98.7	99.5	100.0	100.2	100.0
工业生产						
工业电力消耗量	(亿千瓦小时)	1.3	1.5	1.6	1.6	1.6
私人建筑						
获发使用准照楼宇						
单位数目	(个)	3001	4364	498	4511	4259
总建筑面积	(万平方米)	44	258	19	84	129
获发动工批示楼宇						
单位数目	(个)	1810	3688	5372	3223	1670
总建筑面积	(万平方米)	223	169	87	41	58
楼宇单位买卖数目	(个)	13230	9771	14108	13985	15073
不动产买卖契约数目	(宗)	10279	8771	13262	13961	13494
不动产按揭贷款数目	(宗)	32193	16570	18529	17439	20095
运输、通讯、旅游	**(万次)**					
进出澳门重型货运车		35.7	38.5	36.3	34.5	34.8
进出澳门的客船班次		14.1	14.5	13.9	13.9	13.2
澳门国际机场的商业航班		4.8	5.2	5.4	5.5	6.2
注册车辆	(万辆)	24.0	24.9	25.0	24.2	24.0
电话线	(万条)	201.0	204.3	210.9	238.0	230.5
入境旅客	(万人次)	3153	3071	3095	3261	3580
酒店业入住率	(%)	87	82	83	87	91
财政收支、货币、金融(亿澳门元)						
财政总收入		1619	1161	1105	1264	1413
财政总支出		671	808	826	813	830
货币供应(广义货币供应量M_2)						
总计		4875	4728	5325	5915	6514
澳门元		1245	1413	1630	1828	1985
港元		2472	2435	2892	3203	3420
其他货币		1157	880	802	884	1110
本地/私人部门贷款及垫款		3346	3844	4181	4517	5011

9-2-1 续表

项目		2014	2015	2016	2017	2018
消费物价指数						
（2013年10月至2014年9月=100）						
综合消费价格指数		101.11	105.72	108.23	109.56	112.85
甲类消费价格指数		100.99	105.92	108.35	109.66	112.97
乙类消费价格指数		100.42	104.10	107.20	108.73	111.87
房屋（期末）						
公共房屋	（套）	11344	11507	12219	12209	14817
教育						
幼儿教育学生	（人）	14552	16789	17757	18802	18626
小学生	（人）	24252	26436	28438	30169	32530
中学生	（人）	30088	28745	27473	26608	26022
高等教育学生	（人）	30771	31970	32750	33098	34279
医疗						
医生	（人）	1592	1674	1726	1730	1754
护士	（人）	1990	2279	2342	2397	2464
病床	（张）	1421	1494	1591	1596	1604
社会保障						
受益人数目	（人）	355679	358113	358541	360044	364665
供款单位数目	（人）	22339	23388	23885	24443	25470
总发放援助次数	（万次）	162.0	122.0	135.0	147.0	160.0
总发放金额	（万澳门元）	261171	297885	343617	377176	410338
治安						
罪案数目	（宗）	14016	13653	14387	14293	14365
囚犯数目	（期末）	1205	1280	1271	1284	1458
本地生产总值						
按以环比物量(2017年)计算						
实际增长率	(%)	-1.2	-21.6	-0.9	9.7	4.7
本地生产总值	（亿澳门元）	4758.5	3731	3699	4057.9	4249.0
人均本地生产总值	（万澳门元）	76.5	58.2	57.3	62.5	64.4
当年价格						
名义增长率	(%)	7.3	-18.1	o	12.0	8.5
本地生产总值	（亿澳门元）	4420.7	3622.1	3623.6	4057.9	4403.2
人均本地生产总值	（万澳门元）	71.1	56.5	56.1	62.5	66.7

9-2-2 本地生产总值(当年价格)

年 份	本地生产总值		实际增长率(%)	人均本地生产总值	
	(亿澳门元)	(亿美元)		(澳门元)	(美元)
1993	448.2	56.3	5.2	116729	14650
1994	498.8	62.7	4.3	125708	15792
1995	557.4	70.0	3.3	136192	17093
1996	567.4	71.2	-0.4	136693	17159
1997	575.1	72.1	-0.3	137821	17282
1998	538.0	67.4	-4.6	127386	15966
1999	518.7	64.9	-2.4	121363	15186
2000	539.4	67.2	5.7	125271	15608
2001	547.2	68.1	2.9	126107	15698
2002	588.3	73.2	8.9	134181	16703
2003	657.3	81.9	11.7	148182	18473
2004	849.2	105.9	26.8	186776	23281
2005	968.7	120.9	8.1	204607	25541
2006	1183.4	147.9	13.3	238057	29755
2007	1473.8	183.4	14.4	282962	35212
2008	1677.6	209.2	3.4	312149	38918
2009	1714.7	214.8	1.3	318611	39905
2010	2250.5	281.2	25.3	419153	52380
2011	2943.5	367.1	21.7	536178	66867
2012	3438.2	430.3	9.2	603525	75536
2013	4118.7	515.5	11.2	692501	86680
2014	4420.7	553.5	-1.2	710895	89005
2015	3622.1	453.6	-21.6	564635	70712
2016	3623.6	453.2	-0.9	561053	70177
2017	4057.9	505.6	9.7	625254	77902
2018	4403.2	545.4	4.7	666893	82609

9-2-3 支出法本地生产总值

单位：亿澳门元

本地生产总值组成部分	2014	2015	2016	2017	2018
按当年价格计算					
私人消费支出	885.6	945.3	957.7	987.3	1059.7
政府最终消费支出	311.3	347.8	377.7	396.1	425.1
固定资本形成总额	831.0	890.8	784.9	783.2	706.4
存货增加	36.1	19.3	-1.5	-13.5	-11.1
货物出口	142.7	156.4	123.6	139.8	156.1
减:货物进口	1087.7	1083.9	933.1	983.5	1038.6
服务出口	3612.1	2665.7	2637.5	3117.3	3517.4
减:服务进口	310.4	319.2	323.1	368.8	411.8
本地生产总值	**4420.7**	**3622.1**	**3623.6**	**4057.9**	**4403.2**
人均本地生产总值　（澳门元）	**710895**	**564635**	**561053**	**625254**	**666893**
以环比物量(2017年)计算					
私人消费支出	954.0	974.2	966.2	987.3	1031.9
政府最终消费支出	361.6	376.7	393.8	396.1	411.2
固定资本形成总额	885.3	933.1	821.7	783.2	684.9
存货增加	35.0	18.8	-1.5	-13.5	-11.1
货物出口	140.8	155.2	123.6	139.8	155.2
减:货物进口	1055.0	1065.4	931.7	983.5	1029.9
服务出口	3731.9	2685.0	2663.5	3117.3	3411.7
减:服务进口	331.5	337.0	331.6	368.8	405.0
本地生产总值	**4758.5**	**3731.0**	**3699.0**	**4057.9**	**4249.0**
人均本地生产总值　（澳门元）	**765224**	**581599**	**572726**	**625254**	**643537**

9-2-4 生产法本地生产总值

单位：亿澳门元

经济活动	2013	2014	2015	2016	2017
第二产业	**153.2**	**221.2**	**278.0**	**238.7**	**201.4**
采矿业	o	-	-	-	-
制造业	16.4	18.4	21.7	21.6	22.6
电力、煤气及水供应	19.5	22.3	23.6	25.6	29.9
建筑业	117.3	180.5	232.7	191.5	148.9
第三产业	**3950.9**	**4124.0**	**3286.0**	**3322.6**	**3773.6**
批发零售、维修、酒店、餐厅及酒楼业	410.0	445.7	397.9	399.8	463.3
运输、仓储及通信业	73.1	88.7	97.3	102.0	105.7
金融保险、不动产、租赁及商业服务	590.7	727.4	725.4	786.3	855.1
公共行政、社会服务及个人服务（包括博彩业）	2877.0	2862.1	2065.3	2034.5	2349.5
以生产者价格计算的增加值	**4104.1**	**4345.2**	**3563.9**	**3561.3**	**3975.0**
加进口税	**4.7**	**4.6**	**5.1**	**4.5**	**5.3**
以市场价格按生产法计算的本地生产总值	**4108.7**	**4349.7**	**3569.0**	**3565.8**	**3980.3**
以市场价格按支出法计算的本地生产总值	**4118.7**	**4420.7**	**3622.1**	**3623.6**	**4057.9**
统计差异(%)	**-0.2**	**-1.6**	**-1.5**	**-1.6**	**-1.9**

9-2-5 生产法本地生产总值结构

单位：%

经济活动	2013	2014	2015	2016	2017
第二产业	**3.7**	**5.1**	**7.8**	**6.7**	**5.1**
采矿业	o	-	-	-	
制造业	0.4	0.4	0.6	0.6	0.6
电力、煤气及水供应业	0.5	0.5	0.7	0.7	0.8
建筑业	2.9	4.2	6.5	5.4	3.7
第三产业	**96.3**	**94.9**	**92.2**	**93.3**	**94.9**
批发零售、维修、酒店、餐厅及酒楼业	10.0	10.3	11.2	11.2	11.7
运输、仓库及通信业	1.8	2.0	2.7	2.9	2.7
金融、保险、不动产、租赁及商业服务	14.4	16.7	20.4	22.1	21.5
公共行政、社会服务及个人服务（包括博彩业）	70.1	65.9	58.0	57.1	59.1
以生产者价格计算的增加值	**100.0**	**100.0**	**100.0**	**100.0**	**100.0**

9-2-6 按行业划分的就业人口

单位：万人

行　　业	2014	2015	2016	2017	2018
总数	**38.81**	**39.65**	**38.97**	**37.98**	**38.54**
制造业	0.74	0.69	0.79	0.65	0.64
水电及气体生产供应业	0.11	0.12	0.12	0.11	0.11
建筑业	5.25	5.48	4.44	3.27	3.11
批发及零售业	4.52	4.50	4.41	4.58	4.37
酒店及饮食业	5.48	5.50	5.72	5.46	5.61
运输、仓储及通信业	1.92	1.75	1.93	1.91	1.92
金融业	1.07	1.08	1.04	1.13	1.08
不动产及工商服务业	3.04	2.98	3.04	3.02	3.19
公共行政及社保事务	2.55	2.94	2.83	2.87	2.98
教育	1.48	1.66	1.59	1.70	1.75
医疗卫生及社会福利	1.01	1.13	1.21	1.29	1.24
文娱博彩及其他服务业	9.40	9.42	9.27	9.23	9.64
家务工作	2.19	2.36	2.53	2.68	2.85
其他及不详	0.07	0.05	0.05	0.06	0.06

9-2-7 按行业划分的月工作收入中位数

单位：澳门元

行　　业	2014	2015	2016	2017	2018
总数	**13300**	**15000**	**15000**	**15000**	**16000**
制造业	9000	10300	11300	12000	11500
水电及气体生产供应业	21000	26000	23000	29000	30000
建筑业	13000	13000	15000	15000	15000
批发及零售业	10000	12000	12000	13000	13000
酒店及饮食业	10000	10000	10000	10000	11000
运输、仓储及通信业	13000	14000	14000	15300	16000
金融业	17000	18000	20000	20000	20000
不动产及工商服务业	9500	9500	10000	10000	10000
公共行政及社保事务	30000	34800	35000	37400	39500
教育	20000	22000	22000	25000	25000
医疗卫生及社会福利	16000	20000	20500	21000	24000
文娱博彩及其他服务业	17000	18000	19000	19000	20000
家务工作	3500	3800	4000	4000	4000

9-2-8 主要商品进出口总额及占本地生产总值比重

单位：亿澳门元

贸易种类	2014	2015	2016	2017	2018
商品进出口总额	**998.7**	**953.6**	**814.0**	**871.3**	**1023.0**
出口	99.1	106.9	100.5	112.8	121.9
本地产品出口	20.2	18.2	19.6	17.9	15.3
再出口	78.9	88.7	80.8	95.0	106.6
进口	899.5	846.6	713.5	758.5	901.0
进出口差额	-800.4	-739.7	-613.1	-645.7	-779.1
出口/进口比率 (%)	11.0	12.6	14.1	14.9	13.5
占本地生产总值比重 (%)					
出口	2.2	3.0	2.8	2.8	2.8
本地产品出口	0.5	0.5	0.5	0.4	0.3
再出口	1.8	2.4	2.2	2.3	2.4
进口	20.3	23.4	19.7	18.7	20.5

9-2-9 按主要原产地和目的地划分的商品进出口

单位：亿澳门元

主要国家/地区	2014	2015	2016	2017	2018
进口(原产地)					
中国内地	298.4	318.5	258.4	257.0	315.2
中国香港	92.3	75.3	62.1	68.0	70.4
欧盟	218.5	188.4	170.3	190.9	225.3
日本	50.2	51.7	45.2	54.5	73.0
中国台湾	13.5	13.7	12.5	14.7	14.5
美国	58.6	48.0	34.3	33.2	36.7
出口(目的地)					
美国	2.9	2.0	1.6	1.9	1.3
欧盟	3.1	2.3	1.7	1.9	2.1
中国内地	15.5	18.4	17.5	21.2	20.1
中国香港	58.1	63.3	55.6	66.0	75.7

9-2-10 按标准国际贸易分类划分的商品进口和出口

单位：百万澳门元

标准国际贸易分类	2005			2010			2018		
	进口	出口	出进口比率(%)	进口	出口	出进口比率(%)	进口	出口	出进口比率(%)
总数	**31340**	**19823**	**63.3**	**44118**	**6960**	**15.8**	**90103**	**12193**	**13.5**
0 粮食及活动物	2012	67	3.3	4142	108	2.6	10769	752	7
1 饮料及烟叶	1863	256	13.7	3409	473	13.9	3689	572	16
2 除燃料外的非食用未加工材料	196	54	27.8	196	73	37.4	522	174	33
3 矿物燃料、润滑油及有关物质	3041	#	#	5285	#	#	7275	#	#
4 动物及植物油、脂肪及蜡	56	o	0.3	124	1	1.1	162	#	#
5 未列明的化学及有关产品	1514	183	12.1	3026	269	8.9	9658	825	8.5
6 主要按材料分类的制成品	8129	2716	33.4	3107	1011	32.5	4510	695	15.4
7 机械和运输设备	7834	1616	20.6	10473	1025	9.8	19869	3174	16.0
8 杂项制成品	6677	14124	211.5	14281	3182	22.3	33497	4203	12.5

注：部分货物的资料因统计保密的规定而未在此表列出。

9-2-11 按证件签发地划分的入境旅客人数

单位：万人次

证件签发地	2014	2015	2016	2017	2018
总数	**3152.6**	**3071.5**	**3095.0**	**3261.1**	**3580.4**
亚洲	3081.3	3003.2	3024.3	3191.7	3507.9
中国内地	2125.2	2041.1	2045.4	2219.6	2526.1
中国香港	642.7	653.5	642.0	616.5	632.8
中国台湾	95.4	98.8	107.5	106.0	106.1
日本	30.0	28.2	30.1	32.9	32.6
马来西亚	25.0	22.9	22.3	21.8	22.8
菲律宾	26.3	27.7	28.7	30.7	31.2
韩国	55.5	55.4	66.2	87.4	81.3
新加坡	19.6	15.9	15.6	14.3	13.5
其他	61.7	59.8	66.6	62.4	61.6
美洲	28.6	28.6	30.0	29.6	31.5
欧洲	27.0	25.8	27.2	26.8	27.7
大洋洲	12.2	10.7	10.8	10.4	10.7
非洲及其他	3.5	3.1	2.7	2.5	2.5

9-2-12 按原居地划分的旅客人均消费

单位：澳门元

原居地	2005	2010	2014	2015	2016	2017	2018
人均消费①	**1523**	**1518**	**1959**	**1665**	**1701**	**1880**	**1946**
中国内地	3078	2039	2354	1965	1975	2203	2242
中国香港	898	811	899	887	999	970	1054
中国台湾	1336	677	1616	1466	1620	1585	1613
日本	952	1394	1846	1524	1708	1744	1871
东南亚	1458	1319	1627	1448	1388	1449	1378
欧洲	824	1148	1210	1154	1170	1258	1287
美洲	1317	1064	1253	1240	1212	1181	1242
大洋洲	1042	1254	1418	1334	1386	1385	1461
其他	996	1581	1473	1302	1355	1619	1579
非购物消费①	**851**	**745**	**1006**	**902**	**958**	**1026**	**1030**
中国内地	1221	749	1037	913	952	1052	1040
中国香港	689	656	756	744	838	798	859
中国台湾	895	495	1216	1101	1228	1188	1217
日本	670	1240	1636	1355	1526	1530	1652
东南亚	948	951	1251	1105	1075	1094	1036
欧洲	691	1011	1064	1023	1066	1138	1165
美洲	1038	878	1058	1035	1034	1008	1057
大洋洲	800	1022	1210	1134	1225	1229	1287
其他	754	1311	1283	1130	1181	1364	1353
购物消费	**672**	**773**	**953**	**762**	**744**	**855**	**916**
中国内地	1856	1290	1317	1051	1022	1151	1202
中国香港	209	155	144	143	161	173	196
中国台湾	441	182	400	365	391	397	396
日本	282	154	210	169	182	214	219
东南亚	509	369	377	342	313	354	343
欧洲	132	136	147	131	104	120	122
美洲	279	185	195	205	178	173	185
大洋洲	242	232	208	200	161	156	174
其他	242	270	190	172	175	255	225

注：①不包括博彩消费。自2010年开始，旅客消费是经统计推算的结果，而前期的为样本值。

9-2-13 零售业销售额

单位：亿澳门元

项目	2013	2014	2015	2016	2017	2018
销售总额	**667.99**	**679.96**	**615.41**	**588.39**	**662.62**	**768.07**
百货公司	94.82	103.42	90.70	85.99	98.85	123.28
超级市场	37.78	42.08	43.75	42.48	44.33	46.13
汽车	41.43	40.51	37.09	20.15	21.52	25.71
钟表金饰	204.70	180.35	136.86	126.04	147.44	161.69
成人服装	65.34	66.78	69.69	77.46	86.89	101.47
车用燃料	12.03	12.51	12.28	12.14	12.80	15.05
家用燃料	7.32	7.56	5.54	5.46	5.68	6.32
家庭电器	9.04	13.74	14.35	12.86	11.73	13.01
药房	17.36	18.84	18.78	18.16	19.25	21.41
其他	178.17	194.17	186.37	187.65	214.13	254.00

9-2-14 按出入境方式统计的对外商品贸易

单位：万吨

项目	2014	2015	2016	2017	2018
入境①					
海路	480.0	429.4	420.7	348.6	353.1
空路	0.6	0.7	0.6	0.6	0.7
陆路	126.8	154.1	149.9	148.4	136.2
其他②	9287.2	9542.3	9703.0	9780.7	10126.3
总数	**9894.5**	**10126.5**	**10274.2**	**10278.4**	**10616.4**
出境①					
海路	20.0	20.5	21.2	46.1	32.9
空路	1.0	0.9	1.3	1.5	2.0
陆路	7.7	5.7	4.1	4.7	4.6
其他②	17.1	17.6	17.6	19.7	22.1
总数	**45.8**	**44.7**	**44.2**	**72.0**	**61.6**

注：①包括转运货物。
②包括邮递及以管道运输方式进出澳门的货物。

9-2-15 港口集装箱总吞吐量

单位：标准集装箱

项目	2014	2015	2016	2017	2018
入境	87545	91932	80922	81958	86943
出境	51925	57508	48413	47631	51119
转口	69	287	82	209	577

9-2-16 通信服务

项目	2014	2015	2016	2017	2018
邮递服务 （万件）					
信件邮件	3379	3343	3316	3218	3303
包裹	0.7	0.7	0.7	0.5	0.5
电话服务 （万户）					
固网电话用户	15.4	14.7	13.9	13.1	12.4
移动电话用户	63.9	67.7	70.1	74.3	76.4
储值卡	121.8	121.9	126.9	150.6	141.7
对外电话通讯量 （万分钟）					
拨出	38863	31587	26010	21168	17473
拨入	26915	22141	18942	17211	15645
互联网					
登记用户 （万户）	30.5	33.9	36.3	39.7	54.3
总使用时数 （万小时）	95255	106369	116694	124194	126880

9-2-17 按受教育程度统计14岁及以上人口

项目	2001人口普查		2006中期人口统计		2011人口普查		2016中期人口统计	
	人数（万人）	构成(%)	人数（万人）	构成(%)	人数（万人）	构成(%)	人数（万人）	构成(%)
总计	**34.97**	**100.0**	**43.36**	**100.0**	**49.27**	**100.0**	**57.70**	**100.0**
男	16.45	47.0	20.97	48.4	23.40	47.5	27.55	47.8
女	18.52	53.0	22.39	51.6	25.86	52.5	30.15	52.2
从未入学/学前教育	2.10	6.0	2.06	4.7	1.65	3.4	1.59	2.7
男	0.48	1.4	0.50	1.1	0.38	0.8	0.39	0.7
女	1.62	4.6	1.56	3.6	1.27	2.6	1.20	2.1
小学	13.64	39.0	13.28	30.6	12.17	24.7	12.14	21.0
男	6.63	19.0	6.59	15.2	5.81	11.8	5.71	9.9
女	7.01	20.0	6.69	15.4	6.36	12.9	6.43	11.1
初中	9.45	27.0	12.07	27.8	12.31	25.0	12.69	22.0
男	4.43	12.7	6.00	13.8	6.11	12.4	6.39	11.1
女	5.02	14.3	6.07	14.0	6.19	12.6	6.30	10.9
高中	6.63	18.9	10.43	24.0	14.09	28.6	16.61	28.8
男	3.32	9.5	5.16	11.9	6.73	13.7	8.09	14.0
女	3.31	9.5	5.27	12.1	7.36	14.9	8.52	14.8
高等教育								
高等专科	0.75	2.1	0.64	1.5	0.99	2.0	1.28	2.2
男	0.29	0.8	0.26	0.6	0.46	0.9	0.61	1.1
女	0.46	1.3	0.38	0.9	0.53	1.1	0.67	1.2
大学	2.39	6.8	4.86	11.2	8.02	16.3	13.34	23.1
男	1.29	3.7	2.44	5.6	3.88	7.9	6.33	11.0
女	1.10	3.2	2.42	5.6	4.13	8.4	7.01	12.2
特殊教育	0.02	0.1	0.03	0.1	0.04	0.1	0.06	0.1
男	0.01	o	0.02	o	0.03	o	0.04	o
女	0.01	o	0.01	o	0.02	o	0.02	o

9-2-18 外币兑换率

单位：一单位外币兑换的澳门元

项　目	2014	2015	2016	2017	2018
年内平均数字					
澳元	7.2164	6.0120	5.9497	6.1552	6.0401
欧元	10.6224	8.8624	8.8507	9.0677	9.5360
韩圆	0.0076	0.0071	0.0069	0.0071	0.0073
美元	7.9871	7.9850	7.9948	8.0262	8.0729
新台币	0.2636	0.2516	0.2480	0.2638	0.2679
英镑	13.1709	12.2122	10.8456	10.3353	10.7810
港元	1.0300	1.0300	1.0300	1.0300	1.0300
日元	0.0757	0.0660	0.0738	0.0716	0.0731
马来西亚林吉特	2.4446	2.0587	1.9334	1.8669	2.0022
新西兰元	6.6394	5.5879	5.5748	5.7079	5.5894
人民币	1.2968	1.2676	1.2021	1.1889	1.2220
新加坡元	6.3090	5.8135	5.7957	5.8132	5.9850
瑞士法郎	8.7428	8.3060	8.1184	8.1582	8.2533
年底数字					
澳元	6.5373	5.8203	5.7855	6.2828	5.6848
欧元	9.7141	8.7294	8.4322	9.6179	9.2324
韩圆	0.0073	0.0068	0.0066	0.0075	0.0072
美元	7.9899	7.9834	7.9877	8.0518	8.0664
新台币	0.2519	0.2420	0.2474	0.2704	0.2640
英镑	12.4363	11.8298	9.8209	10.8289	10.2359
港元	1.0300	1.0300	1.0300	1.0300	1.0300
日元	0.0668	0.0663	0.0687	0.0713	0.0731
马来西亚林吉特	2.2867	1.8592	1.7812	1.9834	1.9463
新西兰元	6.2545	5.4670	5.5674	5.7152	5.4130
人民币	1.2852	1.2151	1.1473	1.2327	1.1730
新加坡元	6.0452	5.6464	5.5290	6.0212	5.9079
瑞士法郎	8.0784	8.0820	7.8480	8.2321	8.2009

9-2-19 货币供应

单位：亿澳门元(年底数字)

项　目	2014	2015	2016	2017	2018
狭义货币供应量M_1	**618.6**	**616.6**	**636.7**	**723.9**	**807.6**
分类一：澳门元	300.4	335.9	367.6	421.3	452.4
港元	303.3	267.0	255.0	287.8	341.8
其他货币	14.9	13.6	14.1	14.8	13.4
分类二：流通货币(澳门元)	108.6	120.4	135.6	149.1	160.1
活期存款	510.0	496.2	501.2	574.8	647.5
广义货币供应量$M_2$①	**4874.7**	**4728.3**	**5324.8**	**5914.7**	**6514.6**
分类一：澳门元	1245.5	1413.4	1630.2	1827.9	1985.1
港元	2472.1	2435.1	2892.3	3203.0	3419.7
其他货币	1157.2	879.9	802.2	883.8	1109.9
分类二：狭义货币供应量$M_1$②	618.6	616.6	636.7	723.9	807.6
准货币负债③	4256.1	4111.7	4688.0	5190.7	5707.0
储蓄存款	1330.7	1455.5	1694.3	1923.9	1924.0
通知存款	4.5	2.8	2.0	3.4	1.7
定期存款	2920.4	2653.0	2991.0	3262.2	3780.7

注：① M_2 = M_1 + 准货币负债。

②货币供应量M_1包括流通货币及活期存款。

③准货币负债：包括储蓄存款、通知存款、定期存款、其他存款及存款证明书。

【主要统计指标解释】

本地生产总值 反映每年在澳门特区生产的货物和提供各种服务的总量。本年鉴中的本地生产总值用支出法及生产法估算，支出法等于私人消费支出、政府最终消费支出、固定资本形成总额、库存变化和货物及服务出口净值（出口减进口）的总和。而生产法等于各经济行业的增加值总额的总和，这种方法可以评估澳门特区的产业结构。

婴儿死亡率 参考期内年龄在1岁或以下的死亡人数与出生活婴数目的千分比。

出生率 参考期内出生活婴数目与平均人口之千分比。

死亡率 参考期内死亡人数与平均人口之千分比。

幼儿、小学、中学教育 指有系统的，且主要专为儿童及青少年开办的，由幼儿教育至中学教育的课程；中学教育包括职业技术教育。

幼儿教育 为期3年，对象是年龄3-5岁的儿童。在报名当年的12月31日年满3岁的幼儿可报读幼儿教育第一年。

小学教育 为期6年，完成幼儿教育或在报名当年的12月31日年满6岁的儿童可报读小学教育第一年。就读小学的最高年龄为15岁。

中学教育 由两个阶段组成：初中教育及高中教育。大学预科不纳入中学教育。

1. **初中教育** 为期3年，合格完成小学教育者可以入读。就读初中最大年龄为18岁，但在特别情况下，经教育机构决定，可以逾越此年限。

2. **高中教育** 为期3年，合格完成初中教育者可以入读。就读高中最大年龄为21岁，但在特别情况下，经教育机构决定，可以逾越此年限。

高等教育 指透过理论、实践等在科学、文化及技术领域提供的培训教育；高等教育包括大学教育及高等专科教育。

劳动人口 在参考期内可参与生产商品或提供服务的年龄在16岁及以上人士。包括就业人士及失业人士。

就业人口 在参考期内为赚取报酬、利润或家庭收入而工作最少一小时的年龄在16岁及以上人士。包括没有上班但与雇主保持正式工作联系的雇员，以及因某些原因而暂时没有上班的公司东主或股东。

就业不足人口 在参考期内不论其职业身份，非自愿地工作少于35小时，并可随时接受更多的工作或正在寻找更多工作的就业人士。

劳动力参与率 劳动人口占年龄在16岁及以上人士的百分比。

失业率 失业人口占劳动人口的百分比。

就业不足率 就业不足人口占劳动人口的百分比。

旅客 指任何非以澳门特区为常居地的人士，连续在澳门的逗留时间少于一年，其旅游目的并非受雇于澳门特别行政区的居民实体。

酒店入住率 入住客房数量与可供应客房数量之百分比。

进口 将来自外地的货物输入澳门特区，但再进口和转运制度下输入者除外。

出口 将货物输出澳门特区，但暂时出口和转运制度下输出者除外。

本地产品出口 将原产地为澳门特区的任何货物输出澳门特区。

再出口　指原进口的货物未经加工输出澳门特区；或虽加工，但不能取得澳门特区产地资格。

转运　货物经过澳门特区而运到下一目的地。

原产地　农业产品种植之国家／地区、矿产开采之国家／地区、工业产品生产之国家／地区，被视为原产地国家／地区。若工业产品的制造工序于两个或以上的国家／地区进行，应以进行最后转变成型工序的国家／地区为原产地，再包装、分类及混合等工序不能构成最后转变成型工序；当产品入口国对相关货物产地来源有特定规定时，应遵从有关规定。

目的地　目的地是指货物实际最后到达的国家或地区(不论在运输途中有或没有中断)。如有中间国家或地区，只要不在中间国家或地区内进行商业交易，最后到达的国家或地区都可被视为目的地。

贸易价格比率指数　即货物出口单位价格指数与货物进口单位价格指数之比率。

单位　包括住宅、商业、办公室、工业、停车位、酒店及其他单位。

建筑面积　相等于所有楼层楼面面积之总和。楼面面积从外墙起量度，包括大堂、楼梯、升降机所占面积以及所有公用地方面积。

居民消费价格指数　反映澳门特区住户于购买一篮子之指定商品或服务时，在不同时间该等商品或服务之价格变动。

狭义货币供应量M_1　为流通货币及活期存款之和。

广义货币供应量M_2　指狭义货币供应量M_1加上准货币负债。准货币负债指储蓄存款、通知存款、定期存款、其他存款和存款证明书。

财务活动　由财务资产及财务负债组成。

9 港澳台第三产业情况

9-3 台湾第三产业情况

简要说明

一、本章资料反映台湾省主要社会、经济发展情况，重点反映第三产业情况。内容包括：人口、就业、国民经济核算、工业、交通通讯、对外贸易、财政金融、物价、教育、社会保障等方面。

二、本章数据主要来自台湾“行政院”主计处及相关部门统计出版物，国家统计局国际统计信息中心负责整理、编辑。

三、贸易数据从2016年1月起按照一般贸易制度口径予以统计，并按此方法对2001年至2015年的贸易数据进行了重新修订。

9-3-1 主要统计指标概况

指　　标	2013	2014	2015	2016	2017	2018
人口						
户籍登记人口数①（万人）	2337.4	2343.4	2349.2	2354.0	2357.1	2358.9
人口自然增长率（‰）	1.9	2.0	2.1	1.5	1.0	0.4
人口密度①（人/平方公里）	645.8	647.5	649.0	650.3	651.2	651.7
性别比①(女=100)	100.0	99.7	99.4	99.1	98.9	98.6
劳动、就业						
劳动力人口（万人）	1144.5	1153.5	1163.8	1172.7	1179.5	1187.4
劳动力参与率（%）	58.4	58.5	58.7	58.8	58.8	59.0
男	66.7	66.8	66.9	67.1	67.1	67.2
女	50.5	50.6	50.7	50.8	50.9	51.1
工业就业人口比率（%）	36.2	36.1	36.0	35.9	35.8	35.7
服务业就业人口比率（%）	58.9	58.9	59.0	59.2	59.3	59.4
失业率（%）	4.2	4.0	3.8	3.9	3.8	3.7
工业及服务业月人均薪资（新台币元）	45664.0	47300.0	48490.0	48790.0	49989.0	51957.0
工业	44076.0	45378.0	46735.0	47035.0	48187.0	50252.0
服务业	46921.0	48815.0	49861.0	50146.0	51374.0	53263.0
公共安全						
刑案发生率（件/10万人）	1280.7	1308.8	1269.2	1253.8	1245.8	1206.7
犯罪人口率（人/10万人）	1093.7	1117.8	1147.8	1160.1	1219.7	1236.7
刑案破获率（%）	86.6	86.0	91.9	93.0	94.6	95.2
少年疑犯人数(12-17岁)（人）	12038.0	10969.0	11002.0	9775.0	10499.0	8893.0
火灾发生次数（次）	1451.0	1417.0	1704.0	1856.0	30464.0	27922.0
死伤人数（人）	281.0	368.0	850.0	430.0	480.0	463.0
机动车肇事率（件/万辆）	126.8	143.7	143.1	142.4	137.4	139.9
道路交通事故伤亡人数						
死亡（人）	1928.0	1819.0	1696.0	1604.0	1517.0	1493.0
受伤（人）	373568.0	413229.0	410073.0	403906.0	394198.0	405147.0
保险						
全民健保参保人数（万人）	2346.3	2362.2	2373.7	2381.5	2388.0	2394.8
社保参保人数（万人）						
公务员和教师	59.4	58.7	58.3	57.9	58.4	58.9
劳工	974.6	992.0	1007.3	1016.5	1027.2	1037.2
农民	141.0	135.0	128.5	123.6	117.5	113.0
工业						
受雇者劳动生产力指数(2011年＝100)	92.7	95.9	95.0	100.0	103.3	105.4
工业生产指数(2016＝100)	93.4	99.3	98.1	100.0	105.0	108.8
制造业	92.9	99.3	98.1	100.0	105.3	109.4
工业生产价值（新台币亿元）	149452.9	153648.8	138029.5	131456.1	139100.7	147888.9
商业及对外贸易						
营利事业家数①（万家）	129.8	132.1	135.0	137.5	140.4	143.4
营利事业销售额（新台币亿元）	385386.5	403680.6	389800.8	384053.2	403054.5	427473.7
货物进出口额（亿美元）	5894.4	6019.4	5225.6	5108.9	5765.2	6222.4
出口	3114.3	3200.9	2853.4	2803.2	3172.5	3359.1
进口	2780.1	2818.5	2372.2	2305.7	2592.7	2863.3
出（入)超	334.2	382.4	481.2	497.5	579.8	495.8
对日出（入)超	-243.0	-218.4	-192.7	-210.7	-212.0	-210.5
对美出（入)超	42.2	50.8	53.5	49.3	67.0	49.8
对内地及港出（入)超	803.7	775.4	658.0	670.0	787.0	831.5
外销订单（亿美元）	4429.3	4728.2	4518.1	4445.4	4928.1	5118.2
运输通信						
交通运输客运人数（亿人）						
铁路	9.7	10.2	10.6	10.9	11.2	11.5

注：①为年底数。②为年度资料。③卖出汇率，且为年底数。④从2013年12月30日起，国道高速公路由计次收费改为计程电子收费。

9-3-1 续表

指　　标		2013	2014	2015	2016	2017	2018
公路		12.2	12.4	12.2	12.3	12.4	12.4
航空	(万人)						
省内		1055.0	1056.0	980.0	1084.0	1110.0	1159.2
省外		3939.0	4439.1	4798.4	5197.9	5447.5	5692.2
高速公路收费站通行车辆数④	(万辆次)	58978.0	518434.6	548998.0	579103.0	591902.0	592668.3
每百人机动车辆数①	(辆)	31.5	32.2	32.9	33.3	33.7	34.1
港埠货物装卸量	(万计费吨)	70575.4	74861.5	72138.6	73356.1	72550.4	74085.2
旅游	**(万人次)**						
出省旅游人数		1105.3	1184.5	1318.3	1458.9	1565.5	1664.5
来台湾旅客人数		801.6	991.0	1044.0	1069.0	1074.0	1106.7
财政、金融							
赋税实征净额②	(新台币亿元)	18341.2	19761.1	21348.6	22240.8	22512.5	23869.4
直接税	(%)	59.5	59.8	62.0	62.5	62.6	62.4
间接税	(%)	40.5	40.2	38.0	37.5	37.4	37.6
外汇存底①	(亿美元)	4168.1	4189.8	4260.3	4342.0	4515.0	4617.8
汇率③							
1美元	(新台币)	29.8	30.4	31.9	32.3	30.4	30.2
货币总计数$M_2$①	(新台币亿元)	355189.0	376968.0	398840.0	413018.0	427702.0	439052.0
年增率	(%)	5.8	6.1	5.8	3.6	3.6	2.7
存款①	(新台币亿元)	350624.0	371339.0	393558.0	407174.0	420940.0	431958.0
放款与投资①	(新台币亿元)	267206.0	281106.0	294063.0	305492.0	320227.0	337475.0
再贴现率①	(年息百分比率)	1.9	1.9	1.6	1.4	1.4	1.4
股价指数(1966年＝100)		8093.0	8992.0	8959.0	8763.0	10208.0	10620.0
国际收支余额	(亿美元)						
经常帐户		498.7	604.4	748.8	727.8	828.4	682.6
资本帐户		0.7	-0.1	-0.1	-0.1	-0.1	0.6
金融帐户		410.9	504.6	669.8	597.6	709.6	519.2
价格指数年增长率(2016年=100)	**(%)**						
批发		-2.4	-0.6	-8.9	-3.0	0.9	3.6
消费者		0.8	1.2	-0.3	1.4	0.6	1.4
进口		-4.5	-2.1	-12.9	-3.1	1.4	6.1
出口		-2.1	0.1	-4.7	-2.7	-1.5	1.5
国民经济核算	**(新台币亿元)**						
本地居民总收入		156545.9	165824.1	173014.0	177059.9	179653.5	180959.0
本地生产总值		152307.4	161118.7	167706.7	171763.0	175011.8	177770.0
居民消费		82483.9	85887.4	87558.3	90344.7	92650.7	95495.6
固定资本形成总额		33787.3	34938.3	34932.7	35893.0	35843.6	37312.0
商品及服务出口		105798.8	112541.2	107755.2	107707.2	113567.7	118669.0
减：商品及服务进口		92003.6	95949.1	86199.0	86540.0	91254.0	100098.8
GDP增长率	(%)	2.2	4.0	0.8	1.5	3.1	2.6
农业		1.4	1.6	-8.4	-10.1	8.4	2.0
工业		1.7	7.2	-0.5	2.8	4.6	3.3
服务业		2.3	3.3	1.2	1.3	2.5	2.6
产业结构	(%)						
农业		1.7	1.8	1.7	1.8	1.8	1.6
工业		33.3	34.8	35.1	35.5	35.6	35.4
服务业		64.6	63.4	62.8	62.5	62.9	63.5
人均本地居民总收入	(新台币元)	670585.0	708540.0	737393.0	752936.0	762681.0	767555.0
人均本地居民总收入	(美元)	22526.0	23330.0	23109.0	23289.0	25055.0	25456.0
居民储蓄总值	(新台币亿元)	50088.4	55690.8	60331.2	60707.2	61611.0	59558.2
储蓄率	(%)	32.0	33.6	34.9	34.3	34.3	32.9

9-3-2 本地生产总值部门构成

单位：%

年份	本地生产总值(新台币亿元)	农业	工业	制造业	水、电、燃气业及污染治理业	建筑业	服务业	批发、零售业	金融及保险业	不动产业	咨讯及通讯传播业
2008	131509.50	1.53	30.98	27.13	0.97	2.70	66.44	17.64	6.94	8.43	3.46
2009	129616.56	1.66	31.13	26.41	2.12	2.47	66.02	17.15	6.15	8.86	3.50
2010	141192.13	1.59	33.67	28.97	1.96	2.60	64.42	16.77	6.17	8.42	3.30
2011	143122.00	1.72	33.02	28.66	1.56	2.68	65.27	17.07	6.39	8.47	3.23
2012	146869.17	1.65	32.39	28.06	1.61	2.62	64.86	16.69	6.35	8.46	3.15
2013	152307.39	1.68	33.32	28.63	1.99	2.60	64.58	16.90	6.39	8.46	3.07
2014	161118.67	1.80	34.80	30.00	2.14	2.56	63.42	16.41	6.53	8.20	2.96
2015	167706.71	1.68	35.15	30.10	2.45	2.51	62.82	16.27	6.52	8.11	2.92
2016	171763.00	1.79	35.46	30.62	2.38	2.38	62.54	16.09	6.52	8.08	2.91
2017	175011.81	1.77	35.63	31.11	2.06	2.38	62.87	16.25	6.70	8.15	2.84
2018	177770.03	1.61	35.36	30.89	1.85	2.53	63.49	16.44	6.86	8.22	2.69

9-3-3 本地居民总收入

年份	本地居民总收入			人均本地居民总收入	
	新台币亿元	实际年增长率 %	亿美元①	新台币元	美元①
2006	129525	4.6	3982	567508	17446
2007	137398	6.1	4184	599536	18256
2008	134656	-2.0	4269	585519	18564
2009	133757	-0.7	4046	579574	17531
2010	145489	8.8	4597	628706	19864
2011	147006	1.0	4988	633822	21507
2012	151411	3.0	5112	650660	21967
2013	156546	3.4	5259	670585	22526
2014	165824	5.9	5460	708540	23330
2015	173014	4.3	5422	737393	23109
2016	177060	2.3	5477	752936	23289
2017	179653	1.5	5902	762681	25055
2018	180959	0.7	6001	767555	25456

注：①按当年汇率折算。

9-3-4 劳动力和就业状况

项目		2013	2014	2015	2016	2017	2018
劳动力总计	(万人)	1144.5	1153.5	1163.8	1172.7	1179.5	1187.4
男		640.2	644.1	649.7	654.1	656.8	660.2
女		504.3	509.4	514.1	518.6	522.7	527.2
就业人数	(万人)	1096.7	1107.9	1119.8	1126.7	1135.2	1143.4
男		611.6	616.6	623.4	626.7	630.5	634.6
女		485.1	491.3	496.4	500.0	504.7	508.9
就业者行业构成	(%)	100.0	100.0	100.0	100.0	100.0	100.0
农、林、渔、牧业		5.0	4.9	5.0	4.9	4.9	4.9
工业		36.2	36.1	36.0	35.9	35.8	35.7
矿业及土石采取业		0.04	0.04	0.04	0.04	0.04	0.03
制造业		27.2	27.1	27.0	26.9	26.8	26.8
电力及燃气供应业		0.3	0.3	0.3	0.3	0.3	0.3
用水供应及污染整治业		0.8	0.7	0.7	0.7	0.7	0.7
建筑业		7.9	8.0	8.0	8.0	7.9	7.9
服务业		58.9	58.9	59.0	59.2	59.3	59.4
批发及零售业		16.6	16.5	16.4	16.4	16.5	16.6
运输及仓储业		3.9	3.9	3.9	3.9	3.9	3.9
金融及保险业		3.8	3.8	3.8	3.8	3.8	3.8
咨讯及通讯传播		2.1	2.2	2.2	2.2	2.2	2.3
住宿及餐饮业		7.1	7.1	7.3	7.3	7.3	7.3
教育服务业		5.8	5.8	5.8	5.8	5.7	5.7
公共行政		3.5	3.4	3.3	3.3	3.3	3.2
失业人数	(万人)	47.8	45.7	44.0	46.0	44.3	44.0
失业率	(%)	4.2	4.0	3.8	3.9	3.8	3.7

9-3-5 服务业就业人员月平均工资

单位：新台币元

年份	服务业月平均工资	批发、零售业	运输、仓储业	金融、保险业	不动产业	专业、科学及技术服务
2008	45296	39956	49585	71520	40340	54169
2009	43867	40081	47911	67713	39032	49426
2010	45600	41766	49012	74219	42093	52141
2011	46881	42562	50333	76920	43783	54097
2012	46747	41815	50364	77957	41546	54950
2013	46756	42249	50021	77864	42165	53835
2014	48558	44377	50291	83085	44786	55491
2015	49526	45422	51579	84742	44075	56132
2016	49730	45345	52540	85452	42897	56427
2017	50912	47260	53314	86425	44893	57585
2018	52708	49798	54994	89215	47658	58773

9-3-6 货物进出口额

年 份	按新台币计算（亿元）			按美元计算（亿美元）		
	进出口总额	出口	进口	进出口总额	出口	进口
2008	157643	80992	76651	5025	2581	2445
2009	126400	67848	58552	3833	2057	1776
2010	168681	87779	80902	5343	2780	2563
2011	176549	91942	84607	6010	3129	2881
2012	172809	90698	82110	5837	3064	2773
2013	174786	92357	82428	5894	3114	2780
2014	182084	96834	85250	6019	3201	2818
2015	165567	90421	75146	5226	2853	2372
2016	164625	90335	74290	5109	2803	2306
2017	175551	96587	78964	5765	3172	2593
2018	187599	101263	86336	6222	3359	2863

9-3-7 出口与进口货物分类

单位：亿美元

年 份	出 口				进 口			
	出口额	资本品	中间产品	消费品	进口额	资本设备	原材料	消费品
2009	2056.6	217.7	1619.1	209.1	1776.0	237.1	1341.9	180.5
2010	2780.1	299.6	2173.9	294.4	2562.7	391.4	1918.3	231.9
2011	3129.2	343.7	2407.6	365.1	2880.6	375.0	2206.7	274.8
2012	3064.1	348.4	2380.8	321.9	2773.2	349.1	2120.3	282.2
2013	3114.3	332.1	2444.9	320.8	2780.1	367.4	2084.0	297.1
2014	3200.9	349.0	2518.6	316.4	2818.5	384.8	2078.0	314.7
2015	2853.4	342.5	2207.8	285.4	2372.2	380.5	1626.1	320.0
2016	2803.2	348.4	2173.4	264.1	2305.7	426.6	1531.0	315.2
2017	3172.5	396.0	2481.4	276.7	2592.7	424.8	1790.7	340.2
2018	3359.1	421.4	2634.7	284.6	2863.3	433.2	2034.6	360.6

9-3-8 货物出口去向和进口来源

单位：亿美元

项　　目	2013	2014	2015	2016	2017	2018
出口去向						
中国内地	841.2	847.4	734.1	738.8	889.8	967.6
中国香港	411.8	438.0	391.3	384.0	412.3	415.9
日　本	193.9	201.4	195.9	195.5	207.8	230.8
韩　国	122.2	129.9	128.8	127.9	147.3	159.8
美　国	326.3	351.1	345.4	335.2	369.4	396.9
泰　国	64.3	61.9	57.7	54.9	63.8	61.7
马来西亚	82.4	86.7	72.0	78.1	103.7	106.0
印度尼西亚	52.0	38.8	31.1	27.5	31.9	33.3
新 加 坡	196.1	207.0	174.1	161.5	176.3	173.6
越　南	90.2	101.3	97.1	95.5	105.0	108.1
德　国	56.7	62.2	60.1	59.3	64.5	70.6
法　国	15.0	15.5	13.9	15.4	17.1	16.7
意 大 利	17.1	18.9	17.0	18.6	21.3	24.6
英　国	43.3	42.5	39.1	36.4	37.9	38.6
巴　西	18.4	16.8	11.7	9.5	12.7	13.5
澳大利亚	38.3	37.0	34.4	30.9	31.0	36.0
沙特阿拉伯	18.1	20.3	17.0	12.2	10.9	7.8
科 威 特	2.3	2.1	2.2	1.7	1.4	1.5
进口来源						
中国内地	433.5	492.5	452.7	439.9	500.4	537.8
中国香港	15.9	17.3	14.7	13.3	15.1	14.1
日　本	436.9	419.8	388.7	406.2	419.4	441.4
韩　国	161.6	152.9	134.5	146.5	168.9	195.3
美　国	284.1	300.4	292.0	286.0	302.4	347.2
泰　国	37.9	44.1	40.4	38.2	43.6	45.8
马来西亚	82.5	89.6	67.3	62.8	71.8	92.5
印度尼西亚	71.7	74.0	59.7	43.0	49.0	55.0
新 加 坡	86.1	84.4	71.7	75.2	87.2	84.1
越　南	27.0	25.9	25.4	27.5	31.2	37.0
德　国	85.0	96.3	87.6	85.7	92.0	99.6
法　国	29.6	31.0	29.5	30.5	39.9	37.2
意 大 利	22.3	23.9	21.5	22.0	25.3	26.9
英　国	19.2	19.8	19.9	18.4	19.5	20.7
巴　西	28.2	23.5	22.7	19.5	26.0	16.4
澳大利亚	81.1	75.9	68.6	60.9	82.2	95.6
沙特阿拉伯	156.4	137.2	73.3	58.0	68.7	86.3
科 威 特	84.2	66.7	39.6	29.2	35.8	51.3

9-3-9 旅游人数及外汇收入

指　　标		2014	2015	2016	2017	2018
离境旅游人数	**（万人次）**	**1184.5**	**1318.3**	**1458.9**	**1565.5**	**1664.5**
来台旅游人数	**（万人次）**	**991.0**	**1044.0**	**1069.0**	**1074.0**	**1106.7**
香港澳门		137.6	151.4	161.5	169.2	165.4
中国大陆		398.7	418.4	351.2	273.3	269.6
外国		454.1	473.5	555.6	631.3	671.3
未列明		0.7	0.7	0.7	0.2	0.5
旅游收入总额	**（亿美元）**	**248.1**	**257.3**	**256.7**	**255.1**	**261.9**
来台旅客						
旅游外汇收入	（亿美元）	146.2	143.9	133.7	123.2	137.1
平均每人停留时间	（夜）	6.7	6.6	6.5	6.4	6.5
旅客人均每日消费	（美元）	221.8	207.9	192.8	179.5	191.7

9-3-10 铁路和公路客货运量

年　份	铁　　路				公　　路			
	客运量（亿人）	客运周转量（亿人公里）	货运量（亿吨）	货物周转量（亿吨公里）	客运量（亿人）	客运周转量（亿人公里）	货运量（亿吨）	货物周转量（亿吨公里）
2008	6.89	190.54	0.11	9.25	10.54	157.83	6.04	301.60
2009	7.18	192.69	0.10	7.70	10.39	158.82	5.97	290.71
2010	7.78	209.27	0.10	8.66	11.10	163.07	6.28	296.32
2011	8.63	228.21	0.11	8.48	11.64	170.40	6.38	295.51
2012	9.24	242.02	0.11	8.28	11.91	175.86	6.53	298.51
2013	9.70	253.16	0.11	7.27	12.20	179.28	5.51	384.74
2014	10.22	263.27	0.11	6.81	12.39	183.84	5.42	378.52
2015	10.60	270.98	0.11	6.34	12.17	175.65	5.32	378.05
2016	10.90	279.37	0.09	5.62	12.25	173.79	5.30	385.33
2017	11.21	289.91	0.08	5.12	12.35	170.53	5.37	403.51
2018	11.52	296.15	0.08	5.42	12.45	171.26	5.61	441.69

9-3-11 港口客运量及货运量

年份	客运量(万人)			货运量(万吨)		
	总计	进港	出港	总计	进港	出港
2008	50.66	24.21	26.45	26618	19330	7288
2009	57.58	27.77	29.80	23574	17057	6517
2010	66.96	32.53	34.44	24649	18212	6437
2011	66.48	32.43	34.04	24442	18139	6303
2012	69.91	34.59	35.32	23892	17876	6016
2013	99.12	49.17	49.94	24347	18189	6158
2014	137.86	68.30	69.56	25548	19240	6308
2015	135.12	66.87	68.25	24068	18208	5861
2016	122.96	60.79	62.17	24602	18593	6009
2017	142.71	70.49	72.22	24648	18924	5724
2018	142.46	70.26	72.20	24262	18290	5971

9-3-12 港口集装箱及货物装卸量

年份	折合20英尺标准集装箱(万TEU)			装卸量(万收费吨)		
	总计	进港	出港	总计	装货量	卸货量
2008	1298	649	649	66828	27153	39675
2009	1171	588	583	60575	24435	36140
2010	1274	635	639	65540	26584	38956
2011	1342	674	669	67900	27547	40353
2012	1388	694	694	69080	28455	40625
2013	1405	706	698	70575	28970	41606
2014	1505	754	751	74861	30844	44017
2015	1449	726	723	72139	29576	42562
2016	1487	744	742	73356	30395	42961
2017	1491	746	745	72550	30014	42536
2018	1532	767	765	74085	30817	43268

9-3-13 民航客运量及货运量

年 份	客运量（万人次）	国际线	省内线	过境	货运量（万吨）	国际线	省内线
2006	4373	2377	1736	259	181.0	120.8	4.0
2007	3977	2443	1271	263	170.9	119.1	4.0
2008	3524	2278	985	218	158.7	103.4	3.7
2009	3606	2343	923	28	174.4	86.7	3.7
2010	4109	2526	973	25	233.6	101.8	3.7
2011	4286	2496	1048	24	217.9	95.2	3.6
2012	4686	2694	1068	28	209.1	93.1	3.6
2013	5034	3017	1055	40	208.5	90.6	3.6
2014	5536	3310	1056	40	222.2	94.4	3.5
2015	5816	3616	980	37	215.1	93.5	3.3
2016	6325	4072	1084	43	223.3	99.6	3.2
2017	6598	4403	1110	41	241.6	107.8	3.0
2018	6890	4618	1159	39	246.3	108.2	3.0

资料来源：台湾“交通部民航局”。

9-3-14 邮政及电信营运量

项 目	2013	2014	2015	2016	2017	2018
邮政						
函件 （亿件）						
收寄	27.0	27.6	26.1	25.0	23.5	21.5
包裹 （万件）						
收寄	2560.0	2356.2	2417.2	2383.3	2460.5	2573.7
电信						
市内电话用户数 （万户）	1223	1210	1189	1170	1145	1121
移动电话用户数 （万户）	2970.1	2653.5	2936.9	2892.9	2865.6	2922.0
综合业务数字网用户数（万户）	10.9	10.4	1.4	1.4	1.3	0.9
数据通信出租电路数 （万路）	14.5	13.8	14.6	16.9	15.2	15.4
国际互联网用户数 （万户）	753.6	794.5	811.2	620.5	622.3	614.9
宽带用户 （万户）	701.2	743.7	761.7	579.2	582.3	576.2
国际电话去话分钟数（万分钟）	380052	296079	223069	182973	136685	108830

9-3-15 入学率和教育经费

单位：%

年 份	粗入学率（6-21岁）			15岁以上人口识字率②	教育经费占GNP比重	政府教育经费占政府支出比重
	初等教育（6-11岁）	中等教育（12-17岁）	高等教育①（18-21岁）			
2006	99.5	99.1	83.6	97.5	5.4	21.2
2007	100.8	98.7	85.3	97.6	5.2	20.8
2008	99.0	99.1	84.1	97.8	5.4	20.5
2009	99.1	99.1	82.7	97.9	5.8	19.9
2010	99.0	99.0	83.1	98.0	5.3	20.1
2011	98.8	98.9	83.6	98.2	5.3	20.6
2012	98.7	98.7	84.2	98.3	5.4	20.5
2013	98.6	98.6	84.0	98.4	5.3	20.8
2014	98.5	98.7	83.8	98.5	5.1	21.3
2015	98.4	98.9	83.7	98.6	5.0	21.8
2016	98.3	98.6	84.0	98.7	4.9	21.5
2017	98.1	98.3	84.5	98.8	4.9	20.9

注：① 不含五专前三年、研究所及进修教育。②年底资料。

9-3-16 科技人员数和科研开发经费

年 份	科技人员数(人)				科研开发经费			每万人口研究人员数(人)	研究人员平均一年使用经费(新台币万元)
	总计	研究人员	技术人员	支援人员	金额(新台币亿元)	占GDP比重(%)	政府投入经费所占比重(%)		
2008	241366	144234	77218	19914	3517.9	2.7	28.2	62.6	244.0
2009	256543	155216	80271	21056	3681.9	2.8	29.0	67.1	237.0
2010	273447	165585	86809	21053	3966.4	2.8	27.6	71.5	240.0
2011	288726	174600	91757	22369	4162.2	2.9	26.5	75.2	238.0
2012	296724	179830	94966	21928	4349.6	3.0	24.8	77.1	242.0
2013	301001	180353	98497	22151	4595.5	3.0	23.6	77.2	255.0
2014	307933	182119	103431	22383	4856.7	3.0	22.0	77.7	267.0
2015	313463	183571	106800	23092	5131.0	3.1	21.4	78.1	280.0
2016	317014	185472	108718	22824	5435.6	3.2	21.6	78.8	293.0
2017	322596	188474	110547	23575	5767.1	3.3	20.0	80.0	305.9

9-3-17 金融概况

年 份	货币供应量(新台币亿元)	流动性负债(新台币亿元)	储备货币(新台币亿元)	主要金融机构存款(新台币亿元)	主要金融机构放款与投资(新台币亿元)	再贴现率(年息%)	汇率(卖出价)(新台币/美元)
2008	81537	388270	21254	278702	213315	2.00	32.91
2009	105116	416730	23040	294486	214823	1.25	32.08
2010	114571	445203	25018	310063	228037	1.63	30.42
2011	118302	469541	27209	323022	241729	1.88	30.32
2012	124184	496032	29021	333004	255488	1.88	29.08
2013	134708	530162	31208	350624	267206	1.88	29.82
2014	143101	568299	32633	371339	281106	1.88	31.68
2015	152926	607126	34524	393558	294063	1.63	32.88
2016	161777	638980	36303	407174	305492	1.38	32.30
2017	167414	672411	37765	420940	320227	1.38	29.85
2018	177160	704974	40545	431958	337475	1.38	30.75

9-3-18 国际收支

单位：亿美元

年份	A.经常帐户					B.资本帐户			合计(A+B)	C.金融帐户	
	合计	商品贸易净额	服务净额	收入净额	经常转移净额	合计	收入	支出		合计	直接投资
											资产
2008	248.0	291.5	-115.3	99.8	-28.0	-2.70	0.03	2.73	245.3	-16.4	-102.9
2009	406.5	393.7	-91.0	125.2	-21.5	-0.50	0.02	0.52	406.0	134.9	-58.8
2010	368.3	370.1	-110.5	135.8	-27.1	-0.49	0.05	0.54	367.8	-3.4	-115.7
2011	378.8	396.4	-112.5	131.8	-36.9	-0.36	0.03	0.39	378.4	-320.3	-127.7
2012	431.7	495.7	-183.8	145.9	-26.2	-0.24	0.04	0.28	431.4	-315.0	-131.4
2013	498.7	545.6	-152.0	135.2	-30.0	0.67	1.03	0.36	499.4	-410.9	-142.9
2014	605.3	601.9	-113.3	144.6	-27.9	-0.08	0.29	0.37	605.2	-505.6	-127.1
2015	731.4	731.0	-103.4	137.7	-33.8	-0.05	0.15	0.20	731.4	-652.3	-147.1
2016	715.9	706.5	-98.3	139.5	-31.6	-0.09	0.17	0.26	715.9	-585.7	-179.5
2017	835.2	808.7	-79.3	146.9	-41.1	-0.12	0.14	0.26	835.1	-715.3	-115.5
2018	718.7	674.3	-59.8	137.8	-33.7	0.63	0.86	0.23	719.4	-552.3	-180.3

9-3-18 续表

单位：亿美元

年份	C.金融帐户							合计(A至C)	D.误差与遗漏	国际收支余额(A至D)	E.准备与相关项目
	直接投资	证券投资		衍生性金融产品		其他投资					
	负债	资产	负债	资产	负债	资产	负债				
2008	54.3	35.3	-157.8	79.4	-63.5	106.2	32.5	228.9	33.8	262.7	-262.7
2009	28.1	-317.0	213.7	53.4	-44.9	256.6	3.7	540.9	0.4	541.3	-541.3
2010	24.9	-334.9	128.2	45.0	-39.2	123.2	165.1	364.4	37.3	401.7	-401.7
2011	-19.6	-195.0	-161.9	57.8	-47.4	-79.9	253.4	58.2	4.2	62.4	-62.4
2012	32.1	-457.1	32.1	47.7	-43.8	53.1	152.2	116.4	38.4	154.8	-154.8
2013	36.0	-370.8	79.5	60.6	-52.2	-475.1	453.9	88.5	24.7	113.2	-113.2
2014	28.3	-571.0	130.6	59.8	-54.3	-119.6	147.9	99.6	30.5	130.2	-130.2
2015	23.9	-563.4	12.3	112.3	-134.2	163.1	-119.1	79.1	71.1	150.1	-150.1
2016	92.6	-814.6	43.4	111.7	-128.7	68.2	221.2	130.2	-23.6	106.6	-106.6
2017	32.9	-818.2	39.6	115.1	-110.0	-122.3	263.2	119.8	4.9	124.7	-124.7
2018	70.0	-688.0	-151.8	167.5	-183.9	192.1	221.9	167.0	-42.0	125.0	-125.0

【主要统计指标解释】

就业人口 于资料标准周内，年满15岁从事有酬工作者或工作在15小时以上的无酬家属工作者。

失业人口 于资料标准周内，年满15岁同时具有无工作、随时可以工作及正在寻找工作者。此外尚包括等待恢复工作者及已找到职业而未开始工作也无报酬者。

就业人员工资 包括经常性工资、加班费及其他非经常性工资。

劳动生产力指数 劳动生产力是指在单位时间内，每一劳工所能生产的产量。此项指数可衡量劳动生产力的变动趋势。

初等教育 小学教育。

中等教育 初中、高中、高职及五专前三年。

高等教育 大专院校（扣除五专前三年）及研究所硕士、博士班教育。

各级教育粗入学率 为（各该级教育学生人数/各该级教育学龄人口数）×100；其中高等教育学龄学生人数仅含大专院校扣除五专前三年及研究所（含硕士、博士班）的学生人数。

本地居民总收入(GNI) 为某一期间本地常住居民提供生产要素从事生产所创造的附加值或报酬（不论在地区内或国外），即等于地区内生产总值加国外要素所得收入净额。

本地生产总值(GDP) 为某一期间本地及非本国常住居民提供生产要素在地区内从事生产所创造的附加值。

经济增长率 指某一期间的实际本地生产总值的增长率。

储蓄率 据居民储蓄总值与本地居民生产总值之比。

商业与对外贸易 包括进口与出口。出口货物以通关放行装船（机） 离岸日为统计时间，以离岸价格（F.O.B.）计价；进口货物经办妥通关手续，或存入保税关栈的货物，以其提出关栈报运进口放行日为统计时间，以到岸价格（C.I.F.）计价。出口国别是以出口货物的出口商所申报的运销地分列，其运销地有数处得随时变更者，以最终的运销地为准；进口国别是按原产国别分列。

客运周转量 指于某特定时间内，铁路、公路客运运输所运送旅客运程的总和，或每架次飞机所载运的旅客人数与其航行里程乘积之和。可用以推算该时间内的客运收入。

货运周转量 指于某特定时间内，铁路、公路、航空货运运输所运送货物的重量与其运程乘积之和。可用以推算该时间内的货运收入。

批发价格 指企业间相互交易的地区内生产物品出厂价格及进出口物品的价格，以反映生产厂商出售原材料、半成品及制成品等价格变动情况。

消费价格 以台湾地区（包括城市和农村）为范围所编制的零售价格指数，以此衡量台湾地区一般家庭为消费需要所购买的商品与服务价格水平的变动情况。

进口及出口价格 以台湾地区进出口商品为调查价格范围，以此衡量进出口商品价格水平的变动情况。

道路交通事故 指造成人员死亡或受伤的案件，死亡人数包括立即死亡及事故发生后24小时内死亡。

社会保险 社会保险是包括全民健康保险（1995年3月开办）、劳工保险、就业保险(2003年1月开办)、公务人员保险、退休人员保险、私立学校教职员保险、农民健康保险及军人保险。

储备货币 包括存款货币机构与中华邮政公司储汇处的准备金及社会大众持有的通货二项。

流动性负债 指金融机构及债券型基金的流动性负债，包括金融机构以外部门持有通货，金融机构收受企业及个人的各种存款、货币市场共同基金与信托资金，保险业提列的人寿保险准备，以及企业及个人持有金融债券、央行发行的国库券与储蓄券；自1994年1月资料起，尚加计企业及个人持有上列机构的附买回交易余额与外国人持有的新台币存款；自1999年1月资料起，尚包括企业及个人持有债券型基金。

存款货币 指企业及个人在货币机构的支票存款、活期存款及活期储蓄存款。

货币总计数 M_{1a}指通货净额加企业及个人(含非营利团体)在货币机构的支票存款及活期存款；M_{1b}是通货净额加存款货币，或M_{1a}加个人（含非营利团体）在货币机构的活期储蓄存款（目前仅个人及非营利团体可以开设储蓄存款帐户）。M_2指M_{1b}加准货币。

附录一

世界及主要国家第三产业统计资料摘要

简要说明

一、本章选取了四十余个国家和地区主要宏观经济指标和第三产业方面统计指标，力求反映国家或地区经济概貌同时重点介绍第三产业情况。如需了解这些国家和地区其他指标，请参阅国家统计局国际统计信息中心编辑的《国际统计年鉴》。

二、中国数据未包括中国香港特别行政区、中国澳门特别行政区和中国台湾省的相关数据。

三、所有国家和地区的数据均来自于有关国际组织，每张表均附有资料来源。

四、经过有关国际组织调整，数据口径基本一致。

五、一些数据的合计数或相对数，因受进位的影响，不一定等于分项的累加。

六、本章中使用的符号含义如下："空格"表示无该项数据或该项统计数据不详；"…"表示数据不够本表最小单位数的一半；"|"表示因统计口径的调整，与之前数据不严格可比。

附录1-1 国内生产总值

单位：亿美元

国家和地区	2000	2005	2010	2013	2014	2015	2016	2017	2018
世界	**335979**	**475001**	**660364**	**772186**	**793199**	**750372**	**761461**	**809348**	**857908**
中国	12113	22860	61006	96072	104824	110647	111910	122377	136082
中国香港	1717	1816	2286	2757	2915	3094	3209	3414	3630
中国澳门	67	121	281	516	553	454	453	504	545
孟加拉国	534	694	1153	1500	1729	1951	2214	2497	2740
文莱	60	95	137	181	171	129	114	121	136
柬埔寨	37	63	112	152	167	181	200	222	246
印度	4621	8204	16756	18567	20391	21036	22904	26507	27263
印度尼西亚	1650	2859	7551	9125	8908	8609	9319	10154	10422
伊朗	1096	2265	4871	4674	4345	3859	4190	4540	
以色列	1323	1425	2337	2929	3100	3005	3194	3533	3697
日本	48875	47554	57001	51557	48504	43950	49493	48724	49709
哈萨克斯坦	183	571	1480	2366	2214	1844	1373	1629	1705
韩国	5616	8981	10945	13056	14113	13828	14148	15308	16194
老挝	17	27	71	119	133	144	158	169	181
马来西亚	938	1435	2550	3233	3381	2966	2968	3147	3543
蒙古	11	25	72	126	122	118	112	114	130
缅甸	89	120	495	603	654	597	633	671	712
巴基斯坦	740	1095	1774	2312	2444	2706	2787	3050	3126
菲律宾	810	1031	1996	2718	2846	2928	3049	3136	3309
新加坡	958	1274	2364	3045	3115	3041	3098	3239	3642
斯里兰卡	163	244	567	743	794	806	818	874	889
泰国	1264	1893	3411	4203	4073	4014	4118	4553	5050
越南	312	576	1159	1712	1862	1932	2053	2238	2449
埃及	998	897	2189	2886	3055	3327	3329	2354	2509
尼日利亚	694	1761	3634	5150	5685	4946	4047	3757	3973
南非	1364	2577	3753	3666	3506	3175	2957	3489	3663
加拿大	7423	11694	16135	18426	17993	15525	15270	16471	17093
墨西哥	7079	8775	10578	12744	13146	11706	10778	11509	12238
美国	102848	130937	149921	167849	175217	182193	187072	194854	204941
阿根廷	2842	1987	4236	5520	5263	5947	5549	6374	5185
巴西	6554	8916	22089	24728	24560	18022	17963	20536	18686
委内瑞拉	1171	1455	3932	3710	4824				
捷克	616	1363	2075	2094	2078	1868	1951	2159	2441
法国	13622	21961	26426	28111	28522	24382	24651	25825	27775
德国	19500	28614	34171	37525	38987	33814	34952	36932	39968
意大利	11418	18527	21251	21305	21517	18323	18691	19438	20739
荷兰	4128	6785	8466	8769	8910	7653	7835	8306	9129
波兰	1719	3061	4793	5242	5453	4770	4720	5265	5858
俄罗斯	2597	7640	15249	22971	20637	13637	12827	15784	16576
西班牙	5954	11573	14316	13619	13769	11991	12375	13143	14262
土耳其	2730	5014	7719	9506	9342	8598	8637	8515	7665
乌克兰	313	861	1360	1833	1335	910	934	1122	1308
英国	16480	25207	24529	27536	30347	28964	26592	26379	28252
澳大利亚	4150	6926	11443	15737	14650	13490	12080	13234	14322
新西兰	526	1147	1466	1908	2010	1776	1893	2041	2050

资料来源：世界银行WDI数据库。

附录1-2 国内生产总值增长率

单位：%

国家和地区	2000	2005	2010	2013	2014	2015	2016	2017	2018
中　　国	8.5	11.4	10.6	7.8	7.3	6.9	6.7	6.8	6.6
中国香港	7.7	7.4	6.8	3.1	2.8	2.4	2.2	3.8	3.0
中国澳门	5.8	8.1	25.3	11.2	-1.2	-21.6	-0.9	9.7	4.7
孟加拉国	5.3	6.5	5.6	6.0	6.1	6.6	7.1	7.3	7.9
文　　莱	2.9	0.4	2.6	-2.1	-2.4	-0.6	-2.5	1.3	0.1
柬 埔 寨	10.7	13.3	6.0	7.4	7.1	7.0	7.0	7.0	7.5
印　　度	3.8	7.9	8.5	6.4	7.4	8.0	8.2	7.2	7.0
印度尼西亚	4.9	5.7	6.2	5.6	5.0	4.9	5.0	5.1	5.2
伊　　朗	5.9	3.2	5.8	-0.2	4.6	-1.3	13.4	3.8	
以 色 列	7.7	4.0	5.5	4.1	3.9	2.6	4.0	3.5	3.3
日　　本	2.8	1.7	4.2	2.0	0.4	1.2	0.6	1.9	0.8
哈萨克斯坦	9.8	9.7	7.3	6.0	4.2	1.2	1.1	4.1	4.1
韩　　国	8.9	3.9	6.5	2.9	3.3	2.8	2.9	3.1	2.7
老　　挝	5.8	7.1	8.5	8.0	7.6	7.3	7.0	6.9	6.5
马来西亚	8.9	5.3	7.4	4.7	6.0	5.1	4.2	5.9	4.7
蒙　　古	1.2	7.3	6.4	11.7	7.9	2.4	1.2	5.3	7.0
巴基斯坦	4.3	7.7	1.6	4.4	4.7	4.7	5.5	5.7	5.4
菲 律 宾	4.4	4.8	7.6	7.1	6.2	6.1	6.9	6.7	6.2
新 加 坡	9.0	7.4	14.5	4.8	3.9	2.9	3.0	3.7	3.1
斯里兰卡	6.0	6.2	8.0	3.4	5.0	5.0	4.5	3.4	3.2
泰　　国	4.5	4.2	7.5	2.7	1.0	3.1	3.4	4.0	4.1
越　　南	6.8	7.6	6.4	5.4	6.0	6.7	6.2	6.8	7.1
埃　　及	6.4	4.5	5.2	2.2	2.9	4.4	4.4	4.2	5.3
尼日利亚	5.0	6.4	8.0	6.7	6.3	2.7	-1.6	0.8	1.9
南　　非	4.2	5.3	3.0	2.5	1.9	1.3	0.6	1.3	0.6
加 拿 大	5.2	3.2	3.1	2.3	2.9	0.7	1.1	3.0	1.9
墨 西 哥	4.9	2.3	5.1	1.4	2.8	3.3	2.9	2.1	2.0
美　　国	4.1	3.5	2.6	1.8	2.5	2.9	1.6	2.2	2.9
阿 根 廷	-0.8	8.9	10.1	2.4	-2.5	2.7	-2.1	2.7	-2.5
巴　　西	4.4	3.2	7.5	3.0	0.5	-3.6	-3.3	1.1	1.1
委内瑞拉	3.7	10.3	-1.5	1.3	-3.9	-5.7			
捷　　克	4.3	6.5	2.3	-0.5	2.7	5.3	2.5	4.4	2.9
法　　国	3.9	1.7	2.0	0.6	1.0	1.1	1.1	2.3	1.7
德　　国	3.0	0.7	4.1	0.5	2.2	1.7	2.2	2.2	1.4
意 大 利	3.7	1.0	1.7	-1.7	0.1	0.9	1.1	1.7	0.9
荷　　兰	4.2	2.1	1.3	-0.1	1.4	2.0	2.2	2.9	2.7
波　　兰	4.6	3.5	3.6	1.4	3.3	3.8	3.1	4.8	5.2
俄 罗 斯	10.0	6.4	4.5	1.8	0.7	-2.3	0.3	1.6	2.3
西 班 牙	5.3	3.7	0.0	-1.7	1.4	3.7	3.2	3.0	2.6
土 耳 其	6.6	9.0	8.5	8.5	5.2	6.1	3.2	7.4	2.6
乌 克 兰	5.9	3.0	3.8	0.0	-6.6	-9.8	2.4	2.5	3.3
英　　国	3.5	3.2	1.7	2.1	3.0	2.4	1.8	1.8	1.4
澳大利亚	3.9	3.2	2.1	2.6	2.6	2.3	2.9	2.3	2.8
新 西 兰	2.9	3.3	1.5	2.6	3.7	3.6	3.7	3.1	2.8

资料来源：世界银行WDI数据库。

附录1-3 国内生产总值产业构成

单位：%

国家和地区	第一产业			第二产业			第三产业		
	2000	2010	2018	2000	2010	2018	2000	2010	2018
中　　国	14.7	9.5	7.2	45.5	46.4	40.7	39.8	44.1	52.2
中国香港	0.1	0.1	0.1①	12.1	6.8	7.2①	83.8	90.9	88.8①
中国澳门				11.6	4.8	5.0①	81.3	94.4	93.0①
孟加拉国	22.7	17.0	13.1	22.3	25.0	28.5	50.6	53.5	53.0
文　　莱	1.0	0.7	1.0	63.7	68.7	63.2	35.3	30.6	37.3
柬 埔 寨	35.7	33.9	22.0	21.7	21.9	32.3	36.9	38.3	39.5
印　　度	21.9	17.0	14.5	28.4	30.7	27.0	41.3	45.0	49.0
印度尼西亚	15.7	13.9	12.8	42.0	42.8	39.7	33.4	40.7	43.4
伊　　朗	9.1	6.5	9.5①	40.3	44.2	34.9①	51.4	51.1	54.4①
以 色 列	1.3	1.5	1.2①	22.1	21.0	19.6①	66.1	66.6	69.4①
日　　本	1.5	1.1	1.2①	32.8	28.4	29.1①	65.9	70.2	69.1①
哈萨克斯坦	8.1	4.5	4.2	37.8	40.6	34.1	48.4	51.7	54.5
韩　　国	3.9	2.2	2.0	34.2	34.6	35.1	51.6	53.6	53.6
老　　挝	33.6	22.6	15.7	16.5	30.5	31.5	42.2	43.6	41.6
马来西亚	8.6	10.1	7.7	48.3	40.5	39.0	46.3	48.5	52.0
蒙　　古	27.4	11.7	10.9	22.2	33.2	38.2	44.1	44.8	40.0
缅　　甸	57.2	36.9	24.6	9.7	26.5	32.3	33.1	36.7	43.2
巴基斯坦	24.1	23.3	22.6	21.7	19.7	18.2	47.2	52.8	53.5
菲 律 宾	14.0	12.3	9.3	34.5	32.6	30.7	51.6	55.1	60.0
新 加 坡	0.1			32.5	26.1	25.2	60.6	68.3	69.4
斯里兰卡	19.9	8.5	7.9	27.3	26.6	27.0	52.8	54.6	56.8
泰　　国	8.5	10.5	8.1	36.8	40.0	35.0	54.7	49.5	56.9
越　　南	24.5	18.4	14.6	36.7	32.1	34.3	38.7	36.9	41.2
埃　　及	15.5	13.3	11.2	30.8	35.8	35.1	50.1	46.2	51.4
尼日利亚	25.3	23.9	21.2	47.5	25.3	23.9	66.8	50.8	52.0
南　　非	3.0	2.4	2.2	29.1	27.4	26.0	59.1	61.0	61.4
加 拿 大	2.3	1.3	1.7②	32.5	26.7	24.8②	64.5	65.5	66.7②
墨 西 哥	3.3	3.2	3.3	34.2	32.4	31.2	57.8	60.4	60.2
美　　国	1.2	1.1	0.9①	22.4	19.7	18.2①	73.1	75.9	77.4①
阿 根 廷	4.7	7.1	6.1	26.0	25.3	23.1	61.9	51.5	55.6
巴　　西	4.8	4.1	4.4	23.0	23.3	18.4	58.3	57.6	62.6
委内瑞拉	3.9	5.4		46.4	48.4		43.1	39.0	
捷　　克	3.1	1.5	2.0	33.9	33.3	32.7	54.1	55.6	55.3
法　　国	2.1	1.6	1.6	21.3	17.8	16.9	66.3	70.7	70.3
德　　国	1.0	0.6	0.7	27.9	27.1	28.0	61.4	62.2	61.5
意 大 利	2.6	1.8	1.9	24.3	21.9	21.7	62.7	66.3	66.1
荷　　兰	2.2	1.8	1.6	22.2	19.7	17.5	65.3	68.4	70.3
波　　兰	3.1	2.6	2.8①	28.9	29.2	28.9①	56.8	56.2	56.1①
俄 罗 斯	5.8	3.3	3.1	33.9	30.0	32.1	49.7	53.1	54.1
西 班 牙	3.7	2.3	2.6	27.9	23.8	21.9	59.1	65.4	65.9
土 耳 其	10.1	9.0	5.8	26.9	24.6	29.4	52.6	54.3	54.3
乌 克 兰	14.5	7.4	10.1	30.8	25.9	23.3	39.5	55.1	51.3
英　　国	0.8	0.7	0.6	22.5	17.9	18.0	66.4	71.5	70.5
澳大利亚	3.1	2.2	2.6	24.7	25.1	24.0	64.3	65.8	66.6
新 西 兰	8.9	8.6	6.6③	22.4	19.1	19.2③	61.8	64.4	65.6③

注：①2017年数据。②2015年数据。③2016年数据。

资料来源：世界银行WDI数据库。

附录1-4 第三产业增加值

单位：亿美元

国家和地区	2000	2005	2010	2013	2014	2015	2016	2017
中　　国		9449	26888	44863	50145	55584	57697	63182
中国香港	1438	1617	2079	2512	2637	2779	2872	
中国澳门	55	100	265	495	516	411	419	
孟加拉国	270	367	617	801	927	1048	1188	1335
文　　莱	21	26	42	53	54	49	49	50
柬 埔 寨	14	25	43	59	66	72	80	88
印　　度	1907	3470	7484	8671	9752	10073	10889	12710
印度尼西亚	551	1153	3071	3788	3763	3728	4070	4431
伊　　朗	563	1087	2491	2259	2168	2157	2314	2872
以 色 列	875	956	1571	2004	2112	2081	2217	
日　　本	32190	32796	40020	36785	34189	30391	34040	
哈萨克斯坦	88	297	765	1258	1214	1093	794	916
韩　　国	2900	4811	5870	7053	7670	7473	7605	8089
老　　挝	7	12	31	51	59	64	67	70
马来西亚	434	634	1236	1615	1694	1517	1532	1603
巴基斯坦	349	531	937	1203	1263	1411	1471	1619
菲 律 宾	418	551	1100	1567	1632	1723	1817	1878
新 加 坡	581	823	1615	2161	2194	2126	2170	2281
斯里兰卡	86	142	310	419	452	462	465	486
泰　　国	691	988	1687	2173	2162	2199	2294	2563
越　　南	121	245	428	663	727	768	840	
尼日利亚	310	811	1845	2697	3079	2796	2419	2097
南　　非	805	1549	2290	2244	2141	1950	1805	2149
墨 西 哥	4092	5265	6385	7788	7912	7138	6575	7008
美　　国	75211	97323	113786	125730	131325	138334	143449	
阿 根 廷	1761	964	2181	2976	2786	3320	3100	3629
巴　　西	3818	5000	12726	14757	15043	11229	11343	12963
捷　　克	333	737	1155	1136	1115	1005	1059	1175
法　　国	9033	15049	18671	19763	20064	17118	17339	18139
德　　国	11968	18085	21253	23266	24133	20956	21514	22678
意 大 利	7160	12018	14079	14184	14402	12221	12412	12866
荷　　兰	2703	4481	5788	6057	6229	5362	5502	5841
波　　兰	976	1719	2695	3003	3087	2685	2654	3058
俄 罗 斯	1291	3729	8100	12856	11466	7655	7274	8863
西 班 牙	3519	6903	9365	9188	9290	8036	8260	8688
土 耳 其	1435	2646	4191	5055	5013	4583	4644	4538
乌 克 兰	124	434	749	1031	723	465	468	564
英　　国	10948	17600	17530	19438	21476	20507	18869	18580
澳大利亚	2669	4460	7531	10450	9645	9089	8247	8863
新 西 兰	325	738	943	1227	1314	1165		

资料来源：世界银行WDI数据库。

附录1-5 第三产业就业人口占总就业人口比重

单位：%

国家和地区	2012	2013	2014	2015	2016	2017	2018
中国	38.1	39.7	41.1	42.3	43.2	44	44.6
中国香港	87.8	87.7	87.7	88	88	88	88
中国澳门	80.2	80.3	80.4	80.3	80.5	80.5	80.6
孟加拉国	35.7	35.9	36.3	36.6	36.9	39	39.4
文莱	80.2	80.5	80.8	81.5	82.2	82.5	82.6
柬埔寨	41.5	41.8	42.1	42.2	42.2	42.4	42.7
印度	28.6	29	29.5	30.1	30.6	31	31.5
印度尼西亚	43	44.1	44.3	44.9	46.5	47.2	47.5
伊朗	48.1	48.1	48.4	49.4	50.1	50.4	50.6
以色列	80.6	80.8	81.1	81.3	81.4	81.6	81.7
日本	69.9	70.1	70.3	70.5	70.9	71.9	72.1
哈萨克斯坦	55.1	56	58.1	61.4	62.8	63.6	63.7
韩国	69.3	69.5	69.6	69.7	70.2	70.1	70.3
老挝	20.7	21.3	21.8	22.2	22.3	22.6	22.9
马来西亚	58.7	58.6	59.7	60	61.1	61.4	61.6
蒙古	46.8	49.8	51.3	51.3	50.6	52	52.2
缅甸	30.7	31	31.2	31.5	32.6	33.5	33.9
巴基斯坦	34.8	34.8	34.9	35	34.1	34.4	34.7
菲律宾	52.6	53.4	53.6	54.7	55.5	56.3	56.5
新加坡	79.5	80.1	82.3	82.7	82.7	82.8	82.9
斯里兰卡	42.9	44.1	45	45.1	45.3	45.5	45.8
泰国	38	39.2	43	44	45.2	45.5	45.8
越南	31.4	32	32.2	33.2	33.4	34.1	34.4
埃及	48.1	47.9	48	49.1	48.9	48.4	48.6
尼日利亚	48.9	49.9	50.5	51.2	51.5	51.6	51.8
南非	71.7	71.5	71.9	70.6	71.1	71.5	71.6
加拿大	77.8	77.9	78.1	78.4	78.4	79	79
墨西哥	62.2	62	61.4	61.4	61.1	60.9	61.1
美国	78.9	78.7	78.7	78.7	78.8	78.8	79.1
阿根廷	75.7	75.4	75.3	76.2	76.9	77.5	77.5
巴西	65.5	65.9	66.7	67.6	68.9	70	70.2
委内瑞拉	71	71.2	71.4	71.5	71.5	71.6	71.7
捷克	58.8	59.5	59.2	59	59	59.1	59.4
法国	75.3	75.6	76.6	76.9	76.8	76.9	77.1
德国	70.2	70.8	70.5	70.9	71.3	71.3	71.6
意大利	68.7	69.4	69.5	69.6	70	70.2	70.4
荷兰	80.1	81.4	81.5	81.2	81.3	81.2	81.4
波兰	57	57.5	58	57.9	58	58.1	58.4
俄罗斯	64.9	65.3	65.8	66.1	66.3	67.1	67.2
西班牙	75.1	76	76.3	76	76.2	75.6	75.8
土耳其	50.4	50.7	51.1	52.4	53.7	54.1	54.5
乌克兰	54.2	55.2	59.1	60.1	60.2	60.3	60.4
英国	79.7	80.1	79.8	80.2	80.4	80.6	80.7
澳大利亚	76.5	76.9	76.2	77.2	77.3	78	78.1
新西兰	72.9	73.3	72.9	71.9	73.3	73.3	73.4

资料来源：世界银行WDI数据库。

附录1-6　雇员每月平均工资

单位：本币

国家和地区	2010	2011	2012	2013	2014	2015	2016	2017
中　　国①	3045	3483	3897	4290	4697	5169	5631	
中国香港	11000	11000	12000	12600	13000	14200	15000	
中国澳门	8900	10000	11000	12000	13000		15000	
孟加拉国							12915	12016
文　　莱					2092			1622
柬 埔 寨	377112	407336	436597	498888	625347	668066	745008	
印度尼西亚			1418531	1576738	1704256	1818033		
以 色 列			9149	9030	9317	9503	9724	
日　　本	296200	296800	297700	295700	299600	304000	304000	304300
哈萨克斯坦	77611	90028	101263	109141	121021	126021	142898	150827
韩　　国	2785030	2915720	2997420	3116400	3235210	3269000	3351000	3446000
老　　挝	1597120							2354377
马来西亚		1809	1906		2193	2312	2463	
蒙　　古					797	808		945
缅　　甸						125261		181545
巴基斯坦				12569	13701	15559		18827
菲 律 宾	12070	12127	12144	12073	12128	11992	12220	12646
新 加 坡	4089	4334	4433	4622	4727	4892		
斯里兰卡				19212	20774	24139	27091	
泰　　国					14475	14635	14854	14889
越　　南	2518605	3124161	3757662	4099224	4470629	5126699	5493000	5371754
埃　　及							942	1050
阿 根 廷		3321	4080	5269	6738			
巴　　西			1415	1533	1674	1836	2058	2174
捷　　克			26033	26211	26802	27811	29056	31109
法　　国		2787.0	2879	2905		2962	2989	
德　　国	2882				3045.0			
意 大 利	2286				2458.0	2123.0	2137.0	2151.0
波　　兰					4100		4347	
俄 罗 斯								38609
西 班 牙	1839	1842	1850	1869	1881	1894	1878	1889
乌 克 兰				3265	3480	4195	5183	7104
英　　国	2119	2117	2130	2182		2208	2281	2341
新 西 兰	3940				4420	4522	4640	4760

注：①城镇单位就业人员平均工资。
资料来源：国际劳工组织数据库。

附录1-7 货物进口总额

单位：亿美元

国家和地区	2000	2005	2010	2013	2014	2015	2016	2017	2018
世　界	**67231**	**108704**	**155326**	**190495**	**191307**	**167870**	**162849**	**180433**	**198665**
中　国	2251	6600	13963	19500	19592	16796	15879	18438	21359
中国香港	2140	3002	4414	6223	6008	5594	5473	5899	6275
中国澳门	26	45	56	101	113	106	89	95	112
孟加拉国	89	139	278	371	411	421	448	528	615
文　莱	11	15	25	36	36	32	27	31	52
柬埔寨	19	39	68	96	107	133	141	155	191
印　度	515	1429	3502	4654	4629	3929	3612	4484	5107
印度尼西亚	436	757	1357	1866	1782	1427	1357	1570	1887
伊　朗	139	400	654	466	551	449	431	495	494
以色列	377	471	612	749	755	650	689	719	878
日　本	3795	5159	6941	8332	8122	6480	6076	6719	7487
哈萨克斯坦	50	174	311	488	413	306	254	296	325
韩　国	1605	2612	4252	5156	5255	4365	4062	4785	5352
老　挝	5	9	21	31	43	57	54	56	63
马来西亚	820	1143	1646	2059	2089	1760	1684	1948	2175
蒙　古	6	12	33	64	52	38	34	43	59
缅　甸	24	19	48	120	165	169	157	193	195
巴基斯坦	109	254	378	447	476	438	469	578	605
菲律宾	370	495	585	657	687	748	894	1019	1147
新加坡	1346	2001	3108	3730	3663	2968	2919	3277	3706
斯里兰卡	63	88	135	180	194	189	192	210	225
泰　国	619	1182	1829	2504	2278	2027	1942	2215	2497
越　南	156	368	848	1320	1479	1656	1748	2115	2442
埃　及	146	225	529	662	668	636	558	616	720
尼日利亚	87	208	442	560	583	447	355	313	419
南　非	297	623	968	1263	1220	1047	916	1013	1139
加拿大	2448	3224	4027	4758	4744	4294	4132	4422	4690
墨西哥	1795	2282	3102	3910	4116	4053	3975	4322	4766
美　国	12593	17327	19692	23291	24126	23153	22502	24085	26143
阿根廷	252	287	568	744	657	602	559	669	654
巴　西	586	776	1915	2506	2392	1788	1434	1575	1887
捷　克	320	765	1267	1443	1542	1414	1430	1634	1838
法　国	3389	5041	6111	6815	6788	5708	5677	6187	6726
德　国	4972	7771	10548	11812	12072	10511	10553	11629	12856
意大利	2388	3848	4871	4795	4744	4109	4068	4531	5008
荷　兰	2183	3638	5164	5897	5896	5121	5008	5747	6460
波　兰	490	1016	1781	2076	2236	1965	1995	2338	2665
俄罗斯	449	1254	2486	3413	3079	1930	1915	2381	2491
西班牙	1561	2888	3270	3406	3589	3119	3109	3520	3880
土耳其	545	1168	1855	2517	2422	2072	1986	2338	2231
乌克兰	140	361	609	768	543	375	393	496	571
英　国	3481	5193	5911	6600	6898	6262	6366	6435	6736
澳大利亚	715	1253	2016	2421	2370	2088	1962	2288	2357
新西兰	139	262	306	396	425	366	361	401	438

资料来源：世界贸易组织数据库。

附录1-8 货物出口总额

单位：亿美元

国家和地区	2000	2005	2010	2013	2014	2015	2016	2017	2018
世　界	**64548**	**105076**	**153009**	**189507**	**189845**	**165306**	**160305**	**177319**	**194754**
中　国	2492	7620	15778	22090	23423	22735	20976	22634	24871
中国香港	2027	2921	4007	5356	5241	5106	5167	5503	5692
中国澳门	25	25	9	11	12	13	13	14	15
孟加拉国	64	93	192	291	304	324	349	359	393
文　莱	39	63	89	115	105	64	49	56	54
柬埔寨	14	31	51	67	69	85	101	121	144
印　度	424	996	2264	3149	3227	2674	2641	2993	3256
印度尼西亚	654	870	1578	1826	1763	1504	1447	1688	1802
伊　朗	287	563	1013	908	952	703	729	928	1079
以色列	314	428	584	666	685	637	604	611	574
日　本	4793	5949	7698	7151	6902	6248	6449	6981	7384
哈萨克斯坦	88	279	600	847	795	460	367	485	610
韩　国	1723	2844	4664	5596	5727	5268	4954	5737	6049
老　挝	3	6	18	23	27	37	43	48	53
马来西亚	982	1416	1986	2283	2339	1992	1897	2177	2474
蒙　古	5	11	29	43	58	47	49	62	70
缅　甸	16	38	87	112	115	114	118	139	168
巴基斯坦	90	161	214	251	247	221	204	216	235
菲律宾	381	413	515	567	621	588	574	687	675
新加坡	1378	2297	3519	4103	4093	3466	3381	3732	4126
斯里兰卡	54	64	86	102	113	105	103	114	119
泰　国	690	1109	1933	2285	2275	2143	2154	2366	2521
越　南	145	324	722	1320	1502	1621	1766	2143	2456
埃　及	53	129	264	290	269	214	255	256	276
尼日利亚	210	505	840	906	1031	502	333	445	607
南　非	300	516	914	962	930	809	763	888	940
加拿大	2766	3605	3875	4583	4763	4100	3901	4208	4499
墨西哥	1664	2142	2983	3800	3969	3806	3740	4094	4506
美　国	7819	9011	12785	15796	16205	15026	14510	15463	16641
阿根廷	263	404	682	760	684	568	579	586	616
巴　西	551	1185	2019	2420	2251	1911	1852	2178	2397
捷　克	291	781	1330	1623	1750	1579	1627	1821	2022
法　国	3276	4634	5238	5810	5808	5063	5012	5352	5818
德　国	5518	9709	12589	14451	14942	13262	13344	14482	15608
意大利	2405	3731	4473	5183	5298	4570	4617	5074	5466
荷　兰	2331	4064	5743	6716	6724	5704	5706	6521	7227
波　兰	318	894	1597	2050	2201	1991	2038	2344	2606
俄罗斯	1050	2438	4006	5218	4968	3414	2817	3536	4440
西班牙	1153	1926	2544	3178	3245	2823	2900	3195	3452
土耳其	278	735	1139	1518	1576	1438	1425	1570	1680
乌克兰	146	342	515	643	542	381	364	433	474
英　国	2854	3909	4160	5406	5046	4596	4090	4411	4857
澳大利亚	639	1061	2126	2530	2400	1877	1925	2311	2569
新西兰	133	217	314	395	416	344	337	381	397

资料来源：世界贸易组织数据库。

附录1-9 服务贸易进口总额

单位：亿美元

国家和地区	2000	2005	2010	2013	2014	2015	2016	2017	2018
世　界	**14637**	**25330**	**37144**	**46107**	**49989**	**47627**	**48059**	**51083**	**54852**
中　国	359	833	1923	3294	4309	4330	4492	4641	5206
中国香港	246	561	702	750	738	739	743	775	813
中国澳门	8	15	24	35	37	38	38	44	49
孟加拉国	15	21	41	62	74	74	76	90	104
文　莱	8	9	11	24	17	16	16	12	15
柬埔寨	3	6	10	18	21	22	24	27	30
印　度	189	602	1142	1258	1274	1227	1328	1540	1754
印度尼西亚	154	220	260	344	331	308	304	326	350
伊　朗	22	104	182	154	165	151	151	159	
以色列	118	141	185	215	241	243	258	286	305
日　本	1139	1374	1629	1690	1905	1766	1842	1908	1980
哈萨克斯坦	18	74	112	140	137	107	97	99	117
韩　国	332	591	965	1092	1147	1113	1113	1203	1228
老　挝	0	0	3	10	11	11	10	11	11
马来西亚	166	218	324	450	451	399	399	420	443
蒙　古	2	4	8	20	19	14	21	22	31
缅　甸	3	5	8	22	22	24	25	29	39
巴基斯坦	21	73	66	72	80	82	87	99	96
菲律宾	52	64	117	161	206	234	238	258	265
新加坡	300	560	1010	1502	1678	1630	1597	1813	1867
斯里兰卡	16	28	43	52	56	59	61	65	68
泰　国	153	267	411	471	449	422	432	464	550
越　南	33	44	98	136	148	158	166	168	182
埃　及	72	95	130	148	168	167	164	161	178
尼日利亚	31	64	199	201	230	188	113	180	306
南　非	57	119	192	176	166	151	145	158	161
加拿大	436	645	972	1118	1098	1001	1000	1069	1118
墨西哥	162	223	267	319	342	324	333	368	370
美　国	2050	2788	3774	4357	4565	4704	4883	5204	5362
阿根廷	90	72	143	186	176	187	216	247	236
巴　西	156	215	578	811	859	689	615	663	657
捷　克	53	107	177	203	223	196	198	216	246
法　国	597	1333	1809	2276	2521	2333	2403	2453	2568
德　国	1367	2081	2621	3266	3309	2940	3065	3292	3497
意大利	544	932	1110	1090	1132	999	1021	1133	1229
荷　兰	518	1023	1357	1513	1924	2131	1831	2061	2285
波　兰	89	155	309	343	366	329	342	381	432
俄罗斯	162	395	732	1257	1189	872	731	874	933
西班牙	329	610	678	626	692	650	694	755	849
土耳其	85	108	185	231	232	209	208	227	219
乌克兰	26	70	122	155	117	104	109	122	137
英　国	965	1697	1782	2015	2153	2115	2057	2070	2295
澳大利亚	186	325	569	746	698	625	611	666	706
新西兰	44	83	101	125	130	116	118	128	136

资料来源：世界贸易组织数据库。

附录1-10 服务贸易出口总额

单位：亿美元

国家和地区	2000	2005	2010	2013	2014	2015	2016	2017	2018
世 界	**14913**	**26008**	**38501**	**47647**	**51206**	**48906**	**49615**	**53577**	**57697**
中 国	301	780	1774	2058	2181	2176	2083	2264	2651
中国香港	404	473	805	1047	1068	1043	984	1042	1139
中国澳门	33	78	237	452	452	334	330	388	436
孟加拉国	3	7	12	15	16	17	20	23	30
文 莱	2	6	5	5	6	6	5	5	6
柬 埔 寨	4	11	19	34	37	38	38	44	52
印 度	160	519	1166	1487	1566	1557	1612	1847	2045
印度尼西亚	51	126	163	223	229	216	226	247	272
伊 朗	14	49	87	92	103	108	98	99	
以 色 列	156	173	254	350	358	368	400	447	499
日 本	683	997	1318	1327	1593	1583	1707	1816	1873
哈萨克斯坦	9	20	39	58	67	59	59	63	70
韩 国	308	493	822	1025	1110	967	940	865	954
老 挝	1	2	5	8	8	8	8	9	9
马来西亚	138	196	346	420	420	348	355	370	396
蒙 古	1	4	5	7	6	7	8	10	11
缅 甸	5	3	3	27	31	37	37	38	51
巴基斯坦	13	20	29	33	36	35	36	39	40
菲 律 宾	34	86	178	233	255	290	312	348	375
新 加 坡	284	462	1006	1431	1555	1555	1567	1723	1837
斯里兰卡	9	15	25	47	56	64	71	77	84
泰 国	138	198	341	584	552	614	675	752	838
越 南	27	42	74	106	109	111	124	129	149
埃 及	97	144	236	179	203	181	133	186	229
尼日利亚	18	14	26	19	15	27	32	45	43
南 非	49	116	157	164	165	147	140	154	156
加 拿 大	393	589	753	890	875	799	816	868	917
墨 西 哥	133	157	154	180	210	227	245	270	284
美 国	2824	3601	5435	6786	7214	7352	7401	7784	8082
阿 根 廷	48	63	126	135	132	130	132	145	139
巴 西	90	143	291	363	390	330	326	337	332
捷 克	67	128	219	240	251	228	242	269	299
法 国	800	1559	2011	2530	2716	2548	2593	2740	2910
德 国	796	1530	2200	2676	2945	2717	2810	3034	3256
意 大 利	559	908	998	1110	1131	971	995	1108	1208
荷 兰	514	1187	1599	1772	2039	1959	1888	2158	2405
波 兰	104	181	354	446	487	451	497	584	692
俄 罗 斯	96	286	486	691	648	508	499	568	638
西 班 牙	522	916	1124	1260	1331	1179	1264	1383	1490
土 耳 其	202	275	360	474	511	462	372	434	481
乌 克 兰	38	100	177	219	146	122	121	139	155
英 国	1184	2333	2749	3450	3699	3522	3448	3531	3727
澳大利亚	194	317	511	570	580	539	571	640	683
新 西 兰	50	100	114	133	143	142	148	160	167

资料来源：世界贸易组织数据库。

附录1-11 外汇储备和黄金储备

单位：亿美元

国家和地区	外汇储备（亿美元）				黄金储备（万盎司）			
	2000	2010	2015	2018	2000	2010	2015	2018
中 国	1656	28473	33304	30727	1270	3389	5666	5956
中国香港	1075	2686	3587	4245	7	7	7	7
中国澳门	33	237	189	203				
孟加拉国	15	99	258	300	11	43	44	45
文 莱	4	12	29	29			15	15
柬 埔 寨	5	32	68	132	40	40	40	40
印 度	373	2678	3278	3698	1150	1793	1793	1930
印度尼西亚	283	900	1006	1148	310	235	251	253
伊 朗								
以 色 列	232	693	889	1135				
日 本	3472	10363	11795	12095	2455	2460	2460	2460
哈萨克斯坦	16	247	198	158	184	216	713	1127
韩 国	959	2869	3585	3933	44	46	336	336
老 挝	1	6	10	9	2	29	1	3
马来西亚	274	1023	914	978	117	117	123	125
蒙 古	2	21	12	27	8	6	7	60
缅 甸	2	57	43	53	23	23	23	23
巴基斯坦	15	131	172	88	209	207	207	208
菲 律 宾	130	540	724	694	723	495	630	636
新 加 坡	795	2237	2457	2853	410	410	410	410
斯里兰卡	10	66	65		34	35	72	
泰 国	319	1657	1493	1970	237	320	490	495
越 南	34	121	279	551				
埃 及	129	324	121	376	243	243	243	252
尼日利亚	99	323	260	405	69	69	69	
南 非	58	354	389	436	590	402	403	403
加 拿 大	290	449	691	733	118	11	5	
墨 西 哥	351	1149	1684	1652	25	23	390	386
美 国	312	521	392	419	26161	26150	26150	26150
阿 根 廷	244	466	206	592	2	176	198	176
巴 西	324	2806	3489	3655	212	108	216	217
委内瑞拉	126	92	51		1024	1176	877	
捷 克	130	403	626	1409	45	41	32	28
法 国	321	362	364	485	9725	7830	7831	7832
德 国	497	374	364	364	11152	10934	10870	10834
意 大 利	224	357	344	391	7883	7883	7883	7883
荷 兰	70	89	88	47	2932	1969	1969	1969
波 兰	263	863	894	1104	331	331	331	414
俄 罗 斯	243	4329	3094	3717	1236	2536	4548	6794
西 班 牙	295	133	387	526	1683	905	905	905
土 耳 其	223	790	914	714	374	373	1657	1570
乌 克 兰	11	333	124	198	45	89	88	78
英 国	342	493	1016	1402	1567	997	998	998
澳大利亚	168	328	375	454	256	257	250	221
新 西 兰	36	151	131	161				

资料来源：国际货币基金组织IFS数据库。

附录1-12　外商直接投资

单位：亿美元

国家和地区	外商直接投资				对外直接投资			
	2000	2010	2015	2018	2000	2010	2015	2018
世　界	**13586.1**	**13651.1**	**20338.0**	**12971.5**	**11636.7**	**13731.9**	**16825.8**	**10141.7**
中　国	407.2	1147.3	1356.1	1390.4	9.2	688.1	1456.7	1298.3
中国香港	545.8	705.4	1743.5	1156.6	540.8	862.5	718.2	851.6
中国澳门	0.0	28.3	11.2	11.1		-4.4	-6.8	-5.0
孟加拉国	5.8	9.1	22.4	36.1	0.0	0.2	0.5	0.2
文　莱	5.5	4.8	1.7	5.0	0.3	-0.4	0.8	
柬埔寨	1.5	14.0	18.2	31.0	0.1	0.2	0.9	1.2
印　度	35.9	274.2	440.6	422.9	5.1	159.5	75.7	110.4
印度尼西亚	-45.5	137.7	166.4	219.8		26.6	59.4	81.4
伊　朗	1.9	36.5	20.5	34.8	0.1	2.4	1.2	0.8
以色列	69.6	69.9	113.4	218.0	33.4	79.4	109.7	60.1
日　本	83.2	-12.5	29.8	98.6	315.6	562.6	1362.5	1431.6
哈萨克斯坦	12.8	115.5	40.6	38.2	0.0	78.9	8.0	-11.0
韩　国	115.1	95.0	41.0	144.8	48.4	282.2	236.9	389.2
老　挝	0.3	2.8	11.2	13.2	0.1	0.3	0.4	
马来西亚	37.9	90.6	100.8	80.9	20.3	134.0	105.5	52.8
蒙　古	0.5	16.9	0.9	21.7		0.6	0.1	0.4
缅　甸	0.9	66.7	28.2	35.5				
巴基斯坦	3.1	20.2	16.2	23.5	0.1	0.5	0.3	0.1
菲律宾	22.4	13.0	44.5	64.6	1.3	29.4	43.5	6.0
新加坡	147.5	574.6	597.0	776.5	68.5	354.1	452.2	371.4
斯里兰卡	1.8	4.8	6.8	16.1	0.0	0.4	0.5	0.7
泰　国	34.1	145.6	56.2	104.9	-0.2	79.4	16.9	177.2
越　南	12.9	80.0	118.0	155.0		9.0	11.0	6.0
埃　及	12.4	63.9	69.3	68.0	0.5	11.8	1.8	3.2
尼日利亚	13.1	61.0	30.6	20.0	1.7	9.2	14.4	13.8
南　非	8.9	36.4	17.3	53.3	2.7	-0.8	57.4	45.5
加拿大	668.0	284.0	438.3	396.3	446.8	347.2	674.2	504.6
墨西哥	182.5	273.4	358.6	316.0		143.7	106.3	68.6
美　国	3140.1	1980.5	4676.3	2518.1	1426.3	2777.8	2643.6	-635.5
阿根廷	104.2	113.3	117.6	121.6	9.0	9.7	8.8	19.1
巴　西	327.8	776.9	495.1	612.2	22.8	220.6	-76.9	-130.4
委内瑞拉	47.0	15.7	7.7	9.6	5.2	24.9	4.0	16.6
捷　克	49.9	61.4	4.7	94.8	0.4	11.7	24.9	52.8
法　国	275.0	138.9	453.5	372.9	1619.5	481.6	532.0	1024.2
德　国	1982.8	656.4	414.4	257.1	570.9	1254.5	1098.9	770.8
意大利	133.8	91.8	196.3	242.8	66.9	326.9	223.1	205.8
荷　兰	638.6	-71.8	1787.9	696.6	756.3	683.6	2462.2	589.8
波　兰	94.5	128.0	152.7	114.8	0.2	61.5	50.0	8.6
俄罗斯	26.5	316.7	118.6	133.3	31.5	411.2	270.9	364.5
西班牙	395.8	398.7	119.1	435.9	582.1	378.4	402.6	316.2
土耳其	9.8	90.9	189.9	129.4	8.7	14.7	48.1	36.1
乌克兰	6.0	65.0	29.6	23.6	0.0	7.4	-0.5	-0.1
英　国	1153.0	582.0	391.9	644.9	2327.4	480.9	-668.2	498.8
澳大利亚	141.9	368.0	282.7	604.4	28.6	198.0	-102.2	36.4
新西兰	13.5	-0.6	-3.1	14.0	6.1	7.2	-0.6	4.0

资料来源：联合国贸发会议FDI数据库。

附录1-13 货币汇率(年平均价)

单位：1美元合本币数

国家或地区	2000	2005	2010	2014	2015	2016	2017	2018
中　国	8.28	8.19	6.77	6.14	6.23	6.64	6.76	6.62
中国香港	7.79	7.78	7.77	7.75	7.75	7.76	7.79	7.84
中国澳门	8.03	8.01	8.00	7.99	7.99	8.00	8.03	8.07
孟加拉国	52.14	64.33	69.65	77.64	77.95	78.47	80.44	83.47
文　莱	1.72	1.66	1.36	1.27	1.38	1.38	1.38	1.35
柬埔寨	3840.75	4092.50	4184.92	4037.50	4067.75	4058.70	4050.58	4051.17
印　度	44.94	44.10	45.73	61.03	64.15	67.19	65.12	68.39
印度尼西亚	8421.78	9704.74	9090.43	11865.21	13389.41	13308.33	13380.83	14236.94
伊　朗	1764.86	8963.96	10254.18	25941.66	29011.49	30914.85	33226.30	40864.33
以色列	4.08	4.49	3.74	3.58	3.89	3.84	3.60	3.59
日　本	107.77	110.22	87.78	105.95	121.04	108.79	112.17	110.42
哈萨克斯坦	142.13	132.88	147.35	179.19	221.73	342.16	326.00	344.71
韩　国	1130.96	1024.12	1156.06	1052.96	1131.16	1160.43	1130.43	1100.56
老　挝	7887.64	10655.17	8258.77	8048.96	8147.91	8179.27	8351.53	8489.24
马来西亚	3.80	3.79	3.22	3.27	3.91	4.15	4.30	4.04
蒙　古	1076.67	1205.25	1357.06	1817.94	1970.31	2140.29	2439.78	2472.48
缅　甸	6.52	5.82	5.64	984.35	1162.62	1234.87	1360.36	1429.81
巴基斯坦	53.65	59.51	85.19	101.10	102.77	104.77	105.46	121.82
菲律宾	44.19	55.09	45.11	44.40	45.50	47.49	50.40	52.66
新加坡	1.72	1.66	1.36	1.27	1.38	1.38	1.38	1.35
斯里兰卡	77.01	100.50	113.06	130.57	135.86	145.58	152.45	162.47
泰　国	40.11	40.22	31.69	32.48	34.25	35.30	33.94	32.31
越　南	14167.75	15858.92	18612.92	21148.00	21697.57	21935.00	22370.09	22602.05
埃　及	3.47	5.78	5.62	7.08	7.69	10.03	17.78	17.77
尼日利亚	101.70	131.27	150.30	158.55	192.44	253.49	305.79	306.08
南　非	6.94	6.36	7.32	10.85	12.76	14.71	13.33	13.24
加拿大	1.49	1.21	1.03	1.11	1.28	1.33	1.30	1.30
墨西哥	9.46	10.90	12.64	13.29	15.85	18.66	18.93	19.24
美　国	1.00	1.00	1.00	1.00	1.00	1.00	1.00	1.00
阿根廷	1.00	2.90	3.90	8.07	9.23	14.76	16.56	28.10
巴　西	1.83	2.43	1.76	2.35	3.33	3.49	3.19	3.65
委内瑞拉	0.68	2.09	2.58	6.28	6.28	9.26	9.98	
捷　克	38.60	23.96	19.10	20.76	24.60	24.44	23.38	21.73
法　国	1.09	0.80	0.76	0.75	0.90	0.90	0.89	0.85
德　国	1.09	0.80	0.76	0.75	0.90	0.90	0.89	0.85
意大利	1.09	0.80	0.76	0.75	0.90	0.90	0.89	0.85
荷　兰	1.09	0.80	0.76	0.75	0.90	0.90	0.89	0.85
波　兰	4.35	3.24	3.02	3.16	3.77	3.94	3.78	3.61
俄罗斯	28.13	28.28	30.37	38.38	60.94	67.06	58.34	62.67
西班牙	1.09	0.80	0.76	0.75	0.90	0.90	0.89	0.85
土耳其	0.63	1.34	1.50	2.19	2.72	3.02	3.65	4.83
乌克兰	5.44	5.13	7.94	11.89	21.85	25.55	26.60	27.20
英　国	0.66	0.55	0.65	0.61	0.66	0.74	0.78	0.75
澳大利亚	1.73	1.31	1.09	1.11	1.33	1.35	1.31	1.34
新西兰	2.20	1.42	1.39	1.21	1.43	1.44	1.41	1.45

资料来源：世界银行WDI数据库。

附录1-14 铁路货运和客运周转量

国家和地区	铁路货运周转量(亿吨公里)			铁路客运周转量(亿人公里)		
	2000	2016	2017	2000	2016	2017
中　　国	13336.1	19202.9	21464.7	4414.7	6959.6	6852.1
孟加拉国	7.8			39.4		
柬 埔 寨	0.9			0.5		
印　　度	3052.0	6544.8	6201.8	4306.7	11430.4	11498.4
印度尼西亚	50.0			192.3	216.4	256.5
伊　　朗	141.8	272.4	303.0	71.2	129.8	132.7
以 色 列	11.7	14.0		7.8	26.5	27.7
日　　本	218.0	212.7		2406.6	2040.3	1972.5
哈萨克斯坦	1249.8	1881.6	2062.6	102.2	181.7	192.4
韩　　国	106.2	84.1	82.3	281.0	237.5	219.4
马来西亚	9.2	13.5	12.3	12.2	22.3	20.3
蒙　　古	42.9	123.7	134.9	10.7	9.6	9.7
巴基斯坦	36.1	47.7	50.3	185.0	212.0	224.8
泰　　国	22.5			99.4		
越　　南	19.2	31.9	35.7	32.0	34.2	36.6
埃　　及	40.1			735.7		
尼日利亚	1.1			3.6		
南　　非	1004.3			118.9		
加 拿 大				15.2	13.8	15.4
墨 西 哥				0.8		
美　　国	21401.9	23146.9	24451.3	89.7	104.9	106.6
阿 根 廷	40.5				76.3	
巴　　西	1538.6				156.5	158.1
捷　　克	172.2	109.5	118.2	72.7	73.8	
法　　国	561.7			701.5		
德　　国	769.1	705.6	706.1	740.2	800.5	775.0
意 大 利	228.4	102.0	99.7	482.4	392.9	390.2
荷　　兰	38.2			146.7		179.8
波　　兰	540.1			197.1	94.7	
俄 罗 斯	13731.8	23425.9	24918.8	1670.5	1244.6	1229.2
西 班 牙	120.4	66.0	66.5	197.9	261.7	269.9
土 耳 其	96.5	107.7		58.3	43.3	45.7
乌 克 兰	1728.4	1875.6	1919.1	517.7	373.6	280.0
英　　国	181.0			392.3		
澳大利亚	335.9			12.7		

资料来源：世界银行WDI数据库。

附录1-15 空运货物周转量和客运量

国家和地区	空运货物周转量（万吨公里）			航空客运量（万人）		
	2000	2016	2017	2000	2016	2017
世 界	**11825721**	**19489828**	**21359025**	**167406**	**370510**	**397885**
高收入国家	**10107412**	**14739632**	**15926156**	**136254**	**222737**	**234446**
中等收入国家	**1689370**	**4593739**	**5218914**	**30608**	**146142**	**161704**
低收入国家	**28939**	**156457**		**544**	**1631**	**1735**
中 国	390008	2130459	2332362	6189	48796	55123
中国香港	511151	1140912	1241520	1438	4368	4558
中国澳门	2190	2940	3343	153	279	277
孟加拉国	19387	5398	6175	133	382	379
文 莱	14023	12426	13261	86	117	117
柬埔寨		144	88		105	131
印 度	54765	189388	240732	1730	11958	13982
印度尼西亚	40854	97456	105605	992	9927	11025
伊 朗	7372	13918	17582	872	1708	1928
以色列	88570	78393	91290	444	687	707
日 本	867205	936089	1068457	10912	11771	12390
哈萨克斯坦	1175	3889	4931	46	501	565
韩 国	765134	1080599	1100220	3433	7686	8405
老 挝	167	150	147	21	122	120
马来西亚	186384	114988	126164	1656	5382	5819
蒙 古	844	802	837	25	54	60
缅 甸	77	507	549	44	274	285
巴基斯坦	34031	17547	24987	529	963	992
菲律宾	28995	66513	75694	576	4021	4409
新加坡	600489	669581	700690	1670	3537	3768
斯里兰卡	25571	40308	39861	176	528	534
泰 国	171288	216007	239332	1739	6234	7119
越 南	11733	45126	45335	288	3735	4259
埃 及	27806	37436	43015	452	1185	1202
尼日利亚	882	2416	2200	51	411	345
南 非	68757	76727	83393	800	1974	2082
加拿大	189611	224623	284099	4177	8541	9140
墨西哥	30986	76085	92884	2089	5331	5854
美 国	3017198	3865792	4159155	66533	82404	84940
阿根廷	29665	25418	30626	892	1508	1831
巴 西	172790	151383	173655	3129	9414	9640
委内瑞拉	3310	400	191	430	603	416
捷 克	3222	2529	2782	223	405	545
法 国	522434	415541	426060	5258	6536	6832
德 国	712771	694271	739123	5796	11671	11685
意大利	174841	108325	140560	3042	2912	2784
荷 兰	436734	474596	569773	2090	4008	4277
波 兰	7783	15555	22181	234	550	738
俄罗斯	104141	586320	684523	1769	7746	8937
西班牙	87950	106816	106572	3971	6667	7191
土耳其	38504	349393	480024	1219	10037	10792
乌克兰	1220	4046	5968	95	576	682
英 国	516087	551267	591724	7044	14378	15187
澳大利亚	173074	186873	198259	3258	7245	7426
新西兰	81714	123185	133595	1078	1530	1627

资料来源：世界银行WDI数据库。

附录1-16 电话主线和移动电话普及率

国家和地区	电话主线(条/千人)			移动电话(部/千人)		
	2000	2016	2017	2000	2016	2017
世　界	**159.2**	**135.1**	**131.6**	**120.5**	**1007.2**	**1044.9**
高收入国家	**535.0**	**403.6**	**402.2**	**480.3**	**1259.7**	**1251.9**
中等收入国家	**82.3**	**90.4**	**85.7**	**44.3**	**1005.3**	**1043.3**
低收入国家	**10.1**	**14.8**	**10.6**	**3.1**	**584.7**	**620.8**
中　国	112.9	147.2	137.5	66.4	972.5	1045.8
中国香港	589.1	591.3	579.4	817.5	2408.0	2490.2
中国澳门	413.2	232.0		329.6	3218.0	
孟加拉国	3.7	4.7	4.3	2.1	834.5	881.2
文　莱	241.6	175.4		285.1	1236.9	1270.7
柬埔寨	2.5	14.4	8.3	10.7	1263.5	1160.4
印　度	30.8	18.4	17.4	3.4	851.7	872.9
印度尼西亚	31.5	41.2	42.3	17.4	1476.6	1738.4
伊　朗	143.4	382.4	384.2	14.6	1003.0	1073.2
以色列	494.5	407.8	389.4	731.7	1290.3	1266.6
日　本	485.8	501.8	501.6	523.7	1306.1	1334.5
哈萨克斯坦	121.8	218.5	203.1	13.1	1419.6	1454.2
韩　国	545.8	552.0	526.5	565.9	1206.8	1248.7
老　挝	7.7	187.4	164.1	2.4	585.7	541.2
马来西亚	199.6	155.1	208.0	220.9	1393.7	1338.8
蒙　古	49.0	74.4	95.1	64.5	1112.4	1263.5
缅　甸	5.9	9.7	10.4	0.3	956.5	898.5
巴基斯坦	22.0	16.1	14.9	2.2	706.5	733.6
菲律宾	39.3	36.6	39.7	82.8	1162.4	1104.0
新加坡	497.2	355.4	347.4	702.0	1504.8	1482.4
斯里兰卡	40.9	119.2	124.7	22.9	1240.3	1350.7
泰　国	88.8	68.3	42.2	48.5	1737.8	1760.4
越　南	31.7	59.2	47.4	9.8	1275.3	1256.2
埃　及	78.4	63.9	67.7	19.5	1022.0	1055.4
尼日利亚	4.5	0.8	0.7	0.3	829.8	759.2
南　非	108.5	80.7	64.0	182.4	1471.3	1619.9
加拿大	678.0	417.6	401.4	283.9	847.4	859.0
墨西哥	121.2	161.5	159.5	138.4	876.0	885.1
美　国	682.7	377.2	369.5	388.2	1228.8	1220.1
阿根廷	213.0	226.7	215.3	175.1	1453.3	1398.2
巴　西	176.4	202.3	195.3	132.3	1175.4	1130.0
委内瑞拉	103.6	242.7	185.4	222.4	874.3	766.0
捷　克	376.3	165.7	152.3	422.4	1176.6	1189.9
法　国	570.2	602.7	595.4	487.4	1044.0	1062.1
德　国	616.3	553.0	540.7	591.5	1263.1	1290.9
意大利	473.9	341.0	348.7	737.4	1446.3	1412.9
荷　兰	620.9	398.8	384.5	675.3	1229.7	1205.2
波　兰	283.9	213.0		175.0	1386.6	1305.4
俄罗斯	219.1	224.2	216.6	22.3	1591.6	1578.9
西班牙	418.2	423.6	424.6	593.2	1111.6	1132.3
土耳其	290.9	139.3	140.1	255.1	944.0	963.5
乌克兰	213.3	201.5	172.2	16.8	1352.0	1334.9
英　国	597.6	509.4	500.8	737.1	1199.8	1196.3
澳大利亚	527.1	339.1	346.0	449.1	1100.5	1126.9
新西兰	474.5	377.6	290.7	399.6	1244.4	1360.0

资料来源：世界银行WDI数据库。

附录1-17　互联网服务商

单位：个/百万人

国家和地区	2005	2010	2012	2013	2014	2015	2016	2017	2018
世　界	**64.6**	**187.3**	**325.2**	**370.9**	**450.4**	**573.5**	**1267.7**	**3519.7**	**6172.8**
高收入国家	**352.5**	**1089.2**	**1888.3**	**2154.5**	**2613.1**	**3314.8**	**7016.9**	**18739.4**	**34193.1**
中等收入国家	**2.2**	**6.2**	**16.6**	**21.1**	**28.4**	**44.2**	**179.5**	**683.6**	**924.5**
低收入国家	**0.1**	**0.3**	**0.8**	**1.0**	**1.4**	**1.9**	**3.7**	**15.3**	**18.7**
中　国	0.3	1.2	3.8	5.2	9.8	19.7	47.9	209.1	446.7
中国香港	162.3	447.5	998.3	1161.6	1553.6	2331.8	3873.3	10484.9	19403.6
中国澳门	53.9	210.0	381.2	415.7	503.2	752.4	1111.2	1779.7	2650.3
孟加拉国		0.2	0.7	1.0	1.3	2.0	23.6	65.2	116.0
文　莱	13.7	41.2	122.8	150.8	241.6	573.6	612.2	1620.8	1988.5
柬埔寨	0.1	0.7	3.0	4.0	4.6	10.2	20.5	55.2	81.1
印　度	0.6	1.7	4.5	6.2	8.4	11.7	38.3	123.1	187.8
印度尼西亚	0.5	1.6	5.3	7.8	11.8	17.7	306.2	1280.7	1283.0
伊　朗	0.3	1.2	2.4	3.1	5.2	12.3	64.1	225.7	494.6
以色列	162.8	444.4	900.4	960.4	1008.7	1305.0	2119.6	6967.6	9610.9
日　本	257.7	552.9	909.6	1054.7	1376.7	1504.3	2109.5	5980.2	11670.8
哈萨克斯坦	0.9	3.5	12.0	17.4	26.9	48.2	264.2	1232.2	1374.2
韩　国	20.0	175.3	268.3	337.1	406.6	557.7	720.6	1196.5	2064.0
老　挝	0.3	0.5	1.9	2.6	3.3	4.2	8.3	16.4	20.4
马来西亚	14.7	44.9	101.4	122.3	151.1	233.9	945.6	4917.7	5713.0
蒙　古	3.2	9.2	28.7	40.6	59.2	75.0	437.4	1527.1	1689.8
缅　甸			0.1	0.2	0.7	1.0	20.5	9.9	9.2
巴基斯坦	0.3	0.6	1.3	1.7	2.5	3.4	31.7	115.1	109.1
菲律宾	2.4	5.0	11.8	12.5	16.1	20.9	40.5	87.8	92.9
新加坡	275.4	531.6	1898.9	2549.5	2544.0	3585.2	19060.7	58690.3	84713.9
斯里兰卡	1.8	3.6	9.3	11.6	15.9	20.9	71.1	305.2	412.4
泰　国	4.8	11.2	30.9	38.9	51.9	69.4	146.5	578.3	953.9
越　南	0.1	2.3	9.0	14.2	20.3	32.7	278.7	1348.7	1769.5
埃　及	0.5	2.5	5.1	6.4	8.0	10.5	14.7	36.2	35.1
尼日利亚	0.2	0.6	1.7	2.2	3.0	3.6	47.4	222.8	184.2
南　非	20.2	52.1	142.7	173.2	221.9	272.8	917.6	9430.7	12034.3
加拿大	569.1	1282.7	2146.1	2362.9	2697.8	3386.9	10221.4	26568.9	30952.3
墨西哥	8.0	13.4	26.8	31.6	41.0	57.9	119.7	185.5	225.7
美　国	785.2	2481.7	3841.7	4303.2	5129.5	6358.8	11435.1	30335.7	65767.6
阿根廷	10.7	25.2	63.3	73.9	89.9	123.3	735.0	1628.6	1872.6
巴　西	14.1	28.3	70.5	86.8	112.3	159.0	410.0	1581.6	2036.4
委内瑞拉	4.6	7.1	12.1	14.9	16.4	21.4	148.1	293.5	275.6
捷　克	41.6	305.5	834.7	1079.9	1417.6	2048.8	11991.4	25419.9	42361.5
法　国	76.1	278.1	622.5	821.4	1188.9	1897.2	6674.4	14831.2	20414.9
德　国	274.2	1049.3	2194.9	2601.2	3352.8	4297.9	11625.0	34181.3	56391.6
意大利	44.7	127.1	303.3	375.0	493.1	628.0	1305.1	7744.1	12256.0
荷　兰	327.1	2084.8	4852.8	5668.3	7204.7	9728.9	24130.8	70412.1	100585.1
波　兰	22.0	155.0	399.3	517.7	681.1	955.8	2492.5	6534.9	16225.4
俄罗斯	2.4	17.1	57.6	79.7	120.4	321.4	1163.9	3541.1	5190.6
西班牙	81.2	207.1	403.6	488.3	625.8	889.6	2762.6	7247.0	11320.7
土耳其	18.1	86.3	224.1	264.0	298.7	363.5	1301.1	3351.9	4335.1
乌克兰	1.3	12.4	40.9	54.0	74.7	141.8	1905.5	3948.3	6027.8
英　国	464.7	1315.4	2500.5	2832.5	3250.5	4385.4	8698.5	21195.9	27250.1
澳大利亚	498.1	1402.8	3187.9	3505.1	3938.6	4574.1	9810.2	21544.8	32890.8
新西兰	489.9	1388.7	2862.5	3194.0	3490.9	3932.8	6430.2	14980.5	17672.5

资料来源：世界银行WDI数据库。

附录1-18 互联网网民占总人口比重

单位：%

国家或地区	2000	2005	2010	2012	2013	2014	2015	2016	2017
世　界	**6.7**	**15.7**	**28.7**	**34.2**	**36.7**	**39.8**	**43.0**	**45.8**	
高收入国家	**29.7**	**57.2**	**71.2**	**74.7**	**76.2**	**77.9**	**79.4**	**81.7**	
中等收入国家	**1.5**	**7.4**	**21.7**	**28.3**	**31.2**	**34.9**	**38.6**	**41.8**	
低收入国家	**0.1**	**1.1**	**4.3**	**5.9**	**7.3**	**9.0**	**11.8**	**13.6**	
中　国	1.8	8.5	34.3	42.3	45.8	47.9	50.3	53.2	54.3
中国香港	27.8	56.9	72.0	72.9	74.2	79.9	85.0	87.5	89.4
中国澳门	13.6	34.9	55.2	61.3	65.8	69.8	77.6	81.6	83.2
孟加拉国	0.1	0.2	3.7	5.0	6.6	13.9	14.4	18.3	
文　莱	9.0	36.5	53.0	60.3	64.5	68.8	71.2	90.0	
柬埔寨	0.1	0.3	1.3	4.9	6.8	14.0	22.3	32.4	34.0
印　度	0.5	2.4	7.5	12.6	15.1	21.0	26.0	29.6	
印度尼西亚	0.9	3.6	10.9	14.5	14.9	17.1	22.0	25.5	32.3
伊　朗	0.9	8.1	15.9	22.7	30.0	39.4	45.3	53.2	60.4
以色列	20.9	25.2	67.5	70.8	70.3	75.0	77.4	79.7	81.6
日　本	30.0	66.9	78.2	79.5	88.2	89.1	91.1	93.2	90.9
哈萨克斯坦	0.7	3.0	31.6	61.9	63.3	66.0	70.8	74.6	76.4
韩　国	44.7	73.5	83.7	84.1	84.8	87.6	89.9	92.8	95.1
老　挝	0.1	0.9	7.0	10.8	12.5	14.3	18.2	21.9	
马来西亚	21.4	48.6	56.3	65.8	57.1	63.7	71.1	78.8	80.1
蒙　古	1.3		10.2	16.4	17.7	19.9	22.5	22.3	
缅　甸		0.1	0.3	4.0	8.0	11.5	21.7	25.1	
巴基斯坦		6.3	8.0	10.0	10.9	12.0	14.0	15.5	
菲律宾	2.0	5.4	25.0	36.2	48.1	49.6	53.7	55.5	
新加坡	36.0	61.0	71.0	72.0	80.9	79.0	79.0	84.5	84.5
斯里兰卡	0.7	1.8	12.0	18.3	21.9	25.8	30.0	32.1	
泰　国	3.7	15.0	22.4	26.5	28.9	34.9	39.3	47.5	52.9
越　南	0.3	12.7	30.7	36.8	38.5	41.0	43.5	46.5	
埃　及	0.6	12.8	21.6	26.4	29.4	33.9	37.8	41.3	45.0
尼日利亚	0.1	3.6	11.5	16.1	19.1	21.0	24.5	25.7	
南　非	5.4	7.5	24.0	41.0	46.5	49.0	51.9	54.0	
加拿大	51.3	71.7	80.3	83.0	85.8	87.1	88.5	91.2	
墨西哥	5.1	17.2	31.1	39.8	43.5	44.4	57.4	59.5	63.9
美　国	43.1	68.0	71.7	74.7	71.4	73.0	74.6	76.2	
阿根廷	7.0	17.7	45.0	55.8	59.9	64.7	68.0	71.0	
巴　西	2.9	21.0	40.7	48.6	51.0	54.6	58.3	60.9	
委内瑞拉	3.4	12.6	37.4	49.1	54.9	57.0	61.9	60.0	
捷　克	9.8	35.3	68.8	73.4	74.1	74.2	75.7	76.5	78.7
法　国	14.3	42.9	77.3	81.4	81.9	83.8	78.0	79.3	80.5
德　国	30.2	68.7	82.0	82.4	84.2	86.2	87.6	89.7	84.4
意大利	23.1	35.0	53.7	55.8	58.5	55.6	58.1	61.3	61.3
荷　兰	44.0	81.0	90.7	92.9	94.0	91.7	91.7	90.4	93.2
波　兰	7.3	38.8	62.3	62.3	62.9	66.6	68.0	73.3	76.0
俄罗斯	2.0	15.2	43.0	63.8	68.0	70.5	70.1	73.1	76.0
西班牙	13.6	47.9	65.8	69.8	71.6	76.2	78.7	80.6	84.6
土耳其	3.8	15.5	39.8	45.1	46.3	51.0	53.8	58.4	64.7
乌克兰	0.7	3.8	23.3	35.3	41.0	46.2	48.9	53.0	
英　国	26.8	70.0	85.0	87.5	89.8	91.6	92.0	94.8	
澳大利亚	46.8	63.0	76.0	79.0	83.5	84.0	84.6	88.2	86.6
新西兰	47.4	62.7	80.5	81.6	82.8	85.5	88.2	88.5	

资料来源：世界银行WDI数据库。

附录1-19　国际旅游收支

单位：亿美元

国家和地区	国际旅游支出			国际旅游收入		
	2000	2016	2017	2000	2016	2017
世　界	**5368.2**	**13661.0**	**14491.5**	**5709.9**	**14221.5**	**15256.8**
高收入国家	**4591.8**	**8786.0**	**9208.2**	**4616.9**	**10475.8**	**11148.7**
中等收入国家	**739.4**	**4809.3**	**5222.8**	**1055.9**	**3608.3**	**3962.8**
低收入国家	**28.5**	**74.4**		**40.2**	**138.2**	
中　国	141.7	2501.1	2577.3	173.2	444.3	326.2
中国香港	125.0	241.4	253.9	82.0	376.5	380.4
孟加拉国	4.7	8.4	11.2	0.5	2.1	3.4
柬埔寨	0.5	7.6	9.2	3.5	35.2	40.2
印　度	36.9	191.8	218.6	36.0	231.1	278.8
印度尼西亚	32.0	99.3	109.5	49.8	125.7	141.2
伊　朗	6.7	98.9		6.8	39.1	
以色列	37.3	82.1	89.9	46.1	65.9	75.7
日　本	426.4	257.8	181.8	59.7	334.3	369.8
哈萨克斯坦	4.8	17.7	18.9	4.0	17.2	19.9
韩　国	79.5	298.2	333.5	85.3	211.7	170.0
老　挝	0.1	9.1	9.9	1.1	7.2	7.7
马来西亚	25.4	104.7	107.0	58.7	180.9	183.5
蒙　古	0.5	5.4	6.2	0.4	3.8	4.6
缅　甸	0.3	2.0	1.4	2.0	22.9	22.8
巴基斯坦	5.7	29.6	32.2	5.5	7.9	8.8
菲律宾	18.4	116.8	127.9	23.3	62.9	83.5
新加坡	45.4	238.4	245.4	51.4	189.5	197.1
斯里兰卡	3.8	23.0	24.1	3.9	45.9	50.8
泰　国	32.2	112.7	115.8	99.4	524.7	621.6
越　南		45.0	50.4		85.0	88.9
埃　及	12.1	43.5	24.2	46.6	33.1	86.4
尼日利亚	6.1	45.2	81.8	1.9	10.9	26.1
南　非	26.8	53.5	60.6	33.4	88.1	97.0
加拿大	151.3	287.5	318.2	130.4	180.9	204.0
墨西哥	63.7	128.2	136.5	91.3	206.2	224.7
美　国	914.7	1609.4	1739.2	1209.1	2461.7	2513.6
阿根廷	54.6	117.3	135.2	32.0	51.9	55.1
巴　西	45.5	170.7	229.9	19.7	66.1	61.8
委内瑞拉	16.5	29.2		4.7	5.5	
捷　克	12.8	49.6	55.2	29.7	70.4	76.9
法　国	267.0	487.6	503.3	385.3	629.7	698.9
德　国	576.0	874.0	976.0	249.4	521.8	561.7
意大利	181.7	249.8	278.8	287.1	403.7	445.5
荷　兰	136.5	204.6	220.4	112.9	183.1	203.5
波　兰	34.2	86.2	95.7	61.3	120.5	140.8
俄罗斯	88.5	276.5	355.9	34.3	128.2	149.8
西班牙	77.1	192.8	223.2	326.6	606.1	684.4
土耳其	17.1	50.3	51.8	76.4	267.9	318.7
乌克兰	5.6	63.1	75.4	5.6	17.2	20.0
英　国	470.1	877.5	716.7	299.8	618.9	514.7
澳大利亚	90.7	329.2	394.9	115.9	367.9	439.8
新西兰	12.4	39.7	44.5	22.7	97.6	105.8

资料来源：世界银行WDI数据库。

附录1-20 国际旅游人数

单位：万人

国家和地区	国外游客到达人数			出国旅游人数		
	2000	2016	2017	2000	2016	2017
世　界	**67738.7**	**125046.8**	**134145.7**	**82961.6**	**147513.6**	**156692.7**
高收入国家	**47508.0**	**77511.5**	**82129.6**	**55722.6**	**78462.5**	**82473.5**
中等收入国家	**18776.0**	**44274.2**	**48523.0**	**13738.1**	**45828.3**	**49827.5**
低收入国家	**896.8**	**1610.5**				
中　国	3122.9	5927.0	6074.0	1047.3	13513.0	14303.5
中国香港	881.4	2655.3	2788.4	5890.1	9175.8	9130.4
中国澳门	519.7	1570.4	1725.5	14.4	125.1	139.1
孟加拉国	19.9			112.8		
文　莱	98.4	21.9	25.9			
柬埔寨	46.6	501.2	560.2	4.1	143.4	175.2
印　度	264.9	1457.0	1554.3	441.6	2187.2	2394.3
印度尼西亚	506.4	1151.9	1404.0	220.5	834.0	885.6
伊　朗	134.2	494.2	486.7	228.6	900.7	1054.3
以色列	241.7	290.0	361.3	353.0	678.1	759.7
日　本	475.7	2404.0	2869.1	1781.9	1711.6	1788.9
哈萨克斯坦	168.3	650.9	770.1	124.7		
韩　国	532.2	1724.2	1333.6	550.8	2238.3	2649.6
老　挝	19.1	331.5	325.7		305.9	304.9
马来西亚	1022.2	2675.7	2594.8	3053.2		
蒙　古	15.4	40.4	46.9			
缅　甸	41.6	290.7	344.3			
巴基斯坦	55.7					
菲律宾	199.2	596.7	662.1	167.0	570.3	
新加坡	606.2	1291.4	1390.3	444.4	947.4	988.9
斯里兰卡	40.0	205.1	211.6	52.4	144.8	143.9
泰　国	957.9	3253.0	3559.2	190.9	820.4	896.3
越　南	214.0	1001.3	1292.2			
埃　及	511.6	525.8	815.7	296.4		
尼日利亚	81.3	188.9				
南　非	587.2	1004.4	1028.5	383.4		
加拿大	1962.7	1997.1	2079.8	1918.2	3127.8	3306.0
墨西哥	2064.1	3507.9	3929.1	1107.9	2022.3	1906.7
美　国	5123.8	7640.7	7694.1	6132.7	8022.6	8770.3
阿根廷	290.9	665.5	672.0	495.3	1044.6	1225.8
巴　西	531.3	654.7	658.9	322.8	859.2	945.8
委内瑞拉	46.9	60.1	42.7	95.4	153.0	107.9
捷　克	477.3	932.1	1016.0		602.7	677.5
法　国	7719.0	8268.2	8686.1	1988.6	2648.3	2905.5
德　国	1898.3	3555.5	3745.2	8050.7	9096.6	9240.2
意大利	4118.1	5237.2	5825.3	2008.0	2906.7	3180.5
荷　兰	1000.3	1582.8	1792.4	1389.6	1793.8	
波　兰	1740.0	1747.1	1825.8	5667.7	4450.0	4670.0
俄罗斯	2116.9	2457.1	2439.0	1837.1	3165.9	3962.9
西班牙	4640.3	7531.5	8178.6	410.0	1540.5	1703.1
土耳其	958.6	3028.9	3760.1	528.4	789.2	888.7
乌克兰	643.1	1333.3	1423.0	1342.2	2466.8	2643.7
英　国	2321.2	3581.4	3765.1	5683.7	7081.5	7418.9
澳大利亚	493.1	826.9	881.5	349.8	1038.0	1093.2
新西兰	178.0	337.0	355.5	128.3	261.1	285.3

资料来源：世界银行WDI数据库。

附录1-21 政府卫生保障支出占政府支出比重

单位：%

国家或地区	2000	2005	2010	2013	2014	2015	2016
中国	6.2	7.9	8.8	9.4	9.6	9.4	9.1
孟加拉国	5.2	4.2	4.4	3.6	3.6	3.4	3.4
文莱	5.7	6.4	5.8	5.1	5.2	5.9	5.7
柬埔寨	8.6	11.5	6.9	6.9	5.9	6.6	6.2
印度	3.3	3.0	3.2	3.1	3.0	3.1	3.1
印度尼西亚	3.8	4.2	4.5	4.9	5.8	6.9	8.3
伊朗	11.0	9.4	11.9	16.1	22.6	22.6	22.6
以色列			10.7	11.0	11.2	11.6	11.6
日本	14.8	17.8	18.9	22.3	22.6	23.2	23.4
哈萨克斯坦	9.2	9.2	8.2	9.3	8.8	8.4	9.4
韩国	8.7	9.7	12.2	12.2	12.5	12.9	13.5
老挝	6.7	5.8	2.7	2.8	2.8	3.8	3.7
马来西亚	4.7	5.7	6.3	6.8	7.9	8.2	8.2
蒙古	12.3	9.0	6.5	4.9	4.9	6.0	5.3
缅甸	1.3	1.1	1.2	2.7	4.4	4.9	4.8
巴基斯坦	5.9	3.7	2.8	3.2	3.5	3.7	3.9
菲律宾	6.5	6.6	7.2	6.3	6.3	7.3	7.1
新加坡	6.7	6.9	8.9	11.8	12.4	12.4	13.6
斯里兰卡	10.1	10.1	7.8	10.1	9.0	8.4	8.6
泰国	13.2	15.3	14.8	14.2	14.8	15.3	15.3
越南	9.5	8.7	8.6	9.8	8.5	7.9	9.0
埃及	6.1	5.0	4.4	4.2	4.2	5.0	4.2
尼日利亚	2.2	3.6	2.7	3.7	3.5	5.3	5.0
南非	10.9	10.6	12.5	13.3	13.4	13.3	13.3
加拿大	14.8	17.1	17.9	18.6	19.1	19.2	19.0
墨西哥		11.3	10.9	11.3	10.4	10.9	10.4
美国	16.4	18.1	18.6	20.6	35.3	36.6	39.5
阿根廷	4.6	10.9	16.7	16.6	16.3	16.6	13.6
巴西	10.1	8.4	8.8	9.5	9.7	9.9	9.9
委内瑞拉	6.5	5.2	6.2	4.4	4.3	4.1	1.9
捷克		13.3	13.2	15.3	14.9	14.3	14.8
法国		15.2	15.1	15.3	15.5	15.5	17.0
德国	17.5	17.0	19.4	20.5	20.9	21.3	21.4
意大利	12.1	13.7	14.1	13.3	13.4	13.3	13.5
荷兰		14.7	17.8	19.1	19.0	18.8	19.3
波兰			10.0	10.6	10.4	10.7	11.0
俄罗斯	9.7	9.9	8.6	9.2	9.2	8.8	8.2
西班牙		14.4	14.8	14.1	14.2	14.9	15.1
土耳其		10.5	10.9	10.1	10.1	9.7	9.7
乌克兰	9.2	11.6	7.5	7.8	6.5	6.6	7.0
英国	13.8	14.5	15.0	17.8	18.1	18.6	18.9
澳大利亚	15.2	16.3	16.3	16.5	16.6	17.2	17.4
新西兰	17.1	20.0	20.1	22.0	22.2	22.1	22.5

资料来源：世界银行WDI数据库。

附录1-22 教育支出占政府财政支出的比重

单位：%

国家或地区	2000	2005	2010	2014	2015	2016	2017
中　　国							
中国澳门		10.5	15.4	13.4	13.4	13.5	
孟加拉国	20.5					11.4	
文　　莱	8.9		5.3	10.0		11.4	
柬 埔 寨	11.1		7.7	9.1			
印　　度	16.7	11.2	11.8				
印度尼西亚		15.2	16.7	17.7	20.5		
伊　　朗	20.6	22.3	18.8	19.7	18.6	19.3	20.0
以 色 列	13.0	12.7	13.6	14.5	15.0		
日　　本	9.7	9.7	9.2	9.1		9.1	
哈萨克斯坦		10.2			12.2	13.9	
韩　　国							
老　　挝	7.3	13.7	7.3	12.2			
马来西亚	21.4		18.4	19.8	19.8	20.7	
蒙　　古	16.1		14.7	12.1	12.4	12.8	13.5
缅　　甸							10.2
巴基斯坦	8.5	13.8	11.9	11.3	13.2	12.6	13.9
菲 律 宾	15.2	12.4					
中国香港		22.5	19.9	17.6	18.6	18.1	17.8
新 加 坡	18.3	19.8	17.2				
斯里兰卡			8.6	10.8	11.0	17.7	14.5
泰　　国	28.4	20.6	16.2				
越　　南			17.1				
埃　　及		15.0					
尼日利亚							
南　　非		19.9	18.0	19.1	18.7	18.1	18.7
加 拿 大	13.0	12.2	12.3				
墨 西 哥	19.8	22.2	19.4	18.8	19.0		
美　　国		15.1	13.1	13.5			
阿 根 廷	16.2	15.8	15.1	13.8	14.0	13.5	
巴　　西	11.5	11.3	14.6	15.7	16.3		
委内瑞拉							
捷　　克	8.9	9.2	9.3	9.5	13.9		
法　　国	10.8	10.4	10.1	9.7	9.7		
德　　国			10.4	11.1	11.0		
意 大 利	9.5	9.0	8.7	8.0	8.1		
荷　　兰	11.1	12.2	11.5	12.0	12.0		
波　　兰	11.9	12.2	11.1	11.6	11.6		
俄 罗 斯	9.0	12.0			10.9		
西 班 牙	10.7	10.8	10.6	9.5	9.8		
土 耳 其	6.4			13.1	12.8		
乌 克 兰	11.4	13.7		13.1		12.4	
英　　国	12.0	13.2	13.0	13.7	13.8	13.9	
澳大利亚	13.4	13.6	14.3	13.9	14.1		
新 西 兰		18.1	17.3	18.1	18.1	18.3	

资料来源：世界银行WDI数据库。

【主要统计指标解释】

国内生产总值 指生产活动总成果，等于所有常住单位创造的增加值的总和（包括产出价值中未包括的产品税，不包括各项产品补贴），等于按购买者价格计算的货物和服务最终使用价值（不包括中间消费）减去进口的货物和服务价值，或等于常住生产单位初次收入分配的总和。

第三产业 第三产业即服务业。

在《国际标准产业分类》第三版中指第50类至第99类，包括批发零售贸易业（包括旅馆和饭店业）、交通运输业、政府、金融、专业服务和个人服务，例如教育、卫生、房地产服务，还包括虚拟的银行服务费、进口税和加工或调整数据时的统计误差。

在《国际标准产业分类》第四版中指第45类至第99类，包括批发和零售业；汽车和摩托车的修理、运输和储存、食宿服务活动、信息和通信、金融和保险活动、房地产活动、专业、科学和技术活动、行政和辅助活动、公共管理和国防；强制性社会保障、教育、人体健康和社会工作活动、艺术、娱乐和文娱活动、其他服务活动、家庭作为雇主的活动；家庭自用、未加区分的物品生产和服务活动、国际组织和机构的活动。

增加值总额 等于总产出减去中间消耗。用于衡量单个生产者、行业或部门生产活动对国内生产总值的贡献。增加值总额是国民核算账户（SNA）中初次收入形成的来源，因此被（从生产账户）结转到初次收入分配账户中进行反映。

就业人员 为一定年龄以上，在特定短期（一周或一天）内，属于下列类型的所有人：

（1）有酬从业人员，包括两类：①正在工作的人，指在参考期内做某些工作以得到现金或实物形式工资或薪金的人员；②有工作岗位但目前不工作的人，指现在有工作，却在短期内暂时不上班，但同时与工作单位有正式联系的人。这种正式联系，可以按照如下的一项或多项标准，根据各国的不同情况予以判断：1）持续领到工资或薪金；2）保证在暂时的不上班状态终止后返回该岗位，或对返回的时间有协议；3）在不工作的这段时间里，该从业者能得到补偿而无须接受其他工作。军人应被包括在有酬从业人员中。

（2）自营就业者，包括两类：①正在工作，指在短期时间内以利润或家庭收入为目的，从事某些工作得到现金或实物的人；②拥有企业而不工作的人，指自己拥有企业（如商业企业，农场，服务性企业），在一定时期内因特殊原因暂不工作的人。

工资 定期以现金或以实物形式支付给雇员的报酬，包括对雇员工作时间、完成的工作量和未工作的有酬时间（如年休假，法定假日）支付的劳动报酬。工资不包括雇主为其雇员支付的社会保险和养老金缴款、雇员因此而得到的收益、解雇和辞职时加发的工资。

贸易体系 是指贸易国家进行对外货物贸易统计所采用的统计制度。它有总贸易体系（又称一般贸易体系）和专门贸易体系（又称特殊贸易体系）两种类型。总贸易体系数值大于相应的专门贸易体系数值。

总贸易体系以货物通过国境作为统计进出口的标准。专门贸易体系则以货物通过关境或结关作为统计进出口的标准。

总贸易体系和专门贸易体系说明的是不同的问题。前者说明一国在国际商品流通中所处的地位和所起的作用；后者说明一国作为生产者和消费者在国际贸易中的地位。

出口 即货物离开一国的统计疆界。在总贸易体系中，一国的统计疆界与它的经济领土是一致的。在专门贸易体系中，一国的统计疆界只包括一部分经济领土，一般这部分与货物自由贸易区是一致的。自由贸易地区是一国经济疆界的一部分，在此间货物可以无进口税限制地流通。一般采用离岸价。

进口 指货物进入一国统计疆界。在总贸易体系中，进口包括直接为国内使用的进口，流入入境加工仓库的进口，注入海关仓库和自由区的进口；在专门贸易体系中，进口包括直接进入国内市场为国内使用的商品的进口，由海关仓库和自由区进入国内市场的进口，以及流向入境加工仓库的进口。一般采用到岸价。

服务贸易 服务（原为非要素服务）指无形商品的经济产出。它可以在同一时间产生、转让和消费。商品服务的出口（贷方和收入）和进口（借方和支付）来自于国际收支统计中的国际服务交易统计，其概念、定义和分类与国际货币基金组织 1993 年《国际收支手册》第五版一致。

外汇储备 一国当局可以使用和控制的外汇资产，它可直接用来弥补国际收支不平衡或间接用来平衡国际收支。

黄金储备（货币黄金） 一国当局拥有的、作为储备资产的黄金。

国际旅游支出 是指出境游客在他国的旅游消费，包括在国际旅行时，搭乘他国运输工具所支付的交通费（有些国家不包括这项交通费）。除非特别声明外，国际旅游支出包括境外一日游客（不过夜游客）在访问地的消费。

国际旅游收入 是指入境游客（过夜旅客）在本国的旅游消费，包括国际旅行时，入境游客搭乘本国运输工具所付给本国的交通费（有些国家不包括这项交通费）。国际旅游收入包括目的地国接受的所有商品和服务的支付。除特别声明外，国际旅游收入可以包括入境一日游游客（不过夜游客）在本国的消费。

附录二 中国服务业采购经理指数及世界主要经济体的相关情况

简要说明

一、调查内容

服务业企业主管运营的负责人或采购（或供应）经理对企业经营、采购及相关业务活动情况的判断，主要包括对业务总量、新订单（客户需求）、存货、投入品价格、销售价格、从业人员、供应商配送、业务活动预期等情况的判断。

二、调查范围

涉及《国民经济行业分类》（GB/T 4754-2017）中第三产业的33个行业大类。

三、调查方法

服务业采购经理调查采用PPS抽样调查方法。

四、季节调整说明

该调查是一项月度调查，受季节因素影响，数据波动较大。现发布的服务业采购经理调查各分类指数均为经季节调整后的数据。

五、资料来源

中国服务业采购经理指数资料是国家统计局服务业统计司根据《采购经理调查制度》收集的调查资料加工整理而得；世界主要经济体服务业采购经理指数资料主要来自于美国供应管理协会、摩根大通、Markit经济研究机构等官方网站和各有关国际组织。

附录2-1 中国服务业采购经理指数(经季节调整)

单位：%

月份	商务活动指数	新订单指数	投入品价格指数	销售价格指数	业务活动预期指数
2018.1	54.4	51.8	53.5	52.5	61.2
2	53.8	50.7	52.4	49.6	60.4
3	53.6	49.8	50.3	48.9	60.1
4	53.8	50.3	52.4	50.6	60.6
5	54.0	50.4	53.3	50.2	60.3
6	54.0	50.3	52.1	50.5	60.3
7	53.0	50.1	53.2	51.6	59.5
8	53.4	50.7	52.9	50.3	60.6
9	53.4	50.1	54.3	51.0	59.3
10	52.1	49.1	53.4	50.7	59.7
11	52.4	48.9	50.3	48.8	59.6
12	52.3	49.3	49.6	47.3	60.2

附录2-2 世界主要经济体服务业采购经理指数

单位：%

月份	中国	美国	欧元区	日本	德国	英国	法国	俄罗斯	巴西
2018.1	54.4	59.9	58.0	51.9	57.3	53.0	59.2	55.1	50.0
2	53.8	59.5	56.2	51.7	55.3	54.5	57.4	56.5	52.7
3	53.6	58.8	54.9	50.9	53.9	51.7	56.9	53.7	50.4
4	53.8	56.8	54.7	52.5	53.0	52.8	57.4	55.5	50.0
5	54.0	58.6	53.8	51.0	52.1	54.0	54.3	54.1	49.5
6	54.0	59.1	55.2	51.4	54.5	55.1	55.9	52.3	47.0
7	53.0	55.7	54.2	51.3	54.1	53.5	54.9	52.8	50.4
8	53.4	58.5	54.4	51.5	55.0	54.3	55.4	53.3	46.8
9	53.4	61.6	54.7	50.2	55.9	53.9	54.8	54.7	46.4
10	52.1	60.3	53.7	52.4	54.7	52.2	55.3	56.9	50.5
11	52.4	60.7	53.4	52.3	53.3	50.4	55.1	55.6	51.3
12	52.3	58.0	51.2	51.0	51.8	51.2	49.0	54.4	51.9

注：美国为非制造业采购经理指数，其他国家均为服务业商务活动指数。

【主要统计指标解释】

商务活动指数 指根据企业报告期内完成的业务活动总量的变化情况汇总而成的扩散指数。国际上通常用商务活动指数来反映服务业经济发展的总体情况，一般来说该指数高于50%，反映服务业经济总体上升或扩张；低于50%，反映服务业经济下降或收缩。

新订单指数 指根据企业报告期内签订的订单量、合同量或其它需求总量的变化情况汇总而成的扩散指数。

投入品价格指数 指根据企业报告期内主要投入价格水平的变化情况汇总而成的扩散指数。

销售价格指数 指根据企业报告期内销售（或收费）价格水平的变化情况汇总而成的扩散指数。

业务活动预期指数 指根据企业对未来业务活动整体水平预测的变化情况汇总而成的扩散指数。

附录三 部分国家服务业生产指数月度增速

简要说明

一、主要内容

中国服务业生产指数由中国国家统计局编制，于2017年3月开始正式按月对外发布。本篇收集了2018年中国月度服务业生产指数的当月同比增速和累计同比增速。此外，本篇还收集了世界上主要编制服务业生产指数国家——英国和韩国，2018年月度服务业生产指数的当月同比增速和环比增速。

二、统计范围

中国服务业生产指数统计范围包括《国民经济行业分类》（GB/T 4754-2017）中从批发零售业门类到文化、体育和娱乐业门类全部13个行业门类中39个行业大类的市场性活动，不包括公共管理、社会保障和社会组织，国际组织两个行业门类，以及科学研究和技术服务业，教育，卫生和社会工作这3个行业门类中的非企业法人。同时，受基础数据所限，暂时也不包括农、林、牧、渔专业及辅助性活动，开采专业及辅助性活动，以及金属制品、机械和设备修理业。

三、资料来源

中国服务业生产指数资料由国家统计局服务业统计司提供；英国、韩国服务业生产指数资料来自两国统计局的官方网站。

附录3-1 2018年各国服务业生产指数月度增速

单位：%

月份	中国		英国		韩国	
	同比	累计	同比	环比	同比	环比
1月			1.3	0.2	3.4	0.7
2月	8.0	8.0	1.3	-0.2	1.8	-0.2
3月	8.3	8.1	1.1	0.1	2.4	0.5
4月	8.0	8.0	1.6	0.3	2.7	0.0
5月	8.1	8.1	1.7	0.3	2.3	-0.2
6月	8.0	8.0	1.3	0.1	1.7	0.1
7月	7.6	8.0	1.5	0.3	2.2	0.2
8月	7.5	7.9	1.6	0.1	1.6	-0.1
9月	7.3	7.8	1.6	-0.1	-1.5	0.0
10月	7.2	7.8	1.8	0.2	5.7	0.7
11月	7.2	7.7	1.9	0.3	2.2	0.5
12月	7.3	7.7	1.7	-0.2	1.4	-0.1

注：1.中国1月不计算指数，1-2月合并计算。
2.英国数据取自每月公布的当月值，部分月份环比指数缺失的以最近月份的补充值为准。
3.韩国数据取自每月公布的服务业生产指数表中的确定值。

【主要统计指标解释】

服务业生产指数 指剔除价格因素后，服务业报告期相对于基期的产出变化。以基期为100，如果指数大于100，表明服务业总体产出增长；小于100，表明服务业总体产出下降。目前，中国服务业生产指数以上年为基期。

服务业生产指数月度同比增速 指当月服务业生产指数相对于上年同期（以上年同期为100）的同比增速，＝（当月服务业生产指数/100-1）×100%。

服务业生产指数月度累计增速 指累计服务业生产指数相对于上年同期(以上年同期为100）的同比增速，＝（累计服务业生产指数/100-1）×100%。

服务业生产指数环比增速 指经季节调整后，当月服务业生产指数相对于上月（以上月为100）的增速，＝（季节调整后当月服务业生产指数/100-1）×100%。